Les contrats de l'administration mis en discours

Une histoire doctrinale du droit administratif (1800-1960)

Tome 2

Logiques Juridiques

Fondée par Gérard Marcou

Dirigée par Jean-Claude Némery et Thomas Perroud

Le droit n'est pas seulement un savoir, il est d'abord un ensemble de rapports et pratiques que l'on rencontre dans presque toutes les formes de sociétés. C'est pourquoi il a toujours donné lieu à la fois à une littérature de juristes professionnels, produisant le savoir juridique, et à une littérature sur le droit, produite par des philosophes, des sociologues ou des économistes notamment.

Parce que le domaine du droit s'étend sans cesse et rend de plus en plus souvent nécessaire le recours au savoir juridique spécialisé, même dans des matières où il n'avait jadis qu'une importance secondaire, les ouvrages juridiques à caractère professionnel ou pédagogique dominent l'édition, et ils tendent à réduire la recherche en droit à sa seule dimension positive. À l'inverse de cette tendance, la collection « Logiques juridiques » des éditions L'Harmattan est ouverte à toutes les approches du droit. Tout en publiant aussi des ouvrages à vocation professionnelle ou pédagogique, elle se fixe avant tout pour but de contribuer à la publication et à la diffusion des recherches en droit, ainsi qu'au dialogue scientifique sur le droit. Comme son nom l'indique, elle se veut plurielle.

Dernières parutions

Eric GILARDEAU, *L'empire du matérialisme juridique sur le contrat. La réforme du contrat dans les codes civils allemand et français*, 2022.

Ivanne-Mara KOUM DISSAKE, *Le financement des actifs de la propriété intellectuelle en Afrique (espace OAPI)*, 2022.

Léa MORTELETTE, *Les élections municipales de 2020 à l'épreuve de la crise sanitaire*, 2022.

Xavier CABANNES (dir.), *Livres et manuscrits anciens. Approche juridique, Volume 2*, 2022.

Athoumani YHOULAM, *Le contentieux administratif en droit de l'Union des Comores*, 2022.

Élise FRAYSSE, *L'Etat dans la construction doctrinale du droit administratif, Tome 1*, 2022.

Élise FRAYSSE, *L'Etat dans la construction doctrinale du droit administratif, Tome 2*, 2022.

Nabil MOUNIR, *La liberté d'expression publicitaire, Réflexions critiques*, 2022.

Jacques DELGA, *L'association syndicale libre (ASL). Un mode de gestion alternative de la copropriété*, 2022.

Mon-espoir MFINI, *Droit des affaires : instruments de crédit et de paiement*, 2022.

Clemmy FRIEDRICH

Les contrats de l'administration mis en discours

Une histoire doctrinale du droit administratif (1800-1960)

Tome 2

L'Harmattan

5-7, rue de l'École-Polytechnique, 75005 Paris
http://www.editions-harmattan.fr
ISBN : 978-2-14-029838-7
EAN : 9782140298387

SECONDE PARTIE

LE CONTRAT ADMINISTRATIF : DE LA CONTINGENCE D'UN CONCEPT À L'HÉGÉMONIE D'UNE THÉORIE

(1880-1960)

322. Présentation de la seconde partie. – Les administrativistes du XIXe siècle n'ont pas manqué de comprendre les contrats administratifs avec une intelligence qui leur fut propre. Les doctrines par lesquelles ils les ont mis en discours ne sont pas celles que l'on se figure parfois – toutes frappées d'imperfections et jamais si développées qu'elles ne puissent être regardées comme des doctrines à proprement parler. À notre sens, le discrédit dans lequel elles ont pu être cantonnées (hormis quelques exceptions notables) s'explique par une démarche historique qui s'est attachée à rechercher les origines d'un concept (ou d'une théorie). Les auteurs abordés dans ces travaux l'ont essentiellement été sous un rapport défavorable, puisque rapportés à un horizon doctrinal qui fut étranger au leur. Dans une première partie centrée sur le XIXe siècle, notre propos a été celui de démontrer que les administrativistes ont prêté aux contrats de l'administration un intérêt certain, quoiqu'inégal : soit qu'ils les ont abordés *de biais*, à l'occasion de problématiques auxquelles ces contrats furent associés ; soit qu'ils en ont traité *de front*, en leur prêtant des conceptions précisément façonnées pour justifier une certaine représentation du droit administratif. C'est cette pluralité de mises en discours qui nous a amené à soutenir que ces contrats, *en tant que sujet doctrinal*, ont connu *des naissances*. Le propos de cette seconde partie est différent. En nous engageant dans une période qui est plus familière aux juristes contemporains, il s'agira d'historiciser la théorie des contrats administratifs : celle-ci est une doctrine de l'Entre-deux-guerres qui résulte moins d'un progrès doctrinal que des problématiques propres à cette époque. À cette fin, nous embrasserons la première moitié du XXe siècle afin d'étudier la genèse de la théorie des contrats administratifs (années 1920-1930), puis sa consécration (années 1940-1960) (**titre IV**). Au préalable, nous nous attarderons à démontrer que la conceptualisation du contrat administratif n'a pas pu intervenir dans les décennies précédentes, comme cela est souvent admis – et de surcroît en en attribuant le crédit au Conseil d'État. Il y a à cela au moins trois raisons. D'une part, si la locution « contrat administratif » n'est pas inusitée avant l'Entre-deux-guerres, elle renvoyait alors à une signification pareille à celle en vogue au cours de la seconde moitié du XIXe siècle, c'est-à-dire une signification circonscrite à la définition du contentieux administratif. Cette locution reçut une acception purement contentieuse et c'est en ce sens que le Conseil d'État y a recouru, sans jamais avoir eu le dessein de poser les prémices d'une théorisation du contrat administratif (**titre I**). D'autre part, les contrats administratifs recouvraient alors une hétérogénéité de contrats qui donnèrent lieu à des réflexions spécifiques à chacun et dont les trajectoires n'ont jamais convergé vers cette idée qu'ils auraient en commun une identité *générique* (**titre II**). Enfin, les administrativistes de la Belle Époque ont si bien tenu *le contrat* en suspicion qu'aucun d'entre eux ne fut enclin (à cette époque) à envisager *un contrat* qui eût été proprement autonome du droit privé. Alors que la figure du contrat a été accaparée par les privatistes qui l'employèrent à essentialiser le droit privé, les publicistes furent soucieux de se donner du droit public une définition qui pût tout à la fois convaincre de son autonomie par rapport au droit privé et le valoriser dans l'ordre académique des sciences juridiques. Si de nombreuses singularités opposent ces mêmes publicistes entre eux, tous ont en commun d'avoir repoussé le contrat comme dénotant le droit privé. Il est donc improbable qu'ils se fussent engagés dans une entreprise doctrinale tendant à faire du contrat un concept ontologique du droit administratif (**titre III**). Ainsi, le contrat administratif *n'a pu être conceptualisé* au cours de la Belle Époque parce que cette locution se voyait attacher une fonctionnalité exclusivement contentieuse, bien loin de renvoyer à un régime juridique foncièrement spécifique du droit des obligations ; parce que ces contrats ont donné lieu à des réflexions à ce point divergentes que celles-ci se prêtaient difficilement à l'idée de traduire un concept générique ; et, enfin, parce que le contrat fut sciemment évincé de la grammaire employée par la doctrine publiciste universitaire, tant il était de nature à contrarier le dessein que celle-ci avait de se donner une identité propre qui pût en faire l'égale de son homologue privatiste. En d'autres termes, la conceptualisation du contrat administratif est bien la dernière chose que les publicistes de la Belle Époque auraient entreprise.

TITRE PREMIER

LE CONTRAT ADMINISTRATIF : UNE LOCUTION CONTENTIEUSE AMBIVALENTE

(1880-1914)

323. À l'aube du XXe siècle, le contrat administratif conserve une acception purement contentieuse. Les administrativistes de la Belle Époque continuent de l'envisager dans un cadre intellectuel pareil à celui de leurs prédécesseurs. Ce n'est pas qu'ils en dirent la même chose, mais ils ne l'appréhendèrent toujours que pour discuter des contours du contentieux administratif ou des fondements de la juridiction administrative. Regardés comme une hypothèse-limite de ce contentieux, les contrats administratifs furent un sujet récurrent autour duquel vinrent se cristalliser diverses problématiques. Ce furent les *parlementaires* qui eurent à connaître de divers projets de réforme de la juridiction administrative. Pareillement à la seconde moitié du XIXe siècle, le contentieux contractuel est son talon d'Achille et les critiques qui lui sont portées prennent volontiers en exemple ce contentieux qui, plus que tout autre, se prêtent à justifier des rapprochements avec la compétence judiciaire (**chapitre 1**). Ce fut la *doctrine administrative* (universitaire pour l'essentiel) qui – non sans une certaine continuité avec les auteurs du siècle précédant – débattit de la nature du contentieux administratif en associant cette question aux représentations concurrentes sur le droit administratif (**chapitre 2**). Ce fut, enfin, la *jurisprudence du Conseil d'État* qui se préoccupa d'assimiler au contentieux administratif le contentieux des collectivités locales. Les arrêts usuellement présentés comme fondateurs du concept de contrat administratif ne l'ont nullement été. Ni le Conseil d'État, ni les contemporains qui réceptionnèrent sa jurisprudence n'ont formalisé ou reconnu un tel concept dont l'idée même leur est restée étrangère (**chapitre 3**). Il fut souvent question de *contrats administratifs* ; mais ce n'est pas sans artifice que l'on prête aux administrativistes le dessein de conceptualiser *un* contrat administratif, au sens où nous l'entendons.

Chapitre premier

Le contentieux contractuel : fer de lance des critiques parlementaires portées contre la juridiction administrative

324. Sur une période courant des premières années de la Troisième République jusqu'au régime de Vichy, nous avons recensé une centaine de projets ou propositions de loi touchant à la juridiction administrative et dont bien peu parvinrent à terme. Qu'il soit question du Conseil d'État, des conseils de préfecture ou bien de la juridiction administrative prise ensemble, ces diverses initiatives pointèrent les vices affectant les juridictions administratives : à savoir, son intimité avec l'administration active. En définitive, ces projets hétéroclites eurent peu d'impact tant ils supposaient un compromis introuvable, à moins qu'ils n'aient été portés dans le seul souci d'exprimer une distanciation, voire une réprobation de l'État jacobin et républicain. Pareillement à ce que nous avons vu sous la Restauration, le contentieux contractuel fut fréquemment mis en exergue pour critiquer la juridiction administrative jusque dans ses fondements (**section 1**). Décrédibilisé par l'engorgement chronique de son prétoire, le Conseil d'État fit l'objet de débats récurrents. Si sa compétence contentieuse fut rarement disputée dans son principe, la soustraction du contentieux contractuel fut souvent présentée comme un compromis envisageable, à titre de solution expédiente. Le refoulement de ce contentieux vers la compétence judiciaire indique suffisamment la manière dont « les » parlementaires pouvaient le concevoir. Ce qui importe au point de vue de notre sujet, c'est que cette stratégie argumentative déclina rapidement dans les années 1920, concomitamment avec la conceptualisation du contrat administratif. En supposant aux parlementaires des opinions banales qui ne furent que l'écho de doctrines disséminées de part et d'autre de la communauté juridique, les débats qu'ils nourrirent corroborent – depuis l'extérieur – l'existence d'une opinion majoritaire aux termes de laquelle les contrats administratifs furent appréhendés comme une locution contentieuse (**section 2**).

Section première. – La critique du contentieux contractuel : lieu commun des projets de (contre-)réforme de la juridiction administrative

325. Une ambigüité assise sur une interprétation latitudinaire du *Traité de la juridiction administrative* de LAFERRIÈRE. – La théorie esquissée par Édouard LAFERRIÈRE au sujet de la séparation des autorités administrative et judiciaire n'a rien d'inédite, puisqu'elle emprunte largement à la doctrine universitaire qui la précède. Néanmoins, elle fut longtemps mobilisée, souvent mésinterprétée, pour contester aux marchés de l'administration un caractère proprement administratif. Ce sont surtout les débats parlementaires qui attestent de la persistance, jusque dans le premier tiers du XXe siècle, de cette lecture biaisée de la doctrine de LAFERRIÈRE. Entre les années 1870 et 1940, les chambres furent saisies d'une centaine de projets et propositions de loi portés à réformer la juridiction administrative. La professeure GONOD affirme à leur sujet, que « *le contraste entre les innovations dont sont porteurs les projets et l'extrême modestie des réformes accomplies est d'autant plus troublant que, malgré la convergence des solutions mises en œuvre, il existe une rupture réelle dans l'appréhension d'une réforme sur la nécessité de laquelle tout le monde s'accorde* »[1]. Nombre de ces projets de réforme ont eu pour objet de pallier l'encombrement endémique de la section du contentieux du Conseil d'État. Alors que la Première Guerre mondiale a encore exagéré cette situation, le professeur JÈZE s'en indignait avec force en 1918 : « *C'est un devoir pour chacun de protester et de demander au Parlement de voter les mesures qui décongestionneront le Conseil d'État et lui permettront de juger avec plus de célérité. L'état des choses actuel est un scandale intolérable* »[2]. Nombre de solutions furent envisagées, certaines réalisées[3]. Parmi celles-là, il en est plusieurs qui touchèrent à la répartition des compétences entre les autorités administratives et judiciaires. De concert

---

[1] GONOD Pascale, « La réforme de la justice administrative, 1888-1940 », *in* BIGOT Grégoire & BOUVET Marc (dir.), *Regards sur l'histoire de la justice administrative*, Paris, LexisNexis, 2006, p. 268.

[2] JÈZE Gaston, « Note de jurisprudence », *in* R.D.P. 1918, p. 406. Cet avertissement n'est pas le seul que fit cet auteur dans la *Revue du droit public* : *cf.* « Les lenteurs de la procédure du recours pour excès de pouvoir » (R.D.P. 1911, p. 291) ; « Lenteurs de la procédure devant le Conseil d'État. Statistiques » (R.D.P. 1916, p. 65) & « Les lenteurs de la juridiction administrative » (R.D.P. 1921, p. 377).

[3] *Cf.* à ce sujet les travaux de la professeure GONOD : outre l'article précité, son ouvrage intitulé *Le Conseil d'État et la refondation de la justice administrative* (Paris, Dalloz, 2014). En s'arrêtant à la toute fin du XIXe siècle, l'ouvrage du professeur PACTEAU recouvre partiellement notre sujet : *Le Conseil d'État et la fondation de la justice administrative au XIXe siècle* (Paris, P.U.F., 2003, p. 177 *sq.*).

avec une réflexion sur les fonctions devant être dévolues au Conseil d'État, il fut souvent question d'alléger ou plutôt de recentrer l'activité contentieuse du Conseil d'État en lui retirant celles de ses attributions qui, en ne relevant pas du contentieux administratif par nature, seraient surabondantes au point d'être embarrassantes. Illustrant ces critiques, les contrats de l'administration furent systématiquement mis en avant pour démontrer que le contentieux administratif rassemblait en son sein divers contentieux spéciaux (tel le contentieux contractuel) qui, en y étant artificiellement rattachés, le dénatureraient et paralyseraient en définitive le fonctionnement de la juridiction administrative.

326. C'est en ce sens que le député Louis RICARD déposa une proposition de loi « *modifiant les attributions du conseil d'État, réduisant le contentieux administratif et augmentant la compétence des tribunaux judiciaires* »[4]. Elle intervint peu de temps après que le gouvernement eut saisi la Chambre des députés d'un projet de loi tendant à faire de la section de législation du Conseil d'État une seconde section du contentieux[5]. En regrettant que ce projet de loi « *tend*[e] *à développer d'une façon exagérée le rôle du conseil d'État comme juridiction* »[6], ce député suggéra, entre autres choses, de ramener le contentieux administratif à ses limites naturelles. À cet effet, le *Traité de la juridiction administrative* de LAFERRIÈRE est interprété avec une liberté qui dépasse sans doute la pensée de cet auteur. En effet, celui-ci n'a fait aucun mystère de la manière dont il concevait les marchés de fournitures de l'État : « *Ils sont, en même temps que des contrats, de véritables opérations administratives étroitement liées à la marche des services* »[7]. En même temps, il admettait que, pour les contrats passés pour la gestion des services publics, l'autorité judiciaire « *est compétente en principe et sous réserve des exceptions légales* »[8]. Son interprétation de la séparation des autorités administrative et judiciaire entretint des équivoques qu'il n'est pas rare de voir exploitées par des citations intelligemment ciselées – comme celle-ci :

---

4 *Annales de la Chambre des députés. Documents parlementaires*, Paris, Imprimerie des Journaux officiels, 1885-1950 (132 vol.), t. 34 (session ordinaire de 1891, t. 2), p. 469 (annexe n° 1452 ; séance du 30 mai 1891).

5 *Cf. Annales de la Chambre des députés. Documents parlementaires*, *op. cit.*, t. 33 (session ordinaire de 1891, t. 1), p. 798 (annexe n° 1282 ; séance du 10 mars 1891).

6 *Annales de la Chambre des députés. Documents parlementaires*, *op. cit.*, t. 34 (session ordinaire de 1891, t. 2), p. 471 (annexe n° 1452 ; séance du 30 mai 1891).

7 LAFERRIÈRE Édouard, *Traité de la juridiction administrative et des recours contentieux*, Paris, Berger-Levrault & Cie, 1887-1888 (1re éd., 2 vol.), t. 2, p. 134.

8 *Id.*, t. 1, p. 535.

> Cette distinction [entre les affaires administratives par nature et celles qui le sont par détermination de la loi] ne doit pas non plus être perdue de vue par ceux qui raisonnent sur l'état de notre législation et sur la part plus ou moins large qui pourrait être faite à la compétence judiciaire. Aucun motif d'ordre constitutionnel ne s'opposerait *a priori* à ce que le contentieux des travaux publics, des marchés de l'État, de certaines obligations pécuniaires du Trésor, fût porté devant les tribunaux, comme l'est déjà le contentieux de la plupart des affaires domaniales[9].

Le député RICARD se garde bien de poursuivre les propos de LAFERRIÈRE, lesquels caractérisent une démarche où le raisonnement du juriste se complique du pragmatisme de l'administrateur : « *Sans doute, une telle réforme ne devrait être abordée qu'avec* beaucoup *de circonspection et elle ne pourrait guère être tentée avec nos lois actuelles d'organisation judiciaire et de procédure. Mais enfin elle pourrait être inopportune sans être inconstitutionnelle* »[10]. Nous avons déjà abordé la doctrine de cet auteur pour conclure qu'elle est plus celle d'un didacticien syncrétique que celle d'un théoricien radical[11]. Sans être foncièrement original, celui-ci fut soucieux d'appréhender les contrats administratifs sous un aspect qui, à l'inverse de la plupart de ses contemporains, permît de les regarder comme homogènes au contentieux administratif. Pour autant, il fut souvent associé à des démonstrations auxquelles il n'aurait sûrement pas adhéré[12]. N'est-ce pas le sort des ouvrages renommés que de se prêter à de si nombreuses interprétations que leur auteur n'est plus convoqué que nominalement ? Distingué par un succès remarquable, le *Traité de la juridiction administrative* fut souvent cité à raison du crédit qui s'y attachait. Nombre des propositions de loi portées à réduire le contentieux administratif s'y référèrent, suivant une démarche qui participe vraisemblablement d'une tactique parlementaire : s'attirer une autorité doctrinale d'autant moins contestable qu'elle procède du vice-président du Conseil d'État en fonction de 1886 à 1898.

---

[9] *Id.*, t. 1 (1887), p. 9. Cité par le député RICARD : *Annales de la Chambre des députés. Documents parlementaires*, *op. cit.*, t. 34 (session ordinaire de 1891, t. 2), p. 472, 2e col. (annexe n° 1452 ; séance du 30 mai 1891). Dans l'exposé des motifs de sa proposition de loi, ce parlementaire cite plus encore Léon AUCOC.

[10] LAFERRIÈRE Édouard, *Traité de la juridiction administrative…*, *op. cit.* (1re éd.), t. 1 (1887), p. 9.

[11] *Cf.* la section 3, chapitre 3, titre IV, première partie.

[12] La seconde édition de son traité nous l'indique avec certitude. Publiée en 1896, Édouard LAFERRIÈRE désapprouve explicitement les projets de réforme de la juridiction administrative envisagés devant les chambres entre 1888 et 1895 (*Traité de la juridiction administrative et des recours contentieux*, Paris, Berger-Levrault & Cie, 1896 (2e éd., 2 vol.), t. 1, p. 279 *sq.*).

327. Un exemple topique des projets sacrifiant le contentieux contractuel (la proposition de loi du député RICARD). – La proposition du député Louis RICARD souligne le caractère illogique des attributions contentieuses qui répartissent le contentieux des marchés administratifs entre les tribunaux (marchés de fournitures des communes et des départements), les conseils de préfecture (marchés de travaux publics) et le Conseil d'État (marchés de fournitures de l'État). À l'instar de nombre de ses contemporains, il propose de remettre à la juridiction judiciaire le contentieux des marchés de travaux publics qui ne sont pas passés par l'État[13]. En effet, « *il s'agit de la connaissance d'un contrat de droit commun* »[14]. Il réfute l'idée qu'il soit besoin de connaissances particulières pour connaître de leur contentieux : les tribunaux judiciaires ne sont pas étrangers à de tels marchés puisqu'ils ont déjà à connaître des litiges qui peuvent survenir avec les sous-traitants des entrepreneurs et fournisseurs. Il rejette encore l'idée suivant laquelle le juge compétent devrait être pénétré d'une intelligence particulière à l'égard de l'intérêt général : « *N'oublions pas (…) que, dans les litiges relatifs aux marchés de travaux publics, le juge n'a pas à connaître de l'intérêt public proprement dit, mais seulement à examiner si un entrepreneur est lié par telle ou telle clause de son traité et s'il a exécuté son travail conformément aux stipulations de son contrat* »[15]. Saisi par le gouvernement de cette proposition, le Conseil d'État émet d'ailleurs un avis défavorable en ce qui concerne cette question du contentieux des travaux publics locaux[16]. En soi, les arguments avancés par le député RICARD n'ont rien d'inédit. Et pourtant, ils trouvent une force particulière compte tenu des enjeux sous-jacents à cette proposition de loi. En réagissant à l'encombrement du rôle du Conseil d'État, ce député souhaite recadrer ses missions autour de ses attributions administratives et législatives. Quoiqu'analogue à

---

[13] Pour les marchés de travaux publics de l'État, il est réticent à admettre la compétence judiciaire, car cela permettrait aux tribunaux d'interpréter les articles des cahiers des charges sur lesquels ils reposent. En revanche, pour les travaux publics des départements, communes et établissements publics : « *Il n'existe pas, en effet, de cahiers des clauses et conditions générales ; il est pourvu pour chaque entreprise par un cahier de charges spécial dont les conditions sont abandonnées à l'appréciation de l'administration locale intéressée. La nécessité d'une seule et même juridiction d'appel ne s'impose pas à l'égard des marchés passés au compte de personnes autres que l'État* » (*Annales de la Chambre des députés. Documents parlementaires*, *op. cit.*, t. 34 (session ordinaire de 1891, t. 2), p. 474, 3e col. ; annexe n° 1452, séance du 30 mai 1891).

[14] *Id.*, p. 474.

[15] *Ibid.*

[16] *Cf.* l'avis du Conseil d'État en date du 30 décembre 1891, consultable aux Archives nationales (AL//1110, dossier n° 88.410 & 88.411), ainsi que les discussions devant l'assemblée générale (AL//1287 & 1288 ; séances des 3, 5, 23, 24 & 30 décembre 1891).

d'autres propositions de loi déjà présentées devant les chambres, cette initiative s'en singularise néanmoins en s'inscrivant dans une problématique contemporaine de la fin du XIXe siècle : l'incapacité structurelle de la juridiction administrative à faire face à l'évolution d'un contentieux administratif qui s'est enrichi de nouvelles attributions[17] ou qui, pour les matières préexistantes, s'est hypertrophié[18]. Le député RICARD ne propose pas une réorganisation du Conseil d'État qui lui permettrait de juger plus rapidement. Il analyse l'étendue de sa juridiction comme un dévoiement de l'institution : le Conseil d'État ayant trop à juger, il concentre ainsi ses efforts sur une attribution secondaire qui le détourne des principales : conseiller le gouvernement et le parlement.

328. La précarité de cette situation réactiva les critiques faites à l'endroit d'une juridiction administrative dénigrée (l'organisation surannée des conseils de préfecture) ou déconsidérée (un Conseil d'État débordé). Malgré l'assise pérenne de la justice administrative, le foisonnement de ces initiatives parlementaires conféra à certaines thèses, jusqu'alors marginales, une valeur réactualisée. S'il fut le plus souvent question de réformer la juridiction administrative, certaines des solutions envisagées préconisèrent sa suppression pure et simple[19] en renversant

---

[17] Il s'agit surtout du contentieux électoral local, d'autant que le caractère suspensif du recours devant le Conseil d'État a pu susciter un encombrement du rôle avec le développement de procès dilatoires. De même, la décentralisation administrative a vu l'augmentation des recours pour excès de pouvoir exercés à l'encontre des décisions des conseils municipaux.

[18] Édouard LAFERRIÈRE l'indique dans son traité. En dehors du contentieux lié aux administrations communales et départementales, certains contentieux ont connu une rapide augmentation par l'effet de certaines politiques publiques. Comme, par exemple, les travaux publics, avec « *la création d'un nouveau réseau de voies ferrées, l'amélioration des voies navigables et des ports maritimes, l'établissement de nouvelles lignes de défense sur la frontière et autour des places de guerre, l'extension du réseau vicinal, et en général le grand développement des travaux communaux* » (*Traité de la juridiction administrative…*, *op. cit.* (1re éd.), t. 1 (1887), p. 247). Il fait notamment allusion à l'aménagement d'une ligne de fortifications sous la direction du général SÉRÉ DE RIVIÈRES (1874), ainsi qu'au plan FREYCINET, destiné à moderniser les infrastructures de transport (1878).

[19] C'est surtout à partir des années 1890 que les critiques dirigées contre le principe même de la juridiction administrative reprirent une certaine vigueur. L'avocat Gaston PRIVAT en porte témoignage : « *C'est de la témérité de venir après de savants spécialistes et d'éminents jurisconsultes se prononcer sur un sujet tant de fois agité, ayant suscité de si nombreuses controverses, et tranché en définitive jusqu'ici, sans espoir appréciable de retour, par le maintien du* statut quo *au profit de la juridiction administrative. Il ne nous a pas paru cependant que la question fût définitivement fermée. La brillante discussion à laquelle elle a donné lieu récemment devant l'Académie des sciences morales et politiques indique le sujet reste toujours vivant et ouvert* » (« De l'unité de juridiction ou de la suppression des tribunaux administratifs », *in Revue catho-*

des arguments dont la synthèse avait été réalisée peu avant dans un rapport remarquable[20]. Dans ce contexte, l'exemple du contentieux contractuel de l'administration fut de nouveau mobilisé pour argumenter en faveur d'une restriction du contentieux administratif (comme l'atteste la proposition de loi du député RICARD) ou de l'unité de juridiction[21]. Présenté comme un contentieux artificiellement distrait de la juridiction judiciaire par des textes spéciaux, d'aucuns le critiquèrent comme encombrant, sinon surabondant. C'est ainsi par son aspect le plus controversé que la juridiction administrative fut, de nouveau, mise en débat. Parce que les contrats administratifs ont accompagné ces controverses en épousant les problématiques au point de vue desquelles la juridiction administrative a été éprouvée, ils n'ont pas été questionnés de la même manière qu'ils ont pu l'être auparavant. Sous les monarchies constitutionnelles, ils ont été mobilisés pour interroger l'existence d'un contentieux administratif (Restauration), puis pour opter entre une justice administrative retenue ou déléguée (Monarchie de Juillet). À la fin du XIXe siècle, ils l'ont été pour discuter des insuffisances de la juridiction administrative.

---

lique des institutions et du droit 1894, XIII (2e série), p. 424). Les débats auxquels cet auteur fait allusion sont ceux suscités par l'académicien René BÉRENGER, à l'occasion de la présentation, par Rodolphe DARESTE, d'un rapport sur la « Réorganisation de la justice administrative en Italie » (*in Séances et travaux de l'Académie des sciences morales et politiques* 1894, CXLI, p. 80 *sq.*). À vrai dire, ces débats sont moins le point de départ de ces controverses qu'ils ne les amplifient.

[20] *Cf. Rapport présenté au ministre de l'intérieur par la commission chargée d'étudier les bases d'un projet de loi relatif à l'organisation et aux attributions des conseils de préfecture* (Paris, Imprimerie nationale, 1874). Cette commission fut instituée par le ministre de l'intérieur LEFRANC (1872), suite à la proposition du député RAUDOT (1871) qui envisageait la suppression des conseils de préfecture. Rendu le 20 janvier 1873, le rapport dit DURANGEL (du nom de son auteur, directeur de l'administration départementale et communale) envisage méticuleusement les points prêtant la juridiction administrative à controverses.

[21] L'unité de juridiction fut une question souvent traitée dans les premières décennies de la Troisième République, à travers les réflexions relatives à la séparation des pouvoirs. Ainsi, le député COLFAVRU présenta – le 8 juillet 1886 – une proposition de loi tendant à la réorganisation de l'autorité judiciaire et suggéra à cette occasion de réaliser l'unité de juridiction (annexe n° 1012). Le même présenta – le 28 janvier 1887 – une proposition de loi tendant à réorganiser l'administration et, ce faisant, à reverser aux tribunaux les attributions contentieuses dévolues aux conseils de préfecture (annexe n° 1499). Par une proposition de loi présentée le 17 janvier 1899, le député MORLOT invita à supprimer les conseils de préfecture (annexe n° 624). Dans la décennie de 1900, le député puis sénateur CHASTENET présenta trois propositions de loi tendant à instituer une chambre administrative à la Cour de cassation : devant la Chambre des députés, le 8 décembre 1908 (annexe n° 2153) et le 29 octobre 1910 (annexe n° 426) ; puis devant le Sénat, le 25 février 1913 (annexe n° 38).

329. L'attribution du contentieux contractuel au juge judiciaire : une solution de compromis. – Le président LAFERRIÈRE écrivait en 1887 : « *Le mouvement des affaires contentieuses depuis 1872 a montré une fois de plus qu'il n'y a point de réformes administratives, pas d'entreprises de grands travaux publics, pas de manifestation nouvelle de la vie nationale qui n'ait son contre-coup dans le contentieux administratif* »[22]. La Première Guerre mondiale n'eut pas d'autres conséquences : le contentieux des fournitures inquiéta certains parlementaires qui s'associèrent au gouvernement pour le confier aux tribunaux judiciaires. En 1916, la Chambre des députés vota une résolution invitant le gouvernement « *à provoquer les mesures législatives comme à prendre les décisions réglementaires qui s'imposent impérieusement pour activer le jugement des affaires arriérées pendantes devant le Conseil d'État statuant au contentieux* »[23]. C'est pour y réagir que le garde des sceaux – René VIVIANI – lui soumit un projet de loi « *portant attribution de compétence aux tribunaux civils pour les marchés de travaux publics et de fournitures passés par les diverses administrations publiques et aux conseils de préfecture pour toutes les concessions de services publics* »[24]. L'exposé des motifs révèle assez bien en quoi cette question renvoie à la problématique de l'encombrement du Conseil d'État :

> Il est, dès à présent, certain que l'organisation actuelle du Conseil d'État ne permettra pas, dans la suite, de pourvoir au jugement de l'ensemble des pourvois que la législation actuelle confie à la juridiction administrative. (…)
>
> Il semble (…) plus prudent d'attendre [la fin de la guerre] avant d'entreprendre une réorganisation complète, et de se borner pour le moment à réaliser une réforme très modeste tendant uniquement à empêcher que l'arriéré ne soit augmenté incessamment par deux natures de recours d'ores et déjà certaines : il est sûr, en effet, que nombreux seront les litiges relatifs aux fournitures pendant la guerre et aux marchés de travaux publics pendant les premières années qui suivront la cessation des hostilités. Or, il est facile de transférer la connaissance de ces litiges de la juridiction administrative aux tribunaux[25].

---

[22] LAFERRIÈRE Édouard, *Traité de la juridiction administrative…*, *op. cit.* (1re éd.), t. 1 (1887), p. 247.

[23] *Annales de la Chambre des députés. Documents parlementaires*, *op. cit.*, t. 90 (session ordinaire de 1916), p. 190 (annexe n° 1796, séance du 15 février 1916). *Cf.* à ce propos cet article de Gaston JÈZE : « Lenteurs de la procédure devant le Conseil d'État. Statistiques » (*in* *R.D.P.* 1916, p. 65).

[24] *Annales de la Chambre des députés. Documents parlementaires*, *op. cit.*, t. 90 (session ordinaire de 1916), p. 1301 (annexe n° 2407, séance du 25 juillet 1916).

[25] *Ibid.*

Si une réforme du Conseil d'État était un sujet trop délicat pour être entreprise alors que les hostilités perduraient, la proposition faite de lui soustraire le contentieux contractuel indique à quel point celui-ci était contesté, de sorte qu'il pût être aisément sacrifié pour réaliser un compromis provisoire.

330. En un sens, l'argumentation de ce projet de loi épouse la doctrine de LAFERRIÈRE : les marchés publics sont des « *contrats de vente ou de louage d'ouvrage par devis et marché dans des conditions tout à fait identiques à celles du droit civil, que les tribunaux civils ont l'habitude d'apprécier* »[26], alors que la concession de service public est « *un contrat essentiellement administratif* », car le « *service fourni par le concessionnaire* [l'est] *dans l'intérêt du public* [et sa rémunération provient des] *usagers qui payent un péage ou une redevance fixée par l'autorité publique au moyen de tarifs assez comparables aux tarifs d'impôt* »[27]. Peu avant, le député CHASTENET suggérait le même aménagement : confier aux tribunaux judiciaires le contentieux contractuel de l'administration, exception faite de celui intéressant les concessions de travaux publics. Il insistait pour sa part sur les complications qui résultaient de la distribution du contentieux des marchés entre les diverses juridictions – argument que la doctrine administrative avait déjà mobilisé lorsqu'une partie d'entre elle critiqua la juridiction ministérielle dans les années 1870-1880.

> À côté des marchés de travaux publics [dont la compétence échoit systématiquement aux conseils de préfecture] se placent les marchés de fournitures. (….) La compétence administrative n'est pas aussi générale pour les marchés de fournitures que pour les marchés de travaux publics. Elle ne s'applique qu'aux marchés de l'État et des colonies, dont le contentieux appartient, d'après le décret du 11 juin 1806 (art. 13) (*sic*), au conseil d'État, qui statue en premier et dernier ressort[28].

Les propositions de loi tendant à la surpression des conseils de préfecture reposent pour la plupart sur l'idée de confier aux tribunaux le contentieux contractuel de l'administration[29]. La nécessité de réformer la

---

[26] *Ibid.*

[27] *Id.*, p. 1302.

[28] *Annales de la Chambre des députés. Documents parlementaires*, *op. cit.*, t. 76 (session extraordinaire de 1908), p. 191 (annexe n° 2153, séance du 8 décembre 1908). Il s'agit d'une proposition de loi déposée par le député CHASTENET (et d'autres), tendant à modifier la compétence des conseils de préfecture, ainsi qu'à assurer l'unité de juridiction en instituant une chambre administrative à la Cour de cassation.

[29] Depuis la proposition de loi du député Joseph CHEVILLON (15 décembre 1886, annexe n° 1397) jusqu'à celle – par exemple – du député René LAFARGE (31 juillet 1924,

justice administrative se faisant vivement sentir, plusieurs parlementaires eurent en effet le souci de proportionner le contentieux administratif à ses limites naturelles, c'est-à-dire de le circonscrire aux recours pour excès de pouvoir, au contentieux des contributions directes et au contentieux électoral. De ce point de vue, le contentieux contractuel fut fréquemment dénoncé comme un embarras pour la justice administrative : une excroissance surannée, un dépôt anachronique de l'administration consulaire[30]. En citant parfois le traité du président LAFERRIÈRE – pas toujours à propos –, ces parlementaires soulevèrent des arguments devenus classiques : – « *La qualité d'une des parties dans un contrat ne saurait modifier la compétence* »[31] ; – « *les contestations qui peuvent surgir entre l'administration et ses entrepreneurs sont exactement de la même nature que celles qui naissent journellement entre les particuliers et les entrepreneurs* »[32] ; – « *le marché passé avec un entrepreneur ou un ouvrier n'est rien d'autre qu'un contrat, – louage de services, entreprise, concession, – régi par les principes du droit civil et par les stipulations des parties* »[33] ; – « *les contestations se rattachant aux actes de gestion des services publics ne figurent qu'à titre exceptionnel dans le contentieux administratif et (...) elles doivent être portées devant l'autorité judiciaire, si l'on applique les règles normales de compétence tracées entre la juridiction civile et la juridiction administrative* »[34] ; – « *les marchés de travaux publics passés par l'administration sont des actes de gestion : les tribunaux judiciaires doivent donc connaître toutes les difficultés qui peuvent en naître* »[35] ; – « *il*

annexe n° 412).

30 Ainsi par exemple, le député Émile FLOURENS écrivait dans l'exposé des motifs de sa proposition de loi tendant à la suppression des conseils de préfecture : « *Nous ne sommes plus à l'époque où le législateur estimait que l'État, dans ses contrats avec les citoyens, devait échapper à l'application des règles du droit commun, se soustraire au respect des prescriptions de la justice et d'imposer, au nom de je ne sais quelle raison d'État, des conditions d'une rigueur exceptionnelle* » (*Annales de la Chambre des députés. Documents parlementaires*, *op. cit.*, t. 64 (session ordinaire de 1903), p. 73 ; annexe n° 678, séance du 19 janvier 1903).

31 *Annales de la Chambre des députés. Documents parlementaires*, *op. cit.*, t. 56 (session ordinaire de 1899), p. 454 (annexe n° 624, séance du 17 janvier 1899). Il s'agit d'une proposition de loi du député Émile MORLOT, tendant à la suppression des conseils de préfecture.

32 *Annales de la Chambre des députés. Documents parlementaires*, *op. cit.*, t. 64 (session ordinaire de 1903), p. 73 (annexe n° 678, séance du 19 janvier 1903). Il s'agit d'une proposition de loi du député Émile FLOURENS, tendant à la suppression des conseils de préfecture.

33 *Annales de la Chambre des députés. Documents parlementaires*, *op. cit.*, t. 64 (session ordinaire de 1903), p. 317 (annexe n° 830, séance du 23 mars 1903). Il s'agit d'une proposition de loi du député Georges GROSJEAN, tendant la suppression des conseils de préfecture.

34 *Annales de la Chambre des députés. Documents parlementaires*, *op. cit.*, t. 77 (session ordinaire de 1909), p. 1364 (annexe n° 2676, séance du 9 juillet 1909). Il s'agit d'un rapport parlementaire du député Justin RIGAL, rédigé au sujet d'un projet de loi (déposé le 13 juillet 1908 ; annexe n° 2005) ayant pour objet la substitution de tribunaux administratifs aux conseils de préfecture.

35 *Annales de la Chambre des députés. Documents parlementaires*, *op. cit.*, t. 97 (session ordinaire

s'agit de rechercher la volonté des parties qui fait loi, aussi bien pour la personne publique que pour le particulier qui a traité avec l'administration »[36]. C'est précisément sous ce rapport que le contentieux contractuel du Conseil d'État fut discuté : inutile, il contribue à encombrer son prétoire en même temps qu'il dénature le contentieux administratif.

---

de 1921), p. 2061 (annexe n° 2950, 2e séance du 1er juillet 1921). Il s'agit d'une proposition de loi des députés Georges AIMOND & Jean-Baptiste SAGET, tendant à la suppression des conseils de préfecture.

36 *Annales de la Chambre des députés. Documents parlementaires*, *op. cit.*, t. 97 (session ordinaire de 1921), p. 1889 (annexe n° 2803, séance du 16 juin 1921). Il s'agit d'une proposition de loi du député LAFARGE tendant à la suppression des conseils de préfecture.

Section 2. – Le contentieux contractuel : une attribution du Conseil d'État critiquée comme surabondante

331. Une réduction du contentieux administratif envisagée dans le cadre d'un rééquilibrage des fonctions du Conseil d'État. – Les initiatives parlementaires pour soustraire une partie du contentieux administratif ou réaliser l'unité de juridiction ont en commun de proposer une réforme radicale de la juridiction administrative[37]. Si elles n'aboutirent qu'à des rapports rarement débattus en séance plénière, leur récurrence témoigne de la prégnance d'une définition du contentieux administratif qui, depuis le milieu du XIXe siècle, est fondée sur la distinction entre les actes d'autorité et les actes de gestion. Loin de traduire un conservatisme obscurantiste, l'adhésion à cette définition procède d'une conception de la juridiction administrative qui cadre avec le rôle souhaité pour le Conseil d'État : « *Il n'est pas, ne doit pas et ne peut pas n'être qu'une "juridiction"* », au risque de « *troubler l'harmonie établie par l'histoire, la législation, les besoins d'un grand pays démocratique, entre les trois fonctions que remplit le conseil d'État* »[38] – ainsi que le notent, par exemple les députés BARTHE & FÉLIX. Soucieux de ne pas surcharger l'activité contentieuse du Conseil d'État, l'encombrement de son rôle souleva des interrogations quant à son devenir. « *Les affaires contentieuses sont devenues envahissantes, (…) et si l'on n'y prend garde, elles vont dénaturer et réduire le corps au rôle d'un simple tribunal* »[39]. En d'autres termes, il s'est agi de cantonner ses attributions juridictionnelles dans des proportions plus modestes, délimitées par une application stricte de la séparation des autorités administrative et judiciaire. Le Conseil d'État serait moins un juge suprême de l'administration qu'un conseil placé auprès du gouvernement et des chambres pour contribuer à l'élaboration de la loi. Les députés précités d'une part et le député BENDER d'autre part[40] ont tiré parti d'un article qui eut un large écho : celui du maître des requêtes LE GOUIX, selon qui

---

[37] Le député Justin RIGAL, auteur d'un rapport parlementaire rédigé à ce sujet, en fait un résumé exhaustif. *Cf. Annales de la Chambre des députés. Documents parlementaires*, *op. cit.*, t. 77 (session ordinaire de 1909), p. 1348 (annexe n° 2676, séance du 9 juillet 1909).

[38] *Annales de la Chambre des députés. Documents parlementaires*, *op. cit.*, t. 95 (session ordinaire de 1920), p. 487 (annexe n° 578, séance du 19 mars 1920). Il s'agit d'une proposition de loi des députés Édouard BARTHE & Jean FÉLIX tendant à réduire le contentieux administratif.

[39] *Ibid.*

[40] *Cf. Annales de la Chambre des députés. Documents parlementaires*, *op. cit.*, t. 106 (session ordinaire de 1925), p. 512 (annexe n° 1469, 2e séance du 26 mars 1925). Il s'agit d'une proposition de loi du député BENDER tendant à réorganiser le Conseil d'État en réduisant ses attributions contentieuses.

« *les affaires contentieuses sont devenues* [si] *envahissantes* [qu'elles risquent de] *dénaturer et* [de] *réduire* [le Conseil d'État] *au rôle d'un simple tribunal* »[41].

332. C'est surtout à partir des années 1890 que les activités consultatives et juridictionnelles du Conseil d'État furent mises en balance, l'une par rapport à l'autre. Ainsi par exemple, un projet de loi destiné à pallier l'encombrement de la section du contentieux fut présenté en 1891[42]. « *La réforme qui s'impose a un double objet. Hâter l'expédition des affaires contentieuses et faire participer le conseil à la grande œuvre législative sont les deux données capitales du problème* »[43]. À cette fin, le gouvernement proposa de substituer à la section de législation (tout juste créée en 1879) une seconde section du contentieux. Cette mesure, qui traduit le choix de valoriser les fonctions juridictionnelles du Conseil d'État et ainsi de modifier son positionnement institutionnel, ne fut pas sans susciter quelques réactions. C'est en ce sens que le député RICARD prit l'initiative d'une proposition de loi (précitée) préférant une solution alternative. Il est autant préoccupé de préserver l'organe principal de l'activité législative du Conseil d'État – la section de législation, sous-employée – que de proportionner le contentieux administratif au regard du potentiel de travail de la section du contentieux. Aussi s'indigne-t-il contre ce projet gouvernemental qui envisage de supprimer celle des sections qui « *doit être l'âme d'un conseil d'État* »[44].

> À côté des sections administratives ou contentieuses composées de compétences spécialisées et portées par là même à restreindre leurs points de vue, à faire trop souvent place aux minuties administratives, la section de législation doit défendre au sein du conseil les grandes vues de droit public ou privé qui dominent

---

[41] LE GOUIX Maurice, « Le Conseil d'État et les innovations nécessaires », *in R.G.A.* 1919, II, p. 11.

[42] *Cf. Annales de la Chambre des députés. Documents parlementaires*, *op. cit.*, t. 33 (session ordinaire de 1891, t. 1), p. 798 (annexe n° 1282, séance du 10 mars 1891). Il s'agit d'un projet de loi déposé devant la Chambre des députés par le ministre de la justice (FALLIÈRES) et le ministre des finances (ROUVIER), tendant à la création d'une seconde section du contentieux au sein du Conseil d'État. Sur la saisine du gouvernement, le Conseil d'État rendit un avis en date du 19 décembre 1891 (Archives nationales : AL//1110), au terme des délibérations en assemblée générale qui se sont tenues les 3, 5, 17 et 19 décembre 1891 (Archives nationales : AL//1287).

[43] VARAGNAC Émile, « Le Conseil d'État et les projets de réforme. Les origines des questions », *in Revue des Deux Mondes* 1892, CXII, p. 773.

[44] *Annales de la Chambre des députés. Documents parlementaires*, *op. cit.*, t. 34 (session ordinaire de 1891, t. 2), p. 470 (annexe n° 1452, séance du 30 mai 1891).

> notre législation et corriger ainsi ce qu'il peut y avoir d'excessif dans les préoccupations d'autres membres du conseil[45].

Quelques années plus tard, le professeur DUCROCQ critiquait : « *Ce projet de loi supprimait la section de législation. C'était son vice capital* ». Car cette section « *correspond directement à la plus haute des fonctions du conseil d'État* »[46]. C'est le sens des oppositions que ce projet souleva au sein de la Chambre des députés – outre la contre-proposition du député RICARD. La réduction du contentieux administratif est brandie comme une alternative consensuelle pour réformer le Conseil d'État à coût constant. Comme l'expose le député KRANTZ (rapporteur du projet de loi), celui-ci a trop à juger car ses attributions contentieuses débordent de beaucoup ce qui est rationnel, c'est-à-dire ce qu'indique le principe de la séparation entre les autorités administrative et judiciaire[47].

> Sans doute l'exercice de la juridiction administrative suprême est une partie très importante des attributions du conseil d'État ; sans doute il faut, en présence de l'empressement et de la confiance des justiciables, leur donner plus de juges, tout au moins pour en finir avec cette masse d'affaires arriérées qui risquerait d'arrêter le cours de la justice. Mais ce serait une erreur et une erreur grave de tout sacrifier à cette nécessité. On ne peut, sans dommage pour la chose publique, réduire le conseil d'État à n'être plus qu'un tribunal administratif. Mieux vaudrait, à coup sûr, lui enlever parmi ses attributions contentieuses toutes celles qui peuvent être remises à l'autorité judiciaire, sans porter atteinte au principe essentiel de la séparation des pouvoirs. Parce que dans les affaires administratives aussi bien que dans l'œuvre législative, le conseil d'État ne peut jouer qu'un rôle purement consultatif, parce que le gouvernement aussi bien que le parlement sont trop souvent tentés de ne point recourir à sa collaboration, ce n'est pas une raison suffisante pour le décapiter en lui enlevant les moyens de remplir sa fonction essentielle[48].

---

45 *Ibid.*

46 DUCROCQ Théophile, *Cours de droit administratif et de législation française des finances avec introduction de droit constitutionnel et les principes du droit public*, Paris, Fontemoing, 1897-1905 (7e éd., 7 vol.), t. 2 (1897), p. 92-93.

47 Le professeur DUCROCQ s'indigne moins sur le principe de cette alternative que sur les motifs qui y président : « *On croit rêver* (…) *quand on songe que tout cet effet, remaniant les compétences consacrées par une expérience séculaire, est fait en vue d'éviter au budget la dépense nécessaire pour augmenter le personnel du conseil d'État* » (*id.*, t. 2, p. 98).

48 *Annales de la Chambre des députés. Documents parlementaires*, *op. cit.*, t. 38 (session ordinaire de 1892, t. 2), p. 36-37 (annexe n° 2104, séance du 21 mai 1892).

Si le projet de loi de 1891 ne fut peut-être qu'un expédient politique, les débats qui l'entourèrent renvoient à cette idée que le contentieux administratif n'est pas tant le produit d'une application rationnelle d'un principe constitutionnel que le résultat d'un processus historique. Ces attributions surabondantes (ce que les universitaires nomment le contentieux administratif par détermination de la loi) sont admises comme légitimes, mais non nécessaires. Elles reposent sur des motifs qui, en n'étant pas intrinsèquement juridiques, sont susceptibles d'être écartés pour des raisons d'opportunité – telle, par exemple, l'économie d'une réforme.

333. Le contentieux contractuel : une cible privilégiée pour dénoncer l'hypertrophie des fonctions juridictionnelles du Conseil d'État. – Cette problématique demeure jusque dans les années 1920. À l'instar de l'opinion portée par le député RICARD, le maître des requêtes LE GOUIX corrèle également la réduction du contentieux administratif au renforcement des attributions consultatives du Conseil d'État :

> Aujourd'hui, dans le sein même des Chambres, se produit un courant pour une participation plus effective du Conseil d'État à l'œuvre du législateur. Il faudrait une disposition impérative de la loi obligeant les Chambres à décider si elles entendent, sur tel projet, recourir oui ou non à sa collaboration. (…) Peut-être aussi le Conseil pourrait-il jouer le rôle de reviseur technique, avant le vote définitif de la loi, pour éviter les contradictions des lois entre elles, les confusions et même ces erreurs de dénomination si fâcheuses dont le projet sur la magistrature donne l'exemple[49].

Pénétré de certaines préoccupations liées à la Grande Guerre – notamment le renforcement du pouvoir exécutif –, cet auteur clame la nécessité de mieux associer les membres du Conseil d'État aux fonctions gouvernementales : ils « *devraient être détachés à* [la présidence du Conseil – à une époque où le Secrétariat général du gouvernement n'avait pas encore été organisé] *comme agents de liaison avec le Corps. Plus encore que par le passé, ils seraient désignés pour les missions de confiance, comme les anciens "missi dominici" de Charlemagne, les "enquesteurs" de Saint-Louis, et plus tard les "lieutenants du roi". Ils reprendraient les "chevauchées des maîtres des requêtes". Ils seraient des "fonctionnaires haut-le-pied" pour les contrôles urgents* »[50]. Y faisant écho, les députés BARTHE & FÉLIX conçoivent les fonctions juridictionnelles comme un complément aux fonctions par lesquelles le Conseil d'État

---

[49] LE GOUIX Maurice, « Le Conseil d'État et les innovations nécessaires », *in* R.G.A. 1919, II, p. 10.
[50] *Id.*, p. 11.

assiste le pouvoir exécutif dans la direction des administrations publiques. Les propositions de loi qui invitent à restreindre le contentieux administratif en en transférant une partie aux tribunaux judiciaires sont le pendant d'une valorisation de l'activité législative du Conseil d'État[51]. Ces parlementaires ne sont pas fondamentalement opposés au contentieux administratif. Cependant, ils en discutent l'étendue et se le représentent en étroite solidarité avec les autres fonctions du Conseil d'État.

334. C'est dans cette perspective que le recours pour excès de pouvoir est conçu comme la synthèse à travers laquelle s'agrège ces deux aspects : juger et conduire l'administration. Tel, par exemple, le député Louis MARIN :

> Le développement des recours pour excès de pouvoir a pu marquer une nouvelle orientation et préparer les voies d'une justice supérieure qui s'imposerait à tous. Les commentateurs ont tiré des considérations d'une portée philosophique incontestable de la combinaison de quelques arrêts souvent modestes ; ils ont édifié ainsi, sur les limites de la puissance publique, à propos de ses moindres applications, des théories intéressantes et qui ont agi utilement sur les esprits. Ce serait, cependant, une erreur que de regarder ces attributions contentieuses comme le principal rôle du conseil d'État. (…)
>
> Le conseil d'État de la République française ne doit pas être le premier conseil de préfecture. Il doit, sans doute, continuer à être le régulateur de la justice administrative : c'est une gageure, contraire au bon sens, que de le faire statuer sur le moindre recours en matière de contributions, de marchés ou d'élections[52].

Ceux qui sont favorables à une réduction du contentieux administratif sont animés par des motivations qui ne sont pas dirigées contre l'institution même du Conseil d'État. Elles procèdent bien au contraire d'une réflexion sur la place du Conseil d'État au sein des institutions républicaines. Sans tous aller dans le même sens, ces publicistes – des

[51] Pour une étude synthétique de la question, *cf.* DUBOIS DE CARRATIER Laurent, « Le Conseil d'État français, son œuvre législative et le "régime d'assemblée" (1875-1958) », *in* [collectif], *Études en l'honneur du professeur Jean-Arnaud Mazères*, Paris, Litec, 2009, p. 323.

[52] *Annales de la Chambre des députés. Documents parlementaires*, *op. cit.*, t. 95 (session ordinaire de 1920), p. 106 (annexe n° 222, séance du 23 janvier 1920). Il s'agit d'une proposition de loi du député MARIN, tendant à réformer la composition et l'organisation du Conseil d'État, ainsi qu'à instituer des conseils régionaux en substitution des conseils de préfecture.

parlementaires jusqu'aux administrativistes – orientent leurs propositions dans le sens d'une valorisation des fonctions législatives du Conseil d'État, lesquelles impliqueraient de l'associer davantage aux activités du gouvernement et du parlement. Ils ont été soucieux que ses attributions juridictionnelles n'altèrent pas le caractère de cette institution en l'accaparant trop au contentieux. Aussi projettent-ils des mesures qui permettent au Conseil d'État d'imposer à l'administration le respect de la loi par la censure juridictionnelle, tout en lui soustrayant celles des attributions contentieuses qui le conduisent à s'introduire dans les détails des opérations administratives. C'est à cet état d'esprit que répondent les propositions tendant à confier certains contentieux contractuels aux tribunaux judiciaires[53].

335. L'étiolement des critiques parlementaires dans les années consécutives à la fin de la Première Guerre mondiale. – Pour nombre des propositions de loi précitées, aucun rapport parlementaire n'y fit suite et cela est vraisemblablement symptomatique de l'audience qu'elles rencontrèrent. Celles qui furent présentées après la Première Guerre mondiale se virent opposer l'urgence des réformes : il eût été inopportun de bouleverser la répartition des compétences entre les deux ordres de juridiction. Faisant allusion au projet de loi (précité) qui, en 1916, envisageait de transférer aux tribunaux judiciaires le contentieux des marchés publics, le garde des sceaux NAIL écarte cette option en 1919 :

> Une première combinaison satisfaisante au point de vue doctrinal et préconisée par d'excellents esprits, consisterait à réduire les attributions contentieuses du conseil d'État en transportant à l'autorité judiciaire ordinaire la connaissance de certaines catégories d'affaires jusqu'ici réservées à la juridiction administrative. Mais, outre qu'une pareille réforme ne paraît pas commandée par l'intérêt des justiciables, son principe même soulèverait de telles controverses qu'il ne serait, dans les circonstances actuelles et eu égard à la nécessité d'aboutir rapidement, ni opportun, ni pratique de s'arrêter à cette conception[54].

---

[53] *Cf.* GONOD Pascale, « La réforme de la justice administrative, 1888-1940 », *in* BIGOT Grégoire & BOUVET Marc (dir.), *Regards sur l'histoire de la justice administrative*, *op. cit.* (2006), p. 271 *sq.*

[54] *Annales de la Chambre des députés. Documents parlementaires*, *op. cit.*, t. 94 (session extraordinaire de 1919), p. 86 (annexe n° 84, séance du 23 décembre 1919). Il s'agit d'un projet de loi, déposé conjointement par le ministre de la justice (NAIL) et le ministre des finances (KLOTZ), tendant à modifier la composition et l'organisation du conseil d'État.

Tandis que le député MARIN avait, entre temps, déposé une proposition de loi en réaction à ce projet de loi[55], ce sont les mêmes raisons d'opportunité qu'expose le député ANDRIEUX, rapporteur de projet et la proposition de loi précités.

> En dehors du point de vue doctrinal, se poserait la question de savoir si l'attribution à la juridiction civile donnerait satisfaction aux justiciables et à l'intérêt public. Or, les services publics d'une part, les entrepreneurs, les fournisseurs (...) de l'autre, n'ont jamais exprimé le désir que le contentieux des marchés (...) fût transmis aux tribunaux civils. La procédure administrative est des plus simples, moins coûteuse, dispensée du ministère des avoués. (...) Alors que les marchés de guerre vont donner lieu à d'importants procès, et que les travaux publics pour la restauration des dégâts vont se multiplier, il ne semble pas que le moment soit bien choisi pour changer la juridiction qui a la confiance des intéressés[56].

En somme, c'est par une stratégie d'évitement que sont écartées ces initiatives parlementaires tendant à réduire le contentieux administratif en lui retirant le contentieux contractuel. Celui-ci est conservé au contentieux administratif comme un compromis de circonstance et les débats sont évacués lapidairement.

336. Certes, le député ANDRIEUX ne cesse de concevoir les marchés publics comme des affaires « *moins rigoureusement dépendantes de la compétence administrative* » et qui lui « *appartiennent moins par leur nature que par la détermination de la loi* »[57]. Néanmoins, il est soucieux que l'éventualité d'une restriction du contentieux administratif n'entraîne quelques incertitudes jurisprudentielles, lesquelles seraient d'autant plus préjudiciables que la Première Guerre mondiale a multiplié les contentieux liés aux fournitures militaires. Autre argument décisif, le Conseil d'État a admis la théorie de l'imprévision, à l'inverse de la Cour de cassation, de sorte que sa jurisprudence semble mieux appropriée pour répondre aux difficultés soulevées par les hostilités. En accord avec le projet gouvernemental, il

---

[55] *Annales de la Chambre des députés. Documents parlementaires*, *op. cit.*, t. 95 (session ordinaire de 1920), p. 106 (annexe n° 222, séance du 23 janvier 1920). Il s'agit d'une proposition de loi du député MARIN, tendant à réformer la composition et l'organisation du Conseil d'État, ainsi qu'à instituer des conseils régionaux en substitution des conseils de préfecture.

[56] *Annales de la Chambre des députés. Documents parlementaires*, *op. cit.*, t. 95 (session ordinaire de 1920), p. 1567 (annexe n° 1001, séance du 4 juin 1920).

[57] *Ibid.*

penche plutôt pour une réorganisation de la juridiction administrative qui réduirait les attributions du Conseil d'État à celles d'un juge de cassation. Du reste, « *si les rôles du conseil d'État sont encombrés, ceux de la cour de cassation ne le sont pas moins et que déplacer la difficulté, ce n'est pas la résoudre* »[58]. Bien que de nouvelles propositions de loi ont été déposées dans le sens d'une réduction du contentieux administratif[59], ce projet de loi traduit un infléchissement teinté de pragmatisme[60]. Privilégiant une solution moins radicale qui associe la réorganisation du Conseil d'État à une réforme des conseils de préfecture, il écarte la question de la nature du contentieux contractuel. Cela s'explique non seulement par une conjoncture marquée par l'urgence, mais aussi par le fait que la guerre a mis en exergue à quel point les marchés publics sont intimement liés à la marche des services publics. Jusqu'alors, la jurisprudence administrative portait principalement sur les marchés et concessions des communes et départements, c'est-à-dire sur des contentieux pour l'attribution desquels aucune loi ne se prononçait explicitement et qui, par ailleurs, mettaient en cause les administrations locales. À la suite de la Première Guerre mondiale, les marchés de fournitures de l'État ont davantage été mis en lumière, en même temps que leur caractère proprement administratif a été souligné à travers l'application de la théorie de l'imprévision. L'évolution prise par les débats parlementaires dans les années d'après-guerre accuse ces mutations qui affectent la physionomie du contentieux administratif contractuel. Les propositions de loi qui assimilent ces marchés aux contrats du code civil apparaissent comme en disharmonie avec la jurisprudence administrative d'alors. Par contraste avec la Belle Époque, elles révèlent un décalage qui, incidemment, leur ôte tout crédit. La doctrine administrative corrobore cette évolution. Tandis que, dans l'Entre-deux-guerres, les administrativistes traitent des contrats administratifs en des termes qui nous sont familiers, tel n'est pas encore le cas dans les décennies précédentes.

---

58 *Ibid.*

59 Après la Première Guerre mondiale, la réduction du contentieux administratif fut souvent liée à des propositions de loi tendant à la suppression des conseils de préfecture. Des propositions de loi furent présentées en ce sens par le député MARIN (23 janvier 1920, annexe n° 222), les députés BARTHE et FÉLIX (19 mars 1920, annexe n° 578), le député LAFARGE (16 juin 1921, annexe n° 2803), les députés AIMOND et SAGET (1er juillet 1921, annexe n° 2950 & 31 juillet 1921, annexe n° 412) et le député BENDER (26 mars 1925, n° 1469).

60 Ce projet de loi fut adopté par la Chambre des députés le 29 juillet 1920 mais s'enlisa au Sénat où il fut renvoyé en commission (29 novembre 1921) pour n'être plus jamais discuté.

Chapitre 2

Le contentieux contractuel : une attribution disqualifiée par la doctrine universitaire

337. Au cours de la seconde moitié du XIXe siècle, les administrativistes se sont représentés le droit administratif sous un aspect qui repoussait les contrats de l'administration à ses marges. Le contentieux administratif contractuel fut analysé comme constituant une attribution artificielle et incohérente par rapport à une définition rationnelle du contentieux administratif. Nombre d'auteurs ont rapporté les limites du contentieux administratif *par nature* au contentieux de l'annulation, en corrélation avec une critique de la juridiction administrative. La valorisation du contentieux de pleine juridiction (dont fait partie le contentieux contractuel) n'est survenue que tardivement et, du reste, elle ne fut portée que par quelques auteurs isolés (**section 1**). Nous nous attacherons à montrer qu'à travers ce panorama doctrinal, les contrats de l'administration n'ont cessé d'être regardés comme hétérogènes au droit administratif, étant précisé que la distinction classique entre les actes d'autorité et les actes de gestion tendait à les repousser vers le droit civil. Nos propos tendront à démontrer que la doctrine administrative de la Belle Époque n'a jamais conçu de contrat administratif au sens où nous l'entendons (**section 2**).

Section première. – Le contrat administratif : une locution usuelle corrélée à un contentieux contractuel décrié

338. La césure de la Grande Guerre : l'apparition d'un hiatus entre les critiques parlementaires et la doctrine administrative. – Dans les années 1920, une partie de la doctrine administrative n'a pas manqué de passer au crible de la critique les initiatives parlementaires tendant à réduire le contentieux administratif. Tel est le cas de Gaston JÈZE en 1919 : « *On a, il est vrai, rangé les marchés de fournitures de l'État et les marchés de travaux publics parmi les matières rentrant dans la compétence administrative par détermination arbitraire de la loi. Mais cette manière de voir est tout à fait* *critiquable* »[61]. En s'attachant principalement aux marchés administratifs, il indique que le contentieux contractuel est de ceux – avec celui des contributions directes – dont l'attribution à la juridiction administrative est la plus controversée. Dans le même sens, Julien LAFERRIÈRE – professeur à la faculté de Strasbourg, nouvellement reconstituée – écrivait que « *les seules matières importantes pour lesquelles est envisagée la substitution de la compétence judiciaire à la compétence administrative, sont les marchés de fournitures de l'État, les contrats de travaux publics, les dommages causés par les travaux publics* »[62]. Au début des années 1920, la question de la nature des contrats administratifs n'est plus seulement liée au sort de la juridiction administrative. Le passage de la Grande Guerre – avec la mutation soudaine de l'action administrative et la pratique d'un interventionnisme étatique inédit – ne permettait plus d'analyser ces contrats comme auparavant.

> Les partisans de cette réforme de compétence semblent n'être pas au courant de l'état actuel de la question. Ils ne tiennent aucun compte de la jurisprudence bien établie du Conseil d'État, d'après laquelle appartient de plein droit à la compétence administrative tout litige suscité par le fonctionnement, le mauvais fonctionnement ou le non fonctionnement d'un service public, en sorte que le contentieux des marchés de fourniture ou de travaux publics est bien du contentieux par nature. Toute leur argumentation est fondée sur les idées qui avaient cours il y a quelque vingt ans[63].

En commentant la proposition de loi du député BENDER[64], Gaston JÈZE marque un peu plus cette césure. Il est moins question d'appréhender les contrats de l'administration à l'aune d'un prisme contentieux, que de caractériser pour l'administration un mode de gestion qui lui est singulier – d'où résulte le concept *moderne* de contrat administratif, formalisé à la même époque par quelques-uns dont Gaston JÈZE lui-même :

> Il suffira de signaler que les raisons exposées par M. BENDER pour attribuer aux tribunaux judiciaires la matière des *travaux pu-*

[61] JÈZE Gaston, « Le Conseil d'État au contentieux et les projets de modification des règles de compétence administrative », *in* *R.D.P.* 1918, p. 66. Il y critique le projet de loi (précité) de 1916, qui ne fut d'ailleurs jamais discuté devant la Chambre des députés.

[62] LAFERRIÈRE Julien, « L'organisation de la juridiction administrative. Réforme et projets de réforme », *in* *R.D.P.* 1921, p. 153.

[63] *Id.*, p. 153-155.

[64] *Cf.* *Annales de la Chambre des députés. Documents parlementaires*, *op. cit.*, t. 106 (session ordinaire de 1925), p. 512 (annexe n° 1469, 2e séance du 26 mars 1925). Il s'agit d'une proposition de loi relative à l'organisation du Conseil d'État par la réduction de son contentieux.

> *blics* ne convaincront pas facilement ceux qui connaissent le *régime juridique spécial* auquel est soumise cette opération. La juridiction administrative s'explique et se justifie aujourd'hui par la *nature spéciale des règles applicables* aux affaires portées devant les tribunaux administratifs. La proposition de M. BENDER, en ce qui concerne les travaux publics (et il faudrait dire la même chose de tous les contrats *administratifs*, si nombreux), soulève les plus légitimes réserves[65].

Si des propositions de loi tendant à verser le contentieux contractuel au juge judiciaire cessent d'être présentées à partir de 1925, c'est non seulement parce que les réformes de la juridiction administrative ont consolidé un compromis qui a vidé de sens cette question[66]. C'est aussi parce que les contrats de l'administration font l'objet d'une analyse différente dont le décret-loi du 5 mai 1934 se fait l'écho[67]. Il n'est plus admis que les contrats de l'administration sont des actes de gestion similaires à ceux des particuliers. La théorisation concomitante des contrats administratifs a conduit au déclin de cette doctrine, pourtant largement admise au cours de la Belle Époque.

339. Les propos précités de Gaston JÈZE mettent en exergue *un* ressort essentiel de la conceptualisation du contrat administratif dans l'Entre-deux-guerres : les critiques et, corollairement, les justifications avancées au soutien de la juridiction et du contentieux administratifs. Très schématiquement – dans la première moitié du XIXe siècle, la légitimation de la justice administrative s'est imposée avec l'apophtegme : *juger l'administration, c'est encore administrer* ; dans la seconde moitié du XIXe siècle, ce fut l'argument tiré de la nécessité de soumettre l'administration à un juge disposant de connaissances spéciales[68]. À partir du XIXe siècle

---

[65] JÈZE Gaston, « Projets et propositions de réforme du Conseil d'État », *in R.D.P.* 1925, p. 297.

[66] Nous pensons en particulier aux décrets-lois des 6 et 26 septembre 1926 qui ont substitué aux conseils de préfecture des conseils de préfecture interdépartementaux ; ainsi qu'aux décrets-lois des 5 mai et 8 septembre 1934, et du 17 juin 1938 qui ont modifié leurs attributions contentieuses. Quant au Conseil d'État, il a été profondément réorganisé par la loi du 1er mars 1923, suivie des décrets-lois des 7 août 1923, 30 décembre 1926 et 5 mai 1934 (complétés par les décrets des 10 mai et 24 juillet 1934).

[67] L'article 1er du décret-loi du 5 mai 1934 transfert notamment aux conseils de préfecture interdépartementaux la connaissance en premier ressort des « *litiges relatifs aux contrats rentrant dans la compétence de la juridiction administrative et passés par les départements, communes et les établissements publics* » (*in Journal officiel* 1934 (6 mai), n° 107, p. 4515).

[68] Si cette justification est la plus commune, elle est complétée par celles-ci : la célérité et l'économie de la procédure administrative ; ainsi que la nécessité d'assurer l'unité de la

finissant, certains des partisans de la juridiction administrative déplacèrent encore les justifications. Ils y furent poussés par la distinction entre l'acte d'autorité et l'acte de gestion, laquelle conduisait à réduire le contentieux administratif aux seuls actes d'autorité. Suivant cette distinction, les contrats de l'administration demeurent des contrats et il ne s'agit toujours – pour le juge – que d'apprécier la volonté des parties. Dès lors, l'argument tiré de la spécialité des connaissances perdait de sa pertinence, puisque les magistrats judiciaires connaissaient alors des marchés de fournitures des communes et des départements. Celui de la célérité procédurale était encore plus délicat à mobiliser, tant la juridiction administrative était encombrée (particulièrement le Conseil d'État). La dévaluation de ces arguments – qui ne cessèrent pas pour autant d'être mis en avant – favorisa l'émergence de doctrines inédites, sous-tendues par des enjeux dont les termes ont été renouvelés. Les administrativistes se positionnèrent différemment par rapport à des controverses que l'actualité a reconfigurées. Si, au début du XXe siècle, les publicistes discutent encore du contentieux administratif, c'est moins pour le dénoncer que pour en circonscrire les limites, en corrélation avec le rôle institutionnel dévolu au Conseil d'État. Dans les décennies suivantes, cette question a été bouleversée par les répercussions de la Grande Guerre, comme le soulignait par exemple le professeur JACQUELIN :

> L'influence de la guerre sur le droit administratif français a été assez profonde pour attirer et retenir l'attention. Elle a suscité des questions nouvelles qui ont reçu des solutions plus ou moins heureuses et elle a fait renaître des questions anciennes, qui ne sont pas encore éteintes, car elles n'ont engendré que des projets de réforme[69].

Aussi souhaitons-nous souligner combien les doctrines universitaires qui discutèrent de la nature du contentieux contractuel se sont inscrites dans des problématiques propres à la Belle Époque. Sans retirer aucun mérite à ceux qui y contribuèrent, gardons-nous de rechercher parmi eux des génies démiurges qui, dès ces années, auraient discerné, sinon entrevu le concept moderne de contrat administratif.

---

jurisprudence administrative autour du Conseil d'État. À cet égard, nous nous permettons de renvoyer le lecteur au rapport dit DURANGEL : *Rapport présenté au ministre de l'intérieur, par la commission chargée d'étudier les bases d'un projet de loi relatif à l'organisation et aux attributions des conseils de préfecture*, *op. cit.* (1874), p. 44 *sq.*).

[69] JACQUELIN René, *Répétitions écrites de droit administratif* [cours dispensé à la faculté de Paris pour le doctorat *ès*-sciences politiques (1922-1923), sur le thème : *Influence de la guerre sur le droit administratif français*], Paris, Les cours de droit, 1923, p. 3.

340. Les contrats administratifs : le lieu d'une définition critique du contentieux administratif. – En s'étalant de la seconde moitié du XIXe siècle jusque dans le courant des années 1920, les débats parlementaires dont il a été question précédemment ont entretenu des réflexions incessantes sur les contrats de l'administration. Celles-ci ont été développées par une doctrine universitaire divisée sur la conception à donner au contentieux administratif. Deux professeurs – en particulier – ont dénié à ces contrats toute forme de singularité : René JACQUELIN[70] & Henry BERTHÉLEMY[71]. Le premier regardait comme un « *procédé antijuridique* » les lois spéciales attribuant à la juridiction administrative « *les contrats passés en vue de la gestion des services publics* »[72] :

> Le but d'un acte ne peut pas en changer la nature : c'est là un principe général pour ainsi dire inflexible. Que les contrats interviennent en vue de la gestion des services publics ou en vue de la gestion du domaine privé, peu importe, leur nature reste toujours la même : ce sont des manifestations de patrimonialité ; encore que le langage administratif les ait qualifiés d'une dénomination spéciale, les marchés de fournitures et les marchés de travaux publics ne sont rien autre chose que des achats d'objets mobiliers et des louages d'ouvrages[73].

En analysant comme une anomalie la compétence du Conseil d'État en matière de fournitures[74], le second adopte une opinion similaire à son

[70] Nous ne connaissons aucune notice biographique consacrée à René-Louis-Désiré JACQUELIN (1865-1942). Mentionnons néanmoins cet article (anonyme) : « Une *conception d'ensemble du droit administratif* – René JACQUELIN » (*in R.F.D.A.* 2006, p. 527), ainsi que celui du professeur LAIDIÉ : « Relire un contempteur de la justice administrative sous la Troisième République : la rhétorique de JACQUELIN » (*in R.F.D.A.* 2013, p. 783). D'après le site SIPROJURIS, il débuta sa carrière universitaire en 1893 à la faculté de Lille, avant de rejoindre la faculté de Paris en 1899. Il fut admis à la retraite en 1934, pour cause de suppression d'emploi – certaines chaires ayant été supprimées pour des motifs d'économie.

[71] Au sujet d'Henry BERTHÉLEMY (1857-1943), voyez la notice biographique qui lui est consacrée dans le *Dictionnaire historique des juristes français* (2015), ainsi cet article du professeur BIGOT : « Henry BERTHÉLEMY ou la tradition du libéral-étatisme » (*in* HAKIM Nader & MELLERAY Fabrice (dir.), *Le renouveau de la doctrine française. Les grands auteurs de la pensée juridique au tournant du XXe siècle*, Paris, Dalloz, 2009, p. 199).

[72] JACQUELIN René, *Les principes dominants du contentieux administratif. Ouvrage spécialement destiné aux candidats aux doctorats*, Paris, Giard & Brière, 1899, p. 91-92. *Cf.* également du même auteur : *Une conception d'ensemble du droit administratif* (1899), où JACQUELIN y oppose une critique à l'opuscule de Maurice HAURIOU intitulé *La gestion administrative* (1899).

[73] *Id.*, p. 92.

[74] BERTHÉLEMY Henry, *Traité élémentaire de droit administratif*, Paris, Rousseau, 1916

collègue parisien.

> Les actes de gestion sont soumis aux mêmes règles de compétence que les actes semblables faits par des particuliers. Il serait impossible qu'il en fût de même des actes d'autorité, puisqu'il n'y a pas d'actes semblables faits par les particuliers. Si les tribunaux administratifs n'existaient pas, les actes d'autorité ne seraient soumis à aucune juridiction. Hors les tribunaux administratifs, institués tout exprès, il n'existe pas de juridiction qui puisse être chargée de juger des actes de ce genre[75].

D'un certain point de vue, ces deux auteurs développent une doctrine proche de celle de Théophile DUCROCQ, lequel a d'ailleurs côtoyé Henry BERTHÉLEMY à la faculté de Paris entre 1896 et 1899 :

> Les principes juridiques applicables aux contrats sont les mêmes au point de vue de la compétence, bien que leurs clauses varient. L'État, le département, la commune, ne figurent pas dans des contrats à titre de puissance publique, mais à titre de personnes civiles, et tel est le motif pour lequel il ne suffit, ni de leur présence dans un contrat, ni de l'intérêt public qui peut s'attacher à l'exécution de ce contrat, pour que les litiges qu'il soulève appartiennent au contentieux administratif. Le droit commun relatif à la compétence est applicable aux personnes civiles, comme aux personnes physiques, en matière de contrats, sans distinction au point de vue des parties qui y figurent. Il n'y a pas lieu de distinguer non plus, au point de vue de la nature des contrats eux-mêmes[76].

341. Pourtant, la doctrine des deux premiers ne traduit pas une adhésion molle à une théorie classique – celle distinguant entre les actes d'autorité et les actes de gestion. BERTHÉLEMY et JACQUELIN l'ont articulée à une certaine représentation de la juridiction administrative : le premier souhaitant la limiter au recours pour excès de pouvoir, tandis que le second défend l'unité de juridiction – impliquant la suppression de la juridiction administrative. Plusieurs thèses de doctorat (peut-être pas toutes originales, mais c'est bien là leur intérêt) entreprises à la même époque sur ce sujet ont entériné ces doctrines, déterminées par une certaine compréhension de la juridiction administrative. À cet égard, la thèse de Jean-Marie BOUCHARD est emblématique. Selon cet auteur, ce sont les « *souvenirs de la juridiction administrative envisagée comme juridiction de privilège au*

(8e éd.), p. 951-952.

[75] BERTHÉLEMY Henry, *Traité élémentaire de droit administratif*, Paris, Rousseau, 1900-1901 (1re éd., 1 vol.), p. 855.

[76] DUCROCQ Théophile, *Cours de droit administratif…*, *op. cit.* (7e éd.), t. 2 (1897), p. 15.

profit de l'État qui ont conduit à instituer [des] *exceptions* » qui demeurent irréductibles à la définition du contentieux administratif[77]. Elles constituent ainsi des incongruités juridiques qui ne sont que le dépôt historique d'un passé *ante*-républicain.

> Pour [ces attributions d'ordre exceptionnel, parmi lesquels celle relative aux marchés publics], il n'y aurait aucun inconvénient à restituer aux tribunaux judiciaires la compétence qu'on leur a enlevée. Cela aurait même l'avantage de donner au contentieux administratif la véritable physionomie qu'il doit avoir[78].

Il n'est pas le seul – loin s'en faut – à concevoir que « *la juridiction administrative connaît du contentieux de l'autorité* » et à la dénoncer « *comme juridiction d'exception* » ou de « *privilège* » lorsqu'elle connaît de contentieux qui n'y sont pas liés[79]. Certes, tous les développements qui touchent de loin ou de près aux contrats de l'administration ne s'inscrivent pas dans la même problématique. Nous verrons dans le titre suivant que ces contrats – sinon certains d'entre eux – ont fait l'objet d'études spécifiques. Il n'en reste pas moins que lorsque les administrativistes envisagent ces contrats à l'aune du contentieux administratif, ils traitent moins de leurs régimes juridiques respectifs qu'ils ne discutent des principes constitutifs du contentieux administratif. Qu'il s'agisse de le limiter ou bien de l'aménager autrement – ces deux questions étant complémentaires. La problématique retenue par les auteurs conditionne les termes de leurs développements, en en orientant les conclusions. Pour ceux qui entreprirent des études critiques sur le contentieux administratif, les contrats de l'administration sont un objet secondaire qu'ils plient aux prémisses de leur thèse – laquelle s'articule bien souvent à la distinction entre les actes d'autorité et les actes de gestion. La manière dont ces contrats y sont appréhendés s'en ressent nécessairement. C'est suivant cette perspective que nombre d'administrativistes refusèrent de reconnaître aux contrats de l'administration une nature particulière. Le cadre de leurs interrogations les invitait assez peu à les envisager sous un autre aspect et l'inclinaison de leurs démonstrations les a conduits à les rejeter vers les actes du droit privé.

---

77 BOUCHARD Jean-Marie, *Des limites du contentieux administratif. Étude historique et critique sur l'évolution du principe de la séparation des autorités administrative et judiciaire*, Paris, Rousseau, 1905 (thèse de doctorat, faculté de Paris ; dirigée par CHAVEGRIN, professeur de droit constitutionnel), p. 87.

78 *Ibid.*

79 *Id.*, p. 138.

342. Le contentieux contractuel regardé comme hétérogène au contentieux administratif. – Tout en restant prudent à l'égard des travaux historiques de Maurice HAURIOU, celui-ci fit preuve de perspicacité en rendant compte du succès d'une doctrine un peu abusivement attribuée à Édouard LAFERRIÈRE.

> Depuis un certain nombre d'années l'axe [du droit administratif] s'était déplacé ; il avait abandonné les régions où s'exécutent les services publics pour se porter vers celles où s'élaborent les décisions de principe de la puissance publique ; en d'autres termes, il avait incliné vers l'acte de puissance publique et le contentieux de l'annulation, désertant le contentieux de la pleine juridiction[80].

Les mutations doctrinales du droit administratif dans la seconde moitié du XIXe siècle ont entériné cette idée suivant laquelle le contentieux contractuel serait un contentieux irréductible à un contentieux administratif *par nature*, élaboré à partir de l'acte d'autorité. L'institutionnalisation du recours pour excès de pouvoir engagée avec le décret du 2 novembre 1864 confirma nombre d'administrativistes – à l'initiative de quelques-uns comme Léon AUCOC – dans cette réduction du contentieux administratif autour du contentieux de l'annulation. Parmi les contemporains du début du XXe siècle, Henry BERTHÉLEMY est l'un de ceux qui défendirent le plus vigoureusement cette doctrine – ce jusqu'à la fin de sa carrière[81]. Maurice HAURIOU s'expliquait cette évolution doctrinale de la manière suivante : suite à la réforme processuelle de 1864, « *toute l'attention* [s'est portée] *sur ce contentieux extraordinaire* [pour délaisser] *le contentieux ordinaire* [c'est-à-dire le contentieux de pleine juridiction] »[82]. Et d'ajouter – suivant une opinion dépréciative – que cela aurait été dû à l'insuccès des administrativistes à « *organiser une théorie convenable du contentieux ordinaire* »[83]. Pourtant, ce n'est pas par impuissance que la doctrine administrative de la seconde moitié du XIXe siècle a marginalisé le plein contentieux comme un contentieux essentiellement délimité par la loi, mais comme une conséquence de la représentation qu'elle s'est donnée du droit administratif[84]. Sous la Troisième République, cette doctrine est prônée par des libéraux contemporains d'une juridiction administrative

---

[80] HAURIOU Maurice, *La gestion administrative. Étude théorique de droit administratif*, Paris, Larose & Forcel, 1899, p. iv.

[81] *Cf.* BERTHÉLEMY Henry, « Défense de quelques vieux principes », *in* [collectif], *Mélanges Maurice Hauriou*, Paris, Sirey, 1929, p. 809.

[82] HAURIOU Maurice, *La gestion administrative…*, *op. cit.* (1899), p. 35.

[83] *Id.*, p. 36.

[84] *Cf.* la section 1re, chapitre 3, titre IV, première partie.

dont les fondements se sont raffermis sans, pour autant, s'être soustraits aux critiques. Ainsi, la valorisation du contentieux de l'annulation ne résulte pas du fait que les administrativistes se seraient détournés d'une difficulté théorique qu'ils eussent été incapables de résoudre – ainsi que le soutient Maurice HAURIOU pour légitimer ses travaux : « *Si la doctrine s'est désintéressée du contentieux ordinaire, c'est* (…) *qu'elle s'est crue obligée de confesser que ce contentieux n'avait pas de source spontanée, qu'il n'existait qu'en vertu des textes, que, par conséquent, elle, doctrine, ne pouvait rien pour son développement* »[85]. Bien au contraire, elle procède d'un parti pris doctrinal assumé, sous-tendu par une conception de la juridiction administrative corrélée à une interprétation stricte du principe de séparation des autorités administrative et judiciaire.

343. Le professeur toulousain présente avantageusement sa théorie comme une étape supplémentaire dans l'évolution inexorable du progrès doctrinal, au lieu de l'admettre comme une option doctrinale dont la valeur est relative au point de vue où il se place. Nonobstant ce biais, son analyse historique ne cesse d'être intéressante, car elle explicite ses propres ambitions doctrinales.

> Pendant un demi-siècle, on s'était demandé si à côté du contentieux ordinaire *d'attribution*, c'est-à-dire du contentieux organisé par les textes législatifs, il n'y avait pas un contentieux *de nature*. On avait affirmé instinctivement l'existence de ce contentieux de nature ; on avait distingué l'administration contentieuse de l'administration discrétionnaire, on avait raisonné sur des situations contentieuses par elles-mêmes, sur des actes contentieux par eux-mêmes. Puis, quand il s'était agi d'organiser la théorie d'une façon complète, de déterminer le critérium du contentieux de nature, tout s'était évanoui et l'on était retombé dans le contentieux d'attribution, dans la détermination légale[86].

Le contentieux de pleine juridiction procédant essentiellement de l'acte de gestion et celui-ci étant regardé comme un acte du droit privé, les administrativistes l'ont cantonné aux marges du contentieux administratif pour marquer le caractère accidentel de son rattachement à celui-ci. Nous pouvons toujours les critiquer pour n'avoir pas su analyser le plein contentieux en un sens qui le rendît homogène au contentieux administratif, mais ce serait ne pas voir que cette présentation du contentieux – entre un contentieux administratif par nature et un autre par détermina-

---

[85] *Ibid.*

[86] *Id.*, p. 36-37.

tion de la loi – s'associe parfaitement avec leur représentation du droit administratif. Cette seconde catégorie du contentieux administratif ne fut pas tant un contentieux rebelle à toute forme de typologie, qu'un contentieux irréductible à une certaine interprétation du principe de séparation des autorités administrative et judiciaire. Ce fut une sorte de contentieux apatride : entre la loi qui interdit de le rapatrier vers le contentieux judiciaire et la doctrine qui refuse de le naturaliser au contentieux administratif.

344. Une critique du contentieux contractuel exacerbée par le renouvellement générationnel. – À la toute fin du XIXe siècle, quelques-uns ont proposé de confier purement et simplement aux tribunaux le contentieux des actes de gestion. S'agissant des débats parlementaires, cette question fut intimement liée à l'impératif d'une réforme de la juridiction administrative. Cela dit, HAURIOU rend compte d'autres raisons qui viennent s'ajouter à l'actualité parlementaire. Les administrativistes qui parviennent à des fonctions d'enseignement à partir des années 1880 ne regardent pas le droit administratif comme leurs aînés[87]. Des auteurs comme FOUCART, TROLLEY sont publiés jusque dans les années 1850 ; et SERRIGNY, LAFERRIÈRE (père), jusque dans la décennie suivante. Toutefois, la génération de Maurice HAURIOU a été familiarisée au droit administratif par les ouvrages de BATBIE, DUCROCQ, AUCOC ; éventuellement par celui de LAFERRIÈRE (fils), plus tardif. Dès lors – et c'est d'ailleurs l'effet salvateur du renouvellement générationnel dans le développement des sciences –, les décalages induits par les mutations doctrinales du droit administratif à partir des années 1850-1860 sont apparus aux administrativistes de la fin du XIXe siècle comme des incohérences insupportables, car inintelligibles. La conception du contentieux administratif s'en ressent largement. Maurice HAURIOU le signale à son avantage – non sans une certaine mauvaise foi.

> Les nouvelles générations qui arrivent au droit administratif apportent de plus en plus le goût des théories simples et logiques, ce qui est fort louable ; or, en abordant le contentieux ordinaire, elles ne constatent que confusion ; elles se trouvent en présence d'un amas de règles incohérentes sans aucun principe directeur,

---

[87] Pour ne citer que ceux dont les publications se rapportent de loin ou de près à notre sujet : Émile ARTUR débuta sa carrière universitaire en 1880 (à Poitiers) ; Léon DUGUIT en 1883 (à Caen) ; Maurice HAURIOU en 1883 (à Toulouse) ; Henry BERTHÉLEMY en 1884 (à Lyon) ; Léon MICHOUD en 1884 (à Aix) ; Félix MOREAU en 1885 (à Aix) ; Jean APPLETON en 1893 (à Dijon) ; René JACQUELIN en 1893 (à Lille) ; Gaston JÈZE en 1899 (à Aix) ; ou encore Achille MESTRE en 1899 (à Lille).

> elles ont perdu la tradition qui les faisait accepter, elles prennent le parti des répudier en bloc ; elles se montrent disposées à nier le contentieux ordinaire et à repousser toutes les matières administratives vers la compétence judiciaire[88].

Condamnant un peu trop négligemment la doctrine administrative antérieure aux années 1860, Maurice HAURIOU suggère qu'elle ne fut animée par rien d'autre que la tradition ; inapte à formaliser une quelconque théorie.

> Il y a bien eu [avant 1860] des tentatives d'organisation, mais on n'y attachait qu'une importance secondaire. Il s'agissait avant tout à ce moment-là de faire connaître n'importe comment et dans n'importe quel ordre des détails ignorés de tous. Chaque auteur a sa classification et elle est basée en général sur l'aspect extérieur des choses, c'est-à-dire sur l'organisation administrative ou sur les services publics[89].

345. Certes, il ne fut pas isolé dans cette opinion : Gaston JÈZE[90], Henry BERTHÉLEMY[91], Henry NÉZARD[92] ou encore Achille MESTRE[93]

---

[88] HAURIOU Maurice, *La gestion administrative…*, *op. cit.* (1899), p. 78. *Cf.* du même auteur un article où il souligne la singularité de la génération de 1880-1890, qui a grandi dans le spectacle mortifiant de la défaite de 1870 et s'est employée à œuvrer laborieusement en déployant des efforts théoriques inégalés (« Notice sur les œuvres de Léon MICHOUD », *in R.D.P.* 1916, p. 483).

[89] HAURIOU Maurice, « De la formation du droit administratif français depuis l'an VIII », *in R.G.A.* 1892, III, p. 17-18.

[90] D'après Gaston JÈZE, la doctrine administrative du XIXe siècle a eu le défaut de gloser sur le droit administratif au lieu d'en proposer une vue d'ensemble (*Les principes généraux du droit administratif*, Paris, Berger-Levrault & Cie, 1904 (1re éd.), p. 6). Dix ans plus tard, il manifeste une admiration sans bornes pour le président LAFERRIÈRE : « *Que l'on considère ce qu'était le Droit administratif français avant que Laferrière eût écrit son* Traité de la juridiction administrative et des recours contentieux *(1re édition, 1886). Sans exagération aucune, c'était,* pour la partie juridique proprement dite, *le chaos, un amas plus ou moins confus de solutions incohérentes, arbitraires, de pratiques empiriques, souvent injustifiables et injustifiées.* (…) *Ainsi s'est établie, dans les esprits de ceux qui ont étudié le droit administratif avant les années 1890, une conviction difficile à détruire : c'est que le Droit administratif est une branche du droit, obscure, dont la connaissance suppose plus de mémoire que d'intelligence, sur laquelle on ne peut écrire qu'à coup de textes. Enfin LAFERRIÈRE vint, et le premier, en France, essaya d'apporter de l'ordre et de la méthode, d'expliquer les solutions de la pratique ; son immense mérite a été de chercher les* idées générales, *les* principes généraux *qui se trouvent derrière toutes ces solutions* » (*Les principes généraux du droit administratif*, Paris, Giard & Brière, 1914 (2e éd.), p. vij).

[91] D'après Henry BERTHÉLEMY, l'absence de codification a offert au droit administratif cet avantage de préserver la doctrine administrative de la « *méthode exégétique* ». Aussi reproche-t-il à ses prédécesseurs de n'en avoir tiré aucun avantage. « *C'est pour ne s'en être pas aperçus que des maîtres, cependant fort érudits, n'ont donné sur le droit administratif qu'un ensei-*

excellèrent dans ce style dévastateur qui consiste à rendre des jugements rehaussés par des préjugés dépréciatifs. Cette appréhension est biaisée. Elle n'est pas moins intéressante, car elle révèle l'incompréhension des contemporains de Maurice HAURIOU à l'égard de leurs prédécesseurs, en même temps qu'elle souligne les contours de leurs ambitions doctrinales[94]. En ce sens, elle est un document d'histoire à part entière. Les administrativistes du début du XXe siècle n'eurent pas une intelligence mieux tournée que leurs aînés. C'est que, en recevant en héritage de ces

---

gnement sans vie et sans intérêt » (« La méthode applicable à l'étude du droit administratif », *in* [collectif], *Les méthodes juridiques. Leçons faites au Collège libre des sciences sociales en 1910*, Paris, Giard, 1911, p. 69-70). Cela dit, il fait montre d'une certaine indulgence envers ses prédécesseurs. « *Un de nos jeunes et très sympathiques collègues, WALINE, a récemment écrit qu'avant les travaux d'Hauriou, le droit administratif n'existait qu'à l'état chaotique. Excusez-moi de protester contre l'exagération du terme. Ni CORMENIN, sans doute, ni GÉRANDO, ni MACAREL, ni SERRIGNY, ni DUFOUR, ni VIVIEN, ni BATBIE, ni le vieux maître à qui j'ai eu l'honneur de succéder, il y a 35 ans à la Faculté de Droit de Paris, DUCROCQ, n'ont fait œuvre comparable à celle* [de Maurice HAURIOU]. *Ils ne le pouvaient certainement pas ! Les jeunes oublient trop facilement que les pratiques administratives de la France ont été si complètement bouleversées par la Révolution française et par le régime impérial, qu'avant de s'y reconnaître, il a fallu travailler sur un champ de démolitions : on a dû ramasser les morceaux de ce qu'on peut appeler le droit administratif, reconstituer de toutes pièces, le plus souvent avec matériaux vétustes et vermoulus, la maison devenue difficilement habitable. Les reconstructeurs ont été, avec ceux dont j'ai rappelé les noms, les grands administrateurs de la Restauration, de la Monarchie de Juillet et surtout les membres de cette glorieuse institution consulaire : le Conseil d'État. Faire un numérotage, un inventaire, un catalogue, une description des nouvelles institutions, c'était chose indispensable et singulièrement malaisée. Ne méprisons pas ceux qui l'ont faite ! Ce serait une suprême ingratitude. Le confort moderne de l'édifice est dû à la génération suivante, celle qui, au-dessus des choses et des faits, a apporté les idées et formulé les principes. Et c'est ici que s'est placé nettement au premier rang, à côté d'AUCOC et de LAFERRIÈRE,* [Maurice HAURIOU] » (« Allocution de M. BERTHÉLEMY », *in* [collectif], *Cérémonie de l'inauguration le 22 avril 1931 du monument élevé par souscription à Maurice Hauriou, doyen de la faculté de droit de l'université de Toulouse*, Paris, Sirey, 1932, p. 25-26). L'article de Marcel WALINE auquel Henry BERTHÉLEMY réagit est celui-ci : « Les idées maîtresses de deux grands publicistes français : Léon DUGUIT et Maurice HAURIOU » (*in L'année politique française et étrangère* 1930, n° 17, p. 39).

92 *Cf.* NÉZARD Henry, « Une conception nouvelle du droit public (Léon DUGUIT, professeur à la faculté de droit de Bordeaux : *Traité de Droit constitutionnel*) », *in R.G.A.* 1912, II, p. 129).

93 *Cf.* MESTRE Achille, « L'évolution du droit administratif (doctrine) de 1869 à 1919 », *in* [collectif], *Les transformations du droit dans les principaux pays depuis cinquante ans (1869-1919). Livre du cinquantenaire de la Société de législation comparée*, Paris, L.G.D.J., 1922-1923 (2 vol.), t. 2, p. 19.

94 À l'instar du professeur TOUZEIL-DIVINA, nous pensons que cette démarche repose sur un mobile rhétorique : celui de promouvoir une doctrine nouvelle dont l'originalité pût être accentuée par un contraste avec les administrativistes des générations précédentes (« Maurice Hauriou, mystificateur ou héros mythifié ? », *in* TOUZEIL-DIVINA Mathieu (dir.), *Miscellanées Maurice Hauriou*, *op. cit.* (2013), spéc. p. 110).

derniers *un* droit administratif, ils n'ont plus à l'esprit celui que ces derniers ont eux-mêmes réceptionné dans leur prime jeunesse, avant de se l'approprier en le façonnant à leur tour. Et les étrangetés qu'ils relèvent ne reflètent toujours que leurs propres difficultés à pénétrer les arcanes d'un droit dont ils peinent à admettre l'historicité. Ils reprochent l'incurie là où ils ne saisissent plus les enjeux auxquels a pu répondre l'ébauche de tel ou tel concept ou, pour le dire autrement, le sens de *ce* droit administratif s'est perdu avec l'évolution des enjeux qui y sont sous-jacents. De surcroît, les administrativistes (universitaires) de la fin du XIXe siècle exagèrent ce qui démarque leurs doctrines de celles de leurs aînés. Car alors la doctrine publiciste se donne une individualité – exclusive des praticiens et concurrente de la doctrine privatiste. Ce souci de marquer une rupture doctrinale est celui de Maurice HAURIOU qui souhaite réorganiser le contentieux administratif en revalorisant le plein contentieux. Il concerne également ses contradicteurs qui, tout en conférant à la distinction entre l'acte d'autorité et l'acte de gestion une signification invariante, la mobilise pour porter un discours critique sur le contentieux administratif et, au-delà, sur la juridiction administrative.

Section 2. – La marginalisation des contrats : point de convergence des définitions doctrinales du contentieux administratif

346. La distinction entre les actes d'autorité et de gestion : une doctrine fixant l'horizon de la Belle Époque. – En 1906, ce n'est pas sans raison que Léon DUGUIT écrit que la distinction entre les actes d'autorité et les actes de gestion « *est en générale admise* ». Encore convient-il de préciser qu'elle n'est pas entendue de manière univoque, loin s'en faut. Il le reconnaît d'ailleurs en ajoutant : « *Lorsqu'il s'agit de déterminer le criterium, de dire quels sont les actes administratifs d'autorité et quels sont les actes administratifs de gestion, les difficultés et les controverses commencent* »[95]. Si certains administrativistes ont aménagé cette distinction[96], voire y ont substitué une autre distinction[97], tous en sont restés imprégnés. Celle-ci renvoyait à une problématique – la répartition des compétences entre les ordres juridictionnels – qui a cadré les débats doctrinaux. Il a moins été question de dégager *ex nihilo* un nouveau critère pour le droit administratif, que d'abstraire du contentieux administratif une *ratio* qui permît d'en rendre compte dans son ensemble. C'est à ce point de vue que la distinction entre les actes d'autorité et les actes de gestion a été discutée. La majorité des auteurs envisage une typologie des actes de l'administration dont la logique repousse les contrats de l'administration vers les tribunaux judiciaires. Si la plupart recourent à la distinction précitée, il ne faut pas en déduire qu'ils l'aient mobilisée dans le même dessein que leurs prédécesseurs. Léon AUCOC ayant été soucieux de restreindre le champ de la juridiction ministérielle, il développe les termes de cette distinction dans un sens qui sert son ambition doctrinale[98], c'est-à-dire dans le dessein de soustraire à cette juridiction les actes de gestion – à savoir, les litiges où se confrontent des intérêts matériels de l'administration. À sa suite, Édouard LAFERRIÈRE a tenu des propos qui peuvent jeter l'équivoque en faisant croire à une discordance doctrinale[99]. En recourant à cette distinction pour mieux dissocier le contentieux administratif du contentieux

---

[95] DUGUIT Léon, « L'acte administratif et l'acte juridictionnel », *in R.D.P.* 1906, p. 428.

[96] Nous pensons notamment à Maurice HAURIOU, qui proposa de distinguer entre les actes de puissance publique, les actes de gestion publique et les actes de gestion privée.

[97] Nous pensons par exemple à Gaston JÈZE et Léon DUGUIT qui lui ont substitué la distinction entre les actes unilatéraux et les actes contractuels.

[98] AUCOC Léon, *Conférences sur l'administration et le droit administratif, faites à l'École impériale des ponts et chaussées*, Paris, Dunod, 1869-1876 (1re éd., 3 vol.), t. 1, p. 20.

[99] Émile ARTUR émet une opinion largement partagée lorsqu'il écrit que Léon AUCOC et Édouard LAFERRIÈRE se sont attachés à définir différemment les actes d'autorité et les actes de gestion (*cf.* « Séparation des pouvoirs et séparation des fonctions », *in R.D.P.* 1900, XIV, p. 264).

judiciaire, il recourt à une grammaire qui accentue l'opposition entre droit public et droit privé. Ce positionnement le conduit à présenter les choses selon un point de vue sensiblement différent, combien même sa doctrine ne diverge pas foncièrement de celle de Léon AUCOC.

> Les actes de puissance publique sont les seuls actes de l'administration qui échappent *de plein droit* à la compétence judiciaire. La règle est différente pour les actes de gestion, c'est-à-dire pour ceux que l'administration accomplit en qualité de gérant et d'intendant des services publics et non comme dépositaire d'une part de souveraineté. Les facultés que l'administration exerce dans l'accomplissement de ces actes, n'excèdent pas, en général, celles que les citoyens possèdent en vertu du droit privé, ou qu'ils peuvent s'attribuer par des stipulations librement consenties[100].

Et suivant une conception similaire à Léon AUCOC[101], il définit les actes de gestion comme ceux qui « *comprennent (…) en général toutes les mesures qui ont pour objet le règlement d'intérêts pécuniaires relatifs aux services publics* »[102]. Tous deux déploient la même démonstration en adjoignant la théorie de l'État-débiteur au principe de séparation des autorités administrative et judiciaire. Les répertoires encyclopédiques adhèrent tous à la même doctrine[103]. Le professeur montpelliérain BRÉMOND assimile les actes de gestion à ceux « *que tout particulier pourrait (…) faire pour l'administration de son patrimoine* »[104]. Tandis que Henry BERTHÉLEMY dé-

---

100 LAFERRIÈRE Édouard, *Traité de la juridiction administrative…*, *op. cit.* (1re éd.), t. 1 (1887), p. 436.

101 AUCOC Léon, *Conférences sur l'administration et le droit administratif…*, *op. cit.* (1re éd.), t. 1 (1869), p. 374 *sq.*

102 *Id.*, p. 278-279.

103 Les répertoires, qui ont moins pour objet de verser dans les controverses doctrinales que de présenter l'état du droit positif, corroborent la prédominance de cette doctrine. En témoignent respectivement Léon BÉQUET dans le *Répertoire du droit administratif* (t. 8 (1891), v° Contentieux administratif), Jules BREMOND dans le *Répertoire général alphabétique du droit français* (t. 12 (1894), v° Compétence administrative) ou encore le *Supplément au Répertoire méthodique et alphabétique* de DALLOZ, alors placé sous la direction de Gaston GRIOLET et Charles VERGÉ (t. 3 (1888), v° Compétence administrative). Les deux autres répertoires concurrents, en étant plus restrictivement orientés vers le droit privé, sont plus allusifs sur le sujet : *cf.* le *Répertoire encyclopédique du droit français* de Fernand LABORI (t. 3 (1890), v° Compétence administrative) & les *Pandectes françaises* d'Hyppolite-Ferréol RIVIÈRE (t. 11 (1891), v° Autorité administrative (acte de l')).

104 BRÉMOND Jules, « Compétence administrative », *in* FUZIER-HERMAN Édouard (dir.), *Répertoire général alphabétique du droit français contenant sur toutes les matières de la science et de la pratique juridiques l'exposé de la législation, l'analyse critique de la doctrine et les solutions de la jurisprudence et augmenté sous les mots les plus importants de notions étendues de droit étranger comparé et de droit international privé*, Paris, Larose & Forcel, 1886-1906 (37 vol.), t. 12 (1894),

fend cette doctrine jusqu'au cœur du XXe siècle[105], nombre de docteurs l'entérinent dans des travaux orientés assez différemment[106].

347. Pour autant, les administrativistes de la toute fin du XIXe siècle n'ont pas mobilisé la distinction entre les actes d'autorité et les actes de gestion suivant les mêmes préoccupations doctrinales que leurs prédécesseurs. Nombreux furent ceux qui, en effet, y recoururent pour appuyer une restriction de la compétence administrative. En ce sens, René JACQUELIN – qui proposait d'unifier les deux ordres de juridiction sous l'autorité de la Cour de cassation – n'est pas si singulier : il envisage une alternative qui se situe dans un *continuum* d'idées partagées par d'autres administrativistes[107]. Henry BERTHÉLEMY est sûrement le plus explicite à cet égard. En posant de manière provocante la question de savoir si les tribunaux administratifs pourraient ne pas exister, il estime qu'elle n'aurait pas lieu d'être « *si la compétence des juridictions administratives avait été rigoureusement limitée à ce que* [il a] *nommé le contentieux administratif normal* »[108], c'est-à-dire le contentieux des actes d'autorité.

> Nous aurons à signaler un nombre considérable de matières et de procès qui, pour des raisons très diverses, ont été soustraits aux juridictions judiciaires pour être déférées aux tribunaux administratifs. C'est ainsi que le contentieux des travaux publics, par exemple, et le contentieux des ventes domaniales sont déférés par la loi de pluviôse an VIII aux Conseils de préfecture. C'est ainsi que le contentieux des marchés de fournitures pour le compte de l'État est déféré au Conseil d'État.
>
> C'est sur la confusion (…) engendrée [entre le contentieux administratif par nature et le contentieux administratif par déter-

---

p. 605. Cet article fit l'objet d'un tiré-à-part titré : *Traité de la compétence administrative* (1894).

105 *Cf.* BERTHÉLEMY Henry, *Traité élémentaire de droit administratif*, *op. cit.* (1re éd., 1900-1901), p. 20 *sq*.

106 Pour citer, à titre d'illustration, quelques thèses soutenues au tournant du XXe siècle, *cf.* celles de – Charles MONESTIER (*Règles de compétence en matière de contrats passés par l'administration*, 1898), – Achille MESTRE (*De l'autorité compétente pour déclarer l'État débiteur*, 1899), – Prosper GRIVELLÉ (*De la distinction des actes d'autorité et des actes de gestion*, 1901), – Henry NÉZARD (*Théorie juridique de la fonction publique*, 1901) ou encore – Jean-Marie BOUCHARD (*Des limites du contentieux administratif*, 1905).

107 Dans sa critique de l'opuscule de René JACQUELIN (*Les principes dominants du contentieux administratif*, 1899), le professeur rennais Émile ARTUR envisage cette alternative avec beaucoup de sérieux, sans laisser supposer qu'il l'eût trouvée inepte (*cf.* « Séparation des pouvoirs et séparation des fonctions », *in* *R.D.P.* 1902, XVII, p. 92 *sq*.).

108 BERTHÉLEMY Henry, *Traité élémentaire de droit administratif*, *op. cit.* (1re éd., 1900-1901), p. 24.

mination de la loi] et sur l'oubli des principes qui en est résulté que se sont appuyées toutes les critiques dirigées contre les juridictions administratives[109].

En développant cette thèse, certains docteurs attestent qu'il s'agit d'une doctrine classique. Ainsi, Jean-Marie BOUCHARD se prononce pour limiter le « *domaine du contentieux administratif au contrôle de la légalité des actes de la puissance publique* », convaincu que « *les tribunaux administratifs* [en seraient] *d'autant plus respectés* »[110]. Cette assimilation tendancielle entre l'acte de puissance publique et le recours pour excès de pouvoir ne fut pas, d'ailleurs, sans soulever quelques réactions critiques[111]. Quoi qu'il en soit, en esquissant les contours du contentieux administratif à partir de l'acte d'autorité ou de puissance publique, ces administrativistes ne s'attachent pas nécessairement à exacerber « *la domination de l'administration sur les administrés* » comme l'affirme, par exemple, le professeur BIGOT[112]. En portant leur attention sur les actes d'autorité, ils n'ont pas tant été obnubilés par la puissance de l'État, qu'ils ont souhaité en circonscrire les manifestations, ce pour pallier les critiques adressées à la juridiction administrative[113].

---

109 *Id.*, p. 25.

110 BOUCHARD Jean-Marie, *Des limites du contentieux administratif…*, *op. cit.* (1905), p. 137.

111 MARIE Léon « De l'avenir du recours pour excès de pouvoir en matière administrative », *in R.D.P.* 1901, XVI, p. 265 et 476.

112 BIGOT Grégoire, *Introduction historique au droit administratif depuis 1789*, Paris, P.U.F., 2002, p. 246. Il a développé plus amplement cette opinion dans deux articles : « Les bases constitutionnelles du droit administratif avant 1875 » (*in R.F.D.A.* 2003, p. 218) & « La dictature administrative au XIXe siècle : théorie historique du droit administratif » (*in R.F.D.A.* 2003, p. 435). Nous pouvons citer dans le même sens un article du professeur BURDEAU : « Naissance d'un droit » (*in* [collectif], Nonagesimo anno *: mélanges en hommage à Jean Gaudemet*, Paris, P.U.F., 1999, p. 521). Tandis que le professeur MESTRE s'est plutôt attaché à démontrer l'existence d'un droit administratif de l'Ancien Régime, les deux précédents sont les principaux représentants de cette conception historique du droit administratif, c'est-à-dire d'un droit administratif appréhendé comme un faisceau de contraintes par lequel l'administration s'assure la subordination des administrés ; d'un droit administratif qui aurait pour objet de légitimer la puissance de l'administration publique vis-à-vis de la société civile. Si nous ne nions pas la pertinence de cette approche, nous pensons qu'elle est susceptible d'être enrichie d'autres approches complémentaires.

113 En plus des auteurs déjà cités, nous pouvons ajouter René WORMS, alors auditeur au Conseil d'État (« La juridiction du Conseil d'État et ses tendances actuelles », *in Séances et travaux de l'Académie des sciences morales et politiques* 1905, CLXIV, p. 632). Émile ARTUR se prononce dans le même sens, quoiqu'il fait montre d'un ton désabusé qui lui est particulier, en ne reconnaissant à ces doctrines qu'une « *valeur partielle et limitée* » (« Séparation des pouvoirs et séparation des fonctions », *in R.D.P.* 1902, XVII, p. 439). Si Léon MICHOUD traite de la distinction entre les actes d'autorité et de gestion, c'est à propos

348. René JACQUELIN : une doctrine singulière tirant les conséquences d'un rejet intransigeant des contrats. – Cet auteur paraît se situer à l'extrémité du spectre doctrinal en défendant une opinion singulière parmi les administrativistes : celle de l'unité de juridiction[114]. Cette thèse ne fut pas si isolée qu'elle pourrait le paraître[115] : il faut se garder de la regarder comme une incongruité, dernier témoignage d'une résistance libérale à la juridiction administrative[116]. Parmi les administrativistes, il n'est pas le seul à soutenir que la distinction entre les contentieux judiciaire et administratif serait dénuée de tout fondement rationnel. À l'instar de quelques-uns de ses contemporains, la succession des significations données à la répartition des compétences lui fait dire qu'elle « *a été dictée uniquement par l'arbitraire* » : « *Le législateur français ne s'est, en réalité, inspiré d'aucune considération d'ordre rationnel, mais seulement de considérations purement empiriques de commodité administrative, et d'opportunité gouvernementale* »[117]. C'est encore l'opinion de Gaston JÈZE, selon qui le législateur « *a été guidé par des considérations tirées non de la nature des actes ou des recours, mais de l'utilité pratique ou de convenances politiques* »[118]. Le professeur rennais, Émile ARTUR, développe cette même analyse qui, en se désespérant de rien trouver de juridique dans le passé, s'en accommode volontiers pour se soustraire de la pesanteur de l'histoire.

---

de la question relative à la responsabilité délictuelle de l'État (*cf.* « De la responsabilité de l'État à raison des fautes de ses agents », *in* *R.D.P.* 1895, III, p. 401 ; IV, p. 1 et 251 ; « De la responsabilité des communes à raison des fautes de leurs agents », *in* *R.D.P.* 1897, VII, p. 41). Il y défend – dans un sens similaire aux auteurs précités – l'idée suivant laquelle le champ d'application du droit administratif devrait être réduit.

114 Outre sa thèse de doctorat où René JACQUELIN défendit cette opinion dans deux opuscules : *Les principes dominants du contentieux administratif* (1899) & *Une conception du droit administratif* (1899). Cette doctrine est encore prégnante dans cet article-ci : « L'évolution de la procédure administrative », (*in* *R.D.P.* 1903, XIX, p. 373 et 1903, XX, p. 5). Du reste, il l'enseigna à la faculté de Paris jusqu'en 1934.

115 Ainsi, par exemple, lorsqu'en 1894 il se tint à l'Académie des sciences morales et politiques un débat sur les fondements de la juridiction administrative, le sénateur René BÉRENGER et le professeur civiliste Ernest GLASSON ont exprimé vis-à-vis de leurs contradicteurs – Léon AUCOC et Maurice BLOCK – une opinion favorable à l'unité de juridiction (débat suscité à l'occasion d'une étude de Rodolphe DARESTE sur « La réorganisation de la justice administrative en Italie », *in Séances et travaux de l'Académie des sciences morales et politiques* 1894, CXLI, p. 89).

116 C'est sous ce point de vue que le professeur LAIDIÉ nous paraît avoir envisagé la doctrine de René JACQUELIN : « Relire un contempteur de la justice administrative sous la Troisième République : la rhétorique de Jacquelin » (*in* *R.F.D.A.* 2013, p. 783).

117 JACQUELIN René, *Les principes dominants du contentieux administratif…*, *op. cit.* (1899), p. 107.

118 [JÈZE Gaston], Note sur l'arrêt TERRIER *c. Département de Saône-et-Loire* (C.E., 6 février 1903), *in L'année administrative* 1904, p. 206.

> [Les] théories [qui s'y rapportent] sont nées après coup ; elles n'ont jamais dominé l'ensemble du contentieux administratif, mais seulement des parties plus ou moins importantes. Le législateur a continué à régler un assez grand nombre de points sans se préoccuper d'aucune théorie raisonnée, et à l'encontre de ces théories : d'où ces dérogations sans nombre sous lesquelles « les prétendues règles s'écroulent ». D'autre part, la jurisprudence, le Conseil d'État, en même temps qu'il rendait aux tribunaux judiciaires certaines matières, a cru bon d'en retenir d'autres, par exemple le jugement des dettes de l'État. Pour celles-ci la distinction entre les actes de puissance publique et les actes de gestion n'a jamais eu d'application, et l'ancien principe a été maintenu : défense aux tribunaux judiciaires de connaître des actes d'administration, de quelque sorte qu'ils soient, à moins qu'ils n'y soient autorisés par un texte formel[119].

Le pragmatisme du Conseil d'État et du législateur d'une part, le dogmatisme de la doctrine de l'autre les opposent sous tant de points de vue que les contradictions semblent insolubles à Émile ARTUR.

> On a ainsi abouti à faire jouer, suivant les matières, deux principes très différents : l'ancien principe d'interdiction radicale aux tribunaux judiciaires de connaître ; le principe, plus récent, d'interdiction atténuée. Les deux ne se concilient pas. La jurisprudence n'en a cure : il suffit, pour la mettre à l'aise, qu'ils ne s'appliquent pas aux mêmes objets. Mais la doctrine, qui veut ordonner le contentieux administratif et l'exposer méthodiquement, en est fort embarrassée. (...) On n'arrivera jamais à rendre cela clair, homogène, et satisfaisant pour l'esprit[120].

Il convient d'avoir à l'esprit que ces propos s'articulent à une stratégie argumentative dont l'objet est de convaincre de la nécessité de formaliser de nouveaux principes qui, pour être rationnels, doivent se libérer du carcan de l'histoire, celle-ci étant implicitement regardée comme étant

---

119 ARTUR Émile, « Séparation des pouvoirs et séparation des fonctions », *in R.D.P.* 1902, XVII, p. 442. Cet article est l'un des neufs publiés sous le même titre. L'auteur les réunit sous cet intitulé : *De la séparation des pouvoirs et de la séparation des fonctions de juger et d'administrer* (Paris, Pichon, 1905).

120 *Id.*, p. 443. Il ajoute, presque désappointé : « *Le mieux serait de ne pas raisonner. La délimitation entre les deux contentieux s'est établie historiquement : nous ne pouvons prétendre qu'à la constater avec exactitude.* (...) *Pour comprendre et coordonner certaines des matières réservées aux tribunaux judiciaires par la législation ou la jurisprudence, nous ferons appel à des principes, aux distinctions entre l'État puissance publique et l'État ayant un domaine privé, entre les actes d'autorité et de gestion, entre la nature des droits violés, mais en observant que ces principes et distinctions n'ont qu'une valeur partielle et limitée* » (*ibid.*).

antinomique de la raison. À cet égard, il n'est pas improbable que cette démarche traduise une manifestation de la *crise allemande de la pensée française*[121], en ce sens qu'elle constituerait un contrepoint à l'école historique du droit.

349. Quoi qu'il en soit, René JACQUELIN appréhende les actes de l'administration suivant une typologie qui permet de restituer leur diversité. Aussi les analyse-t-il tous suivant un *continuum* où la puissance publique et la patrimonialité figureraient deux pôles entre lesquels la combinaison varierait suivant qu'un acte de l'administration se rapprocherait de l'un ou l'autre.

> L'activité de l'administration évolue entre deux points extrêmes : la puissance publique et la patrimonialité. (…) Au lieu que les doctrines proposées jusqu'ici reposent sur une division pour ainsi dire à cloisons étanches, qui ne laisse subsister aucun lien entre les deux catégories d'actes qu'elle implique, la théorie que je vais présenter est bien plutôt fondée sur une idée unique à décroissance graduelle. C'est l'idée de puissance publique qui décline graduellement jusqu'à celle de patrimonialité, lorsqu'elle cesse d'être principale pour devenir seulement accessoire[122].

Cette conception graduelle des actes de l'administration est sous-tendue par l'unité juridiction en faveur de laquelle il se prononce. Elle justifie la manière dont il conçoit une ordre juridictionnel unique avec, d'une part, « *l'unité indispensable et représentative du pouvoir judiciaire* », incarnée par une « *Cour unique placée à la tête du pouvoir judiciaire* » et, d'autre part, « *la spécialité des connaissances* »[123] impliquant, dans les degrés inférieurs, des tribunaux distincts selon les attributions – à l'instar des juridictions consulaires.

> Alors en effet apparaîtrait l'utilisation de la distinction entre la patrimonialité et la puissance publique, tous les litiges soulevés par la première devant ressortir aux tribunaux civils, et tous les autres aux tribunaux administratifs[124].

Les tribunaux – tant judiciaires qu'administratifs – ne connaîtraient de

---

[121] Expression empruntée au titre de l'ouvrage de Claude DIGEON : *La crise allemande de la pensée française (1870-1914)* (1959).
[122] JACQUELIN René, *Une conception du droit administratif*, Paris, Giard & Brière, 1899, p. 17-18.
[123] *Id.*, p. 30-31.
[124] *Id.*, p. 31.

la légalité des actes de l'administration que par voie d'exception, tandis qu'une administration délibérante, distincte de l'administration active quoique placée sous l'autorité du chef de l'exécutif, pratiquerait, sous la forme d'une juridiction gracieuse, l'annulation et la réformation des actes de l'administration. Regardant le droit administratif comme un droit où s'y équilibrent la puissance publique et la patrimonialité, il déplore la place exagérée qui serait reconnue à la première.

> Le progrès de la science du droit administratif doit s'aimanter vers la recherche d'un équilibre plus exact des deux points extrêmes entre lesquels évolue cette branche du droit, de façon à lui assurer des assises inébranlables[125].

C'est sous ce point de vue qu'il critique les doctrines divergentes à la sienne. Au lieu « *de trouver des théories rationnelles en vue de rechercher ce qui devrait être* »[126], celles-là se seraient condamnées en épousant de trop près le droit positif, tantôt en libérant exagérément l'administration du respect du droit, tantôt en l'asservissant outre-mesure au respect du droit civil.

> Tandis que la théorie [de DUCROCQ] conduit à faire échapper à toute réglementation juridique les actes d'autorité, puisqu'on les regarde comme n'émanant pas d'une personnalité morale, à l'opposé la doctrine [de MICHOUD notamment] aboutit rationnellement à faire régir complètement par le droit civil les actes de l'autre catégorie puisqu'on les considère comme émanant d'une personnalité privée. C'est un résultat également inadmissible[127].

Ce qui confère à cette doctrine tout son intérêt pour notre sujet, c'est que, en reconnaissant aux contrats de l'administration une nature identique à celle des contrats privés, elle tire les conséquences radicales d'une appréciation unanimement partagée par ses contemporains. C'est-à-dire que, pour être singulière, elle n'embrasse pas moins une analyse banalisée depuis plus d'un demi-siècle. « *Ce sont des manifestations de patrimonialité ; encore que le langage administratif les ait qualifiés d'une dénomination spéciale, les marchés de fournitures et les marchés de travaux publics ne sont rien autre chose que des achats d'objets mobiliers et des louages d'ouvrages* »[128]. Sans négliger les singularités qui s'y attachent, la plupart admettent que ces contrats s'apparentent aux contrats du code civil. Ils en dérivent sans jamais cons-

---

125 *Id.*, p. 29.
126 *Ibid.*
127 *Id.*, p. 17.
128 JACQUELIN René, *Les principes dominants du contentieux administratif…*, *op. cit.* (1899), p. 92.

tituer un genre distinct. Si René JACQUELIN critique la doctrine qui distingue entre les contrats de gestion publique et les contrats de gestion privée (au sens où Édouard LAFERRIÈRE l'a développée dans son traité), il passe sous silence le fait que les auteurs qui y adhèrent reconnaissent que, en matière contractuelle, la compétence administrative est dérogatoire : elle repose moins sur des principes que sur des lois spéciales dont les motifs sont a-juridiques. Ainsi, l'assimilation des contrats de l'administration aux contrats privés n'est pas l'apanage d'une doctrine en particulier. Elle ne procède pas d'une théorie désuète qui sacrifierait aux apparences. Les thèses de doctorat qui traitent du contentieux administratif corroborent ce point de vue : qu'il s'agisse de parfaire la juridiction administrative en lui soustrayant celles de ses attributions les plus controversées[129] ou bien de l'incorporer au sein d'un ordre juridictionnel unique[130], les contrats sont toujours analysées comme relevant, par nature, des attributions judiciaires.

350. Léon DUGUIT et Gaston JÈZE : une doctrine originale entérinant une conception classique des contrats. – La doctrine de Léon DUGUIT[131] est – pour notre sujet – aussi édifiante que celle de René JACQUELIN. Toutes deux sont iconoclastes à un certain point de vue. Si celle du second peut – à tort – paraître ressasser des idées vieillies, celle du premier s'attire au contraire l'effet d'une théorie subversive. En développant une théorie des actes administratifs, Léon DUGUIT s'attache à une typologie qui, par quelques-uns de ses aspects, emprunte à la distinction entre les actes d'autorité et les actes de gestion. La distinction entre les actes unilatéraux et les actes contractuels, qu'il superpose à la première, procède de motifs qui sont indifférents à notre sujet[132]. Il se rap-

---

129 *Cf.* en ce sens les thèses de Paul-Émile ALLARD (*Étude des principes d'existence et d'organisation de la juridiction administrative*, 1903) et Jean-Marie BOUCHARD (*Des limites du contentieux administratif. Étude historique et critique sur l'évolution du principe de la séparation des autorités administrative et judiciaire*, 1905).

130 *Cf.* en ce sens la thèse de René FRILEUX (*La question de la suppression de la juridiction administrative*, 1903).

131 Au sujet de Léon DUGUIT (1859-1928), voyez les notices biographiques qui lui sont consacrées dans le *Dictionnaire historique des juristes français* (2015) et le *Dictionnaire de droit public interne* (2017) ; ainsi que cet article du professeur MELLERAY : « Léon DUGUIT : l'État détrôné » (*in* HAKIM Nader & MELLERAY Fabrice (dir.), *Le renouveau de la doctrine française…*, *op. cit.* (20009), p. 215) et cet ouvrage de Mme ESPAGNO : *Léon Duguit : de la sociologie et du droit* (Le Mans, Éditions l'Épitoge, 2013).

132 Il attribue la terminologie des actes d'autorité et des actes de gestion à la « *conception individualiste* » du droit, laquelle n'admet pas qu'un effet de droit pût résulter d'autre chose que d'un contrat. « *Sous l'influence de cette conception, on a longtemps admis comme un dogme (…) qu'un effet de droit, créant ou modifiant une situation juridique entre deux personnes, ne*

proche sensiblement de ses contemporains pour qui les contrats de l'administration renvoient à la compétence judiciaire. Pour Léon DUGUIT, le contentieux administratif recouvre celui des actes où la volonté de l'administration serait seule en cause – c'est-à-dire les actes unilatéraux.

> Ce contentieux administratif ne peut avoir que l'étendue déterminée par le but qui a inspiré sa création : éviter un conflit entre la volonté administrative et la volonté judiciaire. Or, ce conflit n'est possible que lorsque la situation de droit, qui donne lieu au procès, est créée par la volonté seule de l'administration, ou, d'une manière plus générale, lorsque la solution de la question soumise au juge implique l'appréciation d'une volonté juridique exclusivement administrative[133].

Le professeur bordelais adhère à une certaine conception des choses qui lui fait verser dans le contentieux judiciaire les contrats de l'administration. « *Les actes d'autorité, précisément parce qu'ils sont unilatéraux, doivent seuls et peuvent seuls donner naissance en principe au contentieux administratif* »[134]. Corollairement, « *lorsqu'au contraire il y a un acte de gestion, acte contractuel, la situation de droit objet du procès n'est pas née de la volonté seule de l'administration ; la solution de la question soumise au juge n'implique pas l'appréciation de la volonté seule de l'administration* »[135]. Il est amené à cette

---

pouvait être produit que par le concours des volontés de ces deux personnes ; qu'en un mot un effet de droit ne pouvait être créé que par un contrat. (…) Dès lors, lorsqu'on a étudié théoriquement en France le droit public à la fin du XIXe siècle et qu'on a vu que très fréquemment la volonté unilatérale d'un agent public, agissant au nom d'une personne publique, produisait un effet de droit, sans qu'on pût assimiler de près ou de loin cet acte à un contrat, dominé par le faux dogme du contrat, on a dit : Si, en droit public, l'effet de droit est souvent produit par un acte de volonté unilatérale, cela tient à la nature propre de la volonté qui se manifeste et qui par sa seule force peut produire un effet de droit, soit parce que les individus qui manifestent cette volonté sont les organes ou les représentants d'une personne collective publique investie d'une puissance commandante, soit parce qu'ils sont investis eux-mêmes d'une compétence spéciale, d'un imperium, *en vertu duquel ils peuvent créer par leur seule volonté un effet de droit. D'où naturellement le nom d'actes d'autorité (ou de puissance publique) donné à ces actes administratifs unilatéraux. (…) L'expression actes de gestion n'est point exacte, car très souvent, pour gérer son patrimoine, l'administration procède par voie d'acte unilatéral ; et, d'autre part, rien ne s'opposerait à ce que, pour faire autre chose que gérer son patrimoine, l'administration procédât par voie d'actes contractuels* » (DUGUIT Léon, « L'acte administratif et l'acte juridictionnel », *in* *R.D.P.* 1906, p. 441-442).

133 *Id.*, p. 443.

134 *Ibid.*

135 *Ibid.* Il développe : « *La situation est née non pas de la volonté administrative seule, mais du* complexe *des volontés concourantes. Le tribunal judiciaire pourra interpréter, annuler même l'acte de gestion, sans qu'il y ait vraiment conflit entre la volonté judiciaire et la volonté administrative, puisqu'il annule un effet produit, non par la volonté administrative, mais par un concours de volontés auquel la*

conclusion en adoptant une perspective où il se refuse de distinguer selon le but que se proposent les volontés qui concourent à un contrat, y compris lorsque ce but est propre au service public.

> Le caractère obligatoire du contrat, même à l'égard des gouvernants, de l'État, est incontestable et s'explique facilement. Si l'État n'est pas de sa nature une puissance commandante, si les gouvernants sont des individus comme les autres, il est de toute évidence que le contrat qu'ils souscriront produira les mêmes effets que le contrat consenti par un simple particulier. Tout acte de volonté, émané du gouvernant et déterminé par un but de droit, produit un effet de droit. (...) L'effet de droit est produit par chaque déclaration de volonté, prise en elle-même ; seulement ces deux déclarations de volontés sont provoquées l'une par l'autre. Le gouvernant nous apparaît sous le même caractère, qu'il signe un contrat ou qu'il affirme unilatéralement sa volonté. Notre proposition, tirée directement de notre conception de la solidarité sociale, reste toujours vraie[136].

Il réfute l'idée même qu'il pût exister des contrats distincts des contrats de droit privé, dans lesquels l'administration conserverait des moyens coercitifs, antinomiques avec le contrat dont le concept suppose l'égalité contractuelle[137]. Cette conception fait si bien corps avec sa théorie des actes juridiques qu'il la conserve pendant l'Entre-deux-guerres, alors même qu'il se retrouve peu à peu en contradiction avec la jurisprudence administrative[138]. Ce à l'inverse de Gaston JÈZE, lequel s'engagera dans une perspective inédite pour contribuer à la conceptualisation du contrat administratif, associant les deux paradigmes de l'acte unilatéral et du contrat.

351. Au cours de la Belle Époque, Gaston JÈZE[139] prône la même ap-

volonté administrative est simplement participante » (*ibid.*).

136 DUGUIT Léon, *Études de droit public*, Paris, Fontemoing, 1901-1903 (2 vol.), t. 1, p. 373-374.

137 *Id.*, p. 377. Il est à préciser qu'il tient ces propos pour les besoins de la démonstration, plutôt que pour démentir quelque auteur qui défendrait une telle thèse.

138 *Cf.* les trois éditions du *Traité de droit constitutionnel*, lesquelles s'échelonnent entre 1911 et 1930.

139 Au sujet de Gaston JÈZE (1869-1953), voyez les notices biographiques qui lui sont consacrées dans le *Dictionnaire historique des juristes français* (2015) et le *Dictionnaire de droit public interne* (2017), ainsi qu'un colloque dont les actes ont été publiés à la *Revue d'histoire des facultés de droit* (1991, n° 12) et le dossier du « Printemps de la jeune recherche juridique » paru sur cet auteur dans la *R.F.D.A.* (2012, p. 141 *sq.*). Pour de plus amples informations biographiques sur Gaston JÈZE, *cf.* MASLARSKI David, « La conception de

proche en recourant – à l'instar de Léon DUGUIT – à cette typologie alternative qui distingue entre les actes unilatéraux et les actes contractuels. Dans son ouvrage – dont la première édition fait figure de manuel élémentaire –, il écrit : « *On est amené à constater que la compétence administrative par nature*, toutes les fois que l'action naît à l'occasion d'un service public et ne repose pas sur un acte contractuel »[140]. Déclinant ce principe en plusieurs formules, il ajoute : « *Toutes les fois que le recours contentieux au fond repose sur une manifestation* contractuelle *de volonté, la compétence est*, par sa nature, *judiciaire*, même s'il s'agit de la gestion d'un service public *et sans qu'il y ait à distinguer entre les* services de l'État *et les* services locaux »[141]. Comme ses contemporains, il relève volontiers que « *pour la plupart des actes contractuels accomplis pour le compte de l'État, un texte consacre la compétence administrative* »[142]. À l'égard des contrats de l'administration, sa doctrine est assez peu originale dans les premières années du XXe siècle. Il ne s'en désolidarisa qu'à partir de la fin de la décennie années 1900 – ainsi qu'en témoignent, par exemple, ses notes sous les arrêts *THÉROND* (1910)[143] et *Société des granits porphyroïdes des Vosges* (1912)[144]. Ce n'est pas dire que, avant cette inflexion doctrinale, il défendit une opinion médiocre, insuffisamment mûrie et traduisant un conformisme doctrinal. Elle s'inscrit alors dans la doctrine majoritairement admise au tournant du XXe siècle ou, pour le dire autrement, les administrativistes défendirent des doctrines diverses qui, au-delà de leurs différences respectives, se rejoignent toutes pour appréhender les contrats de l'administration comme des actes dont la nature est irréductible au droit administratif – même si des motifs d'opportunité peuvent justifier d'en attribuer le contentieux à la juridiction administrative. Si, dans la décennie 1900, le Conseil d'État a peu à peu pris ses distances avec cette conception, les administrativistes furent loin d'adhérer aux évolutions jurisprudentielles. Ainsi, le professeur lyonnais APPLETON critiqua sévèrement l'arrêt *TERRIER* (1903) :

> La jurisprudence du Conseil d'État paraît se laisser entraîner à une extension fort arbitraire de la compétence administrative. (…) Pour s'être ainsi écartée de la théorie si clairement exposée et sou-

---

l'État de Gaston JÈZE », *in Jus politicum* 2009, n° 3 (disponible sur Internet).

140 JÈZE Gaston, *Les principes généraux du droit administratif*, Paris, Berger-Levrault & Cie, 1904 (1re éd.), p. 159.

141 *Id.*, p. 160.

142 *Ibid.*, note de bas de page n° 4.

143 JÈZE Gaston, Note sur l'arrêt *THÉROND c. Ville de Montpellier* (C.E., 4 mars 1910), *in R.D.P.* 1910, p. 249.

144 JÈZE Gaston, Note sur l'arrêt *Société des granits porphyroïdes des Vosges c. Ville de Lille* (C.E., 31 juillet 1912), *in R.D.P.* 1914, p. 145.

> tenue par M. BERTHÉLEMY, [le Conseil d'État] n'a rendu ni plus rapide, ni moins coûteuse la solution des petits litiges de la nature de celui à l'occasion duquel il a adopté la thèse de M. ROMIEU [c'est-à-dire l'arrêt *TERRIER*]. Si cette jurisprudence persiste, les particuliers seront obligés de porter devant le Conseil d'État, à grands frais, des litiges de minime importance, et, s'ils n'ont pas le bonheur d'être admis au bénéfice de l'assistance judicaire, de dépenser, pour faire juger leur querelle, une somme dix ou vingt fois supérieure à l'intérêt du litige. C'est rendre pratiquement impossible la défense et la réalisation des droits des particuliers dans de petites procès, pour la solution desquels le juge de paix serait le magistrat tout désigné[145].

352. Maurice HAURIOU : un auteur isolé, soucieux de revaloriser le plein contentieux et de reconsidérer les contrats. – Au cours de la Belle Époque, il n'y a à peu près que Maurice HAURIOU[146] pour défendre une doctrine alternative à celle(s)qui apparente(nt) les contrats de l'administration aux contrats du droit privé[147]. « *Du moment que les droits de puissance publique dépassent les droits privés par les effets exorbitants qu'ils entraînent, il est clair que les règles du droit privé, et spécialement celles du Code civil, ne peuvent pas s'y appliquer* de plano, *puisque ces règles sont faites à la mesure des droits privés.* (…) *En matière de contrats administratifs notamment, il faut se défier de l'assimilation avec les contrats ordinaires* »[148]. À rebours de la doctrine majoritaire qui distingue un contentieux par nature et un contentieux par détermination de la loi, l'ambition doctrinale de Maurice HAURIOU est d'appréhender autrement le contentieux administratif[149], en l'embrassant dans sa totalité sans exclure l'une quelconque de ses parties. La typologie des actes de l'administration qu'il propose procède de la volonté de revaloriser le contentieux de pleine juridiction afin d'échapper à une dicho-

---

[145] APPLETON Jean, Recension du *Traité élémentaire de droit administratif* (3e éd.) de BERTHÉLEMY, *in R.D.P.* 1905, p. 663.

[146] Au sujet de Maurice HAURIOU (1856-1929), voyez les notices biographiques qui lui sont consacrées dans le *Dictionnaire historique des juristes français* (2015) et le *Dictionnaire de droit public interne* (2017), ainsi que cet ouvrage collectif : *Miscellanées Maurice Hauriou* (Le Mans, Éditions l'Épitoge, 2013).

[147] Maurice HAURIOU fut conscient de son isolement doctrinal, au point d'écrire : il « *faut en Droit public des théories multiples* », car « *il n'est pas bon qu'une seule soit suivie, parce que si elle n'est pas complètement vraie tout le monde se fourvoie et le progrès est arrêté pour longtemps* » (*La gestion administrative…*, *op. cit.* (1899), p. 37).

[148] HAURIOU Maurice, *Précis de droit administratif contenant le droit public et le droit administratif*, Paris, Larose & Forcel, 1892 (1re éd.), p. 406.

[149] Il poussa loin cette entreprise en réalisant une étude qui demeura inachevée : « Les éléments du contentieux » (*in Recueil de législation de Toulouse* 1905, p. 1 & 1907, p. 149).

tomie qui, en définitive, rejette vers le contentieux judiciaire une part conséquente du contentieux administratif. C'est le sens de sa théorie de la gestion administrative, développée pour mettre « *fin à la crise que subit le Droit administratif français* »[150] (suivant une formule naturellement avantageuse pour le promoteur de cette doctrine).

> La théorie de la gestion permettra, je crois, de revenir à une situation plus normale, car il n'est pas naturel que ce qu'il y a de plus réel dans l'administration, l'exécution des services publics, n'occupe pas la place principale dans le Droit administratif[151].

Il est assez explicite sur les incidences théoriques qu'emporte cette théorie sur la manière de concevoir le contentieux administratif : « *Le contentieux administratif n'est pas désorganisé, la compétence reste administrative pour toutes les opérations que nécessite l'exécution des services publics ; bien mieux, le contentieux ordinaire trouve son fondement et son explication dans le fait même de la coopération que contient la gestion* »[152]. À l'inverse du professeur rennais ARTUR qui recommandait d'éliminer les « *bizarreries* » du contentieux administratif et parmi lesquelles celles relatives aux « *partages de compétence entre les deux ordres de tribunaux à propos du même contrat* »[153], Maurice HAURIOU associe à la définition même du droit administratif les contrats qui sont liés à l'exécution des services publics. En les analysant comme participant de la « *gestion contractuelle* »[154], il s'engage dans une approche qui donne à les voir non plus comme une exception gênante, mais comme une manifestation caractéristique du droit administratif. Isolément dans un premier temps[155], il rompt ainsi avec une appréhension du droit ad-

150 *Id.*, p. iij-iv.

151 *Id.*, p. iv.

152 HAURIOU Maurice, *Précis de droit administratif et de droit public général à l'usage des étudiants en licence et en doctorat* ès-*sciences politiques*, Paris, Larose, 1900-1901 (4e éd.), p. 235.

153 ARTUR Émile, « Séparation des pouvoirs et séparation des fonctions », *in R.D.P.* 1902, XVII, p. 446.

154 Maurice HAURIOU distingue quatre modes de gestion : la gestion contractuelle, la gestion pécuniaire, la gestion officieuse et la gestion forcée (*cf. La gestion administrative…*, *op. cit.* (1899), p. 22 *sq.*). Il la définit comme suit : « *L'acte de gestion contractuelle est le contrat dit* administratif, *c'est-à-dire le contrat passé directement pour assurer le fonctionnement d'un service public ; il implique par lui-même la collaboration d'un entrepreneur ou d'un fournisseur au concours duquel l'administration fait appel* » (*ibid.*).

155 Nous lui connaissons peu de partisans au début du XXe siècle, si ce n'est le professeur aixois Félix MOREAU qui lui donne son adhésion dans une recension de son précis (*in R.D.P.* 1900, XIV, p. 557), puis dans son propre manuel où, du reste, il ne se fait aucune idée exagérée de ces représentations intellectuelles : « *Les classifications ne sont que des procédés scientifiques, elles sont subjectives ; la nature n'offre pas les catégories tranchées dans lesquelles, par commodité, la science classe les phénomènes ; elle présente une série ininterrompue, et sur*

ministratif qui confine le contentieux contractuel aux marges du contentieux administratif. En recentrant le contentieux administratif sur le contentieux de pleine juridiction, il en reconsidère la nature autour des actes de gestion. C'est dans cette perspective qu'il développe une conception des contrats de l'administration qui se différencie foncièrement de ses contemporains. Ce n'est pas que le doyen toulousain fût plus lucide. Seulement, ses ambitions doctrinales le conduisent à les saisir autrement. En ce sens, il insiste davantage sur les actes de l'administration et leur contentieux, dans le dessein d'appréhender le droit administratif comme une discipline proprement juridique.

> Il faut que la doctrine française se ressaisisse et récrée une théorie du contentieux. Or, à mon avis, la gestion administrative doit être l'axe de cette théorie ; elle nous a déjà rendu la croyance en l'existence d'une source spontanée du recours contentieux ordinaire, ce qui est un point capital ; elle va de même nous permettre de déterminer le domaine propre de la compétence administrative et celui de la compétence judiciaire[156].

353. Pour autant, Maurice HAURIOU n'a pas été à l'origine du concept du contrat administratif, au sens où nous l'entendons. Certes, il parle de contrats administratifs pour désigner ceux qui sont passés pour l'exécution des services publics et dans lesquels l'administration use de prérogatives exorbitantes du droit commun.

> Outre le privilège de juridiction, faut-il rappeler tous ceux que peut invoquer l'état créancier ou l'État-débiteur, faut-il rappeler qu'en principe les décisions administratives dans les relations de l'État et de ses entrepreneurs et fournisseurs ont la même vertu que des décisions juridictionnelles pour les résiliations et la mise en régie ? Que tout contrat passé pour les services publics de l'État s'exécute par des décisions administratives et que ces décisions ont le privilège ordinaire de l'exécution provisoire ? Qu'elles permettent toujours à l'administration d'aller unilatéralement jusqu'au bout de son droit et qu'elles imposent au cocontractant qui veut réclamer, l'obligation de prendre le rôle de demandeur ?

---

certains points extrêmes, les classifications paraissent être en défaut. Ce n'est pas une raison pour y renoncer, si c'est une raison pour n'y pas attacher trop d'importance » (*Manuel de droit administratif. Organisation administrative. – Travaux publics. – Assistance publique. – Domaine public. – Impôts. – Contentieux*, Paris, Fontemoing, 1909, p. 68).

[156] HAURIOU Maurice, *La gestion administrative…*, *op. cit.* (1899), p. 79-80.

> Qu'en un mot l'administration conserve toujours le privilège *du préalable* qui est l'attribut essentiel de la puissance publique ?[157]

En s'inspirant largement de la doctrine de LAFERRIÈRE, ces réflexions empruntent surtout à l'exemple des marchés de fournitures de l'État dont les singularités ont été aiguisées par l'abandon de la juridiction ministérielle – les prérogatives des ministres pour l'exécution des fournitures s'analysant depuis lors comme des actes administratifs et non plus juridictionnels[158]. Pour autant, Maurice HAURIOU relève ces singularités en même temps qu'il augure – au début des années 1890 – de leur atténuation progressive, dans le courant d'un processus inexorable de *civilisation* des relations administratives : « *Il faut voir là des anomalies qui disparaîtront avec le temps. La logique finira par ramener tous les actes de gestion à la pure notion contractuelle, et à celle d'actes de personne privée* »[159]. Si cette citation disparaît dans la troisième édition de son précis (1897), il n'en fut pas moins pénétré de cette idée que, suivant la pente naturelle des choses, les droits de puissance publique s'érodent pour perdre de leur spécificité et s'apparenter progressivement au droit privé : « *Nous ne faisons d'ailleurs aucune difficulté de reconnaître que les droits de puissance publique ont une tendance à s'atténuer d'une façon constante ; de telle sorte que sur une matière donnée on peut assister à un glissement vers les règles du droit privé, sauf à voir de nouveaux droits de puissance publique s'édifier à côté, car il en faut et il y en aura toujours* »[160]. Cette doctrine n'évolue sensiblement qu'avec sa théorie de la gestion administrative. Mais, alors que les contrats administratifs ne renvoient plus à ces singularités appelées à s'estomper avec le temps, ils sont appréhendés comme des déclinaisons marginales de l'acte-type de la gestion administrative.

354. Si sa théorie de la gestion administrative le conduit à reconsidérer une foule de relations consensuelles qui lient l'administration, il ne recourt pas au *contrat* pour en exprimer le caractère. « *Les contrats administratifs ne sont pas le type de l'acte de gestion, ils en sont au contraire la limite* »[161]. C'est dire que ces contrats dénotent moins la gestion administrative qu'ils ne traduisent la pénétration du droit privé – *via* le contrat – jusqu'au cœur du droit administratif. S'efforçant de caractériser l'acte de gestion, il écrit :

---

157 *Id.*, p. 74-75.

158 *Cf.* la section 3, chapitre 3, titre IV, première partie.

159 HAURIOU Maurice, *Précis de droit administratif…*, *op. cit.* (1re éd., 1892), p. 168.

160 *Id.*, p. 406.

161 HAURIOU Maurice, *La gestion administrative…*, *op. cit.* (1899), p. 75.

> La première question à régler question à régler est celle de savoir si l'association *sui generis* entre l'administration et l'administré qu'il y a dans la gestion est un contrat ou au contraire une situation d'état. Qu'elle ressemble à un contrat cela n'est pas douteux, j'ai moi-même déjà invoqué cette ressemblance ; d'autre part, si le contrat n'est pas son type il est certainement une limite quelle (*sic*) atteint parfois, car il y a des actes de gestion contractuels (les contrats administratifs), mais le type de la gestion est-il le contrat ?
> On est fortement tenté de l'affirmer, sauf à résoudre ensuite la question subsidiaire de savoir si ce contrat serait de droit privé ou de droit public[162].

Il pose cette question pour mieux infirmer la thèse du contrat de droit public développée par la doctrine allemande[163] et, sur le fond, répondre par la négative. L'équivoque que soulève sa doctrine tient à ce qu'il affirme le caractère proprement administratif de relations consensuelles qu'il traduit par le statut (il parle alors de situation d'état) plutôt que par le contrat. Si ses contemporains marginalisent en règle générale le contentieux contractuel, Maurice HAURIOU s'efforce de recentrer le contentieux administratif sur le plein contentieux. Mais là où les premiers rejettent les contrats loin du contentieux administratif, le second contourne la difficulté que présente le contrat – du fait des équivoques que celui-ci entretient en dénotant le droit privé – et requalifie les relations consensuelles classiquement traduites par l'idée de contrat. À cet égard, il n'est pas le seul. Ainsi, par exemple, Gaston JÈZE analysa l'arrêt *TERRIER* comme mettant en cause un acte unilatéral – ce pour mettre la jurisprudence en harmonie avec une approche qui rejette les contrats aux confins du contentieux administratif[164]. En définitive, Maurice HAURIOU souligne la singularité des contrats administratifs dans le cadre d'une entreprise doctrinale tendue à revaloriser le plein contentieux et cela afin de ne pas être amené à reconnaître, à l'instar de JACQUELIN, le caractère judiciaire d'une partie substantielle du contentieux administratif.

> La situation de gestion est-elle de droit public ou de droit privé ?
> Si elle est de droit privé ou si seulement elle incline vers le droit privé, voilà le droit administratif dans une singulière posture, à cheval sur le droit public et le droit privé, relevant du premier par la théorie de la puissance publique, du second par celle de la gestion ; voilà les plus importantes, les plus fréquentes des opéra-

---

162 *Id.*, p. 64.

163 *Id.*, p. 66.

164 JÈZE Gaston, *Les principes généraux du droit administratif*, *op. cit.* (1re éd., 1904), p. 160.

> tions administratives qui retombent dans le droit privé ; voilà le contentieux administratif réduit, si l'on est logique, au contentieux de l'annulation ; voilà que le contentieux de la pleine juridiction est condamné à disparaître pour faire place tôt ou tard à un contentieux judiciaire[165].

En même temps, les contrats administratifs sont – parmi les actes de gestion – un cas-limite en ce que leur caractère contractuel les isole de ce qu'est foncièrement l'acte de gestion, c'est-à-dire un acte instituant une relation de nature *statutaire*. Autrement dit, ils ne sont qu'une espèce abâtardie d'un genre constitué par les actes de collaboration. En servant à une ambition doctrinale bien spécifique, Maurice HAURIOU se garde de naturaliser le contrat au droit administratif et en cela il est un administrativiste de son temps – pour qui le contrat est problématique à de nombreux égards[166]. Quoique différemment, les réflexions du professeur toulousain ne cessent – à l'instar de ses contemporains – de s'inscrire dans une définition critique du contentieux administratif, plutôt qu'elles annonceraient la théorisation d'un régime juridique propre à certains contrats de l'administration. Nous souhaitons confirmer cette thèse en abordant la jurisprudence administrative que l'on présente – à tort pensons-nous – comme fondatrice du contrat administratif : les arrêts *TERRIER* (1903), *THÉROND* (1910) et *Société des granits porphyroïdes des Vosges* (1912).

---

[165] HAURIOU Maurice, *La gestion administrative…*, *op. cit.* (1899), p. 70.
[166] *Cf.* le titre III, seconde partie.

<u>Chapitre 3</u>

Le contentieux contractuel : à la croisée d'une réorganisation prétorienne du contentieux administratif

355. Nous nous présentons usuellement les arrêts *TERRIER*, *THÉROND* et *Société des granits porphyroïdes des Vosges* comme ceux à partir desquels le Conseil d'État a conceptualisé les contrats administratifs. Tandis que leur théorisation doctrinale est datée des années 1920 avec les publications de Gaston JÈZE, le juge du Palais-Royal fait figure de précurseur : il aurait initié ce que la doctrine a achevé. Cette chronologie ne laisse de surprendre. Les contemporains du Conseil d'État de la Belle Époque auraient-ils réceptionné sa jurisprudence sans parvenir à entreprendre une théorisation quelconque – ne fût-ce qu'une esquisse ? Est-ce comprendre que des membres éminents du Conseil d'État auraient pensé à eux seuls le contrat administratif, en restant incompris dans cette initiative ? Cela ne constitue – à notre sens – qu'un mythe : le Conseil d'État de la Belle Époque n'a pas conceptualisé le contrat administratif, au sens où nous l'entendons aujourd'hui. Nous envisageons cette critique à la fin du présent titre, car elle implique deux choses. D'une part, ni dans l'environnement du parlement, ni dans la doctrine (universitaire) administrative, les contemporains n'ont souhaité ou ont exprimé le souci de concevoir un contrat autonome du droit privé dont le régime juridique fût spécifique par le genre. C'est-à-dire d'en proposer une définition *per genus et differentiam*. D'autre part, si ces mêmes contemporains ont été mus par une préoccupation convergente, ce fut celle d'envisager une réforme de la juridiction administrative qui puisse pallier les vices structurels dont celle-ci était affectée. S'il est question de « contrat administratif » à cette époque (le terme n'est pas rare), il doit être compris dans une acception purement contentieuse. C'est pourquoi, nous nous proposons d'aborder l'arrêt *TERRIER* en nous attachant en particulier à la manière dont il fut reçu par ses contemporains (**section 1**), avant de nous tourner vers les deux autres arrêts et de comprendre d'où procède cette historiographie contre laquelle nous nous élevons (**section 2**).

Section première. – L'arrêt *Terrier* : le parachèvement d'un contentieux administratif local

356. Le Conseil d'État, père du contrat administratif ? – La manière dont les administrativistes ont analysé les concessions de service public dans la première décennie du XXe siècle a familiarisé cette idée que certaines relations consensuelles de l'administration pouvaient ne pas être exclusivement conçues par le biais du contrat et que, pour traduire des opérations administratives foncièrement renouvelées, elles pouvaient se compliquer d'aspects hétérogènes au contrat. À cet égard, nul autre que Maurice HAURIOU – dans les notes de jurisprudence publiées au *Recueil Sirey* – n'a mieux appréhendé les problématiques sociales et économiques sous-jacentes aux difficultés juridiques soulevées par les concessions. En s'apprêtant à formaliser une théorie *du* contrat administratif, Georges PÉQUIGNOT a très bien discerné ces répercussions :

> Si, depuis le début de ce siècle, les traits qui nous apparaissent maintenant comme essentiellement caractéristiques du contrat administratif ont pénétré progressivement le contrat de concession, si l'on a admis que ce prétendu contrat pouvait être modifié par la volonté unilatérale de l'Administration, si l'on a reconnu aux usagers, c'est-à-dire à des tiers qui n'avaient pas été parties à l'acte, le droit d'en faire respecter à leur profit les stipulations, c'est que (...) on a fini par voir dans la concession de service public, autre chose qu'un contrat[167].

D'un point de vue différent, le professeur DRAGO soulignait – après d'autres – l'empreinte disproportionnée de la concession sur la génétique de la théorie des contrats administratifs. « *Et si la concession était* (...) *une situation exorbitante par rapport à la théorie du contrat administratif ?* ». Et plus loin d'ajouter : « *Faire de la concession l'archétype du contrat administratif a de quoi surprendre* »[168]. Si l'on convient du fait que la concession a été largement mise à contribution pour formaliser dans l'Entre-deux-guerres le concept de contrat administratif, il s'agit d'être prudent afin de ne pas extrapoler les choses. Il est vrai que certains administrativistes ont réinvesti ce contrat au début du XXe siècle. Rien n'indique cependant qu'ils eurent l'intention de poser les prodromes d'une théorie des contrats ad-

[167] PÉQUIGNOT Georges, *Contribution à la théorie générale du contrat administratif*, Perpignan, Imprimerie du Midi, 1945 (thèse de doctorat, faculté de Montpellier ; présidée par NESMES-DESMARETS, professeur de droit administratif), p. 23.

[168] DRAGO Roland, « Paradoxes sur les contrats administratifs », *in* [collectif], *Études offertes à Jacques Flour*, Paris, Répertoire notarial Defrénois, 1979, p. 152 et 154.

ministratifs. Aussi convient-il de ne pas se méprendre sur leurs desseins, au risque de se faire une idée biaisée de la genèse du concept de contrat administratif. Les réflexions qui se sont tenues – au cours de la Belle Époque – sur les concessions de service public n'ont pas été conduites dans le but d'ébaucher une théorie des contrats administratifs. Pour être usuelle, la locution de « contrat administratif » n'a toujours reçu qu'une acception contentieuse. Nous venons d'en développer quelques aspects, en soulignant sous quels rapports ces contrats ont été appréhendés dans les années d'avant-guerre. Nous souhaitons maintenant rendre compte de la manière dont les arrêts présentés – aujourd'hui – comme fondateurs de la théorie des contrats administratifs, ont pu être réceptionnées par la doctrine administrative contemporaine – à savoir, les trois arrêts du Conseil d'État : *TERRIER* (1903), *THÉROND* (1910) et *Société des granits porphyroïdes des Vosges* (1912). Démontrer qu'ils ne traduisent pas la conceptualisation du contrat administratif, c'est battre en brèche cette idée qu'il y aurait eu une théorie *prétorienne* des contrats administratifs dès les années 1900[169]. Certes, certains administrativistes se sont attachés – dans les années 1920 – à formaliser un tel concept en réinterprétant ce faisant les arrêts précités[170]. Mais ceux-ci n'ont pas été les « *arrêts fondateurs* » des contrats administratifs pour reprendre les mots du professeur YOLKA – ou ils ne l'ont été que rétrospectivement. Aussi nous faut-il réfuter cette historiographie qui fait du Conseil d'État l'initiateur d'un tel concept dont, pourtant, il n'a eu aucune conscience à l'aube du XXe siècle.

---

[169] Suivant le professeur YOLKA, le premier temps de leur théorisation « *est, bien entendu, jurisprudentiel* » : « *Les arrêts fondateurs sont pour l'essentiel rendus dans les premières années du XX*[e] *siècle (les "Trente Glorieuses du droit des contrats administratifs", entre 1902 et 1932)* ». Selon lui « *cet effort de généralisation a surtout consisté à systématiser les principes applicables aux concessions de service public, qui ont servi de modèle en dépit de leur particularisme. On ne saurait le comprendre sans replacer cette évolution dans un contexte d'autonomisation du droit et du juge administratifs : la référence à une matrice originale, éloignée du contrat privé, a permis de justifier un effort de différenciation et devait légitimer l'absence d'application du droit civil des contrats* ». Ce ne fut que dans un second temps, dans les années 1930, que « *les tentatives de théorisation* » seraient intervenues. (*Droit des contrats administratifs*, Paris, L.G.D.J.-Lextenso éditions, 2013 (1re éd.), p. 19). Nous n'adhérons pas à cette idée qui prête au Conseil d'État une volonté qui se serait manifestée continument sur une trentaine d'années, au bénéfice d'une théorie dont le cadre fût fixé à l'avance. Le droit administratif a été si bouleversé par la Grande Guerre qu'il nous paraît anachronique de présenter les choses sous l'aspect d'une évolution régulière. Que les administrativistes de l'Entre-deux-guerres aient mis à contribution la doctrine et la jurisprudence administratives d'avant-guerre, nous n'en disconvenons pas. Cela ne veut pas dire que leurs prédécesseurs – quelquefois les mêmes – aient partagé, dans les années 1900, les mêmes vues ou les mêmes ambitions.

[170] *Cf.* les chapitres 2 et 3, titre IV, seconde partie.

357. L'enjeu de l'arrêt *TERRIER* : assimiler le *contentieux contractuel local* sans bouleverser le cadre du contentieux administratif. – Nous avons précédemment rendu compte des nombreuses réformes envisagées au sujet de la juridiction administrative, ainsi que des réactions doctrinales que certaines suscitèrent. Les arrêts *TERRIER*, *THÉROND* – et dans une moindre mesure, l'arrêt *Société des granits porphyroïdes des Vosges* – y participent en procédant à des ajustements dans la répartition des compétences administratives et judiciaires – notamment au regard des contentieux des administrations locales. Ils s'articulèrent, de surcroît, à la nécessité vivement ressentie de conférer à la juridiction administrative une assise qui suscitât moins de controverses. En ce sens, nous nous associons pleinement à l'analyse de Georges PÉQUIGNOT suivant qui :

> L'abandon de l'antique théorie [des actes d'autorité et de gestion] et l'admission limitée et progressive du contrat dans le contentieux administratif devaient être favorisées par deux circonstances et marcher de pair avec elles. Ce fut, d'abord, la reconnaissance du Conseil d'État comme juridiction administrative de droit commun. Ce fut, ensuite, l'admission de principe, au sein du contentieux administratif, des litiges intéressant les collectivités décentralisées : départements, communes[171].

Le commissaire du gouvernement Jean ROMIEU[172] ne s'en est pas caché dans l'affaire *TERRIER*. En proposant au Conseil d'État d'abandonner le principe suivant lequel les contrats des communes relèvent par nature de la compétence judiciaire, il amplifie une jurisprudence qui tendait à conférer au contentieux administratif des contours susceptibles d'y intégrer certains contentieux des administrations locales. Il s'en explique dès les premiers mots de ses conclusions.

> La théorie du contentieux des services publics communaux est depuis une quinzaine d'années en pleine évolution, (…) la compétence administrative s'élargit de jour en jour, par l'action lente,

[171] PÉQUIGNOT Georges, *Contribution à la théorie générale du contrat administratif*, *op. cit.* (1945), p. 32-33.

[172] Au sujet de Jean ROMIEU (1858-1953), voyez la notice biographique qui lui est consacrée dans le *Dictionnaire biographique des membres du Conseil d'État* (2004), ainsi que le dossier du « Printemps de la jeune recherche juridique » organisé sur cet auteur au titre de l'année 2020 (à paraître à la *R.F.D.A.*). En outre, il a fait l'objet d'un article de Georges CAHEN-SALVADOR dans le livre jubilaire du Conseil d'État : « Un grand commissaire du Gouvernement : Jean Romieu » (*in Le Conseil d'État. Livre jubilaire publié pour commémorer son cent cinquantième anniversaire (4 nivôse an VIII – 24 décembre 1949*, Paris, Sirey, 1952, p. 323).

> mais incessante, de la jurisprudence, et (…) le Conseil d'État restera fidèle aux tendances manifestées dans un grand nombre de ses arrêts les plus récents, en accueillant aujourd'hui une solution qui aurait pu, il y a peu de temps encore, ne pas se présenter avec un degré suffisant de maturité[173].

S'il défend une interprétation du principe de séparation des autorités administrative et judiciaire qu'il rattache à la décision *BLANCO* (1873)[174], c'est pour poser des principes dont les corollaires permettent d'adjoindre au contentieux administratif celui des départements et des communes. « *Qu'il s'agisse des intérêts nationaux ou des intérêts locaux, du moment où l'on est en présence de besoins collectifs auxquels les personnes publiques sont tenues de pourvoir, la gestion de ces intérêts* (…) *a* (…) *par elle-même un caractère public ; elle constitue une branche de l'administration publique en général, et, à ce titre, doit appartenir au contentieux administratif* »[175]. Il mobilise l'idée de gestion publique pour dépasser la distinction ontologique jusqu'alors admise entre l'État d'une part, les départements, communes et établissements publics d'autre part.

358. Jean ROMIEU est bien avisé de situer cet infléchissement sous le patronage de LAFERRIÈRE.

> La doctrine nouvelle, qui donne pour juge ordinaire [aux] litiges [départementaux et communaux] le Conseil d'État, comble une lacune considérable de notre droit public. M. LAFERRIÈRE se félicitait infiniment de cette partie de son œuvre, destinée à prendre de jour en jour une portée plus grande encore, et, lorsqu'il disait, avec quelque orgueil, qu'il avait ainsi créé le contentieux administratif, communal et départemental, j'estime qu'il n'exagérait rien[176].

---

173 ROMIEU Jean, Conclusions prononcées sous l'arrêt *TERRIER c. Département de Saône-et-Loire* (C.E., 6 février 1903), *in* PANHARD Napoléon-Charles (dir.), *Recueil des arrêts du Conseil d'État statuant au contentieux des décisions du Tribunal des conflits et de la Cour des comptes (collection Macarel & Lebon)*, Paris, Larose (2e série, t. 73 ; année 1903), p. 94.

174 À l'instar des décisions ici présentées, la décision *BLANCO* s'est vu conférer, à la fin du XIXe siècle, une portée qu'elle n'a pas eue pour ses contemporains immédiats (RIVERO Jean, « HAURIOU et l'avènement de la notion de service public », *in* [collectif], *L'évolution du droit public : études offertes à Achille Mestre*, Paris, Sirey, 1956, p. 461).

175 ROMIEU Jean, Conclusions prononcées sous l'arrêt *TERRIER c. Département de Saône-et-Loire* (C.E., 6 février 1903), *in* PANHARD Napoléon-Charles (dir.), *Recueil des arrêts du Conseil d'État…*, *op. cit.* (2e série, t. 73 ; année 1903), p. 95.

176 *Id.*, p. 97. Rapportés par Jean ROMIEU, ces propos sont ceux que le procureur général Manuel-Achille BAUDOUIN prononça en hommage à Édouard LAFERRIÈRE (décédé

C'est en se revendiquant d'une politique jurisprudentielle initiée par ce dernier qu'il déploie un concept inédit par sa portée – celui de la gestion publique –, de sorte à étendre la compétence administrative à certaines des relations contractuelles des administrations locales. Cette extension s'imposait pour parachever l'incorporation au contentieux administratif du contentieux *administratif* des administrations locales. Aussi est-il amené à réfuter que le contentieux contractuel fût, par essence, de nature judiciaire. Depuis les années 1850, le contentieux des contrats de l'État était regardé comme relevant de la juridiction administrative en vertu de textes spéciaux ou, à défaut, de la théorie de l'État-débiteur. Or, la promotion – à partir des années 1890 – d'une nouvelle interprétation du principe de séparation des autorités administrative et judiciaire vint consommer la désuétude de cette théorie. Ainsi, les contrats de l'État – exception faite des contrats visés par des textes spéciaux – ne bénéficiaient plus d'aucune assise théorique qui vînt justifier la compétence administrative. Embrasser le contentieux contractuel des administrations locales dans une formule générale qui permît d'y comprendre également celui de l'État, c'était ré-embrasser un contentieux dont les fondements étaient fissurés, sauf à en accepter l'abandon à la juridiction judiciaire. Et promouvoir une nouvelle interprétation du principe de séparation des autorités administrative et judiciaire dont la portée ne fût étendue qu'au contentieux local délictuel, c'eût été procéder à l'élargissement du contentieux administratif par un côté, pour le restreindre de l'autre – alors même que la compétence administrative était traditionnellement admise pour le contentieux contractuel de l'État. Jean ROMIEU s'est donc efforcé d'apporter aux fondements du contentieux administratif des justifications qui fussent susceptibles d'y incorporer le contentieux local, mais encore de lui conserver le contentieux contractuel de l'État. Il s'est agi en quelque sorte d'augmenter en conservant. C'est en cela que ce dernier contentieux plane comme une ombre sur l'arrêt *TERRIER*. Du reste, Jean ROMIEU ne dissimule pas ces enjeux qui affleurent ses conclusions.

359. Dans l'ombre de l'arrêt *TERRIER* : justifier le *contentieux contractuel de l'État* en abandonnant la théorie de l'État-débiteur. – Résumons le début de ses conclusions pour souligner les mouvements de son argumentation. 1° Les actes de gestion de l'État relevaient jusqu'alors de la juridiction administrative en vertu d'« *un texte de droit financier* », celui duquel résulte la théorie de l'État-débiteur. 2° La décision

---

en 1901), à l'occasion de l'audience de rentrée de la Cour de cassation, le 16 octobre 1902 (*M. le procureur général Laferrière*, Paris, Imprimerie nationale, 1902, p. 42-43).

BLANCO (1873), précédée de quelques autres arrêts, déplaça les principes constitutifs de la compétence administrative. Elle substitua une interprétation assouplie du principe de séparation des autorités administrative aux précédents fondements – combinant une interprétation stricte de ce principe avec celui la théorie relative « *à la liquidation des dettes de l'État* ». 3° Quoique déployé initialement pour le contentieux délictuel, le nouveau fondement devait aussi s'appliquer au contentieux contractuel par souci d'harmonie.

> Si l'on admet [le principe de séparation des autorités administrative et judiciaire] comme base juridique unique de la compétence pour les rapports entre le service public et les tiers, dans l'ordre quasi-délictuel, on doit l'admettre également, *a fortiori*, pour les rapports contractuels qui naissent de l'organisation ou du fonctionnement du service public[177].

Ces propos reposent sur une lecture latitudinaire des conclusions du commissaire du gouvernement DAVID (sous la décision *BLANCO*), car elle lui suppose des intentions bien différentes de celles que nous pouvons raisonnablement lui attribuer. Par ailleurs, Jean ROMIEU fait peu de cas de la jurisprudence, qui, relativement au contentieux contractuel de l'État, s'est perpétuée jusqu'en 1903 dans les mêmes conditions qu'avant la décision *BLANCO*. Bien après celle-ci, le président LAFERRIÈRE admettait encore l'actualité de la théorie de l'État-débiteur[178]. L'idée suivant

---

[177] ROMIEU Jean, Conclusions prononcées sous l'arrêt *TERRIER c. Département de Saône-et-Loire* (C.E., 6 février 1903), *in* PANHARD Napoléon-Charles (dir.), *Recueil des arrêts du Conseil d'État…*, *op. cit.* (2e série, t. 73 ; année 1903), p. 95.

[178] Édouard LAFERRIÈRE indique que, par souci de compromis, les membres du Conseil d'État siégeant au Tribunal des conflits acceptèrent, pour fonder la compétence administrative, de se référer préférentiellement au principe de séparation des autorités administrative et judiciaire, plutôt qu'à la théorie de l'État-débiteur. Pour autant, le Conseil d'État persévéra après 1873 à invoquer cette théorie. « *Faut-il en conclure de là que la doctrine de l'État débiteur a perdu tout crédit auprès du Tribunal des conflits et du Conseil d'État, que ces juridictions se sont ralliées, dans leur for intérieur, à l'opinion de ceux qui considèrent le règlement des dettes de l'État par les ministres comme une simple opération préliminaire de comptabilité n'impliquant aucun droit d'appréciation sur le fond du droit ? Une telle innovation ne peut s'induire, ce nous semble, des modifications apportées à la forme d'arrêts dont le fond est resté le même.* (…) *Le Conseil d'État a pu* [dans les matières en responsabilité délictuelle] *adopter depuis 1873 les formules qui avaient la préférence du Tribunal des conflits, sans que cette marque de déférence ait altéré, au fond, sa doctrine presque séculaire sur la portée des lois de 1790 et de 1793, sur les pouvoirs du ministre liquidateur et sur la compétence qui en résulte en l'absence de règles contraires. D'ailleurs si l'on voulait réellement ébranler cette doctrine,* (…) *il faudrait prendre dans son ensemble la doctrine de l'État débiteur, et non se renfermer dans les questions toutes spéciales de responsabilité de l'État, qui ont seules provoqué quelques dissidences. Il est facile de résoudre ces questions sans recourir à cette doctrine, et sans autre appui que le principe de la séparation des pouvoirs. Mais le domaine des lois du*

laquelle l'on pût *a fortiori* étendre le principe de séparation des autorités administrative et judiciaire au contentieux contractuel pouvait être opportune. Elle n'en procédait pas moins d'un travestissement doctrinal. La théorie de l'État-débiteur n'a pas été infirmée avec la décision *BLANCO*[179]. Seulement, son abandon – en 1903 – fut nécessaire pour attirer au contentieux administratif le contentieux local contractuel relevant jusqu'alors à la juridiction judiciaire. En reconnaissant à l'État un privilège de juridiction pour son contentieux pécuniaire, le maintien de la théorie de l'État-débiteur aurait marqué une différence disharmonieuse entre l'État et les administrations locales – lesquelles étaient toujours assimilées, en principe, à des personnes morales du droit privé[180]. Pour

---

8 août 1790 et du 26 septembre 1793 est beaucoup plus vaste ; il comprend le règlement d'innombrables créances provenant de contrats ou de quasi-contrats de l'État : soldes, traitements, pensions, émissions de rentes, opérations de trésorerie, comptes courants des trésoriers-payeurs généraux, etc. *Toutes ces opérations, l'on l'a reconnu de toute temps, relèvent de la juridiction administrative, mais elles n'en relèvent pas en vertu du seul principe de la séparation des pouvoirs. En effet, ce principe ne soustrait de plein droit à l'action des tribunaux que les actes de puissance publique, et non les actes de gestion concernant les intérêts pécuniaires de l'État. Le contentieux de ces actes de gestion ne peut être administratif qu'en vertu de dispositions législatives générales et spéciales.* (…) *Si on* [tenait les lois précitées] *pour surannées, on serait logiquement amené à renvoyer ce contentieux aux tribunaux judiciaires, puisqu'il n'y aurait plus de texte pour les en dessaisir. Ni le Tribunal des conflits ni le Conseil d'État n'ont certainement eu la pensée de faire une telle révolution dans nos lois de compétence, ni de tenir pour non avenus des lois fondamentales qu'aucun texte n'a abrogées* » (*Traité de la juridiction administrative…*, *op. cit.* (1re éd.), t. 1 (1887), p. 382-384). LAFERRIÈRE ne varie pas d'opinion dans la seconde édition de son traité, après que le Conseil d'État a cessé de regarder les ministres comme juge de droit commun du contentieux administratif (*Traité de la juridiction administrative et des recours contentieux*, *op. cit.* (2e éd.), t. 1 (1896), p. 435-436).

179 Henry BERTHÉLEMY en atteste dans son traité : « *On doit savoir* (…) *que des dispositions de l'époque révolutionnaire (décret du 17 juillet-8 août 1790 ; décret du 26 septembre 1793) relatives aux dettes de l'État, avaient prescrit que* toute créance contre l'État sera réglée administrativement. *Pendant tout le cours du XIXe siècle, on déduisit de ces textes (à tort, selon nous) que les tribunaux administratifs* étaient seuls compétents pour déclarer l'État-débiteur. *On en concluait que les actions mettant en jeu la responsabilité du Trésor public devaient être portées devant le Conseil d'État. Le tribunal des conflits, reconstitué en 1872, conçut à juste titre des doutes sur la valeur de cette interprétation donnée aux lois précitées. Vraisemblablement, leurs auteurs ne leur avaient attribué qu'une portée relative, peut-être temporaire. Sans répudier ouvertement la règle, le tribunal des conflits cessa de la viser dans ses décisions sur la compétence en matière de responsabilité. Il s'en tint malheureusement à cet effort ; il n'osa pas prendre le parti radical d'amputer le Conseil d'État d'une compétence, qui, en définitive, ne s'expliquait que par des motifs reconnus insuffisants. La compétence traditionnelle fut maintenue ; on dut la justifier autrement. On se contenta de la rattacher au principe de la séparation des pouvoirs. Or, ce principe ne peut être invoqué ici que si l'on en fausse le sens en attribuant à la juridiction administrative la connaissance* de toutes les conséquences d'actes des administrateurs, quels que soient la nature et le but de ces actes » (*Traité élémentaire de droit administratif*, Paris, Rousseau, 1910 (6e éd.), p. 75-76.).

180 *Cf.* par exemple : HAURIOU Maurice, Note sur la décision *CASADAVANT c. Commune de Lisle* (T.C., 11 mai 1901) [1901], *in Notes d'arrêts sur décisions du Conseil d'État et du Tri-*

une même matière contentieuse, le contentieux de l'État aurait relevé de la juridiction administrative à raison de cette théorie, tandis que le contentieux des administratives locales l'aurait été en vertu du principe de séparation des autorités administrative et judiciaire. La coexistence de ces fondements aurait introduit une incohérence susceptible d'attiser les critiques portées contre la juridiction administrative. En d'autres termes, l'incorporation du contentieux contractuel local au contentieux administratif introduisait une révolution qui supposait nécessairement de renoncer à la théorie de l'État-débiteur. L'abandon de celle-ci impliquait de justifier autrement la compétence administrative en matière contractuelle (pour l'État)[181]. Cet exercice doctrinal s'imposait pour conquérir le contentieux contractuel local sans exposer le contentieux administratif à un bouleversement traumatique. Plus que l'accroissement de la compétence administrative dans la direction du contentieux local, c'est à ce titre que l'arrêt *TERRIER* fut distingué par ses contemporains.

360. Jean ROMIEU, qui fit montre d'une grande habileté pour expliciter les enjeux sous-jacents à la question posée par l'affaire *TERRIER*, tout en atténuant les redéploiements qu'impliquait la solution proposée.

> L'on arriverait ainsi à assimiler le contentieux départemental et communal au contentieux d'État, et à unifier, par une interprétation plus large du principe de la séparation des pouvoirs, les règles de compétence pour la gestion des intérêts collectifs par les personnes publiques de toute nature[182].

Il ne s'agit pas de nier le fait que, à l'instar de la responsabilité délictuelle, Jean ROMIEU associe le contentieux contractuel administratif à un régime juridique distinct du droit commun. Néanmoins, cela ne renvoie pas une conception mûrie de ce en quoi pourrait consister ce régime, mais plutôt au souci de justifier l'unification du contentieux administratif en mobilisant l'argument tiré de la spécialisation des connaissances nécessaires aux juges administratifs. Nous ne nions pas non plus qu'il parle à cet effet de « contrat administratif », mais suivant une acception bien

---

bunal des conflits publiées au Recueil Sirey de 1892 à 1928, Paris, Sirey, 1929, (3 vol.), t. 2, p. 463.

[181] C'est une opinion classique largement partagée par les administrativistes, tel Henry BERTHÉLEMY. Du point de vue où il se représente l'État, c'est la théorie de l'État-débiteur qui fonde la compétence administrative pour les marchés de l'État (*Traité élémentaire de droit administratif*, *op. cit.* (1re éd., 1900-1901) p. 37).

[182] ROMIEU Jean, Conclusions prononcées sous l'arrêt TERRIER *c. Département de Saône-et-Loire* (C.E., 6 février 1903), *in* PANHARD Napoléon-Charles (dir.), *Recueil des arrêts du Conseil d'État…*, *op. cit.* (2e série, t. 73 ; année 1903), p. 96.

différente de la nôtre – comme un contrat ressortissant à la juridiction administrative. Aussi Jean ROMIEU n'envisagea-t-il aucune théorie des contrats administratifs analogue à celle que nous admettons de nos jours. D'ailleurs, en employant cette locution pour désigner les contrats communaux passés pour les services publics, son intention est celle de chasser une ambigüité.

> Vous avez l'habitude, depuis un certain temps déjà, de réserver les mots de « puissance publique » pour les actes d'autorité et de commandement ; il nous paraît, avec cette acception, bien difficile de faire intervenir l'idée de puissance publique dans les rapports contractuels qui peuvent exister entre une commune et un employé de bureau de la mairie. Ainsi, pour éviter toute confusion reposant sur une question de terminologie, paraît-il préférable de considérer simplement que les contrats des communes avec leurs agents sont des *contrats administratifs par leur nature*, parce qu'ils sont la condition essentielle de la marche des services publics communaux[183].

Ces efforts sémantiques dénotent moins une espèce de préscience doctrinale[184], qu'ils ne révèlent le souci de faire l'économie d'une terminologie qui se rattache à une théorie combattue (dans la mouvance de laquelle se situent les contrats *de droit public*). Achille MESTRE, qui n'a pourtant pas été un partisan inconditionnel de la théorie des contrats administratifs, discerna assez justement – en 1940 – que : « *La catégorie des contrats administratifs par nature répondait à la préoccupation de fonder sur une raison de principe la compétence administrative encore vivement contestée et de soumettre ainsi à la juridiction du Conseil d'État une série d'opérations qui présentaient un caractère administratif indéniable* »[185]. Autrement dit, les enjeux furent de nature exclusivement contentieuse, sans toucher au fond du droit.

361. L'ambition de Jean ROMIEU est – en un sens – éminemment doc-

---

[183] *Ibid.*

[184] La locution « contrat administratif » fut parfois employée pour attirer à la juridiction administrative des contrats de l'administration pour lesquels la compétence était disputée entre les deux ordres juridictionnels. En ce sens, elle a une dimension performative. Telle fut la démarche du commissaire du gouvernement Pierre CAZALENS, relativement à un contrat liant le maire à un employé municipal. Il est d'ailleurs fort probable que Jean ROMIEU visait à ce propos les conclusions de celui-ci. Elles ont souvent été citées et sont à l'esprit de tous les administrativistes suffisamment avertis sur la question des contrats (*cf.* les conclusions prononcées sous la décision *GUIDET c. Ville d'Autun* (T.C., 27 décembre 1879), *in Sirey* 1881. 3. 37).

[185] MESTRE Achille, Note sur l'arrêt *Bureau international de l'édition musico-mécanique* (C.E., 21 janvier 1938), *in Sirey* 1940. 3. 12.

trinale. En justifiant la compétence administrative pour certains des actes de gestion des départements, il élargit les fondements sur lesquels repose la juridiction administrative.

> Il appartient à la jurisprudence de déterminer, pour les personnes publiques locales, comme elle le fait pour l'État, dans quels cas on se trouve en présence d'un service public fonctionnant avec ses règles propres et son caractère administratif, ou au contraire en face d'actes qui, tout en intéressant la communauté, empruntent la forme de la gestion privée et entendent se maintenir exclusivement sur le terrain des rapports de particulier à particulier, dans les conditions du droit privé[186].

Il ne désigne aucun régime juridique clairement défini qui pût conférer une substance quelconque à une prétendue théorie des contrats administratifs. Que l'arrêt *TERRIER* emporte l'autonomie des contrats des administrations passés pour les services publics en les plaçant sous l'égide du droit administratif, nous voulons bien l'admettre[187]. Pour le reste, nous nous risquerions à le mésinterpréter en le regardant rétrospectivement comme la préfiguration d'une théorie qui ne fut formalisée que plus tard – dans l'Entre-deux-guerres. Cet arrêt participe d'une reconfiguration du contentieux administratif associée à la légitimation de la juridiction administrative – ces deux aspects étant solidaires. Notre interprétation est d'autant plus vraisemblable qu'elle rapproche la doctrine de Jean ROMIEU de celle de Maurice HAURIOU, tout juste développée dans son essai sur *La gestion administrative* (1899). Ces auteurs ont tous deux souhaité appréhender les contrats de l'administration dans une perspective destinée à réévaluer le plein contentieux, c'est-à-dire à ne plus regar-

---

186 ROMIEU Jean, Conclusions prononcées sous l'arrêt *TERRIER c. Département de Saône-et-Loire* (C.E., 6 février 1903), *in* PANHARD Napoléon-Charles (dir.), *Recueil des arrêts du Conseil d'État…*, *op. cit.* (2e série, t. 73 ; année 1903), p. 97.

187 C'est en ce sens que Léon DUGUIT comprend l'arrêt *TERRIER*, tandis que certains administrativistes s'engageaient pourtant à conceptualiser le contrat administratif en lui dégageant une théorie propre. Ainsi écrivait-il, en 1923, que : « *Le contrat a toujours les mêmes caractères. Le contrat est une certaine catégorie juridique et quand les éléments qui le constituent sont réunis, il y a un contrat ayant toujours les mêmes caractères et les mêmes effets. Par conséquent, s'il y a des contrats qui donnent lieu à la compétence des tribunaux administratifs, ce ne peut être qu'à raison du but en vue duquel ils sont faits. Il y a quelque chose d'analogue à ce qui se passe pour les contrats commerciaux. Quant au fond, il n'y a pas de différence entre un contrat civil et un contrat commercial. Ce qui fait le contrat commercial et fonde la compétence des tribunaux de commerce, c'est le but commercial en vue duquel il est fait. Il n'y a pas de différence, quant au fond, entre un contrat civil et un contrat administratif. Ce qui donne à un contrat le caractère administratif et fonde la compétence des tribunaux administratifs, c'est le but de service public en vue duquel il est fait* » (*Traité de droit constitutionnel*, Paris, Boccard, 1921-1925 (2e éd., 5 vol.), t. 3 (1923), p. 41).

der la compétence administrative en matière contractuelle comme une attribution spéciale, limitée aux seuls contrats de l'État. C'est d'ailleurs ce que souligna Gaston JÈZE à propos de l'arrêt *TERRIER* : « *Manifestement, le commissaire du Gouvernement* ROMIEU *s'est inspiré* [des] *formules* [de Maurice HAURIOU] »[188]. Or, celui-ci n'eut pas l'ambition de poser les jalons d'une théorie des contrats administratifs – comme nous nous en sommes justifié précédemment.

362. La réception de l'arrêt *TERRIER* par la doctrine administrative contemporaine. – Lorsque Maurice HAURIOU conçut de réunir ses notes d'arrêts publiées au *Recueil Sirey*, il ne plaça pas sa note de l'arrêt *TERRIER* auprès de celles relatives aux contrats de l'administration, mais à la suite de l'arrêt *CADOT* (1889), au sein d'une division consacrée au développement du contentieux de pleine juridiction[189]. Il rapporte ainsi l'arrêt *TERRIER* à une évolution du contentieux administratif qui véhicule trois impératifs, dont deux nous importent en particulier. Cet arrêt, d'une part, participe à l'unification d'un contentieux administratif devenu incohérent, du fait que le contentieux administratif s'est enrichi du contentieux local pour ne plus distinguer entre l'État et les administrations locales. D'autre part, la situation hégémonique du Conseil d'État au sein de la juridiction administrative – en qualité de juge administratif de droit commun – se renforce, permettant par cela même l'accélération de ces transformations. Les critiques visant notamment les conseils de préfecture permettaient malaisément d'étendre le contentieux administratif à leur profit, sauf à prendre le risque d'aviver les critiques dont ils faisaient l'objet. C'est en ce sens que l'arrêt *TERRIER* est analysé dans plusieurs revues juridiques[190]. Gaston JÈZE publie à son propos une note critique qui, peu après, servit à composer son chapitre sur la séparation des autorités administrative et judiciaire, dans la première édition de ses *Principes généraux du droit administratif*[191]. En y dégageant les critériums applicables au contentieux administratif, il exclut tout à fait les contrats de l'administration et, sous l'arrêt *TERRIER*, il analyse l'acte en litige comme

[188] [JÈZE Gaston], Note sur l'arrêt TERRIER *c. Département de Saône-et-Loire* (C.E., 6 février 1903), *in L'année administrative* 1904, p. 209.

[189] Ladite section s'intitule : « *Fondement de ce contentieux dans la gestion publique, c'est-à-dire dans l'exécution des opérations administratives et des services publics par la Puissance publique ; le Conseil d'État, juge de droit commun du contentieux de la pleine juridiction* ».

[190] *Cf.* à cet égard les notes de Marcel MOYE, professeur de droit public à la faculté de Montpellier (*in R.C.L.J.* 1903, LXIX, p. 401) et de Maurice LE GOUIX, auditeur au Conseil d'État (*in R.G.A.* 1903, II, p. 39).

[191] [JÈZE Gaston], Note sur l'arrêt TERRIER *c. Département de Saône-et-Loire* (C.E., 6 février 1903), *in L'année administrative* 1904, p. 202.

un acte administratif unilatéral.

> Si (…) on analyse avec soin – et sans idée préconçue – les arrêts les plus récents du Conseil d'État et les dernières décisions du Tribunal des conflits, on est amené à constater la consécration de la compétence administrative par nature, *toutes les fois que l'action naît à l'occasion d'un service public et ne repose pas sur un acte contractuel*[192].

Il se démarque de « *la plupart des annotateurs* » en estimant que :

> La portée de l'arrêt de 1903 est plus modeste : le Conseil d'État s'est borné à appliquer à l'espèce qui lui était soumise l'une des règles déjà admises : celle d'après laquelle les recours contentieux au fond qui reposent sur une *manifestation unilatérale* de volonté d'un agent administratif ressortissent, *par leur nature*, à la juridiction administrative[193].

En considérant que, sauf dérogations textuelles, les contrats de l'administration continuent de relever de la compétence judiciaire, Gaston JÈZE marque une parenté doctrinale qui, sur ce point, le rapproche de Léon DUGUIT[194].

> En fait, pour la plupart des actes contractuels accomplis pour le compte de l'État, un texte consacre la compétence administrative. (…) Dès lors, *en fait*, la règle s'applique surtout aux actes contractuels accomplis pour le compte des administrations locales[195].

En d'autres termes, les contrats de l'administration traduisent le choix de l'administration de se placer dans les mêmes conditions que les particuliers et, en conséquence, de se soumettre au droit privé.

> Il peut se faire que l'administration, tout en agissant, non comme personne privée, mais comme personne publique, dans l'intérêt d'un service public proprement dit, n'invoque pas le bénéfice de sa situation de personne publique, et se place volontairement dans les conditions d'un particulier, – soit en passant un de ces contrats de droit commun, d'un type nettement déterminé par le code civil, (…) – soit en effectuant une de ces opérations courantes que les particuliers font journellement, qui supposent des rapports contractuels de droit commun, et pour lesquelles

---

[192] *Id.*, p. 211.

[193] *Id.*, p. 215-216.

[194] À cet égard, il faut rapprocher ces propos de Gaston JÈZE du *Traité de droit constitutionnel* de Léon DUGUIT (Paris, Fontemoing, 1911 (1re éd., 2 vol.), t. 1, p. 441).

[195] [JÈZE Gaston], Note sur l'arrêt TERRIER *c. Département de Saône-et-Loire* (C.E., 6 février 1903), *in L'année administrative* 1904, p. 212 (note de bas de page n° 6).

l'administration est réputée entendre agir comme un simple particulier[196].

La gestion publique désigne essentiellement un mode d'action unilatéral de l'administration, sinon un mode d'action inusuel au droit privé. Des auteurs comme Léon DUGUIT et Gaston JÈZE développent une thèse peu originale au regard de leurs contemporains. En versant dans la gestion publique certains actes contractuels de l'administration, Maurice HAURIOU soutient une doctrine singulière qui est loin d'être partagée par le reste de la doctrine administrative, ainsi que le note lui-même Gaston JÈZE[197].

363. En classant l'arrêt *TERRIER* parmi les situations mettant en cause un acte administratif unilatéral plutôt que contractuel, Gaston JÈZE n'avance pas une qualification malheureuse. Léon DUGUIT s'y prend de la même manière[198]. Aussi, le premier est cohérent avec lui-même lorsqu'il écrit, en commentaire de cet arrêt, que, pour « *une manifestation* contractuelle *de volonté, la compétence est, par sa nature, judiciaire,* même s'il s'agit de la gestion d'un service public *et sans qu'il y ait à distinguer entre les* services de l'État *et les* services locaux »[199]. Vers la fin des années 1900, le concept de contrat d'adhésion permet de mieux rendre compte de cet équivoque – entre acte unilatéral et acte contractuel –, comme ce docteur qui, à propos de l'arrêt *TERRIER*, parle d'un « *contrat d'adhésion d'ordre administratif* »[200]. L'analyse de Gaston JÈZE atteste qu'il ne conçoit pas, à cette époque, l'existence de contrats administratifs au sens où il en fit la théorisation dans les années 1920 – c'est-à-dire un contrat d'une nature

---

196 *Id.*, p. 209-210.

197 « *En doctrine, à côté de la théorie faisant la répartition des compétences d'après la classification en actes de puissance publique et actes de gestion, – théorie qui conserve des partisans nombreux et convaincus, – un système nouveau a été proposé : les tribunaux administratifs,* quant au contentieux de pleine juridiction, *connaîtraient de tous les litiges nés à l'occasion "des actes et des opérations qui constituent l'exécution des services publics", de toutes les actions en indemnité formées par les administrés contre les patrimoines administratifs à l'occasion de "l'exécution des services publics". C'est à l'occasion de l'arrêt Terrier, du 6 février 1903, que, pour la première fois, la nouvelle interprétation de la règle de la séparation des autorités a été proposée formellement au Conseil d'État par le commissaire du Gouvernement* ROMIEU. *Mais c'est le professeur* HAURIOU *qui, l'un des premiers, s'est séparé de la théorie classique et a proposé la délimitation nouvelle* » (*id.*, p. 208).

198 DUGUIT Léon, *Traité de droit constitutionnel*, *op. cit.* (1re éd.), t. 1 (1911), p. 441.

199 [JÈZE Gaston], Note sur l'arrêt TERRIER *c. Département de Saône-et-Loire* (C.E., 6 février 1903), *in L'année administrative* 1904, p. 212-213.

200 DELAMAIN Maurice, *Les stipulations dans l'intérêt des tiers dans les contrats administratifs*, Paris, Rousseau, 1910 (thèse de doctorat, faculté de Paris ; présidée par SAUZET, professeur de droit administratif), p. 114.

différente du contrat de droit commun, auquel s'applique un régime juridique spécifique. Présenté comme une manifestation bilatérale de volontés, le contrat renvoie à la gestion privée. Du reste, la locution « contrat administratif » peut recouvrir des significations parfois différentes selon la problématique à laquelle elle est attirée. Rappelons que Jean ROMIEU l'emploie pour échapper à une terminologie trop controversée pour se prêter à l'expression d'une doctrine nouvelle. Celui-ci n'a pas tant formalisé un concept déterminé, qu'il s'est attaché à contourner une impasse linguistique[201]. Il est donc improbable que cette locution ait été le support d'un concept, tant sa signification intrinsèque demeure secondaire. Il est à noter que si – en 1904 – Gaston JÈZE évoque l'arrêt *TERRIER* comme se rapportant à une « *action en payement de primes promises par une décision* unilatérale »[202], il évoque – en 1910 – l'existence d'un « *contrat relatif au fonctionnement des services publics* »[203]. L'arrêt *THÉROND*, rendu entre temps, lui fit voir les choses différemment. Et pourtant, il n'en continuait pas moins, dans le même temps, à s'élever contre la locution « contrat administratif », trop polysémique de son point de vue. En 1914, il préconisait purement et simplement d'en faire l'économie pour ne pas exposer le droit administratif à l'influence du droit civil, sous-jacente à l'idée même de contrat[204]. Ce n'est que pour la rejeter qu'il l'emploie dans son commentaire de l'arrêt *Société des granits porphyroïdes des Vosges*. Celui-ci érigerait une « *distinction subtile entre les contrats administratifs (??) et les contrats*

201 Cette ambigüité terminologique, caractéristique du glissement d'une théorie vers une autre, est particulièrement prégnante dans la thèse de doctorat soutenue par Charles MONESTIER (1898). Celui-ci essaye de concilier les doctrines de LAFERRIÈRE et de HAURIOU, en les rapprochant l'une de l'autre, c'est-à-dire en dépassant l'étroitesse de la première, tout en tempérant les rigueurs de la seconde. *Cf. Règles de compétence en matière de contrats passés par l'administration*, Montpellier, Imprimerie Firmin & Montane, 1898 (thèse de doctorat, faculté de Montpellier ; présidée par BRÉMOND, professeur de droit administratif), p. 48 *sq*.

202 JÈZE Gaston, *Les principes généraux du droit administratif*, *op. cit.* (1re éd., 1904), p. 160. À cet égard, Gaston JÈZE est sceptique lorsque Jean ROMIEU qualifie ce rapport juridique comme un rapport accompli hors du cadre du droit commun. Il note, dubitatif, en bas de page : « *Le commissaire du Gouvernement* ROMIEU *déclare que la compétence administrative suppose la réunion de deux conditions : le service public*, un acte accompli en dehors des conditions d'un particulier. *La première est bien remplie ; la seconde l'est-elle ?* » (*ibid.*).

203 JÈZE Gaston, Note sur l'arrêt *THÉROND c. Ville de Montpellier* (C.E., 4 mars 1910), *in* R.D.P. 1910, p. 250.

204 JÈZE Gaston, « De l'utilité pratique des études théoriques de jurisprudence pour l'élaboration et le développement de la science du droit public. Rôle du théoricien dans l'examen des arrêts des tribunaux », *in* R.D.P. 1914, p. 319 (cet article est extrait de la préface de la deuxième édition de son traité).

ordinaires »[205]. L'essentiel de l'arrêt *TERRIER* ne réside donc pas dans une terminologie trop mal assise pour désigner un concept déterminé, mais dans l'extension du contentieux administratif, étayée sur une interprétation du principe de séparation des autorités administrative et judiciaire qui, en embrassant jusqu'au contentieux contractuel local, bouleverse *virtuellement* les fondements sur lesquels reposait alors le contentieux contractuel de l'État. C'est par ce biais que fut promue la doctrine de la gestion publique, dont il faut dire qu'elle n'impliquait pas nécessairement la reconnaissance du concept de contrat administratif. L'exégèse immédiate de cet arrêt s'est avant tout attardée sur la définition du contentieux administratif et les fondements constitutifs de la juridiction administrative.

---

205 JÈZE Gaston, Note sur l'arrêt *Société des granits porphyroïdes des Vosges c. Ville de Lille* (C.E., 31 juillet 1912), *in* R.D.P. 1914, p. 153.

Section 2. – Les arrêts *THÉROND* et *Société des granits* ou l'introuvable conceptualisation du contrat administratif

364. L'arrêt *THÉROND* : une affaire touchant à la répartition des compétentes à l'intérieur de la juridiction administrative. – Notre relecture de l'arrêt *TERRIER* est corroborée par celle de l'arrêt *THÉROND*, lequel participe des mêmes enjeux. Sous cette affaire, le commissaire du gouvernement PICHAT pose la problématique en des termes analogues à ROMIEU sous l'arrêt *TERRIER*. S'il admet que, en l'absence de textes spéciaux, certains contrats de l'administration ressortissent à la juridiction administrative, c'est parce que cette thèse lui paraît être une conséquence implicite à la reconnaissance d'un contentieux administratif local (contractuel et délictuel) par nature.

> Puisque la jurisprudence admettait (...) en se fondant sur le principe de la séparation des pouvoirs, la compétence administrative pour les rapports entre les personnes morales de droit public et les tiers, dans l'ordre quasi-délictuel, elle devait nécessairement être amenée à l'admettre aussi pour les litiges relatifs à des contrats passés en vue de l'exécution de services publics[206].

Pas plus que Jean ROMIEU, Georges PICHAT ne suppose l'existence d'un contrat *administratif* spécifique par son genre. Seule lui importe la qualification du contrat en litige, qu'il présente en l'occurrence suivant une formulation qui dissipe les intentions qu'on lui impute de nos jours :

> Le contrat intervenu entre la Ville de Montpellier et le sieur THÉROND est le louage de service des art. 1710, 1779 et 1780 du Code civil, ayant pour objet l'exécution d'un service public et présentant le caractère d'une concession[207].

Plus encore qu'à propos de l'arrêt *TERRIER*, les formules du commissaire du gouvernement sont entièrement déterminées par la question de compétence à trancher. En l'espèce, il ne fut pas seulement question de choisir entre l'ordre administratif et l'ordre judiciaire. Dans un premier temps, Georges PICHAT s'attache à écarter la qualification de marché de travaux publics, laquelle aurait impliqué la compétence du conseil de préfecture, au titre de la loi du 28 pluviôse an VIII (17 février 1800). Ce n'est que dans un second temps qu'il pose l'alternative entre le Conseil

---

[206] PICHAT Georges, Conclusions prononcées sous l'arrêt *THÉROND c. Ville de Montpellier* (C.E., 4 mars 1910), *in* PANHARD Adrien (dir.), *Recueil des arrêts du Conseil d'État...*, *op. cit.* (2e série, t. 80 ; année 1910), p. 195.

[207] *Id.*, p. 194.

d'État – juge administratif de droit commun – et le juge judiciaire. À cet égard, seulement, il convoque l'arrêt *TERRIER*.

> L'affaire actuelle se présente dans les mêmes conditions juridiques [que l'affaire *TERRIER*]. Il s'agit (…) d'un contrat communal de louage de service, sous forme de concession, ayant pour objet l'exécution d'un service public. – Le litige entre la commune concédante et le concessionnaire sur l'interprétation et l'exécution de ce contrat est donc de la compétence du Conseil d'État comme juge ordinaire du contentieux administratif en vertu de l'art. 9 de la loi du 24 mai 1872[208].

Une fois résolue cette question de compétence, son attention va au cahier des charges. Ses efforts pour qualifier le contrat en litige visent seulement à déterminer un juge compétent. À aucun moment il ne se réfère à un régime juridique de fond qui serait en corrélation avec la compétence administrative. D'ailleurs – répétons-le – ce litige ne présentait pas une alternative binaire entre l'ordre administratif et l'ordre judiciaire, mais une alternative entre trois juges : la juridiction judiciaire, le conseil de préfecture et le Conseil d'État[209].

365. Il est d'autant moins question d'esquisser une théorie des contrats administratifs que Georges PICHAT envisage les difficultés soulevées par l'affaire depuis un point de vue qui distingue usuellement les contrats du droit privé d'une part, et une somme de contrats spécifiques soumis à la juridiction administrative d'autre part. Ces derniers n'étaient pas regardés comme relevant d'un genre spécifique, mais plutôt comme constituant autant de catégories particulières : essentiellement, les marchés de fournitures, les marchés de travaux publics et les concessions de services publics. Il serait donc inexact de supposer que Georges PICHAT aurait souhaité poser les fondations d'une théorie inédite. De son côté, Gaston JÈZE ne cesse de développer une analyse orientée vers la définition du contentieux administratif. Il n'y est nullement question d'une théorie

---

208 *Id.*, p. 195.

209 Maurice HAURIOU a bien discerné cet aspect puisqu'il y attache l'essentiel de son attention dans la note qu'il consacre à cet arrêt. Quoiqu'il le mette en perspective avec l'arrêt *TERRIER*, sa singularité réside dans le fait que, en unifiant les contentieux contractuels départementaux et communaux autour du contentieux administratif, le Conseil d'État consacre une interprétation du principe de séparation des autorités administrative et judiciaire qui le libère de la nécessité où il était placé jusqu'alors de prêter au concept de travail public une acception extensive (Note sur l'arrêt *THÉROND c. Ville de Montpellier* (C.E., 4 mars 1910) [1911], *in Notes d'arrêts sur décisions du Conseil d'État et du Tribunal des conflits…*, *op. cit.*, t. 3 (1929), p. 685).

propre aux contrats administratifs.

> Avec ce nouveau point de départ [pris par l'arrêt *TERRIER*], logiquement les contrats relatifs au fonctionnement des services publics doivent soulever un contentieux de la compétence des tribunaux *administratifs*. On ne l'a pas admis tout de suite. Pendant quelques années, on a combiné la jurisprudence fondée sur [les actes d'autorité et de gestion] avec la nouvelle base de compétence. Il y avait là manifestement une inélégance, un défaut d'harmonie, de logique. Tôt ou tard, le nouveau critérium, tiré de la notion de service public, devait produire sa conséquence logique : tous les actes se rattachant au fonctionnement des services publics, quels que soient ces actes (unilatéraux, contractuels, délits ou quasi-délits), soulèvent un contentieux de la compétence des tribunaux administratifs[210].

On soulignera que, à cette occasion, Gaston JÈZE revient sur l'analyse qu'il portait sur l'arrêt *TERRIER* peu après sa lecture. Suivant une approche analogue à celle de Maurice HAURIOU, il admet désormais que certains contrats de l'administration relèvent, *par principe*, de la juridiction administrative – alors qu'il professait, au début des années 1900, le principe suivant lequel le contentieux contractuel est foncièrement de nature judiciaire. En revanche, faisant l'économie de la doctrine de la gestion publique mobilisée par Jean ROMIEU, il se l'explique par le critère du service public. En tout état de cause, il est loin d'inférer de cette question de compétence l'application de règles de fond spécifiques au droit administratif. Dans un manuel universitaire paru la même année, il écrit dans le même sens :

> Il faut aller devant les tribunaux *administratifs*, toutes les fois que l'action dirigée *contre l'administration* se rattache à un *service public* : peu importe qu'il s'agisse de l'*État*, du *département*, de la *commune*. Et le juge administratif de droit commun, c'est le Conseil d'État. – Jusqu'en 1910, les tribunaux *judiciaires* étaient déclarés compétents lorsque l'action *dirigée contre l'administration* reposait sur un *contrat, même si ce contrat intéressait le fonctionnement d'un service public.* C'était un vestige de la [distinction entre les actes d'autorité et de gestion]. Un arrêt du Conseil d'État de 1910 a décidé que le contentieux *pécuniaire* des services publics était toujours de la compétence du Conseil d'État, même si les *difficultés naissaient à l'occasion*

[210] JÈZE Gaston, Note sur l'arrêt *THÉROND c. Ville de Montpellier* (C.E., 4 mars 1910), *in R.D.P.* 1910, p. 250.

d'un contrat. Cette solution cadre mieux avec l'idée générale qui domine l'interprétation actuelle de la règle de la séparation[211].

366. L'arrêt *Société des granits* : une affaire spécifique au contentieux des marchés locaux de fournitures. – Commissaire du gouvernement sous l'affaire *Société des granits porphyroïdes des Vosges*[212], Léon BLUM[213] envisage en 1912 les choses sous un aspect analogue. Il ne s'évertue pas à dégager un *critérium* qui pût être une alternative à celui posé dans les affaires *TERRIER* et *THÉROND* – à savoir, le critère des clauses exorbitantes du droit commun vis-à-vis du critère du service public. Il s'approprie la doctrine de Jean ROMIEU et Georges PICHAT en l'adaptant aux particularités d'un contrat pour lequel la compétence judiciaire est admise depuis le début du XIXe siècle : à savoir les marchés de fournitures des communes. En mobilisant l'autorité doctrinale de ses collègues, il admet que « *lorsqu'il s'agit du* contrat *et non du quasi-délit, la jurisprudence est beaucoup moins extensive.* (…) *Elle maintient, en matière contractuelle, la distinction entre ce que l'on a appelé la gestion privée et la gestion publique* »[214]. Sa préoccupation fut d'envisager une solution contentieuse qui, tout en permettant de rapprocher les marchés communaux des marchés de l'État, préserve la spécificité de chacun. En effet, la littérature administrative – notamment doctorale – attachait aux marchés de l'État une singularité qu'elle imputait aux clauses exorbitantes du droit commun procédant des cahiers des charges. Celles-ci caractérisaient un mode d'administration atypique, associé à l'autorité ministérielle exercée à

---

211 JÈZE Gaston, *Éléments du droit public et administratif à l'usage des étudiants en droit (capacité)*, Paris, Giard & Brière, 1910, p. 110-111.

212 L'anniversaire de l'arrêt *Société des granits porphyroïdes des Vosges* a suscité l'organisation d'un colloque à l'université de Lille 2 (le 4 octobre 2012) (*cf.* la publication des actes : *Centenaire de l'arrêt Société des granits porphyroïdes des Vosges (1912-2012)*, Lille, Hélina éditions, 2015). Le professeur GROS – qui en est l'organisateur – a publié cet article : « L'erreur de Léon BLUM ? À propos du centenaire de l'arrêt *Société des granits porphyroïdes des Vosges* » (*in A.J.D.A.* 2013, p. 1489). *Comp.* PONTIER Jean-Marie, « Les granits ont cent ans », *in A.J.D.A.* 2012, p. 1473 & GIACUZZO Jean-François, « L'arrêt *Société des granits porphyroïdes des Vosges* : légende, réalité… et grandeur », *in A.J.D.A.* 2013, p. 2474.

213 Au sujet de Léon BLUM (1872-1950), voyez la notice biographique qui lui est consacrée dans le *Dictionnaire biographique des membres du Conseil d'État* (2004), ainsi que le dossier du « Printemps de la jeune recherche juridique » paru sur cet auteur dans la *R.F.D.A.* (2013, p. 159 *sq.*). En outre, il a fait l'objet d'un article de Pierre JUVIGNY dans le livre jubilaire du Conseil d'État : « Un grand commissaire du Gouvernement : Léon BLUM » (*in Le Conseil d'État. Livre jubilaire…*, *op. cit.* (1952), p. 337).

214 BLUM Léon, Conclusions prononcées sous l'arrêt *Société des granits porphyroïdes des Vosges c. Ville de Lille* (C.E., 31 juillet 1912), *in* PANHARD Adrien (dir.), *Recueil des arrêts du Conseil d'État…*, *op. cit.* (2e série, t. 82 ; année 1912), p. 912.

l'endroit des agents administratifs – tout à la fois suspectés de ne pas veiller suffisamment à l'intérêt général et chargés de s'assurer de la loyauté des fournisseurs. Ce dispositif réservait des prérogatives spécifiques à l'État, toujours appréhendé comme l'incarnation de la puissance publique – ce à quoi ne pouvait prétendre ni les départements, ni les communes. Par le biais de ces marchés, l'autorité ministérielle continue à se diffuser jusques et y compris dans les relations contractuelles[215]. À l'inverse, les cahiers des charges des marchés de fournitures des départements et des communes ne comprenaient aucune de ces clauses exorbitantes : la nature prêtée à ces personnes publiques ne permettait pas de l'envisager à cette époque. Au demeurant, toutes les fournitures souscrites par l'État n'étaient pas assimilées aux marchés de fournitures à proprement parler, lesquels renvoyaient à une catégorie juridique toute spéciale, étroitement corrélée au cahier des charges. C'est une thèse unanimement partagée que rapporte Maurice HAURIOU dans son précis – lui-même s'inspirant largement d'un auteur comme Édouard LAFERRIÈRE.

> Les marchés de fournitures de l'État et des colonies sont seuls des opérations de gestion publique et par conséquent des contrats administratifs (D. 11 juin 1806, art. 13 (*sic*)) ; ceux des départements, des communes, des établissements publics sont des opérations de gestion privée. Ils se passent, il est vrai, avec adjudication et cahier des charges, mais dans ces cahiers aucun droit exorbitant n'est stipulé et la compétence est judiciaire. (…)
>
> Il faut qu'il y ait contrat spécial avec cahier des charges. Un achat au comptant n'est pas un marché de fournitures. Un transport exécuté par une compagnie de chemin de fer ou de paquebot, lorsque l'administration a usé du moyen de transport dans les

[215] Jean-Baptiste SIMONET – chef de bureau honoraire à la préfecture de la Seine – dont l'œuvre n'est peut-être pas originale, l'indique assez bien. S'il estime que « *les marchés de fournitures* [de l'État] *ont un caractère spécial résultant surtout des sanctions sévères qui en garantissent l'exécution* », le gouvernement n'est pas en mesure de soumettre les marchés de fournitures des départements à une réglementation analogue : « *C'est qu'il n'existe pas, pour les départements, de texte de la loi déléguant au gouvernement le soin de "régler" les conditions des marchés* » ; tout au plus peut-il « *en vertu de son droit de tutelle, imposer des conditions dans l'intérêt des départements ; (…) il appartiendrait au législateur seul d'imposer des conditions* [prises dans un autre ordre de considération], *par dérogation au principe de la liberté des conventions* » (*Traité élémentaire de droit public et administratif, contenant : les matières exigées par les programmes des Facultés de droit, du Conseil d'État, de la Cour des Comptes, de l'Inspection générale des Finances, des Ministères de l'Intérieur, des Finances, des Travaux publics, de l'Instruction publique, et par ceux de la Préfecture de la Seine, de l'Administration de l'Enregistrement, du Commissariat de la Marine,* etc., Paris, Pichon 1902 (4e et dernière éd.), p. 551-553).

mêmes conditions que le public, n'est pas un marché de fournitures[216].

Léon BLUM le rappelle sans équivoque dans ses conclusions :

> Il ne faudrait pas oublier que, même en ce qui concerne l'État, lorsqu'il s'agit d'un contrat passé en dehors de la sphère d'application du décret de 1806, par exemple quand il s'agit de commandes *verbales* chez un fournisseur, de salaires à des journaliers, d'expéditions par chemins de fer au tarif du public, l'État lui-même est censé agir, non comme une personne publique, mais dans les mêmes conditions qu'un simple particulier, et c'est la juridiction civile qui reste alors compétente[217].

Ainsi, l'enjeu de cet arrêt consiste à étendre la compétence administrative à des marchés dont leur nature les distinguait des marchés de l'État, lesquels, quant à eux, relevaient de la juridiction administrative en vertu d'une norme législative (décret du 11 juin 1806). C'est tout le sens de l'emprunt par Léon BLUM de la doctrine de la gestion publique. Telle que présentée par celui-ci, cette doctrine permet d'arrimer à la juridiction administrative, par la nature des choses, certains contrats de l'administration[218]. Alors que, depuis les années 1880, l'exclusion des marchés de fournitures locaux hors du contentieux administratif suscitait – avec la décentralisation administrative – de nombreuses critiques, Léon BLUM recourt à la doctrine de la gestion publique de manière à atténuer les différences entre les marchés locaux et les marchés de l'État.

367. Soucieux d'estomper ces disparités, il recourt à des formules générales où il est seulement question de « *contrats* » – des formules telles que : « *quand il s'agit de contrat…* » –, en alternance avec d'autres où il rappelle ce qui distingue les marchés locaux des marchés de l'État. La conception prêtée à ces derniers était trop bien établie pour être subvertie

---

216 HAURIOU Maurice, *Précis de droit administratif et de droit public à l'usage des étudiants en licence (2e et 3e années) et en doctorat* ès-*sciences politiques*, Paris, Larose & Tenin, 1911 (7e éd.), p. 848-849. Nous nous sommes référés à une édition contemporaine de l'arrêt *Société des granits porphyroïdes des Vosges*. Cela dit cette formulation n'a pas varié depuis la première édition (1892) et demeura telle quelle dans les éditions ultérieures.

217 BLUM Léon, Conclusions prononcées sous l'arrêt *Société des granits porphyroïdes des Vosges c. Ville de Lille* (C.E., 31 juillet 1912), *in* PANHARD Adrien (dir.), *Recueil des arrêts du Conseil d'État…*, *op. cit.* (2e série, t. 82 ; année 1912), p. 912.

218 *Cf.* ROMIEU Jean, Conclusions prononcées sous l'arrêt TERRIER *c. Département de Saône-et-Loire* (C.E., 6 février 1903), *in* PANHARD Napoléon-Charles (dir.), *Recueil des arrêts du Conseil d'État…*, *op. cit.* (2e série, t. 73 ; année 1903), p. 96-97.

sans façon. Il n'a pas été question de proposer une définition générique des contrats administratifs – entreprise doctrinale tout à fait étrangère aux administrativistes de cette époque et qui, du reste, aurait outrepassé la portée du litige, ni aidé à sa résolution. Léon BLUM n'a pas eu l'intention d'esquisser les contours d'un régime juridique spécial aux contrats administratifs, mais plutôt de corréler les évolutions relatives au contentieux administratif local avec les règles applicables en matière de fournitures souscrites par les communes et départements.

> Quand il s'agit de *marché de fournitures* communal, étant donné qu'il n'existe en cette matière aucun texte général analogue au décret du 11 juin 1806 pour les marchés de fournitures de l'État qui impose, sans aucune espèce de distinction, la compétence administrative, il s'agit de rechercher, non pas si la fourniture sera ensuite destinée ou affectée à un service public, mais si le marché, considéré en lui-même, présente ou non, les caractères du contrat administratif[219].

Selon Maurice HAURIOU, l'arrêt *Société des granits porphyroïdes des Vosges* aurait même tempéré une tendance prétorienne tendant à « *administrativer* » les contrats passés par les administrations locales pour les services publics[220]. Au point de vue où il se place en 1901, il analyse les solutions récemment dégagées par le Tribunal des conflits et le Conseil d'État comme des « *expédient*[s] *de transition jusqu'au jour où tous les engagements contractés par les administrations locales pour l'exécution de tous les services* [publics]

---

219 BLUM Léon, Conclusions prononcées sous l'arrêt *Société des granits porphyroïdes des Vosges c. Ville de Lille* (C.E., 31 juillet 1912), *in* PANHARD Adrien (dir.), *Recueil des arrêts du Conseil d'État…*, *op. cit.* (2e série, t. 82 ; année 1912), p. 911.

220 Il indique cette inclination de la jurisprudence dès la quatrième édition de son précis (1900-1901), en l'explicitant encore davantage dans l'édition suivante (1903) : « *On peut se demander néanmoins si,* [à propos de la compétence judiciaire pour les marchés de fournitures des départements et des communes], *une évolution de jurisprudence ne se prépare pas : 1° le Tribunal des conflits semble disposé à restreindre la compétence judiciaire aux marchés passés par les départements et les communes pour des services exclusivement locaux, ce qui semblerait supposer que la compétence sera administrative toutes les fois que le marché sera passé pour un service mixte en coadministration avec l'État ou pour un service obligatoire.* (…) *; 2° même dans les marchés purement locaux des départements et des communes, l'adjudication donne lieu à une approbation du préfet qui est un acte administratif dont le contentieux est administratif* (…) *; 3° les décrets des 6 et 10 août 1899* [imposant aux entrepreneurs et fournisseurs des clauses favorables aux salariés employés à leur service] *et qui s'appliquent aux marchés de fournitures des départements et des communes comme à ceux de l'État, impliquent une tendance à administrativer ces marchés et à les rapprocher des marchés de travaux publics* » (*Précis de droit administratif et de droit public général à l'usage des étudiants en licence et en doctorat* ès-*sciences politiques*, Paris, Larose, 1903 (5e éd.), p. 710-711.

seront considérés comme administratifs »[221].

> La décentralisation politique a fait descendre de la Puissance publique dans les conseils généraux et dans les conseils municipaux. Cela s'est fait sentir très vite dans les rapports des départements et des communes avec leurs employés, rapports qui ont été déclarés *administratifs* tout comme dans l'administration de l'État [il cite à ce propos un arrêt dont nous avons précédemment rapporté un extrait des conclusions du commissaire du gouvernement – CAZALENS ; T.C., 27 décembre 1879, *GUIDET*]. Déjà depuis longtemps les travaux publics départementaux et communaux sont des opérations administratives au même titre que ceux de l'État. (…) *Les marchés de fournitures sont eux-mêmes entamés*[222].

En évoquant brièvement l'arrêt *Société des granits porphyroïdes des Vosges* dans son précis, Maurice HAURIOU y voit une distinction supplémentaire qui, pour élargir un peu plus la compétence administrative, ralentit cette évolution qu'il regardait jusqu'alors comme irrésistible[223]. À cet égard, il met en exergue les efforts du Conseil d'État pour réserver à la compétence administrative les contrats passés pour le fonctionnement d'un service public, quelle que soit la forme contractuelle employée. Il cite à cet égard l'arrêt *THÉROND* où Georges PICHAT proposa (en étant suivi en ce sens) de requalifier le contrat litigieux en concession de service public (pour réaliser une extension de la compétence au profit du Conseil d'État plutôt que du conseil de préfecture). En effet, l'attention portée dans les années 1900[224] sur les concessions *de service public* a répondu au souci d'étendre la compétence administrative sur les services publics au fonctionnement desquels des particuliers étaient directement associés – que ce soit par le biais de marchés (de fournitures) ou de concession (de travaux publics). Cette catégorie de contrat – qui insiste sur l'association au service public – fut forgé pour la cause. Au lieu de retravailler les catégories existantes (marchés de fournitures, concessions de travaux publics), celles-ci se sont vues substituer une nouvelle.

> Le service public peut être assuré par concession ou entreprise, aussi bien dans le cas du marché de fournitures que dans le cas des

221 HAURIOU Maurice, Note sur la décision *CASADAVANT c. Commune de Lisle* (T.C., 11 mai 1901) [1901], *in Notes d'arrêts sur décisions du Conseil d'État et du Tribunal des conflits…*, *op. cit.*, t. 2 (1929), p. 469.

222 HAURIOU Maurice, *Précis de droit administratif…*, *op. cit.* (5e éd., 1903), p. 215-216 (c'est nous qui soulignons).

223 HAURIOU Maurice, *Précis de droit administratif et de droit public à l'usager des étudiants en licence (2e et 3e années) et en doctorat* ès*-sciences politiques*, Paris, Tenin, 1919 (9e éd.), p. 906.

224 *Cf.* les chapitres 2 et 3, titre II, seconde partie.

> travaux publics. Peut-être, toutefois, par analogie avec ce qui se passe dans les travaux publics, devrait-on réserver le nom de concessionnaire à l'entrepreneur de fournitures qui se charge d'un véritable service public.
>
> De plus, nous estimons que, dans cette hypothèse où le marché de fournitures tend à assurer un service public, même passé pour le compte d'un département ou d'une commune, il relève de la juridiction administrative. Cela a été décidé par le Conseil d'État dans l'affaire *THÉROND* (...) et confirmé par l'affaire des *granits porphyroïdes des Vosges*[225].

368. En soulignant les liens qui rapprochent le marché litigieux du service public – en l'occurrence, le service public de la voirie municipale –, Léon BLUM ne s'attarde pas sur l'existence ou non de clauses exorbitantes du droit commun et il n'emploie pas même cette locution. Pour cause, celle-ci était exclusivement associée aux marchés de fournitures de l'État, ceux des départements et des communes n'en comprenant aucune par principe. Ce qui, dans l'espèce, pouvait faire admettre la compétence administrative, ce n'était donc pas de telles clauses. Dans le sens de la jurisprudence rapportée par Maurice HAURIOU, Léon BLUM s'efforce de faire correspondre la nature administrative du marché litigieux avec l'association du fournisseur au service public municipal. Pour les fournitures de l'État, la compétence administrative s'explique classiquement par les privilèges d'exécution concédés à l'administration contractante et entérinés par les cahiers des charges. Pour les marchés des administrations locales, Léon BLUM justifie la compétence administrative à l'aide d'un autre fondement : les marchés locaux qui associent les fournisseurs au fonctionnement d'un service public sont requalifiés en concessions de service public. C'est pourquoi, il analyse les caractères intrinsèques du marché litigieux.

> Pour qu'un marché de fournitures communal soit un contrat administratif, il faut (...) qu'il participe, *si peu que ce soit, du marché de travaux publics ou du contrat de concession* ; il faut qu'il établisse des rapports précis et constants du fournisseur ou de ses agents, soit avec la commune, soit avec le public. (...) Lorsque le marché, en un mot, n'établit pas entre la commune et le cocontractant des rapports différents de ceux qui s'établissent entre un particulier quelconque et un marchand quelconque, alors le contrat sera passé dans les conditions habituelles du commerce, et nous nous trouverons dans le cas où la commune ayant agi selon le même

[225] *Id.*, p. 908.

> mode qu'un simple particulier « *se trouve soumise aux mêmes règles comme aux mêmes juridictions* »[226].

En somme, les conclusions de Léon BLUM se réfèrent à des arrêts qui ont reconnu la compétence du Conseil d'État pour des marchés requalifiés en concession de services publics – pour reprendre une formulation employée dans le décret du 31 mai 1910[227]. C'est dire que les marchés de fournitures des communes continuent de s'analyser comme une vente pure et simple et, en conséquence, de relever de la compétence judiciaire.

> Quand il s'agit de *contrat*, il faut donc rechercher, non pas en vue de quel objet ce contrat est passé, mais ce qu'est ce contrat, par sa nature même. Et, pour que le juge administratif soit compétent, il ne suffit pas que la fourniture qui est l'objet du contrat doive être ensuite utilisée pour un service public ; il faut que ce contrat, par lui-même, et de par sa nature propre, soit *de ceux qu'une personne publique peut seule passer*, qu'il soit, par sa forme et sa contexture, un contrat administratif[228].

En ce sens, l'arrêt *Société des granits porphyroïdes des Vosges* s'inscrit dans une jurisprudence qui, sans verser catégoriquement les marchés de fournitures locaux dans le champ de la compétence administrative, s'efforce de définir une catégorie de contrat – à partir du modèle concessif – dont le lien avec le service public puisse, par le jeu d'une requalification contentieuse, les rattacher à la compétence administrative en contournant le principe qui, en matière de fournitures communales et départementales, reconnaît la compétence judiciaire.

369. La réception de l'arrêt *Société des granits* par la doctrine administrative contemporaine. – Notre relecture des conclusions de Léon BLUM explique pourquoi cet arrêt fut si peu remarqué au moment de sa lecture[229]. Maurice HAURIOU ne l'évoque pas dans l'édition immé-

---

226 BLUM Léon, Conclusions prononcées sous l'arrêt *Société des granits porphyroïdes des Vosges c. Ville de Lille* (C.E., 31 juillet 1912), *in* PANHARD Adrien (dir.), *Recueil des arrêts du Conseil d'État…*, *op. cit.* (2e série, t. 82 ; année 1912), p. 911-912 (c'est nous qui soulignons).

227 *Cf.* le décret du 31 mai 1910, portant règlement d'administration publique pour l'exécution de l'article 96 de la loi du 8 avril 1910 modifiant l'organisation de la juridiction contentieuse du Conseil d'État (*Journal officiel* 1910 (1er juin), n° 147, p. 4670).

228 BLUM Léon, Conclusions prononcées sous l'arrêt *Société des granits porphyroïdes des Vosges c. Ville de Lille* (C.E., 31 juillet 1912), *in* PANHARD Adrien (dir.), *Recueil des arrêts du Conseil d'État…*, *op. cit.* (2e série, t. 82 ; année 1912), p. 911.

229 Il convient de noter que le volume du *Recueil Lebon* de l'année 1912 ne parut qu'avec un peu de retard, en 1914.

diate à cet arrêt (1913)[230]. Dans l'édition suivante (1919), il note dubitativement, en note de bas de page, que les conclusions de Léon BLUM dégagent « *une distinction entre les marchés destinés à assurer des services publics, tels, par exemple, que les transports par autobus, et ceux qui ne tendent point par eux-mêmes à assurer un service ; les premiers relèveraient de la compétence administrative et pas les seconds* »[231]. En 1928, avec le recul du temps et l'évolution des enjeux doctrinaux, il est plus critique encore :

> Le besoin de cette classification en deux catégories provient évidemment d'un certain sentiment de différence qualitative entre divers marchés de fournitures communaux. La différence entrevue fut d'abord *un certain je ne sais quoi*, que l'on s'efforça par la suite de définir par une idée[232].

À rebours de l'interprétation que nous lui prêtons, Maurice HAURIOU situe cet arrêt – non sans raison – dans le sillage de la doctrine du service public et comme l'antithèse d'une doctrine qui ne fut formalisée que plus tard, après 1918 : la théorie de la gestion privée[233].

---

[230] Jacques FOURNIER s'étonne que Maurice HAURIOU n'ait rédigé aucune note sur cet arrêt. Il est pourtant présenté aujourd'hui comme un arrêt cardinal du droit des contrats administratifs. « *Sans doute, inévitables dans une œuvre de cette importance, peut-on reprocher à HAURIOU quelques* (…) *oublis notables : ainsi ne commentera-t-il ni l'arrêt* Société des granits porphyroïdes des Vosges *ni l'arrêt* Société commerciale de l'Ouest africain. *Ces lacunes sont d'autant plus surprenantes qu'elles concernent des décisions qui constituaient les premiers signes du prochain ébranlement de la théorie du service public, combattue par notre auteur* » (« Maurice HAURIOU, arrêtiste », *in E.D.C.E.* 1957, p. 157). Son appréciation illustre très bien les biais d'une historiographie piégée dans ses anachronismes. Le désintérêt de Maurice HAURIOU peut ne pas être lié à un « oubli », mais plutôt à la modestie de cet arrêt qui, en définitive, n'a suscité, dans un premier temps, qu'un intérêt modéré. Il est venu accuser des tendances jurisprudentielles sans leur conférer une allure théorique tranchée – nous pensons en particulier à la décision *LAGAUCHE* (1899) et à l'arrêt *THÉROND* (1910).

[231] HAURIOU Maurice, *Précis de droit administratif…*, *op. cit.* (9e éd., 1919), p. 906.

[232] HAURIOU Maurice, Note sur la décision *TEMPLIER c. Commune de Sempigny* (T.C., 1er mai 1928), *in Sirey* 1928. 3. 129. Cette note est l'une des rares à n'avoir pas été reproduites dans ses *Notes d'arrêts sur décisions du Conseil d'État et du Tribunal des conflits* (1929). Cet ouvrage devait vraisemblablement être sous presse au moment où ladite note fut publiée au *Recueil Sirey*. Dans l'édition posthume de son *Précis de droit administratif* (1933), son fils André HAURIOU fait référence à une réédition des *Notes d'arrêts…* sous le titre *Jurisprudence administrative*, à laquelle aurait été ajouté un supplément comprenant les notes manquantes. Toutefois, nous n'en avons trouvé trace et l'exemplaire conservé à la Bibliothèque nationale de France, quoique publié en 1931, est un tirage identique à l'ouvrage original de 1929.

[233] *Cf.* le chapitre 2, titre IV, seconde partie.

> Cette distinction [proposée par Léon BLUM] était éminemment fragile, car elle reposait sur la question de savoir si un marché de fourniture assurait *par lui-même* d'une façon directe et spéciale un service public déterminé, ou bien s'il ne servait qu'à contribuer de loin au fonctionnement des services généraux. Il est en effet bien évident que les fournitures sont toujours plus ou moins directement destinées à des services. Fondé sur une nuance aussi délicate, le *critérium* était impraticable. D'autre part, il allait à l'encontre d'une vérité évidente, à savoir que des services publics peuvent être alimentés par des moyens de droit privé, et c'est justement une pratique que la jurisprudence se proposait de développer [dans les années 1920]. (…) La faculté de choix entre les procédés publics et les procédés privés que cette jurisprudence reconnaît aujourd'hui d'une façon très large, même pour les services d'État, (…) eût été inconciliable avec une règle faisant rigoureusement découler le caractère du contrat de son lien avec le service[234].

D'après André MOREL – professeur à la faculté de Lille – « *le Conseil d'État, loin de vouloir rendre un arrêt qui put avoir une portée théorique quelconque, s'est simplement efforcé d'appliquer jusqu'au bout la formule de M.* ROMIEU »[235]. Ces deux derniers administrativistes, quoique partisans de doctrines différentes, proposent la même analyse de l'arrêt *Société des granits porphyroïdes des Vosges*. Celui-ci confirmerait les décisions précédemment rendues par le Conseil d'État et le Tribunal des confits, en appliquant la doctrine de Jean ROMIEU à une matière spécifique : le contentieux des marchés de fournitures des administrations locales.

370. Gaston JÈZE se positionne autrement : il envisage cet arrêt au point de vue du principe de séparation des autorités administrative et judiciaire. Il est peu enclin à distinguer ce qui tiendrait de la formulation d'une théorie contentieuse et ce qui tiendrait des aménagements apportés à un principe séculaire attribuant aux tribunaux judiciaires le contentieux des marchés de fournitures locaux. Tant et si bien que, à l'instar d'Henry BERTHÉLEMY[236], il discerne un infléchissement là où, pour d'autres, il n'y a eu qu'une confirmation.

> [Les termes généraux empruntés par Georges PICHAT dans ses conclusions précitées] avaient fait croire que l'évolution de la ju-

---

234 *Ibid.*

235 MOREL André, *Les marchés de fournitures des départements de la guerre et de la marine pendant les hostilités*, Paris, Bureaux du Journal [du droit administratif], 1918, p. 62.

236 *Cf.* BERTHÉLEMY Henry, *Traité élémentaire de droit administratif*, *op. cit.* (8e éd., 1916), p. 950.

> risprudence était complètement terminée et que le critérium adopté en 1903 (arrêt TERRIER) était logiquement et pleinement appliqué : *le contentieux du fonctionnement des services publics* est administratif par nature, qu'il s'agisse d'actes unilatéraux, de *contrats*, ou d'agissements matériels.
>
> Ceux qui l'ont cru se sont trompés. C'est, du moins, ce qu'affirme le commissaire du gouvernement Léon BLUM dans les conclusions prononcées dans l'affaire *Société des granits* jugée par le Conseil d'État le 31 juillet 1912[237].

Pour tenir cette analyse, Gaston JÈZE néglige la nature des contrats litigieux et ne s'attache qu'à la question de déterminer s'ils ont été ou non passés *pour* le fonctionnement d'un service public. C'est, d'ailleurs, suivant la même approche qu'il rend compte de la décision *Compagnie d'assurance Le Soleil* (1910)[238] et de l'arrêt *Commune d'Eyguières* (1912)[239]. En s'exagérant la portée de l'arrêt THÉROND, il est désappointé par l'arrêt *Société des granits porphyroïdes des Vosges* qui vient infirmer l'interprétation qu'il en avait dégagée. Il ne dissimule pas sa réprobation à l'égard des conclusions de Léon BLUM, dont il est vrai qu'elles sont pour le moins sibyllines – « *Que voilà donc des formules précises et lumineuses !* » s'exclame l'arrêtiste avec un ton sarcastique[240]. Quelque peu désorienté, Henry BERTHÉLEMY ne sait dire si cet arrêt contredit la portée que la doctrine universitaire aurait attaché à tort aux précédentes jurisprudences ou si, au contraire, il en infléchit le sens à rebours : « *Est-ce un recul dans la solution que nous estimions beaucoup trop large sur la portée de la séparation des autorités administrative et judiciaire, ou bien faut-il dire que le Conseil n'a jamais entendu, sur cette question, adopter les formules trop radicales dont le félicitaient volontiers les partisans de l'extension de la compétence administrative ?* »[241]. Ce qui nous importe – au-delà des interprétations divergentes auxquelles cet arrêt a pu donner lieu –, c'est qu'aucune ne discerne la conceptualisation d'un contrat administratif, ni même la détermination d'un critérium pour son identification[242]. Les uns se positionnent au point de vue du principe qui attribue

---

237 JÈZE Gaston, Note sur l'arrêt *Société des granits porphyroïdes des Vosges c. Ville de Lille* (C.E., 31 juillet 1912), *in R.D.P.* 1914, p. 146-147.

238 JÈZE Gaston, Note sur la décision *Compagnie d'assurances « Le Soleil » c. l'État* (T.C., 4 juin 1910), *in R.D.P.* 1910, p. 468.

239 JÈZE Gaston, Note sur l'arrêt *Commune d'Eyguières* (Civ., 26 février 1912), *in R.D.P.* 1912, p. 470.

240 JÈZE Gaston, Note sur l'arrêt *Société des granits porphyroïdes des Vosges c. Ville de Lille* (C.E., 31 juillet 1912), *in R.D.P.* 1914, p. 151.

241 BERTHÉLEMY Henry, *Traité élémentaire de droit administratif*, *op. cit.* (8e éd., 1916), p. viij.

242 Ce n'est que plusieurs années plus tard que Gaston JÈZE interprète cet arrêt en ce sens. *Cf.* « Le régime juridique des marchés de service public » (*in R.D.P.* 1918, p. 220).

au juge judiciaire le contentieux des marchés de fournitures locaux (en ce qu'ils ne sont pas liés au fonctionnement d'un service public) ; les autres, au point de vue du principe de séparation des autorités administrative et judiciaire. Du reste, il convient de préciser que l'arrêt *Société des granits porphyroïdes des Vosges* suscita assez peu de réactions dans la doctrine[243]. En 1920, Gaston MONSARRAT le cite comme un arrêt d'espèce[244]. Ce n'est qu'à partir des années 1920[245] que, à l'initiative du commissaire du

---

[243] Par comparaison avec les arrêts TERRIER et THÉROND, l'arrêt *Société des granits porphyroïdes des Vosges* reçut un accueil plutôt discret dans la doctrine administrative. Cela atteste notre thèse suivant laquelle sa portée fut réévaluée dans les années 1920 – date à laquelle il est plus souvent cité – lorsque le Conseil d'État consacra la théorie de la gestion privée. L'arrêt TERRIER fut commenté ou bien reproduit avec les conclusions correspondantes dans : la *Gazette des tribunaux* (14 février 1903, n° 23437), *Le Droit* (25 février 1903, n° 46), la *Revue critique de législation et de jurisprudence* (1903, p. 401), la *Revue générale d'administration* (1903, II, p. 39), le *Recueil Sirey* (1903. 3. 25), le *Recueil Dalloz* (1904. 3. 65), les *Pandectes françaises périodiques* (1904. 4. 90) et l'*Année administrative* (1904, p. 201). En revanche, la *Gazette du Palais* et *La Loi* n'en rendent nul compte (sauf erreur de notre part). L'arrêt THÉROND fut autant, sinon mieux accueilli : *cf. La Loi* (29 juin 1910, n° 150), la *Gazette des tribunaux* (20 juillet 1910, n° 164), *Le Droit* (24 juillet 1910, n° 169), la *Gazette du Palais* (1910, 2e semestre, p. 283), la *Revue du droit public* (1910, p. 249), la *Revue générale d'administration* (1911, II, p. 174), le *Recueil Sirey* (1911. 3. 17), les *Pandectes françaises périodiques* (1911. 3. 17) et le *Recueil Dalloz* (1912. 3. 57). Pour sa part, l'arrêt *Société des granits porphyroïdes des Vosges* ne fut nullement évoqué dans la *Revue critique de législation et de jurisprudence*, la *Revue générale d'administration*, la *Gazette du Palais*, *La Loi*. Hormis la *Gazette des tribunaux* (12 septembre 1912, n° 205) et *Le Droit* (21 septembre 1912, n° 219), les autres en rendirent compte bien plus tard : le *Recueil Dalloz*, quatre ans plus tard (1916. 3. 35) ; les *Pandectes françaises périodiques* (1917. 3. 15) et le *Recueil Sirey* (1917. 3. 15) cinq ans plus tard ! (cela s'explique par le retard accusé par ces deux recueils dans la publication de la jurisprudence). D'après nos recherches, il n'y a – avant la fin de la Première Guerre mondiale – que Gaston JÈZE qui en fit l'analyse dans une note critique, du reste assez brève (*R.D.P.* 1914, p. 145) et Henry BERTHÉLEMY qui le mentionna dans l'introduction de la huitième édition (1916) de son *Traité élémentaire de droit administratif*.

[244] MONSARRAT Gaston, *Marchés de travaux et de fournitures des communes et des établissements communaux de bienfaisance*, Paris, Direction des publications administratives et bibliothèque municipale et rurale, 1920 (1re éd.), p. 297.

[245] Nous avons effectué une recherche à partir du site « Gallica » pour comptabiliser les références de l'arrêt *Société des granits porphyroïdes des Vosges* dans le *Recueil Lebon*. Réalisée à partir de la collection numérique (dont les numéros pertinents vont de 1912 à 1939), la fiabilité de cette recherche est trop dépendante de la qualité des numérisations pour qu'elle puisse être considérée comme rigoureuse. Interprétée avec toute la circonspection qu'il se doit, elle n'en corrobore pas moins notre hypothèse. Les renvois à l'arrêt précité se situent tous dans les années 1920. Cela attesterait que ce fut à compter de cette décennie que notre arrêt a été regardé comme un arrêt de principe. Nous avons recensé trois renvois, chacun correspondant à un arrêt (du Conseil d'État) ou une décision (du Tribunal des conflits) faisant « application » de cette jurisprudence, c'est-à-dire en employant la théorie de la gestion privée à laquelle l'arrêt *Société des granits porphyroïdes*

Gouvernement RIVET, l'arrêt *Société des granits porphyroïdes des Vosges* fut présenté comme nous l'envisageons aujourd'hui[246]. Il fut rétrospectivement distingué, à raison du développement du contentieux des fournitures après la Première Guerre mondiale. Certains ne furent pas dupes de cette exhumation[247], lorsque d'autres critiquèrent tout simplement la nouvelle portée que l'on lui attribua[248].

371. Les contrats administratifs : un vecteur de réorganisation du contentieux administratif. – Gaston JÈZE n'est pas le seul à réceptionner ces arrêts en tant qu'ils touchent à la répartition des compétences, plutôt qu'ils ne fonderaient une théorie des contrats administratifs. Des auteurs aussi différents que Léon DUGUIT[249] et Henry BERTHÉLEMY[250] les évoquent également sous ce rapport. C'est en se plaçant au point de vue de l'organisation des tribunaux administratifs que celui-ci en fait la critique. Il admet que pour être « *brutale* », l'interprétation du principe de séparation des autorités administrative et judiciaire corrélée au service public est « *peut-être plus commode* ». Pour autant, il ne cesse de douter des avantages que de telles évolutions présenteraient pour les justiciables.

> Il apparaît bien, pour qui s'élève au-dessus des hypothèses particulières et des cas susceptibles de constituer des « espèces » en

---

des Vosges fut rétrospectivement associé : *DESHAYES* (C.E., 26 mars 1918), *GODET et Société industrielle de Toulouse c. Ministre de la guerre* (C.E., 18 juillet 1923) & *TEMPLIER c. Commune de Sempigny* (T.C., 1er mai 1928).

246 *Cf.* les conclusions du commissaire du gouvernement RIVET prononcées sous l'arrêt *Société générale d'armement* (C.E., 23 décembre 1921) (*R.D.P.* 1922, p. 74).

247 Le président de l'ordre des avocats aux Conseils, Jean LABBÉ (par ailleurs avocat de la société requérante en 1912), l'indiqua dans une allocution. C'est après la Première Guerre mondiale que l'arrêt *Société des granits porphyroïdes des Vosges*, d'un arrêt se rapportant modestement aux marchés communaux, prit la dimension d'un véritable arrêt de principe rétroagissant sur la définition des marchés de l'État. « *Le Conseil d'État s'attache,* (...) *dès* [1912], *à une notion qui aura une singulière fortune et qui modifiera, à partir de 1920, une jurisprudence que l'on pouvait croire définitive en matière de contrats passés par l'État pour les besoins de ses services ; même dans cette hypothèse, l'autorité judiciaire est compétente pour connaître du contentieux de ces contrats quand ils affectent la forme des conventions courantes de droit privé* » (*Séance d'ouverture de la Conférence du stage des avocats au Conseil d'État et à la Cour de cassation du 13 décembre 1923*, Paris, Imprimerie Maréchal, s. d., p. 18 ; l'allocution est rapportée dans la *Gazette des Tribunaux* : 21-22 décembre 1923, n° 189).

248 *Cf.* par exemple : DUGUIT Léon, *Traité de droit constitutionnel*, *op. cit.* (2e éd.), t. 3 (1923), p. 38 *sq.*

249 DUGUIT Léon, *Traité de droit constitutionnel*, *op. cit.* (1re éd.), t. 1 (1911), p. 441 *sq.*

250 BERTHÉLEMY Henry, *Traité élémentaire de droit administratif*, *op. cit.* (7e éd., 1913), p. 934 *sq.*

> jurisprudence, qu'on aura la plus grande peine à assurer, d'une manière générale et absolue, le triomphe pratique d'un pareil système. (…) Peut-être alors des commissaires du Gouvernement, moins désireux d'accroître le rôle du Conseil que d'adapter les solutions théoriques aux besoins de la pratique, s'évertueront-ils à retrouver le fil des distinctions méconnues[251].

Il n'est pas le seul à estimer que ce principe, ainsi compris, « *est moins logique et moins protecteur des droits des administrés* »[252]. Jean APPLETON, professeur à la faculté de Lyon, est tout aussi sensible aux répercussions défavorables qu'emportent ces jurisprudences sur les justiciables, l'accès à la justice étant rendu moins aisé.

> Le Conseil d'État (…) n'a rendu ni plus rapide, ni moins coûteuse la solution des petits litiges de la nature de celui à l'occasion duquel il a adopté la thèse de M. ROMIEU. Si cette jurisprudence persiste, les particuliers seront obligés de porter devant le Conseil d'État, à grands frais, des litiges de minime importance, et, s'ils n'ont pas le bonheur d'être admis au bénéfice de l'assistance judiciaire, de dépenser, pour faire juger leur querelle, une somme dix ou vingt fois supérieure à l'intérêt du litige. C'est rendre pratiquement impossible la défense et la réalisation des droits des particuliers dans de petits procès, pour la solution desquels le juge de paix serait le magistrat tout désigné[253].

C'est pourquoi, Henry BERTHÉLEMY se risque à faire un accueil chaleureux à l'arrêt *Société des granits porphyroïdes des Vosges*, lequel « *débarrasse le Conseil d'État de la connaissance des litiges sans importance sans mettre en péril le principe de la séparation des autorités* ».

> À défaut, cependant, de l'ancienne distinction classique [prônée par LAFERRIÈRE], la plus raisonnable est encore celle qui ne soustrait au contrôle des tribunaux que les actes nettement différents des contrats particuliers, en ce qu'ils ont pour objet l'organisation même de services publics. Est-il admissible, vraiment, que la haute juridiction administrative, unique pour toute la France, ait la charge de régler une note contestée pour l'acquisition d'une bouteille d'encre ou d'une boîte de plumes parce que ces articles sont destinés à une école communale ? tel est pourtant le résultat de la solution absolue, vers laquelle nous

---

[251] *Id.*, p. vi-vij.

[252] *Id.*, p. 936.

[253] APPLETON Jean, Recension du *Traité élémentaire de droit administratif* (3e éd.) de BERTHÉLEMY, *in R.D.P.* 1905, p. 663.

> avons un instant pensé que le Conseil s'orientait, et qui nous a toujours paru critiquable[254].

C'est donc au point de vue de l'économie juridictionnelle que ces arrêts furent discutés. Les commentaires critiques s'inscrivent dans les débats contemporains qui questionnent tout à la fois la juridiction administrative et les limites du contentieux administratif[255]. Les annotations placées sous les arrêts *TERRIER* et *THÉROND* ne traduisent pas un conservatisme doctrinal. D'aucuns, comme le professeur caennais Henry NÉZARD, soulignent les avantages qui s'attachaient à l'ancienne partition : la « *distinction des actes administratifs en deux classes* [c'est-à-dire en actes d'autorité et en actes de gestion], *qui, jadis, a eu une importance considérable dans le droit public, présente encore (…) un intérêt sérieux dans la détermination des juges compétents pour statuer sur les procès qu'ils suscitent* »[256]. L'adhésion que cette distinction rencontre encore au début du XXe siècle n'indique pas des opinions rétrogrades. Elle procède de considérations d'autant plus éclairées qu'elle tient compte des avantages qu'y trouvent les justiciables : pour être proches de ces derniers, les conseils de préfecture ne présentent pas une organisation exempte de critiques (jusqu'en 1926, ils sont formellement présidés par le préfet) ; le Conseil d'État est trop éloigné des justiciables en même temps qu'il leur réserve des frais de procédure dispendieux. Si les réformes successives de la juridiction administrative dans la seconde moitié du XXe siècle ont dissipé la plupart de ces critiques, celles-ci n'ont pas manqué d'être pertinentes à l'époque où elles ont été exprimées. Gaston JÈZE se récrie contre l'arrêt *Société des granits porphyroïdes des Vosges* pour un motif analogue. Les règles de répartition de compétences sont trop compliquées alors qu'elles doivent, en tout premier lieu, permettre d'orienter facilement les justiciables. En commentant les conclusions de Léon BLUM, il ajoute :

> Voilà, à mon avis, des subtilités profondément regrettables et tout à fait inutiles. Elles font honneur à la finesse d'esprit de leur auteur, mais étonnent chez un praticien, chez des juges, qui doivent avoir le souci des nécessités pratiques. Elles seraient excusables chez un théoricien, retiré dans sa tour d'ivoire et insensible à toute préoccupation d'utilité pratique. Chez un juge, elles sont, à mon avis, tout à fait critiquables.

---

254 BERTHÉLEMY Henry, *Traité élémentaire de droit administratif*, *op. cit.* (8e éd., 1916), p. 951.
255 *Cf.* les deux premiers chapitres du présent titre.
256 NÉZARD Henry, *Éléments de droit public à l'usage des étudiants en droit (capacité)*, Paris, Rousseau, 1911 (1re éd.), p. 73.

> De quoi s'agit-il en effet ? Il s'agit uniquement de déterminer le *juge compétent.* Or s'il est une condition essentielle d'une bonne organisation juridictionnelle, c'est que les plaideurs puissent déterminer *facilement*, *rapidement*, le tribunal auquel ils doivent s'adresser. Toute règle de compétence difficile à interpréter, à comprendre est *mauvaise.* Elle expose les plaideurs à des erreurs, et, par conséquent, à des pertes de temps et d'argent. Le service de justice est organisé *pour les plaideurs* et non pour les juges ou pour les avocats, avoués, etc.[257].

En définitive, nulle part il n'est question de la conceptualisation du contrat administratif. Jusque dans l'Entre-deux-guerres, les contrats administratifs renvoient à des catégories hétéroclites, plutôt qu'ils ne désignent un concept qui en transcenderait les disparités[258]. Les administrativistes distinguent alors les marchés de fournitures, les marchés de travaux publics, les concessions de service public, sans jamais leur supposer une nature commune. Chacun de ces contrats sont pris dans une historicité différente et sont associés à des fonctionnalités propres.

372. L'écriture par Gaston JÈZE d'une histoire biaisée de la théorisation des contrats administratifs (années 1920). – L'arrêt *Société des granits porphyroïdes des Vosges* – dont la réception doctrinale ne fut pas celle que nous lui supposons aujourd'hui – a été rétrospectivement réévalué après la Première Guerre mondiale[259]. Le professeur PLESSIX reconnaît d'ailleurs qu'il constitue le premier mythe fondateur de la théorie des contrats administratifs[260]. Pour gérer l'afflux des contentieux liés au conflit, le Conseil d'État procéda – dans les années 1920 – à de nouveaux ajustements contentieux en consacrant notamment la théorie de la gestion privée. C'est dans son creuset que la théorisation des contrats administratifs a été entreprise. La locution « contrat administratif » cessa à partir des années 1920 de renvoyer à une acception purement contentieuse, pour désigner – sous la plume de quelques-uns – un contrat générique auquel pût s'articuler un régime juridique spécial dont les linéaments ont été ébauchés à partir de la théorie de l'imprévision[261]. Autre-

---

257 JÈZE Gaston, Note sur l'arrêt *Société des granits porphyroïdes des Vosges c. Ville de Lille* (C.E., 31 juillet 1912), *in R.D.P.* 1914, p. 151-152.

258 *Cf.* le titre II, seconde partie.

259 *A pari* : GIACUZZO Jean-François, « L'arrêt *Société des granits porphyroïdes des Vosges.* Légende, réalité… et grandeur », *in A.J.D.A.* 2013, p. 2474. *Contra* : PONTIER Jean-Marie, « Les granits ont cent ans », *in A.J.D.A.* 2012, p. 1473.

260 PLESSIX Benoît, *Droit administratif général*, Paris, LexisNexis, 2016 (1re éd.), p. 1185.

261 *Cf.* le titre IV, seconde partie.

ment dit, la conceptualisation du contrat administratif ne procède pas directement des évolutions du contentieux administratif intervenues dans les années 1900. En entreprenant le premier un ouvrage sur les contrats administratifs proprement dits (1925)[262], Gaston JÈZE présenta sa théorie comme l'aboutissement d'une évolution prétorienne engagée par l'arrêt *TERRIER*. La jurisprudence administrative d'avant-guerre fut réinvestie pour être mise en harmonie avec les prodromes de la théorie des contrats administratifs. Cette caution prétorienne et cette profondeur historique furent mises en exergue pour valoriser cette entreprise doctrinale – en concurrence avec la théorie de l'institution. De surcroît, la méthode que s'est donnée Gaston JÈZE accrédite l'idée suivant laquelle le dynamisme du droit administratif a tenu essentiellement au volontarisme de la jurisprudence administrative. Cet auteur loue le Conseil d'État « *pour l'impartialité de ses décisions et la prudente hardiesse de ses innovations* »[263], en même temps qu'il dénigre les œuvres doctrinales qui, en ne se cantonnant pas à la synthèse critique de la jurisprudence, se condamneraient à n'être qu'« *une œuvre d'imagination, un roman écrit par un juriste, – le pire dans le genre ennuyeux, monument d'orgueil, et d'inutilité certaine* »[264].

> Toute théorie juridique qui n'a pas pour point de départ l'observation minutieuse, attentive des faits, des arrêts, et qui n'en est pas la synthèse exacte et adéquate est dénuée de valeur[265].

Cette méthodologie explique pour une large part la prépondérance qu'il accorde à la jurisprudence[266] et, plus encore, la linéarité dont il lui fait crédit dans ses développements. Il ne s'agit pas d'affirmer que cela résulte d'une vue foncièrement tronquée de la réalité, mais de noter que la narration à laquelle il recourt est historiquement biaisée. S'il ne fut pas

---

262 Cet ouvrage est la reproduction d'un cours professé à la faculté de Paris pour le second semestre 1924-1925. Il en donna une publication augmentée sous le titre : *Les contrats administratifs de l'État, des départements, des communes et des établissements* (1927-1936, 4 vol.), avant de l'intégrer à la troisième édition de ses *Principes généraux du droit administratif* (1925-1930) en y ajoutant trois volumes supplémentaires (1934-1936).

263 JÈZE Gaston, « De l'utilité pratique des études théoriques de jurisprudence pour l'élaboration et le développement de la science du droit public. Rôle du théoricien dans l'examen des arrêts des tribunaux », *in R.D.P.* 1914, p. 312.

264 *Ibid.*

265 *Id.*, p. 313.

266 Pour quelques aspects biographiques complétés d'une présentation de la méthode de Gaston JÈZE, *cf.* MASLARSKI David, « La conception de l'État de Gaston JÈZE », *in Jus politicum* 2009, n° 3 (disponible sur Internet). *Cf.* en outre : BEAUD Olivier, « L'œuvre de Gaston JÈZE justifie-t-elle un repli de la doctrine publiciste française sur la technique juridique ? », *in Jus politicum* 2013, n° 11 (disponible sur Internet), p. 15 *sq.*

le seul à cet égard, il contribua plus qu'aucuns autres à asseoir cette historiographie qui est admise aujourd'hui comme un canon, quoique nombre en admettent le caractère mythologique. Dès lors, la théorie des contrats administratifs se donne à voir comme si elle aurait été l'œuvre propre du Conseil d'État, dissimulant le concours d'une doctrine dont l'apport fut pourtant essentiel, sinon primordial[267]. Plus encore, il oblitère les contingences auxquelles sa théorie doit son développement. En en situant la genèse dans les années d'avant-guerre, il surévalue le rôle du Conseil d'État, en même temps qu'il rend incompréhensible la formalisation de cette théorie, liée à des problématiques propres à l'Entre-deux-guerres. En définitive, son traité est passé pour avoir consacré *en doctrine* la théorie prétorienne des contrats administratifs[268].

373. Gaston JÈZE a profondément nivelé le relief doctrinal en occultant les doctrines qui – durant l'Entre-deux-guerres – ont touché aux contrats de l'administration. Il présenta la jurisprudence administrative sous un aspect qui la fît voir comme une œuvre homogène et continue, engagée avec l'arrêt *TERRIER* avant d'être réceptionnée par une doctrine universitaire attentiste. Auteur d'une histoire recomposée, il lia la genèse de cette théorie au génie démiurge du Conseil d'État, si bien qu'elle semble aujourd'hui atemporelle, comme suspendue hors du temps. Cette appréhension historique de la théorie des contrats administratifs s'est transformée par l'effet du temps en une espèce de vulgate. On répugne à y renoncer car, en filigrane, elle véhicule un discours orienté sur la contribution du Conseil d'État à l'élaboration du droit administratif[269]. Les

---

[267] C'est une semblable recomposition de l'histoire que dénonce Jean RIVERO à propos de la promotion du concept de service public dans les premières décennies du XXe siècle. À la suite de certains de ses contemporains – tels les professeurs EISENMANN ou CHAPUS –, il note les vicissitudes doctrinales de la décision *BLANCO* (1873). Passée inaperçue dans un premier temps, elle fut ultérieurement présentée comme un acte fondateur du droit administratif, à l'aune duquel la portée de l'arrêt *TERRIER* (1903) put être exhaussée. Cette critique participe d'une réévaluation de la contribution de Maurice HAURIOU au succès de la théorie du service public (*cf.* « HAURIOU et l'avènement de la notion de service public », *in* [collectif], *L'évolution du droit public : études offertes à Achille Mestre*, Paris, Sirey, 1956, p. 461). *Comp.* BIGOT Grégoire, « Les mythes fondateurs du droit administratif », *in R.F.D.A.* 2000, p. 527.

[268] Georges VEDEL estimait que le *Traité théorique et pratique des contrats administratifs* de Gaston JÈZE constituait « *son plus beau titre scientifique* », n'hésitant pas à le reconnaître comme « *le père* [d'une] *théorie des contrats administratifs qu'il a à peu près tirée du néant* » (*Droit administratif*, Paris, P.U.F. 1958-1959 (1re éd., 2 vol.), t. 2, p. 589).

[269] Le professeur LLORENS le souligne : « *Le droit des contrats administratifs n'est pas présenté comme une construction du Conseil d'État parmi d'autres. Il passe pour l'un de ses plus beaux fleurons : de ceux que l'on se plaît à citer lorsqu'on veut illustrer le caractère jurisprudentiel du droit admi-*

Grands arrêts de la jurisprudence administrative – dont l'édition *princeps* est de 1956 – ont érigé cette historiographie en catéchisme[270]. Les évolutions qui, depuis, ont modifié le droit des contrats administratifs se sont coulées dans ce passé nébuleux, en en modifiant parfois les termes pour en conserver les contours. Rien n'est plus emblématique, à cet égard, que ce petit ajustement – si discret – auquel ont procédé les auteurs des *Grands arrêts de la jurisprudence administrative*, après la lecture des arrêts *Époux* BERTIN et *Consorts* GRIMOUARD (1956), intervenue entre les deux premières éditions. Dans la première, la portée de l'arrêt THÉROND est minorée pour cadrer avec une jurisprudence qui, pour la définition des contrats administratifs, insiste sur les clauses exorbitantes :

> Loin d'être un arrêt de principe, *comme on l'a cru trop longtemps*, l'arrêt THÉROND n'est en réalité qu'un arrêt d'exception apportant un élément hétérogène dans une jurisprudence qui a, dans l'ensemble, évolué régulièrement de l'arrêt BLANCO à l'arrêt *Société commerciale de l'Ouest africain*. C'est donc essentiellement au point de vue de l'unification du contentieux administratif des collectivités locales avec celui de l'État que l'arrêt THÉROND conserve une valeur actuelle[271].

Dans la deuxième édition, les perspectives ont été bousculées pour accueillir sans vague les arrêts *Époux* BERTIN et *Consorts* GRIMOUARD, et ainsi donner l'impression qu'une conscience immanente préside aux courants jurisprudentiels.

> *L'on crut* (…) que l'arrêt THÉROND n'avait été qu'un arrêt d'espèce, apportant, dans un cas un peu insolite, un élément hétérogène dans une jurisprudence qui évoluait dans l'ensemble régu-

---

nistratif tout entier, de ceux que l'on met en exergue pour démontrer la différence fondamentale qui sépare ce dernier du droit privé » (« Le droit des contrats administratifs est-il un droit essentiellement jurisprudentiel ? », *in* [collectif], *Mélanges offerts à Max Cluseau*, Toulouse, Presses I.E.P., 1985, p. 378).

[270] Un ouvrage analogue, quoique plus modeste par son envergure (SOUTY Pierre, *Petit recueil de jurisprudence en matière administrative* ; six éditions entre 1932 et 1966), fait voir – par contraste – que, avant qu'une telle historiographie ne s'imposât, la conceptualisation des contrats administratifs fut ordinairement associée à la jurisprudence de l'Entre-deux-guerres : les arrêts *Sociétés des voiliers français* (1918), *Société des affréteurs réunis* (1924), *Société des magasins généraux* (1925), ainsi que la décision *Templier* (1928) dans les première et deuxième éditions de ce recueil (1932 et 1935) ; dans la troisième édition (1946), s'y ajoutent quelques autres arrêts parmi lesquels THÉROND (1910), seule décision d'avant-guerre parmi celles qui sont retenues comme constitutives de la notion de contrat administratif.

[271] BRAIBANT Guy, LONG Marcel et WEIL Patrick, *Les grands arrêts de la jurisprudence administrative*, Paris, Sirey, 1956 (1re éd.), p. 83 (c'est nous qui soulignons).

> lièrement depuis l'arrêt *BLANCO* et qui allait être confirmée par la décision *Société commerciale de l'Ouest africain*. Cependant le critère de compétence de l'arrêt *THÉROND* (…) *n'était pas oublié*[272].

« *Le critère de compétence de l'arrêt* THÉROND *n'était pas oublié* » : aucune jurisprudence ne disparaît tout à fait, même lorsqu'il n'en est plus fait application ! Elles composent une espèce de panthéon depuis lequel elles exercent – parfois virtuellement – une influence à laquelle le Conseil d'État ne reste jamais fermé. Il en conserve la mémoire, parfois la ravive. Cette manière de faire la généalogie jurisprudentielle s'apparente à une historiographie mystificatrice qui ne cesse de peser sur notre représentation de la théorie des contrats administratifs.

---

272 BRAIBANT Guy, LONG Marcel et WEIL Patrick, *Les grands arrêts de la jurisprudence administrative*, Paris, Sirey, 1958 (2e éd.), p. 89 (c'est nous qui soulignons). Il faut ajouter que, dans le commentaire de l'arrêt *Société des granits porphyroïdes des Vosges*, les auteurs de cet ouvrage (dans la première édition) auguraient « *d'une évolution qui n'est probablement pas achevée* » (1956), avant de d'interroger pareillement dans la deuxième : « *L'évolution est-elle achevée, et ne connaîtra-t-elle pas de nouvelles hésitations et de nouveaux retours ?* » (1958). C'est qu'en plus d'être co-auteur de cet ouvrage, Marceau LONG (commissaire du gouvernement sous les arrêts *Époux* BERTIN et *Consorts* GRIMOUARD) fut à l'instigation de cet infléchissement jurisprudentiel. Le ton emprunté – dans le même passage – est plus ferme à partir de la quatrième édition (1965).

374. Conclusion du titre I. – Nos propos ont tendu à critiquer l'historiographie canonique dont la théorie des contrats administratifs fait l'objet. Concomitante de l'Entre-deux-guerres, celle-là fut un vecteur de sa promotion : elle lui procura une profondeur historique tout en atténuant les ruptures que cette théorie introduisait. C'est en ce sens que, à l'aune de leur réception par la doctrine, nous avons entrepris un examen critique des arrêts *TERRIER*, *THÉROND* et *Société des granits porphyroïdes des Vosges*. La jurisprudence du Conseil d'État ne devrait jamais être appréciée autrement qu'à travers la manière dont ses contemporains l'ont comprise. Ses arrêts ne sont pas différents des lois qui se prêtent à une pluralité d'exégèses. À lire de près les commentaires des administrativistes de la Belle Époque, on ne trouve aucun concept de contrat administratif, mais *des* contrats administratifs compris suivant une acception purement contentieuse et renvoyant chacun à des problématiques différentes. Les deux chapitres précédant le corroborent. D'une part, les débats parlementaires portant sur la juridiction administrative ont entériné une acception classique des contrats administratifs. La littérature camérale n'est sans doute pas originale et c'est précisément pour cette raison qu'elle nous intéresse. Elle atteste la prégnance d'une acception familière aux administrativistes et, par contraste, lorsque celle-ci cessa de l'être à partir des années 1920, son usage par les parlementaires se perdit. Dans ce cadre, l'exemple du contentieux contractuel fut souvent mobilisé pour justifier une réduction du contentieux administratif, voire sa suppression *via* l'unification des juridictions administrative et judiciaire. Cette stratégie argumentative témoigne de ce que ce contentieux fut, jusque dans les années 1920, regardé comme hétérogène au contentieux administratif : un appendice surabondant ne mettant que mieux en lumière les défauts de la juridiction administrative. D'autre part, les universitaires de la Belle Époque se sont préoccupés du contentieux administratif sans manifester l'ambition de conceptualiser le contrat administratif. Si cette locution fut souvent employée, cela n'a jamais été qu'à travers une problématique contentieuse, pour discuter de l'étendue du contentieux administratif et donc de ses limites. Elle se présente comme un biais à partir duquel les administrativistes discutèrent du principe de séparation des autorités administrative et judiciaire. De ce point de vue, les contrats administratifs ont été conçus comme pouvaient l'être les contrats commerciaux. Loin de désigner *un* contrat génériquement singulier, ils furent associés à une question d'économie juridictionnelle. Ils ont ainsi contribué à poser les termes d'un débat étalé en deux options : resserrer le contentieux administratif autour du contentieux de l'annulation ou, plus rarement, le recentrer autour du plein contentieux.

TITRE II

LES CONTRATS ADMINISTRATIFS : UN SUJET DOCTRINAL AU PLURIEL

(1880-1914)

375. À partir de la fin du XIXe siècle, la juridiction administrative a fait l'objet de critiques récurrentes au soutien desquelles l'exemple des contrats administratifs a souvent été mobilisé pour justifier un allègement du contentieux administratif. Quelles qu'aient été la teneur de ces critiques, ces contrats ont rarement – pour ne pas dire jamais – été admis dans les limites *naturelles* de ce contentieux. La compétence judiciaire a souvent été envisagée à leur propos comme un compromis susceptible de consolider les fondements de la juridiction administrative. Pour l'ensemble des juristes de la Belle Époque, privatistes comme publicistes, l'idée qu'il pût exister deux genres de contrat différents aurait été inintelligible – nous nous y attarderons dans le titre suivant. Avant d'y parvenir, nous souhaiterions démontrer que les administrativistes n'ont jamais supposé aux contrats administratifs une unité quelconque. Certes, la locution « contrat administratif » a contribué à mettre en cohérence les contrats relevant de la compétence administrative. Et pour autant, la répartition des compétences procédait à ce point d'une stratification historique que les administrativistes auraient été en mal d'appréhender les contrats administratifs à travers un prisme unique. Bien au contraire, ils ont tenu sur les principaux de ces contrats des réflexions autonomes les unes des autres, bien loin de favoriser une convergence annonciatrice de la conceptualisation des contrats administratifs. Ces divers contrats ont été compris assez différemment : les marchés administratifs en confinant avec le droit privé (**chapitre 1**) ; les concessions en étant caractéristiques du droit public, dont ils ont d'ailleurs accompagné les mutations du début du XXe siècle (**chapitres 2 et 3**). Ainsi, derrière une unité exclusivement contentieuse, les contrats administratifs renvoient, sur le fond du droit, à *des* contrats *hétéroclites*.

<u>Chapitre premier</u>

Les marchés administratifs, évoluant entre droit privé et droit public

376. À partir du milieu du XIXe siècle, les cahiers des charges des marchés administratifs (notamment ceux de travaux publics) ont fait l'objet de réformes successives destinées à atténuer les rigueurs imposées aux entrepreneurs. Ces marchés n'ont jamais cessé d'être analysés comme des contrats, les rapprochant tendanciellement des contrats du code civil – référent cardinal. Ce n'est pas dire que les marchés de travaux publics auraient été pensés à l'aune du droit civil. En ces termes, la question serait mal posée. Soucieuse de l'intérêt qu'elle trouverait à réaménager ses relations avec les entrepreneurs, l'administration s'est efforcée d'atténuer les aspects qui, dans ces marchés, sont caractéristiques d'une subordination consentie et momentanée de ceux-ci. Fixé à cet horizon, le droit civil des obligations a moins été mobilisé pour inspirer *un* droit des marchés administratifs, qu'il ne l'a été comme un référent susceptible de cadrer cette évolution (**section 1**). C'est dans cette perspective qu'ont été pensées les clauses exorbitantes de ces marchés – locution qui affleure notamment la littérature doctorale. Dans le dernier titre de la première partie de nos travaux, nous avons montré que ces clauses ont été une manière de traduire ces prérogatives de l'administration qui ont été appréhendées à travers la juridiction ministérielle jusqu'à ce que celle-ci ne soit abandonnée. Elles ont également aidé à caractériser les marchés de l'État en désignant leur singularité pour, en définitive, circonscrire leur originalité (**section 2**).

Section première. – De la réforme des cahiers des charges à la *civilisation* des marchés administratifs

377. Retour sur les marchés de fournitures avant les années 1870 : des actes associés à l'action administrative. – La doctrine administrative de la première moitié du XIXe siècle s'est préoccupée des marchés administratifs en vue de corréler la compétence administrative avec l'action administrative à laquelle ces contrats étaient associés. Leur exemple permit d'étayer cette thèse, devenue classique sous la Monarchie de Juillet, qui distinguait entre l'État-administrateur et l'État-propriétaire. Lors des débats parlementaires de la Seconde Restauration, les marchés de fournitures ont souvent été évoqués pour caractériser un mode d'administration propre aux services publics – c'est-à-dire des activités dévolues à l'État en ce qu'elles revêtaient un caractère d'intérêt général pour les contemporains. Et ce par contraste avec ce qui touchait à la gestion patrimoniale, tels les baux administratifs ; ou bien à la tutelle administrative, tels les contrats des communes. Il n'a pas seulement été question de justifier une compétence élargie pour le Conseil d'État. Conçus comme un vecteur de l'action administrative, ces contrats ont été associés à une administration organisée suivant une architecture concentrique et hiérarchique, ainsi qu'à une action administrative dont les termes se résolvent à travers la responsabilité ministérielle, conjuguée avec une justice administrative retenue. D'où la réunion des juridictions active et contentieuse entre les mains des ministres. Nonobstant le fait qu'il s'agisse d'un contrat, les administrativistes n'ont jamais eu de difficulté pour appréhender les marchés de fournitures de l'État comme une attribution consubstantielle au pouvoir ministériel, essentielle à son action et déterminante de sa responsabilité[1]. Cette manière de voir n'a pas été le fruit de confusions opportunément entretenues pour conserver un arbitraire administratif[2]. Elle résulte de la mise en cohérence d'un procédé contractuel avec un modèle dynamique de l'administration. En faisant de l'une des parties un juge, la juridiction ministérielle indique ce à quoi participent les marchés de fournitures. Cette entorse aux principes élémentaires de justice – dont les contemporains étaient tout à fait conscients et contre laquelle certains se sont élevés – souligne ce qu'il y avait d'impérieux pour d'aucuns à ce que ces marchés fussent appréhendés comme une expression de l'action administrative, au lieu de figer ces relations contractuelles dans un cadre statique. Par un renversement où, là encore, l'exemple des marchés de fournitures de l'État a été largement mobilisé, l'abandon de la juridiction ministérielle a conduit à souligner dans ces marchés ceux de leurs aspects qui étaient de nature à les apparenter à des conventions pures et simples. BOUCHENÉ-LEFER et AUCOC

---

[1] *Cf.* le chapitre 2, titre IV, première partie.

[2] En ce sens, *cf.* deux articles du professeur BIGOT : « Les bases constitutionnelles du droit administratif avant 1875 » & « La dictature administrative au XIXe siècle : théorie historique du droit administratif » (*in* *R.F.D.A.* 2003, p. 218 et 435).

sont de ceux qui se sont signalés à cet égard[3]. Dans leur sillage, nombre d'administrativistes analysèrent le régime juridique des fournitures de l'État comme une accumulation de dérogations apportées au droit privé – à l'instar des contrats commerciaux dont l'exemple fut régulièrement évoqué pour comparaison. Cette approche faisait consonance avec une définition du contentieux administratif qui excluait, par principe, les actes contractuels de l'administration. Si bien que la compétence du Conseil d'État – en premier et dernier ressort – pour les fournitures de l'État se présenta corrélativement comme une dérogation apportée à la répartition naturelle des compétences entre les deux ordres juridictionnels.

378. Cette évolution n'est pas tant celle d'une doctrine qui se corrige devant l'évidence entêtante des choses, qu'un nouvel ajustement des perspectives relativement à la conception du pouvoir et du contentieux administratifs. L'abandon de la juridiction ministérielle – qui peut rétrospectivement être vue comme une confusion des genres – a ôté aux marchés de fournitures ce qu'ils avaient jusqu'alors de spécifique, pour ne plus les regarder que comme des contrats. Dès lors, plus rien ne justifiait qu'ils fussent associés à un ordre de préoccupations hétérogène au consensualisme des contrats. Ou plutôt ces deux évolutions sont-elles concomitantes. Au point de vue où la doctrine administrative s'est placée avant les années 1870, elle rendait compte de la juridiction ministérielle comme une prérogative permettant de garantir que les fournisseurs se soumettent à un ordre public *administratif* et *financier*. C'est pourquoi, la compétence juridictionnelle des ministres et la question des fournitures ont souvent été abordées ensemble dans les ouvrages systématiques du droit administratif. DUCROCQ l'indique explicitement lorsqu'il recense les attributions contentieuses des ministres :

> Une autre attribution contentieuse des ministres mérite également, par son importance, une mention spéciale, et les règles de cette matière, ne se reproduisant pas dans les autres parties de l'ouvrage, doivent être exposées ici. Les ministres sont compétents (…) pour statuer sur toutes les difficultés relatives à l'interprétation ou à l'exécution des *marchés de fournitures* faites au gouvernement[4].

Il est symptomatique que, jusque dans les années 1870, rares sont les

---

[3] *Cf.* le chapitre 3, titre IV, première partie.

[4] DUCROCQ Théophile, *Cours de droit administratif contenant l'exposé des principes, le résumé de la législation administrative dans son dernier état, l'analyse ou la reproduction des principaux textes dans un ordre méthodique*, Paris, Durand, 1863 (2e éd.), p. 16.

administrativistes qui ont traité des marchés de fournitures en tant que tels. Cela a surtout été le cas d'auteurs animés par des préoccupations gestionnaires[5], tels GÉRANDO dans ses *Institutes du droit administratif* (1829-1830), BOULATIGNIER dans son *Droit public et administratif* (1831-1840), ou encore FOUCART dans ses *Éléments de droit public administratif* (1834-1835) Lorsque ces contrats ont été envisagés en tant que tels, ce fut dans des répertoires, parce qu'organisés suivant un ordre thématique – comme, par exemple, les *Élémens de jurisprudence administrative* de MACAREL (1818), les *Questions de droit administratif* de CORMENIN (1822), le *Traité général de droit administratif appliqué* de DUFOUR (1843-1845) ou encore les *Questions et traités de droit administratif* de SERRIGNY (1854). Aussi, la publication par l'avocat aux Conseils Arsène PÉRIER, en 1876, d'un ouvrage spécialement consacré aux marchés de fournitures est une initiative inédite[6].

379. Les marchés administratifs : l'autonomisation d'un sujet doctrinal *via* une littérature praticienne spécialisée. – Le plan adopté par l'avocat aux Conseils PÉRIER n'est pas très différent de ceux adoptés dans les répertoires que nous venons de mentionner. Néanmoins, la démarche éditoriale qui y est sous-jacente traduit une appréciation inédite du sujet. Il ne s'agit pas – à l'instar des ouvrages savants universitaires – de les envisager comme une manifestation de la juridiction ministérielle ; ni même – à l'instar des répertoires praticiens – d'en traiter comme d'une matière, rapprochée de nombreuses autres. Arsène PÉRIER ne poursuit aucune ambition encyclopédique. Certes, il s'adresse lui aussi à un lectorat de praticiens – c'est essentiellement sous ce rapport que fut accueilli cet ouvrage[7]. Pour autant, il manifeste le souci de conférer à ce sujet une valeur autonome en en soulignant l'unité. C'est en ce sens qu'il envisage les marchés de l'État, suivis de ceux des départements, des communes et des établissements publics, et dans un dernier temps – très emblématique – les réquisitions. Ce rapprochement explicite le sens de sa démarche (l'auteur n'étant pas très loquace à ce sujet) : traiter à un point de vue pratique des modes d'acquisition de biens mobiliers par les administrations. « *On voit combien il est nécessaire que des règles précises déterminent les rapports de l'État et des entrepreneurs chargés de pourvoir à des besoins aussi étendus et*

---

[5] *Cf.* le chapitre 1er, titre IV, première partie.
[6] *Cf.* PÉRIER Arsène, *Des marchés de fournitures* (1876).
[7] C'est ce dont témoignent les recensions bibliographiques d'Alexandre SOREL (*Le Droit* (2 août 1877), n° 182 & (16 novembre 1877), n° 276), d'Alexandre DUVERGER (*Bulletin de la Société de législation comparée* 1876-1877, VI, p. 549) et de Gustave BRESSOLLES (*Académie de législation de Toulouse* 1878-1879, XXVII, p. 141).

aussi variés »[8]. Il n'y a rien de fortuit dans le fait qu'un autre avocat aux Conseils – Eugène PERRIQUET – lui emboîte le pas quelques années plus tard en traitant des contrats de l'État[9]. Par ailleurs, l'œuvre d'Arsène PÉRIER est prolongée jusque dans les années 1920 par Louis TÉTREAU[10] et, dans une certaine mesure, par Gaston MONSARRAT[11]. Presque concomitamment, Alfred GAUTIER (professeur à la faculté d'Aix) et E. JOUVE (avocat) traitent des marchés de travaux publics en leur consacrant un ouvrage spécial[12], alors qu'ils étaient classiquement abordés à travers des ouvrages couvrant les travaux publics dans leur ensemble[13]. Vraisemblablement en écho avec une diversification des opérations administratives, les marchés administratifs deviennent ainsi l'objet d'une attention croissante qui se manifeste par la publication d'ouvrages spéciaux, destinés préférentiellement à un lectorat praticien.

380. Cinquante ans d'une politique réformatrice des cahiers des charges : la « civilisation » des marchés administratifs. – Les ouvrages précités révèlent un infléchissement doctrinal qui n'est pas seulement lié aux réaménagements dont la juridiction administrative a fait l'objet. L'abandon de la théorie du ministre-juge – qui s'est concrétisé avec les marchés de fournitures de l'État, avant d'être généralisé dans son principe avec l'arrêt *CADOT* (1889) – a accompagné (en l'amplifiant) cette préoccupation de l'administration tendant à regarder ses contractants comme des partenaires économiques plutôt que de les envisager comme des agents *contractuellement* subordonnés. Ce fut tout particulièrement le

---

8 PÉRIER Arsène, *Des marchés de fournitures*, Paris, Plon & Cie, 1876, p. 2.

9 *Cf.* PERRIQUET Eugène, *Les contrats de l'État* (1884, 2 éd.).

10 *Cf.* TÉTREAU Louis, *Des marchés de fournitures* (1921). Cet auteur place lui-même son ouvrage dans le sillage de celui de PÉRIER. « *De nombreuses années se sont écoulées depuis la publication du Traité des marchés de fournitures de M. Arsène* PÉRIER, *ancien président de l'Ordre des avocats au Conseil d'État et à la Cour de cassation. Il nous avait semblé qu'il ne serait pas sans intérêt de reprendre l'examen des questions étudiées autrefois par notre savant prédécesseur* » (Paris, Librairie administrative et des chemins de fer Paul Dupont, p. 5).

11 *Cf.* MONSARRAT Gaston, *Marchés de travaux et fournitures des communes et des établissements communaux de bienfaisance* (1920, 3 éd.).

12 *Cf.* GAUTIER Alfred & JOUVE E., *Traité pratique du marché de travaux publics* (1881).

13 Nous pensons, d'une part, aux ouvrages didactiques de COTELLE & AUCOC – résultant de leurs enseignements dispensés à l'École des ponts-et-chaussées : *cf.* respectivement le *Cours de droit administratif appliqué aux travaux publics* (1835, 2 vol. ; 3 éd.) et les *Conférences sur l'administration et le droit administratif* (1869-1876, 3 vol. ; 3 éd.). Nous pensons, d'autre part, aux ouvrages praticiens de HUSSON, CHRISTOPHLE et PERRIQUET : *cf.* respectivement le *Traité de la législation des travaux publics* (1841, 2 vol. ; 2 éd.), le *Traité théorique et pratique des travaux publics* (1862, 2 vol. ; 2 éd.) et *Traité théorique et pratique des travaux publics* (1883, 2 vol.).

cas avec les marchés de travaux publics passés par l'administration des ponts et chaussées. Une circulaire de 1866 relative au cahier des clauses et conditions générales en donne une illustration. Elle participe d'une évolution par laquelle l'administration formalise avec ses entrepreneurs des rapports dont l'esprit emprunte davantage à l'équité contractuelle qu'à leur subordination à la hiérarchie administrative. Les entreprises ne sont plus tant conçues comme un moyen de placer à la discrétion de l'administration, capitaux et compétences techniques. L'auteur de cette circulaire – le ministre des travaux publics Armand BÉHIC – l'exprime en ces termes :

> Il est juste de reconnaître que les clauses de 1833, comme celles de 1811, portent visiblement l'empreinte de cette pensée, qu'à raison de la nature et du but des travaux dont ils se rendent adjudicataires, les entrepreneurs ne sont en quelque sorte que des agents d'un certain ordre de l'administration, obligés d'accepter ses décisions, lors même qu'elles blessent leurs intérêts et semblent en désaccord avec le véritable sens des clauses du contrat[14].

Dans le courant des années 1860, les marchés administratifs renvoient à un commerce juridique qui se normalise à l'aune d'un référent civiliste. L'administration mesure plus scrupuleusement les prérogatives qu'elle croit lui être nécessaires pour sauvegarder les intérêts dont elle a la responsabilité. Il est moins question pour la doctrine administrative de

---

[14] Circulaire du 21 novembre 1866, prise en interprétation du cahier des clauses et conditions générales imposées aux entrepreneurs des travaux des ponts et chaussées du 16 novembre 1866 (*Recueil de lois, ordonnances, décrets, règlements & circulaires concernant les services dépendant du ministère des travaux publics*, Paris, Imprimerie administrative Vve Jousset, 1903, IX (1re série), p. 495-496). L'esprit de cette révision est traduit dans le rapport de la commission *ad hoc* à qui fut confié le soin de proposer un projet de révision du cahier de 1833 : « *Le projet de 1849* [créée dans les mêmes fins] *et le projet que nous proposons aujourd'hui reposent sur les mêmes principes. Dans un haut intérêt public, l'Administration doit conserver toute autorité pour diriger, régler, modifier la marche et les conditions de toute entreprise de travaux publics ; mais tout marché est un contrat qui lie au même degré les parties contractantes ; l'entrepreneur ne peut être tenu de se conformer aux modifications que dans les limites déterminées par les Clauses et Conditions du marché, et, dans ces limites mêmes, il a droit à indemnité, si les prévisions du contrat ont été changées d'une manière préjudiciable à ses intérêts. La Commission s'est attachée à assurer à l'Administration d'une manière absolue la plénitude des droits dont il est nécessaire qu'elle soit investie dans l'intérêt du service public, et à donner en même temps toute garantie aux entrepreneurs que l'exercice de ces droits ne pourrait, dans aucun cas, devenir pour eux une cause de préjudice* » (Rapport sur le projet de révision du cahier des clauses et conditions générales imposées aux entrepreneurs des ponts et chaussées du 25 août 1833 (29 mai 1865), p. 6 ; Archives nationales : F/14/15625). Cet extrait est partiellement rapporté par Léon AUCOC dans ses *Conférences sur l'administration et le droit administratif* (Paris, Dunod, 1869-1876 (1re éd., 3 vol.), t. 2 (1870), p. 153-154).

donner à voir une administration qui aliène contractuellement l'industrie privée en l'assujettissant à son autorité, que d'expliciter les ressorts d'une collaboration fondée sur un modèle contractuel inspiré du droit civil. D'ailleurs, les auteurs d'ouvrages spéciaux aux marchés de travaux publics sont souvent des avocats qui, en s'adressant aux praticiens, ont sciemment privilégié cette approche. La révision des cahiers des clauses et conditions générales applicables aux entrepreneurs des travaux des ponts et chaussées a accompagné cette évolution[15], de même que les circulaires prises pour leur interprétation[16]. Nous pourrions encore y ajouter un avis remarqué de la section des travaux publics du Conseil d'État, précédant la révision – en 1892 – du cahier des clauses et conditions générales de 1866[17]. En notant incidemment que cette réforme « *a été*

---

[15] Nous pensons à ceux du 16 novembre 1866 (*Recueil de lois… concernant les services dépendant du ministère des travaux publics*, *op. cit.*, t. 9 (1re série), p. 483), du 16 février 1892 (*id.*, V (2e série), p. 20), du 30 septembre 1899 (*id.*, X (2e série), p. 545) et du 29 décembre 1910 (*id.*, XIX (2e série), p. 566).

[16] Elles ne sont pas toutes égales du point de vue où nous les envisageons, mais nous préférons les rapporter toutes pour que le lecteur puisse se faire une idée de l'accumulation de ces textes qui ont donné corps à cette mutation dont nous parlons. *Cf.* les circulaires du 21 novembre 1866 (*id.*, IX (1re série), p. 495), du 14 avril 1877 (*id.*, XI (1re série), p. 182), du 12 avril 1881 (*id.*, I (2e série), p. 96), du 7 juin 1884 (*id.*, II (2e série), p. 182), du 18 février 1892 (*id.*, V (2e série), p. 54), du 5 mai 1893 (*id.*, VI (2e série), p. 181), du 30 septembre 1899 (*id.*, X (2e série), p. 548), du 17 octobre 1900 (*id.*, XI (2e série), p. 238) et du 19 juin 1908 (*id.*, XVII (2e série), p. 574), du 29 et 30 décembre 1910 (*id.*, XIX (2e série), p. 580 et 648).

[17] Une révision du cahier de 1833 fut projetée dès le début de la Deuxième République. Par un arrêté du 23 novembre 1848, le ministre des travaux publics – Auguste VIVIEN – institua une commission, essentiellement composée de membres de l'administration des ponts et chaussées, chargée de proposer un projet de révision dudit cahier. Celui-ci fut soumis pour avis au conseil général des ponts et chaussées (délibérations des 25 juin et 12 novembre 1849), ainsi qu'à la section d'administration du Conseil d'État (avis du 17 janvier 1850). Sans que nous en connaissions la raison, ce projet fut laissé en déshérence, quoiqu'il inspira profondément le cahier des clauses et conditions générales des travaux dépendants des services de la Couronne (résultant de l'arrêté du 15 novembre 1854, pris par le ministre des finances, ministre de la maison de l'Empereur – Achille FOULD). Près de dix plus tard, le ministre des travaux publics – Louis BÉHIC – institua une commission *ad hoc* destinée à proposer un nouveau projet du cahier des clauses et conditions générales pour les travaux publics des ponts et chaussées (arrêté du 22 juin 1864). Après son rapport rendu le 29 mai 1865 et un avis du conseil général des ponts et chaussées du 6 août 1866, le même ministre des travaux publics arrêta le cahier de 1866 (26 novembre). Près de vingt ans plus tard, une nouvelle commission fut nommée par le ministre des travaux publics, Charles DEMOLE (arrêté du 29 octobre 1885). S'ensuivirent le rapport de cette commission (19 juillet 1886), un avis du conseil général des ponts et chaussées (25 juin 1890) et un avis de la section des travaux publics du Conseil d'État (3 juin 1891), avant que l'arrêté du 16 février 1892 ne fixât une nouvelle version dudit cahier.

provoquée par la demande du Syndicat des entrepreneurs [de travaux publics de France] »[18], le Conseil d'État entérine cette orientation.

> En abordant l'étude de cette réforme, l'Administration a eu principalement pour but d'accorder au Syndicat les satisfactions compatibles avec l'intérêt public ; (…) il importe dès lors de limiter le plus possible les additions et modifications [suggérées par le Conseil général des ponts et chaussées et qui tendent à renforcer les droits de l'État dans ses rapports avec les entrepreneurs], qui, si elles étaient trop nombreuses ou trop importantes, risqueraient de dénaturer le caractère de la réforme et iraient à l'encontre du but initial[19].

381. Entre 1885 et 1910, trois commissions *ad hoc* ont accéléré l'évolution du cahier des clauses et conditions générales[20]. Instituées pour atténuer les antagonismes entre le Syndicat des entrepreneurs publics et le conseil général des ponts et chaussées[21], elles réunirent des acteurs institutionnels et privés (parlementaires, membres de l'administration et du Conseil d'État, président d'associations ou de syndicats patronaux, *etc.*)[22]. Cet espace institutionnel contribua à faire circuler auprès de l'administration les revendications des entrepreneurs de travaux publics. Les conclusions de ces commissions tendent à faire un emploi économe des prérogatives de l'administration. Pour être conçues comme autant de garanties nécessaires pour ses intérêts, les membres de ces commissions

---

18 Avis de la section des travaux publics du Conseil d'État (présidée par Alfred PICARD), rendu le 3 juin 1891 sur un projet de révision du cahier des clauses et conditions générales du 16 novembre 1866 (Archives nationales : AL//1080 ; affaire n° 85857, p. 2). Cet avis intervient après une intervention du Syndicat national des entrepreneurs de travaux publics. Le ministre des travaux publics y répondit en instituant une commission constituée d'inspecteurs généraux du corps des ponts et chaussées (arrêté ministériel du 29 octobre 1885). Elle rendit un rapport le 19 juillet 1886. C'est à sa suite que le ministre des travaux publics saisit pour avis la section des travaux publics du Conseil d'État.

19 Avis (précité) de la section des travaux publics du Conseil d'État, rendu le 3 juin 1891 (AL//1080 ; affaire n° 85857, p. 2).

20 Les commissions sont les suivantes : la première a été instituée le 29 octobre 1885 et rendit un rapport inédit en date du 19 juillet 1886 ; la deuxième a été instituée par un décret du 12 octobre 1895 et rendit un rapport publié au *Journal officiel* dans le numéro du 17 mars 1898 ; la troisième a été instituée par un décret du 22 juin 1908 et rendit un rapport en date du 11 juin 1909 (consultable à la B.N.F. sous la cote : FOL-LF262-308).

21 Celui-ci a été consulté avant chaque révision du cahier des clauses et conditions générales : *cf.* ses avis des 6 août 1866 et 25 juin 1890.

22 La première de ces trois commissions contraste avec les deux autres. Instituée par un arrêté ministériel du 29 octobre 1885, elle fut uniquement composée d'inspecteurs généraux des ponts et chaussées. Elle rendit un rapport le 19 juillet 1886 (inédit).

ne perdent pas de vue que ces prérogatives rendent les opérations de travaux publics plus périlleuses pour les entrepreneurs. Paradoxalement, l'excès de ces précautions tend à transformer une opération d'industrie en spéculation financière, car ne s'y risquent que des entrepreneurs peu scrupuleux. Ainsi, la commission extraparlementaire du 1895[23] énonce dans son rapport – à propos des clauses pénales :

> L'administration aurait (…) avantage à supprimer les clauses de style rigoureuses qui ne seraient que des formules comminatoires n'étant jamais appliquées dans la pratique. Il est toujours fâcheux que les conditions d'un traité soient acceptées avec l'espoir plus ou moins fondé que l'exécution n'en sera pas exigée. L'idée que ces conditions ne sont pas absolues et qu'il sera possible d'y échapper ne peut que favoriser les tentatives des entrepreneurs les moins recommandables au détriment des plus consciencieux[24].

Au sujet des clauses résolutoires, cette commission salue dans le même sens les efforts de l'administration pour en clarifier l'application, tout en l'invitant à en diminuer le nombre et, ainsi, à faire montre de moins de sévérité à l'égard des entrepreneurs :

> Dans tout contrat synallagmatique, la condition résolutoire est toujours sous-entendue pour le cas où l'une des deux parties ne satisfera pas son engagement. C'est là un principe de droit commun applicable aux marchés comme à toute autre convention. L'administration a cru néanmoins devoir indiquer dans ses cahiers des charges différents motifs de résiliation des marchés.
>
> C'est là une mesure de précaution qui précise les droits de l'État et évite les difficultés d'un débat sur l'importance réelle du manquement aux engagements. Elle n'est donc pas sans avantage, mais il y aurait aussi des inconvénients sérieux à ce que la résiliation du marché pût être prononcée trop facilement et que l'entrepreneur ne fût pas suffisamment assuré de la stabilité de son traité. (…) Les clauses qui ne font que rappeler la règle de droit

---

23 Il s'agit d'une commission extraparlementaire, instituée par le décret du 12 octobre 1895 (*Journal officiel* 1895 (13 octobre), n° 278, p. 5949). Les motifs de ce texte indiquent assez bien les intentions qui ont présidé à sa création et les préoccupations qui l'ont suscitée : « *L'industrie s'est plainte à plusieurs reprises que la complication des cahiers des charges d'adjudications et marchés faits par les administrations publiques apportât des entraves à la bonne exécution des fournitures et ne permît pas à un grand nombre de nos établissements industriels d'y concourir* » (*ibid.*). Elle fut placée sous la présidence du sénateur Ernest BOULANGER (le mosellan Ernest BOULANGER ne doit pas être confondu avec le breton Georges BOULANGER dont la carrière politique a été aussi fugace que retentissante).

24 BOULANGER Ernest (président), Rapport au ministre des finances [au sujet des adjudications de l'État], *in Journal officiel* 1898 (17 mars), n° 75, p. 1651.

commun devraient disparaître comme inutiles. Celles qui auraient un caractère de rigueur trop marqué ou seraient de nature à autoriser des mesures arbitraires seraient également à abandonner[25].

382. Les préconisations ne tendent pas à favoriser exagérément les entrepreneurs, mais à définir les termes d'une collaboration plus intelligente, c'est-à-dire plus économique pour un État qui souffre indirectement de la rigueur dont il fait preuve vis-à-vis de ses entrepreneurs et fournisseurs. Malgré les évolutions introduites en ce sens dans les cahiers des clauses et conditions générales, ce sont les mêmes motifs qui, en 1910, ont conduit à la création d'une commission interministérielle[26]. Et celle-ci présenta des conclusions analogues :

> [Ladite commission] est (…) unanime à reconnaître que d'une manière générale, il y a tout intérêt, non seulement pour les entrepreneurs et fournisseurs, mais encore pour l'État, à éviter d'insérer dans les cahiers des charges des conditions mal définies, qui peuvent donner prise à l'arbitraire, ou des conditions aléatoires qui empêchent le soumissionnaire de se rendre compte de l'importance des obligations qu'il contracte.
>
> Des conditions de cette nature présentent le double inconvénient, d'une part, d'écarter certains concurrents sérieux, (…) et d'obliger les autres à proposer des prix majorés en tenant compte des risques à courir ; d'autre part, de donner lieu, le plus souvent, dans l'exécution, à des difficultés dont l'État peut avoir à supporter les conséquences[27].

Ces conclusions ne sont pas sans avoir influencé l'administration, en témoigne une circulaire du ministre des travaux publics – Louis PUECH – qui y exprime son adhésion[28]. Sous l'influence d'un syndicalisme patronal

---

[25] *Id.*, p. 1651-1652.

[26] Il s'agit d'une commission, instituée par le décret du 22 juin 1908, où tous les ministères y furent représentés (*Journal officiel* 1908 (2 juillet), n° 178, p. 4435). Suite à de nombreuses adjudications restées infructueuses ou pour lesquelles les soumissionnaires ont avancé des contre-propositions trop onéreuses pour l'administration, le ministre des travaux publics – Louis BARTHOU – a pris l'initiative de créer une commission à qui fut confiée « *la recherche des origines de la crise, de ses suites possibles ou probables et des mesures à prendre, s'il y a lieu, en vue d'atténuer les charges supplémentaires pour le Trésor public qui pourraient en être la conséquence* » (*ibid.*). Placée sous la présidence du premier président de la Cour des comptes, Charles LAURENT, elle rendit un rapport le 11 juin 1909 (inédit au *Journal officiel*).

[27] ALEXANDRE Paul (rapporteur), *Rapport de la commission interministérielle des marchés de travaux publics* [11 juin 1909], Paris, Imprimerie nationale, 1909, p. 54.

[28] Instructions concernant la rédaction des projets, la passation des marchés et l'exécution des travaux (30 décembre 1910), *in Recueil de lois… concernant les services dépen-*

très actif et nonobstant l'attitude récalcitrante de l'administration des ponts et chaussées (au moins dans les premières décennies de cette évolution), le ministère des travaux publics, par des réformes successives du cahier des charges, s'est efforcé de normaliser les relations entre cette administration et ses entrepreneurs et, spécialement, d'encadrer son pouvoir directeur dans la conduite des opérations de travaux publics. Il fut question d'expliciter les droits et obligations respectifs des parties en cantonnant (toutes proportions gardées) dans des limites plus étroites la puissance de sujétion de l'administration. À ce point que, à la fin du XIXe siècle, Maurice HAURIOU regardait le cahier des clauses et conditions générales des ponts et chaussées comme un « *petit code des travaux publics* »[29]. Il fut aussi question de s'assurer un emploi efficient des deniers publics[30], notamment en gagnant la confiance des entrepreneurs pour obtenir des prestations moins onéreuses et écarter les spéculateurs. C'est donc à *civiliser* les relations contractuelles de l'administration qu'ont œuvré ces révisions successives du cahier des clauses et conditions générales applicables aux marchés de travaux des ponts et chaussées. C'est-à-dire à attribuer aux agents administratifs des prérogatives qui leur fussent nécessaires, sans craindre que, en étant inutiles, elles leur permissent de faire subir aux entrepreneurs des vexations – en ce sens que l'incertitude liée à une rédaction des cahiers des charges offrant trop de latitude aux agents administratifs se répercute sur le prix des soumissions.

383. La rigueur des cahiers des charges : une question suscitant les critiques récurrentes de la doctrine administrative. – Celle-ci

---

dant du ministère des travaux publics, *op. cit.*, XIX (2e série), p. 651.

29 HAURIOU Maurice, Note sur l'arrêt *Ville de Paris* (C.E., 25 janvier 1895) [1896], *in Notes d'arrêts sur décisions du Conseil d'État et du Tribunal des conflits publiées au Recueil Sirey de 1892 à 1928*, Paris, Sirey, 1929 (3 vol.), t. 3, p. 430.

30 Nous en avons recueilli une illustration, avec une proposition de loi déposée en 1909 et tendant « *à organiser une responsabilité spéciale des fournisseurs de l'État et des fonctionnaires chargés de la préparation des marchés et de la réception des travaux et fournitures pour le compte de l'État* » (*Annales de la Chambre des députés. Documents parlementaires*, Paris, Imprimerie des Journaux officiels, 1885-1950 (132 vol.), t. 77 (session ordinaire de 1909), p. 1393 (annexe n° 2738 ; séance du 27 juillet 1909). Dans l'exposé des motifs, les députés se désespèrent que « *dans presque tous les services de l'État, et plus particulièrement dans les administrations de la guerre et de la marine, le contrôle des dépenses, surtout en matière de fournitures et de travaux, n'offre aucune espèce de garantie aux contribuables français dont les sacrifices énormes méritent cependant d'être plus utilement et plus scrupuleusement employés. La cause profonde du gaspillage lamentable des deniers publics semble résider dans l'absence de toute responsabilité personnelle sérieuse, à la fois pour les fournisseurs et les fonctionnaires de l'État, malgré les clauses pénales des marchés et les textes du code pénal, insuffisant et souvent inappliqués* » (*ibid.*). Cette proposition de loi n'a été suivie d'aucun examen pour sa prise en considération.

n'est pas restée indifférente à ces questions. Dans les années 1880, Albert CHRISTOPHLE – qui avait été ministre des travaux publics peu avant – appela de ses vœux l'intervention du législateur pour « *régl*[er] *d'une manière plus conforme à la justice le pouvoir que l'Administration s'arroge* »[31] dans ses rapports avec les entrepreneurs. Ce n'est plus d'un contrôle des ministères sur leurs services dont il est question, mais du législateur sur le gouvernement[32]. Cela donne une idée des résistances qui ont pu être opposées au sein de l'administration.

> La lecture de ces cahiers révèle trop clairement l'absence du contrôle législatif. Rédigés par l'Administration elle-même, ils contiennent encore même dans leur état actuel, et malgré les progrès accomplis, des dispositions exorbitantes, contraires à la justice et à l'équité. La situation de l'entrepreneur est telle, dans certains cas, que s'il a à lutter contre le mauvais vouloir des agents administratifs, sa ruine est certaine et inévitable. Ceci n'est pas une exagération[33].

En réalisant une étude comparative entre les cahiers de 1833, 1866 et 1892, un docteur – Paul VEYSSEYRE, avocat et futur député – ne fut pas plus clément dans son appréciation. Et de désespérer qu'une réforme ne vînt de l'initiative de l'administration elle-même :

> Il nous semble que la matière devrait être législativement révisée (…) ; car il est illusoire de compter sur l'esprit réformateur d'une administration essentiellement traditionnelle[34].

Cet auteur met en exergue l'évolution explicitée plus haut et qui, au moyen d'une normalisation ébauchée à partir d'un modèle dont le caractère contractuel a été accentué, rééquilibra le commerce juridique entre l'administration et ses entrepreneurs. Ce faisant, il indique que, pour avoir toujours été qualifiés de contrats, les marchés administratifs n'ont pas toujours organisé des relations conçues suivant le même ordre. Le soin que les administrativistes de cette époque mirent à les appréhender comme des contrats (ce qui en soi – répétons-le – n'était pas inédit) tra-

---

31 CHRISTOPHLE Albert & AUGER Paul, *Traité théorique et pratique des travaux publics*, Paris, Marescq aîné, 1889-1890 (2e éd., 2 vol.), t. 2, p. 751.

32 À rapprocher avec nos propos développés au sujet de la réglementation des adjudications (section 2, chapitre I, titre IV de la première partie).

33 *Ibid.*

34 VEYSSEYRE Paul, *Étude critique des divers cahiers des clauses et conditions générales imposées aux entrepreneurs par l'administration des ponts et chaussées (rédactions de 1833, 1866, 1892)*, Paris, Rousseau, 1899 (thèse de doctorat, faculté de Paris ; présidée par WEISS, professeur de droit civil), p. 357.

duit ainsi une démarche doctrinale volontariste tendue à les inscrire dans un modèle contractuel dont ils pussent recevoir l'empreinte. En témoigne Paul VEYSSEYRE – au sujet duquel il convient de préciser qu'il soutint une thèse en droit civil :

> Nous avons eu l'occasion de dire maintes fois (...) la rigueur du cahier de 1833.
>
> Nous avons montré à quel point de vue peu juridique il se plaçait, en imposant à l'entrepreneur des clauses, qui le mettaient vis-à-vis de l'Administration, dans un état d'infériorité et de dépendance. (...)
>
> Cette méconnaissance du caractère synallagmatique du contrat de marché, nous paraît provenir d'une confusion fâcheuse entre deux qualités bien distinctes de l'État, on pourrait dire entre les deux faces de sa personnalité : puissance publique et personnalité civile. (...) Le cahier de 1833 a l'aspect d'un règlement militaire, qui impose une consigne à un soldat, bien plus que d'une convention, qui détermine les rapports juridiques de deux contractants. (...)
>
> Le cahier de 1866 a très heureusement modifié, dans le sens de l'équité et du droit commun, la rédaction de 1833. (...)
>
> Ces réformes ont été introduites à la suite de considérations théoriques. (...) L'analyse de la double personnalité de l'État fut approfondie : on fit mieux le départ entre les prérogatives de la puissance publique et les droits de la personne civile. Le cahier de 1866 a donné satisfaction sur bien des points à de légitimes revendications. (...)
>
> Aujourd'hui encore, l'application stricte des marchés amènerait fréquemment la ruine du constructeur. Ce sont en vérité de singulières conventions synallagmatiques, que celles-là ![35]

Cette thèse présente le mérite d'argumenter minutieusement une opinion qui, à force d'être trop souvent énoncée sans être beaucoup explicitée, semble participer d'une antienne libérale. À savoir la soumission des marchés administratifs au droit commun.

> Nous croyons, quant à nous, que l'intérêt public serait mieux défendu par le droit commun et nous avons dit pourquoi en jugeant la rédaction de 1833[36].

[35] *Id.*, p. 353-357.

[36] *Id.*, p. 357. *Cf.* aussi le chapitre où il envisage la compétence des conseils de préfecture (*id.*, p. 345 *sq.*). Il y critique cette juridiction exceptionnelle, qu'il ne s'explique que par des « *considérations de fait, de pures contingences* » (*id.*, p. 347).

384. Une doctrine praticienne soucieuse d'aligner, sinon de rapprocher les marchés administratifs du droit civil. – Aux critiques dénonçant la sévérité des conditions imposées aux contractants de l'administration, répond une conception doctrinale peu encline à les présenter comme des actes attachés, par essence, au droit administratif. C'est l'opinion exprimée par l'avocat général DESJARDINS : « *Il n'y a point, à proprement parler, de contrats administratifs, parce qu'un pareil adjectif ne saurait accompagner un pareil substantif !* », mais « *seulement des contrats qui, par la volonté expresse et omnipotent du législateur, sont dans des cas spéciaux, soustraits aux tribunaux de droit commun* »[37]. Sous une forme exacerbée, il manifeste une opinion dont nous pensons qu'elle fut largement partagée par les contemporains, fussent-ils administrativistes. Dans la seconde moitié du XIXe siècle, ces derniers n'ont jamais justifié la compétence administrative en matière contractuelle autrement que par l'existence de dérogations légales. Sans verser dans le dogmatisme, nombre d'entre eux – souvent avocats aux Conseils – prêtèrent aux marchés une certaine perméabilité avec les dispositions du code civil. Tels PÉRIER[38], GAUTIER & JOUVE[39], PERRIQUET[40] pour les marchés spécialement ; CHRISTOPHLE[41], AUCOC[42], voire même ENOU[43] pour les travaux publics en général. Pour n'en citer qu'un exemple :

> Le marché de travaux publics est soumis aux règles du droit civil. Ces règles lui sont, suivant nous, pleinement applicables, toutes les fois qu'il n'y est pas dérogé, soit par des lois spéciales ou des règlements ayant force de loi, soit par la convention. C'est donc dans le Code civil, principalement dans le titre des Contrats et obligations, et dans celui du louage, qu'il faudra chercher les principes de droit à l'aide desquels devront être résolues les questions auxquelles les marchés de travaux publics pourraient donner

---

[37] DESJARDINS Arthur, Conclusions prononcées sous l'arrêt *Procureur général près la Cour de cassation c. GARNIER* (Civ., 10 décembre 1878), *in Dalloz* 1879. 1. 116.

[38] *Cf.* PÉRIER Arsène, *Des marchés de fournitures* (1876).

[39] *Cf.* GAUTIER Alfred & JOUVE E., *Traité pratique du marché de travaux publics* (1881).

[40] *Cf.* PERRIQUET Eugène, *Les contrats de l'État* (1884, 2 éd.) & du même auteur : *Traité théorique et pratique des travaux publics* (1883, 2 vol.).

[41] *Cf.* CHRISTOPHLE Albert, *Traité théorique et pratique des travaux publics* (1862, 2 vol. ; 2 éd.).

[42] *Cf.* AUCOC Léon, *Conférences sur l'administration et le droit administratif* (1869-1876, 3 vol. ; 3 éd.).

[43] *Cf.* ENOU Louis, *Traité théorie et pratique de droit administratif* dont seul est paru le premier tome (1903), consacré aux travaux publics (avec le concours des avocats PICARD & VEUILLET).

lieu, et qui n'auraient pas été prévues soit par des lois spéciales, soit par les cahiers des charges[44].

Sans représenter un corps d'opinions rigoureusement homogène, ces auteurs admettent sans équivoque la complémentarité du droit civil avec les règles applicables aux marchés administratifs. Cela d'ailleurs ne soulève pas de question particulière, dans la mesure où l'autonomie des contrats administratifs par rapport au code civil est une problématique liée à leur théorisation dans l'Entre-deux-guerres. Ce faisant, le droit civil est un horizon à l'aune duquel les règles spéciales qui s'appliquent aux marchés sont appréciées, discutées ou critiquées. Selon d'aucuns, la rigueur des cahiers des clauses et conditions générales ne peut trouver de remède que dans « *l'application des règles du Code civil aux marchés de l'État comme elle existe pour les marchés des particuliers* »[45]. Il faut entendre par là : l'application *intégrale* et *fidèle* du code civil. C'est en ce sens que l'avocat Alfred DOUSSAUD s'efforce de « *préciser les critiques que* [ledit cahier] *soulève et* [de] *formuler les réformes à y apporter, tout en respectant les droits de l'État, donnant satisfaction à ceux non moins respectables des adjudicataires et en se basant sur le droit commun, les règles les plus élémentaires des contrats synallagmatiques et commutatifs et le principe d'éternelle équité* »[46]. Attachés à des principes aussi inaltérables qu'essentiels, le droit civil est présenté comme le moyen de pallier les vices desdits cahiers, en réhabilitant un type de commerce juridique que serait venue altérer une logique administrative. Cela étant, il ne s'agit pas de ramener au code civil des contrats qui n'auraient jamais dû y échapper, mais de supprimer les règles qui y dérogent – comme une option parmi d'autres envisageables.

385. S'il n'y a pas eu une opposition frontale entre la doctrine universitaire et la doctrine praticienne, celle-ci fait preuve d'un volontarisme pragmatique qui accuse, tout en l'amplifiant, cette évolution par laquelle les relations de l'administration avec les entrepreneurs se normalisent en aménageant avec plus de souplesse l'unilatéralisme qui préside à la direc-

---

[44] CHRISTOPHLE Albert & AUGER Paul, *Traité théorique et pratique des travaux publics*, *op. cit.* (2e éd.), t. 1 (1889), p. 268. Le contraste avec la première édition (1862) est éloquent. Rien de ce qu'évoque la citation reproduite ne s'y trouve encore, laissant imaginer la vigueur et la rapidité avec laquelle ces idées ont infusé la doctrine administrative à partir des années 1860.

[45] DOUSSAUD Alfred, *Les nouvelles clauses et conditions générales imposées aux entrepreneurs des ponts et chaussées (cahier du 16 février 1892), commentées et appliquées avec un projet de révision*, Paris, Chevalier-Marescq & Cie, 1903, p. 16.

[46] *Id.*, p. 2.

tion des travaux publics[47]. Cela se manifeste également pour les marchés de fournitures de l'État. C'est pourquoi, la définition qu'en donne l'avocat aux Conseils PERRIQUET diffère autant de celle du président LAFERRIÈRE. D'autant que ces deux auteurs se placent à un point de vue différent : l'un fait œuvre pratique et élabore un corpus normatif mobilisable pour les praticiens, tandis que le second est porté par le souci de re-naturaliser les contrats administratifs au contentieux administratif, en réaction aux critiques qui, pour mieux atteindre la juridiction administrative, tirent parti des ambiguïtés touchant le contentieux contractuel. Il n'est pas moins édifiant de rapprocher ces deux auteurs qui, tous deux, ont écrit dans les années 1880. Selon le premier, le cahier des clauses recueille les exceptions apportées au droit civil, lequel ne cesse de régir ces marchés :

> Les effets généraux du marché, comme les obligations respectives du fournisseur et de l'État, sont déterminés par le cahier des charges qui, d'ordinaire, entre dans les plus grands détails ; subsidiairement, par les règles du Code civil sur la vente, admises d'une manière générale par la jurisprudence du Conseil d'État[48].

Suivant le second, ces marchés renvoient à un corps de normes proprement administratives qui, tout au plus, s'inspire du droit civil sans, néanmoins, en permettre l'application par défaut :

> Dans le silence du cahier des charges, les principes généraux sont applicables, parce qu'ils édictent des règles de justice et de raison qui dominent tous les contrats. (…) Mais il n'en est pas de même des dispositions édictées par le Code civil aux titres de la vente ou du louage, par le Code de commerce aux titres des transports, des affrètements, des avaries, *etc.* ; ces dispositions créent des types de contrats civils ou commerciaux, mais non des types de contrats administratifs ; aussi ne sont-elles pas applicables de plein droit dans le silence du marché. La vérité est que le marché de fournitures et son cahier des charges forment un contrat *sui generis*, réputé complet par lui-même, qui emprunte au droit civil ou

---

[47] Albert CHRISTOPHLE, auteur du *Traité théorique et pratique des travaux publics* (précité) fut ministre des travaux publics entre 1876 et 1877. Il mit à contribution cette courte période pour infléchir en ce sens les relations contractuelles de l'administration – en témoigne la circulaire précitée du 14 avril 1877.

[48] PERRIQUET Eugène, *Les contrats de l'État. Traité comprenant notamment les règles en matière de ventes domaniales, ventes des coupes de bois de l'État, fournitures et marchés, concessions de mines, concessions sur les cours d'eau, état des fonctionnaires, militaires et marins, pensions civiles, militaires et de la marine, récompense nationales, légion d'honneur,* etc., etc., Paris, Marchal, Billard & Cie, 1884 (1re éd.), p. 142.

> commercial les dispositions qu'il croit bonnes, néglige les autres, et n'est pas présumé accepter celles qu'il passe sous silence[49].

Autrement dit, LAFERRIÈRE éloigne le droit civil pour répondre à ceux qui, favorables à un transfert du contentieux des fournitures au profit des tribunaux judiciaires, souligne l'analogie entre ces marchés et les contrats passés entre particuliers. Au contraire, PERRIQUET emploie le droit civil pour appréhender les cahiers des clauses comme une *loi spéciale* dont le champ serait, à raison même de cette spécialité, circonscrit au plus près. Aussi, nous n'adhérons pas à l'opinion du professeur PLESSIX, selon qui la « *science du droit des contrats administratifs au XIX*[e] *siècle* » n'existant pas, il ne saurait y avoir une « *inféodation du droit administratif au droit civil* »[50]. Sans affirmer le contraire, nous pensons que, au cours de la seconde moitié du XIXe siècle et à un certain point de vue, le droit civil a pu constituer un modèle mobilisé pour discuter de la nature des cahiers des charges. Conçus par tous comme l'expression scripturaire des prérogatives de l'administration, les uns en précisent les lacunes pour les compléter avec le droit civil, tandis que les autres s'y appuient pour caractériser un corpus administratif qui ne laisserait aucun interstice dans lequel le droit civil puisse s'y glisser. S'il est plus souvent question des prérogatives exorbitantes de l'administration dans la littérature administrative de cette époque, ce fut moins pour les célébrer que pour circonscrire les manifestations de la puissance publique, dérogatoires aux principes du droit civil dont l'ombre s'étend jusqu'aux marchés administratifs. Pour poursuivre notre démonstration, nous souhaitons étudier de plus près une littérature doctorale qui, au cours de la Belle Époque, a contribué, en convergence avec les auteurs praticiens précités, à faire des clauses exorbitantes un objet d'étude central, car traversé précisément par les enjeux que nous venons d'exposer.

---

[49] LAFERRIÈRE Édouard, *Traité de la juridiction administrative et des recours contentieux*, Paris, Berger-Levrault & Cie, 1887-1888 (1re éd.), t. 2, p. 135-136 (la rédaction est identique dans la seconde édition).

[50] PLESSIX Benoît, *L'utilisation du droit civil dans l'élaboration du droit administratif*, Paris, Éditions Panthéon-Assas, 2003 (thèse de doctorat, université Paris-II ; dirigée par le professeur BIENVENU), p. 734.

Section 2. – Les clauses dites « exorbitantes » : une locution doctrinale tendue à circonscrire la singularité des marchés administratifs

386. Les marchés administratifs : un sujet récurrent de la littérature doctorale de la Belle Époque. – Les thèses de doctorat ont largement assimilé la problématique dont il fut question dans la section précédente. Insistons-y : celle-ci n'a pas été posée en termes d'autonomie du droit administratif ; elle s'inscrit plutôt dans le cadre d'une prospective doctrinale tendant à réduire l'écart qui sépare les marchés administratifs du code civil. La mobilisation de ce référent a fait consonance avec une doctrine universitaire qui, concomitamment, cantonnait – comme sujet doctrinal – les contrats aux marges du droit administratif[51]. Par ailleurs, ces contrats deviennent, à partir des années 1870, l'objet d'une attention plus approfondie dans la littérature administrative praticienne. Ils cessent d'être systématiquement abordés à travers la matière des travaux publics et la multiplication des études y afférentes en font un champ spécifique de la science du droit administratif. En considérant les thèses entreprises depuis la fin du XIXe siècle jusqu'aux années 1910, nous en avons recensé une quinzaine qui intéressent de loin ou de près les marchés de fournitures et de travaux publics[52]. Parmi celles-ci, nous en écartons quelques-unes qui traitent des marchés au point de vue de la politique sociale du gouvernement[53], de l'économie politique[54] ou qui en traitent sous un aspect tout particulier[55]. La demi-douzaine restante corrobore notre précédente analyse[56].

---

[51] *Cf.* le chapitre 3, titre IV, première partie.

[52] Ce recensement a été effectué à partir des fonds conservés à la B.N.F. et à la bibliothèque Cujas.

[53] Nous pensons aux thèses qui ont traité des stipulations insérées au profit des employés des entrepreneurs, c'est-à-dire celles de – Henri BAZIRE (*Des conditions du travail imposées aux entrepreneurs dans les adjudications de travaux publics*, 1898), – Adolphe OUBERT (*Des conditions du travail dans les adjudications de travaux publics*, 1900), – Maurice LOUVARD (*La protection des salaires dans les marchés de fournitures et de travaux publics*, 1901), – R. COURRÈGELONGUE (*Des conditions du travail dans les marchés de travaux publics en France*, 1902), – A. MABARET DU BASTY (*Les conditions du travail dans les contrats de travaux publics : les décrets du 10 août 1899*, 1907), – Jean LINET (*Conditions du travail sur les chantiers des ponts et chaussées*, 1911).

[54] Nous pensons à la thèse de Tony PERRIN (*Les fournitures directes des cultivateurs à l'administration militaire*, 1903).

[55] Nous pensons aux thèses de Marcel FERRUS (*Le comité consultatif de règlement amiable des entreprises de travaux publics et des marchés de fournitures*, 1914) et d'Albert BERTIN (*Des marchés de fournitures des chemins de fer de l'État*, 1913).

[56] Il s'agit des thèses de – Joseph-Georges AUGIER (*Des marchés de travaux de la guerre,*

387. Les thèses de doctorat ainsi retenues nous donnent une idée de l'intérêt prêté aux marchés administratifs. Plus encore est significatif le fait qu'il l'ait été par des docteurs qui, s'ils n'étaient pas déjà avocats, se destinaient pour la plupart à cette carrière. Elles rendent compte – à un point de vue académique et donc, par nature, formaté – comment les évolutions rapportées dans la section précédente ont conduit à souligner un peu plus la proximité des marchés de l'administration avec le droit privé. L'une d'entre elles est emblématique à cet égard, ne fût-ce que par le cadre de son étude : *Du contrat de marché ou entreprise de travaux tant publics que privés*. Son auteur – André BÉNARD – souligne l'exorbitance de certaines prérogatives de l'administration, dont par exemple la mise en régie et la résiliation dans l'intérêt de l'administration. Ces singularités se prêtent même à justifier la compétence administrative, lorsque d'autres invoquent l'existence d'un texte en ce sens.

> On a craint de soumettre l'administration en ce qui concerne l'exécution des travaux publics aux juges de droit commun peu familiers avec les usages de l'administration, trop disposés par leur habitude d'appliquer les règles du droit civil à juger exorbitantes les clauses des cahiers des charges qui donnent à l'administration les pouvoirs nécessaires pour gouverner les travaux au mieux des intérêts généraux et, par conséquent, à en restreindre les effets[57].

C'est souvent autour de l'autorité – parfois mésinterprétée – d'Édouard LAFERRIÈRE que ces docteurs discutent de la spécificité des marchés administratifs. Le discours doctrinal classique est celui-ci : ces marchés sont ceux qui font corps avec un cahier des clauses et des conditions générales, lequel confère à l'administration contractante des prérogatives exorbitantes du droit commun. D'aucuns – en empruntant vraisemblablement à une littérature qui, entretemps, s'est développée sur les contrats d'adhésion – soulignent l'absence de négociations avant la passation des contrats : « *Cette liberté de conventions n'existe pas, et l'administration elle-même, mise au service de l'intérêt général, est tenue par les termes*

1895), – Joseph BRESSOT (*Des marchés de fournitures passés avec l'État*, 1895), – André BÉNARD (*Du contrat de marché ou entreprise de travaux tant publics que privés*, 1897), – Pierre-Armand-Auguste VIDAL (*Les marchés de fourniture du département de la Guerre*, 1903), – Léon TARDY (*Les marchés de livraison du service des subsistances militaires*, 1909), – Gabriel VERZEAUX (*Marchés relatifs aux subsistances militaires*, 1911), – André LEGROS (*Formation et résolution du marché de travaux publics*, 1912) et – Albert BERTIN (*Des marchés de fournitures des chemins de fer de l'État*, 1913).

[57] BÉNARD André, *Du contrat de marché ou entreprise de travaux tant publics que privés*, Paris, Larose, 1897 (thèse de doctorat, faculté de Paris ; présidée par MICHEL, professeur de droit administratif), p. 454-455.

du cahier des clauses et conditions générales et autres textes »[58]. Dit autrement, « *la suprématie de l'administration s'affirme, car seule, elle rédige les pièces du marché, et l'entrepreneur ne peut en discuter les termes ; elles lui sont offertes telles qu'elles sont, à lui s'il veut travailler pour l'administration de s'y soumettre, d'y adhérer sans discussion* »[59]. Tous nos auteurs reconnaissent que le cadre contractuel de ces conventions est prédéfini par des textes réglementaires qui échappent à la discrétion même de l'administration contractante[60].

388. L'enjeu de la littérature doctorale : expliciter la nature d'un contrat confinant avec le droit privé. – Selon plusieurs auteurs et suivant une définition qui évoque celle proposée par Édouard LAFERRIÈRE, les marchés de l'administration « *ne sont* (…) *pas des contrats entièrement assimilables à ceux du droit commun, ce sont des contrats* sui generis, *dans lesquels l'État conserve vis-à-vis de l'entrepreneur certains droits de puissance publique* »[61]. C'est précisément sous ce rapport que leur nature prêta à discussion :

> L'administration contracte des obligations qui constituent des droits pour l'entrepreneur mais elle ne peut pas se lier à moins d'aliéner son autorité, pour l'exécution des travaux, puisqu'elle est avant tout au service de l'intérêt général, elle sauvegarde ses prérogatives en insérant dans le cahier des clauses et conditions générales, des clauses qui dépassent les droits des particuliers d'après le Code civil[62].

Cette présentation des choses ne doit pas être surinterprétée en étant comprise comme les prémices d'une conceptualisation du contrat administratif. Car si la locution « contrat administratif » est souvent usitée, ces administrativistes ont relevé le caractère spécial des marchés moins pour en sublimer l'essence, que pour en noter l'érosion par un rapprochement avec le droit civil. Maurice HAURIOU lui-même le notait dans les pre-

---

58 LEGROS André, *Formation et résolution du marché de travaux publics*, Paris, Larose & Tenin, 1912 (thèse de doctorat, faculté de Paris ; présidée par BERTHÉLEMY, professeur de droit administratif), p. 26.

59 *Id.*, p. 23.

60 En plus de la thèse précitée d'André LEGROS, *cf.* en ce sens les thèses de – Joseph-Georges AUGIER (*Des marchés de travaux de la guerre*, 1895), – Joseph BRESSOT (*Des marchés de fournitures passés avec l'État*, 1895), – André BÉNARD (*Du contrat de marché ou entreprise de travaux tant publics que privés*, 1897), – Pierre VIDAL (*Les marchés de fourniture du département de la guerre*, 1903) et – Gabriel VERZEAUX (*Marchés relatifs aux subsistances militaires*, 1911).

61 AUGIER Joseph-Georges, *Des marchés de travaux de la guerre*, Paris, Larose, 1895 (thèse de doctorat, faculté de Paris ; présidée par MICHEL, professeur de droit administratif), p. 12.

62 LEGROS André, *Formation et résolution du marché de travaux publics*, *op. cit.* (1912), p. 27.

mières éditions de son *Précis de droit administratif*, avant de revenir sur ses propos quelques années plus tard, lorsqu'il développa sa théorie de la gestion administrative[63] : « *Les droits de puissance publique ont une tendance à s'atténuer d'une façon constante ; de telle sorte que sur une matière donnée on peut assister à un glissement vers les règles du droit privé* »[64]. Dans une thèse assez remarquable, son auteur n'est pas si singulier lorsqu'il augure l'assimilation progressive des marchés administratifs aux contrats du droit commun :

> Règles particulières du droit administratif, clauses exorbitantes du droit commun dans les conventions, tout cela constitue des anomalies regrettables dans les marchés de travaux militaires, anomalies qui disparaîtront avec le temps ; la logique, les intérêts de l'État bien compris et l'équité finiront par soumettre ces contrats aux règles du droit commun. (…)
>
> La tendance du Conseil d'État est manifeste, les droits de puissance publique et les clauses exorbitantes du droit commun doivent être réduites au minimum compatible avec l'intérêt public[65].

Rappelons que, selon Édouard LAFERRIÈRE, les marchés de fournitures se suffisent à eux-mêmes, en ce sens qu'ils empruntent aux cahiers

[63] Dans les trois premières éditions de son précis, c'est-à-dire avant que Maurice HAURIOU n'intègre à la quatrième édition (1900-1901) sa théorie de la gestion administrative (*cf. La gestion administrative*, 1899), il développait une théorie des actes de l'administration dont il s'est d'ailleurs assuré une large publicité en la faisant publier dans la *Revue générale d'administration* (« L'administration et les actes d'administration », *in R.G.A.* 1891, II, p. 257 et 420). En voici un extrait pertinent : « *Dans nombre d'actes de gestion, ceux qui sont en même temps actes de puissance publique, la volonté administrative garde un caractère impérieux. Dans les contrats administratifs, les personnes administratives ont toujours quelque privilège singulier qui empêche l'égalité complète des parties.* (…) *Il faut voir là des anomalies qui disparaîtront avec le temps. La logique finira par ramener tous les actes de gestion à la pure notion contractuelle, et à celle d'actes de personne privée* » (*Précis de droit administratif contenant le droit public et le droit administratif*, Paris, Larose & Forcel, 1892 (1re éd.), p. 168). Cela étant, le professeur toulousain admet sans conteste la spécialité du marché de fournitures qu'il définit comme « *un contrat spécial qui a ses règles à lui ;* (…) *il doit s'inspirer des règles générales des contrats, mais* (…) *il ne faut point lui étendre par analogie les règles des contrats spéciaux du Code civil ou du Code de commerce qui présenteraient avec lui quelque parenté* » (*id.*, p. 666).

[64] *Id.*, p. 406.

[65] AUGIER Joseph-Georges, *Des marchés de travaux de la guerre*, *op. cit.* (1895), p. 12-13. C'est l'un des axes de son analyse. Plus loin à propos de la compétence, il écrit : « *Si la compétence des tribunaux de droit commun ne doit pas présenter d'inconvénients, pourquoi ne pas l'adopter ? Nous avons dit que le marché de travaux militaires devait tendre vers un contrat de droit commun. Cette assimilation si désirable au point de vue des intérêts pécuniaires de l'État se produirait bien plus facilement le jour où les contestations qui peuvent s'élever entre les deux parties contractantes seraient de la compétence de la juridiction civile* » (*id.*, p. 218).

des clauses, sans qu'il soit possible (ni nécessaire) de puiser dans le droit commun[66]. À l'inverse, nombreux ont été ceux qui, une décennie plus tard, relevaient au sujet de ces contrats une perméabilité avec le droit civil, toutes les fois où cela ne soulevait aucune contrariété avec ces cahiers. Tels Joseph AUGIER[67] et Joseph BRESSOT[68] en 1895 ; André BÉNARD en 1897[69] ; ou de manière plus éloquente, André LEGROS en 1912, pour qui « *il est bien certain qu'à défaut de stipulations spéciales, le droit commun devra s'appliquer* »[70]. Celui-ci note d'ailleurs cet infléchissement par lequel les singularités propres à ces marchés s'amenuisent *via* une idée bien comprise que l'administration se fait de ses intérêts.

> Les prérogatives de l'administration qui étaient exagérées dans les premiers cahiers se sont atténuées, en même temps que se développait le sentiment du droit de l'entrepreneur mis en face de l'administration, et il y a lieu d'espérer que le respect de ce sentiment nous conduira à la lisière du droit commun[71].

Pour autant, il ne faut pas outrer ce qui sépare le président LAFERRIÈRE – encore qu'il ne soit pas le seul – des docteurs précités. Le premier admettait, dans le silence du cahier des charges, l'application de principes généraux des contrats aux marchés de fournitures. En revanche, ces marchés lui paraissaient relever d'un genre particulier, absolument imperméable aux dispositions particulières du code civil et du code du commerce – sauf à ce qu'elles fussent intégrées formellement au cahier des charges. Ce qui différencie ces auteurs, c'est plus fondamentalement l'état d'esprit de chacun, considération faite de leurs préoccupations doctrinales respectives : le premier exacerbe une opposition, lorsque les autres envisagent un rapprochement, voire une assimilation des marchés administratifs aux contrats passés entre particuliers. S'ils ne sont pas majoritaires à défendre cette dernière option, tous présentent une évolution asymptotique qui rapprocherait tendanciellement ces marchés

---

66 *Cf.* LAFERRIÈRE Édouard, *Traité de la juridiction administrative…*, *op. cit.* (1re éd.), t. 2 (1888), p. 132 *sq.*

67 *Id.*, p. 8 *sq.*

68 BRESSOT Joseph, *Des marchés de fournitures passés par l'État et plus spécialement des marchés de fournitures passés par l'administration de la guerre*, Montpellier, Imprimerie Ricard, 1895 (thèse de doctorat, faculté de Montpellier ; présidée par BRÉMOND, professeur de droit administratif), p. 30 *sq.*

69 BÉNARD André, *Du contrat de marché ou entreprise de travaux tant publics que privés*, *op. cit.* (1897), p. 73 *sq.*

70 LEGROS André, *Formation et résolution du marché de travaux publics*, *op. cit.* (1912), p. 27-28.

71 *Id.*, p. 28.

du droit civil. Du reste, le président LAFERRIÈRE poursuit un dessein spécifique qui le distingue des docteurs précités, obligeant à prendre des précautions dans ces rapprochements. Tandis que les seconds portent spécialement leur attention sur les marchés de l'administration, le premier en traite dans un ouvrage de contentieux qui, de surcroît, a la prétention de convaincre de l'autonomie du droit administratif pour renforcer la légitimité de la juridiction administrative. Aussi insiste-t-il sur leurs singularités afin de démontrer en la matière une compétence administrative fréquemment remise en cause.

389. L'ambigüité des marchés administratifs renforcée par la normalisation des cahiers des clauses. – Pour mieux saisir la pertinence des thèses précitées, il convient de préciser qu'elles n'ont pas tendu à verser dans le droit commun des contrats dont il eût été admis qu'ils relèveraient d'un genre distinct des contrats privés. D'après une opinion unanimement partagée, il n'y a de marché de fournitures que ceux pris sur la base d'un cahier des charges. Ainsi d'après Édouard LAFERRIÈRE :

> On ne doit pas qualifier de marché toute opération faite par l'État pour subvenir aux besoins d'un service public. (...)
> Pour qu'il y ait marché, dans le sens du décret de 1806, il faut qu'il intervienne entre l'administration et le fournisseur des conventions réglées par un cahier des charges, ou tout au moins par un contrat spécial résultant d'une adjudication ou d'un marché de gré à gré[72].

En dehors de ce cadre, le contrat cesse d'être un marché de fournitures à proprement parler – l'exemple le plus topique est le contrat verbal –, au sens où l'admet le décret du 11 juin 1806 qui donne compétence au Conseil d'État pour connaître de leur contentieux[73]. C'est en en rendant compte que d'aucuns notent l'exorbitance qui teinte certaines des relations contractuelles de l'administration. Aussi est-ce l'application du cahier des charges – contraignant pour l'adjudicataire comme pour l'administration contractante – qui institue l'inégalité des rapports contractuels. Le caractère *sui generis* de ces marchés résulte du cahier des charges qui préside à la formation des relations contractuelles. D'un certain point de vue, l'administration contractante est aussi contrainte que son contractant[74]. Quoique ces marchés soient des conventions[75], ils sont

---

72 LAFERRIÈRE Édouard, *Traité de la juridiction administrative...*, *op. cit.* (1re éd.), t. 2 (1888), p. 132-133.

73 *A pari* : HAURIOU Maurice, *Précis de droit administratif...*, *op. cit.* (1re éd., 1892), p. 665.

74 André LEGROS insiste tout particulièrement sur cet aspect : le cahier des clauses et

définis dans un cadre contraignant pour les deux parties, si bien que l'administration contractante ne peut satisfaire ses besoins que dans le respect des cahiers des charges. La liberté contractuelle, qui est de principe dans les contrats privés, est écartée pour ne laisser place qu'à une latitude cadrée administrativement de part et d'autre[76].Or, si certains auteurs présentent ces marchés comme des contrats *sui generis* (suivant une tournure qu'il ne faut pas entendre trop rigoureusement), ils soulignent ce qui les différencie des contrats passés entre particuliers pour mieux marquer le rapprochement qui s'opère entre eux, par le jeu de l'atténuation du caractère exorbitant des cahiers des charges. Qu'ils l'appellent de leurs vœux ou qu'ils pensent pouvoir l'affirmer au vu de l'évolution du droit positif, ces auteurs s'accordent sur l'oblitération des singularités propres à ces marchés, dans un contexte où l'administration affirme avec moins d'insistance la supériorité de sa position sur ses contractants[77].

---

conditions générales « *a un caractère réglementaire dans ce sens que ses prescriptions s'imposent aux divers services de l'administration qui l'a rédigé. Ses dispositions sont obligatoires à tous les degrés de la hiérarchie de cette administration, dont les agents ne peuvent, sans manquer à leur devoir professionnel, insérer ans un marché une dérogation aux clauses et conditions générales* » (*Formation et résolution du marché de travaux publics*, *op. cit.* (1912), p. 24).

75 Suivant un raisonnement pas très original, certains préconisent de confier le contentieux des marchés de l'administration au juge judiciaire. Tel Joseph AUGIER, qui s'interroge si « *dans les litiges relatifs aux marchés de travaux militaires, le juge a à connaître de l'intérêt public proprement ? N'a-t-il pas seulement à examiner si un entrepreneur est lié par telle ou telle clause de son traité, et s'il a exécuté le travail conformément aux stipulations du contrat ? La mission du juge civil, si on admettait sa compétence, serait bien entendu exclusivement limitée à l'appréciation des conventions acceptées par les parties contractantes, en un mot, à l'examen des matières contentieuses relatives à l'exécution des obligations réciproques résultant du marché* » (AUGIER Joseph-Georges, *Des marchés de travaux de la guerre*, *op. cit.* (1895), p. 214).

76 C'est précisément sous cet aspect que Louis ROLLAND discute des « *marchés de fourniture du ministère de la guerre* » sous un article ainsi intitulé (*in* R.D.P. 1908, p. 288).

77 *A contrario*, *cf.* GRANIER Camille, « Le marché des services pénitentiaires », *in* R.G.A. 1894, II, p. 385 & 1894, III, p. 21. Son auteur – inspecteur général des services administratifs du ministère de l'intérieur – est dubitatif vis-à-vis des justifications soutenant l'assimilation des marchés pénitentiaires aux marchés de travaux publics. Il ne s'en félicite pas moins « *que la jurisprudence ait persisté à assimiler ce marché à un contrat connu de tous et dont le caractère est bien administratif, mais il eût été préférable qu'elle établit des règles d'interprétation particulières pour l'exécution d'un service tout spécial. On peut dire que la doctrine, par ses comparaisons du droit civil avec le droit administratif, des fonctions publiques avec le mandat, de la création des rentes avec le prêt et tant d'autres qui ne sont qu'ingénieuses, a faussé la vraie règle de la justice administrative au point de faire contester son utilité. Il est évident que, s'il ne s'agit que d'appliquer les articles du Code civil, les tribunaux de première instance et les cours d'appel sont aussi aptes à le faire que le Conseil d'État. Toutefois l'examen de la jurisprudence, qui éclaire les clauses du contrat dont il s'agit ici, permettra de démontrer que ce tribunal s'est le plus souvent gardé des assimilations avec les contrats ordinaires du Code civil* » (*id.* 1894, II, p. 397-398). Plus loin dans le

390. Parce que les cahiers des charges conditionnent la qualification de marché de fournitures, ils orientent deux perspectives doctrinales assez différentes l'une de l'autre. En négliger une reviendrait à biaiser notre approche historique du sujet. D'une manière qui nous surprend peu, des auteurs comme LAFERRIÈRE ou HAURIOU (le second s'est très largement inspiré du premier) ont discerné à travers les cahiers des charges une manifestation de la puissance publique. Tant et si bien que la *nature* des marchés administratifs en est subvertie. Ainsi, Maurice HAURIOU convient que « *le marché de fournitures a un caractère décidé d'opération de puissance publique* », cela se traduisant « *par des droits exorbitants au profit de l'administration et par la compétence d'un tribunal administratif, le Conseil d'État* »[78]. De même que, avant lui, Édouard LAFERRIÈRE écrit que les marchés « *sont, en même temps que des contrats, de véritables opérations administratives étroitement liées à la marche des services* »[79].

> De là des garanties et des mesures coercitives, plus complètes encore dans les marchés de fournitures que dans les marchés de travaux publics. Ainsi, en dehors des mesures communes aux deux espèces de marchés – la résiliation et l'exécution aux frais et risques de l'entrepreneur, – on trouve habituellement dans les cahiers des charges, des clauses pénales, des amendes, des retenues pour retard, et en outre l'engagement d'une caution qui doit personnellement assurer le service si le fournisseur le laisse en souffrance. (...) Ces dispositions prouvent combien nous sommes loin ici des contrats de droit commun[80].

D'un autre côté, d'autres auteurs – tels ceux des thèses précitées – ont eux aussi admis l'empreinte déposée par les cahiers des charges sur les marchés administratifs. Toutefois, ils ont minoré cette emprise à une

---

cours de son second article, il estime dans le même sens : « *Il serait plus exact de prétendre que le marché dont il est question ici a un objet sans analogie dans le droit civil, le travail des détenus par exemple, et que la juridiction administrative démontre surtout sa nécessité en cherchant dans sa signification des contrats les règles de l'équité et la bonne exécution des services, en vue desquels ils ont été passés, laissant les principes d'interprétation du Code civil aux cours et tribunaux ordinaires* » (*id.*, 1894, III, p. 42). À vrai dire, ces propos confirment notre analyse. La singularité que certains attachent aux marchés de l'administration s'associe souvent – pour ne pas dire toujours – à une certaine conception de la juridiction administrative, si bien que les thématiques se soutiennent solidairement. Pour ceux qui envisagent les marchés indépendamment de cette question, ils admettent plus volontiers les interactions avec le droit commun.

[78] HAURIOU Maurice, *Précis de droit administratif...*, *op. cit.* (1re éd., 1892), p. 665.

[79] LAFERRIÈRE Édouard, *Traité de la juridiction administrative...*, *op. cit.* (1re éd.), t. 2 (1888), p. 134.

[80] *Ibid.*

question purement formelle, en même temps que s'atténuait l'exorbitance des cahiers des charges. En rapportant cette évolution – particulièrement vrai pour les marchés de travaux publics –, ils ont marqué à la fois ce qui séparait ces marchés des contrats passés entre particuliers et, tout à la fois, ce qui pouvait les en rapprocher tendanciellement. C'est depuis cette perspective qu'il faut comprendre les auteurs qui annonçaient la prochaine assimilation des marchés au droit commun. Cela fit dire à certains que ces disparités étaient vouées à disparaître à terme. Il faut convenir que, de ce point de vue, ces auteurs ont sous-estimé la nécessité – vivement ressentie par d'autres – dans laquelle l'administration est placée non seulement de s'assurer de son contractant[81], mais également des agents administratifs affectés à l'exécution de ces marchés. Henry BERTHÉLEMY écrivait en ce sens que le cahier des clauses et conditions générales était « *un ordre prescrivant aux agents de l'administration les stipulations qui devront être insérées dans les contrats de travaux publics* »[82]. Cela renvoie à une préoccupation gestionnaire que nous avons déjà mise en exergue[83]. Toutefois, celle-ci fut – à la fin du XIXe siècle – opportunément négligée pour réduire les relations contractuelles de l'administration à celles qui lient les particuliers entre eux.

---

[81] Jean-Baptiste SIMONET – chef de bureau honoraire à la préfecture de la Seine – situait cette singularité des marchés de fournitures dans ces précautions prises par l'administration : « *Les marchés de fournitures ont un caractère spécial résultant surtout des sanctions sévères qui en garantissent l'exécution* » (*Traité élémentaire de droit public et administratif, contentant les matières exigées par les programmes des facultés de droit, du Conseil d'État, de la Cour des comptes, de l'inspection générale des finances, des ministères de l'intérieur, des finances, des travaux publics, de l'instruction publique, et par ceux de la préfecture de la Seine, de l'administration de l'enregistrement, du commissariat de la marine,* etc., Paris, Pichon, 1902 (4e et dernière éd.), p. 551).

[82] BERTHÉLEMY Henry, *Traité élémentaire de droit administratif*, Paris, Rousseau, 1900-1901 (1re éd.) p. 588.

[83] *Cf.* le chapitre 1er, titre IV, première partie.

Chapitre 2

L'effet relatif des concessions remis en cause : un modèle contractuel émoussé

391. Les contrats de concession suscitèrent des réflexions assez différentes de celles soulevées par les marchés administratifs. Au gré des révisions successives des cahiers des charges, les marchés de travaux publics – les plus administratifs des marchés – ont été rapprochés du droit civil. En relation avec le titre précédent, cette problématique met en exergue que les contrats administratifs, en plus d'être mis en cause au point de vue des attributions contentieuses, se voyaient attachés des singularités qui étaient regardées comme allant en s'atténuant. Pour les contrats de concession, la problématique s'est posée en des termes différents. En les présentant comme des contrats administratifs *par nature*, LAFERRIÈRE exprime à sa manière cette idée que les concessions, faute de présenter aucune analogie avec les contrats passés entre particuliers, sont conçues comme des contrats inassimilables au code civil. Touchant tout à la fois au droit public et au droit privé, les doctrines privatiste et administrative s'en préoccupèrent chacune en ce qui les concerna. La doctrine privatiste s'y intéressa dans la mesure où les concessions générèrent des relations soumises au droit privé – celles entre le concessionnaire avec les usagers du service concédé. En revanche, elle fut en mal d'appréhender des relations juridiques inédites, irréductibles par certains aspects au droit civil de la fin du XIXe siècle. Tel fut le cas s'agissant de l'effet des contrats de concession sur les usagers (**section 1**). De son côté, la doctrine administrative ne fut pas forcément plus à l'aise. À la différence des marchés administratifs, la compétence administrative – pour les relations entre le concessionnaire et l'administration concédante – ne posait pas de difficultés. Il n'a pas été question d'insister sur les particularités d'un contrat dont il eût été à craindre qu'il ne tomberait dans la compétence judiciaire. Ce fut à propos de l'effet relatif des contrats de concession que les publicistes se divisèrent. Pour en rendre compte, certains optèrent pour un cadre contractuel, tandis que d'autres préférèrent mobiliser des référents proprement publicistes, empruntés à l'unilatéralisme (**section 2**).

Section première. – Une doctrine privatiste soucieuse de valoriser le droit civil en y assimilant les concessions de service public

392. Les « contrats d'utilité publique » : une locution en lien avec les problématiques posées par les concessions. – C'est dans le giron du droit privé que s'épanouirent dans un premier temps les réflexions autour de la qualité d'usager des services concédés. La terminologie usitée par les privatistes n'est pas celle des administrativistes : il y est moins question de *concession de service public* – cette locution d'ailleurs ne s'imposa dans la doctrine administrative que dans le courant des années 1900 – que de *contrats d'utilité publique*. Proposée, sinon banalisée par Charles de SAINCTELETTE[84], cette dernière locution fut mise à contribution pour expliciter, par le biais de la stipulation pour autrui, la nature des relations liant concédant, concessionnaire et usagers. C'est souvent à son propos qu'une définition de ce contrat est développée, comme par exemple dans le *Répertoire encyclopédique de droit français* de LABORI :

> Il arrive fréquemment que des personnes publiques, l'État, les départements, les communes, insèrent dans les conventions qu'elles passent avec les particuliers, des dispositions en faveur des tiers. Il y a contrat d'utilité publique, lorsque la stipulation est conclue au profit de tous les habitants de la commune ; il en est ainsi, par exemple, des concessions de voitures publiques, de distribution des eaux, d'éclairage par le gaz ou l'électricité, et en général de toutes les concessions de monopoles[85].

Jusque dans les années 1900, il est surtout question de rendre compte d'une relation juridique singulière en débattant des droits des usagers vis-à-vis du concessionnaire et en interrogeant les moyens dont dispose l'administration concédante pour assurer la défense de leurs droits devant le juge judiciaire. Par le biais de concepts civilistes – la stipulation pour autrui, le mandat, la représentation, *etc.* –, ce sont surtout des privatistes – civilistes ou romanistes – qui investirent ce sujet[86] : Joseph-Émile

---

[84] *Cf.* SAINCTELETTE Charles (de), « Des contrats d'utilité publique. De leur énergie obligatoire. – De leur force exécutoire », *in Revue de droit international et de législation comparée* 1888, XX, p. 425.

[85] LABORI Fernand (dir.), *Répertoire encyclopédique du droit français*, Paris, Marchal & Billard, 1889-1896 (12 vol.), t. 11 (1895), p. 624 (v° Stipulation pour autrui).

[86] Si les administrativistes ne sont pas restés en retrait, cette question s'est posée à l'occasion des rapports entre les concessionnaires et le public, c'est-à-dire relativement à des litiges relevant de la juridiction judiciaire. C'est pourquoi, les civilistes s'en sont davantage préoccupés. Quelques administrativistes ont cautionné l'emploi de la stipulation pour autrui pour traduire ce genre de relations. En atteste Alfred PICARD, prési-

LABBÉ, Raymond SALEILLES ou encore Marcel PLANIOL ; ainsi qu'Edmond CHAMPEAU et Édouard LAMBERT, jeunes docteurs dans les années 1890. Leurs travaux nous intéressent en ce qu'ils constituent des essais doctrinaux tendus à appréhender des relations inédites à l'aide de référents empruntés au droit civil des obligations. Dès l'essor de ces réflexions, les enjeux qui y sont sous-jacents ont été saisis par ces auteurs avec perspicacité : supposer que le droit civil fût mal disposé à en rendre compte, c'était admettre que certaines relations juridiques bilatérales fussent d'une nature étrangère au droit civil ; c'était encourir le risque que celui-ci ne fût déstabilisé, étant précisé que la théorie des obligations conférait au contrat une centralité qui traduisait la prétention de couler dans son moule toutes les relations de nature consensuelle.

393. Un essai doctrinal singulier pour soustraire les contrats d'utilité publique du carcan du code civil. – C'est le Belge Charles de SAINCTELETTE – avocat et économiste, ancien député et ancien ministre des travaux publics (de 1878 à 1882) – qui, le premier, s'exprima sur la question à propos d'un litige impliquant sa ville natale – Mons. Il s'engage dans une approche iconoclaste qui suppose que le droit civil ne serait pas tout à fait adéquat pour cadrer certaines relations contractuelles.

> Il n'est pas possible que les contrats dont la cause est l'utilité publique et la fin, la satisfaction de quelque besoin collectif, soient traités par la législation et par la jurisprudence d'une façon moins absolument juste que les contrats dont la cause n'est qu'une utilité privée et la fin, que la satisfaction des besoins personnels d'une pluralité, plus ou moins considérable, d'individus nommés. (…)
>
> Il faut reconnaitre (…) que les affaires d'utilité publique intervenant entre d'autres facteurs et dans d'autres termes que font les affaires d'utilité privée, ne peuvent être, en tout point, réglées à la façon de celles-ci.

---

dent de la section des travaux publics du Conseil d'État et auteur d'un *Traité des chemins de fer* : « *La loi du 28 pluviôse an VIII ne donne compétence au Conseil de préfecture que pour "les difficultés qui pourraient s'élever entre les entrepreneurs des travaux publics et l'*Administration *concernant le sens ou l'exécution des clauses de leurs marchés" : telle est la règle rappelée par l'article 70 du cahier des charges. Mais l'État stipule tout à la fois pour lui et pour les tiers. Ceux-ci trouvent dans les engagements du concessionnaire la base d'une action en dommages-intérêts, qui rentre dans les attributions de l'autorité judiciaire : ils peuvent revendiquer le bénéfice de l'article 1121 du Code civil, pour faire juger par les tribunaux ordinaires les effets de droit civil qu'engendre le contrat administratif et pour en assurer l'exécution* » (Paris, Rothschild, 1887 (4 vol.), t. 2, p. 110).

> Par cela seul qu'une règle est énoncée dans le Code civil, il s'en faut qu'elle soit nécessairement applicable aux contrats d'utilité publique[87].

Faisant le commentaire critique d'un arrêt de la Cour de cassation belge, cet avocat expose les impasses auxquelles conduit une application orthodoxe du droit civil à des contrats où l'administration contractante ne s'engage pas pour son compte, mais dans l'intérêt des administrés :

> Autant il semble conforme à la nature de l'homme privé que l'individu ne puisse, en général, stipuler ni surtout s'engager, en son propre nom, que pour soi-même, autant il semblerait contraire à la définition même de la puissance publique que les stipulations faites par elles ne profitassent pas au public et que les promesses faites par elles n'engageassent pas le public[88].

Il interpelle le lecteur sur l'incongruité suivante : le concessionnaire serait uniquement engagé vis-à-vis de la personne publique concédante, alors que celle-ci ne retire aucun profit du service concédé (si l'on excepte éventuellement un gain pécuniaire marginal). Pourtant, à l'inverse des contrats passés pour la gestion de leur domaine privé, les administrations qui concèdent la gestion d'un service public souscrivent moins des obligations d'ordre patrimonial, qu'elles n'organisent un service pour le profit exclusif de la collectivité. Elles ne cherchent pas tant à disposer de leur patrimoine, qu'elles aménagent – le cas échéant en usant du domaine public – un service organisé pour la commodité des administrés. Or, Charles de SAINCTELETTE démontre l'inadéquation du mandat, de la stipulation pour autrui ou encore de la gestion d'affaires pour traduire juridiquement la singularité de cette relation entre concessionnaire et concédant. Aussi préfère-t-il parler d'une « *relation* sui generis, *un quasi-rapport d'ayant-cause à auteur, quasi-rapport que, peut-être, il serait utile de définir et de régler législativement, mais sans lequel il est impossible de comprendre et d'expliquer la gestion par les pouvoirs publiques des intérêts civils collectifs de leurs administrés* »[89]. Cet essai doctrinal est sous-tendu par la conviction suivant laquelle les contrats destinés à la satisfaction des besoins collectifs ne peuvent être appréhendés à partir d'un droit civil qui, s'il est approprié pour les relations interindividuelles, est inadapté pour rendre compte

---

[87] SAINCTELETTE Charles (de), « Des contrats d'utilité publique. De leur énergie obligatoire. – De leur force exécutoire », *in Revue de droit international et de législation comparée* 1888, XX, p. 425-426.

[88] *Id.*, p. 426-427.

[89] *Id.*, p. 434.

d'un commerce triangulaire intéressant, notamment, des masses anonymes – celles constituées par les administrés, usagers potentiels des services concédés. Si l'idée nous paraît aujourd'hui banale, il convient de se représenter ce qu'elle avait d'inédit à la fin du XIXe siècle : Charles de SAINCTELETTE esquisse rien moins que la définition d'obligations *civiles* autonomes du *code civil*, à une époque où la doctrine privatiste se représentait classiquement les obligations suivant un modèle moniste érigé à partir du code.

> Nos lois, jusqu'à présent, n'ont pas fait, parmi les règles des contrats, le triage de celles qui sont communes à toutes les sortes de contrats d'avec celles qui ne peuvent être appliquées aux contrats d'utilité publique. La distinction est à tracer par la jurisprudence. C'est à elle de dire lesquelles, des diverses dispositions du titre « Des contrats », sont incompatibles avec l'essence ou avec la nature des contrats d'utilité publique. (…)
>
> C'est aux règles du droit public, non aux dispositions du droit privé, qu'il faut demander de déterminer au profit de qui stipule et à la charge de qui promet une autorité publique[90].

La locution « contrat d'utilité publique » renvoie ainsi à une entreprise doctrinale qui tend non pas à reconnaître des contrats dont leur nature serait intrinsèquement différente des contrats du droit civil, mais à admettre que les dispositions du code civil ne sont pas toujours adaptées pour appréhender certaines relations consensuelles. C'est en ce sens que le référent publiciste est mobilisé.

394. La réaction de la doctrine privatiste : la valorisation d'un droit civil regardé comme garant contre l'arbitraire. – Les contemporains de Charles de SAINCTELETTE ne sont pas restés indifférents aux évolutions sociales de leur temps. S'ils rejetèrent l'essai doctrinal de ce dernier, ce fut moins par conservatisme qu'en raison de cette conviction suivant laquelle le droit civil était le cadre adéquat pour assurer la protection des intérêts particuliers engagés dans les contrats passés avec les administrations. Ainsi, le romaniste LABBÉ, professeur à la faculté de Paris, hésite « *à déclarer* a priori *que les règles du droit privé ne sont pas applicables aux contrats d'utilité publique* »[91]. Parce que – à l'instar de nombreux autres collègues privatistes – il regarde le droit administratif comme

---

[90] *Id.*, p. 426.

[91] LABBÉ Joseph-Émile, Note sur l'arrêt *Ville de Mons c.* ROBERT *et Ce* [Belgique] (Cass., 31 juillet 1888), *in Sirey* 1889. 4. 9. Cette note porte sur l'arrêt dont SAINCTELETTE fit la critique dans son article précité.

étant, par essence, oppressif des individus, il ne lui a pas apparu opportun d'en étendre la portée à des relations contractuelles – entre le concessionnaire et les usagers du service concédé – analogues à celles dont connaît classiquement le droit privé.

> Nous ne savons pas où nous entraînerait ce rejet en masse de toutes les règles de la justice privée ; nous sommes plutôt enclins à dire que le droit administratif doit, autant que possible, autant que la nature des choses le comporte, prendre ses inspirations dans le droit privé. (…) Lorsque le débat existe, comme dans les matières administratives, entre un intérêt général et un intérêt particulier, l'intérêt général a au premier abord trop de prépondérance pour qu'il ne soit pas bon et prudent de se rappeler les règles de la justice privée, et de s'y conformer autant que faire se peut. À plus forte raison sommes-nous disposés à conserver un grand respect pour les règles du droit privé, lorsqu'il s'agit de contrats en quelque sorte mixtes, dans lesquels sont placés côté à côté des dispositions d'ordre administratif, d'intérêt général, et des dispositions d'intérêt privé et individuel[92].

Là où Charles de SAINCTELETTE regardait la stipulation pour autrui comme inappropriée pour rendre compte des relations entre le concessionnaire et les usagers, certains civilistes virent dans sa démarche un pis-aller opportuniste, tout juste animé par le souci d'écarter des dispositions encombrantes dans une configuration particulière. C'est à cet égard que Marcel PLANIOL – professeur de droit civil à la faculté de Paris – critiqua cette classification comme fondée sur aucune rationalité juridique.

> C'est surtout en vue [des contrats passés par les diverses administrations dans l'intérêt de leurs administrés] que M. SAINCTELETTE a imaginé sa distinction : elle n'a d'autre but que de les soustraire à certaines règles du droit civil dont on juge l'application gênante. Voilà pourquoi on tient tant à nous donner, à côté des conventions ordinaires qui règlent les affaires d'utilité privée, une classe de contrats privilégiés exempts de ces règles, ou tout au moins de quelques-unes des règles du droit civil. (…) Là est la vraie raison (on pourrait dire la seule) de cette classification nouvelle des contrats. Empressons-nous d'ajouter que toute cette théorie est *vaine*, que le danger qu'on redoute est *chimérique*[93].

C'est avec scepticisme que la plupart des auteurs réceptionnèrent

---

92 *Ibid.*

93 PLANIOL Marcel, *Traité élémentaire de droit civil conforme au programme officiel des facultés de droit*, Paris, Pichon, 1900-1901 (1re éd., 3 vol.), t. 2 (1900), p. 301-302.

l'essai doctrinal de Charles de SAINCTELETTE. Le professeur lyonnais Édouard LAMBERT – dont pourtant l'introduction de son ouvrage indique qu'il est loin d'être partisan d'un traditionalisme doctrinal – craint « *un arbitraire par trop dangereux* »[94]. Il convient de préciser que ce n'est que concomitamment – dans les années 1890 – que certains administrativistes admirent la jurisprudence du Conseil d'État comme une source du droit administratif[95]. Les critiques dont il s'agit doivent ainsi être comprises à l'aune d'une conception de la jurisprudence qui refuse qu'elle puisse être un chemin conduisant à la subversion de la loi.

> Nous comprenons que les tribunaux, en présence d'une règle particulière devenue trop étroite, élargissent peu à peu la loi sous la poussée impérieuse de la pratique. Mais que la jurisprudence se substitue au législateur pour bâtir de toutes pièces une législation spéciale aux contrats d'utilité publique, sans être guidée ni par la tradition, ni par les principes généraux du droit : voilà que nous ne songerons jamais à lui demander[96].

395. D'aucuns s'attachèrent à aménager la stipulation pour autrui de manière à résoudre les difficultés auxquelles donnait lieu une conception trop étroite de ce concept[97]. Raymond SALEILLES – professeur à la faculté de Dijon – estime pour sa part que : « *C'est peut-être trop tôt dit et trop tôt fait* »[98]. La partition proposée par Charles de SAINCTELETTE ne lui paraît

---

[94] LAMBERT Édouard, *Droit coutumier contemporain. – Du contrat en faveur de tiers. Son fonctionnement, ses applications actuelles. Cession de dette (délégation, cession de portefeuille, cession de bail) – assurance-vie – assurance-accident – contrats d'utilité publique – fondations*, Paris, Giard & Brière, 1893, p. 349 (cet ouvrage est issu de sa thèse de doctorat soutenue la même année à la faculté de droit de Paris (sous la présidence de JOBBÉ-DUVAL, professeur de droit romain : *La stipulation pour autrui : de la nature du droit conféré au bénéficiaire contre le promettant*).

[95] Nous pensons en particulier à Maurice HAURIOU qui reconnaît au Conseil d'État un rôle spécifique, bien différent de celui de la Cour de cassation (*cf.* son *Précis de droit administratif…*, *op. cit.* (1re éd., 1892), p. 49). Cette approche est loin d'être consensuelle et, à la même époque, Théophile DUCROCQ s'élève vigoureusement contre le pouvoir prétorien dont le Conseil d'État a fait usage à l'occasion de l'arrêt *CADOT* (1889) (*cf.* de cet auteur : Recension du *Traité de la juridiction administrative et des recours contentieux* (1re éd.) de LAFERRIÈRE, *in R.G.D.* 1887, p. 466 *sq.* & *Cours de droit administratif et de législation française des finances avec introduction de droit constitutionnel et les principes du droit public*, Paris, Fontemoing, 1897-1905 (7e éd., 7 vol.), t. 2 (1897), p. 183).

[96] LAMBERT Édouard, *Droit coutumier contemporain. – Du contrat en faveur de tiers…*, *op. cit.* (1893), p. 349.

[97] *Cf.* CHAMPEAU Edmond, *La stipulation pour autrui*, Paris, Larose, 1893 (thèse de doctorat, faculté de Paris ; présidée par BUFNOIR, professeur de droit civil), p. 210 *sq.*

[98] SALEILLES Raymond, *Essai d'une théorie générale de l'obligation d'après le projet de code civil allemand*, Paris, Pichon, 1890 (1re éd.), p. 260.

pas assez substantielle pour justifier que, au seul motif de l'inadéquation de quelques articles du code civil, certains contrats puissent s'en émanciper. Il entrevoit le péril qu'il y aurait à admettre l'autonomie de certains contrats à l'égard du droit civil, sans qu'un corps de règles ne leur fût désigné par avance. « *Si l'on ne peut soustraire en bloc les contrats d'utilité publique à l'application du droit privé, il nous semble possible de les soustraire à celles de l'article 1119* »[99]. Du reste, il ne manque pas d'ingéniosité pour contourner la difficulté.

> [Les contrats d'utilité publique] sont par essence des contrats passés par une personne morale publique en vue et au profit, non de ses intérêts patrimoniaux à elle, mais en vue et au profit des particuliers qui la composent ; or bien que la personne morale soit un être juridique distinct, au point de vue de ses droits patrimoniaux, des êtres réels qui la constituent, on peut dire, à un point de vue élevé qui est celui du droit administratif, qu'elle n'est que la résultante, sous forme d'intérêt collectif, des intérêts particuliers qu'elle représente. (…) La règle qui est la base de l'article 1119 : sans intérêt pas d'action, n'a en vue que des rapports purement patrimoniaux, elle n'est plus admissible lorsqu'il s'agit d'un être fictif reconnu par la loi comme l'organe des intérêts généraux d'un groupe de particuliers. Lorsque cet être fait un contrat en vue des intérêts qu'il représente administrativement, il agit dans la sphère légale de sa capacité administrative et le contrat est valable comme rentrant dans la catégorie des actes qu'il a mission de conclure en vertu de sa propre destination. Étant valable il en résulte que les droits stipulés au profit des tiers dans leur intérêt leur sont acquis directement comme c'est la règle généralement admise en matière de stipulation pour autrui, sauf refus de leur part ; et il en résulte aussi que le stipulant, ici la commune, a l'action, car on ne peut lui opposer le défaut d'intérêt, puisqu'elle agit en vue des intérêts même dont elle est l'organe : ayant action, elle fera condamner le débiteur à l'exécution vis-à-vis des intéressés, et elle fera exécuter le jugement au profit de ceux des intéressés qui s'adresseront à elle pour en bénéficier[100].

Ainsi, et à l'instar de Charles de SAINCTELETTE, Raymond SALEILLES reconnaît volontiers que certaines des stipulations pratiquées dans les concessions participent d'un ordre de considérations qui n'a pas d'équivalent dans le commerce entre les particuliers.

---

[99] *Ibid.*

[100] *Id.*, p. 261.

396. Les concessions de service public : des contrats appréhendés dans les bornes étroites du droit civil. – Le cadre dans lequel ces réflexions ont été problématisées était trop étroit pour que les privatistes se résolvent en définitive à s'écarter d'un droit civil conçu comme totalisant. Les débats soulevés autour de la stipulation pour autrui sont restés cantonner à la question de la représentation des usagers par l'administration concédante. Ils n'ont pas été associés à des réflexions connexes qui auraient permis d'en systématiser les termes ou d'en élargir les enjeux. Il n'y a aucune mauvaise foi dans ces propos d'Édouard LAMBERT :

> M. SAINCTELETTE est surtout inspiré par la préoccupation des résultats pratiques. (...) Mais la jurisprudence ne peut pas se substituer [au législateur] pour réaliser une innovation, qui constituerait le renversement subit d'un des principes les plus universellement acceptés de notre droit : ce principe qu'on ne saurait forcer une personne à se prévaloir de l'action qui lui appartient, et se substituer à elle, sans son mandat, pour exercer ses droits[101].

Cet auteur n'introduit aucune distinction entre les stipulations pour autrui susceptibles d'être pratiquées dans les contrats passés par les administrations, là où ces dernières recourraient pourtant à des stipulations pour autrui de genre différent. Par le biais des cahiers des charges, elles pouvaient stipuler dans les marchés administratifs des clauses correspondant à ce que désignait classiquement la stipulation pour autrui, c'est-à-dire des clauses imposant à ses contractants certaines obligations au profit des ouvriers employés par ces derniers. Le développement de ces stipulations pour autrui à la fin du XIXe siècle suscita même plusieurs études spécifiques[102]. Cela dit – et plusieurs auteurs firent la différence à cet égard –, il s'agissait de stipulations profitant à des individus génériquement identifiés : les salariés des entrepreneurs de travaux. Tandis que les clauses stipulées dans les contrats d'utilité publique intéressaient une masse indifférenciée d'individus : public et autrui ne sont pas la même

101 LAMBERT Édouard, *Droit coutumier contemporain. – Du contrat en faveur de tiers...*, *op. cit.* (1893), p. 353.

102 *Cf.* les thèses de – Henri BAZIRE (*Des conditions du travail imposées aux entrepreneurs dans les adjudications de travaux publics*, 1898), – Adolphe OUBERT (*Des conditions du travail dans les adjudications de travaux publics*, 1900), – Maurice LOUVARD (*La protection des salaires dans les marchés de fournitures et de travaux publics*, 1901) et – R. COURRÈGELONGUE (*Des conditions du travail dans les marchés de travaux publics en France*, 1902). Pour un exposé synthétique de la question, *cf.* DELAMAIN Maurice, *Les stipulations dans l'intérêt des tiers dans les contrats administratifs*, Paris, Rousseau, 1910 (thèse de doctorat, faculté de Paris ; présidée par SAUZET, professeur de droit administratif), p. 5 *sq.*

chose. Ces amalgames que favorisait une terminologie uniforme n'incitèrent pas les privatistes à approfondir ce qu'il pouvait y avoir de foncièrement spécifique dans les clauses insérées au profit des usagers d'un service concédé. La confusion demeura aussi longtemps que les auteurs appréhendèrent cette question à l'aune d'un concept civiliste impropre. À vrai dire, celle-ci demeura un cas problématique cantonné à l'extrémité du spectre doctrinal.

397. En 1905, Édouard BOURDON note que « *la validité de ces stipulations insérées dans les contrats d'utilité générale n'a jamais été mise en doute par la jurisprudence* »[103]. Et, pourtant, il écrit dubitativement :

> Si on peut plus ou moins hésiter à reconnaître le caractère d'une stipulation pour autrui dans [certaines] hypothèses, alors que la personne morale agit, potestativement, en faveur de tous les membres qui la composent, dans les limites de ses attributions administratives ; il apparaît, au contraire, très nettement, chaque fois que la commune insère, dans les contrats, des clauses en faveur des ouvriers et fournisseurs contre les adjudicataires[104].

Cet auteur signale – à ses dépens – l'impasse dans laquelle la doctrine privatiste est restée enfermée dans les années 1900. Et il reconnaît que le droit privé est trop étroit pour permettre d'appréhender les relations inédites générées par les contrats d'utilité publique.

> Tous ces rapports juridiques nouveaux, le Code semble impuissant à les expliquer ; bien mieux, ses textes ont souvent l'air de les prohiber, et, aujourd'hui encore (...) c'est à la jurisprudence qu'il faut s'adresser pour échafauder une théorie juridique[105].

Pour autant, l'essentiel des référents doctrinaux mobilisés par cet auteur reste emprunté à la doctrine privatiste. S'il est vrai que la doctrine administrative ne s'est pas beaucoup prononcée sur cette question[106], elle n'est pas moins magnifiquement ignorée. Tandis que, en conclusion, Édouard BOURDON note – allusivement – la possibilité de clore la question en recourant à un autre concept que la stipulation pour autrui, c'est

---

[103] BOURDON Édouard, *Des contrats d'utilité générale passés au profit d'une collectivité. Les contrats syndicaux et municipaux – leur système juridique*, Paris, Rousseau, 1905 (thèse de doctorat, faculté de Paris ; présidée par SALEILLES, professeur de droit civil), p. 319.

[104] *Id.*, p. 317.

[105] *Id.*, p. 3.

[106] La doctrine administrative s'y attacha avec plus d'attention à partir de l'arrêt *Syndicat des propriétaires du quartier Croix-de-Seguey-Tivoli* (C.E., 21 décembre 1906). Nous pensons notamment aux articles de Léon DUGUIT et Maurice HAURIOU.

auprès d'un privatiste allemand qu'il trouve l'inspiration.

> Si, malgré tout, la théorie de la stipulation pour autrui semblait, à certains, trop étroite pour être applicable, en bloc, à notre matière, rien n'empêcherait de l'atténuer à l'aide des idées préconisées par M. LOTMAR [qui] ne rejette pas (…) la plupart des règles de droit privé [mais conçoit le] système ingénieux d'un contrat-règlement[107].

La rigidité du cadre doctrinal dans lequel ces réflexions se sont développées explique pour une large part le sens qu'elles ont pris : il s'est agi autant de résoudre une difficulté pratique que d'attester que le code civil demeure propre à saisir les nouvelles manifestations du commerce juridique. Au lieu d'enrichir ces réflexions par des considérations exogènes au code civil, les privatistes les y ont enfermées sans admettre que le droit administratif pût – fût-ce par quelques-uns de ses aspects – être mis à contribution. À l'inverse, les administrativistes surent envisager la question avec plus d'ampleur et les débats qui s'ensuivirent donnent à voir des opinions dont la pluralité le doit pour beaucoup au fait qu'ils furent dégagés des contraintes méthodologiques avec lesquelles les privatistes, en raison de la dogmatique du code, ont dû composer.

---

[107] *Id.*, p. 320-321. L'auteur fait référence à l'ouvrage de Philipp LOTMAR, universitaire allemand, enseignant à l'université de Bern : *Der Arbeitsvertrag nach dem Privatrecht des deutschen Reiches* (1902), que nous pouvons traduire comme suit : *Le contrat de travail d'après le droit privé de l'Empire allemand.*

Section 2. – Une doctrine publiciste partagée sur la manière d'appréhender les concessions de service public

398. Les « contrats d'utilité publique » : une locution mobilisée pour oblitérer la singularité des concessions. – En soutenant chacun une thèse en droit administratif, Georges SCELLE et Maurice DELAMAIN développent une pensée plus originale sans pour cela rompre avec le droit privé. Ce qui distingue ces auteurs d'Édouard BOURDON (cité plus haut) tient moins à une culture juridique qui leur serait différente, qu'à la manière d'envisager le sujet. Ils optent pour une perspective plus ample qui permette de traduire des préoccupations auxquelles les civilistes sont restés indifférents. À l'instar du second pour qui la stipulation en droit public « *devient un véritable moyen d'administration* »[108]. Leurs bibliographies l'indiquent très bien : elles rapprochent des référents doctrinaux tant privatistes que publicistes. Ce n'est pas dire que ces deux auteurs abandonnèrent les concepts civilistes comme trop embarrassants. Nous nous attarderons uniquement sur la thèse de Georges SCELLE qui cadre mieux avec notre sujet. De prime abord, celui-ci témoigne un profond attachement pour la doctrine du professeur JACQUELIN – lequel fut sensible à la thèse de l'unité du droit et s'est donc attaché à garder les contrats administratifs au droit civil.

> Il n'y a point de diverses sortes de contrats, des contrats de droit public, des contrats de droit privé. Le contrat, quelle que soit la personnalité qui le passe, est toujours un contrat, un acte présentant les mêmes caractères essentiels, uniquement productif d'obligation, (…) soumis à la règle légale pour sa validité et ses effets, et à l'appréciation juridictionnelle quant aux difficultés qui en peuvent naître. (…)
>
> La spécialisation des contrats administratifs dans une branche du droit n'en est pas moins aussi légitime que celle des contrats commerciaux dans une autre, sans qu'il cesse d'être vrai que les expressions contrats commerciaux, ou contrats publics, n'indiquent autre chose qu'une classification d'espèce et non de genre[109].

À la différence d'Édouard BOURDON qui emploie la locution de contrats d'utilité publique pour désigner spécialement les concessions d'un

[108] DELAMAIN Maurice, *Les stipulations dans l'intérêt des tiers dans les contrats administratifs*, *op. cit.* (1910), p. 279.

[109] SCELLE Georges, *De l'influence des considérations d'utilité publique sur le contrat*, Paris, Larose & Tenin, 1906 (thèse de doctorat, faculté de Paris ; présidée par BERTHÉLEMY, professeur de droit administratif), p. 68-69.

service public communal, Georges SCELLE l'élève au rang d'une classification doctrinale. « *C'est en raison (…) de la modalité de l'objet, que les contrats passés dans l'intérêt public méritent une classification à part, une classification légitime, mais aussi une classification pratique* »[110]. À vrai dire, les desseins respectifs de ces deux auteurs diffèrent foncièrement. L'un arrête son attention aux contrats qui bousculent le droit civil en générant des rapports juridiques inédits : il éprouve la qualité du droit civil à en rendre compte et, en interrogeant ce qu'ils auraient d'irréductible à ce droit, il s'efforce de les y incorporer. Le second ambitionne de dégager un « *principe supérieur, capable de servir de critérium aux rapports de l'État et de l'individu, et de fournir une délimitation exacte de la légitimité de l'action administrative dans chaque cas déterminé* »[111]. Sa contribution s'inscrit ainsi dans les débats doctrinaux touchant à « *la nature de l'État, des personnes morales, et des droits de l'individu considéré comme personne juridique, comme sujet de droits privés et publics* »[112].

399. Georges SCELLE s'efforce de dégager pour le droit administratif une « *notion plus exacte de l'unité des actes administratifs (au sens large)* »[113], suivant un point de vue qui emprunte largement à la doctrine du professeur JACQUELIN.

> [Les actes administratifs] sont caractérisés, non plus par leur portée impérative ou administrative (au sens étroit), mais par leur but identique qui est de procurer satisfaction aux besoins sociaux. Tout acte administratif contenant ainsi de la gestion et de l'autorité, quoique, dans des proportions infiniment variables, (…) l'ancienne opposition se résoudra en une distinction des effets dominants de l'un ou de l'autre élément ; ou peut-être même (…) en une analyse de l'influence du pouvoir de commandement confié à l'administration sur les effets des actes qu'elle accomplit[114].

Le choix de son sujet n'a rien de fortuit. Rejetant comme artificieuses les classifications des actes administratifs formalisées par ses contemporains, il s'attache aux actes qui, à raison de leur caractère composite, sont les plus problématiques pour le droit administratif. C'est en ce sens qu'il entreprend « *l'examen des cas où le caractère de gestion demeurant dominant, on y peut relever l'influence de l'intervention du naturel autoritariste du gérant* »[115].

---

110 *Id.*, p. 74.
111 *Id.*, p. 10.
112 *Id.*, p. 10-11.
113 *Id.*, p. 3.
114 *Id.*, p. 3-4.
115 *Id.*, p. 4.

> Nous choisissons ceux des actes de gestion où, selon le droit commun, la volonté de la personne publique se trouve le plus limitée par la volonté des autres personnes juridiques : les contrats[116].

Le point de vue où il se place le met en mesure de saisir une problématique qui, en définitive, pouvait n'être pas indifférente aux privatistes. À l'inverse de ces derniers, il embrasse tous les contrats de l'administration en refusant de distinguer entre ceux de l'État et ceux des communes, « *parce que, dans les deux cas, l'intérêt public, toujours identique à lui-même, ne saurait légitimer que des particularités identiques* »[117]. L'analyse qu'il fait de ces contrats le conduit aux antipodes des conclusions de Charles de SAINCTELETTE. Loin de justifier pour leur exécution des règles *sui generis*, il ne souligne leurs spécificités que pour les garder dans l'orbite du droit civil, car le concept moniste de contrat les y renvoie irrésistiblement.

> Par cela seul que dans un contrat les parties sont, d'une part, [une personne du droit privé] ; d'autre part, [une personne du droit public], l'égalité qui (…) est la règle du contrat, ne demeure plus entière, et les contrats, passés en vue de la satisfaction de l'utilité publique, formeront une classe spéciale de contrats, produisant des effets particuliers[118].

Les efforts dont il fait preuve pour les distinguer des contrats passés entre particuliers ne visent pas à dégager une catégorie de contrats dont le régime juridique fût autonome du droit civil. Il souligne leurs singularités pour consolider l'emprise du droit civil, lequel ne cesserait de s'y appliquer malgré les aménagements secondaires que ces contrats appelleraient. Ce faisant, il récuse cette idée suivant laquelle il serait impossible de leur appliquer le droit civil, au motif que celui-ci serait impropre à rendre compte des problématiques soulevées par ces contrats. Les difficultés liées aux relations entre concessionnaire et usagers ne font que démontrer, en filigrane, le fond commun auquel empruntent les concessions. À l'instar des contrats commerciaux, celles-ci justifient des exceptions qui confirment leur identité avec les contrats du code civil.

> À part l'exception relative aux stipulations pour autrui, les contrats d'utilité publique peuvent (…) revêtir toutes les modalités susceptibles d'affecter les contrats. (…) Pour tous [les] contrats [des administrations publiques], quelle que soit la personne morale

---

[116] *Ibid.*

[117] *Id.*, p. 63.

[118] *Id.*, p. 67.

> intéressée, quelle que soit la juridiction appelé à se prononcer, que ce soit une juridiction civile ou administrative, ce sont les règles du droit civil qu'il convient d'appliquer, puisque les contrats de droit public sont des contrats de droit commun. Il n'y aura de dérogations légitimes que celles contenues dans des dispositions expresses des textes administratifs[119].

En somme, un auteur comme Édouard BOURDON interroge la ductilité du droit civil afin de démontrer que celui-ci est propre à assimiler les évolutions sociales contemporaines de la fin du XIXe siècle. Ses travaux tendent à conserver au droit civil sa pureté, d'où l'application qu'il met à recourir à des concepts classiques en éludant tout ce qui y serait irréductible. Georges SCELLE est motivé par une autre ambition : celle d'affermir le respect du droit par l'administration et de présenter ses prérogatives comme autant de particularités qui, en s'articulant au droit civil, ne feraient qu'en confirmer la centralité. En d'autres termes, les contrats d'utilité publique participent d'une classification doctrinale qui, en englobant les contrats administratifs, atténue – tout en les reconnaissant – des disparités que la plupart des privatistes ignorent purement et simplement.

400. Le rejet formel de la stipulation pour autrui au profit d'une analyse institutionnaliste des services concédés. – Si les difficultés soulevées par les contrats d'utilité publique furent le point de départ de ces réflexions, les réactions des doctrines privatiste et publiciste se démarquent foncièrement l'une de l'autre. La thèse de Georges SCELLE illustre ce que celle-ci a de plus consensuelle en assimilant plutôt qu'en rejetant. Toutefois, il ne faudrait pas croire qu'elle fut la seule option doctrinale envisagée. D'autres furent développées dans des perspectives divergentes. À cet égard, les notes de Maurice HAURIOU et de Léon DUGUIT sous l'arrêt *Syndicat des propriétaires du quartier Croix-de-Seguey-Tivoli* (1906) donnent lieu à des alternatives doctrinales. Précisons que si ces auteurs parlent de « concessions de service public », ils désignent en soi les mêmes contrats que d'autres dénomment « contrats d'utilité publique ». Ces deux administrativistes n'écartent pas la stipulation pour autrui en raison d'un *a priori* défavorable qu'ils entretiendraient à l'égard du droit privé. Nul autre que DUGUIT n'est plus convaincu de cette idée que le concept de contrat se place sous l'empire du droit privé[120]. Seulement, la stipulation pour autrui leur paraît inappropriée puisqu'elle né-

---

[119] *Id.*, p. 75 à 78.

[120] *Cf.* DUGUIT Léon, *Études de droit public*, Paris, Fontemoing, 1901-1903 (2 vol.), t. 1, p. 371 *sq.*

glige la nature propre de la concession. Le professeur bordelais l'écarte sans ménagement : « *La stipulation pour autrui, catégorie juridique parfaitement définie, n'a rien à faire ici* »[121]. La concession de service public n'est pas, selon cet auteur, un acte qui organise une relation triangulaire entre le concédant, le concessionnaire et les usagers du service concédé. Le concédant ne stipule pas au profit de quelques bénéficiaires, comme si ces derniers constitueraient une catégorie de tiers déterminés. Cet acte organise un service en obligeant son concessionnaire à « *accepter que les relations juridiques, qui naîtrons entre lui et quiconque usera du service public, soient réglées d'après les dispositions de l'acte de concession* »[122]. Cela le conduit ainsi à rejeter le modèle contractuel.

> Il y a une *loi* du service public concédé comme du service public exploité directement. Les actes constitutifs et organiques d'un service public concédé sont des lois au sens matériel, comme ceux qui créent et organisent un service public exploité directement. (…)
>
> Au regard des particuliers qui usent ou veulent user du service public, il n'y a pas, il ne peut y avoir de contrat de concession, (…) il n'y a et (…) il ne peut y avoir qu'une loi du service public sous la protection de laquelle ils se trouvent placés et dans les limites de laquelle ils peuvent user du service public[123].

401. Maurice HAURIOU estime pareillement qu'« *il n'y a pas à invoquer ici la stipulation pour autrui* [il cite Édouard LAMBERT et Marcel PLANIOL]. *Jamais la jurisprudence n'est entrée dans cette voie, qui d'ailleurs est mauvaise* »[124]. Pour différer sensiblement de celle de son homologue bordelais,

---

[121] DUGUIT Léon, « De la situation des particuliers à l'égard des services publics (à propos d'un récent arrêt du Conseil d'État, 21 décembre 1906, *Syndicat Croix de Seguey-Tivoli*) », *in* R.D.P. 1907, p. 432. Il ajoute : « *Les civilistes ont parfois essayé de résoudre le problème en appliquant la théorie de la stipulation pour autrui (C. civil art. 1121)* » (*id.*, p. 431). En renvoyant à la thèse d'Édouard LAMBERT, il en fait la critique.

[122] *Ibid.* Plus loin il précise en insistant sur cette idée que les stipulations profitent à des personnes déterminées, même si elles ne sont pas identifiées au moment de la signature du contrat, tandis que les usagers constituent un public, c'est-à-dire un ensemble indéterminé de personnes. « *L'acte de concession porte cette disposition générale et permanente que les rapports de droit, qui naîtront entre le concessionnaire et un individu quelconque usant du service, seront réglés d'après les articles du cahier des charges. Le concessionnaire ne prend point l'obligation concrète ; il accepte une règle générale qui régira ses rapports futurs avec tous ceux qui useront du service. La stipulation pour autrui, catégorie juridique parfaitement définie, n'a rien à faire ici* » (*ibid.*).

[123] *Id.*, p. 426.

[124] HAURIOU Maurice, Note sur les arrêts *STORCH* (C.E., 3 février 1905) & *Syndicat des propriétaires du quartier Croix-de-Seguey-Tivoli* (C.E., 21 décembre 1906) [1907], *in Notes d'arrêts sur décisions du Conseil d'État et du Tribunal des conflits…*, *op. cit.*, t. 2 (1929), p. 31.

l'argumentation du professeur toulousain parvient à des conclusions analogues : « *Dans les rapports de l'Administration et du concessionnaire, il y a contrat ; (…) vis-à-vis des administrés, il y a situation réglementaire ; le cahier des charges, à ce point de vue, comme les tarifs, n'est qu'un règlement* »[125]. C'est d'ailleurs la raison pour laquelle il commente cet arrêt sous l'angle de l'ouverture du recours pour excès de pouvoir. Peu avant, Gaston JÈZE défendait la même thèse. Si, pour les privatistes, le contrat permet seul de rendre compte des relations interindividuelles, les publicistes recourent plus volontiers à une analyse institutionnaliste ébauchée à partir de l'acte réglementaire. Dès lors, il est facile – au diapason avec la jurisprudence – d'admettre l'intérêt à agir des usagers pour saisir le juge de l'excès de pouvoir, dès lors qu'« *au lieu de voir, dans toutes les clauses d'un cahier des charges de concession d'un ouvrage public, des stipulations réciproques à caractère contractuel, on en distingue deux catégories : les unes de nature unilatérale, les autres de nature conventionnelle* »[126].

> Les clauses, ayant un caractère général, qui déterminent les conditions générales dans lesquelles le service public concédé devra *fonctionner* doivent être considérées comme des *règlements* ; ce sont des actes unilatéraux dont l'observation s'impose avec la force des règlements proprement dits[127].

Il ne s'agit pas de dire que les administrativistes auraient été plus modernes que les civilistes et, si cela était, nous ne serions pas beaucoup plus avancés. Seulement, les premiers appréhendent les concessions de service public en optant pour une approche qui rend mieux compte de leur complexité. À l'inverse des civilistes, ils n'ont pas le souci de conserver au contrat sa prééminence au cœur de la théorie civile des obligations. Ne cherchant pas à y rapporter toutes les relations de nature consensuelle, ils abordent les difficultés avec plus d'aisance : qu'il s'agisse de s'écarter ponctuellement du code civil pour certaines des règles applicables aux concessions ou, plus catégoriquement, de préférer une analyse de la concession qui valorise l'acte réglementaire plutôt que le contrat.

---

[125] *Ibid.*

[126] JÈZE Gaston, Note sur l'arrêt *STORCH* (C.E., 3 février 1905), *in* R.D.P. 1905, p. 349. *Cf.* encore sa note sur l'arrêt *DEPLANQUE* (C.E., 31 mai 1907) où il approfondit son analyse : « *Par son contenu, le cahier des charges n'est pas un acte contractuel* à l'égard du public. *Pour le concessionnaire le cahier des charges,* en tant qu'il organise le service public *d'une manière générale et permanente, a la même nature juridique puisqu'il a le même contenu : c'est donc un acte réglementaire* » (*in* R.D.P. 1907, p. 681).

[127] JÈZE Gaston, Note sur l'arrêt *STORCH* (C.E., 3 février 1905), *in* R.D.P. 1905, p. 350.

402. La concession de service public : un acte pris entre des analyses institutionnaliste et contractualiste. – Les administrativistes précités se positionnent à un point de vue depuis lequel ils caractérisent moins un contrat spécial au droit administratif – la concession –, qu'ils n'esquissent un statut propre aux usagers des services publics. La délégation de la gestion d'un service public à une personne privée n'est qu'un mode d'organisation du service en question – en concurrence avec la régie. À cet égard, ils ne mobilisent pas une littérature administrative déjà riche sur les concessions de travaux publics et qui, de manière générale, les analyse comme des contrats[128]. Sans déclasser le modèle contractuel, ils abordent la situation des usagers suivant une perspective propre au droit administratif. Il ne s'agit pas tant d'analyser un acte consensuel fixant les obligations respectives des parties, que de déterminer les conditions dans lesquelles la responsabilité de l'administration peut être engagée relativement à la gestion de services publics dont elle ne cesse d'avoir la charge[129]. De son côté, un auteur comme Maurice DELAMAIN admet que, s'il y aurait bien des avantages pratiques à rapprocher le procédé de la régie avec celui de la concession, « *cette considération ne* [lui] *paraît pas devoir modifier le caractère juridique même des actes* »[130]. À l'inverse des auteurs précédents, il ne se décide pas à subvertir le modèle contractuel, combien même il convient de ce que certaines des stipulations souscrites par le concessionnaire « *ne sont autre chose que les règles que* [l'administration] *pose-*

---

[128] Dans le dernier quart du XIXe siècle, nombreux sont les auteurs qui adhèrent à la conception purement contractualiste de la concession de travaux publics. Il en est ainsi (pour les citer pêle-mêle) des généralistes, tels Gabriel DUFOUR (*Traité général de droit administratif appliqué*, 1868-1870, 3e éd.), Anselme-Polycarpe BATBIE (*Traité théorique et pratique de droit public et administratif*, 1885-1886, 2e éd.), Édouard LAFERRIÈRE (*Traité de la juridiction administrative et des recours contentieux*, 1896, 2e éd.), Gabriel DUCROCQ (*Cours de droit administratif*, 1897-1905, 7e éd.) ou encore Jean-Baptiste SIMONET (*Traité élémentaire de droit administratif*, 1902, 4e éd.) ; comme des spécialistes des travaux publics, tels Eugène PERRIQUET (*Traité théorique et pratique des travaux publics*, 1883), Léon AUCOC (*Conférences sur l'administration et le droit administratif*, 1885-1886, 3e éd.), Alfred PICARD (*Traité des chemins de fer*, 1887), Albert CHRISTOPHLE (*Traité théorique et pratique des travaux publics*, 1889-1890, 2e éd.), Georges LECHALAS (*Manuel de droit administratif. Services des ponts et chaussées et des chemins vicinaux*, 1889-1898), Clément COLSON (*Abrégé de la législation des chemins de fer et tramways*, 1901, 1re éd.), Henri PORÉE & Henry CUËNOT (*Des entreprises de travaux publics*, 1901), et Louis ENOU (*Traité théorique et pratique de droit administratif*, 1903).

[129] *Cf.* à cet égard cette contribution de Léon DUGUIT : « Les services publics et les particuliers » (*in* [collectif], *Premier congrès international des sciences administratives à l'exposition universelle et internationale de Bruxelles 1910…, Section III. – Organisation générale des services publics*, Bruxelles, Goemaere, 1910, [III-1-4], p. 8 *sq.*).

[130] DELAMAIN Maurice, *Les stipulations dans l'intérêt des tiers dans les contrats administratifs*, *op. cit.* (1910), p. 128.

rait d'autorité elle-même si elle exécutait en régie »[131]. Malgré leur destination particulière, elles ne cessent – à son sens – de faire corps avec le contrat de concession.

> [Les stipulations d'intérêt public] sont des actes contractuels de gestion des services publics, faits en dehors des situations du droit commun par des procédés autre que ceux du droit commun. Nous les rangeons donc parmi les actes de gestion publique de l'administration[132].

Cela ne l'empêche pas de reconnaître la nature singulière de ces stipulations, en ce sens qu'elles participent d'un commerce propre au droit administratif. Pour contractuelles qu'elles soient, elles ne sont pas moins « *un véritable moyen d'administration* » qui « *assure la marche des services publics concédés au profit du public* »[133].

403. Peu avant, Jean ROMIEU, commissaire du gouvernement dans l'affaire *Syndicat des propriétaires du quartier Croix-de-Seguey-Tivoli*, adhère pareillement à cette conception : « *La puissance publique a stipulé dans* [l']*intérêt* [des usagers] *et en dehors de leur participation* »[134] ; « *le contrat de concession a stipulé pour les citoyens, il leur réserve des droits, et charge l'Administration de les assurer* »[135]. D'autres commissaires après lui ont conservé cette doctrine[136]. À vrai dire, cette approche ne diffère pas radicalement de celle

---

131 *Id.*, p. 138-139.

132 *Id.*, p. 139.

133 *Id.*, p. 279.

134 ROMIEU Jean, Conclusions prononcées sous l'arrêt *Syndicat des propriétaires du quartier Croix-de-Seguey-Tivoli* (C.E., 21 décembre 1906), *in* PANHARD Napoléon-Charles (dir.), *Recueil des arrêts du Conseil d'État statuant au contentieux des décisions du Tribunal des conflits et de la Cour des comptes (collection Macarel & Lebon)*, Paris, Larose (2e série, t. 76 ; année 1906), p. 964.

135 *Id.*, p. 965.

136 Commentant la jurisprudence du Conseil d'État, Gaston JÈZE ne manque pas de critiquer cette approche. Aussi estime-t-il – au sujet des conclusions de Georges TEISSIER – que, pour être satisfaisante au fond, la terminologie qui y est employée est inadaptée, presque contradictoire : « *Somme toute, le savant commissaire du gouvernement met en plein relief l'idée essentielle de la matière : l'art. 54 du cahier des charges est une disposition de nature juridique* réglementaire. *Mieux vaudrait donc ne pas employer les expressions de "contrat", "d'engagement contractuel", pour désigner cet art. 54 du cahier des charges* » (Note sur l'arrêt *Sieur POIRIER* (C.E., 15 novembre 1907), *in* R.D.P. 1909, p. 53-54). Peu de temps avant la Première Guerre mondiale, il dénonce toujours ces « *membres du Conseil d'État* [qui] *résistent encore à l'idée du caractère* réglementaire *du cahier des charges,* [et qui] *à la suite de M. ROMIEU,* (…) *parlent du* contrat de concession. *Naturellement, cette idée de contrat, une fois admise, est extrêmement gênante. S'il y a contrat, on ne voit pas comment les usagers,* qui ne sont pas les contractants, *peuvent invoquer la violation d'un contrat pour intenter un recours pour excès*

des trois professeurs précités. Si, par exemple, Maurice DELAMAIN réprouve la thèse réglementaire pour préférer la thèse contractuelle, il révèle en même temps leur convergence asymptotique. D'autant que celles-ci cadrent toutes deux avec la jurisprudence du Conseil d'État. Ce qui les différencie, c'est le point de vue à partir duquel elles sont développées. La première intègre les concessions suivant une approche qui fait des services publics la mesure à partir de laquelle sont appréhendés les rapports qu'ils génèrent. Les usagers « *ne sont pas créanciers du concessionnaire* »[137], mais les bénéficiaires d'un service qui sont susceptibles d'invoquer, à l'égard de l'administration, les règlements qui en organisent le fonctionnement. La seconde thèse est plus classique. Elle s'attache à la spécialité des matières dont relèvent les concessions – travaux publics, voirie communale, services municipaux, *etc.* –, ce cloisonnement contribuant à ce que leur soit prêtée une nature pleinement contractuelle. Elle opère bien un déplacement en renonçant aux stipulations pour autrui pour reconnaître à certaines clauses un caractère spécial au droit administratif. Cependant, ce réajustement ne fut jamais déterminé que par le souci de conserver aux concessions une analyse contractualiste. D'où l'emploi d'une terminologie sévèrement critiquée par Léon DUGUIT – celle de « *contrat collectif* »[138]. D'un côté, les administrativistes qui défendent cette thèse se différencient des civilistes en appréhendant les concessions de service public comme un mode de gestion administrative plutôt que comme une convention ordinaire. D'un autre côté, ils continuent à raisonner dans un cadre qu'ils retouchent incessamment plutôt que d'y substituer un nouveau qui placerait au centre ce que le premier cantonne à la marge. Ces deux approches sont restées en concurrence jusqu'à ce que de nouvelles questions amènent la doctrine administrative à délaisser la thèse contractuelle. Ce qu'il y a de surprenant, c'est que la thèse de DELAMAIN intervient précisément à un moment où, en 1910, la jurisprudence du Conseil d'État entérine une conception de la concession de service public qui traduit une analyse institutionnaliste. Cette inflexion dont il s'agit renvoie à la remise en cause de l'immutabilité des obligations souscrites dans ces contrats.

---

de pouvoir devant le Conseil d'État. Cet embarras apparaît dans les conclusions (…) *développées par M.* HELBRONNER *devant le Conseil d'État* [sous l'arrêt *MARC & BÉRENGER* (C.E., 19 janvier 1912)] » (« Essai d'une théorie sur le fonctionnement des services publics », *in* *R.D.P.* 1912, p. 43).

137 *Id.*, p. 41.

138 DUGUIT Léon, « De la situation des particuliers à l'égard des services publics (à propos d'un récent arrêt du Conseil d'État, 21 décembre 1906, *Syndicat Croix de Seguey-Tivoli*) », *in* *R.D.P.* 1907, p. 430 *sq.*

Chapitre 3

L'immutabilité des concessions en débat : un modèle contractuel bouleversé

404. Plus encore que la question de l'effet relatif des concessions de service public, c'est celle de l'immutabilité de leurs obligations qui a incité les administrativistes à prendre des distances avec le modèle contractuel, sinon à y recourir avec moins de dogmatisme. Ces derniers n'ont pas subitement entrepris une révolution copernicienne. S'ils ont effectivement modifié leur manière de les appréhender, ce fut moins par l'effet d'un revirement abrupt que par un détour à travers le droit public. Confrontés à la concession sous des aspects particuliers, ils en ont bouleversé la définition pour, progressivement, substituer à l'idée d'un antagonisme des intérêts, celle d'une collaboration intéressée (**section 1**). Concomitamment, les administrativistes en ont rendu compte en insistant davantage sur la gestion d'un service public, plutôt que sur la réalisation d'une opération de travaux publics, comme cela était classiquement le cas depuis le XIXe siècle. Ce n'est pas qu'ils auraient fait preuve d'une plus grande intelligence que leurs prédécesseurs. Au bénéfice d'une transformation de l'objet même des concessions, ils ont décloisonné ce contrat lié jusqu'ici aux travaux publics et l'ont érigé comme un mode générique de l'action administrative (**section 2**).

Section première. – Une conception de la concession ébranlée par la reconnaissance d'un pouvoir de modification unilatérale

405. Le modèle concessif en crise de croissance : du Palais Bourbon au Palais-Royal. – Au début des années 1910, il était classique de développer le thème de la crise des concessions de service public[139]. Celui-ci renvoyait à des questions qui touchaient essentiellement à

[139] Nous pensons en particulier à Maurice HAURIOU qui ouvre sa note sur l'arrêt *Compagnie générale française des tramways* (C.E., 11 mars 1910) par ces mots : « *Il y a une crise du contrat de concession* » (*in Notes d'arrêts sur décisions du Conseil d'État et du Tribunal des con-*

leur mutabilité. Ces questions ne se posèrent pas seulement devant le Conseil d'État – nous pensons à l'arrêt *Compagnie générale française des tramways* (1910). Peu avant en 1909, le parlement avait déjà admis que les conditions d'exploitation des services concédés pussent être modifiées unilatéralement. Il le fit notamment en votant la loi du 21 juillet 1909, relative aux pensions de retraite des cheminots. Lors des débats qu'elle suscita, certains orateurs estimèrent – avec beaucoup de vigueur – que les concessions n'étaient rien de plus que des contrats. C'est le cas de Raymond POINCARÉ, alors sénateur.

> Une concession (...) est un contrat, et les conditions de ce contrat sont déterminées par le cahier des charges. Or, le cahier des charges des grandes compagnies de chemins de fer ne donne pas plus à l'État le droit de réglementer lui-même, d'office, de sa propre autorité, l'âge et les conditions des retraites, qu'il ne lui donne le droit de fixer les salaires.
>
> Je ne dis pas (...) que cette modification puisse constituer une illégalité, puisqu'elle est faite par la loi elle-même ; mais, à mes yeux, elle est d'autant plus fâcheuse que le législateur peut précisément se la permettre avec impunité ; c'est le fait du prince dans ce qu'il a de plus arbitraire[140].

Dans l'Entre-deux-guerres, c'est une citation d'Alexandre MILLERAND qui est la plupart du temps rapportée pour illustrer cette thèse :

> Comment ! un contrat est passé entre une compagnie et l'État, des difficultés s'élèvent sur l'interprétation du contrat entre les deux parties, et l'une des parties règle elle-même ces difficultés en interprétant toute seule le contrat ! Est-ce possible ? (...)
>
> Il y a entre les assemblées et les gouvernements successifs une solidarité à laquelle personne n'a le droit de se soustraire. Quand des engagements sont pris au nom du pays, il ne dépend pas, suivant les changements de majorité ou suivant les changements d'opinion d'une même majorité, de revenir sur les contrats qui ont

---

flits..., *op. cit.*, t. 3 (1929), p. 476). *Cf.* dans le même sens des auteurs qui se sont signalés en écrivant sur les concessions de services publics entre 1910 et 1914 : la thèse d'Eustache GAUDUCHEAU (*Le concessionnaire de service public et l'autorité concédante*, 1912) ou l'article de Gaston MONSARRAT paru à la *Revue générale d'administration* (« La crise du contrat de concession », 1914). Avec une analyse peut-être moins incisive, c'est encore en ce sens que tendent les thèses de Louis CHABANNE (*Des recours au profit du concessionnaire de service public*, 1912) et de Robert LAINVILLE (*Des modifications aux concessions de travaux publics en cours d'exécution*, 1914).

140 *Annales du Sénat. Débats parlementaires*, Paris, Imprimerie des Journaux officiels, 1881-1946, (132 vol.), t. 75 (session ordinaire de 1909), p. 575 (séance du 18 juin 1909).

été passés, sur les engagements qui ont été pris et de les modifier, au gré de ses intérêts. (…)

Il n'est pas possible de laisser croire qu'à aucun moment il pourrait se trouver une majorité ou un Gouvernement pour trancher en vertu de sa seule volonté, et par un acte unilatéral, des difficultés soulevées à l'occasion d'un contrat[141].

Cette opinion classique est intéressante au point de vue des contradictions qu'elle ne manqua pas de susciter au fur et à mesure où s'imposa la conscience que les concessions constituent moins le moyen de faire réaliser des infrastructures onéreuses que de confier la gestion de services collectifs. À l'inverse de ceux pour qui l'État était absolument lié par ses contrats[142], certains – comme le ministre des finances Joseph CAILLAUX – développèrent une approche soucieuse de traduire l'empreinte institutionnelle qui altère la nature purement contractuelle des concessions. « *Une conception – à mes yeux, un peu surannée – (…) voit dans chaque administration de chemins de fer une affaire privée* ». Bien au contraire, les compagnies ferroviaires « *constituent un grand service public géré par une des collectivités auxquelles l'État délègue une part de son autorité et dont les agents ont par le fait même le droit de demander un statut à peu près égal ou à peu près semblable* [à celui des fonctionnaires] »[143]. D'ailleurs, ajoute-t-il, « *les chemins de fer sont un service public* [et seront], *tôt ou tard, (…) gérés par l'État* »[144].

406. Un exemple topique des doctrines tendues à souligner l'institutionnalisation des services concédés (ROLLAND). – Louis ROLLAND, professeur à la faculté de Nancy, explicita avec perspicacité les enjeux juridiques sous-jacents à ces débats parlementaires. Les efforts pour sortir les concessions de service public du droit privé, tout en leur conservant un paradigme contractuel, présentaient des inconvénients

---

141 *Annales de la Chambre des députés. Débats parlementaires*, Paris, Imprimerie des Journaux officiels, 1881-1946 (170 vol.), session extraordinaire de 1909, p. 1097 (1re séance du 3 décembre 1909). Alexandre MILLERAND – alors ministre des travaux publics – défend cette opinion face à Jean JAURÈS, lors de la discussion d'un projet de loi relatif au rachat par l'État de la Compagnie des chemins de fer de l'ouest.

142 *Cf.* en ce sens deux des lettres communiquées par les grandes compagnies ferroviaires à la commission du Sénat chargée de l'examen de cette proposition de loi. Elles sont reproduites en annexe dans le rapport du sénateur Paul STRAUSS (25 mai 1908) (*Impressions du Sénat* ; annexe n° 117, p. 195 *sq.* – ces annexes ne sont reproduites ni dans le *Journal officiel. Documentaires parlementaires. Sénat*, ni dans les *Annales du Sénat. Documents parlementaires*).

143 *Annales du Sénat. Débats parlementaires, op. cit.*, t. 75 (session ordinaire de 1909), p. 647 (séance du 25 juin 1909).

144 *Ibid.*

insurmontables. Ils permettaient difficilement de rendre compte de l'actualité législative en rapport avec les concessions de chemins de fer nationaux.

> Entre le concessionnaire et le concédant il y a bien quelque chose qui ressemble à un échange de consentements, il y a bien des obligations de part et d'autre, des engagements réciproques. Mais au moment d'appliquer ici les règles du contrat de droit privé, on s'aperçoit qu'il y a quelque chose de très spécial ; que, s'il y a contrat, ce n'est pas un contrat ordinaire. On s'en tire en parlant de contrat *sui generis* et de contrat administratif. Mais cela ne veut pas dire grand-chose et la question reste entière[145].

Au même moment, à propos des grèves des postiers, Gaston JÈZE vitupérait contre une locution insensée de son point de vue : celle de « *contrat de droit public* »[146], dès lors que le contrat renvoie à un concept moniste placé dans la mouvance du droit privé. La loi précitée du 21 juillet 1909 incita quelques-uns à reconsidérer la nature de la concession afin d'admettre que l'une des parties pût en modifier unilatéralement les termes sans que cela ne conduisît à subvertir le concept de contrat. Les difficultés soulevées par le statut juridique des usagers des services concédés avaient pu être appréhendées par la majorité de la doctrine administrative sans remettre en cause la nature contractuelle des concessions. En revanche, l'intervention du législateur dans l'exploitation matérielle des services concédés affaiblissait une analyse purement contractuelle de la concession, rendue ainsi quasi inopérante. À cette époque, remettre en cause l'immutabilité d'un contrat revenait toujours à nier son essence. C'est en développant une doctrine analogue à celles précitées de Gaston JÈZE et Léon DUGUIT, que Louis ROLLAND réévalua la nature de la concession. À l'instar du professeur bordelais[147], il l'appréhenda comme un

---

[145] ROLLAND Louis, « Du droit du législateur d'imposer de nouvelles obligations à un concessionnaire de travaux publics », *in* R.D.P. 1909, p. 527.

[146] « *Le Conseil d'État parle d'un contrat de droit public liant les agents à l'administration et fait découler des droits et des obligations de ce contrat. – Nul n'a jamais su dire ce qu'était un* contrat de droit public, *si ce n'est que ce n'était pas un contrat comme tous les autres. Et dès lors, puisqu'un contrat est une catégorie juridique bien déterminée, dire qu'un acte n'est pas un contrat comme tous les autres, c'est dire qu'il ne rentre pas dans la catégorie juridique des contrats ; ce n'est pas un contrat* » (JÈZE Gaston, Note sur les arrêts *WINKELL* et *ROSIER* (C.E., 7 août 1909), *in* R.D.P. 1909, p. 501).

[147] Léon DUGUIT entérine une approche identique : « *Au moment de la discussion au Sénat de la loi du 21 juillet 1909, on a dit que l'État ne pouvait faire semblable loi parce qu'elle violait le contrat de concession qui le liait. (…) C'était se placer sur un mauvais terrain ; l'État ne peut pas aliéner sa liberté de modifier la loi des services publics, même des services publics concédés* » (*Traité de droit constitutionnel*, Paris, Fontemoing & Cie, 1911 (2 vol.), t. 1, p. 174).

mode de collaboration au service public, en parallèle avec le fonctionnariat.

> Le concessionnaire de travail public n'est en somme qu'un fonctionnaire nommé sur sa demande et rémunéré d'une manière spéciale. Ce que nous appelons le contrat de concession n'est en aucune manière un contrat ; c'est la loi relative à la manière dont il doit remplir sa fonction. (…)
> La situation du concessionnaire de travail public n'est pas celle d'un contractant vis-à-vis de l'État. L'État lui a imposé en fait à peu près toutes les clauses du prétendu contrat. L'État s'est présenté comme agissant en vue d'organiser d'une certaine manière un service public ; et, pour ce faire, les gouvernants doivent pouvoir agir sans que leur volonté soit déterminée par une autre[148].

407. En brisant le cadre contractuel, le professeur nancéen ne reprend pas seulement les doctrines des deux auteurs précités. Il fait preuve d'originalité en s'efforçant d'analyser la concession autrement qu'au moyen de la conception duguiste du droit objectif[149]. À cet effet, il « [fait] *appel à une notion un peu spéciale, celle de collaboration* »[150].

> Le concessionnaire ne contracte pas vraiment avec l'État. (…) Il est l'auxiliaire de l'administration. C'est un particulier qui collabore à la gestion d'un véritable service public sur la demande de l'administration. (…) Extérieurement l'acte intervenu a pris alors les apparences d'un contrat. Il semble qu'il y ait eu échange de consentements. En réalité, ces apparences sont trompeuses ; les gouvernants ont créé simplement une situation juridique au profit du concessionnaire par voie unilatérale. Pour le reste, il y a eu entre l'État et le concessionnaire un échange de consentements de même ordre que celui qui intervient entre l'État et un fonction-

[148] ROLLAND Louis, « Du droit du législateur d'imposer de nouvelles obligations à un concessionnaire de travaux publics », *in R.D.P.* 1909, p. 527-528.

[149] Il ne faut pas s'exagérer les différences qui opposent DUGUIT et HAURIOU dans leur manière d'appréhender les services publics, ainsi que l'a d'ailleurs souligné Mme ESPAGNO dans cet article : « Une rencontre entre Léon DUGUIT et Maurice HAURIOU : l'analyse institutionnelle du service public » (*in* [collectif], *Études en l'honneur du professeur Jean-Arnaud Mazères*, Paris, Litec, 2009, p. 333).

[150] *Id.*, p. 529. Cette idée n'est pas absolument inédite. Maurice HAURIOU avait également tenu des propos analogues, en définissant le caractère de la concession de service public comme un « *état de société* » entre l'administration concédante et le concessionnaire, impliquant « *une certaine collaboration* » (Note sur l'arrêt *BLANLEUIL & VERNAUDON c. Ville d'Angoulême* (C.E., 14 février 1902) [1904], *in Notes d'arrêts sur décisions du Conseil d'État et du Tribunal des conflits…*, *op. cit.*, t. 3 (1929), p. 443). *Cf.* encore de cet auteur : *La gestion administrative* (Paris, Larose & Forcel, 1899, p. 63 *sq.*).

> naire. (…) Cette situation de collaborateur à un service public apparaît aussi comme intermédiaire entre la situation de simple particulier et celle de fonctionnaire. (…)
>
> L'acte de concession n'est point un contrat, mais un acte organisant une collaboration à un service public[151].

Cette doctrine amplifie celles qui, à la même époque, oblitèrent l'effet relatif des concessions de service public. La remise en cause de leur nature contractuelle est essentiellement déterminée par le souci d'inscrire la mutabilité dans leur génétique, c'est-à-dire de démontrer que leur adaptation aux nécessités – que leur imprime le service public – ne procède pas d'accidents aussi rares qu'extraordinaires, mais d'un mode normal de fonctionnement qui seul garantit leur pérennisation. D'autres thèses concurrentes sont plus classiques en conservant – suivant une gradation d'opinions[152] – l'analyse contractuelle, quoiqu'en définitive toutes tendent à restituer les solutions consacrées par les arrêts *STORCH* et *Syndicat des propriétaires du quartier Croix-de-Seguey-Tivoli* (1905 et 1906). Cela étant dit, Louis ROLLAND défend une thèse qui est singulière à maints égards. S'il décline sa doctrine à d'autres questions[153], celle-ci nous paraît avoir été trop radicale pour être admise en substitution de la thèse classique. Elle représente à l'extrémité du spectre doctrinal un essai brillant dont il ne

---

151 ROLLAND Louis, « Du droit du législateur d'imposer de nouvelles obligations à un concessionnaire de travaux publics », *in R.D.P.* 1909, p. 529.

152 Nous pensons en particulier au professeur parisien Henry BERTHÉLEMY et, dans une moindre mesure, au professeur montpelliérain Joseph BARTHÉLEMY, pour qui « *la direction, l'organisation des services publics est une compétence, c'est-à-dire un devoir que l'État ne peut pas abdiquer.* (…) *Tout ce qui concerne* (…) *le bon fonctionnement du service public* (…) *reste dans la compétence de la personne administrative concédante.* (…) *Au contraire, il est un domaine dans lequel la personne administrative concédante est* liée *par le contrat : c'est tout ce qui touche à l'organisation des moyens internes employés par le concessionnaire pour atteindre ce but : servir le public. La personne administrative concédante peut toujours définir, préciser, modifier la fin, qui est le service public. Le concessionnaire reste maître des moyens, dans les conditions arrêtées, pour toute la durée de la concession, par l'acte qui l'établit. Ce domaine strictement contractuel, c'est tout ce qui touche les contrats que le concessionnaire lui-même est appelé à passer avec des tiers : agents ou fournisseurs. Des dispositions peuvent être prévues par le contrat de concession intéressant ces dernières personnes, mais elles ne sauraient être modifiées au cours de la concession par voie d'autorité, du moment qu'il ne s'agit plus d'apprécier et de satisfaire les besoins du public : au cours du contrat, l'administration concédante ne pourrait, sans excès de pouvoir, imposer à l'administration concessionnaire des règles nouvelles sur ses achats de charbons, ou sur les salaires ou pensions de ses ouvriers* » (« Sur l'interprétation des lois par le Parlement : la rétroactivité des lois : l'État et le contrat », *in R.D.P.* 1911, p. 146-148).

153 *Cf.* de Louis ROLLAND : « Du droit du législateur de compléter ou d'interpréter les dispositions d'un acte de concession de travaux publics » (*in R.D.P.* 1910, p. 116) & « La grève des agents d'un service public concédé » (*in R.D.P.* 1910, p. 504).

faut pas s'exagérer l'audience. Et ce n'est que plus tard, dans l'Entre-deux-guerres, qu'elle s'imposa – avec celles d'auteurs comme HAURIOU, DUGUIT et JÈZE.

408. Les traductions jurisprudentielles d'une conception institutionnaliste de la concession de service public. – Le revirement opéré par le Conseil d'État en 1910 – qui d'ailleurs est moins un revirement qu'une évolution graduelle qui emporta un basculement théorique – s'insère dans un sillon jurisprudentiel tracé dès la fin du XIXe siècle. Cela étant dit, sa contemporanéité avec l'actualité législative n'est pas fortuite. Nous pensons même qu'il y a réagi pour se réapproprier une évolution dont le rythme lui échappait. Du reste, le Conseil d'État abrita en son sein des opinions divergentes, dont certaines – défendues en particulier au sein de la section des travaux publics – soutenaient la faculté pour l'administration de modifier unilatéralement les modalités de fonctionnement des services publics concédés. Son arrêt *Compagnie générale française des tramways* (1910) consacra ainsi une opinion controversée sur la nature des concessions. La mutabilité des concessions s'est imposée en corrélation avec le développement de la responsabilité sans faute de la puissance publique. Aussi serait-il erroné de croire que le Conseil d'État – ou même Léon BLUM, qui fut commissaire du gouvernement dans cette affaire – accéda purement et simplement aux thèses de JÈZE, DUGUIT et ROLLAND, ces derniers ne se réjouissant pas moins d'un tel arrêt. Il convient de rapprocher cet arrêt d'une tendance jurisprudentielle qui multiplia les hypothèses d'engagement de la responsabilité de l'État lorsque celui-ci était mis en cause comme puissance publique. D'un côté, il entérina une conception de la concession ébauchée précédemment dans l'arrêt *Syndicat des propriétaires du quartier Croix-de-Seguey-Tivoli* et, de l'autre, il accusa une jurisprudence élargissant la responsabilité de la puissance publique[154] – ces deux trajectoires étant convergentes. Autrement dit, si l'arrêt *Compagnie générale française des tramways* admet que l'administration puisse modifier unilatéralement les conditions d'exploitation des services concédés[155], cela tient pour beaucoup au fait qu'il avait été admis depuis peu que la responsabilité sans faute puisse être engagée dans des hypo-

154 *Cf.* à cet égard : TEISSIER Georges, *La responsabilité de la puissance publique*, Paris, Dupont, 1906, p. 196 *sq.* En outre, plusieurs chroniques de Gaston JÈZE rendent compte de cette mutation du droit administratif – chroniques intitulées : « Responsabilité des patrimoines administratifs » (*R.D.P.* 1905, p. 562 ; 1910, p. 72 ; 1914, p. 583).

155 Auparavant, les conditions de cette intervention étaient beaucoup plus contraignantes pour l'administration, ainsi que le rappelle l'arrêt *Compagnie des chemins de fer économiques du Nord* (C.E., 23 janvier 1903).

thèses où elle cause un préjudice à ses contractants en usant de son pouvoir normatif, alors même qu'elle demeure dans la légalité[156]. Quoique Léon BLUM débute ses conclusions en exposant comment il conçoit le « *contrat de concession* », la clef de voûte de son argumentation se trouve là où il justifie la mutabilité de la concession de service public.

> Il s'agit uniquement de savoir ce qui peut être légalement exigé du concessionnaire. Il ne s'agit pas de savoir ce qui peut être exigé de lui contre un prix donné. Si l'économie financière du contrat se trouve détruite, si, par l'usage que l'autorité concédante a fait de son pouvoir d'intervention, quelque chose se trouve faussé dans cet équilibre d'avantages et de charges, d'obligations et de droits, (…) rien n'empêchera le concessionnaire de saisir le juge du contrat. Il démontrera que l'intervention, bien que régulière en elle-même, bien qu'obligatoire pour lui, lui a causé un dommage dont réparation lui est due. S'il estime (…) qu'ainsi un préjudice lui a été causé dont réparation lui est due, il demandera au juge du contrat de lui allouer une juste indemnité[157].

L'idée qu'il se fait des services publics – comme d'une activité qu'il convient d'adapter suivant les besoins ressentis par les usagers – n'a rien d'inédit. Celle suivant laquelle l'État ne pourrait se libérer de la responsabilité sociale qui lui incombe, y compris lorsqu'il concède la gestion d'un service public à une personne privée, s'apparente pour beaucoup – hormis les précédents jurisprudentiels – à quelques-unes des opinions relayées lors des discussions de la loi du 21 juillet 1909[158]. Là où Léon BLUM se distingue, c'est surtout en systématisant la responsabilité de

---

[156] Nous pensons en particulier aux arrêts *NOIRÉ & BEYSSAC* (10 janvier 1908) et *Compagnie générale transatlantique* (19 novembre 1909), où il est question d'actes administratifs qui ne visent pas spécifiquement les contractants de l'administration. Nous pensons, en outre, aux arrêts *Compagnie des chemins de fer de Bône-Guelma* (4 août 1905) et *Compagnie des chemins de fer de l'Est et autres* (6 décembre 1907), où il est question d'actes administratifs modifiant directement le fonctionnement de services publics concédés.

[157] BLUM Léon, Conclusions prononcées sous l'arrêt *Ministre des travaux publics c. Compagnie générale française des tramways* (C.E., 11 mars 1910), *in* PANHARD Adrien (dir.), *Recueil des arrêts du Conseil d'État…*, *op. cit.* (2e série, t. 80 ; année 1910), p. 223.

[158] Pour comparaison, nous rapportons les propos pertinents de Léon BLUM : « *L'État ne peut pas se désintéresser du service public de transports une fois concédé. Il est concédé, sans doute, mais il n'en demeure pas moins un service public. La concession représente une délégation, c'est-à-dire qu'elle constitue un mode de gestion indirecte, elle n'équivaut pas à un abandon, à un délaissement. L'État reste garant de l'exécution du service vis-à-vis de l'universalité des citoyens.* (…) *L'État interviendra donc nécessairement pour imposer, le cas échéant, au concessionnaire, une prestation supérieure à celle qui était prévue strictement, pour forcer l'un des termes de cette équation financière qu'est, en un sens, toute concession, en usant non plus des pouvoirs que lui confère la convention, mais du pouvoir qui lui appartient en tant que puissance publique* » (*id.*, p. 218).

l'État dans la matière des services publics concédés.

> Dans l'interprétation des textes de réglementation [relatifs aux transports publics concédés], le juge devra s'inspirer du principe qui domine, selon nous, la matière, c'est-à-dire que la responsabilité, et par suite l'autorité de l'État concédant, quand il s'agit d'un service public, ne s'arrête pas au jour de la concession, et du fait de la concession[159].

409. Les conclusions de Léon BLUM se signalent avant tout parce qu'elles explicitent une doctrine dont les témoignages étaient jusqu'alors épars, diffus et de valeur diverse – qu'il s'agisse d'arrêts dont les conclusions sont restées inédites, de conclusions publiées mais où la question y était envisagée de biais, ou bien de textes publiés par des membres du Conseil d'État mais n'engageant qu'eux-mêmes. Il confère à cette doctrine une autorité, en même temps que ses conclusions – qui ont été suivies par le Conseil d'État – permettent de la référencer : elle est désormais systématiquement associée à ces conclusions, lesquelles lui procure prestige et rayonnement. Pour preuve que Léon BLUM n'est pas isolé, Georges TEISSIER tient peu avant lui des propos similaires en traitant de la responsabilité de la puissance publique.

> Un acte administratif, même légal, même régulier, peut entraîner à la charge de la puissance publique de sérieuses responsabilités financières, toutes les fois qu'il modifie les bases mêmes d'un contrat, c'est-à-dire les conditions en considération desquelles il a été passé et dont le maintien pouvait être légitimement escompté par les parties[160].

---

[159] *Id.*, p. 220.

[160] TEISSIER Georges, *La responsabilité de la puissance publique*, *op. cit.* (1906), p. 199. Il faut préciser que cet auteur avait auparavant tempéré les termes de cette doctrine pour ne l'admettre que dans un cadre assez strict (*cf.* ses conclusions sous l'arrêt *Compagnie des chemins de fer économiques du Nord*, 1903). Le Conseil d'État avait même infirmé le sens de ses conclusions dans une affaire analogue (*cf.* l'arrêt *Société de navigation marseillaise*, 1904). Dans son ouvrage précité, ses propos ont sensiblement évolué pour perdre en inflexibilité et gagner en hauteur de vue. Cela dit, il ne s'agit pas tant d'un ouvrage théorique où l'auteur y eût développé des opinions personnelles, que de la reproduction d'un article extrait du *Répertoire du droit administratif* de BÉQUET (t. 23, 1906) – c'est-à-dire un répertoire destiné aux praticiens. Georges TEISSIER rend compte avant tout de la jurisprudence administrative, tout en l'enchâssant dans un cadre théorique qui fit le succès de cet ouvrage, mais dont l'originalité ne doit pas être exagérée. Le succès avéré de cet ouvrage nous semble être déterminé par le fait que son auteur y a explicité une problématique en pleine évolution. À cet égard il devint très vite une référence doctrinale et une référence d'autant plus signalée qu'elle fut le fait d'un membre du Conseil d'État

Plus loin, le même défend une doctrine en tout point analogue à celle consacrée dans l'arrêt *Compagnie générale française des tramways* :

> Les conditions de l'exploitation sont l'objet même du contrat de concession et la base des obligations contractuelles de l'État. Il se peut donc que l'usage des pouvoirs réglementaires par l'administration, légal en lui-même, puisse aggraver les conditions d'exécution du contrat : aussi la jurisprudence décide-t-elle que la question de légalité des actes réglementaires devra être portée devant le juge de l'excès de pouvoir qui l'examinera en elle-même, indépendamment des dispositions contractuelles, et que la question de la modification apportée aux dispositions du contrat sera portée devant le juge du contrat. (...) Même quand la mesure critiquée est légale en elle-même, même quand elle a été régulièrement prise par l'autorité compétente dans la limite des pouvoirs qui lui sont dévolus pour améliorer le service et assurer les intérêts du public, si le juge du contrat estime qu'elle est contraire aux dispositions du traité et à l'intention commune des parties au point de vue de l'équilibre de leurs obligations respectives, il pourra allouer au concessionnaire une indemnité qui devra correspondre à la charge résultant pour lui de l'aggravation de service imposée[161].

Jean ROMIEU sous l'affaire *Compagnie des chemins de fer de l'Est* (1907)[162] ou encore Joseph TARDIEU sous l'affaire *NOIRÉ & BEYSSAC* (1908)[163] n'ont pas développé des opinions différentes. Le premier se réfère à la même jurisprudence que Georges TEISSIER dans son ouvrage précité : l'arrêt *Compagnie des chemins de fer de Bône-Guelma* (1905). Il est vrai que cet arrêt ne reçut qu'un accueil discret. Peut-être est-ce dû au caractère transmétropolitain de l'espèce – cette compagnie ferroviaire se situait au Maghreb. D'ailleurs, en rapportant l'arrêt *Compagnie générale transatlantique* (1909), Gaston JÈZE y vit l'énième application d'une jurisprudence à laquelle l'arrêt *Compagnie générale française des tramways* ne fit que conférer un éclat définitif et incontesté.

---

averti sur ces questions. Il convient d'ajouter que plusieurs thèses furent entreprises concomitamment sur ce sujet. Nous pensons à celles de – Paul TIRARD (*De la responsabilité de la puissance publique : essai d'une théorie générale*, 1906), – Adelbert BIGOT D'ENGENTE (*De la responsabilité pécuniaire de l'État en matière d'actes de puissance publique*, 1907) et – Jean SOURDOIS (*De l'évolution, du fondement et de l'étendue de la responsabilité de l'État agissant dans l'exercice de la puissance publique*, 1908).

161 TEISSIER Georges, *La responsabilité de la puissance publique*, *op. cit.* (1906), p. 204-206.

162 *Cf.* ses conclusions dont un extrait pertinent est reproduit dans le *Recueil Lebon* (2e série, t. 77 ; année 1907, p. 918).

163 *Cf.* ses conclusions dont un extrait pertinent est reproduit dans le *Recueil Lebon* (2e série, t. 78 ; année 1908, p. 21).

> À maintes reprises, le Conseil d'État a déclaré que la responsabilité pécuniaire des patrimoines administratifs n'était pas engagée par les *actes législatifs ou réglementaires.*
>
> Toutefois, *en se plaçant sur le terrain du contrat et des intentions exprimées ou présumées des parties contractantes*, le Conseil d'État a, depuis longtemps, admis que l'administration doit indemniser ses fournisseurs, entrepreneurs et concessionnaires au cas où un *acte législatif ou réglementaire* rend plus onéreuse l'exécution du contrat et qu'il n'a pas pu être dans les intentions présumées des parties contractantes d'imposer sans indemnité ce surcroît de charges aux fournisseurs, entrepreneurs, concessionnaires[164].

410. Ainsi la renommée de l'arrêt *Compagnie générale française des tramways* nous semble-t-elle déterminée par la configuration d'une espèce où la responsabilité de la puissance publique – en matière contractuelle – fut systématisée à la faveur d'un contrat dont les caractères étaient depuis longtemps en débat, plutôt que par la nouveauté de la solution[165]. Son intérêt ne réside pas tant dans le fait qu'il aurait dégagé une solution originale, que dans l'application d'une jurisprudence bien assise à un contrat d'une nature singulière. À la lumière de celui-ci, cette jurisprudence gagna en portée et, par rétroaction, celle-ci a entériné une nouvelle manière de se représenter les concessions de service public. Léon BLUM esquisse les contours d'« *un droit de réglementation (…) indépendant du contrat, puisqu'il a pour objet final d'assurer, quoi qu'il en ait été convenu, quoi qu'il arrive, l'exécution normale du service public* »[166]. En écho, Gaston JÈZE souligne les caractères de la concession de service public dans un article qui, en commentant

---

[164] JÈZE Gaston, Note sur l'arrêt *Compagnie générale transatlantique* (C.E., 19 novembre 1909), *in R.D.P.* 1910, p. 78-79.

[165] Gaston MONSARRAT – sous-chef de bureau au ministère de l'intérieur – souligne aussi cette nouveauté en trompe-l'œil : « *Cet arrêt contient-il une doctrine nouvelle ? L'affirmation n'est pas douteuse si on le rapproche d'un arrêt du 23 janvier 1903 (Chem. de fer économiques du Nord) aux termes duquel "le nombre de voyages fixé par un article du cahier des charges d'une concession constitue un minimum* contractuel qui ne peut être modifié que par l'accord réciproque des parties ". (…) *Toutefois on peut faire remarquer que, dès 1905, par un arrêt du 4 août, la haute assemblée avait reconnu au gouvernement général de l'Algérie le pouvoir de réglementer dans un intérêt de sécurité publique les conditions du travail des agents des trains et des gares d'un chemin de fer d'intérêt local, bien que cette réglementation eût introduit dans les charges de l'exploitation un élément nouveau portant atteinte aux conventions intervenues.* (…) *Ce principe a été mis en évidence d'une manière toute particulière par la décision du 11 mars 1910 ; mais, à notre avis, il aurait inspiré, à toute époque, le Conseil d'État si la haute assemblée avait eu l'occasion d'en faire application* » (« La crise du contrat de concession », *in R.G.A.* 1914, III, p. 39-40).

[166] BLUM Léon, Conclusions prononcées sous l'arrêt *Ministre des travaux publics c. Compagnie générale française des tramways* (C.E., 11 mars 1910), *in* PANHARD Adrien (dir.), *Recueil des arrêts du Conseil d'État…*, *op. cit.* (2e série, t. 80 ; année 1910), p. 222.

l'arrêt *Compagnie générale française des tramways*, porte un titre évocateur : « Nature juridique de la concession de service public ».

> 1° Le cahier des charges n'est pas un bloc contractuel.
> 2° Toutes les clauses de ce cahier relatives à l'organisation du service ont un caractère légal ou réglementaire. (…)
> 3° L'agent administratif investi du pouvoir réglementaire peut modifier les clauses réglementaires dès que l'intérêt public l'exige. (…)
> 5° Si l'obligation du concessionnaire de faire fonctionner le service public se trouve plus onéreuse du chef de cette prescription réglementaire nouvelle, le concessionnaire a le pouvoir de réclamer une indemnité, ou même, si le service se trouve considérablement changé, de demander la résiliation avec indemnité[167].

Cette convergence des enjeux est également relevée par Maurice HAURIOU, pour qui la théorie du fait du prince employée jusqu'alors pour justifier ce régime de responsabilité n'est qu'une « *catégorie juridique provisoire* » propre à recueillir des hypothèses insolites dans l'attente que celles-ci puissent être appréhendées à l'aide d'une conception plus adéquate.

> Dans [l'arrêt *Compagnie générale française des tramways*], il y a avantage à rapporter l'évolution de la jurisprudence à une nouvelle conception de l'opération de concession de travaux publics, qui devient de plus en plus une concession de service public, dans laquelle la préoccupation de l'amélioration constante du service devient dominante, et où la *réglementation du service* se fait une place prépondérante à côté du contrat, plutôt que de la rapporter à la notion amorphe et sans intérêt pratique du *fait du prince*, qui vise, non pas la *réglementation d'un service* déterminé, mais la réglementation en générale[168].

Cet arrêt aurait, en quelque sorte, aidé à la transfiguration doctrinale de la concession de service public. Il permet de situer rétrospectivement les arrêts des années précédentes dans une perspective qui donne à voir une évolution que Maurice HAURIOU résume en ces termes : « *Le contrat de concession n'a plus la rigidité qu'on lui attribuait dans les premiers temps. (…) On ne croit plus que la situation résultant d'une concession de service public soit entiè-*

---

[167] JÈZE Gaston, Note sur l'arrêt *Ministre des travaux publics c. Compagnie générale française des tramways* (C.E., 11 mars 1910), *in R.D.P.* 1910, p. 275-284.
[168] HAURIOU Maurice, Note sur l'arrêt *Ministre des travaux publics c. Compagnie générale française des tramways* (C.E., 11 mars 1910) [1911], *in Notes d'arrêts sur décisions du Conseil d'État et du Tribunal des conflits…*, *op. cit.*, t. 3 (1929), p. 478.

rement contractuelle »[169]. En définitive, la concession n'est plus tant « *l'instrument régulateur de l'exploitation du service concédé* », que « *l'instrument compensateur des pertes que le concessionnaire pourrait subir du fait que la réglementation du service est passée aux mains de l'Administration* »[170].

411. Le modèle concessif recadré autour du pouvoir de modification unilatérale reconnu à l'administration concédante. – La concession de service public, dont la locution même commence à se généraliser à partir de 1905-1906, n'est pas un concept qui s'est progressivement développé comme si, depuis toujours, il comprenait en lui les termes de son épanouissement. Sa genèse fut intimement liée à l'essor de la responsabilité de la puissance publique, elle-même liée à la conception de l'État et de la personnalité morale en droit public. De ce point de vue, les concessions de travaux publics furent le creuset d'essais doctrinaux où la distinction entre actes d'autorité et actes de gestion ne fut pas tant écartée que réaménagée. La coexistence de ces deux sortes d'actes au sein de la concession incita la doctrine administrative à discuter de la pertinence de cette opposition, bouleversant par ricochet la manière d'appréhender ce contrat. Un article d'Henri RIPERT – auditeur au Conseil d'État – en rend compte, quoiqu'en exagérant ce qui fut moins un renversement qu'une mutation latente.

> On a distingué, pendant longtemps, dans la vie administrative deux domaines que l'on présentait comme séparés par une sorte de cloison étanche, le domaine de la police et le domaine de la gestion ; d'un côté, le pouvoir de commander, l'acte d'autorité accompli par les différentes autorités administratives en vertu de leurs pouvoirs de puissance publique ; de l'autre, le pouvoir de contracter et de s'obliger dans l'intérêt des services publics, l'acte de gestion accompli par ces mêmes autorités en leur qualité de représentants ou d'organes d'une personne morale[171].

Cet auteur rapporte à cette conception des choses la responsabilité pécuniaire de l'administration pour les actes de gestion, corrélative de l'irresponsabilité pour les actes de police ; ainsi que l'indisponibilité des pouvoirs de police pour les administrations contractantes. C'est en cela que l'arrêt *Compagnie des chemins de fer économiques du Nord* (1903) attira l'attention de Maurice HAURIOU, pour qui celui-ci interrogeait les « *rap-*

---

[169] *Id.*, t. 3, p. 476.
[170] *Id.*, t. 3, p. 480.
[171] RIPERT Henri, « Des rapports entre les pouvoirs de police et les pouvoirs de gestion dans les situations contractuelles », *in R.D.P.* 1905, p. 5.

ports qui s'établissent entre les Administration et leurs concessionnaires de services publics, lorsque les Administrations entendent se servir vis-à-vis de ceux-ci de leurs pouvoirs réglementaires de police »[172]. Comme Henri RIPERT s'efforce de le démontrer, cette question est indissociable des jurisprudences relatives à la situation monopolistique des services municipaux. Le développement des concessions de travaux publics fut si dépendant de l'exercice de la police domaniale que permissions de voirie et contrats de concession furent regardés comme complémentaires au sein d'une même opération.

> Le mouvement jurisprudentiel moderne tend à révéler les rapports nécessaires qui existent entre le domaine de la police et celui de la gestion qu'une analyse rigoureuse avait jusqu'à présent séparés trop complètement. Il y a encore de la puissance publique dans la gestion, et il peut y avoir de même de la gestion dans les actes de puissance publique[173].

Ces vicissitudes doctrinales sont très bien explicitées par Maurice HAURIOU lorsque, en 1910, il s'explique la crise du contrat de concession : les représentations doctrinales ont accompagné les mutations qu'a connues le modèle économique des concessions[174].

---

[172] HAURIOU Maurice, Note sur l'arrêt *Compagnie des chemins de fer économiques du Nord* (C.E., 23 janvier 1903) [1904], *in Notes d'arrêts sur décisions du Conseil d'État et du Tribunal des conflits…*, *op. cit.*, t. 3 (1929), p. 459-460.

[173] RIPERT Henri, « Des rapports entre les pouvoirs de police et les pouvoirs de gestion dans les situations contractuelles », *in R.D.P.* 1905, p. 7-8.

[174] « *Il n'est pas douteux que nous n'envisageons plus ce contrat comme on l'envisageait en 1840. À cette époque déjà lointaine, aux débuts des entreprises de chemins de fer, d'omnibus et tramways, d'éclairage au gaz, les concessionnaires étaient considérés comme rendant aux administrations publiques un signalé service, en consentant à assumer les aléas d'entreprises que les administrations n'auraient jamais assumées elle-même. Le caractère forfaitaire du contrat apparaissait avec beaucoup de force, on était plus frappé des risques courus par le concessionnaire et de la nécessité de ne pas diminuer ses chances de gain que de l'intérêt même du service public.* (…) *Le temps écoulé a singulièrement modifié les perspectives ; les bénéfices réalisés par certains concessionnaires, le sans-gêne avec lequel certains d'entre eux ont traité le public, la résistance qu'ils ont opposée aux demandes d'amélioration les plus raisonnables, le fait que les administrations publiques se sentiraient maintenant la force de prendre en régie, ou tout au moins en régie intéressées, les entreprises concédées, toutes ces circonstances ont rendu beaucoup moins bonne la situation des concessionnaires. La préoccupation d'améliorer le service et de pouvoir l'améliorer constamment a grandi, tandis que celle de ménager la situation du concessionnaire a diminué. On est entré dans cet état d'esprit que nous traduirons en disant que le public n'a pas à souffrir de ce qu'un service public est concédé au lieu d'être exploité en régie ; on cherche à rendre l'exploitation du service aussi souple, aussi adaptée aux besoins variables du public que s'il n'y avait pas de contrat* » (Note sur l'arrêt *Ministre des travaux publics c. Compagnie générale française des tramways* (C.E., 11 mars 1910) [1911], *in Notes d'arrêts sur décisions du Conseil d'État et du Tribunal des conflits…*, *op. cit.*, t. 3 (1929), p. 480).

412. Les difficultés presque insolubles qui ont touché à l'aliénation de la police domaniale ont conduit à penser autrement l'association entre la gestion des services publics communaux et l'exercice des pouvoirs de police. Cette association a d'ailleurs contribué à étendre la responsabilité de la puissance publique à des hypothèses jusqu'alors exclues. Le caractère contractuel de la concession ayant été exacerbé dans la seconde moitié du XIXe siècle, la conception qui lui fut prêtée était inadaptée pour rendre compte de l'exercice d'un pouvoir de police dans le cadre des services concédés. La compénétration de deux ordres de considérations présentés comme antinomiques – la police et la gestion – a conduit d'aucuns à questionner la concession pour en adapter la nature. Celle-ci a été compliquée d'un aspect institutionnel, de sorte à regarder la concession comme un véritable acte de collaboration – suivant l'expression de Louis ROLLAND (1909). Pour avoir été éclipsé par l'arrêt *Compagnie générale française des tramways* (1910), l'arrêt *Compagnie des chemins de fer économiques du Nord* (1903) n'en est pas moins déterminant dans la mesure où il révèle les efforts casuistiques pour tordre les concepts classiques selon les solutions pratiques recherchées. Peu avant, les litiges récurrents entre les municipalités et les concessionnaires (relativement au respect des monopoles concédés) avaient conduit le Conseil d'État à développer une jurisprudence liant aux contrats l'exercice d'un pouvoir de police, d'une manière qui préfigurait celle relative à l'exercice du pouvoir réglementaire pour le fonctionnement des services publics concédés. À propos de « *la sanction du monopole conféré* », Henri RIPERT écrit :

> La jurisprudence a bien admis (...) que la violation des engagements relatifs à la police pût être la source d'indemnités pécuniaires, mais elle n'a pas admis que l'acte de police pût être annulé et qu'ainsi le pouvoir contractant pût lier radicalement la puissance publique[175].

Ce n'est pas sans une certaine clairvoyance que cet auteur lie ces questions en rapprochant les « *rapports qui s'établissent entre les pouvoirs de police et les pouvoirs contractuels de gestion dans la gestion des services publics* »[176]. Il accuse ainsi un peu plus la manière dont l'exercice du pouvoir réglementaire de l'administration se concilie avec la liberté contractuelle, laquelle continue de prévaloir dans les concessions de service public où elle dessine les contours d'un acte consensuel plutôt que contractuel.

---

175 RIPERT Henri, « Des rapports entre les pouvoirs de police et les pouvoirs de gestion dans les situations contractuelles », *in R.D.P.* 1905, p. 35.
176 *Id.*, p. 35-36.

413. De la remise en cause du cadre contractuel de la concession à la formalisation d'un acte *sui generis*. – En s'évertuant à battre en brèche l'autorité attachée à un avis de la section des travaux publics du Conseil d'État (21 mai 1901), Georges TEISSIER, commissaire du gouvernement dans l'affaire *Compagnie des chemins de fer économiques du Nord*, distingue deux sortes de police.

> [Le droit de modifier les horaires des trains dans l'intérêt du public] n'est pas un de ces droits de police imparti à l'État par la nature des choses, impératif, inaliénable, en quelque sorte, comme l'est par exemple le droit de police qu'il exerce dans l'intérêt de la sécurité publique. C'est un droit que l'État n'exerce que parce qu'il lui est attribué par un texte, pas même législatif, mais simplement réglementaire : ce droit, qui ne dérive pas de ses pouvoirs essentiels, de ses pouvoirs de souveraineté, mais de sa qualité de mandataire ou plutôt de « *negotiorum gestor* » des intérêts du public. L'État peut y renoncer en tout ou en partie[177].

Tout en discutant la nature de ce pouvoir, il admet un temps qu'il puisse être réglementaire pour considérer que ce droit « *pourrait être abandonné ou tout au moins réduit ou réglementé conventionnellement* »[178]. C'est sous ce point de vue que Maurice HAURIOU réceptionne cet arrêt, en spécifiant respectivement la police d'ordre public et la police de gestion des services publics – distinction qui n'a, précise-t-il, d'influence que sur « *la possibilité de la renonciation au droit, et aussi sur certaines relations entre les administrations et leurs concessionnaires de services publics* »[179].

> Ces précisions faites, la distinction de la police de l'ordre public et de la police de la gestion va nous être extrêmement commode pour introduire un peu de clarté dans la région si obscure où se combinent les stipulations contractuelles des concessions de services publics et les pouvoirs réglementaires de l'Administration[180].

En explicitant les desseins de Georges TEISSIER, le professeur toulousain ne se dissimule pas les implications de cette doctrine. Celle-ci tend à

[177] TEISSIER Georges, Conclusions prononcées sous l'arrêt *Compagnie des chemins de fer économiques du Nord* (C.E., 23 janvier 1903), *in* PANHARD Napoléon-Charles (dir.), *Recueil des arrêts du Conseil d'État…*, *op. cit.* (2e série, t. 73 ; année 1903), p. 65.
[178] *Id.*, p. 67.
[179] HAURIOU Maurice, Note sur l'arrêt *Compagnie des chemins de fer économiques du Nord* (C.E., 23 janvier 1903) [1904], *in Notes d'arrêts sur décisions du Conseil d'État et du Tribunal des conflits…*, *op. cit.*, t. 3 (1929), p. 464.
[180] *Ibid.*

favoriser une véritable compénétration entre les actes contractuels et les actes réglementaires. La dichotomie entre les actes d'autorité et les actes de police peut paraître affaiblie. C'est plutôt que les perspectives autour desquelles elle s'organisait sont réaménagées. Cela n'est qu'un aspect secondaire, sauf à montrer ce que cette distinction a de trop rigide pour saisir une opération aussi complexe que peut l'être la concession de service public. Plus tard, Gaston JÈZE analysa cet arrêt comme une « *solution moyenne* »[181] entre la thèse suivant laquelle « *la concession est, pour tous ses éléments, un acte contractuel* », et celle suivant laquelle « *il faut distinguer, dans la concession de service public, distinguer l'acte légal ou réglementaire d'organisation du service public, et l'acte contractuel de concession* »[182]. En un sens, cela est exact. Cependant, nous pensons qu'elle n'est pas une thèse de transition, quoique le Conseil d'État fit ultérieurement évoluer sa position. Le point de vue rétrospectif que l'arrêtiste adopte lui fit occulter la contingence de la jurisprudence administrative. La doctrine consacrée par Georges TEISSIER n'est pas une transaction temporaire entre deux thèses inconciliables déjà formalisées. Au contraire, elle traduit l'intention résolue d'organiser, par le biais du contrat, la latitude dont l'administration a besoin dans ses rapports avec ses concessionnaires. En somme, cet arrêt contractualise la responsabilité que l'administration conserve dans la gestion des services publics.

> Si le service est concédé, les actes par lesquels s'exerce la police du service tomberont au milieu de la situation de gestion créée entre l'Administration et son concessionnaire, et deviendront des éléments de cette situation, par conséquent des actes de gestion[183].

Cela ne fut pas sans incidences sur le régime contentieux des actes administratifs, selon qu'ils ressortissent à l'une ou l'autre de ces deux polices.

> Les mesures réglementaires imposant au concessionnaire des obligations nouvelles (qui dépassent celles du cahier des charges) ne peuvent être annulées s'il s'agit de la police d'ordre public, parce qu'elles constituent un *fait du prince*, mais elles donnent lieu à indemnité ; s'il s'agit de la police de la gestion du service public, les mesures réglementaires imposant des obligations nouvelles

---

[181] JÈZE Gaston, Note sur l'arrêt *Ministre des travaux publics c. Compagnie générale française des tramways* (C.E., 11 mars 1910), *in R.D.P.* 1910, p. 273.

[182] *Id.*, p. 271-272.

[183] HAURIOU Maurice, Note sur l'arrêt *Compagnie des chemins de fer économiques du Nord* (C.E., 23 janvier 1903) [1904], *in Notes d'arrêts sur décisions du Conseil d'État et du Tribunal des conflits…*, *op. cit.*, t. 3 (1929), p. 464.

peuvent être annulées parce qu'elles ne constituent pas un *fait du prince*[184].

La concession de service public contient des aspects irréductibles à la distinction classique entre actes d'autorité et actes de gestion. Celle-ci est développée par certains auteurs pour mieux appréhender la complexité de ce contrat. Ces efforts ont été consécutifs de l'affaiblissement de cette distinction, en précipitant ainsi sa métamorphose. Le cadre contractuel qui rend compte de la concession trouvait sa pertinence à une époque où le statut des usagers vis-à-vis des services concédés n'avait pas encore été mis en question. Maurice HAURIOU était cohérent avec l'idée qu'il se faisait alors de la concession de service public lorsque, en commentant l'arrêt *Compagnie des chemins de fer économiques du Nord*, il se la représente comme l'adjonction de deux contrats[185]. C'est ce qui lui fera dire à propos de l'arrêt *Compagnie générale française des tramways* qu'elle traversait une crise. Celle-ci consista dans l'altération du rôle du concessionnaire, réduit progressivement à celui d'un collaborateur de l'administration, mobilisant des capitaux pour le service concédé, sans pour cela en maîtriser le fonctionnement – cette responsabilité étant échue à l'administration.

414. Cette approche n'avait rien d'un processus qui ne serait parvenu à maturité qu'aux alentours des années 1910. Certes, en 1907, Maurice HAURIOU reconnaissait que, avec l'arrêt *DEPLANQUE*, « *le juge administratif* [avait mis] *la main sur l'opération de concession* »[186] – évolution annonçant la socialisation de la concession[187]. Pourtant, le modèle esquissé au début

---

184 *Id.*, t. 3, p. 469. Dans le même sens, *cf.* RIPERT Henri, « Des rapports entre les pouvoirs de police et les pouvoirs de gestion dans les situations contractuelles », *in R.D.P.* 1905, p. 38.

185 *Cf.* une autre note de Maurice HAURIOU, publiée la même année sur l'arrêt *BLANLEUIL & VERNAUDON c. Ville d'Angoulême* (C.E., 14 février 1902) [1904] (*in Notes d'arrêts sur décisions du Conseil d'État et du Tribunal des conflits…*, *op. cit.*, t. 3 (1929), p. 443).

186 HAURIOU Maurice, Note sur l'arrêt *DEPLANQUE c. Ville de Nouzon* (C.E., 31 mai 1907) [1907], *id.*, t. 3, p. 450.

187 Maurice HAURIOU s'était déjà attaché à repérer dans la jurisprudence administrative les indices permettant de caractériser les concessions de service public, moins comme un contrat dont les clauses eussent suffi pour son interprétation, mais plutôt comme un contrat pénétré des intérêts du service concédé. « *Nous ne voudrions pas trop presser le sens de cette réflexion du Conseil d'État, mais il nous semble qu'elle contient le germe d'un principe d'interprétation des contrats administratifs que l'on pourrait appeler le principe "de la bonne administration". Il signifierait qu'à moins de stipulation bien formelle, les administrations publiques ne doivent pas être censées avoir sacrifié les intérêts des contribuables ni ceux du public, qu'elles doivent être présumées avoir fait la meilleure opération possible.* (…) *Cela revient à dire que, lorsque l'Administration stipule dans un contrat relatif aux services publics, ce n'est ni dans son propre intérêt, ni dans celui de*

des années 1900 ne manquait pas de cohérence. Ce fut dans la seconde moitié de cette décennie que la concession de service public – confrontée à la valorisation de l'usager (*Syndicat des propriétaires du quartier Croix-de-Seguey-Tivoli*, 1906), l'intrusion du juge administratif dans le règlement du contentieux (*DEPLANQUE*, 1907) et l'intervention de l'administration dans le fonctionnement des services concédés (*Compagnie générale française des tramways*, 1910) – perdit de son caractère contractuel pour se rapprocher, sous la plume de Louis ROLLAND notamment, d'un modèle de collaboration proche du fonctionnariat. Cette évolution doit beaucoup aux critiques dirigées contre l'immutabilité des concessions, ce caractère faisant obstacle au développement des progrès techniques et scientifiques. C'est ce dont rend compte Eustache GAUDUCHEAU dans sa thèse de doctorat :

> Depuis quelques années un courant d'opinion semble se dessiner contre la concession.
>
> Plusieurs raisons expliquent cette défaveur de la concession : (...) surtout on reproche à la concession de gêner le développement économique du pays, de paralyser toute amélioration du service.
>
> En effet, pour être avantageuses vis-à-vis de l'administration concédante, les concessions doivent porter sur un certain nombre d'années, en général 90 ans. Pendant ce temps l'État va-t-il pouvoir modifier l'organisation du service et par voie de conséquence la situation du concessionnaire, afin de faire profiter les administrés de progrès réalisés dans le domaine de la science, ou dans le seul but d'apporter une amélioration dans le fonctionnement du service ?
>
> Il semble bien que l'État doive posséder un tel pouvoir, sans quoi la concession ne serait qu'un procédé d'exploitation très défectueux, comme entravant la marche déjà si lente du progrès et

---

son contractant, mais dans celui de la bonne administration. (...) [Le Conseil d'État] *en vient à signaler lui-même l'existence de ce quelque chose de particulier, de cet* aliquid novi *que l'on remarque dans l'exécution des services publics ou dans celle des contrats administratifs qui s'y rattachent. Ce quelque chose, il ne le définit pas encore, mais il le sent, il se rend compte que l'exécution d'un service public n'est pas une opération ordinaire, ni une affaire privée* » (Note sur l'arrêt *Compagnie parisienne du gaz c. Ville de Paris* (C.E., 12 mai 1900) [1901], *id.*, t. 3, p. 562-563). Peu après, il ajouta dans le même sens : « *1° Les Compagnies de l'éclairage au gaz ont fait reconnaître leur privilège pour l'éclairage n'importe par quel moyen ; 2° Mais ce privilège n'est pas à leur profit unilatéral, il a quelque chose de bilatéral ; en même temps qu'il constitue un monopole pour elles, il constitue pour les villes un* service public *; il est à double face, monopole d'un côté, service public de l'autre ; 3° Or, tout service public demande à être* assuré *et assuré pour le mieux, car l'Administration, c'est la* bonne administration » (Note sur l'arrêt *Compagnie nouvelle du gaz de Déville-lès-Rouen c. Commune de Déville-lès-Rouen* (C.E., 10 janvier 1902) [1902], *id.*, t. 3, p. 568).

ne permettant pas de tenir suffisamment compte des besoins nouveaux des administrés[188].

Ainsi, nous discernons deux séquences historiques dont la séparation peut être symboliquement marquée par la consécration officielle de la locution « concession de service public » en 1910[189]. Jusque vers le milieu des années 1900, la concession est plutôt envisagée au point de vue de la domanialité publique et des travaux publics. Rapprochée des marchés de travaux publics, elle conduit à s'interroger sur la manière dont l'administration peut aliéner ses prérogatives en matière de police domaniale au profit d'entreprises de travaux publics. Quelques années plus tard, nombre d'administrativistes préfèrent parler de concessions de service public. L'accent est porté sur la mutabilité du service public dont il s'agit d'adapter le fonctionnement, plutôt que sur le modèle économique défini pour la réalisation de travaux publics. C'est dans la sixième édition de son *Précis de droit administratif* (1907) – celle où il fait part de ses premières réflexions sur la théorie de l'institution, cela n'est pas fortuit – que Maurice HAURIOU augmente considérablement ses réflexions sur la nature de la concession. Au sujet de la définition de la concession de travaux publics, il écrit :

188 GAUDUCHEAU Charles, *Le concessionnaire de service public et l'autorité concédante (étude de jurisprudence)*, Rennes, Imprimerie Caillot & fils, 1912 (thèse de doctorat, faculté de Rennes ; présidée par ARTUR, professeur de droit administratif), p. 14-15. Cet auteur ajoute par dérision : « *Il suffit de supposer que tous les services publics aient été concédés en 1814, et de songer à tous les progrès réalisés depuis, principalement dans le domaine de l'éclairage et des transports, progrès qui pourtant ne seraient que purement théoriques si l'on reconnaissait à la concession un caractère intangible dans son ensemble. L'État eût-il concédé, à titre exclusif le service public de transport en commun à une entreprise de diligence nous devrions encore nous contenter de ce mode de locomotion, bien que depuis longtemps la traction à vapeur sur rails soit connue et pratiquement réalisée* » (*id.*, p. 15).

189 Maurice HAURIOU note que c'est le décret du 31 mai 1910, portant règlement d'administration publique pour l'exécution de l'article 96 de la loi du 8 avril 1910 modifiant l'organisation de la juridiction contentieuse du Conseil d'État, qui emploie pour la première fois cette locution. Son article 3 dispose en effet que « *les affaires que la section du contentieux, en audience publique, peut juger (…) sont celles concernant : les marchés de travaux publics ou de fournitures autres que les marchés portant concession de travaux ou de services publics* » (*Journal officiel* 1910 (1er juin), n° 147, p. 4670). Lui-même utilise cette locution pour la substituer à celle de concession de travaux publics dans sa note sur l'arrêt *BLANLEUIL & VERNAUDON* (1902), publiée au *Recueil Sirey* (1904). Et dans la sixième édition de son *Précis de droit administratif*, il écrit que, « *en réalité, la concession de travaux publics serait mieux nommée* concession de service public, *ou, comme on dit en Allemagne,* concession d'entreprise publique » (Paris, Larose & Tenin, 1907 (6e éd.), p. 691).

> Cette définition est surtout établie en vue de faire ressortir la différence qu'il y a entre la concession de travaux publics et le marché de travaux à l'entreprise. (…)
> Mais cette définition n'accorde pas assez d'importance à l'élément de service public qu'il y a dans l'opération ; de plus, elle a l'inconvénient de présenter comme entièrement contractuelle une situation, qui est certainement en partie institutionnelle. Il y a dans la concession de travaux publics, création par un acte d'autorité, d'un état de choses particulier qui est l'*état de service concédé* et qu'il faut rapprocher de la création ou de l'organisation du *service en régie*. Et ce n'est qu'une fois cette situation d'état établie, qu'une convention intervient entre l'Administration et le concessionnaire pour régler les droits et obligations qui en découlent pour chacun[190].

415. Mise en perspective historique des définitions doctrinales de la concession (seconde moitié du XIXe siècle). – Jusqu'à la fin du XIXe siècle, la concession de travaux publics soulève des interrogations en rapport avec les autres modes de réalisation des travaux publics : essentiellement la régie et le marché de travaux publics. Un auteur de la Monarchie de Juillet est souvent cité à cet égard : l'avocat Charles DELALLEAU[191]. En analysant la concession de travaux publics comme un contrat, celui-ci s'efforçait d'en déterminer la nature, par comparaison avec les marchés de travaux publics. La distinction est introduite au point de vue du mode de rémunération de l'entrepreneur. L'exploitation de chemins de fer, ponts, *etc.* n'est pas conçue comme la délégation d'un service, mais comme une contrepartie financière destinée à désintéresser le concessionnaire de l'investissement réalisé au titre de l'opération de travaux publics. Dans la seconde moitié du XIXe siècle, les administrativistes continuèrent d'associer les concessions aux travaux publics, si bien qu'ils ne se différencient guère de leurs prédécesseurs, qu'ils citent d'ailleurs[192]. De qui s'agit-il ? Tant des généralistes que des spécialistes

---

190 *Id*, p. 694.

191 DELALLEAU Charles, « Des droits et obligations des concessionnaires des travaux publics », *in R.L.J.* 1835, I, p. 177 & 358 ; 1837, V, p. 140 (article inachevé).

192 Au côté de cet auteur qui apparaît comme le premier à avoir analysé de manière approfondie la nature des concessions de travaux publics, un autre est très souvent cité. Il s'agit de celui ayant écrit l'article « Concession administrative », inséré dans le *Répertoire méthodique et alphabétique de législation, de doctrine et de jurisprudence* de DALLOZ (t. 12, 1851). Plusieurs indices indiquent que son auteur est probablement Jules DUFAURE, avocat, conseiller d'État, député et ministre des travaux publics. Il fut, auprès de la Chambre des députés, rapporteur de ce qui devint la loi du 11 juin 1842, relative à l'établissement des grandes lignes de chemin de fer. Cet article fut augmenté dans le

des travaux publics. Ce qui ne veut pas dire que leurs propos se ressemblent en tout et pour tout. Seulement, leur manière d'appréhender la concession de travaux publics est semblable. Pour les premiers[193], nous

---

Supplément au Répertoire méthodique et alphabétique de législation, de doctrine et de jurisprudence (t. 3, 1888). Cette note de bas de page nous donne l'occasion d'évoquer les autres répertoires et dictionnaires, en rapportant la manière dont ils ont intégré le terme « Concession ». Avec l'article précité du *Répertoire méthodique* de DALLOZ, il faut ajouter celui des *Pandectes françaises* de RIVIÈRE (t. 19, 1895). Cependant, l'article « Concession administrative » est peu original : il glose des définitions prises chez d'autres auteurs, se bornant pour le reste à introduire des renvois, dont un à l'article « Concession de travaux publics ». Certains firent à l'occurrence « Concession » un simple renvoi à d'autres occurrences : tels le *Répertoire encyclopédique du droit français* de LABORI (t. 3, 1890) et le *Répertoire général alphabétique du droit français* de FUZIER-HERMAN (t. 12, 1894). D'autres n'indiquèrent un renvoi qu'à l'occurrence « Concession de mines », tel le *Répertoire général* de LEDRU-ROLLIN (t. 4, 1846). D'autres enfin proposèrent une définition très sommaire, complétée de renvois. Tels le *Dictionnaire général d'administration* de BLANCHE (1849) et le *Répertoire du droit administratif* de BÉQUET (t. 8, 1891 ; la définition qui s'y trouve est rigoureusement identique à celle du dictionnaire précité). La définition est celle usuellement reçue au cours du second XIXe siècle. Dans le dictionnaire de BLANCHE, on y lit : « *Les concessions compensent par des droits les charges qu'elles imposent aux concessionnaires, et par des obligations les avantages qu'elles leur assurent. Ainsi, en retour des frais d'établissement qu'il leur a fallu d'abord supporter, et pendant un temps déterminé qui constitue la* durée de la concession, *les compagnies concessionnaires d'un chemin de fer, d'un pont, ont droit à l'exploitation de ce chemin, à la perception des péages régulièrement établis pour l'usage du pont* ». C'est une définition tout à fait similaire que nous retrouvons dans le *Dictionnaire de l'administration française* de BLOCK (1856). Ces précisions ne signifient pas que la concession – comme mode d'exécution des travaux publics – est négligée, mais c'est qu'elle est alors envisagée sous l'occurrence « Travaux publics ».

193 Nous aurions pu également rapporter les auteurs de manuels universitaires : seulement les définitions de la concession des travaux publics y sont souvent identiques. Nous nous contentons de mentionner les ouvrages pertinents (les dates indiquent celle de l'édition *princeps* lorsqu'il y en eut plusieurs) : Paul PRADIER-FODÉRÉ (*Précis de droit administratif*, 1853), Louis CABANTOUS (*Répétitions écrites sur le droit administratif*, 1854), Émile VAUVILLIERS (*Manuel de droit administratif*, 1854), Jean CHANTAGREL (*Droit administratif théorique et pratique*, 1858), Anselme-Polycarpe BATBIE (*Précis du cours de droit public et administratif*, 1860), François BŒUF (*Résumé de répétitions écrites sur le droit administratif*, 1866), A. AUMONT (*Manuel de droit administratif*, 1868), Alexandre PELLOT (*Leçons manuscrites de droit public et administratif*, 1869), Paul DELOYNES (*Précis de droit administratif*, 1872), Alfred GAUTIER (*Précis des matières administratives dans leurs rapports avec les matières civiles et judiciaires*, 1879), Alfred DIEUDONNÉ (*Manuel de droit administratif*, 1883), Théodule-Henri VAQUETTE & A. LE BALLEUR (*Cours résumé de droit administratif*, 1884), Maurice COLIN (*Cours élémentaire de droit administratif*, 1890), Jean-François MARIE (*Éléments de droit administratif*, 1890), René FOIGNET (*Manuel élémentaire de droit administratif*, 1893 – 2e éd., la première est inconnue), Maurice JOURNÉ (*Précis élémentaire de droit administratif*, 1904), Ferdinand BERNARD (*Notions élémentaires de droit administratif*, 1907) et Félix MOREAU (*Manuel de droit administratif*, 1909). Il n'y a que l'ouvrage de Fernand MARIN qui insiste sur la coexistence d'une opération de travaux et l'exploitation d'un service public (de

visons les professeurs parisiens BATBIE[194] et DUCROCQ[195], ainsi que SIMONET – chef de bureau à la préfecture de la Seine[196]. S'y ajoutent le professeur dijonnais SERRIGNY[197], l'avocat aux Conseils DARESTE[198] et le président LAFERRIÈRE[199], dont les ouvrages sont spéciaux au contentieux administratif. Pour les seconds, nous visons AUCOC[200], professeur à l'École des ponts et chaussées ; PICARD, président de la section des travaux publics du Conseil d'État[201] ; LECHALAS[202], ingénieur en chef des ponts et chaussées ; COLSON, ingénieur en chef des ponts et chaussées et conseiller d'État[203] ; les avocats aux Conseils DUFOUR[204], PERRIQUET[205],

---

voirie) (*Manuel du cours de droit administratif, suivi de tableaux synoptiques et d'un résumé*, Paris, Marescq jeune, 1879, p. 234).

194 BATBIE Anselme-Polycarpe, *Traité théorique et pratique de droit public et administratif, contentant l'examen de la doctrine et de la jurisprudence ; la comparaison de notre législation avec les lois politiques et administratives de l'Angleterre, des États-Unis, de la Belgique, de la Hollande, des principaux États de l'Allemagne et de l'Espagne ; la comparaison de nos institutions actuelles avec celles de la France avant 1789*, Paris, Larose & Forcel, 1885-1886 (2e éd., 8 vol.), t. 7 (1885), p. 241.

195 DUCROCQ Théophile, *Cours de droit administratif…*, *op. cit.* (7e éd.), t. 2 (1897), p. 248.

196 SIMONET Jean-Baptiste, *Traité élémentaire de droit public et administratif*, *op. cit.* (4e éd., 1902), p. 554.

197 SERRIGNY Denis, *Traité de l'organisation de la compétence et de la procédure en matière contentieuse administrative, dans leurs rapports avec le droit civil*, Paris, Durand, 1865 (2e éd., 3 vol.), t. 2, p. 182.

198 DARESTE Rodolphe, *La justice administrative en France*, Paris, Durand, 1862 (1re éd.), p. 333-334).

199 LAFERRIÈRE Édouard, *Traité de la juridiction administrative et des recours contentieux*, Paris, Berger-Levrault & Cie, 1896 (2e éd., 2 vol.), t. 1, p. 605.

200 AUCOC Léon, *Conférences sur l'administration et le droit administratif, faites à l'École des ponts et chaussées*, Paris, Vve Dunod, 1885-1886 (3e éd., 3 vol.), t. 2 (1886), p. 302 et 423.

201 PICARD Alfred, *Traité des chemins de fer…*, *op. cit.* (1887), t. 2, p. 115.

202 LECHALAS Georges, *Manuel de droit administratif. – Services des ponts et chaussées et des chemins vicinaux*, Paris, Baudry, 1889-1898 (3 vol.), t. 2 (1893), p. 332. Cet auteur reprend purement et simplement la définition proposée par Eugène PERRIQUET.

203 COLSON Clément, *Abrégé de la législation des chemins de fer et tramways*, Paris, Dupont, 1905 (2e éd.), p. 23.

204 DUFOUR Gabriel, *Traité général de droit administratif appliqué ou exposé de la doctrine et de la jurisprudence concernant l'exercice de l'autorité du chef de l'État, des ministres, des préfets, des sous-préfets, des maires, des conseils de préfecture, de la cour des comptes, du Conseil d'État ; l'Algérie, les colonies, les ateliers insalubres, les bacs et bateaux, les bois et forêts, les chemins de fer, les chemins vicinaux, les communes, les conflits, les contributions, les cours d'eau*, etc., etc., Paris, Delamotte, 1868-1870 (3e éd., 8 vol.), t. 8, p. 186.

205 PERRIQUET Eugène, *Traité théorique et pratique des travaux publics, comprenant les règles en matière de marchés, travaux en régie, concessions de chemins de fer, canaux, ponts, marais, dommages, extraction de matériaux, occupation temporaire, associations syndicales, travaux de défense, curage, irrigation, chemins ruraux, plus-values ou bénéfices indirects*, Paris, Marchal, Billard & Cie, 1883 (2 vol.), t. 2, p. 3.

et CHRISTOPHLE[206] ; ainsi que le professeur lyonnais ENOU[207].

416. Tandis qu'une certaine conception de la concession de travaux publics fonde son caractère sur le mode de rémunération de l'entrepreneur, des divergences apparaissent à partir du milieu du XIXe siècle – lesquelles insistent sur l'idée d'exploitation. La raison tient vraisemblablement à la multiplication des entreprises de travaux publics, amplifiée par l'initiative accrue des municipalités à partir des années 1880. Les modèles de financement des travaux publics se sont diversifiés corrélativement à leur municipalisation. Lorsque les entrepreneurs ne sont pas rémunérés à forfait comme pour les marchés de travaux publics, ils le sont parfois directement par l'autorité concédante au lieu de percevoir une redevance auprès des usagers, sous forme d'annuités versées en rétribution de la construction d'un ouvrage public et des fournitures réalisées. Si bien qu'en définitive, d'aucuns sont amenés à s'interroger sur la cohérence de la concession, catégorie juridique protéiforme : « *Les concessions se présentent sous les aspects les plus variés.* (…) *En réalité, la concession n'est qu'une sorte de moule qui peut contenir les contrats les plus divers : marché de travaux publics, contrat de transport, marché de fournitures,* etc. »[208]. En réaction à la diversification des formes contractuelles prises par la concession (l'emploi du singulier est orienté), Albert DREYFUS – dans sa thèse de doctorat – entreprend précisément d'en proposer une définition générique :

> Il existe « des » concessions : nous étudions « la » concession. De ces contrats sans fixité, abandonnés à la liberté des conventions, nous avons essayé de faire un contrat défini, ayant ses règles d'interprétation. (…) Nous inspirant des concessions actuellement existantes, et surtout des données précieuses de la jurisprudence

---

[206] CHRISTOPHLE Albert & AUGER Paul, *Traité théorique et pratique des travaux publics*, *op. cit.* (2e éd.), t. 2 (1890), p. 5.

[207] ENOU Louis, *Traité théorique et pratique de droit administratif* [tome premier. – Les travaux publics], Paris, Rousseau, 1903, p. 75. Louis ENOU est décédé le 11 mars 1897. Deux de ses anciens étudiants (E. PICARD et E. VEUILLET) assurèrent la publication de son traité, en prenant soin de le mettre au courant de la législation et de la jurisprudence. Si l'ouvrage porte la mention « Tome premier. – Les travaux publics », il apparaît qu'aucun autre volume n'a été publié.

[208] CRUVEILHIER Jean, « Les concessions d'éclairage », *in R.G.A.* 1899, II, p. 142-143. Docteur et avocat, cet auteur publia cet article en sept livraisons, lesquelles furent réunies dans un tiré-à-part : *Essai sur les concessions d'éclairage et notamment sur la concurrence électrique* (Paris, Berger-Levrault, 1900).

> nous chercherons à dégager des traits communs pour arriver aux éléments caractéristiques de « la concession »[209].

Plusieurs thèses de doctorat écrites dans les décennies 1890 et 1900 donnent une idée de la manière dont la conception du contrat de concession a glissé d'un point de vue à un autre. Nous nous proposons de les examiner afin de préciser en quels termes et à quels propos ces évolutions sont intervenues. La diversité des doctrines développées à ce sujet est propre à nous montrer que les divergences tiennent au moins autant à la personnalité des auteurs qu'au point de vue où ils se sont placés pour appréhender les concessions.

[209] DREYFUS Albert, *Étude juridique de la concession de travaux publics*, Paris, Pedone, 1896 (thèse de doctorat, faculté de Paris ; présidée par DUCROCQ, professeur de droit administratif), p. 2-3.

Section 2. – De l'entreprise d'un travail public à l'exploitation d'un service public : les vicissitudes doctrinales du contrat de concession

417. Un essai doctrinal tendant à subsumer la disparité des concessions sous une définition générique (Dreyfus). – En 1896, Albert Dreyfus se place sur un plan différent par rapport aux auteurs cités plus haut, pour lesquels le droit de percevoir une redevance sur les usagers est le caractère essentiel de la concession de travaux publics. Son dessein est de caractériser un ensemble d'opérations qui convergent en ceci que l'entrepreneur amortit son investissement en exploitant économiquement l'ouvrage dont il a réalisé la construction.

> Alors que dans les marchés de travaux publics il n'y a qu'une période, la période de construction, dans les concessions nous en discernons une deuxième, pendant laquelle le concessionnaire joue le rôle d'entrepreneur de service public. (…)
>
> Construction et exploitation, tels sont les deux termes auxquels nous arrivons pour définir la concession de travaux publics. (…)
>
> Et même, allant plus loin ne peut-on pas dire que ce qui a été concédé, ce n'est pas tant l'exécution d'un travail d'utilité publique sous la condition de l'exploitation d'un service public sous la condition d'exécuter les travaux nécessaires[210].

Sans nous attarder dans les détails de sa démonstration, seul nous importe le fait que cet auteur fonde le propre de la concession de travaux publics sur un lien contractuel dont la stabilité doit être suffisamment garantie pour que le concessionnaire puisse espérer une rétribution satisfaisante. Aussi accorde-t-il une importance inédite à l'exploitation du service concédé, dans le fil d'un propos qui présente la concession comme consistant moins à percevoir un droit de péage (de nature quasi fiscale), qu'à réclamer à l'usager un prix en contrepartie d'un service rendu. En réévaluant les modèles de concession, Albert Dreyfus distingue ce qui jusqu'alors laissait le plus souvent indifférent, c'est-à-dire la distinction entre le travail public et le service public.

> À l'égard des droits du concessionnaire de travaux publics sur les dépendances du domaine public, la concession de travaux publics se rapproche des concessions faites à titre précaire sur le domaine inaliénable. Pendant la période d'exploitation, le concessionnaire n'est autre chose qu'un concessionnaire de service pu-

[210] *Id.*, p. 37-39.

> blic, usant pour assurer ce service, du domaine public, en vertu de l'autorisation que la concession de travaux implique[211].

En déplaçant son point de vue de la perception d'une taxe parafiscale à l'exploitation d'un service rémunérateur, il appréhende plus aisément la nature des obligations du concessionnaire. Celles-ci ne tiennent pas seulement à la réalisation d'un ouvrage public – ce sur quoi s'attardaient les auteurs d'ouvrages spéciaux aux travaux publics –, mais encore aux conditions dans lesquelles son exploitation est assurée. Car celle-ci emporte pour le concessionnaire des sujétions particulières.

> L'exploitation n'est pas seulement un droit pour le concessionnaire. (…)
> L'administration doit veiller, en vertu de son droit général de contrôle, sur le service d'exploitation. Notamment le concessionnaire ne pourra pas prétexter des réparations d'entretien pour interrompre un service ; il ne devra y procéder que successivement de manière que le service public soit constamment assuré[212].

Tant et si bien que cet auteur contribue à développer une représentation des choses moins arquée sur la réalisation d'un travail public et davantage tournée vers la gestion d'un service public – laquelle doit permettre la rétribution du concessionnaire en compensation des capitaux engagés. Ce modèle générique de la concession renvoie à un équilibre contractuel qui est déterminé par une exploitation économique pondérée par les exigences inhérentes au service public concédé. D'où découlent tant les obligations du concessionnaire, que la question du monopole de fait et de l'inaliénabilité du domaine public.

> Pour mettre d'accord des principes qui semblent se contrarier, à savoir l'inaliénabilité du domaine public et les concessions permettant à un particulier d'exploiter une partie de ce domaine, il faut faire appel à des idées toutes différentes : il faut en quelque sorte changer le point de vue sous lequel on considère en général les concessions de travaux publics. Ce qui est concédé, ce n'est pas un droit sur les ouvrages, (…) c'est le droit de pourvoir à un service public. (…) Le concessionnaire n'aura de droit sur les dépendances du domaine public que dans les limites où il aura besoin d'en faire usage pour son exploitation[213].

Cela ressort plus encore de l'idée qu'il se fait du principe sous-jacent à

---

211 *Id.*, p. 21.
212 *Id.*, p. 74-75.
213 *Id.*, p. 117.

l'opération de concession :

> La règle d'interprétation qui doit dominer et dont nous nous sommes constamment inspirés, c'est que d'une part les parties ont en vue d'assurer le succès de l'exploitation, et que, d'autre part l'État n'a pas pu abdiquer son droit de veiller à la satisfaction des besoins généraux[214].

La représentation de la concession de travaux publics s'est métamorphosée sans que sa génétique n'ait été bouleversée. L'émergence d'activités économiques inédites et la décentralisation administrative ont renouvelé le modèle concessif qui reposait essentiellement sur l'idée d'une délégation du droit de percevoir des taxes, assimilées à des impôts indirects. D'un mode de réalisation des travaux publics à un mode de financement des services publics, le point de vue adopté par un auteur comme Albert DREYFUS attire l'attention sur des aspects négligés ou qui – en ce qui concerne ceux se rapportant à l'exploitation du service concédé – ont été jusqu'alors absorbés par une interprétation extensive de la notion de travail public (justifiée pour des motifs d'économie juridictionnelle). Cette démarche s'inscrit dans le souci de recadrer la définition de ce contrat par rapport aux principales difficultés pratiques qu'il pouvait susciter au regard d'un environnement économique et technique évolutif.

418. La nature contractuelle des concessions mise en débat à propos des monopoles communaux. – Parmi les difficultés que les concessions soulevaient, une en particulier se distingue des autres : celle des monopoles communaux édifiés à l'avantage des concessionnaires. Dans le milieu du XIXe siècle, les concessions de travaux publics concernaient le plus souvent les transports – chemins de fer, bacs et bateaux, ponts, *etc.* Elles étaient moins à même de poser des questions de concurrence susceptibles de mettre en danger la rentabilité de l'opération concessive[215]. C'est à propos de l'éclairage public que ces questions se sont présentées, lorsque certaines communes choisirent de passer successivement plusieurs concessions, menaçant ainsi la viabilité économique de la

---

214 *Id.*, p. 160.

215 Cette éventualité fut souvent envisagée dans les cahiers des charges. Léon AUCOC l'évoque pour résumer l'esprit général des droits du concessionnaire : « *L'État ne doit rien faire qui nuise à la concession, quand il a expressément déterminé les actes dont il devrait s'abstenir, par exemple, lorsque, en concédant un pont à péage, il s'est engagé à ne pas laisser établir un autre pont ou un passage d'eau dans un certain rayon* » (*Conférences sur l'administration et le droit administratif…*, *op. cit.* (1re éd.), t. 2 (1870), p. 243).

concession initiale. La question fut soulevée de déterminer dans quelle mesure l'obligation par laquelle la commune s'interdisait dans le « contrat de concession » de ne délivrer aucune permission de voirie à des compagnies concurrentes s'imposait au respect de la municipalité concédante. Dans les années 1880, le professeur caennais TOUTAIN s'en empara pour la soumettre à une discussion dont les termes n'avaient encore jamais été posés avec une telle acuité.

> Quelle est la valeur juridique de cette organisation de l'éclairage au gaz dans les diverses rues et places publiques d'une ville ? Les concessionnaires qui sont en possession de cette industrie pourraient-ils craindre d'être lésés par de nouvelles concessions ou autorisations qui seraient accordées à d'autres industriels, soit par l'État ou par le département en ce qui concerne les rues faisant suite aux routes nationales ou départementales, soit par la ville elle-même qui permettrait ainsi une concurrence plus ou moins redoutable aux intérêts du concessionnaire primitif ?[216]

Ce qui nous importe, c'est le cadre dans lequel les définitions proposées s'inscrivent. Il y a deux perspectives auxquelles les concessions sont rapportées : elles sont tantôt interrogées au point de vue des monopoles communaux et de leur efficience économique ; tantôt au point de vue du domaine public et des prérogatives dévolues à l'administration concédante pour assurer la police de sa conservation.

419. En traitant des monopoles communaux, certains auteurs ne considèrent plus tant la réalisation d'un travail public, mais la capacité juridique des communes à organiser les services municipaux[217]. À cet égard, Eustache PILON traite moins des concessions de travaux publics que des monopoles communaux, cela le conduisant à critiquer le modèle concessif et à lui préférer – pour l'exploitation des services municipaux – le modèle de la régie. C'est encore la démarche d'André SAUSSOY[218] et, plus modestement, celle de Pierre LÉON[219]. Cette perspective est toute diffé-

---

[216] TOUTAIN Robert, « Des autorisations et des contrats portant concession en ce qui concerne l'éclairage au gaz dans les villes », *in R.G.A.* 1882, II, p. 261.

[217] *Cf.* PILON Eustache, *Monopoles communaux. – Éclairage au gaz et à l'électricité. – Distribution d'eau et de force motrice. – Omnibus. – Tramways. – Étude de droit administratif et de science économique*, Caen, Imprimerie Valin, 1898 (thèse de doctorat, faculté de Caen ; présidée par VILLEY, professeur d'économie politique).

[218] *Cf.* SAUSSOY André, *Les monopoles communaux issus de concessions sur le domaine public*, Sens, Duchemin, 1903 (thèse de doctorat, faculté de Paris ; présidée par SAUZET, professeur de droit administratif).

[219] *Cf.* LÉON Pierre, *Du monopole de l'éclairage et du chauffage par le gaz à Paris*, Paris, Cheva-

rente de celle d'Albert DREYFUS, car elle traite des services municipaux pour rechercher le modèle d'exploitation le plus avantageux pour les usagers. C'est ainsi qu'Eustache PILON tend à démontrer que les communes disposent de droits de puissance publique les rendant légitimes à organiser un service public, la concession n'étant pas exclusif d'autres modes de gestion.

> On dit à la commune : comme personne administrative, vous avez des droits de puissance publique, vous avez le droit de créer des services publics ; mais ces droits, vous ne pouvez les exercer, ces services que vous avez créés, vous ne pouvez les exploiter. La loi vous donne un droit, mais à la condition que vous en déléguiez l'exercice à des particuliers.
>
> Étrange paradoxe, qui vient d'une méconnaissance de la nature des droits de puissance publique. Ces droits, en effet, sont-ils autre chose que des droits de souveraineté, c'est-à-dire (...) des droits appartenant à tous les citoyens. Ceux-ci, ne pouvant les exercer eux-mêmes, en délèguent l'exercice aux personnes administratives, seules aptes à respecter leur destination essentielle d'utilité publique. Il est donc conforme à leur nature et à leur destination que la personne administrative à laquelle ils ont été délégués les exerce. Et voilà pourquoi le droit administratif a posé ce principe dont nous avons fait le pivot de notre démonstration : les droits de puissance publique ne doivent être exercés que par l'État, ou par les personnes administratives membres de l'État[220].

Sa définition de la concession annonce les conclusions de sa thèse de doctorat. Et s'il rapproche les concessions des services municipaux des entreprises de travaux publics, à l'instar de plusieurs de ses contemporains[221], il ne fait pas moins preuve d'une certaine originalité lorsqu'il définit la nature de la concession.

> L'on se divise encore sur la nature de cet acte contractuel qu'est devenue la concession : « contrat *sui generis* » ou « acte *sui generis* » pour les uns, « traité de concession » ou « contrat bilatéral en soi » pour les autres.
>
> En un mot, on fait un alliage de deux actes de nature différente pour en forger un acte unique de nature contractuelle[222].

lier-Marescq, 1901 (thèse de doctorat, faculté de Paris ; présidée par SAUZET, professeur de droit administratif).

220 PILON Eustache, *Monopoles communaux...*, *op. cit.* (1898), p. 205.

221 *Id.*, p. 90.

222 *Id.*, p. 65.

420. La double nature de la concession de travaux publics : faire construire et financer. – En estimant qu'« *il y a un contrat adjoint à une concession, et non un acte unique de nature contractuelle* »[223] et que celui-là « *est un contrat de même nature que le marché de travaux publics* »[224], Eustache PILON avance une distinction dont la raison d'être tient au dessein de cet auteur : celui de démontrer que, en concédant à une compagnie un service municipal, les communes recourent non pas à une convention en tant que telle, mais choisissent un mode d'exécution des travaux publics qui est réversible par cela même qu'il implique l'aliénation du domaine public[225].

> On a fait un contrat de la concession, alors qu'elle n'était que le prix stipulé dans ce contrat ; et, d'autre part, on a fait un contrat d'une nature spéciale de ce qui est un simple marché de travaux publics rémunérés, au moyen d'une concession du droit d'utiliser ces travaux[226].

En somme, il tend à convaincre que les traités de concession ne se réduisent pas à des contrats, écartant ainsi l'idée suivant laquelle, dans ces traités, il n'y aurait rien d'autre de respectable que les consentements échangés. D'où la faculté pour la commune de substituer, en cours d'exécution du contrat, une rémunération à une autre : un prix forfaitaire à un droit de percevoir des redevances par exemple – pourvu que cela reste neutre financièrement pour le concessionnaire.

> Il est certain que la commune qui fait un marché pour l'entreprise des services communaux dont il s'agit, avec concession d'un monopole de fait, agit comme puissance publique. Elle fait, en effet, un acte de gestion à l'occasion du domaine public ; or, les actes de gestion sont essentiellement imprégnés de puissance publique, et d'ailleurs, comme tous les actes de gestion, celui-ci confère à l'entrepreneur des droits irrévocables *vis-à-vis de la commune.*
>
> Mais il faut bien noter que, *sur la dépendance du domaine public* dont il a l'exploitation, il a toujours au contraire un droit précaire,

223 *Id.*, p. 83.
224 *Id.*, p. 81.
225 *A pari* : LÉON Pierre, *Du monopole de l'éclairage et du chauffage par le gaz à Paris*, *op. cit.* (1901). La définition de la concession qu'il y développe est similaire à celle d'Eustache PILON (*id.*, p. 32 *sq.*).
226 PILON Eustache, *Monopoles communaux…*, *op. cit.* (1898), p. 82.

la clause de rachat étant essentielle au traité adjoint à la concession[227].

Lorsque cet auteur parle de l'existence d'un « *contrat de droit public* » – qu'il nomme encore « *contrat administratif* » –, il n'évoque rien d'autre que celui « *dont le contentieux est de la compétence des tribunaux administratifs* ». Tandis que le « *contrat de droit privé* » est celui « *relevant des tribunaux judiciaires* »[228]. À vrai dire, si Eustache PILON développe un point de vue singulier, c'est en envisageant les différents modes d'exécution de ces travaux comme autant de moyens de financement, dont l'un peut être substitué à l'autre en pleine exécution du contrat. Il ne regarde pas les conventions comme intangibles, l'entrepreneur n'ayant droit en définitive qu'à la rémunération qu'il a négociée.

> Qu'est-ce en effet que la concession, c'est la rémunération de l'entreprise, c'est le prix. La commune peut faire deux choses : payer en argent directement à l'entrepreneur ; ou, si elle veut épargner ses finances, « battre monnaie avec ses droits de puissance publique », et en concéder l'exercice à l'entrepreneur. Donc, pour l'entrepreneur, la concession vaut de l'argent ; c'est le paiement de son prix « d'après les bases fixées par le traité ». Donc aussi il y a seulement, dans les deux marchés que nous mettons en parallèle, l'un qui stipule le prix payable en argent, l'autre qui le stipule payable en monnaie de puissance publique, une différence dans la nature du prix[229].

421. Il est vrai que des administrativistes avaient déjà spécifié la concession par le droit de percevoir des redevances sur les usagers des ouvrages publics réalisés. Pour autant, Eustache PILON présente la situation du concessionnaire sous l'aspect d'une aliénation contractuelle du domaine public. Si bien que l'inaliénabilité de ce domaine doit permettre d'y mettre fin lorsque la commune concédante l'estime opportun, pour peu qu'elle désintéresse *in fine* le concessionnaire. L'on pourrait peut-être, rétrospectivement, y voir la préfiguration des raisonnements qui, quelques années plus tard, distinguèrent entre les nécessités propres aux services publics concédés et l'équilibre économique de la concession. Cela n'est pas inexact, sans être tout à fait juste. En effet, cet auteur écrit à une époque où, en la matière, la compétence administrative repose exclusivement sur l'existence d'un travail public, le critère du service pu-

[227] *Id.*, p. 72.
[228] *Id.*, p. 71-72.
[229] *Id.*, p. 81.

blic n'étant toujours qu'un critère essentiellement associé à la théorie de l'État-débiteur en matière de responsabilité délictuelle[230]. Les contrats des communes relevant en principe de la compétence judiciaire, la notion de travail public est un élément cardinal pour conserver à la compétence administrative le contentieux des concessions sans lui faire perdre sa cohérence.

> Le contentieux administratif est (...) très étendu : d'une façon générale, il englobe toutes les contestations entre la commune et l'entrepreneur concessionnaire sur toutes les clauses du traité et sur toutes les difficultés qui naissent à propos du travail public ; la compétence judiciaire connaît, au contraire, des litiges entre l'entrepreneur concessionnaire et les tiers, et de ceux-ci seulement.
> Ainsi se trouve déterminée la nature juridique du marché d'entreprise d'un service communal (eau, éclairage, transport) : c'est un marché de travaux publics, rétribués au moyen d'une concession faite à l'entrepreneur du droit de les utiliser en percevant une taxe sur les particuliers[231].

C'est pourquoi, les concessions sont irrésistiblement analysées comme un moyen de financer des travaux publics, plutôt que d'organiser le fonctionnement d'un service public. C'est une technique budgétaire consistant pour le concédant à se soustraire de la charge financière que représente l'investissement et, de la sorte, de mobiliser des capitaux privés en garantissant au concessionnaire la réalisation d'un profit auprès des usagers du service concédé. C'est la même approche qui amena un avocat – Jean CRUVEILHIER – à assimiler la concession d'éclairage à un contrat d'échange[232]. Peu après Eustache PILON, André SAUSSOY développe en substance la même analyse juridique de la concession[233]. En s'attachant aux jouissances privatives afférentes au domaine public, Paul REGRAY – cofondateur de la *Revue des concessions* – adhère également à cette dissociation : il refuse de regarder la concession comme un acte monolithique, auréolé des principes naturels qui régissent les contrats et parmi lesquels figure en première place le principe d'intangibilité des obligations.

> La concession, perpétuelle ou trentenaire, s'analyse, en définitive, en un acte de puissance publique, accompagné d'une conven-

---

230 *Cf.* par exemple DUCROCQ Théophile, *Cours de droit administratif...*, *op. cit.* (7e éd.), t. 5 (1904), p. 11 *sq.*

231 PILON Eustache, *Monopoles communaux...*, *op. cit.* (1898), p. 90.

232 CRUVEILHIER Jean, « Les concessions d'éclairage », *in R.G.A.* 1899, II, p. 145-147.

233 SAUSSOY André, *Les monopoles communaux issus de concessions sur le domaine public*, *op. cit.* (1903), p. 17.

> tion, analogue au contrat de louage, par lequel la commune s'engage à fournir au concessionnaire ou à ses successeurs, la jouissance – à perpétuité ou pendant trente ans – d'un terrain déterminé ou d'un terrain d'égale superficie[234].

Plus loin, il rapproche de ce modèle théorique la concession de travaux publics comme l'un de ses plus illustres exemples :

> Le type le plus usuel [du contrat par lequel un particulier jouit privativement d'une parcelle du domaine public], est la concession de travaux publics, soit qu'il s'agisse de l'exécution d'un travail public, soit qu'il s'agisse seulement de l'exploitation d'un ouvrage existant, destiné à un service public. L'occupation privative du domaine n'est pas ici l'objet principal du contrat ; elle n'est qu'une des conditions de la réalisation du marché[235].

Si, dans ce dernier cas, l'auteur traite des permissions de voirie, l'approche est la même que celle qui tend à différencier l'utilisation privative du domaine public et l'exécution des travaux publics[236].

422. La concession, contrat irréductible au droit civil : une doctrine classique procédant d'une approche contentieuse. – Un autre docteur – Jean GUILLOUARD – défend une thèse différente des auteurs précités, en ce qu'elle emprunte à Édouard LAFERRIÈRE[237]. D'après celui-là, la concession est un contrat – un « *contrat de droit public* »[238] qui présente « *toutes les apparences des contrats, en ce sens que nous nous trouvions en présence de deux volontés libres, capables, assumant l'une envers l'autre des obligations, en un mot que les trois conditions requises pour l'existence des contrats, liberté, capacité, objet,*

234 REGRAY Paul, *Des faits de jouissance privative dont le domaine public est susceptible*, Paris, Rousseau, 1900 (thèse de doctorat, faculté de Paris ; présidée par BERTHÉLEMY, professeur de droit administratif), p. 108.

235 *Id.*, p. 109.

236 Il est vraisemblable que Paul REGRAY ait été l'auteur de l'article introductif à la *Revue des concessions* (« Les concessions », *in Revue des concessions* 1902, p. 9). La distinction entre les concessions et les permissions de voirie y est développée dans les mêmes termes.

237 En contrepoint, nous mentionnerons la réfutation développée à l'encontre de l'existence de ce genre de contrat, faite par Henry NÉZARD dans une thèse remarquée de ses contemporains : *Théorie juridique de la fonction publique*, Paris, Larose, 1901 (thèse de doctorat, faculté de Paris ; présidée par BERTHÉLEMY, professeur de droit administratif), p. 240 *sq.*

238 GUILLOUARD Jean, *Conception et nature juridique de quelques actes administratifs : autorisations, actes d'exécutions, concessions*, Paris, Pedone, 1903 (thèse de doctorat, faculté de Caen ; présidée par LE FUR, professeur de droit administratif), p. 306.

étaient ici réunies »[239]. L'interdépendance entre la concession et le traité qui y est adjoint est telle qu'il ne lui apparaît pas opportun de les distinguer, tant l'un et l'autre sont indissociables.

> N'y a-t-il pas (...) qu'une seule et même manifestation d'activité juridique, un véritable accord contractuel, dans lesquels, sans nul doute et eu égard à la situation prépondérante de l'un des contractants, il y a des parcelles de puissance publique, mais où on ne saurait voir ici un acte double et dans une dépendance entière l'un de l'autre[240].

Et plus loin de proposer une classification des actes administratifs entérinant la distinction entre les actes d'autorité et les actes de gestion. Ses préoccupations sont quelque peu différentes des auteurs précités : elles sont orientées vers le contentieux administratif, à l'aune duquel il s'efforce de différencier les actes selon qu'ils sont ou non créateurs de droits[241]. Suivant ce point de vue, la concession lui apparaît moins comme un acte par lequel l'administration dispose du domaine public, que comme un contrat où se mêle des éléments de patrimonialité et de puissance publique[242]. Plutôt que d'être fondée sur le motif spécial du travail public (justifiant la compétence des conseils de préfecture), la compétence administrative s'impose à raison de la prégnance de la puissance publique – motif qui, en découlant de la distinction entre les actes d'autorité et de gestion, en corrobore la pertinence. En d'autres termes, Jean GUILLOUARD s'intéresse aux concessions comme un cas problématique pour l'attribution de leur contentieux. La qualification contractuelle qu'il leur prête répond à une problématique contentieuse : justifier la compétence administrative et déterminer le type de recours ouvert contre cet acte :

> Au contentieux des actes de *pure* puissance publique revenait de droit le contentieux du recours pour excès de pouvoir ; au contentieux de *pure* personne privée, le contentieux judiciaire et enfin au contentieux de ces actes de gestion dans lesquels, bien que la situation de gestion fût incontestable, l'élément puissance publique se rencontrait également avec une évidence non niable, il fallait un contentieux, qui, tout en donnant satisfaction aux droits des parti-

[239] *Id.*, p. 306-307.
[240] *Id.*, p. 310.
[241] *Id.*, p. 53 *sq.*
[242] *Id.*, p. 147.

culiers, respecterait la puissance publique ; c'est notre contentieux administratif de pleine juridiction[243].

423. Mise en perspective historique des définitions doctrinales de la concession (seconde moitié du XIXe siècle). – Il faut admettre que les concessions ont recouvert une telle disparité d'actes que leur étude donna lieu à des analyses sensiblement différentes selon le point de vue retenu par chacun des auteurs qui se sont attachés à les examiner. Dans le dernier tiers du XIXe siècle, les concessions furent assimilées aux travaux publics. Quoique présentées comme des contrats dont le caractère *sui generis* les différenciait des marchés de travaux publics par certains aspects, elles n'en restaient pas moins des contrats. Alors que les concessions relevaient la plupart du temps de matières spéciales – celle des chemins de fer surtout –, les auteurs n'ont, en soi, jamais manqué de discerner deux activités interdépendantes. Alfred PICARD n'est pas isolé – avec Léon AUCOC[244] par exemple – lorsque, à propos des compagnies concessionnaires de chemins de fer, il écrit qu'elles « *sont tout à la fois des entrepreneurs de travaux publics et des entrepreneurs de transport : c'est seulement en réunissant cette double qualité qu'ils peuvent se rémunérer de leurs dépenses et de leur industrie* »[245]. Avant lui, des administrativistes comme l'avocat aux Conseil DUFOUR, discernaient déjà dans ces conventions « *l'entreprise d'un service public, d'un service de voirie* ».

> Entreprise, c'est là, en effet, le mot qui convient ; que la forme du contrat soit celle d'un bail ou d'une concession, il n'y a toujours au fond qu'une entreprise, l'entreprise d'un service public, d'un service de voirie ; et ceci démontré, la compétence n'est plus douteuse, il est de toute évidence que c'est au conseil de préfecture qu'il appartient de connaître de l'exécution du contrat. La juridiction administrative est de droit commun pour les contestations intéressant les services publics[246].

Cette assimilation aux travaux publics et à la voirie – matières ressortissant toutes à la juridiction des conseils de préfecture – fut semble-t-il

---

[243] *Id.*, p. 292-293.

[244] AUCOC Léon, *Conférences sur l'administration et le droit administratif…*, *op. cit.* (1re éd.), t. 3 (1876), p. 327. « *Le concessionnaire de chemin de fer est, à l'égard de l'administration comme du public, tantôt un entrepreneur de travaux publics, tantôt un entrepreneur de service de transport. Il n'est pas autre chose* ».

[245] PICARD Alfred, *Traité des chemins de fer…*, *op. cit.* (1887), t. 2, p. 115.

[246] DUFOUR Gabriel, *Traité général de droit administratif appliqué…*, *op. cit.* (3e éd.), t. 3 (1870), p. 69. Il tient ces propos dès la deuxième édition de son traité, parue dans les années 1850.

consacrée par le Conseil d'État à partir des années 1840-1850, relativement aux baux des bacs et passages d'eau. Elle clarifiait une répartition des compétences, à rebours des opinions exprimées par certains administrativistes – comme BOULATIGNIER & MACAREL, FOUCART, SERRIGNY, TROLLEY – selon qui, il eût fallu distinguer selon la nature des clauses à l'origine du litige (suivant la même logique à laquelle puisent les « clauses réglementaires »)[247]. D'après le dernier de ces auteurs, professeur à la faculté de Caen :

> La location d'un bac a un double caractère ; c'est véritablement l'entreprise d'un service public et se rattachant soit à la grande voirie, soit à la voirie vicinale. C'est, d'un autre côté, le bail d'un produit domanial.
>
> Toutes les difficultés qui intéressent l'*entreprise*, le service public, sont administratives et rentrent dans la compétence du conseil de préfecture. (…) S'agit-il, au contraire, non de l'intérêt public, mais de l'intérêt domanial, le bail, sous ce rapport est un contrat privé et le litige devient judiciaire[248].

Cette dernière distinction tendait à réduire la compétence judiciaire pour le contentieux des baux administratifs – dont bon nombre s'apparentaient à ce que nous appellerions aujourd'hui une concession de service public. À cette fin, les baux consistant en des entreprises de voirie furent analysées comme des concessions de travaux publics, de sorte à pouvoir justifier la compétence des conseils de préfecture – comme l'admet Gabriel DUFOUR dans les années 1850[249]. L'on voit que ces acti-

---

[247] *Cf.* la section 3, chapitre 2, titre IV, première partie.

[248] TROLLEY Alfred, *Cours de droit administratif. Première partie. – Hiérarchie administrative ou de l'organisation et de la compétence des diverses autorités administratives*, Paris, Thorel, 1844-1854 (5 vol.), t. 5, p. 403.

[249] *Cf.* en ce sens Louis TISSERANT (chef de bureau au ministère des travaux publics) dans le *Répertoire du droit administratif* de BÉQUET (t. 25 (1908), p. 229 ; v° Travaux publics) : « *Il est des cas où les travaux à effectuer présentent une telle importance que toute l'opération repose, pour ainsi dire, sur leur exécution. Tel est le cas aujourd'hui admis sans difficulté par les auteurs et la jurisprudence des travaux de canalisation de gaz ou d'eau exécutés par les compagnies concessionnaires ou mêmes par des particuliers.* (…) *La jurisprudence avait bien, il est vrai, pendant un certain temps, essayé d'établir une distinction entre les clauses administratives et les clauses financières des concessions de gaz et d'eau. Aux premières seules était réservée la compétence du conseil de préfecture. La jurisprudence paraissait ainsi ne reconnaître que dans une certaine mesure et avec restrictions le caractère de marchés de travaux publics aux concessions de cette nature. Le tribunal des conflits a estimé que les différentes parties de la concession formaient un tout auquel on devait attribuer le caractère juridique découlant de la nature essentielle du contrat : prise en charge d'un service public. La distinction précitée a donc pris fin et le caractère de marché de travaux publics a prévalu d'une manière complète* » (*id.*, p. 239).

vités, placées sous la responsabilité de l'administration et dont celle-ci délègue l'exploitation à des personnes privées, ont été appréhendées bien différemment selon les époques où les enjeux – liés à la répartition des compétences – ont pu évoluer. Sous la Monarchie de Juillet, il fut question de réagir à cette jurisprudence entreprise de concert par la Cour de cassation et le Conseil d'État, visant à attribuer à l'ordre judiciaire le contentieux des baux administratifs, assimilés à des baux domaniaux[250]. De nombreux administrativistes s'efforcèrent d'y retrancher les litiges mettant en cause des clauses afférentes au fonctionnement des services de voirie. Une fois cette doctrine affermie, une autre vint y réagir pour simplifier une répartition des compétences reposant ainsi sur une différenciation des clauses en litige. En écho avec la jurisprudence, d'aucuns comme DUFOUR assimilèrent purement et simplement ces baux à des entreprises de travaux publics, renvoyant ainsi leur contentieux aux conseils de préfecture. Optant pour une solution grossière mais simple, ils préfèrent que la détermination de la juridiction compétente ne soit pas subordonnée à une analyse de l'économie intrinsèque des baux administratifs – exercice de même difficulté que celui consistant, aujourd'hui, à reconnaître une clause exorbitante de puissance publique. Par ailleurs, la multiplication des concessions municipales dans la seconde moitié du XIXe siècle suscita des difficultés à une époque où les communes étaient regardées comme des personnes de droit privé et dont les contrats relevaient, par principe, de la compétence judiciaire – sauf pour les marchés de travaux publics. Cette assimilation aux travaux publics perdura jusqu'au milieu des années 1900. C'est pourquoi, l'acte de concession, qui fut longtemps assimilé à un bail administratif, a été conçu comme un acte monolithique, quoique complexe. Si les uns y ont vu une entreprise de travaux publics ; quelques autres, un contrat *sui generis* traduisant l'exercice de prérogatives de puissance publique ; et les derniers, un acte composite associant un acte d'autorité avec un contrat – il faut voir que chacune de ces qualifications est déterminée par les implications qui y sont sous-jacentes et qui ne sont pas toujours les mêmes selon les époques considérées. Pour le dire autrement, ces divers auteurs ne diffèrent de nous qu'en raison de la manière dont ils s'y prirent pour traduire

---

[250] *Cf.* à cet égard l'introduction de l'article de Sébastien-Joseph BOULATIGNIER, inséré dans le dictionnaire dirigé par Alfred BLANCHE (*Dictionnaire général d'administration contenant la définition de tous les mots de la langue administrative et sur chaque matière 1° l'histoire de la législation, 2° l'exposé des lois, ordonnances, règlements et instructions, 3° le résumé de la jurisprudence, 4° l'indication des formalités à remplir, des autorités à demander, des pièces à produire,* etc. *; ouvrage utile aux gens du monde et à toutes les classes de fonctionnaires*, Paris, Dupont, 1849 (1re éd.), p. 127 ; v° Baux administratifs).

juridiquement – selon les enjeux qui leur étaient contemporains – un type de commerce juridique qui n'a pas radicalement évolué. C'est pourquoi, il est périlleux de questionner une prétendue origine de la concession, en recherchant ce qui pourrait être une forme embryonnaire d'un concept moderne. Rechercher l'origine du concept de la concession revient à se poser une mauvaise question, en ce qu'elle conduit inexorablement à soumettre l'histoire doctrinale à un biais mystificateur.

424. L'opinion classique se représente le contrat de concession comme un marché de travaux publics. À partir des années 1880, en considérant particulièrement les concessions d'éclairage public et de chemins de fer, certains auteurs – assez minoritaires cela dit – ont préféré discerner deux actes solidaires. Ils y furent incités au point de vue des autorisations domaniales consenties aux concessionnaires. Cette dissociation était sous-tendue par cette idée que l'administration ne pouvait légalement aliéner le domaine public, se réservant ainsi la faculté de modifier l'assise domaniale du service concédé ; et que le concessionnaire ne pouvait revendiquer qu'un gain économique plutôt qu'une situation juridique acquise. Ce fut en interrogeant les monopoles communaux constitués au profit de certains concessionnaires que cette conception de la concession surgit sous certaines plumes – comme nous l'avons exposé plus haut en abordant la littérature doctorale sur ce sujet.

> Sans doute, quand il s'agit de déterminer la compétence du conseil de préfecture, on peut bien soutenir que l'exécution de services publics de cette espèce n'est que l'exploitation d'un ouvrage public, et rentre par là dans la notion des travaux publics ; mais sous peine de se duper soi-même, il faut faire attention que cette interprétation est essentiellement relative à la question de compétence, et ne préjuge rien au point de vue de la nature juridique intrinsèque de l'opération, qui demeure une organisation de service public. Cette vérité a éclaté quand il s'est agi de serrer de près le monopole acquis par les Compagnies d'éclairage au gaz[251].

En assouplissant l'analyse contractuelle des concessions, cette nature dualiste a conduit à « *se débarrasser de l'élément* travaux publics *et de l'élément* occupation du domaine public »[252], afin de ne plus discerner dans cette opération que « *l'organisation d'un service public* » fondée sur « *l'agencement du*

---

[251] HAURIOU Maurice, Note sur l'arrêt *BLANLEUIL & VERNAUDON c. Ville d'Angoulême* (C.E., 14 février 1902) [1904], *in Notes d'arrêts sur décisions du Conseil d'État et du Tribunal des conflits…*, *op. cit.*, t. 3 (1929), p. 439.
[252] *Id.*, t. 3, p. 441.

contrat passé entre le concessionnaire et l'autorité locale et de l'acte de concession proprement dit »[253]. À quelques différences près, c'est l'idée à laquelle adhère Eustache PILON par exemple. Enfin, une troisième alternative fut envisagée par le président LAFERRIÈRE, qui pencha en faveur d'un « *contrat administratif par nature* », ou encore « *contrat de droit public* ». Sous la plume de Jean GUILLOUARD, cette doctrine fut portée par des préoccupations contentieuses tendues à consolider autant qu'à organiser le contentieux administratif. Aussi pensons-nous qu'il est malaisé de comparer trop frontalement ces auteurs car ils n'ont pas été animés des mêmes desseins : les uns s'attachant à traiter des opérations travaux publics ; d'autres à étudier le service des chemins de fer ; d'autres encore, à discuter de questions controversées comme les monopoles communaux ou la nature des droits revendiqués par les concessionnaires sur le domaine public communal ; d'autres enfin, à préciser la nature des actes administratifs pour y corréler une classification des recours contentieux. Immanquablement, les conclusions auxquelles aboutirent chacun de ces auteurs furent sensiblement différentes, lorsqu'elles n'ont pas divergé.

425. Une conception de la concession de service public alignée sur une représentation moderne du droit administratif. – S'il convient en général de se méfier des analyses historiques de Maurice HAURIOU, nous adhérons à celle qu'il développe sur les travaux publics. La conception extensive qui leur fut longtemps prêtée a répondu « *à cette préoccupation exclusive de la compétence, qui a été pendant longtemps celle du droit administratif français* »[254]. Au cours du XIXe siècle, les travaux publics ont été le prisme à travers lequel ont été appréhendées les activités de service public.

> La notion juridique de l'opération de service public se détermina d'abord dans des opérations particulières qui sont pour alimenter le service public plutôt qu'elles n'en constituent l'exécution proprement dite. (…)
>
> Le droit administratif s'est arrêté longtemps dans ce premier stade de l'opération de service public particulière, destinée à alimenter le service ; il y a séjourné pendant tout le XIXe siècle. Ce n'est que tout à fait à la fin de cette période séculaire qu'il s'est élevé à la conception plus générale de l'opération de service public

---

[253] *Id.*, t. 3, p. 442.

[254] *Id.*, t. 3, p. 440.

> consistant dans l'exécution même du service, envisagée dans ses effets au regard du public[255].

Toutefois, l'évolution qu'il rapporte ne tient pas à une intelligence plus pénétrante de ses contemporains, mais davantage au développement d'activités économiques sans commune mesure avec celles du XIXe siècle. Cela a donné lieu à des difficultés juridiques inédites, impliquant non seulement l'administration et les concessionnaires, mais encore les usagers des services concédés (lesquels services consistent moins à délivrer une prestation ponctuelle qu'à assurer un service continu dans le cadre d'un système économique intégré) : qu'il s'agisse de permettre aux usagers d'invoquer à l'encontre de l'administration celle des clauses d'une concession qui organisent le service concédé, ou bien qu'il s'agisse de permettre à l'administration de modifier le fonctionnement du service concédé à leur profit. Dans toutes ces hypothèses, l'opération de travaux publics fut progressivement occultée par l'opération de service public. Il s'est agi de socialiser les concessions pour les appréhender comme un mode de gestion des services publics. En témoigne une évolution terminologique : dans le courant des années 1900, les auteurs tendent à parler de concessions *de service public* plutôt que de concessions *de travaux publics*. C'est précisément ce dont se félicite Maurice HAURIOU à l'occasion de l'arrêt *THÉROND* (1910).

> Nous n'avons plus besoin de l'assimilation avec les travaux publics pour déclarer administrative la compétence sur notre marché relatif au ramassage des animaux. (…) Du moment que tous les modes d'exécution des services publics sont aujourd'hui considérés comme administratifs en principe, il est inévitable que la notion des travaux publics se rétrécisse[256].

Cet arrêt entérine une évolution du droit administratif par laquelle les concessions cessent d'être attirées à la compétence des conseils de préfecture (en tant qu'elles participeraient d'une opération de travaux publics), pour être versées à la compétence du juge administratif de droit commun, le Conseil d'État (en tant qu'elles participent du fonctionnement des services publics). Il ne s'agit pas d'une confusion enfin dissipée, insistons-y. Cette approche procède, en définitive, de l'oblitération de deux principes essentiels aux contrats – l'effet relatif des obligations con-

---

[255] HAURIOU Maurice, Note sur la décision *FEUTRY c. Département de l'Oise* (T.C., 29 février 1908) [1908], *id.*, t. 1 (1929), p. 586.

[256] HAURIOU Maurice, Note sur l'arrêt *THÉROND c. Ville de Montpellier* (C.E., 4 mars 1910) [1911], *id.*, t. 3 (1929), p. 689.

tractuelles et leur intangibilité. Du reste, il faut voir que ces développements ne sont pas aussi originaux que nous pourrions le supposer. La consécration doctrinale de la concession *de service public* procède de sa mise en cohérence avec une représentation du droit administratif qui, au début du XXe siècle, se cale sur le service public. Cela ne signifie pas que les aspects de la concession mis en valeur par cette approche auraient jusqu'alors été à peu près négligés. Si des administrativistes en ont signalé quelques-uns dans le courant du XIXe siècle, la manière dont ils se représentaient le droit administratif ne les invitait pas à développer les mêmes analyses. Ainsi, il y a peu de surprise à lire sous la plume de DUFOUR – administrativiste peu original mais habile didacticien – la reconnaissance (en 1870) d'un pouvoir de modification unilatérale au profit de l'administration. En l'évoquant à propos des chemins de fer, cet auteur le systématise d'ailleurs en embrassant tous les services de voirie.

> Nous avons reconnu et constaté que la condition de la compagnie [de chemins de fer] n'était, relativement à l'exploitation, que celle d'entrepreneur d'un service public, d'un service de voirie. (...)
>
> Il est de la nature de l'intérêt auquel répondent les divers services publics, et qui se résume dans ce qu'on appelle l'ordre public, de ne pouvoir jamais être compromis. Ce privilège (...) est le fondement des pouvoirs du gouvernement en matière de police, et fait qu'une mesure de police ne saurait être entravée ni par la possession ou les titres privés, ni par des actes émanés de l'autorité administrative elle-même. (...) Toute disposition, toute convention dans laquelle se trouverait engagé un intérêt d'ordre public ne constituerait qu'un empiètement, une usurpation sur un droit inaltérable ; et du moment où elle reconnaîtrait que cet intérêt est en danger ou en souffrance, le droit et le devoir de l'administration seraient de briser tous les liens et d'écarter tous les obstacles.
>
> Cette doctrine n'a, d'ailleurs, rien d'inconciliable avec le respect dû aux conventions librement faites, en ce sens au moins qu'elle n'implique pas l'anéantissement du droit qui peut naître d'un contrat ; et a seulement cette conséquence de le transformer en un droit à une indemnité. (...)
>
> Le gouvernement est, à tout instant, maître de faire ou de prescrire ce qui lui paraît commandé par les nécessités du service de circulation dont le concessionnaire d'une exploitation de chemin de fer est chargé. Ce n'est pas là seulement un droit réservé pour suppléer, au besoin, au silence de la convention ; il en domine toutes les stipulations.
>
> Mais cela dit et proclamé, il faut se hâter d'ajouter que les prévisions du contrat qui ne peuvent autoriser la résistance, gardent

cependant force et valeur pour garantir la compagnie de tout préjudice. La compagnie, en effet, a, dans ce cas, à exercer contre l'État, et cela à fin d'être indemnisé de tout le dommage résultant pour elle de la mesure qu'elle est tenue de subir, une action qui emprunte naturellement sa base et ses meilleurs points d'appui aux clauses du cahier des charges[257].

426. Les réflexions doctrinales sur les concessions : un sujet étranger à toute théorisation du contrat administratif. – À partir du début des années 1910, l'idée semble largement partagée que la concession de service public rapproche une situation réglementaire, pour ce qui a trait à l'organisation et au fonctionnement du service concédé, et une situation contractuelle, pour ce qui a trait aux rapports pécuniaires avec le concessionnaire. Outre Maurice HAURIOU[258], Gaston JÈZE[259], Léon DUGUIT[260] et Louis ROLLAND[261] qui promurent cette doctrine, d'autres administrativistes s'y joignirent[262] : tel le toulousain Achille MESTRE[263]. Une thèse écrite peu avant la Première Guerre mondiale atteste de l'audience de cette doctrine, laquelle discerne – au cœur de la concession de service public – la compénétration de deux commerces juridiques qui

---

[257] DUFOUR Gabriel, *Traité général de droit administratif appliqué…*, *op. cit.* (3e éd.), t. 3 (1870), p. 261-265.

[258] Outre ses notes critiques (précitées) publiées au *Recueil Sirey*, voyez également de Maurice HAURIOU : *Précis de droit administratif et de droit public* (Paris, Larose & Tenin, 1914 (8e éd.), p. 808 *sq.*). Il s'agit de la dernière édition parue avant la Première Guerre mondiale. Nous nous référons à celle-ci afin que la comparaison avec les autres auteurs, en confrontant leurs opinions exprimées entre 1910 et 1914, soit pertinente.

[259] Outre les nombreuses notes (précitées) publiées dans la *Revue du droit public*, voyez également de Gaston JÈZE : *Les principes généraux du droit administratif* (Paris, Giard & Brière, 1914 (2e éd.), p. 428 *sq.*).

[260] Outre sa note (précitée) de l'arrêt *Syndicat des propriétaires du quartier Croix-de-Seguey-Tivoli* publiée dans la *Revue du droit public* (1907), voyez également de Léon DUGUIT : *Traité de droit constitutionnel* (*op. cit.*, t. 1 (1911), p. 170 *sq.*) & *Les transformations du droit public* (Paris, Colin, 1913, p. 133).

[261] *Cf.* ceux des articles (précités) rangés sous la chronique administrative de la *Revue du droit public*, publiée entre 1909 et 1910.

[262] *Contra* : Henry BERTHÉLEMY (*Traité élémentaire de droit administratif*, Paris, Rousseau, 1913 (7e éd.), p. 612 *sq.*) et Joseph BARTHÉLEMY (« Sur l'interprétation des lois par le Parlement : la rétroactivité des lois : l'État et le contrat », *in R.D.P.* 1911, p. 129). Ces deux auteurs présentent la jurisprudence administrative sous un angle où la concession de service public demeure un contrat à part entière. Seulement, l'administration peut modifier celles de ses clauses qui tiennent au fonctionnement du service concédé, sauf à indemniser le concessionnaire.

[263] *Cf.* par exemple l'une de ses nombreuses notes d'arrêt : MESTRE Achille, Note sur l'arrêt *Compagnie des tramways électriques de Lille c. Société lilloise d'éclairage électrique* (Req., 18 avril 1910), *in Sirey* 1911. 1. 33.

reposent chacun sur un paradigme propre – le contrat et l'acte réglementaire. Elle ne se veut pas originale, mais présente le mérite de rapporter les différentes thèses en concurrence[264]. En signalant, après d'autres, la crise dont est touchée « *la conception de l'acte de concession* »[265], son auteur en rappelle les causes :

> La préoccupation d'améliorer le service, et de pouvoir améliorer constamment, a grandi, tandis que celle de ménager la situation du concessionnaire a diminué ; en un mot, l'exploitation du service par le procédé de la concession doit être aussi souple, aussi adaptée aux besoins variables du public que s'il y avait Régie. Dès lors la conception de la concession acte exclusivement contractuel était un obstacle à la réalisation de cet idéal, et il était naturel que l'on recherchât si dans l'acte de concession il n'y avait réellement qu'un acte contractuel, ou si plutôt il n'y avait pas en même temps qu'un acte contractuel un acte législatif ou réglementaire[266].

Ces développements sur les conceptions successives et concurrentes auxquelles la concession a donné lieu nous indiquent qu'il ne fut jamais question de théoriser un contrat générique commun à l'ensemble des contrats relevant de la juridiction administrative. Ces réflexions sont restées indépendantes de celles qui se sont attachées aux marchés administratifs. C'est d'ailleurs la raison pour laquelle les arrêts *TERRIER*, *THÉROND* et *Société des granits porphyroïdes des Vosges* n'ont pas été compris par leurs contemporains comme s'ils proposaient l'épure d'un nouveau concept[267]. Ce n'est que plus tardivement, à partir des années 1920, que la doctrine administrative rapprocha, dans le creuset de la théorie de l'imprévision, les marchés administratifs des concessions de service public. Il convient donc de dissocier la genèse de la concession de service public de la théorisation du contrat administratif, ne fût-ce parce que cela permet d'expliciter plus aisément les mobiles doctrinaux qui, dans l'Entre-deux-guerres, ont présidé à cette dernière.

---

264 GAUDUCHEAU Charles, *Le concession de service public et l'autorité concédante…*, *op. cit.* (1912), p. 34 *sq.*
265 *Id.*, p. 109.
266 *Id.*, p. 112-113.
267 *Cf.* le chapitre 3, titre I, seconde partie.

427. Conclusion du titre II. – Après avoir exposé dans le titre précédent que, dans la continuité du XIXe siècle, la locution « contrat administratif » n'a pas cessé, au début du XXe siècle, de recevoir une acception contentieuse, nous nous sommes intéressé, dans le présent titre, aux deux principaux contrats administratifs : les marchés et les concessions. Non seulement, aucun administrativiste de la Belle Époque n'a, en dehors d'une perspective contentieuse, appréhendé ces contrats ensemble, mais, de surcroît, ils leur ont prêté des analyses tout à fait distinctes. Les marchés administratifs se *normalisèrent* tendanciellement à partir de la seconde moitié du XIXe siècle et le droit civil fut mobilisé comme un référent à l'aune duquel les prérogatives exorbitantes de l'administration ont été discutées en vue de mieux les proportionner. Tout en permettant de spécifier les marchés administratifs par rapport aux contrats analogues passés entre particuliers, ces prérogatives contribuèrent à en circonscrire l'originalité pour mieux débattre de leur identité commune avec les contrats privés. Sans être à l'unisson, la majorité des administrativistes analysèrent ces marchés comme des contrats dont l'évolution asymptotique les destinait à converger vers le code civil, sinon à s'en rapprocher par un effet inexorable de *civilisation*. Les concessions de service public donnèrent lieu des réflexions toutes différentes. Celles-ci contribuèrent à spécifier un mode de gestion irréductible au droit civil à deux points de vue : celui de l'effet relatif des obligations contractuelles et celui de leur mutabilité – deux caractéristiques fondamentales du contrat. Fussent-ce les prémices d'une conceptualisation des contrats administratifs ? Aucunement. Jusque dans les années 1920, les principaux contrats administratifs ont été attirés à des problématiques divergentes, chacune étant sous-tendue par des enjeux spécifiques. Il eût été malaisé de rapprocher les contrats administratifs au sein d'une théorie unifiée lorsque, précisément, ils se présentaient d'une manière aussi éclatée. Concessions et marchés ont désigné des catégories formelles tout à fait différenciées dont l'une fut caractéristique du droit public, quand l'autre confinait au droit privé. Quoique la doctrine administrative n'a jamais été univoque sur ces questions, ses réflexions se sont déployées entre deux paradigmes : le contrat et l'acte réglementaire. Ceux-ci n'ont pas seulement organisé une trame conceptuelle à partir de laquelle nous pouvons aujourd'hui cartographier les déplacements doctrinaux. Dans un contexte de tension entre les doctrines publiciste et privatiste, la première s'est donnée une identité en repoussant le paradigme contractuel comme essentiellement privatiste. Cette dernière question achèvera de démontrer que la conceptualisation du contrat administratif n'a pas été et n'a pu être une entreprise doctrinale de la Belle Époque.

TITRE III

L'IMPOSSIBLE « CONTRAT ADMINISTRATIF » OU LA MONOPOLISATION DU CONTRAT PAR LA DOCTRINE PRIVATISTE

(1880-1914)

428. L'histoire doctrinale *des contrats administratifs* : une histoire sécante à l'histoire doctrinale *du contrat*. – La théorisation du contrat administratif n'implique pas uniquement la doctrine publiciste. Ce concept a toujours à voir avec le contrat et celui-ci ne peut manquer de renvoyer à la doctrine privatiste, laquelle ne saurait être négligée sauf à ce que l'on s'interdise de se représenter avec quelles latitudes les publicistes purent penser le contrat. Ce n'est qu'à partir des années 1920 que s'est développée cette idée jusqu'alors iconoclaste, suivant laquelle il y aurait deux genres de contrat. Aujourd'hui, le contrat administratif s'entend le plus souvent comme une catégorie contiguë mais distincte du contrat privé, quoique dérivée d'une théorie *générale* du contrat[1]. Pourtant,

[1] Une lecture transversale de la doctrine administrative contemporaine nous semble indiquer que la majorité des administrativistes conçoit la théorie des *contrats administratifs* – lorsque l'existence même de celle-ci n'est pas discutée – comme une déclinaison *spéciale* d'une théorie *générale* du *contrat*. Si pour l'instant nous mettons de côté le cas équivoque de Gaston JÈZE, Marcel WALINE – alors jeune professeur à la faculté de Poitiers – fut parmi les premiers de ses contemporains à développer cette idée que les contrats administratifs seraient liés aux contrats privés par une généalogie commune. Et ce dès la première édition de son *Manuel élémentaire de droit administratif* (1936) où il développa une théorie des obligations en droit administratif ; mais encore dans un article plus tardif : « La théorie civile des obligations et la jurisprudence du Conseil d'État » (*in* [collectif], *Études juridiques offertes à Léon Julliot de La Morandière*, Paris, Dalloz, 1964, p. 631). Le professeur LAUBADÈRE a épousé cette approche dans son *Traité théorique et pratique des contrats administratifs* (Paris, L.G.D.J., 1956 (1re éd.), 3 vol.). C'est encore en ce sens que se sont prononcés – le professeur WALINE (fils) : *Recherches sur l'application du droit privé par le juge administratif* (1962 ; thèse dactylogr., faculté de Paris) & « La théorie générale du contrat en droit civil et en droit administratif » (*in* [collectif], *Le contrat au début du XXIe siècle : études offertes à Jacques Ghestin*, Paris, L.G.D.J., 2001, p. 978) ; – le professeur GAUDEMET : « Prolégomènes pour une théorie des obligations en droit administratif

jusque dans les années 1920 au moins, l'ensemble des juristes – tant privatistes qu'administrativistes – manifestèrent une profonde réticence à admettre ce dualisme ou – parce que cette question ne se posa jamais – ils entérinèrent sans ambiguïté une conception moniste du contrat. Que certains contrats de l'administration fussent soumis à des règles spéciales, cela pouvait s'entendre comme autant d'exceptions apportées à *un* droit

---

français » (*in* [collectif], Nonagesimo anno. *Mélanges en hommage à Jean Gaudemet*, Paris, P.U.F., 1999, p. 613) & « Pour une nouvelle théorie générale du droit des contrats administratifs : mesurer les difficultés d'une entreprise nécessaire » (*in* *R.D.P.* 2010, p. 313) ; – le professeur DELVOLVÉ : « Un droit des contrats sans *summa divisio* serait-il possible ? » (*in* BONNET Baptiste & DEUMIER Pascale (dir.), *De l'intérêt de la* summa divisio *droit public-droit privé ?*, Paris, Dalloz, 2010, p. 257). Dans son *Droit des contrats administratifs* (Paris, L.G.D.J., 2019 ; 11e éd.), le professeur RICHER nous paraît adhérer à cette conception. Conception qui est encore entérinée dans une thèse comme celle du professeur LOMBARD : *La cause dans le contrat administratif* (Paris, Dalloz, 2008 ; université Aix-Marseille) ou de Mme MARCUS : *L'unité des contrats publics* (Paris, Dalloz, 2010 ; université Panthéon-Assas). Avant eux, quelques auteurs se sont signalés toujours dans le même sens. À savoir le professeur DRAGO, dans deux articles : « Paradoxes sur les contrats administratifs » (*in* [collectif], *Études offertes à Jacques Flour*, Paris, Répertoire notarial Defrénois, 1979, p. 151), et « Le contrat administratif aujourd'hui » (*in* *Droits* 1990, n° 12, p. 117) ; – le professeur LLORENS qui soutint une thèse qui tend précisément à faire la démonstration du bien-fondé de cette doctrine : *Contrat d'entreprise et marché de travaux publics : contribution à la comparaison entre contrat de droit privé et contrat administratif* (Paris, L.G.D.J., 1981 ; université Toulouse-I) & « Le droit des contrats administratifs est-il un droit essentiellement jurisprudentiel ? » (*in* [collectif], *Mélanges offerts à Max Cluseau*, Toulouse, Presses I.E.P., 1985, p. 377) ; – M. SINKONDO : « La notion de contrat administratif : acte unilatéral à contenu contractuel ou contrat civil de l'administration ? » (*in* *R.T.D. civ.* 1993, p. 239). Rares sont ceux qui ont appréhendé le contrat administratif comme un concept proprement publiciste, indépendamment de toute parenté théorique avec le droit civil. La thèse du professeur PÉQUIGNOT est emblématique à cet égard : *Contribution à la théorie générale du contrat administratif* (Perpignan, Imprimerie du Midi, 1945 ; faculté de Montpellier). S'en rapprochent des auteurs de la doctrine contemporaine, comme par exemple avec le professeur RAINAUD : « Le contrat administratif, volonté des parties ou loi du service public ? » (*in* *R.D.P.* 1985, p. 1183) ; – et le professeur NICINSKI : « Le dogme de l'autonomie de la volonté dans les contrats administratifs » (*in* [collectif], *Contrats publics : mélanges en l'honneur du professeur Michel Guibal*, Montpellier, Presses de la faculté de droit de Montpellier, 2006 (2 vol.), t. 1, p. 45). Quant au professeur PLESSIX, il n'est pas moins convaincu, dans sa thèse de doctorat, que la *science* du *droit des contrats administratifs* est – ne fût-ce qu'historiquement – le fruit d'une autonomisation vis-à-vis du droit privé (*L'utilisation du droit civil dans l'élaboration du droit administratif*, Paris, Éditions Panthéon-Assas, 2003 ; université Paris-II). Par contraste, le professeur BRENET s'est évertué à démontrer que la théorie des contrats administratifs tend à se privatiser en conséquence de son succès : moins contestée qu'elle ne l'était à l'époque de ses premières expressions, l'affirmation de son autonomie se fait de moins en moins sentir : *Recherches sur l'évolution du contrat administratif* (2002 (2 vol.) ; thèse dactylogr., université de Poitiers) & « La théorie du contrat administratif. Évolutions récentes » (*in* *A.J.D.A.* 2003, p. 919).

des contrats – c'est-à-dire au droit civil. Les contrats commerciaux offraient un exemple topique qui fut souvent mobilisé pour illustrer l'identité de genre entre les contrats de l'administration et ceux des particuliers. La théorie des contrats administratifs apparaîtra sous les traits mystificateurs d'un progrès aussi longtemps que l'on ne se représentera pas que, jusque dans l'Entre-deux-guerres, la doctrine juridique française regardait le contrat comme un concept moniste – un concept pour la conservation duquel la doctrine civiliste exerçait une emprise monopolistique. En menant une carrière universitaire tout du long de la décomposition de ce monisme contractuel, Achille MESTRE le rappelle à un moment où, le concept de contrat administratif s'étant banalisé, l'incertitude de sa genèse pouvait échapper aux plus jeunes générations.

> Le contrat constitue l'institution essentielle du droit civil, qui est demeurée longtemps si étrangère au droit public que l'expression même de « contrat administratif », combattue par nombre d'auteurs, n'est passée qu'assez récemment dans la langue juridique courante[2].

Admettre l'existence d'un contrat administratif, c'est se faire du contrat une idée qui interfère nécessairement avec celle(s) que cultive la doctrine privatiste. En restant uniquement dans le champ du droit public, la théorisation du contrat administratif risque d'apparaître comme une entreprise étrange dont les ressorts resteront mystérieux, liés au génie de quelques-uns. D'aucuns soutiennent que sa genèse aurait été consécutif à l'abandon, par la doctrine administrative, de la méthode exégétique à laquelle elle aurait été attachée pendant tout le XIXe siècle – période au cours de laquelle celle-là n'aurait jamais su proposer aucune théorie des contrats administratifs, mais seulement des descriptions laborieuses des contrats de l'administration. En ce sens, le professeur PLESSIX s'est efforcé de faire la démonstration de « *l'impuissance de la doctrine publiciste à élaborer le droit des contrats publics* »[3]. Encore aurait-il fallu que celle-ci eût cette ambition, ce qui ne fut pas le cas. Plus récemment, M. SARLANDIE DE LA ROBERTIE a repris le cadre de cette approche pour souligner « *les carences théoriques de la doctrine administrative* », tout en admettant – après les travaux doctoraux du professeur TOUZEIL-DIVINA – que les administrativistes du XIXe siècle contribuèrent de loin à la théorisation des contrats administratifs en fournissant la « *matrice théorique* » nécessaire à cette en-

---

[2] MESTRE Achille, Note sur l'arrêt *Bureau international de l'édition musico-mécanique* (C.E., 21 janvier 1938), *in Sirey* 1940. 3. 9.

[3] PLESSIX Benoît, *L'utilisation du droit civil dans l'élaboration du droit administratif*, *op. cit.* (2003), p. 722 *sq.*

treprise doctrinale[4]. À notre sens, ces recherches historiques exposent la doctrine administrative du XIXe siècle sous un biais dépréciatif, en même temps qu'elles s'illusionnent sur celle du début du XXe siècle. Il ne s'agit pas d'affirmer que la première aurait dégagé une théorie des contrats administratifs, à l'instar de celle à laquelle nous adhérons aujourd'hui. Au contraire, elle appréhenda les contrats de l'administration suivant des préoccupations différentes des nôtres – c'est tout l'objet de la première partie de nos travaux. Au début du XXe siècle, la locution « contrat administratif » continua de traduire des problématiques essentiellement contentieuse[5] et le contrat administratif demeura un contrat au sens où la doctrine privatiste se le définissait[6].

429. Une histoire doctrinale du contrat administratif ne saurait être entreprise sans intégrer dans son champ les réflexions qui – sur le contrat – se multiplièrent à partir des années 1890 jusqu'à la fin de l'Entre-deux-guerres. C'est vraisemblablement en ce sens que, dans les années 1950, les professeurs RIVERO et SAVATIER rapprochèrent le contrat de travail du contrat administratif.

> On a mis en relief ce qui sépare fondamentalement le contrat de travail de tous les autres contrats privés, et c'est précisément le fait qu'il fonde l'assujettissement d'une personne à l'autorité d'une autre. Mais on n'a pas souligné l'affinité qui en résulte entre le contrat de travail et les contrats administratifs, par lesquels un particulier s'engage à accomplir une tâche pour le compte de l'administration et sous son autorité[7].

Ce rapprochement n'est pas incongru pour peu que nous considérions la genèse du droit du travail comme science académique[8], ainsi que

---

[4] SARLANDIE DE LA ROBERTIE Aloys, *Essai sur l'émergence du concept de marché public en droit administratif (1789-1964)*, Villeneuve-d'Ascq, Atelier nationale de reproduction des thèses, 2012 (thèse de doctorat, université de Perpignan ; dirigée par le professeur LOURDE), p. 324 *sq*.

[5] *Cf.* le titre I, seconde partie.

[6] En ce sens, l'affirmation du professeur GAUDEMET selon laquelle « *le contrat administratif n'est pas né contrat* » est ambivalente (« Pour une nouvelle théorie générale du droit des contrats administratifs : mesurer les difficultés d'une entreprise nécessaire », *in R.D.P.* 2010, p. 315 *sq*.). Cette hypothèse historique nous semble projeter en arrière une problématique tout au plus contemporaine du XXe siècle.

[7] RIVERO Jean & SAVATIER Jean, *Droit du travail*, Paris, P.U.F., 1956 (1re éd.), p. 5-6. Dans un bref article, Jean RIVERO développe d'une manière plus contrastée ces analogies qui – à travers les contrats par exemple – peuvent rapprocher ces deux sciences juridiques : « Droit du travail et droit administratif » (*in Droit social* 1960, p. 609).

[8] *Cf.* en ce sens l'article du professeur TOUZEIL-DIVINA : « D'un droit public au droit

la conceptualisation du contrat de travail, laquelle fut peu ou prou concomitante de celle du contrat administratif et le doit beaucoup aux vicissitudes doctrinales qu'a connu le contrat chez les privatistes[9]. Peu avant la Seconde Guerre mondiale, c'est l'administrativiste montpelliérain Louis DELBEZ qui rapprochait droit public et contrat de travail, en écho avec un thème doctrinal devenu classique dans le courant des années 1920 : la publicisation des contrats[10]. Suivant ce dernier, le contrat de travail aurait été aussi peu un contrat que ne l'a jamais été le contrat administratif.

> Le droit privé est (…) le domaine des obligations librement discutées entre parties égales (…) et aussi des situations juridiques stables, faites de droits subjectifs solidement protégés. Le contrat, source normal des obligations dans un régime de liberté, répond parfaitement à ces données.
>
> Le droit public est, au contraire, le domaine des obligations imposées, uniformes et précaires. (…) Autorité, uniformité, précarité, c'est sous la règle de cette trilogie peu engageante que se présente le droit public. (…)
>
> Il était donc normal que le régime juridique du contrat de travail, pour se conformer à l'évolution sociale présente, se détachât du droit privé et se rapprochât du droit public. C'est pourquoi ce sont aujourd'hui les principes du droit public qui inspirent et soustendent les solutions positives. C'est pourquoi ce sont les concepts du droit public qui les éclairent et les expliquent. C'est pourquoi, selon l'expression du doyen JOSSERAND, le contrat de travail s'est fortement et profondément « publicisé ». (…)

---

privé : d'un droit industriel puis ouvrier… au droit du travail » (*in* TOUZEIL-DIVINA Mathieu & SWEENEY Morgan (dir.), *Droits du travail & des fonctions publiques : unité(s) du Droit ? Influences, convergences, harmonisations*, Le Mans, Éditions l'Épitoge, 2012, p. 9) ; ainsi que les travaux du professeur HORDERN et ceux à la réunion desquels il a contribué : « Construction d'une histoire du droit du travail » (*Cahiers de l'institut régional du travail d'Aix-en-Provence* 2001, n° 9).

[9] *Cf.* à cet égard l'article du professeur DOCKÈS : « Autour des origines du contrat de travail » (*in* [collectif], *Études d'histoire du droit privé en souvenir de Maryse Carlin*, Paris, Éditions la Mémoire du Droit, 2008, p. 317). *Cf.* en outre les travaux publiés dans les *Cahiers de l'institut régional du travail d'Aix-en-Provence.* En particulier ceux du professeur HORDERN publiés sous le titre : « Du louage de services au contrat de travail ou de la police au droit (XVIIIe – XXe siècle) » (1991, n° 3) ; les travaux collectifs publiés dans le cadre d'une « Construction d'une histoire du droit du travail » (2001, n° 9) et d'une « Histoire du contrat de travail » (2004, n° 12 et 2005, n° 13).

[10] *Cf.* la section 2, chapitre 1er, titre IV, seconde partie, ainsi que les sections 2 et 3, chapitre 2 du même titre.

> C'est sur toute la ligne le triomphe du droit public. Seulement, il s'agit d'une sorte de droit public honteux, qui persiste à se dissimuler sous les formules périmées du droit contractuel[11].

Au terme d'une démarche différente, le civiliste montpelliérain Gaston MORIN a tenu des propos analogues en faisant la critique de la « *technique classique du droit public et du droit privé, dominée l'une, par le concept de souveraineté absolue de l'État, l'autre, par le concept de l'autonomie illimitée de l'individu* »[12]. L'essentialisation du droit public et du droit privé, emblématisés l'un par le contrat, l'autre par le règlement (figure de l'acte unilatéral)[13], y est écartée pour promouvoir un « *concept organique* » propre à se substituer définitivement au « *concept contractuel* »[14].

430. Contrat administratif et contrat de travail : une histoire commune à travers le contrat d'adhésion ? – Quelques années auparavant, Gilberte BICHOFFE étudiait la nature juridique de la relation d'emploi au sien de la fonction publique, en rejetant tout à la fois la forme purement contractuelle et la forme purement réglementaire ou institutionnelle[15]. Ses interrogations s'apparentent pour beaucoup à celles dont le contrat de travail fut sujet à la même époque. L'auteure expose les alternatives conceptuelles qui s'échelonnent entre deux extrémités – le contrat et le règlement. Antagonisme prolongé et amplifié par celui entre droit privé et droit public, à travers lesquels consensualisme et unilatéralisme se confrontent comme deux modèles dont la pureté respective se renforce de leurs oppositions. Les conceptions du contrat ne sont jamais indifférentes aux enjeux qui, en les traversant, les ont déterminées.

---

11 DELBEZ Louis, « Une conquête du droit public : le contrat de travail », *in R.D.P.* 1939, p. 482-484. Cet administrativiste ne fut pas isolé dans cette opinion. Roman LONGCHAMPS DE BÉRIER – professeur de droit civil à l'université de Lwów (Pologne) – engagea une étude dans le même sens, par laquelle il concluait : « *Toutes les modifications effectuées par le droit public dans le contrat de travail n'ont pour résultat qu'une socialisation du droit privé* » (« L'influence du droit public sur le contrat de travail dans le droit civil polonais », *in* [collectif], *Introduction à l'étude du droit comparé. Recueil d'études en l'honneur d'Édouard Lambert*, Paris, Sirey, 1938 (3 vol.), t. 3, p. 558).

12 MORIN Gaston, « Vers la révision de la technique juridique », *in Archives de philosophie du droit* 1931, p. 75.

13 *Cf.* MORIN Gaston, *La loi et le contrat. La décadence de leur souveraineté*, Paris, Alcan, 1925.

14 MORIN Gaston, « Vers la révision de la technique juridique », *in Archives de philosophie du droit* 1931, p. 80.

15 *Cf.* BICHOFFE Gilberte, *Qu'est-ce qu'un fonctionnaire ? Fonction publique et contrat*, Paris, Tenin, 1927 (thèse de doctorat, faculté de Nancy ; présidée par RENARD, professeur de droit administratif).

> Nous n'avons rencontré jusqu'ici (...) que des opinions auxquelles nous ferions volontiers le grief de monisme : situation contractuelle ou situation statutaire ; l'une *ou* l'autre ; point d'alliance possible entre les deux. (...)
>
> *Dans la notion contractuelle,* [la doctrine] *n'aperçoit, en général, que le type de la convention civile, dominée par le double principe de la liberté absolue de la volonté des parties, à l'origine de leurs relations juridiques, et de la force exécutoire absolue des stipulations échangées, pendant tout le cours de ces relations*, quoiqu'il advienne par la suite. Bref, *dans le contrat civil, l'élément subjectif de la volonté l'emporte sur l'objet de la convention* ; ce sont les volontés des contractants qui construisent de toutes pièces l'objet de leurs obligations mutuelles, sans autres restrictions que le respect de l'ordre public. Et il faut bien dire, que *le contrat ainsi entendu, tout conciliation est impossible avec le principe légal et réglementaire* qu'on découvre constamment dans les relations du fonctionnaire de l'administration.
>
> Mais il s'agit de savoir si cette notion civiliste du contrat est la seule qui soit concevable[16].

Ces réflexions doctrinales procèdent, pour une large part, de la mise en débat de certains caractères du contrat, ce qu'illustre assez cette locution avancée par Raymond SALEILLES au début des années 1900 : le contrat d'adhésion[17]. Sans jamais avoir été élevée au rang de concept, celle-ci a eu le mérite de permettre de discuter du contrat à l'aune des évolutions sociales et économiques consécutives à la Seconde Révolution industrielle. Cet essai doctrinal ne fut pas sans influence dans la promotion du contrat de travail, autour duquel se dégagea – à l'initiative de quelques-uns comme le professeur nancéen Paul DURAND – une discipline académique autonome[18]. Et il en fut de même pour le développement ulté-

---

[16] *Id.*, p. 13-14.

[17] *Cf.* SALEILLES Raymond, *De la déclaration de volonté. Contribution à l'étude de l'acte juridique dans le code civil allemand (art. 116 à 144)*, Paris, Pichon, 1901, p. 229-230. À ce propos, *cf.* CHÉNÉDÉ François, « Raymond SALEILLES : le contrat d'adhésion », *in Revue des contrats* 2012, p. 241 & 1017.

[18] Suivant des réflexions continues sur plusieurs années, Paul DURAND publia plusieurs articles tendant à ériger le droit du travail en une science autonome du droit civil. *Cf.* par exemple : « Le dualisme de la convention collective de travail » (*in R.T.D. civ.* 1939, p. 353) ; « Une orientation nouvelle du droit du travail : l'ordre économique et le droit du travail » (*in Dalloz* 1941, chron. p. 29) ; « La contrainte légale dans la formation du droit contractuel » (*in R.T.D. civ.* 1944, p. 73) ; « Aux frontières du contrat et de l'institution : la relation de travail » (*in JCP* 1944, I, 387) ; « Le particularisme du droit du travail » (*in Droit social* 1945, p. 298) ; « Naissance d'un droit nouveau : du droit du travail au droit de l'activité professionnelle » (*in Droit social* 1952, p. 437).

rieur du droit de la consommation, à partir des années 1970[19].

431. Le contrat d'adhésion n'a pas non plus laissé indifférents les administrativistes, lesquels s'attachèrent à penser autrement les relations de l'administration avec ses agents, ses partenaires économiques et les usagers. Les ouvrages et thèses touchant à la conceptualisation du contrat administratif discutèrent souvent du contrat d'adhésion comme d'une idée dissolvante du concept classique du contrat, soit pour opposer à ce dernier une alternative, soit pour se soustraire à son influence. Il s'est présenté comme un point de diffraction auquel des doctrines publicistes originales se sont rapportées pour justifier leur autonomie vis-à-vis du droit privé. En définitive, la locution « contrat d'adhésion » infusa tant les doctrines publiciste que privatiste, lesquelles réagirent aux mutations qui, au cours de la première moitié du XXe siècle, ont bouleversé le droit et que bon nombre ont analysé comme un phénomène de socialisation du droit[20]. C'est notamment par son biais que certains administrativistes soumirent le contrat à une critique, avec l'ambition de conférer au droit public une identité propre. Aussi souhaiterions-nous développer – dans les titres III et IV de cette seconde partie – l'hypothèse suivante : le con-

---

[19] Alors que plusieurs thèses ont été entreprises dans les premières décennies du XXe siècle sur les contrats d'adhésion (la dernière datant de 1935), ce n'est que dans les années 1970 qu'une autre thèse d'envergure fut entreprise – concomitamment à la genèse du droit de la consommation (*cf.* BERLIOZ Georges, *Le contrat d'adhésion*, Paris, L.G.D.J., 1973). D'un concept indécis, cette locution doctrinale fut employée à contenir les abus générés par l'essor de la grande consommation. En témoignent des réflexions entamées à partir du milieu du XXe siècle par l'avocat LEAUTÉ (« Contrats-types », *in R.T.D. civ.* 1953, p. 430) ou le professeur RIEG (« Contrat type et contrat d'adhésion », *in Travaux et recherches de l'institut de droit comparé de Paris*, 1970, n° 33, p. 105). Le développement d'une législation tutélaire des intérêts des consommateurs (en France à partir de 1978) relégua la locution aux marges de la doctrine (*cf.*, par exemple, l'article du professeur québécois POPOVICI : « Les contrats d'adhésion, un problème dépassé ? », *in* [collectif], *Problèmes de droit contemporain : mélanges Louis Baudouin*, Montréal, Presses universitaires de Montréal, 1974, p. 161). Le contrat d'adhésion ne fit plus que désigner une législation spéciale, inféodée à la théorie générale des obligations. *Cf.* l'ouvrage collectif : *Les contrats d'adhésion et la protection du consommateur* (Paris, E.N.A.J., 1979) ; – l'article de l'avocat BERLIOZ : « Droit de la consommation et droit des contrats » (*in JCP G.* 1979, I, n° 2954) ; – et celui du professeur ROUHETTE : « "Droit de la consommation" et théorie générale du contrat » (*in* [collectif], *Études offertes à René Rodière*, Paris, Dalloz, 1981, p. 247).

[20] Si des travaux épars rendirent compte de l'empreinte sans cesse plus prégnante du social sur les individus, cette expression – celle de « socialisation du droit » – reçut une large audience à partir d'un article remarqué du professeur montpelliérain Joseph CHARMONT : « Socialisation du droit. Leçon d'introduction d'un cours de droit civil » (*in Revue métaphysique et de morale* 1903, p. 380).

trat administratif, ou plutôt les diverses conceptions qui s'y rapportèrent dans l'Entre-deux-guerres procèdent toutes d'un désenchantement à l'endroit d'un modèle contractuel fondé exclusivement sur la liberté contractuelle et l'égalité des parties – deux principes qui se sont cristallisés autour de la doctrine de l'autonomie de la volonté. Le contrat d'adhésion contribua à débattre des influences réciproques entre droit privé et droit public, voire à penser ce que certains ont traduit – pendant l'Entre-deux-guerres – par la publicisation du droit privé. La conceptualisation du contrat administratif fut concomitante d'une dénaturation de l'acception classique du contrat. Entre une doctrine publiciste soucieuse d'être regardée comme l'égale de son homologue privatiste et une doctrine privatiste accaparée à faire la démonstration de ce que le droit privé n'était pas en voie d'être dépassée par les évolutions sociétales, certains administrativistes firent, dans un premier temps, l'économie du contrat pour appréhender des rapports juridiques qui, usuellement, l'étaient par son biais. Ce n'est que dans le sillage la jurisprudence administrative sur l'imprévision qu'une partie de la doctrine administrative (ré)intégra le contrat au sein du droit administratif – les privatistes favorisant eux-mêmes l'idée d'un dualisme contractuel pour soustraire le contrat classique de l'influence de la théorie de l'imprévision[21]. Cette entreprise doctrinale d'acculturation est à l'origine de nos débats contemporains sur la nature du contrat administratif[22].

432. Les mutations de la doctrine universitaire à la charnière des XIXe et XXe siècles. – Les interrogations doctrinales dont le contrat fut l'objet ne sont qu'une manifestation de ce que nombre de nos contemporains appellent « le renouveau doctrinal de la Belle Époque » – et à l'étude duquel ont notamment contribué les professeurs AUDREN & HALPÉRIN[23] pour le droit privé ; ou bien, suivant une approche plus unitaire du droit, les professeurs HAKIM & MELLERAY[24]. Encore que d'autres méritent d'être également cités : tels, par exemple, les professeurs JESTAZ et JAMIN pour le droit privé[25], ou les professeurs BIGOT[26] et

[21] *Cf.* le chapitre 1er, titre IV, seconde partie.

[22] *Cf.* les chapitres 2 et 3, titre IV, seconde partie.

[23] *Cf.* AUDREN Frédéric & HALPÉRIN Jean-Louis, *La culture juridique française, entre mythes et réalités (XIXe – XXe siècles)*, Paris, C.N.R.S. éditions, 2013 ; et du dernier auteur : *Histoire du droit privé français depuis 1804*, Paris, P.U.F., 1996 (1re éd.). En outre, le n° 29 de la revue *Mil neuf cent* a été spécialement consacré au sujet suivant : *La Belle Époque des juristes. Enseigner le droit dans la République* (2011).

[24] *Cf.* HAKIM Nader & MELLERAY Fabrice (dir.), *Le renouveau de la doctrine française. Les grands auteurs de la pensée juridique au tournant du XXe siècle*, Paris, Dalloz, 2009.

[25] *Cf.* en particulier de ces auteurs leur présentation critique précédant la réédition de

TOUZEIL-DIVINA[27] pour le droit public. Il y a une commodité dont il ne faut pas être dupe à situer une renaissance doctrinale à partir des années 1880. Celle-ci laisserait supposer que les juristes se seraient subitement élevés pour sortir d'un moyen-âge dans lequel la méthode exégétique – sinon une « nomophilie »[28] – les aurait contenus[29]. Cette partition historique aligne les juristes des générations précédentes sur l'idée défavorable dans laquelle l'on tient trop souvent le XIXe siècle. Le terme de « renouveau » – qui résonne avec celui de « Renaissance » – emporte une somme de préjugés que l'historien doit craindre, sauf à ce que son regard ne soit orienté à son insu. S'agissant spécialement du droit public, cette période renvoie moins à une naissance du droit administratif qu'à une inflexion dont l'ampleur ne doit pas être exagérée – sans non plus être mésestimée. Elle est pertinente pour organiser l'histoire du droit administratif, mais ne doit aboutir à lui assigner un *terminus a quo*. Cette partition historique devrait toujours être dépassée par ceux-là même qui l'emploient pour la commodité et la clarté de leurs démonstrations. Elle n'a jamais qu'une finalité didactique, là où une histoire continue dénuée de toutes scansions serait une histoire atone. Les ouvrages par lesquels la thèse de ce « renouveau » a pris forme seront toujours une source précieuse en même temps que captieuse. Nous pensons particulièrement à François GÉNY[30], Julien BONNECASE[31] et Eugène GAUDEMET[32] pour le droit privé ; Mau-

---

L'interprétation du Code civil en France depuis 1804 d'Eugène GAUDEMET (Paris, Éditions la Mémoire du Droit, 2002), et leur ouvrage commun : *La doctrine* (Paris, Dalloz, 2004). *Cf.* encore du premier auteur : « Dix-neuf cent : crise et renouveau dans la culture juridique » (*in* ALLAND Denis & RIALS Stéphane (dir.), *Dictionnaire de culture juridique*, Paris, P.U.F., 2003, p. 380).

[26] *Cf.* en particulier plusieurs de ses articles consacrés à l'histoire du droit administratif, rassemblés dans un ouvrage récent : *Ce droit qu'on dit administratif… Études d'histoire du droit public* (Paris, Éditions la Mémoire du Droit, 2015).

[27] *Cf.* en particulier ses travaux doctoraux, notamment cet ouvrage qui en est issu : *La doctrine publiciste, 1800-1880. Éléments de patristique administrative* (Paris, Éditions la Mémoire du Droit, 2009).

[28] *Cf.* RIALS Stéphane, *La déclaration des droits de l'homme et du citoyen*, Paris, Hachette, 1988, p. 369 *sq.*

[29] Ce n'est pas dire que cette partition historique soit impropre à étayer aucune étude historique. Les professeurs HAKIM et MELLERAY en proposent une justification qui, en effet, ne manque pas de pertinence (*Le renouveau de la doctrine française…*, *op. cit.* (2009), p. 1 *sq.*).

[30] *Cf.* de François GÉNY : *Méthode d'interprétation et sources en droit privé positif. Essai critique* (1899).

[31] Ce professeur grenoblois (1909) puis bordelais (1917), a écrit de nombreux ouvrages ou articles sur l'histoire doctrinale du droit privé, tant et si bien que le professeur JAMIN a pu le désigner comme « *l'historien quasi-officiel de la doctrine du XIXe siècle* » (« L'oubli et la science. Regard partiel sur l'évolution de la doctrine privatiste à la charnière des XIXe et

rice HAURIOU[33] et Achille MESTRE[34] pour le droit administratif. L'histoire a été mise à contribution pour mettre en exergue, par un effet de contraste savamment organisé, ce que leurs doctrines respectives auraient eu de novateur[35]. Cette démarche, qui se tourne vers le passé pour mieux s'en démarquer, est un témoignage éloquent du sentiment qu'ont eu ces auteurs et leurs contemporains de formaliser un droit nouveau – sinon de le régénérer[36]. Du reste, ils ne furent pas les premiers : quelques décennies auparavant, BATBIE et DUCROCQ procèdent de même pour assurer la promotion de leur doctrine respective. Aujourd'hui, ce recours biaisé à l'histoire a été mis en exergue[37]. Quoi qu'il en soit, cette repré-

---

XXe siècles », *in R.T.D. civ.* 1994, p. 816). Citons parmi ses œuvres pertinentes à notre propos : *La Thémis (1819-1831) : son fondateur, Athanase* JOURDAN (1912), dont la seconde édition (1914) comprend en outre une *Introduction générale de la science du droit privé en France de 1789 à 1830* ; *L'école de l'exégèse en droit civil : les traits distinctifs de sa doctrine et de ses méthodes d'après la profession de foi de ses plus illustres représentants* (1919) ; et *La pensée juridique française de 1804 à l'heure présente : ses variations et ses traits essentiels* (1933, 2 vol.).

32 *Cf.* d'Eugène GAUDEMET : *L'interprétation du code civil en France depuis 1804* (1935).

33 *Cf.* de Maurice HAURIOU cet article : « De la formation du droit administratif français depuis l'an VIII » (*R.G.A.* 1892, II, p. 385 et III, p. 15) ; également publié dans la deuxième édition de son *Précis de droit administratif* (1893), puis dans le *Répertoire du droit administratif* de BÉQUET (t. 14, 1897). *Cf.* également un article où il assigne pour la génération de 1880 une mission régénératrice : « Notice sur les œuvres de Léon MICHOUD » (*in R.D.P.* 1916, p. 483 ; encore publié dans : *Annales de l'université de Grenoble* 1917, p. 7).

34 *Cf.* d'Achille MESTRE : « L'évolution du droit administratif (doctrine) de 1869 à 1919 » (*in* [collectif], *Les transformations du droit dans les principaux pays depuis cinquante ans (1869-1919). – Livre du cinquantenaire de la Société de législation comparée*, Paris, L.G.D.J., 1922-1923 (2 vol.), t. 2, p. 19).

35 *A pari :* ATIAS Christian, *Science des légistes, savoir des juristes*, Aix-en-Provence, Presses universitaires d'Aix-Marseille, 1991 (2e éd.), p. 96-99.

36 Nous pourrions viser une littérature qui devint presque archétypale, et consistant à souligner les mutations – juridiques ou autres – dont l'auteur fut contemporain. Ainsi – Gabriel TARDE, Maxime LEROY, Joseph CHARMONT et Léon DUGUIT qui dans les premières décennies du XXe siècle publièrent des ouvrages dont les titres mêmes signalent cette conscience d'une rupture : *Les transformations du droit* (1893), *Les transformations du pouvoir* (1899), *Les transformations de la puissance publique* (1907), *Les transformations du droit civil* (1912), *Les transformations du droit privé* (1912), *Les transformations du droit public* (1913). Après la Première Guerre mondiale, nous pouvons encore citer le n° 4 (1925) des *Cahiers de la nouvelle journée* intitulé : *La cité moderne et les transformations du droit* (où y ont contribué HAURIOU, BONNECASE, RENARD, ROLLAND & CUCHE).

37 Relativement à Julien BONNECASE, *cf.* l'article du professeur HAKIM : « Julien BONNECASE : historien de la science juridique ? » (*in Études d'histoire du droit et des idées politiques* 2006, n° 10, p. 291) ; ou relativement à Eugène GAUDEMET, la présentation critique des professeurs JAMIN et JESTAZ précédant la réédition de *L'interprétation du Code civil en France depuis 1804* (2002). Plus fondamentalement, l'histoire de la doctrine privatiste a été réévaluée à partir des années 1980, à l'occasion de réflexions entreprises sur le statut épistémologique de la doctrine. À rebours de travaux comme ceux du pro-

sentation historique par les acteurs même du « renouveau » de la Belle Époque nous incite à emprunter cette partition historique dont la dimension performative est à elle seule un document d'histoire. Il ne s'agit pas tant d'une borne chronologique objective que d'une source historique, étant précisé que c'est la conscience par les contemporains d'une rupture qui nous importe, plutôt que la réalité – artificielle à certains égards – de celle-ci[38].

433. Le sentiment d'une rupture doctrinale par rapport aux générations précédentes s'est, plus vivement encore, fait ressentir à propos de la méthode, celle-ci exacerbant la conscience que la doctrine universitaire a eu d'elle-même – une doctrine se définissant à partir de l'archétype professoral[39]. Les professeurs AUDREN & HALPÉRIN s'y sont attardés[40]. L'exemple du professeur bordelais BONNECASE – qui a traité de la « *pensée juridique française* » depuis le début du XIXe siècle[41] – est emblématique

---

fesseur HUSSON (« Analyse critique de la méthode de l'exégèse », *in Archives philosophiques du droit* 1972 p. 115 ; « Examen critique des assises doctrinales de la méthode de l'exégèse », *in R.T.D. civ.* 1976, p. 431), *cf.* par exemple les contributions des professeurs ATIAS (« Premières réflexions sur la doctrine française de droit privé (1900-1930) », *in R.R.J.* 1981, p. 189 ; « Progrès du droit et progrès de la science du droit », *in R.T.D. civ.* 1983, p. 692), RÉMY (« Éloge de l'exégèse », *in R.R.J.* 1982, p. 254 ; de nouveau publié dans la revue *Droits* : 1985, n° 1, p. 115) ou JAMIN (« L'oubli et la science. Regard partiel sur l'évolution de la doctrine privatiste à la charnière des XIXe et XXe siècles », *in R.T.D. civ.* 1994, p. 815). Relativement à Maurice HAURIOU, *cf.* l'article du professeur TOUZEIL-DIVINA : « Maurice HAURIOU, mystificateur ou héros mythifié ? » (*in* TOUZEIL-DIVINA Mathieu (dir.), *Miscellanées Maurice Hauriou*, Le Mans, Éditions l'Épitoge, 2013, p. 83) et, pour un point de vue élargi à l'ensemble de la doctrine administrative – du même auteur : « Un mythe de fondation administrative : "Le droit administratif naît autour de 1870 ; il est d'essence prétorienne" » (*in Dix mythes du droit public*, Paris, L.G.D.J., 2019, p. 115).

38 Nous nous permettons de renvoyer à cet article du professeur AUDREN : « Le "moment 1900" dans l'histoire de la science juridique française », *in* JOUANJAN Olivier & ZOLLER Élisabeth (dir.), *Le "moment 1900" : critique sociale et critique sociologique du droit en Europe et aux États-Unis*, Paris, Éditions Panthéon-Assas, 2015, p. 55.

39 Selon l'opinion du professeur HAKIM, « *il apparaît* (…) *que* [la doctrine du] *XIXe siècle ignore la domination structurelle des professeurs* » ; en comparaison à celle du XXe siècle où prévalent les formes « *professorale et dogmaticienne* » (« La contribution de l'université à l'élaboration de la doctrine civiliste au XIXe siècle », *in* [collectif], *Les facultés de droit inspiratrices du droit ?*, Toulouse, Presses de l'université des sciences sociales de Toulouse, 2005, p. 17-18). *A pari :* TOUZEIL-DIVINA Mathieu, *La doctrine publiciste, 1800-1880…*, *op. cit.* (2009), p. 22).

40 AUDREN Frédéric & HALPÉRIN Jean-Louis, *La culture juridique française…*, *op. cit.* (2013), p. 111 *sq.*

41 BONNECASE Julien, *La pensée juridique française de 1804 à l'heure présente. Ses variations et ses traits essentiels*, Bordeaux, Delmas, 1933 (2 vol.), t. 1, p. 65 *sq.*

d'une doctrine qui, au sujet de la fabrique du droit, s'est donnée un office propre à lui conférer une singularité valorisante. Il témoigne par là-même de cette conviction d'être partie à une communauté resserrée autour de l'institution universitaire[42]. La méthode qui y fut attachée a eu tout à la fois pour fonction de discriminer (c'est-à-dire de s'identifier par contraste avec l'extérieur) et de valoriser le corps universitaire en y corrélant une prétention scientifique : celle de contribuer aux sources du droit. Il fut moins question d'un changement effectif du rôle de la doctrine qui, après avoir été l'exégète de la loi, se serait réinvitée critique du droit ; que d'un glissement dans la manière dont la doctrine s'est représentée sa raison d'être[43]. En ce sens, les travaux du professeur dijonnais GÉNY furent spécialement remarqués[44]. Les recherches historiques sur le fondateur de la revue *Thémis* – Jourdan ATHANASE –, comme la dénonciation de l'« École de l'exégèse » par Julien BONNECASE participent d'une ambition similaire. Individualiser un *corps savant*, distinct du reste de la communauté juridique, c'est-à-dire des praticiens ; formaliser une méthodologie qui permette seule d'authentifier un savoir *scientifique* sur le droit ; reconnaître à la doctrine un rôle fondamental dans l'expression du droit, en concurrence avec le législateur et le juge[45]. La convergence de ces enjeux ressort

---

[42] Ses travaux sur l'histoire doctrinale du droit privé se doublent d'ailleurs de nombreuses études touchant aux facultés de droit et à l'enseignement universitaire ; et publiées dans la *Revue générale du droit* : *cf.* par exemple *Qu'est-ce qu'une faculté de droit ?* (1929) ou *Clinique juridique et facultés de droit* (1931).

[43] *Cf.* GOUBEAUX Gilles, « Il était une fois… la doctrine », *in* *R.T.D. civ.* 2004, p. 239 (article écrit en réaction à l'ouvrage des professeurs JESTAZ et JAMIN, intitulé : *La doctrine*) ; et HAKIM Nader, « Le miroir de l'autorité : l'instrumentalisation de l'autorité dans la doctrine contemporaine », *in* *R.H.F.D.* 2007, n° 27, p. 459.

[44] *Cf.* les deux ouvrages de François GÉNY : *Méthode d'interprétation et sources en droit privé positif* (1899, préalablement publiée dans la *Revue bourguignonne de l'enseignement supérieur* entre 1897 et 1898) ; suivi de *Science et technique en droit privé positif* (1914-1924, 4 vol.). À propos de la contribution de ce dernier à la science du droit, voyez cet ouvrage collectif : *François Gény, mythe et réalités (1899-1999). Centenaire de Méthode d'interprétation et sources en droit privé positif, essai critique* (Cowansville (Canada), Éditions Yvon Blais 2000). Les dernières années de la Belle Époque attestent cette attention portée sur la méthode juridique. *Cf.*, par exemple, les leçons qui ont été prononcées au Collège libre des sciences sociales en 1910, à l'instigation de Raymond SALEILLES (*Les méthodes juridiques*, 1911).

[45] L'ouvrage novateur d'Henri CAPITANT sur la jurisprudence civile illustre parfaitement cette conception des choses : « *Les juristes contemporains ont compris que leur mission consistait à étudier, à critiquer ce droit en formation, à le dégager de la masse des décisions où il se trouve enfoui comme le minerai dans le sol, à le mettre au jour, à le dépouiller de ses scories, en un mot à le systématiser. C'est à eux, en effet, qu'incombe cette mission de découverte, de direction et de redressement. Les magistrats, absorbés par le jugement des procès qui viennent successivement devant eux, statuant sur des espèces toujours variables ne peuvent saisir les traits généraux des règles à l'élaboration desquelles ils*

assez bien sous la plume de Julien BONNECASE, lequel consacra de longs développements sur la doctrine juridique des premières décennies du XXe siècle[46]. Les thèses de François GÉNY sur la science et la technique – largement reçues et critiquées par ses contemporains – ont renouvelé les conditions d'énonciation du discours doctrinal[47]. Consciente d'élaborer un savoir juridique autonome de la loi et de la jurisprudence, la doctrine universitaire bouleversa jusqu'à sa terminologie. La promotion concomitante de l'histoire du droit et du droit comparé (pour n'être pas inédits) n'est pas fortuite pensons-nous[48].

434. Les métamorphoses de l'enseignement universitaire entrevues à l'aune de la littérature doctorale. – Les transformations qui ont traversé l'enseignement universitaire dans les années 1880-1890[49] ont accompagné cette inflexion, autant qu'elles l'ont amplifiée. Le témoignage le plus probant fut l'essor des thèses de doctorat dont la qualité scientifique contribua au dynamisme doctrinal. Henri CAPITANT a très bien perçu la valeur de la littérature doctorale, nonobstant son inégale

---

participent. (…) *C'est pourquoi les Maîtres de nos Facultés se penchent aujourd'hui sur les décisions de la jurisprudence, comme le savant sur la matière, pour en scruter la composition. Mais, à la différence du savant, qui observe les choses du monde extérieur, le juriste travaille sur une matière essentiellement mouvante et changeante, parce qu'elle est l'œuvre de la volonté des hommes. Aussi son rôle ne se borne-t-il pas à observer ; il doit critiquer à l'occasion, en vue de redresser, s'il se peut, l'interprétation que les tribunaux donnent des textes des lois. Quoi qu'il en soit, le juriste ne peut aujourd'hui se flatter de connaître le droit que s'il complète et vivifie l'étude des textes par celle de la jurisprudence* » (*Les grands arrêts de la jurisprudence civile. – Supplément au Cours élémentaire de droit civil français d'Ambroise Colin et H. Capitant*, Paris, Dalloz, 1934 ; 1re éd., p. v-vi).

46 BONNECASE Julien, *Supplément* [à la troisième édition du] *Traité théorique et pratique de droit civil par G. Baudry-Lacantinerie*, Paris, Tenin, 1924-1935 (6 vol.), t. 1, p. 364 *sq*.

47 À rapprocher de l'article d'Édouard LAMBERT : « Une réforme nécessaire des études de droit civil » (*in Revue internationale de l'enseignement* 1900, p. 229) ; et ceux de Raymond SALEILLES : « École historique et droit naturel d'après quelques ouvrages récents » (*in R.T.D. civ.* 1902, p. 80) & « Le code civil et la méthode historique » (*in* [collectif], *Le code civil (1804-1904). – Livre du centenaire publié par la Société d'études législatives*, Paris, Rousseau, 1904 (2 vol.), t. 1, p. 97) – avec une mise en perspective du professeur JAMIN : « Le vieux rêve de SALEILLES et LAMBERT revisité. À propos du centenaire du Congrès international de droit comparé de Paris » (*in Revue internationale de droit comparé* 2000, p. 733).

48 BOUDON Julien, « La place réservée à l'histoire du droit et au droit comparé par la doctrine juridique française en 1900 », *in Historia et ius* 2013, n° 3 (disponible depuis Internet).

49 *Cf.* la thèse de la professeure GATTI-MONTAIN : *Le système d'enseignement du droit en France* (Lyon, Presses universitaires de Lyon, 1987) et, plus spécialement sur le droit public, celle du professeur RICHARD : *Enseigner le droit public à Paris sous la Troisième République* (Paris, Dalloz, 2015).

valeur[50]. Le professeur RICHARD a récemment étudié ces métamorphoses induites par la réforme du doctorat (1895), laquelle contribua à revaloriser ce diplôme universitaire[51]. Tout en renvoyant à ses travaux, nous pensons devoir insister sur la contribution de la littérature doctorale à la littérature juridique. Quelques-unes des thèses les plus insignes ont fait l'objet de recensions dans des périodiques juridiques[52]. Pour être souvent sommaires, celles-ci sont loin de n'être que des critiques laudatives. Elles attestent, au contraire, la reconnaissance d'une autorité doctrinale, bien que singulière dans son genre. L'intérêt manifesté par ces revues est un témoignage qui ne doit pas être négligé. Pour ne concerner que peu de thèses, il rend compte de l'émergence d'un genre littéraire qui, incidemment, renforce la centralité de la doctrine universitaire – organe d'impulsion et d'authentification de l'autorité doctrinale. À certains égards, les thèses de doctorat ont pris le relai des monographies spéciales, lesquelles furent souvent le fait de praticiens[53]. Cette diffusion –

---

[50] L'avocat André MATER, secrétaire de la rédaction de la revue *L'Année administrative* publia une note assez critique sur les thèses de doctorat soutenues dans les facultés de droit. Il y dénonce « *ouvertement ce que beaucoup de travailleurs pensent des thèses de droit, au moment où le vote assuré de la loi militaire de deux ans permet d'espérer une réforme des études juridiques* » (« Note sur les thèses de droit », *in L'Année administrative* 1904, p. 461). À cet égard, il regrette que « *la plupart des docteurs en droit emploient ce procédé* [par lequel] *ils publient, arrangent, développent, annotent, une partie du cours inédit d'un professeur. Ils donnent ainsi des contributions honnêtes à la vulgarisation du droit, mais ils n'apportent rien de nouveau à la science proprement dite du droit. Tout au plus trouve-t-on dans leurs thèses des arrêts que les recueils spéciaux n'ont pas encore publiés, des analyses de documents parlementaires qu'on n'aurait aucun plaisir à consulter soi-même, vu leur longueur, et quelquefois des indications d'articles parus récemment dans des revues dont on n'a pas encore fait soi-même le dépouillement. Je ne crois pas qu'une thèse de droit, une thèse moyenne* (…) *ait jamais rendu beaucoup d'autres services* » (*id.*, p. 467). C'est un jugement à peine moins sévère que leur adresse Julien BONNECASE plusieurs années plus tard, tout en soulignant la richesse dont cette littérature est prometteuse (*Supplément* [à la troisième édition du] *Traité théorique et pratique de droit civil par G. Baudry-Lacantinerie*, *op. cit.*, t. 1 (1924), p. 561). La démarche sous-tendue par l'ouvrage d'Henri CAPITANT atteste cette opinion ambivalente (*Comment il faut faire sa thèse de doctorat en droit*, 1926). Cela étant dit, il ne faut pas jeter le discrédit sur une littérature si contrastée. Nombre de thèses mérite une lecture attentive, sauf peut-être à adapter notre approche suivant leur qualité respective. Car si elles ne contiennent pas toutes des propos originaux, elles n'en constituent pas moins un document d'histoire riche d'informations.

[51] RICHARD Guillaume, *Enseigner le droit public à Paris sous la Troisième République*, *op. cit.* (2015), p. 169 & 857.

[52] Particulièrement dans la *Gazette des tribunaux* et le *Journal Le Droit* ; ou bien encore dans la *Revue générale d'administration* ou la *Revue du droit public*.

[53] La contribution des avocats aux Conseils – pour le XIXe siècle – est trop largement minorée. Rares sont ceux qui, à l'instar de Rodolphe DARESTE, ne sont pas tombés dans l'oubli (*cf.* PLESSIX Benoît, « Rodolphe DARESTE ou le droit administratif vu par un avocat aux Conseils érudit au XIXe siècle », *in R.H.F.D.* 2004, n° 24, p. 65).

inégale, mais indéniable – de la littérature doctorale est d'ailleurs corroborée par l'écho que les traités leur donnent. Les négliger reviendrait à occulter des sources historiques qui ont pleinement participé au dynamisme doctrinal de la Belle Époque et sans lesquelles notre étude serait lacunaire, donc biaisée[54].

435. Par ailleurs, il faut ajouter que si toutes portent l'empreinte de l'exercice académique dont elles procèdent, les thèses de doctorat ont ceci de singulier que leur format éditorial permet à leur auteur d'engager un sujet qui n'est pas enserré dans les mêmes contraintes que les autres manifestations scripturaires de la littérature juridique. N'étant pas destinées à un lectorat ciblé qui déterminerait la physionomie de l'ouvrage, comme les ouvrages élémentaires destinés à un lectorat estudiantin ; n'étant pas non plus engoncées dans un format trop restreint comme les articles de revues, elles profitent de certains avantages dont ne bénéficient pas toujours les autres expressions doctrinales. La littérature doctorale aide à discerner – d'après la récurrence des sujets abordés par les thèses – les problématiques qui préoccupèrent successivement la doctrine et l'évolution du cadre théorique dans lequel celles-ci se sont insérées. Ainsi, par exemple, les thèses relatives aux contrats administratifs sont contemporaines de l'Entre-deux-guerres : elles touchent pour la plupart à la juridiction administrative plutôt qu'elles ne consacrent une catégorie juridique inédite[55]. *A fortiori*, cela rend improbable l'hypothèse suivant laquelle le concept de contrat administratif aurait été formalisé dans le courant des années 1900. Celles relatives aux contrats d'adhésion – et dont il sera question dans ce titre – sont pour la plupart antérieures à la Grande Guerre[56]. Cela permet de situer dans la décennie 1900 les ten-

[54] Sur la valeur historique de la littérature doctorale, *cf.* le § 14 de notre introduction.

[55] Nous pensons aux thèses de – DOUYSSET (*Du principe de répartition des compétences en ce qui concerne les litiges nés sur les contrats passés par les personnes administratives*, 1924), – d'AMFREVILLE (*De la répartition des compétences en matière de contrats passés par l'administration*, 1927), – SUDRE (*De la compétence du Conseil d'État en matière de contrats*, 1928), – ROUVIÈRE (*À quels signes reconnaître les contrats administratifs*, 1930) et – HIMARIO (*Les clauses exorbitantes du droit commun dans les contrats administratifs*, 1933). Celle d'AUBRY procède d'une approche un peu différente (*Des contrats administratifs comparés aux contrats notariés au point de vue du caractère commun d'authenticité*, 1924).

[56] Nous pensons aux thèses de – DOLLAT (*Les contrats d'adhésion*, 1905), – DEREUX (*De l'interprétation des actes juridiques privés*, 1905), – FORTIER (*Des pouvoirs du juge en matière de contrat d'adhésion*, 1909) et – PICHON (*Des contrats d'adhésion : leur interprétation et leur nature*, 1912). Dans l'Entre-deux-guerres, nous ne recensons que celles de – SAINT-RÉMY (*De la révision des clauses léonines dans les contrats d'adhésion : étude et analyse de jurisprudence*, 1928) et – DOMERGUE (*Étude d'ensemble sur le contrat d'adhésion*, 1935).

sions que cette locution doctrinale a provoquées en ébranlant la doctrine de l'autonomie de la volonté. Les thèses sur ce sujet se font plus rares à partir des années 1920, l'attention se déportant alors sur l'existence d'une technique contractuelle susceptible de pallier la publicisation des contrats[57]. De même, la quinzaine de thèses qui fleurirent dans l'Entre-deux-guerres sur la théorie de l'imprévision – tant en droit public que privé – indique suffisamment ce que cette théorie a eu de subversif pour les privatistes et de fécond pour les administrativistes[58]. Ces exemples nous convainquent de ce que les thèses doivent être considérées non seulement pour elles-mêmes, suivant les informations qui y sont rassemblées et organisées à travers un *corpus* critique ; considérées suivant la réception dont elles firent l'objet ; considérées encore en ce qu'elles permettent de discerner, à un point de vue historique, les problématiques qui ont rythmé le dynamisme doctrinal. Toutes ces raisons nous ont déterminé à en tenir compte avec une attention particulière.

436. Le contrat : un sujet doctrinal clivant. – À ces aspects em-

---

[57] Nous pensons aux thèses de – LA MARNIERRE (*L'évolution technique du contrat et ses conséquences juridiques*, 1930), – GAUDIN DE LAGRANGE (*L'intervention du juge dans le contrat*, 1935), – MARSON (*L'abus du droit en matière de contrat*, 1935), – ROUSSEL (*Le contrat : de l'intervention du juge et du législateur dans son exécution*, 1936), – BARREYRE (*L'évolution et la crise du contrat : étude synthétique et critique*, 1937) et – ZAKSAS (*Les transformations du contrat et leur loi : essai sur la vie du contrat en tant qu'institution juridique*, 1939). À rebours de ces thèses, il faut ajouter celle – injustement méconnue – de MAYNAU (*Les fictions de contrats dans le code civil et depuis le code civil*, 1924).

[58] Nous pensons aux thèses de – SAINT-MARC (*De l'imprévision dans les contrats administratifs*, 1918), – LOUVEAU (*Théorie de l'imprévision en droit civil et en droit administratif*, 1920), – RADOUANT (*Du cas fortuit et de la force majeure*, 1920), – FYOT (*Essai d'une justification nouvelle de la théorie de l'imprévision à l'égard des contrats portant sur des objets autres qu'une somme d'argent*, 1921), – BOMSEL (*La théorie de l'imprévision en droit civil français*, 1922), – BRUZIN (*Essai sur la notion d'imprévision et sur son rôle en matière contractuelle*, 1922), – GROS (*Les conséquences juridiques de la guerre sur les services publics concédés du gaz et de l'électricité*, 1922), – VOIRIN (*De l'imprévision dans les rapports de droit privé*, 1922), – LAPEYRE (*De l'imprévision dans les marchés passés par les sociétés de gaz et d'électricité*, 1923), – MAGNAN DE BORNIER (*Essai sur la théorie de l'imprévision*, 1924), – DESJONQUÈRES (*L'évolution de la jurisprudence du Conseil d'État au sujet de la théorie de l'imprévision dans les marchés de fournitures*, 1926), – VÉGLERI (*Des modifications apportées par l'administration à ses contrats : étude de jurisprudence administrative*, 1927), – JACQUEMARD (*La théorie de l'imprévision et la gestion des services publics concédés*, 1928), – CATTAND (*La clause «* rebus sic stantibus *» du droit privé au droit international*, 1929), – POPESCU (*Essai d'une théorie de l'imprévision en droit français et comparé*, 1937), – AUVERNY-BENNETOT (*La théorie de l'imprévision, droit privé, droit administratif, droit ouvrier*, 1938), – FOULON (*Le caractère provisoire de la notion d'imprévision*, 1938) et – STOYANOVITCH (*De l'intervention du juge dans le contrat en cas de survenance de circonstances imprévues : théorie de l'imprévision*, 1941).

pruntés aux mutations universitaires, il faut ajouter ceux liés aux profonds bouleversements de la société française, résultant pour une large part de la Seconde Révolution industrielle et de l'essor d'une société de consommation en gestation depuis le milieu du XVIIIe siècle. Il est hors de propos de rapporter les transformations dont le contrat fit l'objet à cet égard. Outre le fait qu'un tel examen a déjà été entrepris par quelques-uns[59], nous nous disperserions dans des développements d'ailleurs inutiles à notre propos. Ce qui nous importe, c'est de préciser les termes dans lesquels se sont posés les débats doctrinaux qui ont touché au contrat. Notre propos est de démontrer que, parmi les publicistes, aucun ne développa – dans les années précédant la Grande Guerre – de théorie qui pût s'apparenter à la conceptualisation d'un contrat administratif. Les diverses propositions doctrinales qui réagirent à l'évolution des pratiques contractuelles évoluèrent suivant une trame assez complexe, sans jamais ébaucher un quelconque concept – sinon proto-concept – du contrat administratif. D'un côté, les privatistes furent confrontés à des relations juridiques inédites par rapport auxquelles la conception usuellement prêtée au contrat pouvait sembler inadaptée. Le contrat de travail en est une illustration emblématique et le sort que rencontra l'enseignement académique de la législation industrielle – plus tard appelée droit ouvrier – est symptomatique des résistances opposées par la doctrine civiliste à un contrat iconoclaste et subversif de la conception classique du contrat. D'un autre côté, les publicistes – ou plutôt certains d'entre eux – rendirent compte de relations juridiques qui, en mettant en cause l'administration, s'accommodaient mal du concept classique du contrat, si bien qu'ils préférèrent recourir à la figure de l'acte unilatéral, emblématisée par le règlement. Par ailleurs, la nécessité de repenser les modes de commerce juridique de l'administration fut aiguisée par l'ambition d'asseoir pleinement l'autonomie du droit public vis-à-vis du droit privé. Au cours de ces décennies, la doctrine publiciste (universitaire) fut soucieuse de pallier le discrédit dont elle pâtissait dans l'ordre académique. Tout en lui conservant un certain dédain, la doctrine privatiste s'attacha à conserver une hégémonie fragilisée par des évolutions sociétales qui furent menaçantes pour le concept de contrat – canon du code civil et pièce maîtresse de la théorie des obligations. Souhaitant maintenir à distance une doctrine publiciste dont elle craignait la concurrence, elle insista sur des éléments de son identité qui fussent hétérogènes au droit public et mobilisa la figure du contrat pour essentialiser le

[59] *Cf.* par exemple ce dossier thématique : *Le contrat : approches historiques et théoriques* (*in Cahiers du Centre lyonnais d'histoire du droit et de la pensée politique* 2004, n° 1).

droit privé. Ainsi, les mutations consécutives à la Seconde Révolution industrielle donnèrent lieu à des débats féconds dont les termes furent orientés, d'un côté, à ériger le contrat en figure emblématique du droit privé (**chapitre 1**) et, de l'autre, à marginaliser le contrat pour s'émanciper complètement de la mouvance du droit privé (**chapitre 2**).

Chapitre premier

Le contrat : un concept monopolisé par la doctrine privatiste pour essentialiser le droit privé

437. Consensuel et formellement égalitaire, le contrat incarne un droit civil *individualiste* et *libéral*. Ce qui est original à la Belle Époque, ce n'est pas que le contrat ait gagné en prépondérance dans le droit privé, mais le fait que les privatistes le mobilisèrent pour caractériser le droit civil. Cette approche qui conçoit le contrat comme n'étant plus en concurrence qu'avec la loi s'est matérialisée dans la doctrine de l'autonomie de la volonté – dont les premières mentions furent le fait de ses contempteurs. La centralité ainsi prêtée au contrat fut concomitante des mutations sociales qui, à la fin du XIXe siècle, ébranlèrent le droit privé. Elle ne traduit pas tant une réaction de civilistes conservateurs, qu'elle ne révèle un dessein doctrinal tendu à assimiler ces mutations tout en conservant au droit civil ses fondements et, ce faisant, à faire la démonstration de sa modernité. Contribuant à polariser les doctrines privatiste et publiciste, le contrat fut monopolisé par la première afin de déprécier la seconde (**section 1**). Le contrat d'adhésion donne à voir la ductilité de la doctrine de l'autonomie de la volonté qui fut moins un dogme qu'un étalon du social. Les débats dont cette doctrine fit l'objet achèvent de convaincre que le contrat fut comme une forteresse dans laquelle la doctrine privatiste s'est repliée. Employé à essentialiser le droit privé, il véhicule des valeurs qui, à travers la *summa divisio*, contribuent à repousser vers le droit public ce qui demeure irréductible à une certaine idée du droit, celle-ci n'étant jamais mieux incarnée que par le droit privé (**section 2**).

Section première. – Le contrat : un concept emblématique d'un droit civil individualiste et libéral

438. Un dogme contractuel explicité à l'occasion des critiques qui lui sont adressées. – La « crise du contrat » – comme certains l'ont désignée dès la première décennie du XXe siècle[60] – participe des débats qui interrogèrent la modernité d'un code civil centenaire[61]. Les dernières décennies du XIXe siècle ont connu des bouleversements sociétaux qui ont conduit plusieurs juristes à s'interroger sur les transformations latentes du contrat. L'un des auteurs les plus souvent cités jusque dans la première moitié du XXe siècle fut le magistrat et sociologue Gabriel TARDE[62]. Dans un ouvrage maintes fois réédité, il y critique notamment – pour ce qui intéresse notre propos – cette propension des civilistes à mobiliser partout le contrat, y compris pour rendre compte de relations juridiques qui pouvaient sembler y être irréductibles et sans craindre de les dénaturer en les saisissant à l'aide d'une formule juridique inadaptée. En ce sens, il regrette « *une théorie philosophique des obligations où il n'est tenu compte que du contrat* »[63].

> On finit par se persuader que (…) partout où il y a des droits et des devoirs véritables, on doit découvrir, en cherchant bien, quelque contrat précis ou confus, explicite ou implicite[64].

Son propos tend à démontrer l'artificialité d'un concept dont l'emploi trop systématique voile des mutations qui, en retour, minent le contrat lui-même. « *On ne saurait dire combien ce vieux préjugé du contrat, considéré*

---

[60] Pour ne citer qu'un exemple contemporain, citons André ROUAST qui soutint une thèse distinguée, en introduction de laquelle il écrit un peu désabusé : « *Il y a actuellement, et tous s'accordent à le reconnaître, une véritable crise du contrat. De toute part les coups affluent, pour saper la vieille notion ou tout au moins pour la bouleverser de fond en comble ; on a commencé par discuter le rôle de la volonté dans le contrat ; on a dit au juge de ne plus s'attacher qu'à la déclaration faite par les parties sans rechercher quelle intention se cache sous cette apparence de volonté.* (…) *On a été plus loin dans cette voie, et constatant les difficultés que faisait surgir la doctrine classique de la recherche de la volonté des parties, on a proposé de ne plus prendre en considération que la pure équité, telle que le juge la lit dans sa conscience.* (…) *Mais on a fait plus que bouleverser l'interprétation traditionnelle des contrats : c'est à la notion de contrat elle-même qu'on s'attaque maintenant, et l'on s'efforce de réduire son rôle dans le droit en montrant que beaucoup des prétendus contrats sont en réalité de purs actes d'adhésion à des faits accomplis, actes de droit statutaire et non contractuel, non plus créateurs, mais confirmatifs d'obligations* » (*Essai sur la notion juridique de contrat collectif dans le droit des obligations*, Paris, Rousseau, 1909 (thèse de doctorat, faculté de Lyon ; présidée par JOSSERAND, professeur de droit civil), p. 3-4).

[61] *Cf.* NIORT Jean-François, Homo civilis. *Contribution à l'histoire du code civil français (1804-1965)*, Aix-en-Provence, Presses universitaires d'Aix-Marseille, 2004 (2 vol.) (thèse de doctorat, université Paris-I ; dirigée par le professeur RAYNAUD).

[62] Au sujet de Jean-Gabriel TARDE (1843-1904), voyez la notice biographique qui lui est consacrée dans le *Dictionnaire historique des juristes français* (2015).

[63] TARDE Gabriel, *Les transformations du droit. Étude sociologique*, Paris, Alcan, 1893 (1re éd.), p. 119.

[64] *Ibid.*

comme la vraie source des obligations a entravé la marche du Droit »[65]. Le caractère stéréotypé et anonyme du commerce juridique l'amène à considérer le contrat autrement que ne l'indique la théorie classique. Celle-ci présente à certains égards quelque chose de formel lorsqu'elle s'applique à des rapports où les parties ne se rencontrent pas dans le cadre d'une relation interpersonnelle, ni même ne négocient ce qu'elles consentent l'une à l'égard de l'autre.

> Quand (…) apparaît et grandit l'importance de ce personnage impersonnel qu'on appelle le public, et que le public est en train de devenir (…) le principal interlocuteur auquel on s'adresse et qui vous répond, – ou ne vous répond pas, – les conditions sociales qui avaient fait fleurir la théorie du contact sont profondément changées. (…) À présent, si la loi, et mieux encore, la pratique judiciaire, la coutume commerciale et sociale (…), ne devaient sanctionner les engagements pris envers le public qu'à partir du moment seulement où telle personne désignée les a acceptés et a fait connaître son acceptation, et rien qu'à l'égard de cette personne, la plupart des affaires, la totalité des grandes affaires, serait impossible[66].

Gabriel TARDE rejette la conception classique du contrat comme surannée ou plutôt s'évertue-t-il à reléguer le contrat au second plan de la théorie des obligations. Le point de vue où il se place l'incline à regarder comme une pure fiction la doctrine de certains civilistes qui recourent au contrat en oblitérant ce que des relations juridiques ont d'inédit et d'inassimilable au contrat.

> Sans cesse se multiplient les engagements envers des personnes indéterminées qui, bien entendu, ne sauraient accepter ce qu'elles ignorent. Sans cesse se multiplient les titres au porteur, les assurances sur la vie, les réclames, les prospectus. Toutes ces innovations suscitées par les idées de génie propres à ce siècle ou aux siècles antérieurs tendent manifestement à reléguer au second plan le contrat, qui, à l'époque romaine classique, était, sans contredit, au premier[67].

Sans être le seul à soumettre le contrat à une analyse critique à l'aune des pratiques économiques[68], ses positions doctrinales rencontrèrent un

---

[65] *Id.*, p. 123.
[66] *Id.*, p. 120-121.
[67] *Id.*, p. 121.
[68] *Cf.* à cet égard la thèse de doctorat soutenue par Émile DURKHEIM : *De la division du travail social* (1893).

large écho, ne fût-ce que pour être discutées. La transdisciplinarité – entre droit et sociologie – lui permet en effet de l'exposer sous un aspect qui conduit à dépasser le dogmatisme que cristallise à la théorie civile des obligations – à l'instar de toute théorie, chacune impliquant d'admettre les postulats sur lesquels elle repose.

439. Un autre juriste – Raymond SALEILLES[69] – ne manqua pas non plus d'insister sur les bouleversements qui ont accompagné la fin du XIXe siècle. Comme, par exemple, en préfaçant l'essai précité de François GÉNY.

> Des créations d'ordre économique, que personne ne pouvait prévoir il y a un siècle, ont bouleversé les rapports juridiques entre le capital et le travail, entre ceux qui produisent et ceux qui consomment ; et des aspirations nouvelles sont issues de cet état de choses jadis insoupçonné. Des droits nouveaux se sont révélés ; des besoins surtout d'une nature plus universelle, plus internationale, si je puis dire, se sont propagés. Les volontés ont réclamé un surcroît d'autonomie propre ; mais en même temps, et tout à l'inverse, la sécurité des relations, les nécessités du crédit, peut-être aussi certaines découvertures sociologiques, nous ont montré enfin que le libre jeu des volontés ne suffisait pas à tout, *que le contrat allait perdre de sa suprématie ou de son monopole* et *que, en dehors du libre contrat, il y avait place pour des créations juridiques, nées d'une éclosion coutumière et spontanée*, inspirée par un sentiment de justice et d'équité, par je ne sais quelle intelligence d'une solidarité plus étroite et plus complète, par où les individualités, si jalouses qu'elles soient de leur indépendance, dussent arriver à se soumettre à l'empire de certaines lois générales, dominant de haut le libre jeu de leurs relations juridiques avec les autres[70].

La critique qu'il entreprend de la théorie des obligations met en exergue les interactions du droit avec des facteurs qui lui sont hétérogènes. Il semblerait même que l'intérêt pour cette théorie fut déterminé par cette seule ambition[71]. Mais c'est spécialement autour de la doctrine

---

[69] Au sujet de Raymond SALEILLES (1855-1912), voyez la notice biographique qui lui est consacrée dans le *Dictionnaire historique des juristes français* (2015).

[70] SALEILLES Raymond, « Préface », *in* GÉNY François, *Méthode d'interprétation et sources en droit privé positif. Essai critique*, Paris, Chevalier-Marescq & Cie, 1899 (1re éd.), p. ij-iij (c'est qui nous soulignons).

[71] *Cf.* en ce sens : LEREBOURS-PIGEONNIÈRE Paul, « La contribution essentielle de R. SALEILLES à la théorie générale de l'obligation et à la théorie de la déclaration de volonté », *in* [collectif], *L'œuvre juridique de Raymond Saleilles*, Paris, Rousseau, 1914, p. 399-400.

de l'autonomie de la volonté que se sont organisées les critiques d'un contrat dont la conception était trop libérale pour répondre aux élans solidaristes[72]. L'évocation de cette doctrine fut, dans un premier temps, le fait de ses pourfendeurs – tandis qu'elle infusait jusqu'alors la doctrine civiliste sans recevoir aucune consécration explicite[73] : « *L'usage de l'expression d'autonomie de la volonté se généralise à l'occasion de la critique de l'idée qu'elle exprime : elle est avant tout une cible* »[74]. L'avocat Émile ACCOLAS, qui est l'un des rares à en expliciter les termes au XIXe siècle, le fait pour engager une critique du code civil où la philosophie du droit y prend une large part[75]. Après quelques auteurs qui y firent allusion pour en tempérer les rigueurs[76], ce furent surtout Raymond SALEILLES, René DEMOGUE[77], puis Emmanuel GOUNOT[78] qui en précisèrent les termes pour lui adresser une critique étayée sur le solidarisme contractuel. Selon le premier, cette doctrine supposerait que les droits subjectifs « *existent antérieurement à la loi et dérivent de la liberté initiale de l'individu, et par suite d'une libre création volontaire de sa part : la loi les consacre, elle ne les crée pas* »[79]. Raymond

---

72 Sur les principales critiques qui ont été adressées à la doctrine de l'autonomie de la volonté, *cf.* par exemple l'ouvrage du professeur DEROUSSIN : *Histoire du droit des obligations* (Paris, Économisa, 2012 (2e éd.), p. 498 *sq.*).

73 Développant au début du XXe siècle une présentation critique des conceptions touchant au contrat, Georges DEREUX écrit : « *La théorie qu'en cette matière nous avons appelée la "théorie classique", est celle qui a régné exclusivement en France depuis longtemps jusqu'à ces dernières années, celle que chez nous on trouve enseignée partout… ou plutôt partout sous-entendue. Pourquoi sous-entendue ? Parce qu'une opinion ne prend conscience d'elle-même qu'en présence d'opinions rivales. La théorie classique, étant la seule répandue dans notre pays, y est à peine remarquée, et la plupart des jurisconsultes français l'adoptent à peu près comme M. JOURDAIN faisait de la prose : sans s'en apercevoir. Et comme ils ne s'en aperçoivent pas, ils ne prennent pas soin de nous en avertir, ni de préciser leur opinion, ni de la soutenir par des arguments* » (« Étude des diverses conceptions actuelles du contrat », *in* R.C.L.J. 1901, p. 516).

74 RANOUIL Véronique, *L'autonomie de la volonté : naissance et évolution d'un concept*, Paris, P.U.F., 1980 (thèse de doctorat, université Paris-II ; dirigée par le professeur LÉVY), p. 132.

75 *Cf.* d'Émile ACOLLAS : *Nécessité de refondre l'ensemble de nos codes et notamment le code Napoléon au point de vue de l'idée démocratique* (1866) & *Les contrats et les obligations conventionnelles* (1885).

76 Nous pensons en particulier au doyen BUFNOIR dans son ouvrage : *Propriété et contrat. – Théories des modes d'acquisition des droits réels et des sources des obligations* (Paris, Rousseau, 1900 (1re éd.), p. 809).

77 *Cf.* de René DEMOGUE : *Les notions fondamentales du droit privé* (1911).

78 *Cf.* d'Emmanuel GOUNOT : *Le principe de l'autonomie de la volonté en droit privé* (1912).

79 SALEILLES Raymond, *Introduction à l'étude du droit civil allemand. – À propos de la traduction française du Bürgerliches Gesetzbuch entreprise par le Comité de législation étrangère* [de la Société d'études comparées], Paris, Pichon, 1904, p. 44. Pour une meilleure intelligence de cette citation, nous la reproduisons plus largement : « *On a pu croire, dans un système juridique qui, pendant longtemps, constitua, à lui seul, toute la théorie classique, que, en dehors de quelques règles*

SALEILLES n'explicite cette doctrine que pour mettre en exergue une doctrine concurrente – celle dite de la déclaration de volonté. Elle fut une idole façonnée et peinte pour n'être qu'aussitôt brisée. Son énonciation est surtout employée à souligner, par contraste, les caractères de celle qu'il promeut[80].

440. La doctrine de l'autonomie de la volonté : une mise en forme du dogme contractuel. – Alors que les expressions les plus intransigeantes de la doctrine de l'autonomie de la volonté ne furent formulées que dans les premières décennies du XXe siècle – notamment sous la plume de PLANIOL, CAPITANT & COLIN –, elle demeure, pendant la seconde moitié du XIXe siècle, une doctrine essentiellement diffuse, portée par un individualisme libéral regardant la loi comme ambivalente, toujours menaçante à l'égard des droits individuels. À rebours de ce que certains en disent[81], elle n'a pas été consacrée par les rédacteurs du code civil[82]. Charles BEUDANT[83] – celui dont Julien BONNECASE estima qu'il fut en tant que « *théoricien de la pensée juridique dans l'ordre du Droit privé français* », ce que fut Édouard LAFERRIÈRE pour le droit public[84] – contribua pour beaucoup à son expression dans un ouvrage fameux : *Le droit individuel et l'État.*

---

impératives ayant un caractère d'ordre public, toutes les dispositions légales en matière de droit privé, surtout lorsqu'il s'agit de la réglementation d'intérêts patrimoniaux, ne reposeraient que sur une sorte d'interprétation de volonté ; elles constitueraient la réglementation présumée d'intentions non exprimées par les intéressés eux-mêmes et dont la loi se serait faite l'interprète. Cette sorte de philosophie juridique répond à ce que l'on est convenu d'appeler l'autonomie de la volonté privée ; elle part de cette idée que tous les droits subjectifs, en ce qui concerne l'individu, existent antérieurement à la loi et dérivent de la liberté initiale de l'individu, et par suite d'une libre création volontaire de sa part : la loi les consacre et ne les crée pas. Il se produit heureusement une réaction de plus en plus générale aujourd'hui contre cette fausse conception du droit subjectif, et cette théorie anti-sociale et anti-historique du droit » (*id.*, p. 43-44).

80 *Cf.* à cet égard la recension critique d'Edmond MEYNIAL – professeur d'histoire du droit à la faculté de Montpellier – qu'il fit de l'ouvrage précité de SALEILLES : *De la déclaration de volonté* (1901) : « La déclaration de volonté » (*in R.T.D. civ.* 1902, p. 550).

81 *Cf.* par exemple : ARNAUD André-Jean, *Les origines doctrinales du code civil français*, Paris, L.G.D.J., 1969 (thèse de doctorat, faculté de Strasbourg ; dirigée par le professeur VILLEY), p. 197 *sq.*

82 DEROUSSIN David, *Histoire du droit des obligations*, *op. cit.* (2e éd., 2012), p. 494 *sq.*

83 Au sujet de Charles BEUDANT (1829-1895), voyez la notice biographique qui lui est consacrée dans le *Dictionnaire historique des juristes français* (2015) et cet article du professeur DEROUSSIN : « Charles BEUDANT, un juriste libéral » (*in* [collectif], *Mélanges en l'honneur du professeur Michel Ganzin*, Paris, La Mémoire du Droit, 2016, p 655).

84 BONNECASE Julien, *La pensée juridique française de 1804 à l'heure présente…*, *op. cit.*, t. 1 (1933), p. 396.

> Le droit, c'est l'autonomie de l'être humain, la faculté inhérente à sa nature de ne dépendre que de lui-même dans la direction de sa pensée et de ses actes. (…)
> La justice, c'est le respect des droits égaux de chacun ; elle s'impose aux particuliers, à l'État et à la loi ; l'intérêt soit individuel, soit social ne peut chercher sa satisfaction en dehors d'elle. (…)
> L'État, c'est la force collective qui protège le libre développement des facultés de chacun, et qui veille à ce que personne n'usurpe le droit de personne[85].

En faisant de l'individu la mesure de toute norme, la loi y apparaît comme « *un mal nécessaire* »[86]. La doctrine de l'autonomie de la volonté participe à régler une dialectique entre la loi et la liberté originelle de l'individu.

> Toute loi, en soi, est un mal ; car elle ne peut avoir pour objet que de régler l'usage des droits, et régler l'usage d'un droit c'est inévitablement le limiter. Mais, d'autre part, toute loi est bonne qui consacre un droit, le préserve d'une atteinte, le soustrait à un péril, car elle répond par là à son but légitime[87].

Cette conception radicale de l'individualisme libéral procède moins d'une idée arrêtée sur le contrat, qu'elle ne réagit aux appréhensions suscitées par les interventions croissantes du législateur, ce jusque dans le droit civil. Suivant le professeur JAMIN :

> Les auteurs libéraux (…) ne défendent nullement une conception auto-fondatrice du contrat, c'est-à-dire détachée de la loi ; ce qu'ils veulent, c'est que celle-ci pèse d'un poids moindre sur le contrat, non que ce contrat s'affranchisse de la tutelle de la loi. Ils expriment d'ailleurs (…) la tendance doctrinale et jurisprudentielle dominante de la seconde moitié d'un XIXe siècle profondément marqué par une forte poussée économique libérale, qui prend vraiment corps durant le Second Empire[88].

441. François GÉNY est une illustration parmi d'autres de ces auteurs libéraux que désigne le professeur JAMIN. Pour ce auteur, le contrat est là

---

85 BEUDANT Charles, *Le droit individuel et l'État. Introduction à l'étude du droit*, Paris, Rousseau, 1891 (1re éd.), p. 146.
86 *Id.*, p. 148.
87 *Ibid.*
88 JAMIN Christophe, « Une brève histoire politique des interprétations de l'article 1134 du code civil », *in Dalloz* 2002, p. 901.

« *où* [par excellence] *la volonté de l'homme, si flexible, si nuancée, se moulant sur les faits et s'adaptant à la variété des situations, engendre elle-même les résultats juridiques, et doit jouir en principe de la plus large autonomie* »[89]. La classification des obligations proposée par Marcel PLANIOL, qui ne distingue plus qu'entre la loi et le contrat, en donne un exemple achevé :

> Dans le contrat, c'est la volonté des parties qui forme l'obligation ; c'est elle qui en est véritablement la cause créatrice, c'est elle qui en détermine l'objet, l'étendue et les modalités ; la loi n'intervient que pour sanctionner cet accord : en ouvrant aux parties l'action contractuelle, elle se borne à donner son *visa* à leur convention[90].

Henri CAPITANT et Ambroise COLIN n'ont pas eu des propos bien différents, pour qui le contrat « *est un domaine où la volonté des particuliers règne en souveraine maîtresse. C'est elle* qui dit le droit »[91]. Ces expressions de la doctrine de l'autonomie de la volonté prennent une tournure plus explicite en venant contrecarrer la doctrine de la déclaration de volonté. D'après cette dernière doctrine, le contrat est moins la manifestation en laquelle se manifeste le pouvoir autonome de l'individu, qu'il n'est conçu comme un fait social, nonobstant les intentions *réelles* et *psychologiques* de ceux qui se sont engagés. Aussi ne s'attache-t-elle qu'aux intentions *déclarées* et *apparentes*. Le contrat n'est pas tant un « *acte de maîtrise d'une volonté créatrice de droit* [que] *le procédé d'adaptation des volontés privées à l'utilisation des efforts communs, pour la satisfaction des intérêts individuels réciproques* »[92]. En d'autres termes, c'est un éclat du social. À l'inverse, la doctrine de l'autonomie de la volonté cristallise le rejet des faits économiques dans l'appréhension du droit. Le civiliste parisien Henri LÉVY ULLMANN – très versé dans le droit comparé – le releva dans les années d'Entre-deux-guerres :

---

[89] GÉNY François, « Essai critique sur la méthode d'interprétation juridique en vue d'une orientation nouvelle des études de droit privé », *in Revue bourguignonne de l'enseignement supérieur* 1898, p. 320-321 (cet article fait partie d'une série publiée dans cette revue entre 1897 et 1898, avant d'être réunis dans un même ouvrage : *Méthode d'interprétation et sources en droit privé positif. Essai critique*, 1899). *Cf.* à ce sujet cet article stimulant du professeur CHAZAL : « L'autonomie de la volonté et la "libre recherche scientifique" » (*in Revue des contrats* 2004, p. 621).

[90] PLANIOL Marcel, « Classification des sources des obligations », *in R.C.L.J.* 1904, p. 226.

[91] CAPITANT Henri & COLIN Ambroise, *Cours élémentaire de droit civil français*, Paris, Dalloz, 1914-1916 (1re éd., 3 vol.), t. 2 (1915), p. 273.

[92] SALEILLES Raymond, *De la déclaration de volonté…*, *op. cit.* (1901), p. 229.

> Certains juristes, exclusivement juristes, estiment que, surtout en matière d'obligations, il faut se méfier de l'économique, il est désirable de la laisser à la porte, il convient d'examiner les institutions en matière d'obligations au regard de la raison raisonnante, au regard des catégories qui les répartissent dans le cadre sacro-saint qui nous a été légué par le droit romain, et que nous n'avons pas nous, juristes, à ouvrir la porte aux considérations tirées des faits économiques. (…)
>
> Il semblerait (…) qu'il y ait quelque chose de fondé à dire que l'économique n'a aucun rapport avec la théorie générale des obligations ni, au XIXe siècle, et plus particulièrement au XXe, et plus particulièrement encore dans cette partie du XXe siècle qui a pris naissance avec la guerre mondiale en 1914, on ne trouvait la démonstration la plus lumineuse du rapport étroit qui unit la théorie générale de l'obligation et des faits économiques[93].

Ces contrastes accusent au fond des divergences sur la manière d'organiser une théorie des obligations et d'analyser les manifestations de volonté unilatérale. La fonction taxinomique du contrat y est discutée pour être concurrencée par l'acte juridique, plus approprié selon d'aucuns pour rendre compte d'une pléthore d'obligations qui s'ajustent mal au contrat.

442. Le contrat : un concept employé à essentialiser le droit privé et, corrélativement, à déprécier le droit public. – Nous aurions tort de penser que ces réflexions ont seulement intéressé la doctrine privatiste. Georges DEREUX le souligne opportunément : « *Cette notion de contrat, née pour ainsi dire au sein du droit privé, rayonne de là dans tout le droit, et même dans toute la sociologie* », tant et si bien que l'examen critique du contrat ne peut s'entreprendre sans « *jeter une sorte de pont entre le droit privé, le droit public et l'économie politique* »[94]. Ce désabusement à l'égard du contrat touche également la doctrine publiciste dont les préoccupations sont pourtant spécifiques. M. SACRISTE a exposé les raisons pour lesquelles les constitutionnalistes parisiens se sont efforcés de renouveler les fondements de la doctrine de la souveraineté nationale en reléguant la théo-

---

[93] LÉVY ULLMANN Henri, *Répétitions écrites de droit civil approfondi* [cours dispensé à la faculté de Paris pour le diplôme d'études supérieures en droit privé (1927-1928), sur le thème : *L'obligation et le contrat, au premier quart du XXe siècle*], Paris, Les cours de droit, 1928, p. 127-131.

[94] DEREUX Georges, « Étude des diverses conceptions actuelles du contrat », *in* R.C.L.J. 1902, p. 124.

rie du contrat social au rang d'une fiction juridique[95]. La contribution d'Adhémar ESMEIN fut décisive autant qu'emblématique : « *Le contrat social n'est plus qu'une fiction juridique destinée à traduire une idée juste, d'ailleurs, à savoir : que le droit public, comme le droit privé, a son point de départ dans l'individu, moralement libre, raisonnable et responsable* »[96]. Sans nous y attarder, il s'agit de souligner le discrédit dans lequel tomba souvent le contrat – comme figure épistémologique. Il ne s'agit pas d'affirmer que ces juristes – publicistes et privatistes – furent animés des mêmes intentions, ni même que leurs doctrines empruntèrent des perspectives sécantes. Nous dirions plutôt que leurs réflexions procédèrent d'une critique enrichie par le développement des sciences sociales et sous-tendue par cette ambition de saisir – ou de construire – le réel suivant des schèmes qui permettent de penser le social différemment qu'à l'aune exclusive de l'individu. Ainsi, la pertinence épistémologique du contrat a été minorée par certains, sinon discutée pour être réévaluée. Les publicistes pour mettre l'État en discours ; les privatistes – minoritaires – pour proposer une autre typologie des obligations ou, à tout le moins, pour réaménager une conception du contrat dont la pratique en montrait l'artificialité – ne fût-ce que par certains de ses aspects. Soulignant les tendances du droit vers sa socialisation, le civiliste montpelliérain CHARMONT – parmi d'autres juristes catholiques sociaux – illustre ces auteurs qui interrogent la justice contractuelle à travers la fonction qui lui est assignée pour la cohésion sociale.

> La théorie des obligations, qui semblait, il n'y a pas longtemps, définitivement fixée, se renouvelle. L'analyse et la conception doctrinale des rapports de droit se modifient ; en même temps se développent une série d'institutions, tout une législation dont le code civil ne s'était pas préoccupé. (...)
>
> Dans la doctrine traditionnelle, le contrat n'est que l'accord des volontés individuelles : l'État se borne à sanctionner cet accord ; la mission du juge est de rechercher et d'interpréter ces volontés. La tendance actuelle est de substituer à cette recherche des intentions la préoccupation de la justice et de l'intérêt social[97].

---

[95] SACRISTE Guillaume, *La république des constitutionnalistes. Professeurs de droit et légitimation de l'État en France (1870-1914)*, Paris, Presses de la Fondation nationale des sciences politiques, 2011 (thèse de doctorat, université Paris-I ; dirigée par le professeur COLLIARD), p. 249 *sq*. *Cf.* également REDOR Marie-Joëlle, *De l'État légal à l'État de droit. L'évolution des conceptions de la doctrine publiciste française (1879-1914)*, Paris, Économisa, 1992 (thèse de doctorat, université Paris-II ; dirigée par le professeur COMBACAU).

[96] ESMEIN Adhémar, *Éléments de droit constitutionnel*, Paris, Larose, 1896 (1re éd.), p. 158.

[97] CHARMONT Joseph, « Socialisation du droit. Leçon d'introduction d'un cours de droit civil », *in Revue métaphysique et de morale* 1903, p. 400-402.

Cela étant, les critiques des civilistes visèrent davantage à la rénovation du contrat qu'à sa relégation. Par un effet de contraste, il fut attaché au droit privé comme son emblème et marginalisé par une doctrine publiciste soucieuse de s'affirmer vis-à-vis de son homologue privatiste.

443. Le contrat fut employé à distinguer le droit privé du droit public : l'un se présentant alors comme un droit *consensuel* et *égalitaire*, l'autre comme un droit *unilatéral* et *autoritaire*. Léon DUGUIT n'énonce pas une opinion qui lui est singulière lorsqu'il résume que « *le droit constitutionnel et administratif* [contemporain] (…) *est un droit non contractuel* »[98]. Si la distinction entre les actes d'autorité et de gestion a reçu des acceptions diverses, le fait qu'elle ait souvent été mobilisée à l'appui d'une certaine représentation du droit administratif corrobore la prégnance de cette opposition où il y aurait d'un côté la liberté individuelle, de l'autre la puissance publique. C'est « *par le caractère de patrimonialité* [que] *le droit administratif se rapproche du droit civil* » estimait le professeur parisien René JACQUELIN[99].

> L'étude du domaine, soit privé, soit même public, celle des contracts (*sic*) et aussi celle des obligations délictuelles de l'administration suscite des rapprochements continuels entre ces deux branches du droit[100].

La doctrine de cet auteur est symptomatique de cette essentialisation par le biais de laquelle l'identité du droit administratif est questionnée. Peu importe qu'elle n'ait rencontré qu'une faible audience. Elle n'en illustre pas moins ces essais doctrinaux tendus à définir le droit administratif en le situant par rapport à un droit civil, figuré par le contrat. Les motifs de ceux qui reléguèrent les contrats de l'État aux confins du droit privé – à l'instar des professeurs JACQUELIN et BERTHÉLEMY – prennent un sens plus éclairant que celui tiré de la perpétuation routinière d'un enseignement pétrifié dans des formules vénérables. Au contraire, ils entérinèrent d'une manière personnelle une appréhension du droit civil largement partagée, ce par exemple en lui ramenant les marchés de l'administration. N'étant jamais que des contrats, ces marchés ne pouvaient – suivant cette conception des choses – être amarrés au droit administratif sans dénaturer son identité. D'où la désolation non feinte d'un René JAQUELIN qui déplore la compétence administrative en matière contractuelle – véritable confusion qui bouleverse l'ordre du droit et

---

[98] DUGUIT Léon, *L'État, le droit objectif et la loi positive*, Paris, Fontemoing, 1901, p. 56.
[99] JACQUELIN René, *Une conception d'ensemble du droit administratif*, Paris, Giard & Brière, 1899, p. 25.
[100] *Ibid.*

subvertit le concept de contrat en l'attirant à un droit qui lui est hétérogène et qui ne peut qu'y perdre à le garder en son sein.

> [La distinction entre contrats privés et contrats administratifs] repose sur une exagération de l'idée de puissance publique au détriment de l'idée de patrimonialité, et sur une sorte d'empiètement de l'un des deux domaines sur l'autre. De là des conséquences funestes pour l'individu ; car au lieu d'être traités selon les rapports égalitaires du droit commun, et au lieu que leur contentieux relève de la compétence des tribunaux ordinaires comme cela conviendrait puisque tous les contrats sont des actes de patrimonialité, ces actes sont au contraire traités comme s'ils constituaient des manifestations de la puissance publique et l'égalité des contractants est ainsi rompue au détriment de l'individu[101].

444. Le contrat au point de vue des administrativistes : un concept foncièrement hétérogène au droit administratif. – Il est moins question de revenir sur la distinction entre les actes d'autorité et les actes de gestion, que de développer l'hypothèse suivant laquelle le contrat, dénotant par trop le droit civil, fut impropre à conférer au droit administratif des caractères qui pût le distinguer du droit privé tout en le valorisant auprès de la doctrine privatiste. Il participait trop intimement du droit civil ; les civilistes l'ont arrimé si fermement à la théorie des obligations qu'il véhiculait une culture juridique en opposition de laquelle, précisément, les administrativistes se sont placés. C'est l'une des raisons pour lesquelles les contrats de l'administration furent le plus souvent appréhendés comme des contrats ordinaires, affectés de certaines règles spéciales et confiés par une norme dérogatoire à la juridiction administrative. C'est une opinion que nous partageons aux côtés – par exemple – du professeur PLESSIX :

> La préoccupation de jeter les bases d'un droit administratif enfin autonome par rapport au droit privé conduisait également à forcer le trait des oppositions. Désormais, tout opposerait naturellement le droit privé au droit administratif : (…) au contrat, emblème des relations privées libres, égales et intersubjectives, il faudrait opposer l'acte unilatéral et objectif comme symbole des modes d'action de l'Administration, s'immisçant même au cœur de ses pratiques contractuelles[102].

---

[101] JACQUELIN René, *Les principes dominants du contentieux administratif. Ouvrage spécialement destiné aux candidats aux doctorats*, Paris, Giard & Brière, 1899, p. 94.

[102] PLESSIX Benoît, « L'autonomie de la volonté et droit des contrats administratifs. Archéologie d'un silence », *in Annuaire de l'Institut Michel Villey* 2012, p. 196-197.

Aux côtés des administrativistes classiques, Léon DUGUIT et Gaston JÈZE n'ont pas procédé différemment – particulièrement le second – en dénonçant dans le contrat l'emprise du droit privé sur le droit public[103]. Si celui-ci formalisa une théorie des contrats administratifs dans l'Entre-deux-guerres, il manifesta – jusque dans les années 1920 – une profonde méfiance à l'égard du contrat, celui-ci étant suspect de réduire la doctrine publiciste à mimer la doctrine privatiste[104]. Dans les décennies de l'Entre-deux-guerres, cette tension entre la détermination axiologique du contrat et les définitions respectives du droit public et du droit privé fut à peine moins vives. Le doyen bordelais l'illustre parfaitement, pour qui les civilistes se font du droit public une idée dépréciative, arquée sur l'idée d'assujettissement. Il explicite les enjeux qui y sont sous-jacents : entre un contrat présenté par d'aucuns comme le parangon de la liberté individuelle, et un droit public dont la juridicité est affirmée par sa prétention à protéger les individus.

> Que voilà bien les civilistes, persuadés que les intérêts des particuliers ne sont sauvegardés que si l'on peut les rattacher à un contrat, et qu'en fin de compte il n'y a d'autre principe en droit public que le sacrifice des intérêts privés à la toute puissance de l'État[105].

En contrepoint, Louis JOSSERAND exprima – presque concomitamment – l'appréhension des civilistes qui crurent discerner dans les critiques récurrentes adressées au contrat une influence délétère du droit public sur le droit privé :

> Les auteurs qui préconisent cette opposition [entre le contrat et l'institution], et qui, – certains d'entre eux au moins –, se préoccupent surtout de faire mordre le droit public sur le droit privé, se font du contrat une idée archaïque et bien étroite[106].

---

103 *A pari :* NÉZARD Henry, « Une conception nouvelle du droit public (Léon DUGUIT, professeur à la faculté de droit de Bordeaux : *Traité de droit constitutionnel*) », *in R.G.A.* 1912, II, p. 129 (spéc. p. 130).

104 *Cf.* JÈZE Gaston, « De l'utilité pratique des études théoriques de jurisprudence pour l'élaboration et le développement de la science du droit public. Rôle du théoricien dans l'examen des arrêts des tribunaux », *in R.D.P.* 1914, p. 311.

105 DUGUIT Léon, « De la situation juridique du particulier faisant usage d'un service public », *in* [collectif], *Mélanges Maurice Hauriou*, Paris, Sirey, 1929, p. 272.

106 JOSSERAND Louis, « L'essor moderne du concept contractuel », *in* [collectif], *Recueil d'études sur les sources du droit en l'honneur de François Gény*, Paris, Sirey, 1934 (3 vol.), t. 2, p. 337-338. Un peu avant, il écrivit d'une manière encore plus explicite – en traitant des contrats d'adhésion : « *Nous nous sommes déjà expliqué sur cette théorie qui est d'origine publi-*

Il ne faut pas sacrifier la complexité des choses en dégageant un mouvement d'idées qui tendrait continument vers un même horizon. Nonobstant les singularités de chaque publiciste, la plupart s'évertuèrent à donner au droit public une ontologie qui ne fut pas tributaire du contrat. La valeur de celui-ci ne fut pas tant dénigrée que réappréciée, parfois cantonnée à des proportions plus modestes. Il serait donc excessif de penser que le contrat eût perdu toute pertinence au regard des publicistes. Seulement, la méfiance que certains lui manifestèrent contribua à douter de l'hégémonie conceptuelle que les privatistes lui reconnaissaient dans le champ de l'épistémologie juridique. En témoigne Léon DUGUIT, qui pourtant n'a jamais été partisan de la *summa divisio*.

> La nécessité d'un contrat pour donner naissance à une situation de droit se rattachait à cette idée que la situation de droit est toujours un rapport entre deux volontés. Du moment où l'on reconnaît que la situation de droit n'a pas toujours ce caractère, on reconnaît par là même qu'elle peut naître d'actes qui n'ont pas le caractère du contrat au sens civiliste.
>
> Mais la plupart des jurisconsultes dominés par la conception traditionnelle, au lieu de voir dans tous ces actes, que ne connaissait pas le droit civiliste, des formes juridiques nouvelles, au lieu de les analyser comme telles, ont voulu coûte que coûte les faire rentrer dans le vieux cadre étroit du contrat ; et (...) ils ont fait des efforts de subtilité scolastique prodigieux pour démontrer que tous ces actes nouveaux se ramènent finalement à des contrats[107].

Divers auteurs ont envisagé des formes juridiques alternatives au contrat, suscitant ainsi des interrogations sur le concept même. Ils l'ont envisagé différemment, lorsqu'ils n'ont pas essayé pas de soustraire à son empire certaines relations juridiques[108]. À cet égard, la doctrine allemande – stimulée par l'adoption du code civil en 1896 – a eu une profonde influence sur la doctrine juridique française en l'incitant à attirer son attention sur la volonté unilatérale.

---

ciste : les spécialistes du droit public cèdent volontiers au désir de faire pénétrer dans le droit privé des notions spéciales au droit public et, par exemple dans l'espèce, celle de l'acte réglementaire » (*Cours de droit civil positif français conforme aux programmes officiels des facultés de droit*, Paris, Sirey, 1929-1930 (1re éd., 3 vol.), t. 2 (1930), p. 191).

107 DUGUIT Léon, *Les transformations générales du droit privé depuis le Code Napoléon*, Paris, Alcan, 1912 (1re éd.), p. 120-121.

108 *Cf.* nos développements sur les concessions de service public : chapitres 2 et 3, titre II, seconde partie.

445. Une critique privatiste de l'artificialité du dogme contractuel (WORMS). – La force obligatoire des obligations fut une question souvent débattue par ceux qui traitèrent des obligations unilatérales – dans une société consumériste où nombre des contrats procédaient d'une offre adressée indifféremment au public et acceptée par des individus anonymes. C'est sur cette question que René WORMS se distingue au début des années 1890[109]. Le choix de ce sujet, qui n'a rien de fortuit, a permis à son auteur de tirer profit des sciences sociales – particulièrement l'histoire du droit et la sociologie. Il est une illustration précoce de ce « *nouvel esprit juridique* » dont parle le professeur AUDREN[110]. L'approche historique à partir de laquelle il traite des obligations étaye sa représentation dynamique d'un droit qui se renouvèle selon les nécessités éprouvées par une société donnée[111]. De ce point de vue, il tend à déconstruire le contrat en prêtant aux déclarations de volonté unilatérale une valeur juridique à part entière.

> Tout contrat se divise en deux parties : l'engagement de l'offrant et l'engagement de l'acceptant. (...) Nous sommes en face de deux actes distincts, ayant chacun leurs conditions, leur date, leur effet propre. Le contrat n'est dès lors rien de plus que la somme de deux déclarations unilatérales. Et ce qui fait sa force, ce n'est pas le concours de deux volontés, c'est l'émission de chacune d'elles[112].

Certes, il reconnaît que cette appréhension du contrat n'est pas celle qu'entérine le droit positif, si bien qu'« *on ne peut voir dans un contrat la simple somme arithmétique de deux engagements distincts produits chacun par une déclaration unilatérale* » : « *Notre loi considère au contraire que le contrat constitue un tout complexe, où chacun des deux engagements sert l'autre de cause, donc de condition de validité ; où chacun par suite n'existe que grâce à l'autre, et au même moment que l'autre* »[113]. Pourtant, il défend cette conviction suivant laquelle « *les besoins sociaux démontreront chaque jour davantage la nécessité d'admettre cette théo-*

---

[109] Au sujet de René WORMS (1869-1926), voyez la notice biographique qui lui est consacrée dans le *Dictionnaire historique des juristes français* (2015).

[110] AUDREN Frédéric, « Les professeurs de droit, la République et le nouvel esprit juridique », *in Mil neuf cent* 2011, n° 29 [*La Belle Époque des juristes. Enseigner le droit dans la République*], p. 3.

[111] WORMS René, *De la volonté unilatérale considérée comme source d'obligations en droit romain et en droit français*, Paris, Giard, 1891 (thèse de doctorat, faculté de Paris ; présidée par BUFNOIR, professeur de droit civil), p. 90.

[112] *Id.*, p. 184-185.

[113] *Id.*, p. 189-190.

rie [nouvelle] » qu'il promeut[114]. En abordant la théorie du contrat sous un de ses aspects les plus problématiques, René WORMS envisage ce qui fonde en définitive l'obligation. « *La volonté unilatérale apparaîtrait ainsi comme la vraie source des obligations de tout genre* »[115]. L'acception classique du contrat qu'il interroge lui paraît avoir perdu de sa pertinence en marginalisant un trop grand nombre de relations consensuelles. Il en critique l'artificialité pour démontrer que la valeur juridique des manifestations unilatérales de volonté n'est pas une exception apportée à la théorie du contrat, mais qu'au contraire elle conduit à un recadrage de celle-ci autour d'une conception alternative à celle qui fait de la volonté de l'individu une source originaire du droit.

> Même dans la matière des contrats, la théorie nouvelle comporte d'importantes applications. Elle n'est donc plus seulement un groupement de cas exceptionnels, elle devient un système qui vise à la généralité.
>
> En dehors des contrats, il est encore d'autres sources d'obligations auxquelles elle pourrait prétendre s'appliquer. (…) La volonté unilatérale apparaîtrait ainsi comme la vraie source des obligations de tout genre[116].

René WORMS esquisse une théorie des obligations fondée sur l'acte juridique. « *Tout acte juridique rentre nécessairement dans l'une de ces quatre grandes classes ; création d'obligation, extinction d'obligation, création de droit, extinction de droit* »[117]. Cet acte juridique est rapporté à la volonté singulière qui en est l'expression ultime. « *Il n'est (…) pas une seule classe d'actes juridiques où la volonté unilatérale n'intervienne et n'ait son effet* »[118]. Dès lors, cette approche le conduit à reléguer le contrat comme un mode parmi plusieurs de se lier. Sous la plume de cet auteur, le contrat perd de son hégémonie pour laisser place à un élément insécable : la volonté unilatérale.

446. Configurer le social au moyen de la norme contractuelle : la doctrine de la déclaration de volonté (SALEILLES). – Cette nouvelle typologie participe à réorienter la théorie des obligations du contrat vers l'acte juridique. Elle contribue ainsi à repenser l'interprétation judiciaire à laquelle doivent se prêter les contrats. Ce fut Raymond SALEILLES qui s'illustra à ce sujet, en empruntant lui aussi abondamment à la doctrine

---

[114] *Id.*, p. 198.
[115] *Id.*, p. 94.
[116] *Ibid.*
[117] *Ibid.*
[118] *Id.*, p. 95.

allemande[119]. À l'instar de René WORMS, il se montre attentif pour ce qui demeure hétérogène à la conception classique du contrat. Avant même qu'il ne conçoive la locution « contrat d'adhésion », il écrivait dans les années 1890 :

> L'engagement de l'ouvrier est-il lui-même un contrat comme tout autre où la position des parties soit égale, ou le parallélisme des volontés soit intact ? N'est-il pas plus vrai de dire que l'ouvrier accepte de devenir membre d'un organisme compliqué, qu'il entre dans une société et qu'il adhère à ses statuts ? Il ne les débat pas, il ne les discute pas ; la réglementation du travail et de tout l'organisme lui échappe. (...) Il accepte une loi qu'on lui propose, il ne discute pas les conditions d'un contrat[120].

Ses réflexions sur l'interprétation judiciaire des contrats nous importent en tout premier lieu, car ce fut à cette occasion qu'il avança cette locution inédite : le « contrat d'adhésion ». Avec un sens de la formule dont cet auteur est coutumier, il renverse le primat de la volonté pour valoriser l'empreinte sociale du contrat.

> Il semble qu'en définitive il faille revenir (...) à ce dont le droit paraît avoir le plus de méfiance, à dire : « Cela est, parce que cela est juste. » Les juristes veulent pouvoir dire : « Cela est juste, parce que cela été voulu. » Il faut désormais que l'on dise : « Cela doit être voulu, parce que cela est juste »[121].

Dans la mesure où le contrat n'a pour lui d'autres valeurs que celle qui se conforme au juste, il ne l'appréhende pas comme un accord de volontés dont le juge aurait pour tâche d'expliciter la teneur de chacune. Il préfère l'appréhender objectivement, pour ce qu'il est, d'après une volonté commune, c'est-à-dire une volonté médiane qui est ni tout à fait celle du pollicitant, ni tout à fait celle de l'acceptant ; une volonté qui, en affleurant la surface du contrat, est la seule qui soit intelligible au point de vue de la société.

---

[119] Il suivit de près la préparation du code civil allemand, promulgué en 1896 et à la traduction duquel il participa au sein de la Société de législation comparée. Il présenta devant elle une première publication (*Bulletin de la Société de législation comparée* 1889, XVIII, p. 165), avant d'en développer les termes dans un ouvrage intitulé : *Essai d'une théorie générale de l'obligation d'après le projet de code civil allemand* (1890). Il publia, en outre, plusieurs monographies en rapport avec le droit allemand, dont ses *Mélanges de droit comparé* (1904-1907, 2 vol.).

[120] SALEILLES Raymond, *Essai d'une théorie générale de l'obligation d'après le projet de code civil allemand*, Paris, Pichon, 1890 (1re éd.), p. 402.

[121] SALEILLES Raymond, *De la déclaration de volonté...*, *op. cit.* (1901), p. 351.

> Le juge (...) doit se former un idéal, de caractère objectif, d'après lequel il appréciera, conformément aux circonstances personnelles des parties, ce que devait être le contrat, pour répondre au but social du droit. Et, c'est, d'après cet idéal, qu'il inclinera et qu'il orientera ce qu'il peut y avoir de douteux et d'incertain dans la volonté des parties. En d'autres termes, s'agissant de contrats, aucune des deux volontés ne peut plus s'interpréter isolément et unilatéralement. Il ne peut y avoir qu'une volonté commune répondant à ce à quoi chacune des deux parties a dû et pu s'attendre d'après la volonté de l'autre normalement interprétée[122].

Sa conception objective du contrat, lequel est apprécié à l'aune de son but social et de sa conformité à une certaine idée du juste, transforme radicalement l'office du juge qui n'est plus cantonné à faire droit aux actions contractuelles selon ce que chacune des parties prétend avoir voulu en s'engageant. Raymond SALEILLES lui reconnaît un « *pouvoir réglementaire et supplétif* »[123] toutes les fois où le contrat présente quelques aspects équivoques.

447. Maurice HAURIOU ne s'y est pas trompé lorsqu'il commenta l'arrêt *DEPLANQUE* (1907). Plusieurs se sont récriés contre la violence d'un arrêt par lequel le Conseil d'État condamna à des dommages et intérêts un concessionnaire fautif, alors qu'aucune stipulation de la concession ne permettait de l'envisager. Alfred DES CILLEULS – fonctionnaire de la préfecture de la Seine à la retraite –, qui se fait le porte-voix de la doctrine classique du XIXe siècle, ne conçoit pas que, en ayant à connaître d'un contrat, le juge administratif puisse être autre chose qu'un interprète fidèle de la volonté des parties.

> Quand il s'agit d'expliquer le sens et la portée de clauses insuffisantes ou obscures, les juges n'ont, ni à suppléer aux omissions, ni à rectifier le langage employé : ils ne peuvent que donner la signification rationnelle de la pensée commune des parties, en tenant compte de la nature des contrats, pour reconnaître si on en a observé les termes et l'esprit, puis pour en déduire les responsabilités encourues[124].

En estimant que les « *lacunes commises* [dans la rédaction du contrat] *ne se présument pas* », il craint l'influence délétère du droit commun et de la

---

122 *Id.*, p. 228.

123 *Ibid.*

124 DES CILLEULS Alfred, « Du respect des engagements dans les concessions de travaux publics », *in* *R.C.L.J.* 1907, p. 482.

jurisprudence judiciaire – laquelle puise « *une grande latitude dans les art. 1142, 1147 et suivants du Code civil* ». Aussi pose-t-il cette question : « *Mais, les dispositions de droit commun régissent-elles la matière des concessions de travaux publics ?* »[125]. Les cahiers des charges ne sont-ils pas « *combinés pour se suffire à eux-mêmes* », si bien qu'« *il convient de s'en tenir à leur texte, pour rendre justice aux intérêts lésés par leur méconnaissance* »[126] ? En dénonçant l'« *emprunt aux principes généraux de la législation civile* », qui crée « *un précédent redoutable* [en] *introdui*[sant] *les règles du droit privé dans les matières du droit administratif* », il redoute en filigrane un juge dont l'office lui permettrait d'user largement d'un pouvoir interprétatif. Car si cette « *innovation, aujourd'hui* [est] *en faveur de l'administration,* [elle] *peut se retourner, demain, contre elle* »[127]. Tandis qu'il expose la même critique dans un autre périodique[128], il n'est pas isolé à faire cette critique de l'arrêt *DEPLANQUE*[129]. C'est avec raison que le doyen toulousain – selon qui « *le juge administratif* [a mis à cette occasion] *la main sur l'opération de concession* »[130] – a pu discerner la prégnance de la doctrine de la déclaration de volonté à la diffusion de laquelle Raymond SALEILLES a largement contribué. À rebours de cette idée suivant laquelle le contrat de concession reposerait exclusivement sur le cahier des charges[131], le Conseil d'État bouleversa la conception qu'il s'en faisait en empruntant à la jurisprudence judiciaire, laquelle inclinait parfois à redéfinir le sens du contrat sous couvert de rechercher la commune intention des parties.

---

125 *Ibid.*

126 *Id.*, p. 483.

127 *Ibid.*

128 *Cf.* cet autre article d'Alfred DES CILLEULS : « De la sanction des droits du concédant en matière de travaux publics » (*in Gazette des tribunaux* 1907 (21 juin), n° 24718).

129 Dans le même sens, les auteurs de la *Revue des concessions* dénoncèrent cet arrêt en s'interrogeant : « *Était-ce l'office du juge que de substituer ainsi aux griefs déterminés de la ville concédante tirés du défaut d'allumage et du manque de matériel, celui plus général de retards dans l'exécution du service ?* ». Ils regrettèrent « *le vague de cette imputation de faute* » qui fait sortir le juge « *des termes du cahier des charges* » en suppléant à ses lacunes (*in Revue des concessions* 1907, p. 294). Dans le même sens, Léon de LA TASTE publia dans la même revue un article ainsi intitulé : « Sanctions pécuniaires des obligations des concessionnaires de chemins de fer et de tramways » (1904, p. 49).

130 HAURIOU Maurice, Note sur l'arrêt *DEPLANQUE c. Ville de Nouzon* (C.E., 31 mai 1907) [1907], *in Notes d'arrêts sur décisions du Conseil d'État et du Tribunal des conflits publiées au Recueil Sirey de 1892 à 1928*, Paris, Sirey, 1929 (3 vol.), t. 3, p. 450.

131 Les administrativistes de la seconde moitié du XIXe siècle estimaient que, à défaut de pouvoir s'agréger à aucune catégorie de contrats, les concessions de travaux (ou de services) publics étaient des conventions dont les stipulations devaient se suffire à elles-mêmes. Cette conception perdura jusqu'en avant du XXe siècle.

> L'autonomie de l'Administration dans la réalisation de ses droits est destinée à disparaître devant le contrôle du juge administratif, (…) comme a disparu dans son temps, devant le contrôle du juge civil, l'autonomie de l'individu dans l'exécution de ses droits privés[132].

L'un des arrêts les plus importants du droit des contrats administratifs témoigne de la gravité de cette question, dont les incidences sur la conception du contrat sont transversales au droit privé et au droit public. La doctrine de Raymond SALEILLES, qui se fait sentir jusqu'au sein du Conseil d'État, n'est pas tant révolutionnaire qu'elle ne reconsidère le contrat à l'aune de son objet social. Les motifs avancés par le commissaire du gouvernement ROMIEU sous l'arrêt *DEPLANQUE* traduisent cette préoccupation. Le recours au droit commun n'est pas tant justifié – selon ce qu'il soutient – par les avantages particuliers que l'administration contractante y trouverait, que par « *l'intérêt du service public* » dont la gestion ne saurait être affectée par la rédaction défectueuse du contrat de concession[133]. Le recours au droit commun ne dissimule rien d'autre qu'un office renforcé du juge du contrat. Si la juridiction administrative était jusqu'alors attentive à ne pas s'immiscer dans les relations entre l'administration concédante et le concessionnaire, nous pensons qu'elle s'est d'autant plus facilement décidée à modifier son office que certains civilistes avaient familiarisé cette idée suivant laquelle le juge serait légitime à analyser un contrat à l'aune de son objet social. Or, quels autres contrats que ceux passés pour le fonctionnement des services publics se prêtent-ils mieux à mettre en valeur l'objet social inhérent à chacun ? Du côté de la doctrine privatiste, ce furent les contrats d'adhésion qui aidèrent à l'illustrer.

[132] *Ibid.*

[133] ROMIEU Jean, Conclusions prononcées sous l'arrêt *DEPLANQUE c. Ville de Nouzon* (C.E., 31 mai 1907), *in* PANHARD Napoléon-Charles (dir.), *Recueil des arrêts du Conseil d'État statuant au contentieux des décisions du Tribunal des conflits et de la Cour des comptes (collection Macarel & Lebon)*, Paris, Larose (2e série, t. 77 ; année 1907), p. 515.

Section 2. – Le contrat : une hégémonie conceptuelle éprouvée, puis confirmée par les contrats d'adhésion

448. Les « contrats d'adhésion » : une locution traduisant une conception objective du contrat. – C'est à propos de l'office du juge judiciaire que Raymond SALEILLES forgea la locution de « contrat d'adhésion ». Il s'y attarda peu, ne souhaitant développer à leur sujet aucune théorie. Son ambition fut d'apporter à sa doctrine un correctif dans les hypothèses où la recherche d'une volonté commune eût été tout à fait fictive. Reconnaissant l'absence d'une quelconque volonté chez l'adhérent, sauf celle de consentir à l'offre proposée, sa doctrine a peu de prise sur ces contrats dont la nature ne met pas le juge en mesure de « *dégager une volonté commune qui prenne une forme objective désormais indépendante de la subjectivité des parties* »[134].

> L'interprétation, dans ce cas, devrait s'en faire comme celle d'une loi proprement dite, en tenant compte, beaucoup moins de ce qu'on a pu croire et vouloir, (…) de ce que ces chartes générales doivent être dans l'intérêt de la collectivité auxquelles elles s'adressent. Ce qui doit constituer l'interprétation, ce n'est plus la recherche d'une volonté moyenne, qui puisse représenter la volonté commune des deux contractants, (…) mais bien l'interprétation de la seule volonté qui a été prédominante ; (…) volonté qui (…) a créé une loi contractuelle, offerte aux adhésions particulières, et qui doit être appliquée dans le sens de ce qu'exigent et la bonne foi et les rapports économiques en jeu, dès qu'un particulier, une compagnie ou une autorité publique, touchent, par voie de règlements généraux, aux conditions de la vie économique ou sociale de l'individu[135].

La définition qu'il assigne à ces contrats qualifiés d'adhésion reste impressionniste, car elle n'a d'autre d'utilité que de les distraire des autres contrats pour parfaire la cohérence de sa doctrine sur l'interprétation judiciaire. Elle ne prétend pas à la précision que l'on pourrait souhaiter en cherchant à découvrir sous cette locution une théorie autonome – sinon spéciale – de la théorie des contrats. Le contraste qu'il dresse entre contrats classiques et contrats d'adhésion n'a d'autres fonctions que celle d'affiner les modes d'interprétation auxquels se prêtent l'ensemble des contrats – les contrats d'adhésion étant ce que les linguistes appelleraient un *faux-ami*.

---

[134] SALEILLES Raymond, *De la déclaration de volonté…*, *op. cit.* (1901), p. 230.
[135] *Id.*, p. 230.

> Sans doute, il y a contrats et contrats ; et nous sommes loin dans la réalité de cette unité de type contractuel que suppose le droit. (…) Il y a de prétendus contrats qui n'ont du contrat que le nom, et dont la construction juridique reste à faire ; (…) ne serait-ce que pour ce que l'on pourrait appeler, faute de mieux, les contrats d'adhésion, dans lesquels il y a prédominance exclusive d'une seule volonté, agissant comme volonté unilatérale, qui dicte sa loi, non plus à un individu, mais à une collectivité indéterminée, et qui s'engage déjà par avance, unilatéralement, sauf adhésion de ceux qui voudront accepter la loi du contrat, et s'emparer de cet engagement déjà créé sur soi-même. C'est le cas de tous les contrats de travail dans la grande industrie, des contrats de transport avec les grandes compagnies de chemins de fer, et de tous ces contrats qui revêtent comme un caractère de loi collective[136].

449. D'ailleurs, quelques années plus tard, Raymond SALEILLES émousse la radicalité de son analyse en reconnaissant aux contrats d'adhésion une nature purement contractuelle. En prenant part aux débats qui se sont tenus au sein de la Société d'études législatives au sujet du contrat de travail, il se défausse d'une lecture anti-contractuelle que certains lui ont imputée entretemps – tel l'administrativiste parisien BERTHÉLEMY[137]. À cette occasion, il rappelle en quel sens il tourna ses précédents développements.

> C'est en partant de cette idée d'autonomie juridique, assurée à chacune des deux parties lors de leur engagement, qu'ont été établies toutes les règles du droit sur l'annulation, l'interprétation et l'exécution, du contrat. Et lorsqu'on a tracé ces règles fondamentales, constitutives du droit commun, on ne prévoyait pas le mécanisme très différent de volontés simplement juxtaposées, au lieu de volontés qui se soient équilibrées et pénétrées ; de volonté dont l'une est prépondérante, non plus à raison de circonstances purement accidentelles, mais par le fait de situations économiques qui puissent constituer une sorte de monopole de fait, devant lequel les volontés adhérentes n'aient qu'à s'incliner par une acceptation pure et simple, sans autre possibilité de débattre leurs propres intérêts sur le terrain du marché économique[138].

---

[136] *Id.*, p. 229-230.

[137] En 1906, le professeur BERTHÉLEMY devant la Société des études législatives s'exclama : « *Je vois là mon ami SALEILLES qui disait même l'autre jour :* [le contrat de travail] *n'est pas un contrat du tout* » (*in Bulletin de la Société d'études législatives* 1906, p. 154).

[138] SALEILLES Raymond, « Lettre de M. SALEILLES [adressée à la Société d'études législatives à propos de la question du contrat de travail] », *in Bulletin de la Société d'études*

Raymond SALEILLES insiste sur l'acquiescement de l'acceptant – qui n'est en mesure de rien négocier – à « *toute une série de clauses accessoires auxquelles on adhère le plus souvent sans les lire, et surtout sans les comprendre* »[139]. Sans nier le caractère contractuel de ces engagements, il note ce qu'ils ont de spécifique en ce que « *l'une des parties, sans être appelée à discuter aucune condition relative au contrat, n'a plus qu'à donner son adhésion à une loi générale, destinée à régler tous les rapports juridiques que vise l'organisme auquel elle s'adresse* »[140]. Pour certains de ces contrats, les « *clauses réglementaires* »[141] sont préalablement homologuées par une autorité chargée de veiller à la sauvegarde des intérêts des adhérents. Ainsi en est-il de ceux passés par les usagers avec les concessionnaires de service public – pour l'éclairage, les transports ferroviaires, *etc.* La locution « clause réglementaire » révèle les emprunts faits par cet auteur à la doctrine administrative ou sinon la confluence de certaines problématiques rencontrées de part et d'autre de la *summa divisio* : à savoir l'hétérogénéité, sinon la singularité de certaines relations juridiques avec l'acception classique du contrat. C'est le salariat d'un côté, le modèle concessif de l'autre[142]. Cet oxymore – plus vif encore sous la plume d'un privatiste – souligne l'empreinte unilatérale qui pèse sur des relations qui ne sont contractuelles que leurs formes extérieures. Aussi, dans les cas où l'autorité administrative n'a pas vocation à prévenir des rapports léonins, le juge – pour Raymond SALEILLES – fait figure d'autorité tutélaire, à rebours d'une doctrine civiliste orthodoxe qui se borne à entériner les abus de position dominante du pollicitant au prétexte que ces abus sont couverts par les formes légales.

> Il faut (…) que ce contrôle, que n'offre plus l'homologation administrative, on le trouve, sous une autre forme, par voie d'application plus extensive de l'interprétation judiciaire, en ce qui touche l'appréciation de la bonne foi et de la loyauté en matière d'exécution du contrat, comme en ce qui concerne l'appréciation et la valeur des clauses réglementaires[143].

Dans un autre extrait, il met en exergue l'office salutaire du juge judiciaire qui rectifie *a posteriori* – tandis que, le cas échéant, l'administration intervient *a priori* – les inégalités excessives que peuvent charrier les con-

---

législatives 1906, p. 211.

139 *Id.*, p. 212.

140 *Id.*, p. 213-214.

141 *Id.*, p. 215.

142 *Cf.* nos développements sur les concessions de service public : chapitres 2 et 3, titre II, seconde partie.

143 *Ibid.*

trats d'adhésion.

> Lorsqu'il s'agit de ces contrats formés exclusivement par l'adhésion des intéressés à une loi fixée d'avance par une partie prépondérante qui ait comme le monopole de fait, ou le monopole professionnel, du service d'intérêt général qui est en cause, la conception des idées de bonne foi et d'équité, en ce qui concerne l'application et l'interprétation des clauses du contrat, devient plus rigoureuse et plus stricte. (…)
>
> C'est donc bien un contrat que le juge a mission d'interpréter ; ce n'est pas une réglementation légale qu'il prend sur lui de créer. Il ne reconnaît d'autre loi que celle dont parle l'art. 1134 ; et cette loi c'est le contrat, avec toutes les clauses principales et accessoires qui en marquent les contours. Seulement cette loi contractuelle, cette charte fondamentale des parties intéressées, le juge l'interprète comme il interpréterait une loi ordinaire, sous l'influence des idées de bonne foi et de loyauté réciproques, qui sont la base de tous les rapports sociaux élevés à la hauteur de rapports juridiques[144].

Au final, les contrats d'adhésion servent à décliner l'interprétation judiciaire à des contrats qui en sont si peu.

450. Une locution doctrinale en butte aux critiques de la doctrine civiliste orthodoxe. – Nous ne pensons pas que Raymond SALEILLES ait souhaité développer une quelconque théorie dont les contrats d'adhésion auraient été l'objet. Le professeur CHÉNÉDÉ semble s'en attrister en écrivant que SALEILLES « *se contente de lancer deux pistes de réflexion* »[145] : l'une à propos de l'interprétation de ces contrats, l'autre sur leur nature. D'autres estiment, par ailleurs, que « *le contrat d'adhésion n'est pas un contrat pour SALEILLES* »[146]. C'est nous semble-t-il lui prêter une opinion qu'il a formellement récusée et, plus encore, c'est négliger la démarche intellectuelle qui sous-tend son essai doctrinal. Il en a traité ici et là, dans une œuvre prolifique, toujours en relation avec une démonstration qui ne s'est jamais arrêtée à ces contrats proprement dits. Les contrats d'adhésion n'ont, pour cet auteur, de pertinence que rapportés aux contrats ordinaires. Cette locution constitue une espèce d'appendice

---

144 *Id.*, p. 216-217.

145 CHÉNÉDÉ François, « Raymond SALEILLES : le contrat d'adhésion », *in Revue des contrats* 2012, p. 1018.

146 Pour un exemple récent : GRYNBAUM Luc, « SALEILLES et le droit des obligations : l'objectif du juste milieu », *in* [collectif], *Raymond Saleilles et au-delà*, Paris, Dalloz, 2013, p. 120.

doctrinal qui n'a pas vocation à évoluer indépendamment de la théorie des contrats. Elle participe d'une reformulation du contrat dans le creuset de la doctrine de la déclaration de volonté, en y adaptant notamment les pouvoirs interprétatifs du juge. En effet, Raymond SALEILLES se fait du contrat une idée qui diffère sensiblement de la conception liée à la doctrine de l'autonomie de la volonté. Tandis que celle-ci arrête la compréhension du contrat à la volonté psychologique des parties, cet auteur préfère y voir un « *procédé d'adaptation des volontés privées à l'utilisation des efforts communs, pour la satisfaction des intérêts individuels réciproques* »[147].

> Aussi est-ce d'après le but social de ce procédé de solidarité juridique, et non d'après la fantaisie individuelle de chacun de ceux qui y prennent part, que le contrat doit être interprété et appliqué[148].

Il n'y a rien d'étonnant à ce que Marcel PLANIOL ait trouvé la locution doctrinale de contrat d'adhésion « *sans grande utilité* »[149], car il n'a jamais appréhendé le contrat que d'après une conception volontariste. Les partisans de la doctrine de l'autonomie de la volonté ont pu en faire l'économie, tels par exemple les professeurs CAPITANT et COLIN : « *Ce serait se jeter dans des difficultés inextricables que de refuser* [aux contrats d'adhésion] *leur caractère contractuel* »[150]. C'est en parfaite connaissance de cause que ces auteurs dénient aux contrats d'adhésion toute espèce de singularité juridique, car ils discernent sans difficulté les enjeux doctrinaux sous-jacents à cette locution :

> L'objectif des écrivains dont nous repoussons ici la doctrine, serait de soustraire les effets des contrats d'adhésion à la volonté de celui qui serait réputé faire la loi du contrat, pour confier aux juges le soin de les déterminer *ex aequo et bono*. Or nous pensons qu'un pouvoir aussi arbitraire confié aux magistrats serait bien plus redoutable encore pour les parties[151].

Un autre – professeur de droit civil à la faculté de Bordeaux – reprochait à cette locution doctrinale d'être dissolvante du concept même de contrat, lequel est pourtant destiné à subsumer les disparités offertes par

---

[147] SALEILLES Raymond, *De la déclaration de volonté…*, *op. cit.* (1901), p. 229.
[148] *Ibid.*
[149] PLANIOL Marcel, *Traité élémentaire de droit civil conforme au programme officiel des facultés de droit*, Paris, L.G.D.J., 1906-1908 (4e éd., 3 vol.), t. 2 (1907), p. 326.
[150] CAPITANT Henri & COLIN Ambroise, *Cours élémentaire de droit civil français*, *op. cit.* (1re éd.), t. 2 (1915), p. 274.
[151] *Id.*, t. 2, p. 275.

la pratique.

> Il n'y a pour ainsi dire pas de contrat où les deux parties obtiennent exactement les conditions qu'elles désirent. Et alors on est enfermé dans ce dilemme : ou tous les contrats sont, dans une mesure plus ou moins large, des contrats d'adhésion, ou il faut arriver à la négation de l'idée même de contrat[152].

À l'instar des précédents, François GÉNY se récrit contre les doctrines qui méconnaissent « *la nature vraie du contrat civil, qui implique seulement la rencontre de deux volontés, exemptes de vices, sur un objet d'intérêt juridique* »[153].

451. En se plaçant à un point de vue différent, c'est-à-dire en attribuant à la volonté contractuelle un sens différent marqué par l'empreinte du solidarisme[154], Raymond SALEILLES présente le contrat d'adhésion comme une espèce de ramification doctrinale de la théorie des obligations. La signification qu'il lui confère est intimement liée à la manière dont ce contrat la complète. Dit autrement, cet essai est avant tout un témoignage de l'intérêt porté par certains à l'égard des contrats de masse. Il n'est ni le premier, ni le dernier. Pour n'en donner qu'un exemple – Maurice HAURIOU étudia en 1900 ce qu'il appelait « *les* petits contrats *du droit administratif, ou encore les* contrats de guichet »[155]. Et encore, la préoccupation de Raymond SALEILLES ne prit-elle forme qu'à l'occasion d'une doctrine véhiculant le solidarisme jusqu'au sein de l'opération contractuelle, par le biais de l'office judiciaire. Le professeur montpelliérain MEYNIAL l'a très bien compris en s'attardant longuement sur cet aspect de l'œuvre de SALEILLES.

> Voilà (…) si je l'ai bien comprise, la théorie de l'interprétation qu'on trouvera magistralement développée dans le livre de M. SALEILLES [c'est-à-dire : *De la déclaration de volonté* (1901)]. Qu'il

---

152 BAUDRY-LACANTINERIE Gabriel, *Précis de droit civil contenant dans une première partie l'exposé des principes et dans une deuxième les questions de détail et les controverses* [mis à jour par Gustave CHÉNEAUX], Paris, Larose & Tenin, 1911-1914 (11e éd., 3 vol.), t. 1, p. 15.

153 GÉNY François, *Des droits sur les lettres missives étudiés principalement en vue du système postal français. Essai d'application d'une méthode critique d'interprétation*, Paris, Larose & Tenin, 1911 (2 vol.), t. 1, p. 54.

154 Sur la réception du solidarisme par SALEILLES, *cf.* les articles du professeur RÉMY : « La genèse du solidarisme » (*in* GRYNBAUM Luc & NICOD Marc (dir.), *Le solidarisme contractuel*, Paris, Économica, 2004, p. 3) et du professeur TERRÉ : « Le droit à l'épreuve de la société : Raymond SALEILLES et l'idée du droit social » (*in R.H.F.D.* 1999, p. 147).

155 HAURIOU Maurice, Note sur la décision *Préfet du Rhône c. MEY* (T.C., 17 juin 1899) [1900], *in Notes d'arrêts sur décisions du Conseil d'État et du Tribunal des conflits…*, *op. cit.*, t. 1 (1929), p. 242-243.

> s'agisse de la loi ou qu'il s'agisse du contrat, l'interprétation n'est pas seulement une recherche de l'intention du législateur ou du déclarant, elle est une adaptation des procédés juridiques au but poursuivi par l'agent, et elle autorise le juge à exercer en outre sur cette intention un contrôle, une surveillance qui n'a d'autre limite que celle de l'intérêt général. Le juge est le régulateur de la vie sociale dans ses rapports avec la loi ou avec le Convention ; il est en même temps, par délégation, le législateur de la Convention[156].

En concluant son article, celui-ci ne s'exagère pas sur les bouleversements auxquels le droit positif serait exposé par cette doctrine. De son avis, ils sont en soi modestes et c'est bien plutôt sur leur antagonisme théorique qu'il s'attarde.

> C'est en réalité un procès de tendances que je fais ici au Code allemand et à son savant interprète [c'est-à-dire Raymond SALEILLES]. On trouvera peut-être que le progrès qu'ils demandent à notre interprétation est bien peu de chose pour justifier de pareils reproches. J'en conviens volontiers et je suis tout prêt à en reconnaître l'exagération. Pourtant, puisque (…) j'ai essayé de déterminer exactement la mesure de ce progrès, je voudrais qu'on me pardonnât ce dernier excès en songeant que c'est justement parce que la pente est insensible qui mène de notre système actuel à celui de M. SALEILLES, que je ne sais pas comment m'y refuser autrement qu'en considérant la direction où elle nous engage[157].

La locution « contrat d'adhésion » nous paraît être une question autour de laquelle se précise l'écart entre la doctrine de l'autonomie de la volonté et celle de la déclaration de volonté, mais derrière laquelle l'on chercherait en vain les prodromes d'une théorie purement anticontractuelle.

> Ce qui domine dans toutes les tentatives auxquelles je fais allusion [c'est-à-dire les doctrines allemandes dont SALEILLES se fait l'interprète], c'est qu'elles ont pour but et pour résultat de restreindre, dans une mesure plus ou moins grande, l'indépendance, l'autonomie de l'individu. Autrefois, l'individu est tout dans le contrat ; c'est lui qui doit y suffire. Désormais, au contraire, on s'efforce de le montrer incapable, on se substitue à lui, on prétend même parfois expulser sa volonté pour mettre à sa place l'équité

---

156 MEYNIAL Edmond, « La déclaration de volonté », *in* *R.T.D. civ.* 1902, p. 562-563.
157 *Id.*, p. 573.

dont le juge est l'incarnation, et l'interprétation est le moyen qui permet d'opérer graduellement cette substitution[158].

D'ailleurs, cette locution doctrinale fut réceptionnée sans encombre par les civilistes de l'Entre-deux-guerres. Les enjeux s'étant déplacés, elle perdit de sa valeur subversive. La théorie des contrats ne fut plus tant questionnée à l'aune d'actes dont la nature contractuelle pouvait être mise en doute, qu'à l'aune des intrusions croissantes du législateur dans le droit des contrats. À l'exception de quelques-uns[159], les civilistes des années 1920 se contentèrent d'ajouter aux classifications existantes une nouvelle distinguant entre les contrats d'adhésion et les contrats de gré à gré[160] ; lorsque d'autres leur consacrèrent quelques menus propos à propos du consentement[161]. Rares sont ceux qui leur consacrèrent plus de quelques lignes expéditives, souvent en rapport avec la doctrine de l'autonomie de la volonté[162].

---

158 *Id.*, p. 556.

159 Nous pensons au *Cours élémentaire de droit civil* de CAPITANT et COLIN, lesquels traitent du contrat d'adhésion en examinant le « *Principe de la pleine liberté contractuelle. Ses lacunes* ». La raison tient à ce que la première édition de leur ouvrage est contemporaine des années 1910, c'est-à-dire d'une époque où le contrat d'adhésion est employé à miner la doctrine de l'autonomie de la volonté. C'est donc sous ce biais que ces auteurs l'évoquèrent, tandis que les civilistes des années suivantes – à une époque où sa portée subversive avait été réduite à peu de chose – se le représentèrent comme une singularité ne nécessitant plus que quelques lignes à propos de la formation du contrat.

160 *Cf.* dans l'ordre chronologique : JOSSERAND Louis, *Cours de droit civil positif français…*, *op. cit.* (1re éd.), t. 2 (1930), p. 18 ; BONNECASE Julien, *Précis de droit civil (conforme au programme officiel des facultés de droit)*, Paris, Rousseau & Cie, 1934-1935 (1re éd., 3 vol.), t. 2 (1934), p. 486 ; et BEUDANT Robert & LEREBOURS-PIGEONNIÈRE Paul, *Cours de droit civil français*, Paris, Rousseau & Cie, 1934-1949 (2e éd., 14 vol.), t. 8 (1936 ; avec la collaboration de Gaston LAGARDE), p. 38.

161 *Cf.* dans l'ordre chronologique : BONNECARRÈRE Philippe, LABORDE-LACOSTE Marcel & CRÉMIEU Louis, *Précis de droit civil à l'usage des étudiants de capacité (conforme au programme des examens de capacité)*, Paris, Sirey, 1926-1928 (1re éd., 2 vol.), t. 2, p. 11 ; HÉMARD Joseph, *Précis élémentaire de droit civil*, Paris, Sirey, 1928-1930 (1re éd., 3 vol.), t. 2 (1929), p. 23 ; et PLANIOL Marcel & RIPERT Georges, *Traité pratique de droit civil français*, Paris, L.G.D.J., 1925-1934 (1re éd., 14 vol.), t. 6 (1930 ; avec la collaboration de Paul ESMEIN), p. 155.

162 Il n'y a que ceux qui furent sensibles aux critiques portées contre la doctrine de l'autonomie de la volonté qui se distinguèrent à cet égard – à savoir : René DEMOGUE (*Traité des obligations en général*, Paris, Rousseau, 1923-1933 (7 vol.), t. 2 (1923), p. 307 *sq.*) et Eugène GAUDEMET (*Théorie générale des obligations*, Paris, Sirey, 1937, p. 52 *sq.*). À l'inverse, Georges RIPERT dirigea contre le contrat d'adhésion une critique inflexible : *La règle morale dans les obligations civiles* (Paris, L.G.D.J., 1925 (1re éd.), p. 93 *sq.*) & *Le régime démocratique et le droit civil moderne* (Paris, L.G.D.J., 1936 (1re éd.), p. 187 *sq.*).

452. Une locution employée à confirmer la pertinence de la doctrine de l'autonomie de la volonté. – Une analyse des thèses soutenues dans les années d'avant-guerre renforce nos propos. Exceptée celle d'Emmanuel GOUNOT, toutes ont conçu les contrats d'adhésion à l'aune de la question de leur interprétation. Leurs auteurs se sont efforcés de démontrer que les fondements du droit civil pouvaient être conservés, sous réserve d'y adjoindre quelques complications de nature à permettre d'appréhender les singularités irréductibles à la doctrine de l'autonomie de la volonté – un peu comme ces astronomes qui, au rythme des observations, enrichissaient sans cesse le système géocentrique d'épicycles pour en conserver la valeur. Aucun de ces auteurs n'a entendu situer les contrats d'adhésion en dehors de la théorie des contrats. En se concentrant sur l'interprétation des contrats, ils ont travaillé à convaincre que cette théorie pouvait se prêter à une approche solidariste – ou renvoyer à une conception moins rigoureuse de la doctrine de l'autonomie de la volonté –, de telle sorte qu'il fût possible de pallier les abus révélés par les contrats d'adhésion. C'est en cela que René GUIHAIRE se distingue en soutenant une thèse sur la force obligatoire de la déclaration unilatérale de volonté. Il n'y est pas question de contrats d'adhésion, cette locution n'ayant pas encore été forgée. Cependant, les enjeux sont déjà sentis :

> Il ne s'agit évidemment pas de saper par la base la théorie du contrat (…) pour lui substituer de toutes pièces la théorie de l'engagement unilatéral. (…) Il s'agit, plus simplement, de savoir si la pratique ne pourrait compléter la théorie du contrat, dans ce qu'elle a d'insuffisant, par celle de la volonté unilatérale et si, par conséquent, il ne serait pas possible à la jurisprudence (…) de rattacher expressément une obligation à un fait unique de volonté, dans le cas où il lui paraîtrait juste et utile de consacrer pareille obligation, en dehors du cadre exigu du contrat[163].

Avec plusieurs de ses contemporains, cet auteur fait montre du souci de parfaire la théorie des contrats en la complétant par là où la vie économique – en donnant lieu à de nouvelles pratiques contractuelles – expose ses lacunes. Quelles que fussent les critiques qui lui furent portées, les réactions ont toujours été pensées en son sein, lorsqu'elles n'ont pas été dirigées contre l'idée même de volonté unilatérale pour défendre la classification traditionnelle des obligations[164]. Les thèses entreprises sur

---

[163] GUIHAIRE René, *De la force obligatoire de la déclaration unilatérale de volonté*, Rennes, Imprimerie Simon, 1900 (thèse de doctorat, faculté de Rennes ; présidée par CHÂTEL, professeur de droit civil), p. 270.

[164] *Cf.* à cet égard : ELIAS Randolphe, *Théorie de la force obligatoire de la volonté unilatérale*

les contrats d'adhésion ont été d'une certaine manière un exercice académique destiné à mettre en exergue la ductilité de cette théorie au regard des pratiques inédites qui en éprouvèrent sans cesse les limites.

453. Jacques DOLLAT illustre cette approche qui ramène les contrats d'adhésion dans la mouvance de la théorie des contrats – presque à son corps défendant semble-t-il, puisqu'il leur dénie allusivement une nature contractuelle. « *Bien que nous ne les croyions pas en réalité des contrats, nous leur conservons leur nom au cours de cette étude, dans un intérêt de clarté* »[165]. À quoi il ajoute plus loin :

> Ces contrats, comme nous nous proposions de le montrer, sont donc nouveaux, soit entièrement, soit par leur manière de naître[166].

Ni le cadre de sa démonstration, ni les termes de ses développements ne s'éloignent des canons civilistes. Jamais il ne semble vouloir s'extraire du paradigme contractuel auquel puisent ses réflexions. Certes, les solutions qui y sont envisagées pour corriger l'inégalité des rapports se placent pour certaines en dehors du droit des obligations[167]. Cependant, à aucun moment il n'examine de manière approfondie la question de la nature de ces contrats. Comme si celle-ci ne se prêtait à aucune discussion – ou plutôt, comme si elle ne pouvait qu'être vaine, la théorie des contrats étant la plus à même de garantir les individus contre les abus auxquels ils sont susceptibles d'être exposés dans leurs rapports avec les puissances économiques. La même année, Georges DEREUX soutint une thèse distinguée sur un sujet recoupant partiellement celui de Jacques DOLLAT. En entreprenant une étude sur l'interprétation des actes juridiques, il aborda sous son aspect le plus délicat les débats doctrinaux relatifs à la volonté et la déclaration. Il traita successivement de plusieurs questions, dont celle relative à l'interprétation judiciaire qu'il décida d'illustrer par une étude de cas précisément consacrée aux contrats d'adhésion :

(étude et critique), Paris, Larose & Tenin, 1909 (thèse de doctorat, faculté de Paris ; présidée par PIEDELIÈVRE, professeur de droit civil).

165 DOLLAT Jacques, *Les contrats d'adhésion*, Paris, Larose & Tenin, 1905 (thèse de doctorat, faculté de Paris ; présidée par PLANIOL, professeur de droit civil), p. 3.

166 *Id.*, p. 14.

167 Il avance en effet quelques moyens de protéger les adhérents : l'intervention judiciaire (avec une certaine circonspection) ; l'intervention législative ; la monopolisation de certaines activités en les érigeant en services publics (quoiqu'il réprouve cette alternative) ; enfin, le regroupement des adhérents en associations.

> Pour étudier l'interprétation judiciaire, il est une foule de questions qui sollicitent notre attention et peuvent, *a priori*, jeter une certaine lumière sur les principes de la matière ; mais nous aimons mieux en approfondir une seule que d'en effleurer un grand nombre ; nous choisirons comme exemple celle qui est, à notre avis, la plus intéressante et la plus délicate à l'heure actuelle ; nous demanderons *comment les tribunaux doivent interpréter ces actes que l'on commence à appeler des « contrats d'adhésion »*[168].

Ses développements nous importent peu au fond. La manière dont les contrats d'adhésion retiennent son attention indique suffisamment comment il en conçoit la pertinence doctrinale. Pour certains civilistes comme PLANIOL, les contrats d'adhésion ne sont rien d'autres que des contrats. La différenciation qu'introduit cette locution est pernicieuse, sinon inutile. Gabriel BAUDRY-LACANTINERIE – ou plutôt Gustave CHÉNEAUX qui œuvra à mettre à jour la onzième édition de son *Précis de droit civil* (1911-1914) – l'estime dangereuse. De son côté, Georges DEREUX reçoit cette locution en supposant qu'elle pourrait contribuer à organiser autrement la théorie des obligations. Celle-là ne présente d'intérêt qu'autant qu'elle éclaire la doctrine de l'autonomie de la volonté sous un de ses aspects les plus critiquables. Elle permet ainsi de saisir cette doctrine par les marges pour interroger la valeur épistémologique de la volonté. Lorsqu'il évoque elliptiquement Raymond SALEILLES et Léon DUGUIT, il écarte rapidement leur opinion d'une manière qui illustre à quel point la nature juridique des contrats d'adhésion lui importe peu, à moins que cette question ne lui paraisse trop dangereuse.

> Il faudrait [rapporte-t-il en citant SALEILLES et DUGUIT] donc remanier, non seulement l'application classique des principes, mais les principes mêmes du droit et soumettre à des règles nouvelles des faits nouveaux.
>
> Nous ne croyons pas devoir aller tout à fait aussi loin[169].

Nous dirions que les contrats d'adhésion ne sont pour Georges DEREUX qu'un sujet secondaire qui ne l'intéresse qu'autant que ces contrats ont ébranlé la doctrine de l'autonomie de la volonté en en pointant les conséquences les plus inadmissibles. Ce pour réaligner la théorie des obligations sur des perspectives situées à moyen terme entre cette doc-

---

[168] DEREUX Georges, *De l'interprétation des actes juridiques privés*, Paris, Rousseau, 1905 (thèse de doctorat, faculté de Paris ; présidée par COLIN, professeur de droit civil), p. 68.
[169] *Id.*, p. 214.

trine et celle de la déclaration de volonté[170].

> Il suffit d'appliquer les principes de notre Code civil ; mais il faut les appliquer à la réalité toute pure, non à une réalité mélangée de fictions. (…) C'est ainsi seulement que, au lieu de faire tomber les volontés dans des pièges, avec des marques purement extérieures de respect, on déférera vraiment aux volontés dignes de créer des droits[171].

Si la thèse de Georges DEREUX fit dire à Maurice HAURIOU qu'elle était « *furieusement contractuelle* »[172], celui-ci n'a pas tenu compte – ou n'a pas voulu tenir compte – du fait qu'elle procédait d'intentions très différentes des siennes.

454. Ceux qui – après Jacques DOLLAT et Georges DEREUX – ont écrit sur les contrats d'adhésion discutèrent de questions parfois différentes, sans néanmoins se placer sur un autre plan. Ils ne se sont employés qu'à argumenter la nécessité de *corriger* ce que la doctrine classique pouvait avoir d'*obtus*, c'est-à-dire de *trop rigoureux*. En définitive, une telle approche amena tous ces auteurs à rester captifs de la théorie des contrats, vraisemblablement à raison de ce que le professeur DEROUSSIN appelle « *l'hypertrophie du modèle contractuel* » dans la théorie des obligations[173]. La nature des contrats d'adhésion – lorsqu'elle s'y trouve discutée – renvoie toujours au contrat, en dehors duquel ils ne trouveraient point de salut. À vrai dire, l'examen de ces contrats est motivé par le souci de confirmer la valeur de la théorie des contrats, ce d'une manière qui, en la compliquant par certains de ses aspects, la rende plus conforme aux évolutions économiques. Les travaux d'Ahmad MAHER sont emblématiques à cet égard. Celui-ci envisage les contrats d'adhésion comme une hypothèse extrême propre à corroborer la justesse de la thèse qu'il développe sur l'interprétation judiciaire des contrats[174]. S'il discerne dans

[170] C'est d'ailleurs à l'occasion d'une telle démarche qu'il évoque en 1900 les contrats d'adhésion, dans un article où il rapporte les transformations auxquelles le droit des contrats était sujet. *Cf.* DEREUX Georges, « Étude des diverses conceptions actuelles du contrat », *in* *R.C.L.J.* 1901, p. 513 & 1902, p. 105 ; voir spécialement le premier article, p. 520 *sq.*

[171] DEREUX Georges, *De l'interprétation des actes juridiques privés*, *op. cit.* (1905), p. 216-217.

[172] HAURIOU Maurice, Note sur l'arrêt *Demoiselle CHAUVIN dite SYLVIAC* (C.E., 23 mars 1906) [1908], *in Notes d'arrêts sur décisions du Conseil d'État et du Tribunal des conflits…*, *op. cit.*, t. 2 (1929), p. 294.

[173] DEROUSSIN David, *Histoire du droit des obligations*, *op. cit.* (2012), p. 103-104.

[174] MAHER Ahmad, *De l'autonomie de la volonté individuelle quant aux modifications des contrats*, Montpellier, Imprimerie Firmin & Montane, 1913 (thèse de doctorat, faculté de Mont-

ces contrats une partie proprement contractuelle et une autre qu'il assimile à « *une sorte de règlement général ayant la valeur des lois dites interprétatives* » (suivant une logique qui emprunte aux analyses portées sur les concessions de service public à la même époque), cela n'a de sens que pour mieux isoler la volonté réelle des contractants et en assurer un respect plus scrupuleux. Le contrat *lato sensu* doit toujours être interprété – voire corrigé par la suppression de certaines de ses clauses – selon ce que les parties ont pu vouloir à travers celles des stipulations qui demeurent proprement contractuelles[175]. Cet auteur n'emploie toujours qu'une méthode syncrétique tendue à conserver le paradigme contractuel. Sa principale préoccupation est de consacrer l'autonomie de la volonté en la dégrossissant de ce qu'elle peut avoir de trop caricatural. C'est-à-dire en l'entourant de précautions qui en assurent la pérennité plutôt que de lui prêter une signification radicale qui en précipiterait le déclin.

> Nous croyons qu'on peut trouver un système d'interprétation qui, sans heurter le véritable esprit du Code civil français, donne satisfaction à l'équité et à la justice, tout en ne sacrifiant pas la sécurité nécessaire des parties ou des tiers[176].

La thèse de Victor PICHON avance des conclusions similaires à celles de Georges DEREUX. La démarche doctrinale y est la même. Ainsi en rapportant la thèse anti-contractuelle à laquelle il se garde d'adhérer, il écrit :

> Si l'on cherche à expliquer [les] décisions [judiciaires se rapportant aux contrats d'adhésion] par la doctrine classique, c'est-à-dire par l'application des articles 1134 et 1135 du Code civil, il faut nécessairement avoir recours à des fictions, supposer démontrée une volonté commune dont les faits démontreront l'inexistence. C'est donc que l'application des principes traditionnels est dans la pratique impossible pour les contrats d'adhésion. (…)
>
> Ainsi est-on naturellement amené à conclure que les contrats d'adhésion n'ont de contrat que le nom[177].

Plus loin en exposant la doctrine civiliste orthodoxe, il admet avec elle que les contrats d'adhésion présentent les mêmes caractères que les con-

---

pellier ; présidée par CHARMONT, professeur de droit civil), p. 290 *sq.*

[175] *Id.*, p. 296-297.

[176] *Id.*, p. 290.

[177] PICHON Victor, *Des contrats d'adhésion. – Leur interprétation et leur nature*, Lyon, Imprimerie de la « Revue judiciaire », 1912 (thèse de doctorat, faculté de Lyon ; présidée par JOSSERAND, professeur de droit civil), p. 189-190.

trats ordinaires, par cela seul que sa conception de l'obligation ne lui permet pas de considérer l'acte unilatéral. « *La théorie de l'acte unilatéral est formellement condamnée par le Code civil lui-même* »[178]. Derrière la fausse impartialité du contradicteur qui présente les deux thèses antagonistes, chacune l'est de sorte à aboutir à cette conclusion : les contrats d'adhésion n'étant rien d'autres que des contrats, la théorie des contrats doit être aménagée pour permettre de les y assimiler – sans nier leur singularité, mais en oblitérant ce qu'ils pourraient avoir de subversifs.

> Nous pensons qu'il faut considérer les contrats d'adhésion comme de *véritables contrats* ; mais nous demandons que leur interprétation et leur application, guidées toujours par les principes directeurs du Code civil, rejettent résolument les fictions dans lesquelles se complait l'école classique et fassent à l'équité et à la bonne foi et à l'ordre public la part nécessaire[179].

455. Ces travaux, qui sont sûrement les plus achevés, donnent à voir à quel usage doctrinal se prêtent les contrats d'adhésion sous la plume des civilistes. En 1912, ces contrats sont d'autant plus menaçants que les thèses anti-contractuelles – sous la plume de DUGUIT, puis celle d'HAURIOU – ont atteint un degré d'achèvement qui, par ricochet, met en difficulté les auteurs qui persévèrent à repousser la doctrine de la déclaration de volonté. Si bien que les contrats d'adhésion sont peu à peu devenus un enjeu doctrinal par où cette doctrine met en péril la théorie des contrats.

> Les partisans de la déclaration [de la volonté] entendent (…) faire application [de leur théorie] aux contrats d'adhésion. C'est même aux contrats d'adhésion qu'on doit en grande partie la naissance et les progrès de cette doctrine.
>
> Sans elle, en effet, ses fondateurs affirment qu'un grand nombre de difficultés soulevées par les contrats d'adhésion demeureraient insolubles[180].

Le dernier exemple de cette littérature doctorale est celui de Georges FORTIER. Peut-être plus obscur que les précédents, cet auteur élude la nature des contrats d'adhésion en portant son attention sur l'office du juge[181]. En ne comptant pas sur l'interprétation judiciaire pour corriger

---

178 *Id.*, p. 194.
179 *Id.*, p. 196.
180 *Id.*, p. 188.
181 *Cf.* FORTIER Georges, *Des pouvoirs du juge en matière de contrats d'adhésion*, Dijon, Imprimerie Darantière, 1909 (thèse de doctorat, faculté de Dijon ; présidée par

les abus, il suggère de renforcer les pouvoirs de sanction du juge. Cependant, c'est du juge *des contrats* dont il s'agit. Le terme de sa démonstration implique pour son auteur de demeurer dans un cadre conceptuel déterminé par le contrat. La convocation de ces auteurs, depuis DOLLAT (1905) jusqu'à MAHER (1913), ne tend pas à suggérer que tous auraient pareillement envisagé les contrats d'adhésion comme s'ils y avaient été déterminés par une cause mystérieuse – ou par conservatisme doctrinal. Notre propos souligne une convergence qui fut intimement liée à la volonté de conserver la théorie des contrats, tout en y apportant des correctifs qui permissent de la soustraire aux critiques les plus incisives. En s'évertuant à garder les contrats d'adhésion dans l'enceinte de la théorie des contrats, ces auteurs s'exercèrent à la présenter sous un aspect qui en fît voir la souplesse et sa propriété à réagir, accuser, absorber les évolutions sociales ; en somme, à convaincre que cette théorie fût riche d'une valeur renouvelée et renouvelable au gré des innovations générées par des pratiques contractuelles inédites. Ces essais doctrinaux successifs confirment la fonction ontologique du contrat en dehors duquel les civilistes refusent de penser la théorie des obligations. Aucun d'entre eux n'envisage l'idée que ces contrats d'adhésion puissent être d'une nature spéciale qui les distinguerait des contrats ordinaires, comme appartenant à un genre différent de ceux-ci. L'unicité des contrats est trop précieuse au droit civil et sa dissolution exposerait celui-ci dangereusement. Plus encore que la menace d'une ruine de la théorie des contrats, c'est de l'identité du droit civil dont il est question. Si cela affleure à peine dans les travaux précités, le contraste offert par la thèse – renommée[182] – d'Emmanuel GOUNOT nous en convainc.

456. Une analyse singulière des contrats d'adhésion, vecteur d'une critique radicale de la doctrine de l'autonomie de la volonté (GOUNOT). – Au premier abord, c'est à une démarche analogue que se livre Emmanuel GOUNOT. Il mobilise l'exemple des contrats d'adhésion pour interroger la pertinence du consensualisme dans la théorie des contrats.

GAUDEMET, professeur de droit civil).

182 C'est surtout à son titre que cet auteur figure dans le *Dictionnaire historique des juristes français*. L'auteur de sa notice, le professeur HALPÉRIN, indique à son propos : « *Emmanuel GOUNOT est surtout connu pour sa thèse qui reste une référence. Elle marque à la fois l'influence, tardive en France, de la théorie allemande de l'autonomie de la volonté, et son rejet au nom de principes de justice naturelle, en faisant appel à la tradition thomiste, à la théorie du but de JHERING et à l'enseignement de SALEILLES* » (Paris, P.U.F., 2007 (1re éd.), p. 379-380).

> Lorsque le monde réel se transforme, nos systèmes techniques, qui ne valent que dans la mesure où ils sont capables de s'ajuster à lui pour l'informer et l'orienter vers sa fin, ne peuvent rester perpétuellement fixes et immuables, sinon un jour vient où le désaccord entre la réalité et l'abstraction devenue fiction est tel que l'édifice juridique tout entier menace d'être emporté…[183]

Pourtant, le cadre de sa démonstration est tout différent. Les auteurs précédents – pour qui la doctrine de l'autonomie de la volonté est la matrice de la théorie des contrats – la confrontent aux contrats d'adhésion pour en corroborer la pertinence, sauf à la redéfinir aux marges. Emmanuel GOUNOT, quant à lui, met frontalement en cause la doctrine de l'autonomie de la volonté. Les contrats d'adhésion – c'est-à-dire « *ces prétendus contrats qui surpassent en importance sociale tous les autres* »[184] – ne sont qu'un prétexte pour en montrer les faiblesses incurables. Ils ne sont pas conçus comme un cas problématique qui valoriserait la théorie des contrats en les y incorporant. Au contraire, ils sont employés à étayer une critique de la doctrine pourfendue. Ce n'est pas dire qu'Emmanuel GOUNOT fut nécessairement conduit à se faire des contrats d'adhésion une opinion déterminée par sa problématique ; mais en engageant de front la doctrine de l'autonomie de volonté au lieu de l'éclairer sous un angle particulier, sa latitude fut plus grande et la radicalité de sa démarche l'amena à s'en faire une idée foncièrement différente de celle de ses contemporains. Cette approche qui admet la nature partiellement réglementaire de ces contrats, aiguise les critiques adressées à cette doctrine.

> Dans tout contrat d'adhésion, il y a : 1° un contrat proprement dit, parfaitement identique aux contrats ordinaires ; 2° une réglementation par volonté unilatérale de la situation juridique née de ce contrat (clauses imprimées des polices, règlements d'atelier, règlements des chemins de fer, *etc.*)[185].

En affirmant que, « *au fond, le contrat d'adhésion* [lui semble être] *un mélange hybride de statut et de contrat* »[186], il n'est pas impossible qu'il se soit inspiré de la théorie de l'institution, consacrée par Maurice HAURIOU

---

[183] GOUNOT Emmanuel, *Le principe de l'autonomie de la volonté en droit privé. – Contribution à l'étude critique de l'individualisme juridique*, Paris, Rousseau, 1912 (thèse de doctorat, faculté de Dijon ; présidée par GAUDEMET, professeur de droit civil), p. 13.

[184] *Id.*, p. 14.

[185] *Id.*, p. 229.

[186] *Id.*, p. 303. Cette citation se poursuit ainsi : « *Ses clauses, souvent si nombreuses, ne sont que pour partie la réglementation d'un contrat individuel ; elles constituent pour le surplus la charte d'une situation institutionnelle, dans laquelle la situation contractuelle tend de plus en plus à s'absorber* ».

quelques années auparavant (1906-1907). Aussi estime-t-il que, lorsque le juge est saisi en appréciation de la validité de stipulations contractuelles :

> La véritable question n'est pas tant de savoir si elles ont été individuellement voulues d'une volonté contractuelle, que si elles sont conformes à l'intérêt général de l'institution et si elles ne sont entachées d'aucun excès de pouvoir[187].

Emmanuel GOUNOT s'aide des contrats d'adhésion pour dénoncer l'artificialité d'une doctrine – celle de l'autonomie de la volonté – qui nie les solidarités organiques procédant des communautés *objectivement* réelles, quoique juridiquement ignorées. « *Les membres d'une même profession se trouvent, de par la nature des choses et indépendamment de tout contrat, en état de* société naturelle »[188].

457. Pour illustrer les contrats d'adhésion, il prend exemple du contrat de travail – lequel contribue à souligner les failles de cette doctrine :

> En voulant ignorer, sous l'influence du dogme de l'autonomie, ces solidarités naturelles, en abandonnant les rapports professionnels au libre contrat individuel, le droit s'insurge contre les faits et faillit à sa mission. Les désordres sociaux, l'anarchie, les violences sont l'inévitable revanche des réalités inconnues[189].

À l'esquisse d'un modèle sociologique, il articule une théorie juridique en accord avec les faits tels qu'il se les représente. La doctrine de l'autonomie de la volonté est montrée comme inapte à traduire des solidarités *naturelles* dont la négation fige le droit dans une retraite isolée de la *réalité.*

> Notre but essentiel, le seul qu'il nous importait d'atteindre, était de dévoiler la foncière insuffisance des conceptions juridiques inspirées par le dogme de l'autonomie, d'établir qu'en tout ramenant au contrat, en réduisant le droit à un ensemble de rapports libres de volontés, les doctrines classiques ont systématiquement méconnu d'importants éléments de la réalité sociale, qui doivent désormais trouver place dans le droit[190].

Notre propos n'ambitionne pas d'épuiser la doctrine d'Emmanuel GOUNOT qui, en se revendiquant de celle de Maurice HAURIOU, parti-

---

187 *Id.*, p. 306.
188 *Id.*, p. 312.
189 *Id.*, p. 312-313.
190 *Id.*, p. 316-317.

cipe du catholicisme social[191] ; mais plutôt d'apprécier l'écart qui le sépare des civilistes orthodoxes. Ceux-ci se sont essayés à légitimer le fondement de la théorie des contrats, tout en en réévaluant la portée. Les contrats d'adhésion furent employés à démontrer sa ductilité, en ramenant en son sein des contrats singuliers. Emmanuel GOUNOT, au contraire, les mobilisa pour convaincre de la nécessité dans laquelle le droit est tenu de s'accorder avec des pratiques contractuelles inédites, plutôt que d'en occulter les caractéristiques propres. L'acception qu'il prête aux contrats d'adhésion n'est pas si éloignée de celle de certains civilistes – tel Ahmad MAHER[192]. Pour autant, leurs démarches respectives diffèrent radicalement : les uns s'attachant à défendre une théorie critiquée, lorsque celui-là assimile au droit des faits économiques qui appellent à en réorganiser la théorie. Ainsi donc, ce n'est pas tant les définitions données aux contrats d'adhésion qu'il faut considérer, que la démarche doctrinale qu'ils servent. À cet égard, deux trajectoires se dessinent : l'une renvoyant au contrat comme paradigme du droit civil, l'autre dépassant le contrat pour entrevoir des régularités qui transcendent la *summa divisio*.

458. Du contrat à la loi, du droit privé au droit public. – D'une manière souvent voilée, parfois plus explicite, les civilistes s'attachent à défendre une théorie des obligations étayée sur la théorie des contrats et reçue comme un héritage doctrinal d'autant plus précieux que certaines évolutions sociales font craindre qu'elles n'altèrent l'identité du droit privé. En faisant remarquer que « *lorsque la loi parle de la liberté des conventions, c'est généralement pour la restreindre* »[193], Jean CRUET[194] signale ce para-

---

[191] *Cf.* une analyse critique par laquelle le professeur CHÉNÉDÉ apprécie la postérité de la thèse d'Emmanuel GOUNOT : « De l'autonomie de la volonté à la justice commutative : du mythe à la réalité » (*in Annuaire de l'Institut Michel Villey* 2012, p. 155).

[192] En effet, Ahmad MAHER ne se fait pas des contrats d'adhésion une idée très différente. D'ailleurs il cite la thèse d'Emmanuel GOUNOT dont il reprend l'analyse du contrat d'adhésion. Seulement, le souci qu'il manifeste de conserver à la doctrine de l'autonomie de la volonté toute sa pertinence l'incline à soumettre les clauses réglementaires des contrats d'adhésion à une interprétation qui fût conforme avec le sens des clauses auxquelles l'adhérent a explicitement consenti (*De l'autonomie de la volonté individuelle quant aux modifications des contrats*, *op. cit.* (1913), p. 296-297).

[193] CRUET Jean, *La vie du droit et l'impuissance des lois*, Paris, Flammarion, 1908, p. 158.

[194] De brèves recherches ne nous ont pas permis de trouver quelques informations biographiques sur cet auteur. Il soutint en 1906 deux thèses devant la faculté de Paris : *Syndicat personne morale. Étude de jurisprudence* ; et *Étude juridique de l'arbitraire gouvernemental et administratif : des cas où l'activité gouvernementale et administrative n'est pas tenue, sous des sanctions efficaces, de respecter les droits individuels et la légalité.* La seconde est particulièrement intéressante pour la manière dont certaines problématiques contemporaines du droit administratif y sont envisagées. S'étant engagé dans la profession d'avocat, c'est à raison

doxe suivant lequel la loi s'immisce dans les rapports contractuels en proportion de leur développement. « *Les rapports privés sont de nous jours soumis à une réglementation surabondante* »[195]. De son propre avis, « *si toutes les lois étaient facultatives, la conciliation du droit spontané et du droit légal serait pleinement réalisée* »[196] et, en laissant aux parties la liberté d'écarter celles des dispositions légales qui leur fussent gênantes, « *le Code, en un mot, serait le* cahier permanent des clauses et conditions générales de la vie contractuelle »[197]. Toutefois en constatant que les lois impératives sont de plus en plus nombreuses, il se désespère d'un interventionnisme législatif dont la pratique montre qu'il peut toujours être contourné par l'imagination des individus.

> Le législateur ne doit pas ignorer que la pratique extrajudiciaire, est, elle aussi, « une force impulsive du droit », et possède à l'égard des lois qui ne sont pas dans le courant des moyens un pouvoir de déviation[198].

Suivant une démarche proche de celle de François GÉNY, ces propos servent une critique de la loi et des dogmes artificiels qui en sont l'étai[199]. Ce faisant, nous trouvons sous la plume de Jean CRUET le témoignage exacerbé d'une réaction à ce que d'aucuns nommèrent – dans l'Entre-deux-guerres – la « publicisation des contrats ». En 1908, celui-ci discerne un fait souvent remarqué – et tout aussi souvent regretté : l'intrusion croissante de l'État dans l'activité contractuelle des particuliers, c'est-à-dire la négation d'un ordre individualiste et libéral. Il le déplore en considération du mépris que la loi s'attire, compte tenu de l'ingéniosité des praticiens à trouver des subterfuges pour la contourner. D'autres sont troublés par un droit privé qui deviendrait trop dirigiste à force d'être investi par la loi, cela au lieu d'être le sanctuaire de la liberté individuelle. Ces deux aspects, intimement liés, illustrent en quoi les réflexions critiques afférentes aux contrats touchent indirectement à la représentation dans laquelle est tenue la loi – comme les deux visages de JANUS. Ce faisant, elles ne laissent pas de s'interroger sur la loi ou sinon de véhiculer –

---

d'un essai doctrinal qu'il est connu : *La vie du droit et l'impuissance des lois* (1908). Le professeur AUDREN a consacré un article à cet auteur méconnu : « Jean CRUET, *La vie du droit et l'impuissance des lois* » (*in R.T.D. civ.* 2013, p. 917).

195 CRUET Jean, *La vie du droit et l'impuissance des lois*, *op. cit.* (1908), p. 158.

196 *Id.*, p. 160.

197 *Id.*, p. 161.

198 *Id.*, p. 166.

199 *Cf.* par exemple une opinion similaire sous la plume de Joseph CHARMONT : « Sources du droit positif à l'époque actuelle » (*in Revue de métaphysique et de morale* 1906, p. 127 *sq.*).

parfois tacitement – une certaine idée de celle-ci, profondément déterminée par les définitions respectives qu'en donnent le droit privé et le droit public. Autrement dit, ces questions n'ont jamais été engagées qu'en mobilisant une somme d'implicites sur la conception du droit (c'est le souci de Jean CRUET) ou sur la définition des droits privé et public.

459. Le contrat : une figure tutélaire face à l'influence altérante du droit public. – Les civilistes orthodoxes – ceux attachés à une acception de la doctrine de l'autonomie de la volonté plus ou moins intransigeante – furent assez rétifs aux évolutions sociales qui pouvaient contrarier cette doctrine. À travers leur attachement à un individualisme libéral, nous discernons, parmi plusieurs, une raison qui intéresse en particulier notre propos : la partition académique et la définition doctrinale des droits privé et public. Nombre des critiques faites à la doctrine de l'autonomie de la volonté furent regardées comme autant de tentatives de débordement du droit public sur le droit privé. L'intervention croissante de la loi – prise comme synonyme de réglementation – fut souvent interprétée comme la cause d'une dénaturation souterraine du droit privé[200]. Rares sont les civilistes qui, à l'inverse, ont réceptionné ces mutations latentes charriées par la pratique – tel René DEMOGUE : « *L'antithèse entre la loi et le contrat cesse de nos jours d'être telle, elle devient une simple différence qui a son importance, mais qu'il ne faut pas exagérer* »[201]. Du point de vue de cet auteur, les concessions de service public lui apparaissent comme « *de véritables règlements résultant d'un contrat* »[202]. Ce professeur lillois s'est particulièrement attaché à dénoncer cette caricature qui dresse la loi contre le contrat et qui se représente la première comme l'exercice d'une force sur les droits naturels de l'individu ; et derrière quoi, le droit public est perçu comme exerçant une influence prédatrice sur le droit privé.

---

[200] Henri CAPITANT exprime clairement cette conception par laquelle la loi organise – dans le droit privé – les conditions d'exercice de la liberté, tandis qu'elle se réduit – dans le droit public – à des prescriptions discrétionnaires et évolutives. Ainsi écrit-il à la charnière du XIXe siècle que : « *Les lois du droit privé présentent un caractère particulier qui les distingue des lois du droit public et paraît, au premier abord, détruire l'élément impératif qui se rencontre dans toute loi.* (…) *Pourquoi les lois d'ordre privé présentent ce caractère particulier qui ne se rencontre jamais dans le droit public ? La raison est facile à donner. Le droit privé est établi en faveur des particuliers, afin de déterminer la mesure dans laquelle la liberté de chacun peut s'exercer vis-à-vis d'autrui, en ce qui concerne les rapports de patrimoine ou de famille* » (*Introduction à l'étude du droit civil. – Notions générales*, Paris, Pedone, 1898 (1re éd.), p. 20-21). Il développa encore ces propos dans les éditions ultérieures de cet ouvrage.

[201] DEMOGUE René, *Les notions fondamentales du droit privé : essai critique, pour servir d'introduction à l'étude des obligations*, Paris, Rousseau, 1911, p. 573.

[202] *Id.*, p. 578.

> Nous avons plutôt été amené à ne pas placer l'individu dans une forteresse de droits absolus qui forment autour de lui comme un solide réseau de défense et une protection impénétrable, du moins en apparence, contre les entreprises des autres hommes et spécialement de cette coalition puissante, parce que étendue et durable, que l'on appelle l'État. (…) C'est une erreur de croire que la loi, source d'obligations générales et impersonnelles, soit nécessairement l'œuvre de l'État ou des autorités étatiques qui ont reçu un pouvoir réglementaire[203].

Les efforts de ceux qui rapprochèrent les contrats d'adhésion de la théorie des contrats participent de ce sentiment. Réagissant à la crainte de certains que la *summa divisio* ne cède, Emmanuel GOUNOT anticipe certaines critiques en ce sens :

> Si (…) on objecte [que la théorie de l'institution] tend à abaisser les barrières entre le droit public et le droit privé, nous dirons qu'il y a beau temps qu'on a signalé l'absence de caractères irréductibles et de limites précises entre ces deux branches du droit ; et qu'à supposer d'ailleurs qu'en réintégrant l'institution à côté du contrat, le mouvement juridique contemporain doive avoir pour résultat de hâter les transformations du droit public et de ruiner de plus en plus la vieille notion romaine, césarienne et jacobine de l'État seul puissant et donc tout-puissant, c'est pas nous qui nous en plaindrons[204].

Plus loin dans ses développements, il y insiste sur cette idée : l'atténuation de ce qui oppose le droit privé au droit public lui paraît annoncer le renouvellement des concepts juridiques, corrélativement à l'essor de nouveaux modèles sociaux. Emblématisé par le contrat, le droit privé lui paraît devoir décliner face au développement du droit public dont le principal vecteur demeure l'acte unilatéral.

> Il est de toute évidence que, depuis un siècle surtout, le droit constitutionnel et le droit administratif, qui n'ont assurément à peu près rien de contractuel, se sont accrus dans des proportions vraiment étonnantes, pour ne pas dire fort inquiétantes. (…) Ne voit-on pas que (…) l'appareil juridique coordinateur tous les jours se renforce et se complique, et que sans cesse se multiplient dans la vie des individus les points d'insertion de l'action régulatrice du droit ? (…) Bien loin de s'être traduit juridiquement par

---

[203] *Id.*, p. 567.

[204] GOUNOT Emmanuel, *Le principe de l'autonomie de la volonté en droit privé…*, *op. cit.* (1912), p. 298-299.

> une diminution du droit coactif et par l'exaltation de l'autonomie individuelle, le progrès social du dernier siècle a eu pour principal résultat de resserrer les liens collectifs et d'accroître la discipline étatique. À plus de civilisation, à plus de vie, il a fallu plus de règles[205].

Ce n'est pas dire qu'aucun civiliste n'appelât à l'intervention du législateur pour contenir les abus que permettaient les contrats d'adhésion – ainsi Jacques DOLLAT. Cependant, il est question d'autre chose lorsque Georges DEREUX s'exclame :

> La puissance publique seule a le droit d'édicter des règles qui s'imposent aux tiers sans leur assentiment ; méconnaissant ce principe primordial de nos institutions, la doctrine [de Maurice HAURIOU] aboutit à donner le pouvoir réglementaire aux simples particuliers. (…) Donner la puissance publique à tout le monde, n'est-ce pas la détruire ?[206]

460. Les doctrines publicistes du contrat d'adhésion, qui préfèrent l'analyser comme la juxtaposition de deux volontés unilatérales, ont jeté un profond trouble en plaçant la protection de l'individu ailleurs que dans l'échange des consentements – c'est-à-dire dans la liberté de ne pas contracter. Georges DEREUX, qui pourtant est sensible à l'idée de ployer la liberté individuelle sous des contraintes inspirées de l'équité et de l'ordre social[207], ne voit pas de salut pour l'individu en dehors du droit privé. Celui-ci est l'égide derrière laquelle les particuliers se protègent des puissances institutionnelles qui leur commandent par voie unilatérale – car les actes d'autorité sont toujours empreints d'un caractère irréductible aux principes du droit civil.

> Si [la théorie anti-contractuelle] aboutissait jamais à un résultat pratique, ce serait d'attribuer un effet juridique à la volonté unilatérale des grandes administrations publiques et privées, de leur donner un véritable pouvoir réglementaire ; comme si les simples particuliers n'étaient pas déjà bien faibles en face d'elles ! Entre un bureaucrate et un autre homme, la lutte n'est généralement pas

---

205 *Id.*, p. 419-420.

206 DEREUX Georges, « De la nature juridique des "contrats d'adhésion" », *in R.T.D. civ.* 1910, p. 510-511.

207 *Cf.* DEREUX Georges, « Étude des diverses conceptions actuelles du contrat », *in R.C.L.J.* 1901, p. 513 & 1902, p. 105.

> égale, et l'on voudrait en quelque sorte affirmer officiellement et sanctionner cette inégalité ![208]

Nous discernons dans cette critique l'incrédulité des civilistes à l'endroit de la puissance publique. Les préjugés qu'ils portent au droit administratif le réduisent à sa nature coercitive et négatrice de l'individu, au lieu d'entrevoir les emprunts qui pourraient se faire de l'un vers l'autre droit. C'est précisément ce à quoi s'emploie Emmanuel GOUNOT, en préconisant par exemple de calquer sur le droit privé le recours dont les administrés disposent à l'encontre des actes de puissance publique – à savoir, le recours pour excès de pouvoir.

> Ne soyons pas dupe des apparences et n'allons pas croire la théorie contractuelle plus protectrice de l'ouvrier. (...)
>
> Tout danger d'abus est au contraire écarté dans la théorie réglementaire. Si le patron n'agit pas en simple contractant, mais en chef reconnu d'une institution sociale, l'autorité qu'il détient, comme toute autorité, est une mission, une charge, une fonction. Il ne la possède pas dans son intérêt personnel exclusif, mais dans l'intérêt général de l'institution ; cet intérêt en est à la fois la raison d'être et la limite. (...) L'application – *mutatis mutandis* – de la théorie administrative de l'annulation pour excès de pouvoir semble s'imposer ici tout naturellement[209].

461. Eugène GAUDEMET – sous la direction duquel Emmanuel GOUNOT entreprit sa thèse de doctorat – lui emprunta vraisemblablement cette idée en l'exposant dans sa *Théorie générale des obligations*, publiée plus tard dans l'Entre-deux-guerres[210]. Entre temps, un civiliste acquis à

---

[208] DEREUX Georges, « De la nature juridique des "contrats d'adhésion" », *in R.T.D. civ.* 1910, p. 512.

[209] GOUNOT Emmanuel, *Le principe de l'autonomie de la volonté en droit privé...*, *op. cit.* (1912), p. 299-300.

[210] « *Dans le contrat d'adhésion on distingue deux éléments, l'un contractuel, à régler par la théorie des contrats, l'autre non contractuel, qui se présente comme le règlement d'une institution, auquel on se soumet en adhérant à l'institution.* (...) *La force obligatoire du contrat s'explique par l'accord des volontés. Mais la force obligatoire du règlement est indépendante de cet accord. Elle repose sur l'autorité du chef de l'institution, qui en a établi le règlement.* (...) *Elle s'impose même si la clause n'avait pas été connue, le tribunal ayant toutefois à apprécier si la clause était utile et non pas purement vexatoire (Cf., en droit administratif, la théorie de l'excès de pouvoir dans les actes d'autorité). Si la clause n'est pas utile au but de l'institution, elle constitue un excès de pouvoir du chef de l'institution et ne sera pas obligatoire, même si elle avait été connue. Au cas contraire, elle est obligatoire, même si elle est restée inconnue de l'adhérent* » (GAUDEMET Eugène, *Théorie générale des obligations*, *op. cit.* (1937), p. 55).

des idées analogues fit la même suggestion[211]. De son côté, un auteur comme Georges DEREUX refuse toute compénétration entre le droit privé et le droit public. Aux critiques que Maurice HAURIOU fit à sa thèse de doctorat[212], il lui répond quelques années plus tard qu'elles sont tout simplement inopérantes :

> C'est purement et simplement une *question de droit privé*. Notre théorie a exclusivement pour but de résoudre des litiges *entre administrations privées et simples particuliers*, et nous laissons entièrement de côté la question des rapports entre les simples particuliers et les administrations publiques. Si l'on estime qu'il y ait dans le droit administratif des actes (…) auxquels les règles du droit privé soient applicables, on devra naturellement les soumettre, comme les actes privés, aux règles que nous allons exposer. Mais, quant à nous, nous n'entendons aucunement préjuger la grave question de savoir dans quelle mesure les principes du droit privé peuvent ainsi pénétrer dans le droit administratif ; c'est là une question (…) que nous abandonnons aux lumières des spécialistes du droit administratif[213].

Cet extrait révèle la rigidité de cet auteur pour qui les concepts publicistes paraissent inconciliables avec un droit privé, lequel ne saurait les accueillir sans s'exposer, en retour, à une dénaturation. Modestement, il se justifie de proposer une théorie qui n'a vocation à s'appliquer qu'aux actes privés[214]. Il ne veut dire que ceci au fond : les principes qui l'organisent sont caractéristiques du droit civil et, par là même, ils ne sauraient s'inspirer du droit public à l'esprit duquel ils demeurent étran-

---

211 Nous pensons au civiliste montpelliérain, Gaston MORIN, qui se signala dans les années 1920 comme un contempteur intransigeant de la doctrine de l'autonomie de la volonté. Dans un article publié pendant la Grande Guerre, il développe déjà cette idée faite d'un emprunt au contentieux administratif. « *Avec notre manière de voir, les clauses de l'opération* [procédant d'un contrat d'adhésion] *constituent un règlement imposé d'autorité au public. Pour le cas où le règlement émane de l'administration, d'un service public, le Conseil d'État a élaboré ici une Théorie du* détournement de pouvoir, *en vertu de laquelle il se reconnaît le droit de contrôler les actes de l'administration, autrefois considérés comme discrétionnaires. À notre sens, les mêmes pouvoirs de contrôle doivent être accordés à la jurisprudence civile à l'égard des règlements privés* » (« L'individualisme de la Révolution française et du code civil et la structure nouvelle de la vie économique. À propos de l'ouvrage de M. DEMOGUE : *Les notions fondamentales du Droit privé* », *in Revue de métaphysique et de morale* 1917, p. 563).

212 *Cf.* HAURIOU Maurice, Note sur l'arrêt *Demoiselle CHAUVIN dite SYLVIAC* (C.E., 23 mars 1906) [1908], *in Notes d'arrêts sur décisions du Conseil d'État et du Tribunal des conflits…*, *op. cit.*, t. 2 (1929), p. 286, spéc. p. 294.

213 DEREUX Georges, « De la nature juridique des “contrats d'adhésion” », *in R.T.D. civ.* 1910, p. 527.

214 *Id.*, p. 539.

gers. Georges DEREUX se défend contre l'impérialisme d'une théorie dont la portée transcende la *summa divisio* ; dont les ressorts doctrinaux lui sont inintelligibles ; et dont, enfin, l'esprit contrevient à l'essence consensuelle du droit civil. Avec d'autres à la même époque, il essentialise le droit civil à partir du contrat. Ce faisant, il charge le contrat d'une valeur ontologique qu'il monopolise à l'usage exclusif du droit privé – ce que les publicistes contemporains ne lui ont pas disputé.

462. Un antagonisme doctrinal exacerbé par les débats sur le contrat de travail. – Les débats qui touchèrent au contrat de travail dans les années 1900 furent l'occasion d'expliciter cette appréhension de la *summa divisio*, somme toute dépréciative du droit public. En présence d'une législation du travail hétéroclite – ou perçue comme telle –, il fut malaisé de ramener purement et simplement le contrat de travail à un contrat ordinaire. Devant la Société d'études législatives, le professeur parisien PERREAU[215] proposa en conséquence que le contrat de travail fît l'objet d'« *une double législation* », chacune devant disposer d'un caractère propre.

> D'une part, une législation civile dans laquelle on inscrirait les principes généraux, ce qui est stable, ce qui demeure ; d'autre part une législation spéciale qui contiendrait les dispositions d'ordre réglementaire, ce qui se transforme, ce qui change[216].

Discutant peu après de l'essence du droit du travail, il affirma dans le même sens :

> Il y a là (…) une législation trop neuve, trop instable, trop peu mûrie encore et trop changeante par sa nature même, pour pouvoir utilement trouver place dans un recueil législatif [sous-entendu dans le code civil] dont la caractéristique est la permanence et la stabilité des principes qu'il consacre.
>
> Une raison s'oppose enfin à ce que le droit du travail soit au Code civil, c'est que, par la force même des choses et de plus en plus, à mesure que s'affirme davantage le principe d'intervention

[215] Il s'agit de Camille PERREAU (1866-1952), député entre 1898 et 1902 avant d'être professeur à la faculté de Paris (1902) en économie politique. À ne pas confondre avec son homonyme, Ernest-Hippolyte PERREAU (1870-1943), professeur de droit civil à la faculté de Toulouse.

[216] PERREAU Camille, Rapport présenté devant la Société d'études législatives lors de la séance du 30 novembre 1905 à propos du contrat de travail, *in Bulletin de la Société d'études législatives* 1906, p. 75.

> des pouvoirs publics dans les rapports du capital et du travail, la législation relative au travail touche au droit public[217].

Pour ce professeur d'économie politique, le droit public n'est qu'un droit mouvant, puisqu'essentiellement constitué de règlements dont l'objet même ne leur donne pas vocation à durer.

> S'il était question de placer au Code civil toute la réglementation du travail, toute la police de l'industrie, la législation syndicale, celle du règlement d'atelier, celle de la grève et de l'arbitrage, celle de la prévoyance sociale, (...) il serait vrai de dire que le Code civil serait submergé sous cette avalanche de dispositions nouvelles, qu'il perdrait les caractères de législation générale, permanente et stable, qui le distinguent, et qu'il cesserait d'être l'ensemble du droit privé pour devenir un Code de droit public[218].

Ce préjugé qui regarde le droit administratif comme un droit de détails et d'accumulation, inconstant et autoritaire, irréductible à quelques principes immarcescibles ; comme un droit non-codifié puisque non-codifiable, semble avoir été partagé par beaucoup. L'idée que se firent les privatistes du contrat de travail en fut tout imprégnée, de sorte que, en s'interrogeant à son propos, il fut surtout question des possibilités de son assimilation par le droit des obligations – c'est-à-dire de son anoblissement en devenir. C'est en ce sens que s'exprima le commercialiste THALLER :

> Par bien des côtés, [le contrat de travail] touche au droit public. Il n'est guère d'institutions, dans les rapports des employeurs et des salariés, qui n'aient été l'occasion d'une réglementation administrative. (...) Comment une semblable réglementation pourrait-elle, à raison de son abondance même et de son caractère essentiellement changeant, trouver place au Code civil ? Elle en déborderait (...) nécessairement le cadre[219].

Le commercialiste LYON-Caen – également professeur à la faculté de

---

217 PERREAU Camille, Rapport présenté devant section nationale française, de l'Association internationale pour la protection légale des travailleurs lors de la séance du 12 décembre 1907, *in* [collectif], *Le contrat de travail et le code civil. – Examen des textes que la Commission du travail de la Chambre des députés propose d'introduire au Code civil. – Rapports de M. Perreau et M. Groussier. – Compte-rendu des discussions. – Vœux adoptés*, Paris, Alcan, 1908, p. 5.

218 *Id.*, p. 7.

219 THALLER Edmond-Eugène, Allocution prononcée devant la Société d'études législatives lors de la séance du 30 novembre 1905 à propos du contrat de travail, *in Bulletin de la Société d'études législatives* 1906, p. 74.

Paris – défendit une opinion identique :

> En ce qui concerne les rapports entre les ouvriers et les patrons, il y a des règles qui relèvent du droit public ou du droit industriel, qui ne peuvent pas avoir leur place dans le Code civil et qu'il convient d'autant moins d'y insérer que, comme M. PERREAU l'a fait très bien remarquer, ces règles sont destinées à être l'objet de changements fréquents, et puis, il y a des règles de pur droit privé qui seront bien placées dans le Code civil le jour assez lointain sans doute où ce Code sera refait[220].

C'est cet antagonisme que critiqua Gaston MORIN dans les années 1920, lequel eu pour dessein d'esquisser un collectif consacrant les solidarités *réelles* au lieu de conserver des dogmes *irréels*. Il souligna précisément les répercussions produites par l'éclatement du concept classique du contrat dans la manière d'appréhender le droit public – un droit public conçu autour de la norme unilatérale, souveraine et étatique[221].

463. À travers les difficultés qu'il put y avoir à situer le contrat de travail, s'est dessinée une partition doctrinale où le contrat y apparaît comme une figure essentialisée du droit privé, par un contraste délibéré avec un droit public rapporté au modèle de l'acte autoritaire et éphémère. Cela explique la marginalisation du contrat de travail, cantonné aux confins du droit privé. En ce sens, nous nous associons à ces propos :

> Législation industrielle, lois ouvrières, droit ouvrier puis droit du travail, le droit social affirme une autonomie qui se construit très à la marge du droit privé, dans la mesure où il n'est pas perçu comme étant un droit du contrat de travail[222].

... ailleurs développés dans des termes analogues :

> L'émergence d'un droit social, perçu comme un champ disciplinaire autonome, participe lui aussi d'un cantonnement de la

---

220 LYON-CAEN Charles, Allocution prononcée devant la Société d'études législatives lors de la séance du 24 janvier 1906 à propos du contrat de travail, *in Bulletin de la Société d'études législatives* 1906, p. 162.

221 *Cf.* de Gaston MORIN : *La révolte des faits contre le code* (1925) et *La loi et le contrat. La décadence de leur souveraineté* (1927) ; ainsi que, dans le même sens, une thèse entreprise sous sa direction par Jean TAUTELLE : *De l'influence de la législation du travail sur les transformations et l'évolution du droit* (1927).

222 BONNARD-PLANCKE Laëtitia & VERKINDT Pierre-Yves, « La réception de la "question sociale" par la doctrine juridique civiliste au tournant du siècle », *in* LE CROM Jean-Pierre (dir.), *Les acteurs de l'histoire du droit du travail*, Rennes, Presses universitaires de Rennes, 2004, p. 27.

> question sociale. Le droit social comme discipline permet d'éviter que le droit civil ne devienne social ou socialiste. (…) Le caractère innovant de la méthode et de la pensée des auteurs néo-classiques ne fait pas d'eux des révolutionnaires et ils participent à leur manière à la sauvegarde d'un droit essentiellement bourgeois dans sa philosophie[223].

La méfiance manifestée par la doctrine privatiste à l'égard du contrat de travail nous montre sa réticence à envisager le contrat autrement qu'à l'aune du consensualisme, pour rejeter au dehors du droit civil tous les aspects qui y demeurent hétérogènes. Du reste, il est peu surprenant d'observer, dans la première moitié du XXe siècle, un « droit du travail » – pour le désigner sous son appellation actuelle – se constituer peu à peu en discipline académique autonome[224]. Encore faut-il ajouter que les privatistes ne furent pas seuls à tenir cette opinion dépréciative à l'égard du contrat de travail. L'administrativiste parisien BERTHÉLEMY se récria lui aussi contre l'idée que ce contrat pût révéler le caractère inégalitaire des relations qu'ils organisent. Cela lui a paru être dissolvant du concept même de contrat : « *Si nous entrons dans cette voie, je vous ferai remarquer que nous ne pourrons jamais rencontrer l'équilibre que vous rêvez* »[225] ! Il écarte la locution de contrat d'adhésion comme un cheval de Troie par trop susceptible d'introduire l'interventionnisme étatique jusque dans le sanctuaire des relations privées, figuré par le contrat[226]. Il n'adopte pas une démarche différente en discutant de l'idée de « *contrat de puissance publique* ».

---

[223] JAMIN Christophe & VERKINDT Pierre-Yves, « Droit civil et droit social : l'invention du style néoclassique chez les juristes français au début du XXe siècle », *in* KASIRER Nicholas (dir.), *Le droit civil, avant tout un style ?*, Montréal, Éditions Thémis, 2003, p. 116.

[224] Sur ce sujet, voir – outre les références précitées – les contributions des professeurs : Francis HORDERN (« De la législation industrielle au droit du travail (1890-1960) », *in Cahiers de l'institut régional du travail d'Aix-en-Provence* 2001, n° 9, p. 43) ; Farid LEKEAL (« Les origines de l'enseignement de la législation industrielle : enjeux et qualification d'un nouveau champ d'études », *id.*, p. 21) ; et Mathieu TOUZEIL-DIVINA (« D'un droit public au droit privé : d'un droit industriel puis ouvrier… au droit du travail », *in* TOUZEIL-DIVINA Mathieu & SWEENEY Morgan (dir.), *Droits du travail & des fonctions publiques : unité(s) du Droit ? Influences, convergences, harmonisations*, Le Mans, Éditions l'Épitoge, 2012, p. 9).

[225] BERTHÉLEMY Henry, Allocution prononcée devant la Société d'études législatives, lors de la séance du 24 janvier 1906 consacrée à la « question du contrat de travail », *in Bulletin de la Société d'études législatives* 1906, p. 155.

[226] « *Cela vous choque particulièrement dans le contrat de travail, parce que c'est le contrat des humbles, des petits, et que vous vous intéressez justement au sort des humbles ; mais cela vous choquera demain dans le contrat de transport, dans le contrat d'assurance, cela vous choquera partout, et vous serez tentés de substituer à la libre volonté des individus l'intervention légale et le tarif légal* » (*id.*, p. 155-156).

À cette occasion, il défend que le contrat est un concept du droit privé et que, corrélativement, il est tout à fait hétérogène au droit administratif. L'administration use effectivement de contrats, mais en se soumettant alors au droit privé.

> L'expression « contrat de puissance publique » me paraît contenir en soi une contradiction qui en détruit le sens à moins qu'on ne veuille la réduire à cette conception : contrat passé dans l'intérêt général. Alors, tous les contrats que fait l'administration remplissant cette condition, il ne sera plus jamais question, pour celle-ci, de faire des actes contractuels pareils aux actes privés ; or c'est là une proposition à laquelle personne ne voudrait souscrire[227].

464. La recherche par les administrativistes d'une grammaire propre au droit public : le rejet du contrat. – Pour saisir à quel point le contrat est, pour nombre de juristes, la « chose » du droit privé, à l'identité duquel il participe, il faut se représenter les préjugés dont le droit administratif est grevé dans l'esprit des privatistes, au point de douter de sa juridicité même. En tout état de cause, il ne s'agirait jamais que d'un droit imparfait. En entreprenant une comparaison entre les jurisprudences civile et administrative, Joseph CHARMONT – professeur de droit civil à la faculté de Montpellier – écrit en ce sens :

> Il ne faut pas croire cependant qu'à tous égards le droit administratif soit devenu un véritable droit : quand on considère ce qu'il était et ce qu'il est, on est tenté de se faire illusion. On voit les progrès accomplis : on oublie les prérogatives que la puissance publique entend se réserver[228].

Le droit administratif apparaît aux privatistes comme un ensemble de normes unilatérales, c'est-à-dire des normes édictées à la discrétion de l'administration selon les nécessités imprimées par l'intérêt général, plutôt que traduisant des principes immanents au droit administratif. « *Le droit administratif* (…) *n'est pas codifié* »[229]. Autrement dit, il ne peut être décliné en principes rationnels qu'une codification viendrait consacrer. Aussi se prête-t-il « *mal à des essais de systématisation* »[230]. Cette asymétrie

---

[227] BERTHÉLEMY Henry, *Traité élémentaire de droit administratif*, Paris, Rousseau, 1900-1901 (1re éd.), p. 56.
[228] CHARMONT Joseph, « Les analogies de la jurisprudence administrative et de la jurisprudence civile », *in* *R.T.D. civ.* 1906, p. 839.
[229] *Id.*, p. 813.
[230] *Ibid.*

entre l'administré et l'administration repousse le droit administratif comme un droit indécis, incertain et irrationnel. C'est-à-dire un droit partiellement consacré et qui ne saurait jamais l'être pleinement. Tandis que le droit est conçu comme devant se rapporter à l'individu et garantir l'épanouissement de ses facultés, le droit administratif, qui impose unilatéralement et discrétionnairement des obligations aux individus, est naturellement frappé d'un vice originel.

> [Les] tempéraments [apportés par la jurisprudence administrative] ne suppriment pas les dangers de ces prérogatives, qui sont comme la consécration légale d'une différence de fait. Et c'est là qu'est la véritable infériorité de la justice administrative : elle n'établit pas d'égalité entre les deux parties[231].

Ailleurs, Joseph CHARMONT insiste : l'idée d'une juridiction administrative statuant en équité « *ne peut* (…) *qu'affaiblir le sentiment du droit* »[232]. Ce sentiment dont il s'agit renvoie à un droit figuré par le contrat lequel, plus qu'aucun autre concept, emblématise la justice commutative, c'est-à-dire l'idée même de justice. Le droit administratif est trop affecté d'un préjugé bureaucratique pour revêtir aux yeux des privatistes un caractère proprement juridique. François GÉNY l'illustre très bien en plaidant la supériorité du droit civil, lequel est tourné – à ce qu'il lui paraît – vers la protection des individus. En s'intéressant au droit applicable aux services des postes, il interroge :

> Parlera-t-on du droit public ? Il faudrait prouver, d'abord, qu'il y a un droit public général, supérieur aux textes spéciaux et essentiellement distinct du droit privé ? Il faudrait surtout nous dire en quoi consisteraient les principes de ce droit public. Et, sans doute, n'en trouverait-on d'autre que la prétendue supériorité de l'État sur les particuliers et le sacrifice des intérêts de ceux-ci à l'intérêt de l'État dans tous les cas douteux ? C'est précisément pour éviter pareil arbitraire que nous n'hésiterons pas à lui préférer l'application subsidiaire du droit privé commun[233].

Vecteur de la volonté autoritaire de l'État et d'un intérêt général aussi mouvant qu'indéfinissable, comment le droit administratif pourrait-il être un droit lorsqu'il est frappé d'arbitraire ? Le contrat, en contrepoint, est l'emblème d'un droit privé qui est proprement juridique parce que, en étant égalitaire et consensuel, il se porte sur l'individu libre.

---

231 *Id.*, p. 842.
232 *Id.*, p. 845.
233 GÉNY François, *Des droits sur les lettres missives…*, *op. cit.*, t. 1 (1911), p. 52.

465. S'il n'écrit pas spécialement à l'attention des civilistes, Henry BERTHÉLEMY est sensible à cette dépréciation qu'il s'efforce de dissiper. À l'instar de quelques autres publicistes[234], il ambitionne de vêtir le droit administratif d'atours proprement juridiques.

> Mes contradicteurs ont le tort grave de faire de l'État un monstre de puissance ; comme ils en redoutent les atteintes, ils s'évertuent à lui rogner les griffes et à lui limer les dents. Il est moins dangereux de ne faire de l'État qu'une machine ayant tout juste ce qu'il faut de griffes pour nous défendre et de dents pour travailler à notre profit.
>
> Gardons-nous de dire : l'État peut tout sauf ce qu'il s'interdit ; – disons plutôt : l'État n'est qu'une manière de parler. Les gouvernants seuls sont des réalités vivantes. Or, les gouvernants ne peuvent rien, sauf ce qu'ils sont chargés de faire. (…)
>
> Il s'agit – et cela est tout aussi scientifique – de rechercher quelles vérités il convient de retenir, et quelles précautions il convient de prendre d'une part pour agencer et mettre en branle la machine administrative, d'autre part pour nous défendre contre les dangers que son fonctionnement peut présenter[235].

Il conçoit délibérément l'administration comme une mécanique, mais là n'est pas le plus important pour notre propos. Loin de voir partout la force arbitraire, il ajuste la puissance active de l'État à une finalité légitimatrice, dont l'individu serait la source d'inspiration et le terme ultime. En d'autres termes, il revendique pour le droit administratif cette qualité d'être une science juridique, intrinsèquement protectrice des individus.

> Ce qui est commun [parmi la multiplicité des dispositions] à tous les rameaux de la législation administrative, c'est ce que j'appellerai les instruments de défense des administrés. Ce sont les dispositions d'ordre général qui tendent à nous protéger contre les excès et les négligences d'une administration insuffisamment soucieuse de ses devoirs, et trop facilement disposée à abuser de ses pouvoirs[236].

Un autre publiciste parisien – Ferdinand LARNAUDE – défend pareillement la spécificité du droit public, compris comme un droit à part entière. C'est l'une des ambitions qui accompagnent la création de la *Revue*

---

[234] C'est la même démarche qui anime Maurice HAURIOU dans son article « Droit administratif » paru dans le *Répertoire du droit administratif* de BÉQUET (t. 14, 1897).

[235] BERTHÉLEMY Henry, « La méthode applicable à l'étude du droit administratif », *in* [collectif], *Les méthodes juridiques*, *op. cit.* (1911), p. 75-76.

[236] *Id.*, p. 77.

du droit public[237] – à l'initiative de laquelle se trouve précisément ce professeur parisien. Il réaffirme fermement cette conviction en préfaçant une traduction du *Droit public de l'Empire allemand* de LABAND.

> Sans doute, le droit privé renferme de nombreux principes qui ne sont pas tant des principes de droit privé que des principes généraux de droit ; mais c'est avec la plus grande circonspection qu'il faut transporter ici ces principes, même en les dépouillant « *de ce qui les rattache spécifiquement au droit privé* ». (…) L'on court de graves dangers si l'on veut aveuglement raisonner dans les uns comme dans les autres. (…)
>
> Je crois qu'il est possible d'introduire dans le droit public la dogmatique juridique sans copier servilement le droit privé. (…) C'est des entrailles même du droit public qu'il faut faire surgir les grandes théories qui expliquent les décisions du droit constitutionnel ou du droit administratif, sans vouloir de force les expliquer par des considérations de dogmatique juridique privée[238].

Ces efforts tendent, en définitive, à convaincre que le droit public est une science proprement juridique, sans pour autant emprunter ses caractères au droit privé[239] ; et que son originalité procède de lui-même plutôt que d'une parenté avec le droit privé auquel il serait inféodé. Pour les publicistes, l'enjeu principal consiste en définitive à *humaniser* le droit public, c'est-à-dire à y inscrire l'individu parmi ses finalités, tout en recourant à des techniques juridiques différentes de celles employées dans le droit privé – lequel monopolise le contrat comme emblème de son identité. C'est ce que synthétise on ne peut mieux Félix MOREAU – professeur de droit administratif à la faculté d'Aix-en-Provence :

> Deux caractères, dont la nouveauté augmente l'importance, signalent le droit administratif français de notre temps : il est juridique, il est autonome[240].

[237] *Cf.* le programme éditorial de la *Revue du droit public* dont il est l'auteur (*in* R.D.P. 1894, I, p. 3).

[238] LARNAUDE Ferdinand, « Préface », *in* LABAND Paul, *Le droit public de l'Empire allemand* [1876-1882], Paris, Giard & Brière, 1900-1904 (6 vol.), t. 1 [traduit par C. GANDILHON], p. xiij-xiv.

[239] *Cf.* encore de Fernand LARNAUDE : « Le droit public. – Sa conception. – Sa méthode » (*in* [collectif], *Les méthodes juridiques*, *op. cit.* (1911), p. 37 *sq.*).

[240] MOREAU Félix, *Manuel de droit administratif. – Organisation administrative. – Travaux publics. – Assistance publique. – Domaine public. – Impôts. – Contentieux*, Paris, Fontemoing, 1909, p. 3.

Chapitre 2

Le contrat : un concept repoussé par la doctrine publiciste comme menaçant pour l'identité du droit public

466. Tout en essentialisant le droit privé, le contrat fut employé par la doctrine privatiste pour stigmatiser le droit administratif comme oppressif de l'individu et donc négateur du droit. Suspendu à cet enjeu, les contrats d'adhésion n'ont jamais été discutés qu'à l'aune de la théorie des contrats, essentiellement pour en confirmer sa pertinence au regard des mutations de la vie économique et sociale. D'autant que les alternatives doctrinales développées par les publicistes ont tendu à ôter au contrat la valeur ontologique que les civilistes lui conféraient. Sauf pour quelques privatistes iconoclastes[241], le développement de rapports juridiques inédits n'a jamais détourné leurs réflexions doctrinales d'une perspective où l'individu fût l'ultime raison du contrat. Ils ne sont pas rares ceux qui reconnurent dans les années 1900 « *une véritable crise du contrat* », tel André ROUAST dans sa thèse de doctorat[242]. Pourtant, peu se sont engagés dans une démarche qui leur aurait permis d'échapper au paradigme contractuel. Parmi les nombreuses thèses entreprises sur le contrat de travail et les contrats collectifs dans les années 1900, nous ne pouvons citer que celle de Gaëtan PIROU qui pousse son examen au-delà du contrat en « *cherch*[ant] *dans l'arsenal des concepts juridiques* [s'il n'y aurait pas] *une autre*

---

241 Nous pensons en particulier à René DEMOGUE qui se fait du contrat une idée beaucoup moins arquée sur l'individu : « *Le contrat n'est pas une chose respectable en elle-même, parce qu'elle est un accord de volontés. On reviendra du fétichisme de la volonté individuelle qui a encombré le droit civil au XIXe siècle. Le contrat est respectable en fonction de la solidarité humaine* » (« Des modifications au contrat par volonté unilatérale », *in R.T.D. civ.* 1907, p. 246). Quelques années plus tard, il ajoute : « *Le système* [de la doctrine de l'autonomie de la volonté] *est logique, solidement charpenté et il a dominé l'esprit des jurisconsultes du XIXe siècle. Mais il prête le flanc à la critique. Cette solide construction de style Restauration, nette et raide, ne fait pas place à une idée importante : l'économie de temps et d'activité* » (*Les notions fondamentales du droit privé…*, *op. cit.* (1911), p. 150).

242 ROUAST André, *Essai sur la notion juridique de contrat collectif dans le droit des obligations*, *op. cit.* (1909), p. 3.

notion plus adéquate [que le contrat] *à la réalité transformée* »[243]. Ainsi s'interroge-t-il :

> 1° On peut réduire la part des intéressés, patrons et ouvriers, organiquement groupés, et représentés par les délégués syndicaux, à un rôle purement consultatif ; (…) en d'autres termes, l'intervention d'un étranger à la profession (…) deviendrait le mode unique de fixation du régime de travail ; 2° Si l'on estime que par ce premier système le rôle des intéressés se trouve par trop effacé, on peut encore se débarrasser de la notion du contrat en la remplaçant par une notion voisine, mais juridiquement différente, celle de la *collaboration*[244].

Certes, ces alternatives ne sont évoquées que pour être mieux rejetées. Néanmoins, cet auteur présente le mérite de les discuter – leur reconnaissant un certain crédit doctrinal là où ses contemporains se bornent à un silence méprisant. Pour être peu nombreuses, éparses et développées avec une rigueur inégale, les théories anti-contractuelles sont toutes le fait de juristes étrangers au droit privé, sinon situés à ses marges. Gaëtan PIROU rapporte en ce sens des auteurs qui se sont signalés par des travaux en sociologie : DURKHEIM, BOURGEOIS, TARDE ; d'autres qui relèvent de la doctrine publiciste : DUGUIT et HAURIOU ; ou d'autres encore qui se placent en-dehors du champ universitaire et dont l'autorité doctrinale en est dévaluée d'autant, tels Georges RENARD, historien et directeur de la *Revue socialiste*[245] ou l'abbé LEMIRE, député et figure du catholicisme social[246]. La manière dont ces alternatives sont désignées – comme

---

243 PIROU Gaëtan, *Les conceptions juridiques successives du contrat collectif de travail en France*, Paris, Rousseau, 1909 (thèse de doctorat, faculté de Rennes ; présidée par LEREBOURS-PIGEONNIÈRE, professeur de droit international privé et de législation comparée), p. 358.

244 *Id.*, p. 358-359.

245 *Cf.* RENARD Georges, *Le socialisme à l'œuvre, ce qu'on a fait, ce qu'on peut faire*, Paris, Cornély, 1907. Il ne faut pas confondre cet auteur (1847-1930) avec son homonyme, Georges RENARD (1876-1943) – lequel fut avocat, puis professeur de droit à la faculté de Nancy à partir de 1930.

246 *Cf.* [collectif], *Le contrat de travail. Examen du projet de loi du Gouvernement sur le contrat individuel et la convention collective. – Rapports de M. Perreau et M. Fagnot. – Compte-rendu des discussions. – Vœux adoptés*, Paris, Alcan, 1907, p. 40 *sq.* Il s'agit des travaux qui se sont tenus sous l'égide de la section française de l'Association internationale pour la protection légale des travailleurs (séance du 18 janvier 1907). Il n'est pas inintéressant de remarquer comment les interlocuteurs de l'abbé LEMIRE – essentiellement des universitaires – notent subrepticement qu'il n'est pas juriste pour disqualifier ses idées. C'est avec discernement que celui-ci leur rétorque : « *Ce que M. PERREAU regarde comme un danger à éviter est pour moi une solution à souhaiter. Je veux m'élever au-dessus du contrat. En partant du contrat qui est l'amorce de l'organisation du travail, je veux arriver à ce que vous regardez*

des théories *anti*-contractuelles – suffit à convaincre que le contrat en demeure l'étalon à partir duquel elles sont évaluées. Ainsi, ne soyons pas surpris que les publicistes proposent des doctrines qui fassent l'économie du contrat ou qui en marginalise l'emploi. En s'efforçant de faire admettre le droit public comme une discipline pleinement juridique et autonome du droit privé, ils ne sont pas rares ceux qui se sont efforcés de recourir à d'autres concepts que le contrat pour assimiler au droit public les évolutions sociales du début du XXe siècle. Tous ne se sont pas illustrés sur cette question. Certains – à l'instar de Henry BERTHÉLEMY – n'ont pas adopté un point de vue très différent des privatistes. Aussi n'avons-nous retenu que ceux qui ont développé une doctrine originale, c'est-à-dire une doctrine dite anti-contractuelle – à savoir DUGUIT (**section 1**), HAURIOU (**section 2**) et JÈZE (**section 3**). En abordant successivement chacune de leurs doctrines, il s'agit d'exposer montrer comment ces auteurs, soucieux de valoriser le droit administratif, comprirent le contrat.

Section première. – Léon DUGUIT : un publiciste attaché à décharger le contrat d'une signification proprement privatiste

467. La négation de la nature contractuelle du contrat d'adhésion. – La même année où Raymond SALEILLES proposait la locution de « contrat d'adhésion » (1901), le doyen bordelais écrivait à leur sujet :

> Peut-on (…) parler de contrat entre deux prétendus contractants, qui sont dans des conditions absolument différentes, qui souvent ne se connaissent pas et qui ne peuvent point débattre les conditions du contrat. Ce qu'il y a, c'est sans doute un concours de volonté : deux volontés veulent la même chose, mais ne sont point déterminées l'une par l'autre[247].

Il s'étend peu sur les contrats d'adhésion et, le cas échéant, il y est conduit pour convaincre de « *la substitution constante et progressive d'un système juridique d'ordre réaliste et socialiste à un système d'ordre métaphysique et individualiste* »[248]. Ce faisant, il nie leur caractère contractuel en soulignant ce qui y est foncièrement hétérogène : « *C'est une erreur de vouloir ramener* [le contrat

---

comme dépassant le contrat, constituant un danger, et que je regarde, moi, comme un fruit, un heureux effet du contrat. Et c'est ce qui seul me le rend acceptable » (*id.*, p. 51).

[247] DUGUIT Léon, *L'État, le droit objectif et la loi positive*, *op. cit.* (1901), p. 55.

[248] DUGUIT Léon, *Les transformations générales du droit privé…*, *op. cit.* (1re éd., 1912), p. i-ij.

d'adhésion] *au contrat classique* »[249]. C'est-à-dire de le ramener à cet acte par lequel « *le but déterminant d'une manifestation de volonté est la manifestation d'une autre volonté, de telle sorte qu'alors l'effet de droit résulte de deux manifestations de volonté déterminées l'une par l'autre* »[250]. À l'instar de Raymond SALEILLES, il discerne la contiguïté de deux déclarations unilatérales de volonté[251]. Seulement, là où le civiliste parisien n'a aucune velléité de subvertir la théorie des obligations dans le cadre de laquelle il continue de raisonner, le publiciste bordelais ambitionne de fonder une théorie de l'acte juridique qui, en dépassant la *summa divisio*, n'oppose plus l'acte unilatéral comme étant caractéristique du droit public et le contrat comme étant caractéristique du droit privé. Il n'y a pas de véritable contrat dans le contrat d'adhésion parce qu'il n'y a qu'une « *volonté qui, (...) a établi un état de fait (...) d'ordre général et permanent, et une autre volonté qui veut profiter de cet état de fait* »[252]. Il recourt assez peu à la locution « contrat d'adhésion » à laquelle il reproche d'entretenir des confusions regrettables : elle ne serait jamais qu'un oxymore[253]. C'est spécialement au sujet du statut des usagers du service public qu'il parfait sa doctrine. Il n'y aurait dans l'acte par lequel l'usager accède au service public qu'un « *acte unilatéral produisant un effet de droit parce qu'il est conforme à la loi du service* »[254]. Au début des années 1920, il continue à protester contre les civilistes qui s'attachent à rendre compte de l'ensemble des relations consensuelles en mobilisant le contrat plutôt que de recourir à une analyse qui, en introduisant une plus grande complexité, cadre mieux avec le réel.

> L'habitude était si forte, la tradition si profondément enracinée dans les esprits [des civilistes], qu'on n'a pas su, pendant un certain temps, du moins en France, écarter la notion de contrat, et qu'on a voulu maintenir la chose et le mot dans tous les cas où il y

---

[249] *Id.*, p. 122.

[250] DUGUIT Léon, *L'État, le droit objectif et la loi positive*, *op. cit.* (1901), p. 239.

[251] DUGUIT Léon, *Les transformations générales du droit privé...*, *op. cit.* (1re éd., 1912), p. 122-123.

[252] *Ibid.*

[253] *Cf.* par exemple : DUGUIT Léon, *Le droit social, le droit individuel et la transformation de l'État : conférences faites à l'École des hautes études sociales*, Paris, Alcan, 1908 (1re éd.), p. 80 (note de bas de page).

[254] DUGUIT Léon, *Les transformations générales du droit privé...*, *op. cit.* (1re éd., 1912), p. 124. *Cf.* également de cet auteur sa note critique de l'arrêt *Syndicat des propriétaires et contribuables du quartier Croix-de-Seguey-Tivoli* (R.D.P. 1907, p. 411) et sa contribution au congrès international des sciences administratives de 1910 (« Les services publics et les particuliers », *in* [collectif], *Premier congrès international des sciences administratives à l'exposition universelle et internationale de Bruxelles 1910..., Section III. – Organisation générale des services publics*, Bruxelles, Goemaere, 1910, [III-1-4]).

> a ou paraît y avoir concours de volontés, en ajoutant seulement au mot contrat des épithètes variées, qui, on ne le voyait pas, étaient contradictoires avec lui. On parla et on parle encore de contrats d'adhésion, de contrats collectifs, expressions qui contiennent une contradiction interne[255].

À l'inverse de Raymond SALEILLES qui discute des obligations en droit privé, Léon DUGUIT opte pour une perspective qui lui procure davantage de latitude. Sa théorie de l'acte juridique n'est que le vecteur d'une philosophie politique de l'État. Il ne s'embarrasse pas d'une *summa divisio* dont il conteste, d'ailleurs, la portée qui lui est usuellement conférée : « *Nous pensons qu'elle n'existe en réalité qu'au point de vue du mode de sanction du droit* »[256]. Ce faisant, il renverse plus commodément la signification des concepts : la nature unilatérale ou contractuelle de l'acte ne lui paraît être qu'une question presque secondaire. Il n'est pas tant motivé par le souci de proposer une classification des obligations comme il est d'usage en droit civil, qu'à fonder la valeur épistémologique de l'acte juridique.

> Tout acte de volonté individuelle déterminé par un but conforme à la solidarité sociale ou, ce qui est la même chose, à la règle de droit, est un acte juridique et crée une situation juridique subjective. (…)
>
> Peu importe que la manifestation de cette volonté soit *unilatérale*, peu importe qu'elle soit *bilatérale*, c'est-à-dire qu'elle se rattache à une manifestation de volonté correspondante, émanée d'un autre individu, en un mot peu importe qu'elle soit contractuelle ou non. Le caractère contractuel ou non contractuel d'un acte de volonté ne touche que le processus externe de cette volonté[257].

468. Une théorie matérialiste des actes juridiques tendue à renverser le contrat de son piédestal. – Le doyen bordelais s'attache à une définition du contrat dont les caractères n'épousent pas les mêmes enjeux que les civilistes. Ces derniers élaborent une théorie des obligations destinée à accueillir le contrat : c'est un peu comme si celle-là n'avait d'autre objet que d'être un écrin pour recevoir ce joyau du droit privé. Léon DUGUIT est mu par des préoccupations doctrinales différentes qui le conduisent à ramener le contrat à des dimensions plus modestes, en le

---

[255] DUGUIT Léon, *Traité de droit constitutionnel*, Paris, Boccard, 1921-1925 (2e éd., 5 vol.), t. 1, p. 274.
[256] DUGUIT Léon, *Traité de droit constitutionnel*, Paris, Fontemoing, 1911 (1re éd., 2 vol.), t. 1, p. 64.
[257] DUGUIT Léon, *L'État, le droit objectif et la loi positive*, *op. cit.* (1901), p. 172.

donnant à voir comme « *un mode* [parmi d'autres] *de manifestation externe de la volonté* »[258]. Il s'attache bien plutôt à ce qui fonde le caractère juridique d'une volonté individuelle, indépendamment de la question de déterminer ce par quoi elle devient tangible. En soi, le contrat résulte de la concordance de deux volontés qui « *se provoquent réciproquement à s'extérioriser* », c'est-à-dire que « *l'une se manifeste parce que l'autre s'affirme et réciproquement* »[259].

> Le contrat est une forme de manifestation de la volonté juridique, mais il n'est pas la volonté juridique. Il y a un échange de consentements ; mais la force génératrice du droit n'est pas là ; elle est dans chaque volonté individuelle, qui veut produire un effet juridique[260].

Suivant cette perspective, il s'efforce de reconsidérer une somme de phénomènes jusqu'alors marginalisés par une doctrine civiliste qui – dans sa large majorité – est surtout attachée à promouvoir la doctrine de l'autonomie de la volonté. En disqualifiant en quelque sorte le contrat qu'il réduit à *un* mode d'expression de la volonté individuelle, il discrédite – après d'autres – le paradigme contractuel, trop rigide pour rendre compte de la multiplicité des relations juridiques.

> Du moment où on a senti que, dans le contrat, l'effet de droit était produit, non par l'échange des consentements, mais par chaque manifestation de volonté individuelle, le contrat a perdu de son importance dans les relations des hommes, et cela est l'explication proprement juridique d'un phénomène dont on a montré la cause sociale : la diminution constante du rôle du contrat dans les sociétés modernes[261].

Si cet auteur fait l'économie du contrat d'adhésion, il développe une doctrine qui en emprunte l'esprit, sinon qui en recoupe les enjeux : l'inadéquation d'un modèle contractuel qui, en étant disproportionné, est trop souvent mobilisé à mauvais escient. En circonscrivant le contrat dans des limites plus étroites, DUGUIT est mieux disposé pour rendre compte de commerces juridiques foncièrement originaux. La distinction entre l'acte unilatéral et le contrat ne l'intéresse qu'autant qu'elle contribue à déterminer la nature de relations juridiques qui sont irréductibles à chacun de ces deux concepts pris séparément.

---

[258] *Id.*, p. 188.
[259] *Id.*, p. 189.
[260] *Ibid.*
[261] *Ibid.*

469. Léon DUGUIT a toujours été fermement convaincu de l'unicité des contrats. Comment pourrait-il concevoir des contrats de genres différents, dès lors que la règle de droit lui semble – à un point de vue épistémologique – déterminée par sa conformité à un but de solidarité sociale. Cet auteur se refuse à introduire aucune distinction entre les actes de l'État et ceux des particuliers[262]. Il rejette fermement l'idée de contrat de droit public, c'est-à-dire celle d'un contrat qui serait consubstantiellement différent du contrat de droit privé – idée défendue par aucun administrativiste, mais largement répandue dans la doctrine allemande et réceptionnée *opportunément* par le Conseil d'État dans ses arrêts *WINKELL* et *ROSIER* (1909).

> L'acte juridique a une certaine nature qu'il s'agit de déterminer ; mais nous ne concevons pas que cet acte puisse avoir une nature différente suivant la personne de laquelle il émane. L'acte juridique est une manifestation de volonté produisant un effet de droit parce qu'elle a lieu dans les limites fixées par la loi et en vue d'un but conforme à la loi. L'acte juridique a toujours ce caractère. Le contrat notamment a un certain caractère qu'il conserve toujours ; et quand nous entendons parler de contrat de droit public, nous ne pouvons-nous tenir de croire qu'il y a là une pure subtilité, pour justifier plus ou moins heureusement un privilège ou tout autre attribué à la personne publique[263].

Plus loin dans son ouvrage, il insiste encore :

> L'on ne voit pas pourquoi les contrats d'État ne reposeraient pas sur le même principe que les contrats entre particuliers, quant à la cause génératrice de leur effet obligatoire et quant à l'étendue de la situation juridique subjective qui en résulte[264].

Spécialement à propos des fonctionnaires publics, il ajoute :

> [La locution « contrat de droit public »] ne veut rien dire, car il ne peut y avoir deux espèces de contrats ; ce qui est un contrat est toujours un contrat avec les mêmes caractères internes[265].

La singularité des contrats de l'État lui paraît être fondée sur des différences toutes extérieures qui touchent à la manière dont l'État rentre en commerce avec les particuliers. Sans affecter la nature des actes en

---

262 *Id.*, p. 373.

263 DUGUIT Léon, *Traité de droit constitutionnel*, *op. cit.* (1re éd.), t. 1 (1911), p. 64.

264 DUGUIT Léon, *L'État, le droit objectif et la loi positive*, *op. cit.* (1901), p. 375.

265 DUGUIT Léon, *L'État, les gouvernants et les agents*, Paris, Fontemoing, 1903, p. 395.

question, ces singularités tiennent pour l'essentiel à ce que l'un des contractants dispose du « *monopole de la force de contrainte* »[266], se limitant ainsi à des aspects purement formels liés à la sanction des contrats. À propos des « *contrats dits de droit public interne* » :

> Le fondement de leur force obligatoire et de leurs effets reste toujours le même. Mais les formes suivant lesquelles gouvernants et gouvernés entrent en rapport seront par la force des choses différentes de celles en lesquelles les particuliers contractent entre eux. De plus et surtout, les modes de réalisation de ces contrats seront forcément différents. (…) Cela explique comment toutes les législations et les jurisprudences positives contiennent une réglementation particulière concernant les contrats d'État, comment ces contrats ont pu être classés dans une catégorie spéciale sous le nom de contrats de droit public, et comment, pour l'observateur superficiel, ils sont d'une nature autre que les contrats privés[267].

C'est ce qui le conduit à critiquer l'arrêt *Société des granits porphyroïdes des Vosges* (1912). La compétence administrative pour certains des contrats de l'administration est une question qui touche à l'économie juridictionnelle. Elle se fonde sur le fait que certains de ces contrats pourvoient au fonctionnement des services publics, sans rien déterminer des règles qui leur sont applicables. Les contrats *administratifs* demeurent soumis aux mêmes règles que les contrats *civils* et *commerciaux*. Malgré le démenti que lui apporte la jurisprudence administrative dans les années 1920, Léon DUGUIT persévère dans cette opinion.

> Le contrat est une certaine catégorie juridique et quand les éléments qui le constituent sont réunis, il y a un contrat ayant toujours les mêmes caractères et les mêmes effets. Par conséquent, s'il y a des contrats qui donnent lieu à la compétence des tribunaux administratifs, ce ne peut être qu'à raison du but en vue duquel ils sont faits. Il y a quelque chose d'analogue à ce qui se passe pour les contrats commerciaux. Quant au fond, il n'y pas de différence entre un contrat civil et un contrat commercial. Ce qui fait le contrat commercial et fonde la compétence des tribunaux de commerce, c'est le but commercial en vue duquel il est fait. Il n'y a pas de différence quant au fond, entre un contrat civil et un contrat administratif. Ce qui donne à un contrat le caractère adminis-

---

[266] DUGUIT Léon, *L'État, le droit objectif et la loi positive*, *op. cit.* (1901), p. 376.
[267] *Id.*, p. 375-376.

> tratif et fonde la compétence des tribunaux administratifs, c'est le but de service public en vue duquel il est fait[268].

470. Le monisme contractuel : une conception classique, caractéristique de la doctrine publiciste de l'avant-guerre. – De moins en moins partagée dans l'Entre-deux-guerres, cette doctrine rencontra au début du XXe siècle une large audience, quoique les motifs conduisant les auteurs à y adhérer pouvaient être différents. C'est à ce propos que la doctrine de Léon DUGUIT se rapproche – à certains égards – de celle des civilistes qui se sont exprimés sur les contrats d'adhésion. Cependant, là où ceux-ci regardèrent la volonté unilatérale comme un facteur de désordre dans la théorie des obligations, celui-là ramena le contrat à des proportions plus modestes, ce qui lui permit corrélativement de réévaluer l'importance de la volonté unilatérale dans la constitution des relations juridiques.

> On a montré précédemment [dans des développements où il évoque les contrats d'adhésion] qu'avec les progrès de la différenciation sociale et de la solidarité par division du travail qui en résultait le rôle du contrat allait en diminuant constamment. Cette décroissance du domaine contractuel apparaît non seulement dans les rapports des particuliers entre eux, mais aussi dans les rapports des gouvernants et des gouvernés[269].

À rebours de nombre de ses contemporains, Léon DUGUIT n'associe pas la volonté unilatérale à la puissance souveraine de l'État, par nature oppressive des individus. En analysant les normes contractuelles et unilatérales au point de vue de leur conformité à un but de solidarité sociale, il leur reconnaît une valeur juridique identique. Cet aspect touche à l'un des aspects fondamentaux de sa doctrine, laquelle propose une conception de l'État qui réinvestit la distinction classique entre les actes d'autorité et de gestion. Sous sa plume, il n'est plus question d'actes dits de puissance publique en ce qu'ils traduiraient la souveraineté de l'État. Alors que les fonctions de l'État se sont diversifiées au-delà des fonctions purement régaliennes, il décharge les actes unilatéraux d'une signification univoque[270], de même que les actes bilatéraux ne sont plus caractéristiques

---

[268] DUGUIT Léon, *Traité de droit constitutionnel*, *op. cit.* (2e éd.), t. 3 (1923), p. 41. *Cf.* du même auteur : *Traité de droit constitutionnel*, Paris, Boccard, 1927-1930 (3e éd., 3 vol. ; inachevée), t. 3 (1930), p. 43 *sq.* Plus encore que dans la deuxième édition, il y critique dans cette dernière la jurisprudence du Conseil d'État des années 1920.

[269] DUGUIT Léon, *L'État, le droit objectif et la loi positive*, *op. cit.* (1901), p. 380.

[270] *Id.*, p. 381.

des relations de droit privé. En somme, il n'érige pas ces actes en concepts qui, en épousant les contours de la *summa divisio*, opposeraient le droit privé au droit public suivant une différenciation dépréciative du second. Aussi distingue-t-il entre le contrat à proprement parler, qui lie l'administration d'une manière intangible (tel le marché de fournitures) et la « *loi-convention* »[271] (telle la concession de service public), formule composite qui indique suffisamment qu'elle associe les caractères du contrat à ceux de l'acte unilatéral – le contractant de l'administration adhère à la « *loi du service public* » qui, en particulier, implique la mutabilité du service.

> La concession est certainement une convention. (…) Elle comprend nombre de clauses qui ont véritablement le caractère contractuel et font naître entre le concédant et le concessionnaire une situation juridique subjective, des rapports de créancier à débiteur. (….) Toutes ces clauses ou autres semblables sont régies par les règles du code civil relatives aux contrats. (…)
>
> Mais en réalité ces clauses ne forment que la partie la moins importante des actes de concession. La plupart des dispositions inscrites dans le cahier des charges ont un tout autre caractère : elles ont pour objet de régler les conditions dans lesquelles doit fonctionner le service public. (…)
>
> Ces diverses clauses (…) sont de véritables dispositions législatives. Elles forment la loi du service public[272].

Encore convient-il de considérer que les contrats de l'administration – depuis le marché de fournitures jusqu'à la concession de service public – n'étaient pas organisés dans le creuset d'un concept générique, comme ils le furent à partir des années 1920. La doctrine comme la jurisprudence administratives différenciaient plus volontiers les contrats à exécution instantanée et les contrats dont l'exécution, en se poursuivant dans le temps, associe le contractant à la marche continue du service public.

---

[271] Il définit la loi-convention comme suit : « *Il s'agit toujours de lois proprement dites, dispositions par voie générale, permanentes, qui règlent pendant un temps indéterminé des situations individuelles qui déterminent des compétences, qui sont accompagnées de sanction juridictionnelle.* (…) *Seulement ces lois ne sont pas l'œuvre d'une volonté unilatérale formulant un commandement ; elles ne sont même pas le résultat d'un concours, d'une collaboration de volontés.* (…) *Elles sont l'œuvre de volontés qui font véritablement une convention. On dit très souvent contrat ; nous préférons le mot convention et réserver le mot contrat pour désigner la catégorie juridique définie au code civil, c'est-à-dire la convention faisant naître entre deux personnes déterminées une situation juridique subjective. Ici nous avons une convention formée entre deux ou plusieurs groupes ; de cette convention naît une véritable loi qui s'appliquera non seulement à ceux qui font partie de ces groupes au moment de la convention, mais encore à ceux qui en feront partie plus tard, et aussi à des tiers qui ne font point partie de ces groupes* » (DUGUIT Léon, *Les transformations du droit public*, Paris, Colin, 1913, p. 130).

[272] *Id.*, p. 134-136.

471. Tout en leur réservant un accueil critique, les contrats d'adhésion ont aidé Léon DUGUIT, d'une part, à souligner les convergences entre le droit privé et le droit public et, d'autre part, à ébaucher une théorie des actes juridiques chargée jusqu'à présent de valeurs déterminées par la doctrine privatiste – entre un acte unilatéral qui aliène et un contrat qui affranchit. À rebours du Conseil d'État qui conserva le paradigme contractuel pour les concessionnaires comme pour les employés de l'État[273], Léon DUGUIT est un contempteur du contrat du droit public. Sa théorie matérialiste des actes juridiques l'a invariablement conduit à reconnaître dans le contrat une convention soumise au code civil, si bien qu'il persista à rejeter l'idée qu'il y eût des contrats de deux genres différents – un de droit privé, un de droit public. Le contrat d'adhésion a été l'une de ces locutions transitoires – empruntant à l'« effet diligence » – qui contribuèrent à penser les relations juridiques autrement qu'à partir du paradigme contractuel. Par le biais d'une philosophie politique de l'État édifiée non plus à partir du « *droit subjectif de commandement* » mais du « *droit objectif des services publics* »[274], se déploie autour de la loi de service public une constellation de rapports juridiques conjuguant *consensualisme* et *unilatéralisme* : les lois-conventions pour les concessions de service public ; les actes unilatéraux d'adhésion pour les usagers de services concédés ; ou encore le statut légal et réglementaire des fonctionnaires. Son interprétation de la jurisprudence administrative le corrobore. À l'instar de Gaston JÈZE, il analysa l'arrêt *TERRIER* (1903) comme se rapportant à un contentieux relatif à un acte unilatéral – et non sans raison, dans la mesure où il s'agissait d'une promesse de prime faite par voie d'affichage[275]. Sous la plume de Léon DUGUIT, il n'y est nullement question de contrat. Les critiques qu'il adresse ailleurs aux doctrines reconnaissant l'existence d'un contrat de droit public ou aux conclusions du commissaire Léon BLUM sous l'arrêt *Société des granits porphyroïdes des Vosges* (1912) en sont d'édifiantes confirmations. Dans les années d'avant-guerre, il n'est pas isolé en ce sens et ceux même dont les doctrines publicistes s'opposent à la sienne partagent cette appréciation portée sur le contrat.

---

[273] Il suffit pour s'en convaincre de se reporter, – pour les concessions de services publics, aux conclusions de Jean ROMIEU prononcées sous l'arrêt *Syndicat des propriétaires et contribuables du quartier Croix-de-Seguey Tivoli* (21 décembre 1906) et celles de Léon BLUM sous l'arrêt *Compagnie générale française des tramways* (11 mars 1910) ; – pour les employés de l'État, aux conclusions prononcées par Jacques TARDIEU sous les arrêts *WINKELL & ROSIER* (7 août 1909).

[274] *Id.*, p. 52.

[275] *Cf.* DUGUIT Léon, *Traité de droit constitutionnel*, *op. cit.* (1re éd.), t. 1 (1911), p. 441.

Section 2. – Gaston JÈZE : un farouche contempteur du contrat *administratif*, suspect d'inféoder le droit public au droit privé

472. Une critique résolue de la locution « contrat administratif ». – En parcourant l'œuvre de Gaston JÈZE antérieure aux années 1920, nous ne trouvons pas qu'il ait employé la locution « contrat adhésion », sauf quelques allusions[276]. Cela dit, sa doctrine emprunte pour beaucoup à celle de Léon DUGUIT – au moins dans les premières années 1900, avant qu'il ne se fasse de plus en plus critique vis-à-vis du doyen bordelais à partir de l'Entre-deux-guerres[277]. Il développe une théorie matérialiste des actes juridiques qu'il affine entre la première (1904) et la deuxième édition (1914) de ses *Principes généraux du droit administratif*. Dans cette dernière édition, il consacre une typologie similaire à celle de Léon DUGUIT, si bien que nous nous dispensons de trop longs développements. Hormis quelques dissemblances mineures et une terminologie parfois différente, l'important réside dans une partition conceptuelle qui circonscrit le contrat – encore préfère-t-il parler de « *manifestation* bilatérale *de volontés* »[278] – à une hypothèse précisément déterminée :

---

[276] Dans la deuxième édition de ses *Principes généraux du droit administratif*, Gaston JÈZE critique la doctrine de l'autonomie de la volonté en soulignant l'artificialité de certaines de ses applications. Et de viser « *tous les cas de gestion d'affaires, de délit civil, de quasi-délit civil* » (Paris, Giard & Brière, 1914 (2e éd.), p. 24). Dans la troisième édition de cet ouvrage, il y ajoute un autre exemple : celui des « *contrats d'adhésion* » (Paris, Giard, 1925-1936 (3e éd., 6 vol.), t. 1, p. 40). Cette augmentation intervient à partir de son cours de droit public professé au titre de l'année universitaire 1920-1921. Sauf erreur de notre part, ce n'est qu'à partir de cette époque qu'il s'empare des contrats d'adhésion pour dénier à cette locution toute pertinence. Il se place sur le même plan que Léon DUGUIT, en traitant de la nature juridique des liens qui rapprochent les usagers du gestionnaire d'un service public. Ce faisant, il se range auprès de « *la majorité des publicistes* [qui] *repoussent la théorie du* contrat d'adhésion *ou* de guichet » (*Cours de droit public (licence) professé à la faculté de droit de Paris pendant le 2e semestre 1920-1921*, Paris, Giard & Cie, 1921, p. 155). D'une manière beaucoup plus explicite que dans ses écrits d'avant-guerre, il critique la théorie civiliste du contrat et son hégémonie dans la théorie des obligations. « *Lorsque des juristes sont obligés de qualifier un contrat pour expliquer certaines particularités, il y a les plus grandes chances pour que l'acte juridique ainsi qualifié ne soit pas un contrat. Tel est le cas pour le contrat d'adhésion. – De plus, beaucoup de civilistes ont une tendance à voir des contrats partout où il y a des obligations : c'est ainsi que très ordinairement, dans tout accord de volontés, ils voient un contrat. C'est là une erreur : tout contrat suppose bien un accord de volontés ; mais tout accord de volontés n'est pas un contrat* » (*ibid.*).

[277] *Cf.* MASLARSKI David, « La conception de l'État de Gaston JÈZE », *in Jus politicum* 2011, n° 3 (disponible sur Internet).

[278] JÈZE Gaston, *Principes généraux du droit administratif*, *op. cit.* (1914), p. 25. « *Le contrat suppose* (…) [que] *les volontés concourantes doivent émaner d'individus dont chacun poursuit des effets juridiques différents, dont chacun veut produire des effets juridiques distincts.* (…) *C'est ce que marque*

> L'*acte créateur de situation juridique individuelle* est la manifestation de volonté qui a pour effet de *donner naissance* à un pouvoir juridique *individuel.* (...)
> Les actes créateurs de situation juridique individuelle se reconnaissent à leur *contenu juridique*, à l'effet juridique produit par la manifestation de volonté de l'auteur de l'acte. (...)
> Les actes unilatéraux et les contrats ont le même contenu juridique ; ils ont donc même nature juridique. Ils ne diffèrent qu'au point de vue de l'auteur de l'acte et des formes. (...) Dans l'acte bilatéral ou contractuel, l'effet juridique est produit par les manifestations de volonté de deux individus ou de plusieurs individus voulant des effets juridiques différents, ces volontés étant déterminées l'une par l'autre[279].

Cette conception des choses l'amène à analyser l'arrêt *TERRIER* (1903) comme « *une manifestation unilatérale de volonté d'un agent administratif* »[280]. Si l'arrêt *THÉROND* (1910) lui fait dire que « *tous les actes se rattachant au fonctionnement des services publics, quels que soient ces actes (unilatéraux, contractuels, délits ou quasi-délits), soulèvent un contentieux de la compétence des tribunaux administratifs* »[281], il rapproche ces deux arrêts en tant que l'un touche à un acte unilatéral d'un département, l'autre au contrat d'une commune. Est-ce à dire que Gaston JÈZE reconnaisse les contrats administratifs – au sens où nous les entendons aujourd'hui ? Il y aurait là une méprise. À l'instar de Léon DUGUIT, il estime que la répartition des compétences entre les deux ordres de juridiction n'a aucune incidence sur la nature des actes en cause : un contrat ne saurait être *administratif* par cela même qu'il relève de la compétence administrative Cette répartition a seulement pour objet de confier certains litiges à des juges familiers du droit administratif. Loin d'être corrélée à l'idée d'un dualisme juridique, elle repose sur l'argument de la spécialisation des connaissances – principale justification avancée pour légitimer la juridiction administrative depuis que celle-ci est une justice déléguée.

> La spécialisation qui, à juste titre, tend à prévaloir partout, ne saurait être mauvaise en matière juridictionnelle. Sans doute,

---

très bien l'expression manifestation bilatérale de volontés. Elle est plus explicite que l'expression de contrat. Mais comme le mot contrat est d'usage courant et séculaire, c'est ce mot qui sera employé, sous le bénéfice des observations qui précèdent » (*ibid.*).

279 *Id.*, p. 24-25.

280 [JÈZE Gaston], Note sur l'arrêt *TERRIER c. Département de Saône-et-Loire* (C.E., 6 février 1903), *in L'année administrative* 1904, p. 216.

281 JÈZE Gaston, Note sur l'arrêt *THÉROND c. Ville de Montpellier* (C.E., 4 mars 1910), *in R.D.P.* 1910, p. 250.

> l'objection n'est pas une objection de principe ; elle vise en réalité le recrutement des tribunaux judiciaires. (...) Mais il faut tenir compte des faits. Or, nous voyons, d'un côté, des juges inhabiles aux questions administratives, et de l'autre des juges rompus à ces mêmes affaires. Cette constatation devait avoir une influence. C'est elle qui me paraît avoir conduit, en doctrine et en jurisprudence, à modifier pour la troisième fois (...) l'interprétation classique de la fameuse règle de la séparation des autorités administrative et judiciaire[282].

Cette spécialité du droit administratif, qui n'a de sens qu'au point de vue de l'économie juridictionnelle, n'implique pas la thèse suivant laquelle le droit administratif serait autonome du droit privé en s'attachant un corps de règles spécifique. Et dans les années 1920, c'est précisément pour étayer cette thèse qu'il formalisa une théorie des contrats administratifs. Cependant, c'est à tort qu'on lui supposerait un tel dessein dans les années d'avant-guerre.

473. La lecture de la note de Gaston JÈZE sous l'arrêt *Société des granits porphyroïdes des Vosges* dissipe l'anachronisme auquel pourrait donner lieu une lecture trop rapide de son œuvre – qui est plus évolutive qu'elle n'y paraît au premier abord. Plus généralement, les arrêts qu'il commente s'inscrivent dans un canevas qui n'est que le plan de ses *Principes généraux du droit administratif*, eux-mêmes nourris de ses enseignements dispensés à Lille (1901-1912) puis à Paris. Leur sélection n'a rien de fortuit. Ainsi par exemple, son commentaire de l'arrêt *Société des granits porphyroïdes des Vosges* précède de peu la deuxième édition de son manuel et semble répondre au souci de souligner l'autonomie de la doctrine publiciste. En critiquant l'idée qu'il y aurait deux genres de contrats (les uns administratifs, les autres privés), il dénonce vigoureusement une locution qui – de son point de vue – inféode le droit administratif au droit privé. Le contrat dénote si bien le droit privé qu'il ne conçoit pas qu'il puisse être employé pour le droit public, sauf à ce que celui-ci se place dans la mouvance de celui-là. Or, son dessein consista précisément à donner au droit administratif des fondements qui pussent le distinguer du droit privé. C'est ce qu'explicite sa doctrine suivant laquelle « *le service public est la pierre angulaire du droit administratif français* »[283].

---

282 [JÈZE Gaston], Note sur l'arrêt TERRIER *c. Département de Saône-et-Loire* (C.E., 6 février 1903), *in L'année administrative* 1904, p. 207.

283 Il l'affirme dans un premier temps en allemand dans cet ouvrage : *Das Verwaltungsrecht der Französischen Republik* (1913), publié dans une collection dirigée par Georg JELLINEK : *Das öffentliche Recht der Gegenwart.* Peu après, il soumet sa doctrine au lectorat

> Il y aurait donc [suivant les conclusions prononcées par Léon BLUM], pour assurer le fonctionnement des services publics, deux sortes de *contrats* : il y aurait les contrats *administratifs* et les *contrats ordinaires*. Le critérium serait la *forme*, la *contexture*, la *nature propre*.
> Que voilà donc des formules précises et lumineuses ![284]

L'emploi du conditionnel marquant son détachement, Gaston JÈZE dénonce un critérium affecté de « *subtilités profondément regrettables et tout à fait inutiles* »[285]. Au-delà du fait qu'il n'y voit là que des byzantinismes, c'est l'idée même de contrat administratif qui lui fait horreur, car inintelligible à l'aune de sa conception matérialiste des actes juridiques : un contrat reste un contrat ; sa nature ne saurait déterminer la répartition des compétences juridictionnelles ; seul son objet peut justifier la compétence administrative.

> Le critérium du *service public* est très simple, logique, satisfaisant. Restons-en là et écartons toute distinction subtile entre les contrats *administratifs* (??) et les contrats *ordinaires* ![286]

Il discrédite la locution « contrat administratif » pour conclure qu'elle ne trouve aucune place dans sa doctrine. D'ailleurs, jamais il ne l'emploie, sauf pour la rejeter en en faisant la critique. Si, à l'instar de Léon DUGUIT, il distingue entre les actes unilatéraux et les actes contractuels, cette typologie s'articule à une théorie matérialiste des actes juridiques, laquelle ne se prête pas à admettre deux genres de contrats. Or, la théorie des contrats administratifs qu'il développa plus tard, dans l'Entre-deux-guerres, s'articule quant à elle à une théorie de la collaboration aux services publics qui, en ce qui concerne les contrats, se devait de justifier l'application de règles aussi étrangères au droit privé que pouvait l'être la théorie de l'imprévision[287]. L'architecture conceptuelle de la doctrine de Gaston JÈZE ne se prête pas à recevoir – avant les années 1920 – le concept de contrat administratif. Elle y est tout à fait réfractaire et même farouchement opposée.

---

français avec la deuxième édition de ses *Principes généraux du droit administratif* (1914), dont l'introduction a été publiée dans la *Revue de droit public* : « De l'utilité pratique des études théoriques de jurisprudence pour l'élaboration et le développement de la science du droit public. Rôle du théoricien dans l'examen des arrêts des tribunaux » (1914, p. 318).

284 JÈZE Gaston, Note sur l'arrêt *Société des granits porphyroïdes des Vosges c. Ville de Lille* (C.E., 31 juillet 1912), *in* R.D.P. 1914, p. 151.

285 *Ibid.*

286 *Id.*, p. 153.

287 *Cf.* le chapitre premier, titre IV, seconde partie.

474. Une locution analysée comme un emprunt civiliste suspect de compromettre l'autonomie du droit public. – Dans son commentaire sous l'arrêt *Société des granits porphyroïdes des Vosges*, il dénonce le peu de cas que le juge administratif fait des préoccupations d'utilité pratique qui devraient présider à la définition des règles de répartition des compétences juridictionnelles[288]. Il y revient quelques mois après en publiant dans la *Revue du droit public* sa préface de la deuxième édition de ses *Principes généraux du droit administratif*. Son propos est d'exposer le droit administratif sous un aspect qui marque son autonomie avec le droit privé. Suivant cette ambition, il lui semble que la doctrine publiciste devrait s'attacher une terminologie propre :

> Il conviendrait maintenant, pour exprimer ces idées nouvelles, de renoncer à la terminologie courante. (…)
>
> La terminologie usitée a été empruntée tout entière au droit privé. Cela s'explique. Pendant très longtemps et jusqu'à ces dernières années, le Droit public a consisté en des adaptations de théories civilistes. En d'autres termes, on croyait pouvoir résoudre les problèmes du droit public par les solutions juridiques imaginées pour résoudre les relations entre particuliers[289].

Le « contrat administratif » figure en tête de ces locutions qu'il réprouve comme dangereuses et encombrantes pour fonder un droit administratif moderne, c'est-à-dire autonome du droit privé. « *Il conviendrait d'adopter une terminologie moins défectueuse. Il faudrait renoncer à ces expressions de contrat administratif*, (…) *puisqu'il est bien entendu que le prétendu contrat administratif ou de droit public diffère essentiellement du contrat de droit privé* »[290].

> Cette terminologie vicieuse est pleine d'inconvénients. Les mots ont une puissance. Ils évoquent des idées. Dans l'esprit du juriste, le mot contrat, par exemple, évoque, par lui seul, une série de conséquences ; or, il *ne* faut *pas* les appliquer à l'acte juridique improprement qualifié contrat administratif ou de droit public[291].

Cette diatribe n'intervient pas au hasard des choses. Son commentaire de l'arrêt *Société des granits porphyroïdes des Vosges* – arrêt dont nous avons dit qu'il était resté relativement inaperçu auprès de la doctrine administrative[292] –, intervient précisément pour aménager le lectorat en faveur de

[288] *Id.*, p. 152.
[289] *Id.*, p. 318-319.
[290] *Id.*, p. 319-320.
[291] *Id.*, p. 321.
[292] *Cf.* la section 2, chapitre 3, titre I, seconde partie.

la nouvelle édition de ses *Principes généraux du droit administratif*. Car si, dans sa première édition, cet ouvrage est un manuel élémentaire, il gagne, dans la deuxième, les dimensions d'un traité en ce qu'il abrite une doctrine dont l'originalité est plus accentuée – une doctrine essentiellement tournée à asseoir l'autonomie du droit public. En plus d'être condamnable en donnant lieu à des complications inutiles et préjudiciables pour les justiciables (ce qu'il expose dans sa note critique), la locution « contrat administratif » compromet les conditions d'épanouissement d'une doctrine publiciste à laquelle il manque une terminologie propre (ce qu'il expose dans la préface de son traité, publiée dans la *Revue du droit public*). C'est principalement en mobilisant l'exemple du « contrat administratif » qu'il s'efforce de convaincre de cette dernière nécessité : doter le droit administratif d'une grammaire propre, prérequis nécessaire avant de dégager « *les* principes juridiques *qui dominent l'ensemble des institutions du Droit administratif français* »[293]. Nulle part dans cet exposé programmatique ne figure une théorie générale des contrats administratifs. S'il regrette que les contrats passés pour le fonctionnement des services publics ne ressortissent pas tous à la juridiction administrative, il ne suggère pas que de tels contrats soient soumis à des règles autonomes du droit privé. Il l'indique en revenant sur l'arrêt THÉROND : « *M. PICHAT avait affirmé que le contrat de louage de service intervenu entre une ville et un entrepreneur, ayant pour objet l'exécution d'un service public* (…), bien que régi par les articles 1710, 1779 et 1780 du Code civil, *est de la compétence du Conseil d'État, juge ordinaire du contentieux administratif* »[294]. Les mots en italique laissent supposer que le droit applicable ne lui paraît pas nécessairement commander la compétence administrative.

475. Que de contrastes entre la deuxième édition de ses *Principes généraux du droit administratif* et les articles que Gaston JÈZE publie dans la *Revue du droit public* dans l'immédiate après-guerre[295] ! Dans cette édition,

---

[293] *Id.*, p. 311.

[294] JÈZE Gaston, Note sur l'arrêt *Société des granits porphyroïdes des Vosges c. Ville de Lille* (C.E., 31 juillet 1912), *in R.D.P.* 1914, p. 146.

[295] Gaston JÈZE conserve dans la troisième édition (1925) de ses *Principes généraux du droit administratif* la préface de la deuxième édition (1914). Ce qu'il y a de curieux, c'est que, dans le même temps, il formalise sa théorie des contrats administratifs (1925). À l'instar de l'œuvre de Maurice HAURIOU, celle de Gaston JÈZE n'est pas exempte de contradictions. Elle procède de réflexions qui se sont développées sur plusieurs décennies. La révision de ses écrits, qu'il augmenta sans cesse, n'élimine pas toujours les inflexions de certaines de ses idées. Les contradictions qui en résultent sont d'autant plus intéressantes pour l'historien qu'elles soulignent des évolutions qui ne peuvent pas s'apercevoir à la seule lecture de la troisième et dernière édition de son traité.

il est peu question des marchés administratifs tandis que, en 1918, il n'hésite pas – aux côtés d'André MOREL[296] – à parler de « *marchés de service public* »[297]. C'est que la locution « concession de service public » ne revêtait pas la signification que nous lui donnons aujourd'hui. Dans les premières décennies du XXe siècle, elle désigne moins un contrat spécifique qu'un mode d'action dans lequel se coulent des contrats aux contours divers. « Concession de service public », « marché de travaux publics » et « marché de fournitures » ne désignaient pas des catégories de contrat auxquelles correspondraient des régimes juridiques spécifiques. Ces qualifications n'avaient tout au plus qu'une portée contentieuse, dans la mesure où les marchés de travaux publics commandaient la compétence des conseils de préfecture et les marchés de fournitures de l'État, celle du Conseil d'État. Dans son commentaire de l'arrêt *THÉROND*, Gaston JÈZE – à l'instar de ses contemporains – use indifféremment de l'un et l'autre termes pour désigner la même réalité des choses. Ainsi écrit-il par exemple : « *Les taxes et la valeur* [des] *dépouilles* [animales] *constituaient la rémunération assurée par le marché au concessionnaire* »[298]. Ses *Principes généraux du droit administratif* montre tout l'intérêt qu'il porte à la concession de service public. En faisant corps avec le concept de service public, elle est au fondement de sa théorie du droit administratif[299]. Le marché administratif n'étant pas chargé de la même fonction doctrinale, il s'emploie ici et là sans que cela n'emporte beaucoup d'incidences. La définition qu'il se fait de la concession de service public permet de comprendre comment cet auteur – avec d'autres comme Léon DUGUIT – a pu faire l'économie du concept de contrat administratif, sans pour autant être démuni pour appréhender les pratiques contractuelles de l'administration. La concession seule traduit ce procédé technique qui, teinté d'unilatéralisme, associe un particulier au fonctionnement du service public, en le plaçant à l'égard de l'administration dans une « *situation juridique individuelle* » qui, sous réserve de la mutabilité du service, est par nature « *intangible* »[300].

---

296 Professeur à la faculté de Lille, André MOREL publia en 1918 un ouvrage injustement oublié et intitulé : *Les marchés de fournitures des départements de la guerre et de la marine pendant les hostilités*.

297 JÈZE Gaston, Note sur l'arrêt *Société d'éclairage de Poissy* (C.E., 8 février 1918), *in* *R.D.P.* 1918, p. 219.

298 JÈZE Gaston, Note sur l'arrêt *THÉROND c. Ville de Montpellier* (C.E., 4 mars 1910), *in* *R.D.P.* 1910, p. 257.

299 Cela ressort assez bien du plan de la deuxième édition de ses *Principes généraux du droit administratif*. Sous la partie consacrée au service public, il envisage les acteurs du service public selon leur lien de dépendance avec l'administration centrale : les établissements publics, puis les concessionnaires.

300 JÈZE Gaston, *Les principes généraux du droit administratif*, *op. cit.* (2e éd., 1914), p. 121.

476. La concession de service public : une démonstration du caractère inopérant du dogme contractuel en droit administratif. – En élaborant une typologie des actes juridiques selon les effets qui leurs sont attachés, Gaston JÈZE admet que, dans sa théorie matérialiste des actes juridiques, il lui est nécessaire « *de faire des séparations, des analyses minutieuses* » pour rendre compte du fait que, souvent, une opération juridique est « *un composé d'actes juridiques de natures différentes* »[301]. Il en est ainsi du cahier des charges de concessions pour lesquelles :

> Le cahier des charges est un document qui contient des actes juridiques de natures bien différentes. Il y a d'abord l'organisation d'un service public. (…) Cet acte a un caractère général et impersonnel. Il a donc un *contenu législatif* ; c'est une loi, un règlement proprement dit. Mais il y a, en outre, des stipulations déterminant, *d'une manière particulière*, les sommes à payer à X concessionnaire, les obligations particulières de X concessionnaire. Ces actes n'ont plus le caractère législatif : ce sont soit des actes créateurs de situations juridiques individuelles, soit des actes-conditions, *etc.* Dès lors, le juriste doit procéder à une analyse minutieuse, rechercher, ce qui, dans ce document unique, est *loi* ou *règlement*, ce qui est *contrat*, ce qui est *acte-condition*[302].

Suivant cette approche, il n'y a aucune place pour des contrats administratifs qui seraient distincts des contrats de droit privé au point de vue du genre. Une telle dichotomie aurait été absconse. En concevant un contrat suivant les effets juridiques qu'il génère, Gaston JÈZE l'appréhende toujours comme instituant une situation juridique individuelle. Les caractères du contrat sont donc invariables – et ils le sont d'autant plus que la forme de l'acte dont la situation procède lui est indifférente, qu'il s'agisse d'un acte unilatéral ou d'un acte bilatéral[303]. Cet auteur est antipathique – au moins jusqu'au début des années 1920 – à l'idée de contrat administratif. Il préfère la concession de service public qu'il analyse comme un acte complexe au sein duquel cohabitent des actes générant une situation juridique *générale* et *impersonnelle*, avec une situation juridique *individuelle*. Le procédé du service public, auquel se rattache la concession de service public, est *objectif*.

> Dire que, dans telle hypothèse, il y a service public, c'est dire que, pour donner satisfaction régulière et continue à telle catégorie de besoins d'intérêt général, il y a un régime juridique spécial et

---

301 *Id.*, p. 43.
302 *Id.*, p. 45.
303 *Id.*, p. 23 *sq.*

> que ce régime peut être modifié à tout instant par les lois et règlements.
>
> Toutes les fois qu'on est en présence d'un service public proprement dit, on constate l'existence de règles juridiques spéciales, de théories juridiques spéciales, qui, toutes, ont pour objet de faciliter le fonctionnement régulier et continu du service public, de donner plus rapidement et le plus complètement possible satisfaction aux besoins d'intérêt général ; et ces règles, pour ces raisons mêmes, sont susceptibles d'être modifiées à tout instant[304].

C'est ce qui lui fait dire plus loin que le service, en tant que tel, est « *un* procédé (…) *pour donner satisfaction à des besoins d'intérêt général* », justifiant en cela qu'il s'y déploie un « *régime juridique spécial :* ce régime est légal et réglementaire »[305]. Est-ce le seul procédé ? Non – il y oppose le procédé du droit privé qui « *suppose essentiellement des* rapports d'égalité ». Seulement, il note que « *les agents se servent rarement du procédé du droit privé* »[306]. Le seul exemple qu'il cite est celui tiré de la gestion des théâtres et des casinos municipaux.

> [L'usage du procédé du service public] est si fréquent qu'il semble qu'il ne soit jamais fait emploi du procédé de droit privé[307].

Les cinq pages qu'il consacre au procédé de droit privé (c'est-à-dire la gestion privée) indiquent suffisamment le peu d'importance qu'il lui confère dans sa théorie. C'est un appendice à l'occasion duquel il ouvre un pont vers le droit privé, lequel est situé par rapport au droit public tout en étant maintenu à distance.

477. La comparaison entre les passages précités et les passages correspondants dans la troisième et dernière édition des *Principes généraux du droit administratif* achève d'expliquer les choses. La consécration jurisprudentielle de la théorie de la gestion privée dans les années 1920 a profondément bousculé la doctrine de Gaston JÈZE, lequel ne concevait pas que les agents publics pussent disposer du choix entre le procédé du service public et celui du droit privé pour la satisfaction des besoins d'intérêt général.

> Le procédé du droit privé, qui ne fait pas passer l'intérêt général avec les intérêts privés, qui place l'un et les autres sur la même

---

304 *Id.*, p. 242-243.
305 *Id.*, p. 247.
306 *Id.*, p. 378.
307 *Ibid.*

> ligne, n'est pas le procédé convenable [pour la satisfaction d'un besoin où l'intérêt général est prégnant]. Voilà pourquoi il est naturel que le procédé du service privé soit d'un usage *de plus en plus restreint*, à mesure que s'impose davantage l'idée de la suprématie de l'intérêt général.
>
> Un exemple d'emploi du procédé du droit privé est celui des *théâtres nationaux*, des *théâtres ou casinos municipaux*.
>
> Ici, l'intérêt général auquel il est donné satisfaction n'est pas considéré comme de grande importance. Dès lors, la loi ne l'a pas rangé parmi les hypothèses pour lesquelles le procédé du service public est légitime. Les moyens juridiques du droit privé sont donc seuls possibles[308].

En somme, il s'agit d'insister sur la similarité des doctrines de DUGUIT et JÈZE, lesquelles envisagent – suivant une approche matérialiste – les actes juridiques d'après les effets juridiques qu'ils ont vocation à produire. « *Les actes unilatéraux et les contrats ont le même contenu juridique ; ils ont donc même nature juridique. Ils ne diffèrent qu'au point de vue de l'auteur de l'acte et des formes* »[309]. Ainsi, les contrats ne peuvent relever que d'un seul genre. À l'instar de Léon DUGUIT, son épigone rejette fermement l'idée de contrat administratif dans la mesure où le contrat renvoie, par nature, à un procédé de droit privé. C'est par l'unilatéralisme qu'il caractérise le procédé de droit public et que, en particulier, il analyse les concessions de service public. Dans tout ce qui touche à l'organisation et au fonctionnement d'un service public auquel les particuliers sont associés, ceux-ci sont placés dans une situation *objective*, c'est-à-dire une situation *légale* susceptible d'être modifiée à tout moment. La doctrine de Gaston JÈZE est profondément marquée par les réflexions contemporaines des années précédant la Première Guerre mondiale. Le contrat en tant que tel est relégué aux marges du droit public, qu'il soit nié en ce qui concerne les relations juridiques avec les agents du service public[310] ou qu'il soit absorbé au sein d'actes complexes, comme le sont les concessions de service public[311]. Sans être exclu du droit public, il est réduit à une hypothèse dont les termes mis pour l'identifier sont assez différents de ceux employés en droit privé. Pour des motifs analogues à Léon DUGUIT qui redéfinit le contrat d'adhésion en acte unilatéral, Gaston JÈZE resserre le contrat dans des limites plus étroites en l'articulant à une trame conceptuelle conçue pour restituer la complexité de l'action administrative. En

---

308 *Ibid.*

309 *Id.*, p. 24.

310 *Id.*, p. 406 *sq.*

311 *Id.*, p. 283 *sq.*

ce sens, il participe pleinement de la doctrine publiciste de son temps, laquelle s'efforce d'ébaucher une théorie des actes juridiques qui puisse faire concurrence à la doctrine de l'autonomie de la volonté, arcboutée sur le contrat.

> L'ancienne classification [entre les actes de puissance publique et les actes de gestion] étaient dominée par un fait, qui paraissait extraordinaire aux civilistes qui, par occasion, s'occupaient de droit public : l'effet juridique est produit par une volonté émanant d'un seul côté. Ce phénomène – auquel les civilistes n'étaient pas accoutumés – ne pouvait s'expliquer, à leur avis, que par la nature surhumaine de l'État et par sa volonté suprahumaine. En réalité, l'analyse juridique permet de découvrir, en droit privé, nombre de cas où l'effet juridique est produit par la volonté unilatérale[312].

[312] *Id.*, p. 24 (note de bas de page n° 2).

Section 3. – Maurice HAURIOU : le promoteur d'une théorie de l'institution tendue à dépasser le contrat

478. La théorie de l'institution : une doctrine évolutive tendue à dépasser la *summa divisio*. – Les réflexions de Maurice HAURIOU sont orientées à concilier les aspects subjectifs et objectifs du droit, au lieu de verser dans un monisme juridique à l'instar de Léon DUGUIT. C'est ce qui l'amena à mûrir sa théorie de l'institution[313] qu'il formalisa progressivement dans le milieu des années 1900, après une quinzaine d'années de réflexions[314]. L'un des enjeux sous-jacents ne fut pas très différent des positivistes sociologiques : rejeter le paradigme contractuel et, corrélativement, autonomiser le droit administratif par rapport au droit privé. Il faut comprendre cette ambition comme ceci : faire admettre aux privatistes que le droit administratif est une science juridique à part entière, c'est-à-dire un droit qui n'est affecté d'aucune difformité congénitale et qui, cessant d'être une discipline juridique un peu comme par accident, est légitime à prendre place aux côtés du droit privé. D'où le souci de rompre cette identité exclusive entre *droit* et *droit privé* et, par suite, revendiquer pour le droit administratif des principes qui fussent autonomes du

---

[313] Il n'est pas question de nous appesantir sur une théorie qui a déjà fait l'objet d'études approfondies. Nous pensons tout particulièrement aux travaux de Mme SCHMITZ : *La théorie de l'institution du doyen Maurice Hauriou*, Paris, L'Harmattan, 2013 (thèse de doctorat, université Toulouse-I ; dirigée par le professeur MAZÈRES). *Cf.* en outre les articles des professeurs TANGUY (« L'institution dans l'œuvre de Maurice HAURIOU. Actualité d'une doctrine », *in R.D.P.* 1991, p. 61), MILLARD (« HAURIOU et la théorie de l'institution », *in Droit et société* 1995, n° 30-31, p. 381) & MAZÈRES (« La théorie de l'institution de Maurice HAURIOU ou l'oscillation entre l'instituant et l'institué », *in* [collectif], *Pouvoir et liberté : études offertes à Jacques Mourgeon*, Bruxelles, Bruylant, 1998, p. 239).

[314] C'est dans la sixième édition de son *Précis de droit administratif* (1907) que Maurice HAURIOU conféra une forme achevée (mais non figée) à sa théorie de l'institution – en complément d'un article publié peu avant : « L'institution et le droit statutaire » (*Recueil de législation de Toulouse* 1906, p. 134). Par suite, il lui donna place dans ses *Principes de droit public* (1910). Cette théorie ne fut pas une invention subite. C'est dès les années 1890 qu'il engage des réflexions en ce sens. Dans ses opuscules : *La science sociale traditionnelle* (1896) ; *Leçons sur le mouvement social* (1899) ; et, dans une certaine mesure, *La gestion administrative* (1899). La quatrième (1900-1901) et sixième (1907) édition de son *Précis de droit administratif* témoignent particulièrement de cette pensée évolutive dont lui-même fut conscient : « *Il faut du temps pour explorer un pays aussi vaste que le droit administratif et pour saisir toutes les particularités de sa structure. De là, dans ce précis, d'édition en édition, des modifications, qui n'ont pas été des changements de doctrine, car, heureusement, dès le début, je me suis trouvé sur les bonnes directions, mais qui ont été ce que l'on pourrait appeler des "approfondissements de doctrine"* » (*Précis de droit administratif et de droit public à l'usage des étudiants en licence (2*[e] *et 3*[e] *années) et en doctorat* ès-*sciences politiques*, Paris, Larose & Tenin, 1911 (7e éd.), p. vi).

droit civil tout en participant pleinement du droit : « *Les règles que* [le droit administratif], *les théories qu'il crée ont leur physionomie propre ; elles ne relèvent point du droit civil directement ; elles sont sans doute empruntées aux principes généraux de justice qui trouvent leur application en droit privé, mais avec une légère déviation qui provient de l'influence des maximes constitutionnelles* »[315]. C'est d'ailleurs dans ce dessein qu'il souligna le caractère prétorien du droit administratif[316] et qu'il corréla sa théorie de la gestion administrative avec une étude du contentieux administratif[317].

> Là où [le droit public] n'est pas purement disciplinaire, [il] ne se laissera plus envahir par de vagues théories contractuelles, décevantes et dissolvantes ; il s'affranchira des influences civilistes ; il s'établira vigoureusement dans une théorie à lui qui sera une théorie de *statuts*[318].

Il explicite ses ambitions non moins clairement dans la septième édition de son *Précis de droit administratif* (1911) en justifiant sa théorie de l'institution comme un projet doctrinal conçu en réaction aux doctrines civilistes, trop arquées sur une représentation subjective du droit – la

---

315 HAURIOU Maurice, « Droit administratif », *in* BÉQUET Léon (dir.), *Répertoire du droit administratif*, Paris, Dupont, 1882-1911 (28 vol.), t. 14 (1897), p. 6.

316 *Id.*, p. 10 *sq.*

317 C'est en ce sens que nous nous expliquons les éloges adressés par Maurice HAURIOU à la juridiction administrative et spécialement au Conseil d'État. À l'instar d'autres administrativistes, il s'est engagé à démontrer la juridicité du droit administratif en exposant qu'il était, aussi bien que le droit privé, un droit protecteur des individus. Ce faisant, il porta un vif intérêt au contentieux administratif dont les développements lui faisaient espérer que le droit administratif se hisserait à la même dignité que le droit civil – celui-là autour de la décision administrative. C'est à ce titre que son commentaire de l'arrêt *BOUSSUGUE* présente des élans emportés : il y entrevit la constitution prochaine d'un « *droit général d'action* » qui vînt élever le contentieux administratif au même degré de perfection que le contentieux civil (Note sur l'arrêt *BOUSSUGUE et autres* (C.E., 20 novembre 1912) [1914], *in Notes d'arrêts sur décisions du Conseil d'État et du Tribunal des conflits…*, *op. cit.*, t. 2 (1929), p. 419). Peu avant, Maurice HAURIOU estimait que : « *Le développement d'une justice publique, à laquelle soient soumises les contestations, soit sur la validité des situations créées par l'activité gouvernementale et administrative, soit sur les conséquences des opérations faites avec le peuple, est évidemment la grande affaire du droit public pour qu'il ait figure de droit.* (…) *Ainsi le droit public moderne a réalisé ce progrès sur le droit public romain de concevoir que, d'une certaine façon, l'administration puisse être soumise à une justice publique. C'est la manifestation la plus intéressante de ce que l'on est convenu d'appeler l'état de droit ou la soumission de l'État au droit* » (*Principes de droit public à l'usage des étudiants en licence, 3e année, et en doctorat* ès-*sciences politiques*, Paris, Sirey, 1910 (1re éd.), p. 332-333).

318 HAURIOU Maurice, *Précis de droit administratif et de droit public général, à l'usage des étudiants en licence (2e et 3e années) et en doctorat* ès-*sciences politiques*, Paris, Larose & Tenin, 1907 (6e éd.), p. 7-8.

trop grande part faite au contrat en étant la manifestation la plus illustre.

> De proche en proche, il m'a fallu creuser [la structure du droit administratif]. C'est ainsi que, dans la sixième édition [1907], j'ai été amené à restaurer, par la théorie juridique de l'institution, la notion d'un droit objectif fondé sur l'ordre général des choses, parce qu'il devenait évident que les réalités du droit administratif ne s'harmonisaient pas avec l'unique notion civiliste d'un droit subjectif fondé sur les relations du commerce juridique [c'est-à-dire sur le contrat][319].

Ses efforts tendent à dépasser – par une synthèse – les méthodes purement subjectives (individualistes) ou purement objectives (socialistes) qui ne sont toujours qu'un point de vue biaisé suivant l'appréciation que leur porte Maurice HAURIOU. Cela ressort assez bien de cette formule qui résume sa théorie de l'institution : celle-ci articule « *la juxtaposition d'une individualité objective à la personnalité subjective* »[320].

> La théorie de l'institution admet la personnalité subjective de l'État et même elle l'admet comme une réalité sociale, non pas comme une fiction, seulement, elle limite la portée de cette personnalité subjective par une autre notion qui est celle de l'individualité de l'État. Cette individualité objective n'est autre que l'État envisagé comme institution, avec ses ressorts de droit disciplinaire et de phénomènes statutaires. Chacune des deux notions a son domaine. L'État n'est qu'une institution si l'on pose la question des rapports des organes entre eux ou des sujets avec les organes, le point de vue objectif de l'institution et du statut est alors le seul qui convienne. Par surcroît l'État est une personne juridique, mais seulement dans les relations du commerce juridique proprement dit, c'est-à-dire dans ses relations avec des parties ou des partenaires qui ne soient pas envisagés comme étant ses organes, ni ses sujets (relations internationales, gestion des services administratifs)[321].

479. La pensée de Maurice HAURIOU ne présente pas les rigueurs – quelquefois arides – de certaines doctrines concurrentes[322]. Moins facile à appréhender, elle s'attache à rendre compte du complexe donné à

---

319 HAURIOU Maurice, *Précis de droit administratif...*, *op. cit.* (7e éd., 1911), p. vi.

320 HAURIOU Maurice, *Précis de droit administratif...*, *op. cit.* (6e éd., 1907), p. xiv.

321 *Id.*, p. xiij-xiv.

322 *Cf.* SCHMITZ Julia, « La doctrine juridique face à la complexité », *in* [collectif], *La pensée du doyen Hauriou à l'épreuve du temps : quel(s) héritage(s) ?*, Aix-en-Provence, Presses universitaires d'Aix-Marseille, 2015, p. 239.

l'observation. Si bien que ses développements sur les contrats de l'administration se prêtent facilement à des contresens si l'on ne prend pas en considération le caractère évolutif de sa doctrine. Lui-même le reconnaît volontiers : « [La théorie de l'institution] *semblera déconcertante à ceux qui aiment les idées tranchantes et absolues dans un sens ou dans l'autre, car elle comporte à la fois des affirmations et des négations* »[323]. Après l'abandon définitif de la théorie du ministre-juge à la fin des années 1880, Maurice HAURIOU fut l'un de ceux qui s'expliquèrent la singularité des marchés de fournitures par leur mode d'exécution.

> [D'aucuns ont] dit que dans le contrat la puissance publique acceptait la loi de l'égalité, qu'elle dépouillait par là même son caractère impérieux de puissance publique, qu'elle devenait comparable à une volonté privée. Ces assertions ne sont pas exactes. (…) Dans les contrats administratifs passés pour la gestion des services publics l'administration ne traite pas sur pied d'égalité, elle se réserve des privilèges. Outre le privilège de juridiction, faut-il rappeler (…) que tout contrat passé pour les services publics de l'État s'exécute par des décisions administratives et que ces décisions ont le privilège ordinaire de l'exécution provisoire ? (…) Qu'en un mot l'administration conserve toujours le privilège *du préalable* qui est l'attribut essentiel de la puissance publique ?[324]

S'il insiste avec d'autres – comme Félix MOREAU – sur les prérogatives exorbitantes du droit commun que l'administration y stipule, il affine comme nul autre le sens de cette exorbitance : le contraste avec le droit civil vient de ce que l'administration n'est pas astreinte à solliciter le juge pour contraindre son contractant à exécuter un marché dans un sens déterminé, lequel est tenu de s'y soumettre, sauf un droit à indemnité et la faculté de faire valoir ce droit devant le juge administratif. C'est ce qui fait dire au doyen toulousain – en écho avec ce que notèrent les administrativistes de la première moitié du XIXe siècle, comme SIREY par exemple : « *Il faut* (…) *se rendre compte de la situation subordonnée que* [le contrat administratif] *fait à l'entrepreneur* »[325]. Cela étant, il ne faudrait pas conclure trop vite au fait qu'il eût dégagé les prodromes du concept de contrat administratif, tel que nous l'admettons aujourd'hui. L'idée qu'il se fait des contrats administratifs est moins celle d'une catégorie juridique clairement déterminée qu'une déclinaison de la gestion administrative qui,

323 HAURIOU Maurice, *Précis de droit administratif…*, *op. cit.* (6e éd., 1907), p. xiij.
324 HAURIOU Maurice, *La gestion administrative : étude théorique de droit administratif*, Paris, Larose, 1899, p. 74-75.
325 *Id.*, p. 75.

parmi tous les procédés placés à la disposition de l'administration, se trouve être le plus proche du droit privé.

> Si le contrat n'est pas [le] type [de la gestion administrative], il est certainement une limite qu'elle atteint parfois, car il y a des actes de gestion contractuels (les contrats administratifs), mais le type de la gestion est-il le contrat ?[326]

La singularité qu'il attache aux contrats administratifs révèle un mode de gestion proprement administratif dont le caractère n'est pas d'ordre contractuel mais dont l'influence porte jusqu'aux contrats qui y sont attirés. Ceux-ci « *ne sont pas le type de l'acte de gestion* », mais « *au contraire la limite* »[327] répète-t-il plus loin. Ils ne sont toujours qu'un type d'acte qui confine avec le droit privé et dont le seul intérêt doctrinal pour ainsi dire tient à ce que, en portant l'empreinte de la gestion administrative, il témoigne de l'ampleur prise par celle-ci. Maurice HAURIOU étant par ailleurs opposé à la « *théorie du contrat public* »[328], le contrat administratif lui apparaît comme une manifestation de la gestion administrative par laquelle celle-ci se coule dans le cadre formel du contrat. Du reste, il préfère parler de *collaboration* – contractuelle ou non – là où l'administration s'associe le concours volontaire de particuliers pour le fonctionnement des services publics.

480. La valorisation des relations collaboratives : une autre manière de ramener le contrat à de plus modestes proportions. – Pour saisir le sens d'une doctrine qui cherche davantage à saisir une réalité sociale mouvante plutôt qu'à recourir à des formules pétrifiantes, il convient de préciser que Maurice HAURIOU ne cesse d'attirer le droit privé à son horizon doctrinal[329]. La problématique de son opuscule *La gestion administrative* recoupe celles dont s'est saisie la doctrine privatiste contemporaine : rendre compte de relations juridiques inédites, dont le contrat d'adhésion n'est qu'un reflet doctrinal. Nous avons déjà souligné que la théorie de la gestion administrative – qui est en quelque sorte une

---

326 *Id.*, p. 64.
327 *Id.*, p. 75.
328 *Id.*, p. 66.
329 D'ailleurs, Maurice HAURIOU justifie sa théorie de l'institution comme une réaction aux faiblesses accusées par le droit privé vis-à-vis des évolutions sociales de son temps : « *J'ai été amené à restaurer, par la théorie juridique de l'institution, la notion d'un droit objectif fondé sur l'ordre général des choses, parce qu'il devenait évident que les réalités du droit administratif ne s'harmonisaient pas avec l'unique notion civiliste d'un droit subjectif fondé sur les relations du commerce juridique* » (*Précis de droit administratif et de droit public, à l'usage des étudiants en licence (2e et 3e années) et en doctorat* ès-*sciences politiques*, Paris, Larose & Tenin, 1914 (8e éd.), p. vi).

première mouture de la théorie de l'institution – accompagne, pour une large part, la promotion du contentieux de pleine juridiction, tendue à appréhender autrement la juridiction administrative[330]. Néanmoins, ce dernier aspect ne saurait à lui seul expliquer le sens de ses réflexions. À l'instar de Léon DUGUIT qui s'attache à l'idée de solidarité sociale pour fonder philosophiquement sa doctrine, la théorie de la gestion administrative est comme une réaction doctrinale à ces évolutions qui lui font dire que « *la vie sociale devient davantage publique et administrative* »[331].

> N'est-il pas évident que la situation des masses d'ouvriers ou d'employés des grandes usines et des grandes compagnies, purement contractuelle au début, évolue de plus en plus vers la réglementation, c'est-à-dire la situation d'état ? Qu'est-ce aujourd'hui que l'embauchage d'un ouvrier, si ce n'est la nomination d'un agent qui se soumet au règlement de l'usine ?[332]

Les réflexions d'un Raymond SALEILLES qui questionna la nature de certaines actes regardés comme des contrats ne sont pas inédites. Précoces si l'on considère spécialement la doctrine privatiste, elles participent d'essais transversaux à la doctrine juridique et mus par cette conviction que le *droit* doit rattraper le *fait* – à l'instar de plusieurs juristes catholiques, soucieux de réceptionner l'encyclique *Rerum novarum* de LÉON XIII[333]. Tous n'ont pas réagi d'une manière univoque. Aussi convient-il d'examiner à quel propos et suivant quels desseins ils se sont chacun montrés attentifs aux évolutions sociales qui leur furent contemporaines. À un certain point de vue, l'administrativiste HAURIOU se rapproche du civiliste SALEILLES, tous deux s'étant attardés sur l'unilatéralisme qui pouvait affleurer les relations consensuelles[334]. Il y vit même une cause de l'influence du droit administratif sur le droit civil, ce qui indique suffisamment que l'identité du droit privé était liée au contrat – figure antagoniste à l'acte unilatéral.

> L'exemple du droit administratif contribue à introduire dans la vie privée des situations administratives et des pratiques adminis-

---

[330] *Cf.* la section 2, chapitre 2, titre I, seconde partie.

[331] HAURIOU Maurice, *La gestion administrative…*, *op. cit.* (1899), p. 69.

[332] *Ibid.*

[333] *Cf.* le n° 28 de la *Revue française d'histoire des idées politiques* (2008) qui réunit différentes contributions autour du thème : « *Juristes catholiques (1880-1940)* », et notamment celle de Frédéric AUDREN : « La belle époque des juristes catholiques (1880-1914) » (p. 233).

[334] *Cf.* son article (cosigné avec Guillaume de BÉZIN) où Maurice HAURIOU rapproche la doctrine allemande de la déclaration de volonté de sa théorie de l'acte administratif : « La déclaration de volonté dans le droit administratif français » (*in* R.T.D. *civ.* 1903, p. 543).

> tratives. Il n'est pas douteux par exemple que la situation réglementaire des fonctionnaires n'exerce une attraction sur la situation des ouvriers et employés des grandes entreprises privées et ne tende à la transformer, de contractuelle qu'elle était, en une situation réglementaire ; (…) on a signalé aussi que la pratique des adjudications publiques se répand et s'applique même aux marchés de travaux de la vie privé, *etc.*[335]

Seulement, là où le privatiste s'attarde sur ces transformations pour les attirer à un discours critique sur la théorie des obligations, le publiciste s'emploie à dégager les linéaments d'un droit administratif moderne aux origines d'ailleurs mythifiées[336]. Ainsi, l'inégalité *contractuelle* lui apparaît comme une manifestation du développement des relations collaboratives[337]. Et l'exemple du contrat de travail ou du contrat de mariage[338], en étant des actes dont la nature contractuelle était controversée par la doctrine privatiste, est mobilisé pour corroborer les caractères qu'il prête au droit administratif en vue de souligner son autonomie avec le droit privé.

481. Dans le sillage de son opuscule sur *La gestion administrative*, Maurice HAURIOU publie sur les concessions de service public plusieurs notes d'arrêts qui explicitent le caractère évolutif de sa doctrine. Dans un premier temps, il aperçoit la juxtaposition de deux contrats dont l'un « *crée une situation qui est celle* de service public concédé »[339] et l'autre arrête les stipulations financières. Peu après, il modifie cette définition sans en bouleverser l'équilibre : au lieu de deux contrats joints, il préfère discerner aux côtés des stipulations conventionnelles un « *acte d'institution de la situation de service public concédé, décision exécutoire unilatérale* »[340]. Si bien qu'il analyse la concession comme deux actes concourants : « *la création de la situation d'état et le contrat administratif* »[341]. En 1914, il parle plus explicite-

---

335 HAURIOU Maurice, *Précis de droit administratif et de droit public général, à l'usage des étudiants en licence et en doctorat* ès-*sciences politiques*, Paris, Larose & Forcel, 1900-1901 (4e éd.), p. 223-224.
336 *Cf.* TOUZEIL-DIVINA Mathieu, « Maurice HAURIOU, lecteur de mauvaise foi des "pères" du droit administratif », *in* [collectif], *La pensée du doyen Hauriou à l'épreuve du temps…*, *op. cit.* (2015), p. 133.
337 HAURIOU Maurice, *La gestion administrative…*, *op. cit.* (1899), p. 76.
338 HAURIOU Maurice, Note sur l'arrêt *BLANLEUIL & VERNAUDON c. Ville d'Angoulême* (C.E., 14 février 1902) [1904], *in Notes d'arrêts sur décisions du Conseil d'État et du Tribunal des conflits…*, *op. cit.*, t. 3 (1929), p. 437.
339 *Id.*, p. 443.
340 HAURIOU Maurice, *Précis de droit administratif…*, *op. cit.* (6e éd., 1907), p. 694.
341 *Ibid.*

ment de « *situation réglementaire* »[342]. La conception qu'il se fait de la concession de service public évolue avec sa théorie de l'institution. En la présentant pour la première fois en 1907, il explicite clairement la contiguïté entre l'institution et la concession :

> L'administration publique, qui est une vaste institution, a une tendance très marquée à transformer en situations institutionnelles toutes les situations d'origine consensuelle qu'elle crée autour d'elle pour l'exécution des services publics et cela procure une certaine souplesse à ces situations en même temps qu'une longue durée. (...)
>
> Nous sommes très portés à croire (...) que les situations créées par les concessions de travaux publics et par les marchés à l'entreprise de travaux publics deviennent très rapidement des situations institutionnelles, en ce qu'elles admettent de très nombreuses modifications et finissent par s'exécuter comme des services publics, lesquels sont certainement des institutions[343].

Quoique les choses sont dites différemment, cette analyse est – quant au fond des choses – assez proche de celle de Léon DUGUIT et Gaston JÈZE. En effet, elle est sous-tendue par cette idée que les relations consensuelles ne sont pas toutes de même nature : le contrat ne traduit que certaines d'entre elles, tandis que d'autres se développent sur la durée et sont, par nature, susceptibles d'évoluer selon les besoins éprouvés par le service public concédé[344]. Ces trois publicistes se rejoignent en ce qu'ils réduisent le contrat à de plus modestes proportions et, du rejet du paradigme contractuel qui en résulte, ils optent pour une grille conceptuelle qui, en privilégiant l'unilatéralité, spécifie le droit public par rapport au droit privé.

482. La réorganisation des contrats de l'administration sous l'égide de la théorie de l'institution. – En étant moins rigides et donc mieux disposées pour s'adapter à la mutabilité du service public, les relations de nature concessive organisent une collaboration qui cadre plus harmonieusement avec le contrôle permanent exercé par l'administration sur son concessionnaire. Un tel point de vue avait déjà conduit Maurice HAURIOU à s'interroger sur les marchés de travaux publics, ceux-ci lui paraissant s'apparenter à une authentique collaboration plutôt qu'à une situation purement contractuelle. Ainsi lit-on à partir de 1903 :

---

342 HAURIOU Maurice, *Précis de droit administratif...*, *op. cit.* (8e éd., 1914), p. 812.
343 HAURIOU Maurice, *Précis de droit administratif...*, *op. cit.* (6e éd., 1907), p. 26-27.
344 *Id.*, p. 25 *sq.*

> Pour mesurer l'étendue des illusions de ceux qui pensent que les opérations de la gestion publique peuvent être ramenées aux opérations de la vie civile ordinaire, il est bon de pénétrer dans le détail de l'exécution du marché de travaux publics. On s'aperçoit avec un certain étonnement que l'Administration chargée de la surveillance de cette exécution, au lieu de respecter la situation contractuelle, s'attache à transformer l'exécution du marché *en l'exécution d'un service public*. Véritablement l'Administration a réussi à transporter dans l'exécution du marché de travaux ses mœurs, ses habitudes, ses exigences, elle a réduit l'entreprise à n'être plus qu'une sorte de régie intéressée. (…)
> On voit combien s'éloigne d'une opération de la vie privée une entreprise dont l'exécution se trouve ainsi transformée en l'exécution d'un service public[345].

Inscrits en note de bas de page comme une réflexion personnelle, ces propos soulignent ce qui différencie certains des contrats de l'administration. La manière dont ils sont usuellement désignés est sans grande importance. Maurice HAURIOU est avant tout préoccupé d'identifier – au-delà des formes extérieures – ce à quoi participe chacun de ces contrats, qu'il s'agisse des concessions ou des marchés. D'où un certain désarroi pour le lecteur de notre temps, familier avec une typologie des contrats administratifs assez rigoureusement déterminée. Rien de tel dans la doctrine du doyen toulousain – comme dans celle de ses contemporains du reste. Les catégorisations entre marchés/concessions de travaux publics, marchés de fournitures/de travaux publics ont une portée essentiellement contentieuse. Elles n'ont d'autre objet que celui de déterminer le juge compétent pour connaître de leur contentieux – entre le juge judiciaire et le juge administratif et, dans cette dernière hypothèse, entre les diverses juridictions sein de l'ordre administratif. C'est dire que cette question se rattache uniquement à l'économie juridictionnelle. Elle est indifférente à la nature de ces contrats *dits administratifs*. En revanche, ceux-ci sont différenciés à partir d'une perspective que partagent également Léon DUGUIT et Gaston JÈZE et qui tient compte de la distance à laquelle le contractant de l'administration gravite autour de l'administration.

483. Les concessions de service public – et dans une moindre mesure les marchés de travaux publics – associent pleinement le contractant de

[345] HAURIOU Maurice, *Précis de droit administratif et de droit public, à l'usage des étudiants en licence (2e et 3e années) et en doctorat* ès-*sciences politiques*, Paris, Larose, 1903 (5e éd.), p. 687-688 (note de bas de page).

l'administration à la gestion administrative. En cela, ils participent de l'institution, par contraste avec le contrat proprement dit qui relève plutôt du commerce juridique. Cette expression désigne, sous la plume de Maurice HAURIOU, une « *forme de société* », une « *forme de droit* » opposée à celle de l'institution et fondée sur l'échange plutôt que sur la collaboration[346]. Le contrat, qui est l'une des principales expressions du commerce juridique, « *est, dans la force du terme un "acte juridique", c'est-à-dire une opération "actuelle, éphémère, transitoire" tandis que l'institution est un "fait juridique" qui peut durer indéfiniment* »[347].

> La base consensuelle du contrat, c'est l'échange des décisions exécutoires, c'est-à-dire des consentements en acte, tandis que la base consensuelle de l'institution est l'adhésion au fait[348].

Cette opposition est capitale pour comprendre comment cet auteur entend les contrats administratifs – locution qu'il emploie généralement en corrélation avec le marché de fournitures. Celui-ci s'apparente au *contrat* car son exécution est en général instantanée : il réalise une consommation d'obligations plutôt qu'il n'instaure une relation de collaboration. Tout au plus, les particularités qu'il attache aux marchés de fournitures le conduit à l'analyser comme un « *commerce juridique spécial* »[349]. En soi, il ne constitue qu'une hypothèse excentrée de la gestion des services publics, au contact d'un droit privé qui a vocation à régler les échanges patrimoniaux sur un plan égalitaire. En ce sens, il écrivait dès 1892 – avant de retrancher cette opinion – que, en règle générale, « *les droits de puissance publique ont une tendance à s'atténuer d'une façon constante ; de telle sorte que sur une matière donnée on peut assister à un glissement vers les règles du droit privé, sauf à voir de nouveaux droits de puissance publique s'édifier à côté* »[350]. Et, dans le cas

---

[346] HAURIOU Maurice, *Principes de droit public...*, *op. cit.* (1re éd., 1910), p. 176 *sq.*

[347] *Id.*, p. 204-205.

[348] *Id.*, p. 205.

[349] HAURIOU Maurice, *Précis de droit administratif...*, *op. cit.* (6e éd., 1907), p. 411 : « *La voie de gestion publique et la voie de gestion privée présentent ceci de commun qu'elles sont toutes deux des voies d'exécution. (...) Étant des voies d'exécution, ces modes d'administration tombent sous les prises du commerce juridique qui conditionne toute espèce d'exécution et de réalisation. Mais il y a entre les deux une différence capitale : dans la voie de gestion publique, l'Administration use d'un commerce juridique spécial qui lui laisse toutes ses prérogatives d'exécution préalable et de compétence ; dans la voie de gestion privée, elle use en principe du commerce juridique de la vie ordinaire, elle perd son privilège de juridiction et ne conserve qu'une partie des prérogatives d'exécution préalable* » (*id.*, p. 410-411).

[350] HAURIOU Maurice, *Précis de droit administratif, contenant le droit public et le droit administratif*, Paris, Larose & Forcel, 1892 (1re éd.), p. 406 (cette citation disparaît dans la quatrième édition de son précis, parue en 1900-1901). Plus loin dans son précis, lorsqu'il aborde les marchés de fournitures (p. 666), il renvoie à ce passage pour appuyer la pa-

particulier du marché de fournitures, les règles exorbitantes qu'il justifie ne sont jamais que « *des anomalies qui disparaîtront avec le temps. La logique finira par ramener tous les actes de gestion à la pure notion contractuelle, et à celle d'actes de personne privée* »[351]. Certes, il revient sur cette appréciation pour convenir, en 1900, que les marchés administratifs traduisent l'influence que « *la situation de gestion* » produit sur ces contrats : « *Cela entraîne non seulement des clauses exorbitantes, mais, à notre avis, des principes d'interprétation plus étroits* »[352]. Il ne cesse pas moins de l'analyser comme un contrat spécial, à l'instar des contrats commerciaux. Il l'explicite en définissant le marché de fournitures (en empruntant largement à LAFERRIÈRE[353]), dans des lignes conservées dans chacune des rééditions de son précis :

> [Il demeure] un contrat spécial qui a ses règles à lui, qu'il fait s'inspirer des règles générales des contrats, [quoiqu'il] ne [faille] point lui étendre par analogie les règles des contrats spéciaux du Code civil ou du Code de commerce qui présenteraient avec lui quelque parenté[354].

Si Maurice HAURIOU évolue dans son analyse, c'est précisément pour s'éloigner du paradigme contractuel. Toujours attentif à l'évolution des pratiques administratives, il introduit à partir de 1914 cette interrogation : « *Peut-être (...) par analogie avec ce qui se passe dans les travaux publics, devrait-on réserver le nom de concessionnaire à l'entrepreneur de fournitures qui se charge d'un véritable service public* »[355] (cette citation montre, s'il en était besoin, la souplesse avec laquelle sont mobilisées les catégories de contrats). C'est effectivement depuis ce point de vue qu'il s'explique l'arrêt *THÉROND*, celui-ci renvoyant à une hypothèse « *où le marché de fournitures tend à assurer un service public* »[356]. Du reste, Maurice HAURIOU s'est assez peu intéressé

---

renté qu'il discerne entre ces marchés et les contrats civils et commerciaux.

351 *Id.*, p. 168 (cette citation disparaît dans la troisième édition de son précis, parue en 1897).

352 HAURIOU Maurice, *Précis de droit administratif...*, *op. cit.* (4e éd., 190-1901), p. 532.

353 Pour comparaison avec la citation qui suit, nous reproduisons les propos pertinents de LAFERRIÈRE : « *Dans le silence du cahier des charges, les principes généraux sont applicables, parce qu'ils édictent des règles de justice et de raisons qui dominent tous les contrats. (...) La vérité est que le marché de fournitures et son cahier des charges forment un contrat* sui generis, *réputé complet par lui-même, qui emprunte au droit civil ou commercial les dispositions qu'il croit bonnes, néglige les autres, et n'est pas présumé accepter celles qu'il passe sous silence* » (*Traité de la juridiction administrative et des recours contentieux*, Paris, Berger-Levrault & Cie, 1887-1888 (1re éd., 2 vol.), t. 2, p. 135-136).

354 HAURIOU Maurice, *Précis de droit administratif...*, *op. cit.* (1re éd., 1892), p. 666.

355 HAURIOU Maurice, *Précis de droit administratif...*, *op. cit.* (8e éd., 1914), p. 851.

356 *Ibid.*

aux marchés de fournitures. Il leur a consacré peu de notes[357] et laissa à d'autres le soin de mener « *une enquête* » sur les règles d'interprétation applicables aux marchés administratifs[358]. Pour sa part, il ne s'est jamais illusionné sur l'unité factice qu'entretient la terminologie de « marché ».

> [Le marché de fournitures] est un contrat plus caractérisé que le marché de travaux publics, lequel se rapproche davantage de l'exécution d'un service ; étant un contrat plus caractérisé, le marché de fournitures est, d'une façon plus absolue, *la loi des parties* ; il est davantage une sphère juridique complète enfermant toute la situation et fournissant toutes les raisons de décider[359].

484. Les contrats d'adhésion ou les contrats de guichet : une marche vers l'institution. – Dès le début des années 1900, le professeur toulousain vit l'intérêt qu'il y avait à embrasser l'ensemble des contrats passés pour le fonctionnement des services publics – même ceux dont l'insignifiance pouvait les faire négliger.

> On n'a pas encore étudié comme ils le méritent les contrats qui servent de moyen d'exécution à certains services publics et surtout on ne les a pas groupés[360].

Il ne vise pas tant les marchés ou les concessions que ce qu'il appelle « *les* petits contrats *du droit administratif, ou encore les* contrats de guichet »[361], tous de peu d'importance mais si fréquents pour les usagers des services publics. Peu avant que Raymond SALEILLES ne propose la locution « contrat d'adhésion », Maurice HAURIOU traite de ces contrats où « *les clauses sont débattues d'avance par les règlements de l'administration, tout comme elles le sont dans les marchés de travaux publics ou de fournitures par le cahier des charges* »[362]. La teneur de cette note d'arrêt et la locution de « contrat de guichet » ne sont intégrées dans son précis que dans la cinquième édition

---

357 En retenant les seules notes où Maurice HAURIOU traite des marchés en tant que tels, nous ne lui connaissons que celles publiées sous l'arrêt *Compagnie générale transatlantique* (C.E., 17 mai 1907) et la décision TEMPLIER *c. Commune de Sempigny* (T.C., 1er mai 1928).

358 HAURIOU Maurice, Note sur l'arrêt *Compagnie générale transatlantique* (C.E., 17 mai 1907) [1908], *in Notes d'arrêts sur décisions du Conseil d'État et du Tribunal des conflits…*, *op. cit.*, t. 3 (1929), p. 692.

359 *Ibid.*

360 HAURIOU Maurice, Note sur la décision *Préfet du Rhône c.* MEY (T.C., 17 juin 1899) [1900], *in Notes d'arrêts sur décisions du Conseil d'État et du Tribunal des conflits…*, *op. cit.*, t. 1 (1929), p. 242.

361 *Id.*, p. 242-243.

362 *Id.*, p. 243.

(1903)[363], avant de disparaître dans la suivante où il formalise sa théorie de l'institution (1907). Si notre auteur s'efforce de cerner les caractères de ces contrats qui procèdent de la volonté unilatérale de l'une des parties, c'est parce qu'il discerne à travers leur exemple la prégnance de l'institution. Ils sont désignés par une locution provisoire qui a préparé cette théorie, avant de disparaître aussitôt celle-ci formalisée. « *Les petits contrats administratifs sont des contrats réels* », en ce sens que « *là où l'on ne saisit pas cette prestation, le contrat disparaît devant la situation réglementaire* »[364]. Au terme d'une démonstration qui est encore expérimentale, il s'efforce de montrer que, au-delà des ressemblances avec les contrats ordinaires, ces contrats de guichet ont ceci de spécifique qu'ils sont un vecteur des services publics et offrent à l'usager la faculté d'accéder à une situation réglementaire – une situation établie comme il le dit plus tard. Ce sont moins des contrats à proprement parler que « *des moyens d'exécution des services publics* », car ils « *sont associés à un mécanisme dont la marche régulière a besoin d'être assurée* »[365]. En passant ce contrat, l'usager ne se constitue pas un droit *personnel* vis-à-vis de l'administration gestionnaire, mais un droit *réel* sur une situation préalablement définie, lequel lui permet de revendiquer la jouissance de certains avantages.

485. Par la suite, c'est davantage par l'exemple de la fonction publique qu'il illustrera les droits réels, lesquels occupent une place fondamentale dans sa théorie de l'institution[366]. C'est que, entre la note d'arrêt précitée (1900) et les *Principes de droit public* (1910), ses réflexions ont mûri autant qu'elles se sont enrichies de celles de ses contemporains. Après avoir formalisé sa théorie de l'institution (1907), il revient sur un arrêt de 1906 dans une note parue au *Recueil Sirey* en 1908. Ces dates ne nous semblent pas fortuites : elles marquent l'inflexion donnée par Maurice HAURIOU à sa doctrine. En développant plus en avant les termes de sa doctrine, il remet en cause la nature contractuelle de ces « contrats de guichet » qu'il désigne plus volontiers comme des « contrats d'adhésion ».

> Le contrat d'abonnement n'est pas un acte juridique novateur. Il n'est qu'un contrat d'adhésion, et peut-être même faudrait-il supprimer le mot contrat, et dire un acte d'adhésion à un service

---

363 HAURIOU Maurice, *Précis de droit administratif…*, *op. cit.* (5e éd., 1903), p. 206 (note de bas de page n° 2).

364 HAURIOU Maurice, Note sur la décision *Préfet du Rhône c. MEY* (T.C., 17 juin 1899) [1900], *in Notes d'arrêts sur décisions du Conseil d'État et du Tribunal des conflits…*, *op. cit.*, t. 1 (1929), p. 243.

365 *Id.*, p. 242-243.

366 *Cf.* HAURIOU Maurice, *Principes de droit public…*, *op. cit.* (1re éd., 1910), p. 167.

> organisé. Un tel acte n'a pas la vertu de nover les éléments juridiques du service et d'en former un tout qui serait exclusivement contractuel. Les éléments du service restent réglementaires et d'ailleurs dissociés[367].

Maurice HAURIOU conteste que l'usager ait pu vouloir quoi que ce soit, sinon contracter. N'ayant pu discuter les clauses auxquelles il souscrit, seule lui paraît être déterminante la volonté de l'administration qui décide unilatéralement de la teneur du contrat :

> L'opération se décompose en l'émission d'une volonté réglementaire à laquelle une autre volonté vient adhérer. C'est la volonté réglementaire seule qui compte au point de vue de l'interprétation. C'est elle seule aussi qui compte au point de vue de la nature des recours qui peuvent être intentés[368].

Celui-ci n'est pas le seul à rejeter la thèse contractuelle pour analyser ces « contrats d'adhésion » passés dans le cadre des services publics. Achille MESTRE – collègue du doyen HAURIOU à la faculté de Toulouse où il enseigne depuis 1900 – écrit dans le même sens :

> L'idée du contrat doit être écartée de la question, qu'elle ne peut qu'obscurcir. Dans tous les cas, il ne saurait s'agir ici que de l'un de ces contrats d'adhésion, où l'égalité entre les deux volontés est rompue, où l'un des contractants est placé sous l'empire d'un régime juridique préétabli discrétionnairement par l'autre, et qui, à ce titre, exigent des procédés spéciaux d'interprétation. (…) Ici, la volonté dominante est celle de l'Administration ; elle seule a rédigé les règlements, arrêtés et circulaires qui ont fixé le régime des téléphones, sur lequel l'abonné ne peut rien ; le particulier qui sollicite un abonnement, une communication, est mis en présence d'un bloc administratif qu'il n'a le pouvoir ni la volonté de discuter. Il adhère ou non. Par son adhésion, il s'insère pour ainsi dire dans le service, se soumet au pouvoir réglementaire et à la discipline de l'Administration[369].

L'hypothèse institutionnelle est comme un prisme à partir duquel le doyen toulousain et certains de ses épigones appréhendent des actes tout

---

[367] HAURIOU Maurice, Note sur l'arrêt *Demoiselle CHAUVIN dite SYLVIAC* (C.E., 23 mars 1906) [1908], *in Notes d'arrêts sur décisions du Conseil d'État et du Tribunal des conflits…*, *op. cit.*, t. 2 (1929), p. 292.

[368] *Id.*, p. 293.

[369] MESTRE Achille, Note du jugement *DE MONTEBELLO c. Ministre des travaux publics, des postes, télégraphes et téléphones* (Trib. de la Seine, 11 avril 1911), *in Sirey* 1914. 2. 82.

à la fois irréductibles au contrat et au règlement. Dès 1900, Maurice HAURIOU exprime cette idée qu'il n'y a de contractuelle que la forme extérieure des choses. En admettant l'existence d'un échange des consentements, il souligne néanmoins la différence qu'il y a entre la réalisation réciproque d'obligations personnelles et l'adhésion à un statut présenté comme un droit réel, au titre duquel l'usager jouit des prestations du service public sans rien pouvoir négocier et sans, d'ailleurs, que la personne en charge du service public puisse, de son côté, lui en refuser le bénéfice.

> L'institution est *source de droit réel* et non pas, comme le contrat, source d'obligations ; le droit réel traduit d'une façon directe l'existence de fait des êtres et des choses, tandis que l'obligation se rapporte à des actes. (…) Sans doute, il y a du consentement dans l'institution, mais ce consentement, qui est l'acception d'un fait, n'a pas du tout le même objet que dans le contrat où il est l'acceptation d'un acte[370].

486. Quoique la note précitée de Maurice HAURIOU ne fasse nullement allusion à la théorie de l'institution, la conception qu'il s'y fait du contrat d'adhésion participe du même esprit en tendant à dépasser l'horizon doctrinal du contrat. En soustrayant le contrat d'adhésion aux actes du commerce juridique – selon sa terminologie propre à cet auteur –, pour les verser à l'institution comme une « *adhésion au fait* »[371].

> La limite d'action du contrat du côté des institutions se marque en ce que, dès lors qu'on veut employer la forme contractuelle à sanctionner des situations qui, en réalité, sont institutionnelles, cette forme devient une pure apparence et le contenu réglementaire juge avec son enveloppe. Nous faisons allusion ici aux règlements contractuels, aux contrats d'adhésion, aux contrats collectifs, sur lesquels l'attention n'est appelée que depuis peu d'années, que les civilistes s'efforcent de tirer entièrement au contrat, mais qui résistent, et dont le moins qu'on puisse dire, c'est qu'ils consti-

---

[370] HAURIOU Maurice, *Précis de droit administratif…*, *op. cit.* (6e éd., 1907), p. 24. Pour préciser sa doctrine telle qu'énoncée dans le même ouvrage, indiquons qu'il présente le statut – à la création duquel l'institution conduit – comme appartenant à « *la catégorie du droit réel,* [en tant qu']*il crée ou constate, tant pour la collectivité que pour les individus qui en sont membres, des situations statuaires, c'est-à-dires des situations qui s'analysent en des droits réels* ». À l'inverse des obligations personnelles créées par contrat, « *les* droits individuels *en lesquels se résout dans le régime d'État la situation statutaire des membres de l'État, sont des droits réels et non point des droits de créance sur l'État* » (*id.*, p. 23).

[371] *Ibid.*

> tuent des formes transitoires conduisant à de véritables institutions. (...)
>
> Toutes les fois qu'on voit apparaître dans un contrat la *lex*, le caractère réglementaire, on peut affirmer qu'il y a institution sous roche[372].

La perspective doctrinale pour laquelle opte Maurice HAURIOU est convergente avec celles de plusieurs autres administrativistes qui refusent pareillement de rendre compte de l'ensemble des relations consensuelles à partir du paradigme contractuel – tels Gaston JÈZE et Léon DUGUIT. « *Le contrat d'adhésion* (...) *n'est que* (...) *le contrat s'efforçant de singer l'institution.* (...) *Mais, peu à peu, l'institution sociale reprend de la force comme figure juridique et le contrat, après avoir régné souverainement dans le droit contemporain, va voir décliner son prestige* »[373]. Stimulé dans un premier temps par les concessions, Maurice HAURIOU a progressivement élargi ses réflexions aux marchés administratifs, puis aux contrats passés par les usagers d'un service public.

> Dans les contrats passés par l'administration publique et qui sont à base de règlement ou de cahier des charges, dans les adjudications, dans les abonnements au téléphone, *etc.*, l'institution existe, c'est l'administration elle-même ou c'est le service public[374].

En définitive, Maurice HAURIOU concentre ses efforts à qualifier ces actes à travers un droit administratif dont l'essence est regardée comme hétérogène au contrat.

---

372 HAURIOU Maurice, *Principes de droit public...*, *op. cit.* (1re éd., 1910), p. 211-212.
373 *Id.*, p. 212-213.
374 *Id.*, p. 212.

487. Conclusion du titre III. – Avant que le *contrat administratif* ne soit conceptualisé à partir des années 1920, le *contrat* est un concept proprement civiliste. Emblème du droit privé, il fut monopolisé par la doctrine privatiste qui l'associa à son identité – celle-ci étant par ailleurs dépréciative du droit public. En vis-à-vis, la doctrine publiciste s'efforça de caractériser le droit public comme une science proprement juridique et d'égale valeur au droit privé. Les aspects académiques de cette concurrence ont été avivés par un enjeu contemporain du début du XXe siècle : rendre compte de pratiques contractuelles inédites. Les civilistes orthodoxes rencontrèrent d'autant plus de difficultés qu'ils furent réticents à renoncer à une définition classique du contrat étayée par la doctrine de l'autonomie de la volonté et à reconnaître au contrat une place qui lui ferait perdre sa prééminence au sein de la théorie des obligations. Ce déclassement fut redouté comme une révolution dissolvante de l'identité du droit privé. Si les privatistes furent loin de s'engager dans des perspectives en tous points similaires, la grande majorité d'entre eux s'évertuèrent à rapporter l'inédit des pratiques contractuelles au cadre de la doctrine de l'autonomie de la volonté, sinon à atténuer les rigueurs de celle-ci pour lui conserver sa valeur. Locution doctrinale au succès mitigé, le contrat d'adhésion recouvrit des problématiques sécantes à celles rencontrées en droit public – à propos notamment des contrats de nature concessive. Pour les privatistes, il fut l'occasion de confirmer la pertinence du paradigme contractuel en y rapportant des actes qui, laissés en dehors de son empire, risquaient de démentir la prétention totalisante de la doctrine de l'autonomie de la volonté. Si certains publicistes reconnurent à cette locution doctrinale une certaine pertinence, ils préférèrent la dépasser pour se soustraire au paradigme contractuel. C'est qu'en effet le contrat ne cessa de leur paraître suspect, tant ils se le représentèrent comme une ombre du droit privé, menaçante pour l'autonomie du droit public. Si les publicistes n'ont pas non plus œuvré dans le même sens, ils eurent en commun d'avoir associé le contrat au droit privé et, pour les plus originaux d'entre eux, de s'être engagés dans des perspectives où le contrat ne trouva qu'une place tout à fait secondaire. Dès lors, supposer que le contrat administratif eût été conceptualisé dès les années d'avant-guerre, c'est méconnaître les efforts dont ils firent montre pour doter le droit public d'une grammaire propre qui fît l'économie du contrat. Affirmer que la genèse de la théorie des contrats administratifs fut contemporaine du début du XXe siècle, c'est négligé cet antagonisme qui fit du contrat un objet dénotant le droit privé. Dit autrement, les ambitions doctrinales des publicistes se sont présentées en des termes qui ne leur permettaient pas d'envisager une telle théorie.

TITRE IV

DE L'ACCULTURATION DU CONTRAT AU DROIT ADMINISTRATIF À LA THÉORISATION DU CONTRAT ADMINISTRATIF

(1914-1960)

488. La Grande Guerre impacta différemment les doctrines publicistes et privatistes. D'une part, les hostilités mirent à mal la stabilité des relations contractuelles – l'un des principes cardinaux de la doctrine de l'autonomie de la volonté. Antinomique de celle-ci, la théorie de l'imprévision éprouva le contrat dans sa conception classique. Traversant de part en part la doctrine juridique, cette théorie controversée suscita des réactions doctrinales qui, en guise d'expédient, renoncèrent à un monisme contractuel devenu embarrassant. Les doctrines publiciste et privatiste convergèrent pour reconnaître, dans le cadre de la *summa divisio*, la coexistence de deux contrats de nature différente (**chapitre 1**). D'autre part, le conflit mondial suscita un interventionnisme public d'une ampleur inégalée et qui, à terme, confronta le Conseil d'État à un contentieux contractuel tout à la fois exponentiel et singulier. Pour garder au contentieux administratif des contrats inusuels au droit administratif, la théorie de la gestion privée – qui n'était jusqu'alors qu'une hypothèse marginale afférente à la gestion des services publics – fut systématisée. Sous la plume de quelques administrativistes, la redéfinition contentieuse du contrat administratif conduisit à la conceptualisation d'un contrat d'un genre distinct du contrat privé, consommant ainsi le schisme introduit par la théorie de l'imprévision (**chapitre 2**). La théorie à laquelle ce concept donna lieu ne fut qu'un essai *doctrinal*, d'ailleurs concurrencé par d'autres. Si, aujourd'hui, elle nous est familière, elle ne s'imposa qu'au bénéfice d'une reconnaissance académique. Nous nous emploierons à exposer ce qui a favorisé cette consécration, nonobstant les critiques qui l'entourèrent dès sa genèse et perdurèrent au-delà de sa pérennisation (**chapitre 3**).

Chapitre premier

La théorie de l'imprévision : les prémices du dualisme contractuel

489. Dans le cadre des célébrations du centenaire de la Première Guerre mondiale, plusieurs conférences se sont tenues pour apprécier ses incidences sur le droit public. À cette occasion, le professeur ROLIN a présenté une étude consacrée au droit des contrats administratifs – expression anachronique en soi. Il y glisse des réflexions terminales qui intéressent directement notre propos, autant par les hypothèses qu'il avance que par le point de vue adopté.

> Les évolutions que connaîtra le droit des contrats administratifs après la guerre ne prendront leur sens que lorsque l'on aura constaté que la guerre n'était pas une parenthèse, mais a provoqué un bouleversement des configurations économiques et administratives qui va se révéler durable[1].

Nous partageons cette opinion du professeur ROLIN, selon qui la guerre a emporté des mutations qui ont touché jusqu'aux contrats de l'administration. La doctrine administrative de l'Entre-deux-guerres a posé une somme de réflexions dont la thèse de Georges PÉQUIGNOT (1945) constitue un jalon décisif davantage qu'une inauguration. Nous admettons également qu'elle s'est aidée de la jurisprudence en mobilisant des veines prétoriennes qui s'ancrèrent pour certaines dans les années d'avant-guerre. Cela étant, c'est trop vite dit qu'il y aurait eu un âge classique du droit des contrats administratifs auquel la Grande Guerre eût mis fin.

---

[1] ROLIN Frédéric, « Les contrats de l'administration et la Première Guerre mondiale », *in Jus Politicum* 2016, n° 15 (disponible sur Internet), p. 17. Cette contribution a été présentée dans le cadre des journées d'études (6 et 13 mars 2015) organisées par le centre Cultures du droit public (université Panthéon-Assas) et l'Institut Michel-Villey (université Panthéon-Assas), sur le thème : « Le droit public et la Première Guerre mondiale ».

> Il est possible de considérer que la Première Guerre mondiale marque la fin de la période de construction classique du droit des contrats administratifs et l'entrée dans une nouvelle époque qui ne se clôt pas en 1918, mais sans doute en 1940 ou en 1945[2].

Certes, les jurisprudences des années 1900 n'ont pas toute perdu de leur valeur, mais ont-elles seulement été comprises après la guerre en des termes identiques à l'époque où elles furent réceptionnées ? Dans un précédent titre, nous avons démontré qu'aucune théorie des contrats administratifs n'avait été ébauchée dans les années d'avant-guerre – ni par le Conseil d'État[3], ni par la doctrine administrative[4]. Au cours de la Belle Époque, la locution « contrat administratif » était usitée dans une acception purement contentieuse, pareillement aux administrativistes de la seconde moitié du XIXe siècle. Le fil de nos travaux nous amène à poursuivre cette hypothèse en explicitant les ressorts doctrinaux qui, dans l'Entre-deux-guerres, ont précipité une théorisation des contrats administratifs. C'est-à-dire la formalisation d'une théorie qui singularise certains contrats de l'administration en les distinguant non plus restrictivement au regard de la compétence administrative, mais plus largement au regard du régime juridique auquel ils sont soumis – une théorie qui suppose une différence de nature entre plusieurs contrats, là où auparavant le monisme contractuel était un postulat admis par l'unanimité (sinon la quasi-unanimité) des juristes, des privatistes aux publicistes.

490. À cet égard, la théorie de l'imprévision – telle que consacrée par le Conseil d'État en 1916 – a eu un rôle déterminant. Moins à raison du principe lui-même qu'à raison de la réception qu'en firent les doctrines privatiste et publiciste. Pour apprécier cette inflexion, il convient de rappeler que, pour être usuelle, la locution « contrat administratif » ne revêtait pas – dans les années 1900 – le sens que nous lui désignons aujourd'hui. Il est donc prudent de ne pas trop vite discerner les prémices d'une théorie dans les discours doctrinaux qui l'emploient. S'il était admis que les règles s'appliquant aux contrats dits administratifs n'étaient pas nécessairement et rigoureusement similaires à celles du droit privé, l'idée

---

2 *Id.*, p. 18. *Comp.* YOLKA Philippe, *Droit des contrats administratifs*, Paris, L.G.D.J.-Lextenso éditions, 2013 (1re éd.). Celui-ci situe la formation d'un droit des contrats administratifs dans le premier tiers du XXe siècle : « *Les arrêts fondateurs sont pour l'essentiel rendus dans les premières années du XXe siècle (les "Trente Glorieuses du droit des contrats administratifs", entre 1902 et 1932)* » (p. 19).

3 *Cf.* le chapitre 3, titre I, seconde partie.

4 *Cf.* le chapitre 2, titre I, seconde partie.

qu'ils pussent constituer une catégorie de contrats spécifique au droit public resta tout à fait étrangère aux administrativistes de cette époque – c'est ce que les trois titres précédant ont tendu à démontrer. Certains auteurs ont pu tenir des propos qui, rétrospectivement, peuvent se lire comme conceptualisant un contrat d'un genre spécifique. Néanmoins, ce serait les surinterpréter en négligeant le contexte qui contribue à ajuster la lecture que l'historien doit en faire. L'idée d'un contrat administratif, compris comme un contrat propre au droit public et génériquement différent du droit privé, fut – pendant les années d'avant-guerre – systématiquement rejeté par la doctrine administrative comme une aporie. Léon DUGUIT, Henry BERTHÉLEMY, Gaston JÈZE ou encore Maurice HAURIOU n'ont jamais manqué de manifester leur désapprobation lorsque, pour les besoins de la cause, le Conseil d'État mobilisa ponctuellement une pareille thèse – notamment dans des questions relatives à la fonction publique.

> Nul n'a jamais su dire ce qu'était un *contrat de droit public*, si ce n'est que ce n'était pas un *contrat* comme tous les autres. Et dès lors, puisqu'un contrat est une catégorie juridique bien déterminée, dire qu'un acte n'est pas un contrat comme tous les autres, c'est dire qu'il ne rentre pas dans la catégorie juridique des contrats ; ce n'est pas un contrat. La chose est importante à relever, car le Conseil d'État emploie des formules très obscures[5].

Quelques années plus tard, c'est de nouveau sur l'arrêt *WINKELL* que Gaston JÈZE revient pour critiquer la locution de « contrat administratif », suspecte à son sens d'exposer le droit administratif à l'influence délétère du droit privé[6]. Le contrat étant doctrinalement connoté, les administrativistes l'ont repoussé comme un concept purement civiliste, impropre à étayer une science du droit administratif originale[7]. Cela étant dit, les débats qui traversèrent la doctrine juridique au sujet de la théorie de l'imprévision (**section 1**) amena les privatistes à se positionner différemment à l'égard du contrat administratif (**section 2**) et les publicistes à l'égard du contrat (**section 3**).

---

[5] JÈZE Gaston, Note sur les arrêts *WINKELL* & *ROSIER* (C.E., 7 août 1909), *in* R.D.P. 1909, p. 501.

[6] JÈZE Gaston, « De l'utilité pratique des études théoriques de jurisprudence pour l'élaboration et le développement de la science du droit public. Rôle du théoricien dans l'examen des arrêts des tribunaux », *in* R.D.P. 1914, p. 321.

[7] *Cf.* le titre III, seconde partie, spécialement le chapitre 3.

Section première. – L'imprévision : une théorie menaçante pour le monisme contractuel

491. Le Conseil d'État a consacré la théorie de l'imprévision au cœur de la Grande Guerre. Il n'a pas tant élaboré *ex nihilo* une théorie nouvelle qu'il a adapté une certaine idée de l'imprévision mobilisée jusqu'alors pour les marchés de travaux publics. Il n'en reste pas moins qu'en conférant à l'imprévision l'éclat d'une théorie prétorienne, il lui assigna une portée tout à fait inédite. Il s'est agi – pour ainsi dire – de faire du neuf avec du vieux pour s'adapter à une économie de guerre, c'est-à-dire une économie de pénurie (**paragraphe 1**). Les concessions de service public – dont certains auteurs à la fin des années 1900 relevaient la crise – firent l'objet de nouvelles controverses qui réactualisèrent les divergences doctrinales quant à leur nature (**paragraphe 2**).

Paragr. 1. – Une théorie prétorienne répondant aux vicissitudes économiques de la Première Guerre mondiale

492. Une réaction désapprobatrice des civilistes face à la consécration de l'imprévision par le Conseil d'État. – La théorie de l'imprévision procède d'une déclinaison constructive de la théorie de la force majeure, laquelle libère le débiteur d'une obligation contractuelle lorsqu'un événement *extérieur*, *imprévisible* et *irrésistible* fait obstacle à son exécution : elle est une cause exonératoire de responsabilité[8]. Quant à la théorie de l'imprévision, elle recouvre les événements qui, par-delà les prévisions auxquelles les parties sont raisonnablement tenues, rendent l'exécution d'une obligation contractuelle si difficile qu'elle ne peut être envisagée sans entraîner la ruine du débiteur : elle conduit à reconsidérer provisoirement l'équilibre économique des relations contractuelles en sortant précisément du cadre contractuel. En la consacrant dans son arrêt *Compagnie générale d'éclairage de Bordeaux* (1916)[9], tandis que la Cour de

---

[8] La théorie de la force majeure n'était pas comprise de manière univoque dans les années 1910. Cette définition est celle qu'en donnent, par exemple, Henri CAPITANT et Ambroise COLIN dans leur *Cours élémentaire de droit civil français* : « *La* force majeure, *ce serait l'*impossible absolue *provenant d'un* obstacle irrésistible, imprévu *et* imprévisible *(tempête, foudre, tremblement de terre, guerre, fait du prince)* » (Paris, Dalloz, 1914-1916 (1re éd., 3 vol.), t. 2 (1915), p. 10).

[9] *Cf.* à cet égard : BRISSON Jean-François, « Retours sur un centenaire : l'arrêt *Gaz de Bordeaux* », *in* [collectif], *Mélanges en l'honneur de Bernard Pacteau. Cinquante ans de contentieux publics*, Paris, Mare-Martin, 2018, p. 167.

cassation continuait de la rejeter fermement, le Conseil d'État – précédé en cela par quelques conseils de préfecture – s'appuya sur un contraste classique conduisant à opposer les concessions de service public aux autres contrats (que ces derniers fussent ou non soumis à la juridiction administrative). En énonçant que la concession de service public est « *un contrat d'ordre essentiellement administratif, qui n'a pas d'analogie dans le droit civil* »[10], le commissaire du gouvernement CHARDENET reprend une opinion communément partagée depuis la seconde moitié du XIXe siècle. Pour autant, ses contemporains n'ont jamais cessé d'analyser la concession de service public comme un contrat. À une époque où la doctrine juridique française n'admettait qu'un seul genre de contrats, c'est dire que la concession de service public était appréhendée à travers un paradigme contractuel emprunté à la doctrine civiliste. C'est pourquoi, la consécration prétorienne de la théorie de l'imprévision suscita de vives réactions, à commencer par celles de certains civilistes qui craignirent qu'elle ne débordât sur le droit privé. Henri CAPITANT fut de ceux qui, sans critiquer frontalement la jurisprudence du Conseil d'État, s'efforcèrent d'en neutraliser les effets menaçants en isolant les concessions de service public du reste des contrats. L'argumentation qu'il développa devint très vite une vulgate :

> Est-ce donc que les marchés de travaux publics et de concessions échappent aux principes généraux du droit civil ? Non certes, mais il faut les interpréter en s'inspirant avant tout de la *commune intention* de ceux qui les ont conclus, c'est-à-dire de l'Administration et de l'adjudicataire. Or, cette intention est toute différente de celle qui anime les contractants qui font un marché à livrer. Pour ces derniers, leurs intérêts sont opposés. (…) Tout autre est l'esprit qui préside à la conclusion d'un marché public. Bien loin d'avoir un intérêt contraire à celui de son traitant, l'Administration poursuit avec lui un but commun, qui est la bonne exécution du travail, la bonne exploitation du service public. Elle ne spécule pas comme le commerçant qui passe un marché à livrer. Elle est, dans une très large mesure, l'associée de l'entrepreneur ou du concessionnaire, et non son adversaire[11].

[10] CHARDENET Pierre, Conclusions prononcées sous l'arrêt *Compagnie générale d'éclairage de Bordeaux c. Ville de Bordeaux* (C.E., 30 mars 1916), *in* PANHARD Adrien (dir.), *Recueil des arrêts du Conseil d'État statuant au contentieux des décisions du Tribunal des conflits et de la Cour des comptes (collection Macarel & Lebon)*, Paris, Larose & Tenin (2e série, t. 86 ; année 1916), p. 128.

[11] CAPITANT Henri, Note sur l'arrêt *MOREL frères et SALOU c. BARDON et Cie* (Cour d'appel de Paris, 21 décembre 1916), *in Dalloz* 1916. 2. 35.

Mettre en exergue une différence de nature qui pût justifier le retranchement de ces contrats, c'était cantonner la théorie de l'imprévision dans un champ limité pour prévenir le risque qu'elle ne se déploie à d'autres contrats. Il est piquant de trouver sous la plume d'un civiliste, non pas tant la conceptualisation des contrats administratifs, mais l'idée que certains d'entre eux ne puissent être purement et simplement assimilés au contrat dans son acception classique et, implicitement, qu'ils constituent une catégorie de contrat d'un *genre* spécifique. En un sens, le concept de contrat administratif est né dans le giron de la doctrine privatiste qui a été soucieuse d'aiguiser des arguments de nature à empêcher que la théorie de l'imprévision ne fût étendue à l'ensemble des contrats – tant les autres contrats administratifs que les contrats relevant de la compétence judiciaire.

493. Il n'est pas moins surprenant de trouver l'infirmation de cette opinion sous la plume d'un administrativiste, pour qui la solution de l'arrêt *Compagnie générale d'éclairage de Bordeaux* découle moins du droit administratif que « *de l'interprétation normale des contrats* », c'est-à-dire d'une interprétation qui « *n'est pas imposée par le seul droit administratif ;* [qui] *n'est pas l'apanage des juridictions administratives* », et qui résulte plutôt de « *l'application saine du Code civil* »[12].

> Que les contrats destinés à assurer le fonctionnement de services publics contiennent, à raison de leur objet, des propositions qui ne se trouvent pas dans les contrats entre particuliers, c'est l'évidence même. Que leur nature juridique en soit affectée, cela ne résulte au contraire d'aucun principe, ni d'aucun texte de loi. Civils ou administratifs, tous les contrats sont gouvernés par des règles « fondées sur l'équité et la commune intention des parties ». Il n'y a pas deux manières d'entendre la bonne foi. Il n'y a pas une bonne foi civile et une bonne foi administrative. Les principes éternels énoncés dans le Code civil quant à la manière d'interpréter les conventions ne sont pas des règles arbitraires. (…) On se demande (…) par quelles formules spéciales la loyauté nécessaire qui doit présider à tous les accords humains pourra s'affirmer en droit administratif sans que la même formule s'impose forcément en matière civile.
>
> Aussi doit-on se garder d'opposer, – en matière de contrats, – le droit administratif au droit civil. Ce serait faire tort à l'un ou à l'autre.

---

12 BERTHÉLEMY Henry, « Communes et gaziers », *in* *R.P.P.* 1917, XCII, p. 32-33.

> Ce ne sont pas les contrats qui ont deux natures différentes suivant qu'ils ont un objet d'intérêt public ou privé. La différence n'existe qu'entre les tendances des juridictions compétentes pour connaître des litiges que ces contrats font naître[13].

Nous aurions pu nous attendre à ce que ces deux auteurs défendissent des opinions en sens inverse. Pour n'être pas une question nouvelle, la spécialité des contrats administratifs prit un aspect inédit dans le courant de la Première Guerre mondiale. Non pas tant parce que certains juristes auraient eu un esprit plus clairvoyant qui leur permît de penser *le* contrat administratif, mais plutôt parce que la théorie de l'imprévision, à raison des réactions divergentes qu'elle suscita de part et d'autre de la doctrine, conduisit à remettre en question le monisme contractuel. Là où les contrats administratifs désignaient usuellement des contrats soumis à la juridiction administrative, cette locution prit, sous la plume d'aucuns, une signification originale tendue à faire admettre que certains de ces contrats seraient autonomes du droit civil et que, dès lors, les règles leur étant applicables ne pourraient être appliquées aux contrats demeurant soumis au code civil – c'est-à-dire la quasi intégralité des contrats.

494. La justification de la théorie de l'imprévision : régulariser un accident prétorien. – Le professeur ROLIN s'est attardé sur les circonstances qui ont précédé l'arrêt *Compagnie générale d'éclairage de Bordeaux* pour expliciter les enjeux qui y furent sous-jacents[14], de sorte que nous nous n'y attarderons pas. Henry BERTHÉLEMY s'évertua à démontrer que la théorie de l'imprévision était non seulement *juridique*, mais encore *équitable*[15]. Sans les mésestimer, les conclusions du commissaire du gouvernement CHARDENET ne sont pas un monument d'originalité. Elles accueillent les thèses développées par les avocats de la compagnie concessionnaire en cause, lesquelles nous sont connues. L'un d'entre eux – Jean BOIVIN-CHAMPEAUX, ancien président de l'ordre des avocats aux Conseils – contribua à une consultation sollicitée par le Syndicat professionnel de l'industrie du gaz et qui fut largement diffusée[16]. Léon de LA

---

[13] *Id.*, p. 34-35.

[14] ROLIN Frédéric, « Les contrats de l'administration et la Première Guerre mondiale », *in Jus Politicum* 2016, n° 15 (disponible sur Internet), p. 8 *sq.*

[15] BERTHÉLEMY Henry, « Communes et gaziers », *in R.P.P.* 1917, XCII, p. 33 et 37.

[16] Paul BOIVIN-CHAMPEAUX, Edmond-Louis HANNOTIN & Henry MONARD (tous trois avocats aux Conseils) rendirent à la requête du Syndicat professionnel de l'industrie du gaz une consultation délibérée le 22 juin 1915, relativement à l'augmentation du prix du gaz et des difficultés qui s'en sont ensuivies pour les concessionnaires de service public ; et suivie d'une caution universitaire apportée par Ferdinand LARNAUDE, professeur de

TASTE – avocat dudit syndicat et directeur de la *Revue des concessions* – publia un article dans le même sens[17]. Il ne s'agit pas dire que ces auteurs ont biaisé le droit au profit d'une certaine cause : en ces termes, la question serait mal posée. Certes, leur engagement prit la défense des concessionnaires pour préconiser une indemnisation qui fît peser sur l'administration concédante l'essentiel du préjudice résultant de la hausse des matières premières[18]. L'arrêt *Compagnie générale d'éclairage de Bordeaux* n'en reçut pas moins un accueil favorable sous la plume de plusieurs universitaires[19]. Il nous paraît plus pertinent d'attirer l'attention sur la manière dont le discours doctrinal sur les concessions de service public a été réaménagé pour assimiler la théorie de l'imprévision. Ces infléchissements résultent pour une large part de la perplexité de nombre de juristes face à la question suivante : comment appréhender un contrat auquel s'applique une théorie négatrice de la doctrine de l'autonomie de la volonté ? Espacée sur plus d'une décennie, les controverses sur cette question, adossée au rejet de cette théorie par la Cour de cassation, ont conduit à familiariser cette idée qu'il pût y avoir des contrats dont le régime juridique serait foncièrement différent de celui des contrats du code

---

droit public à la faculté de Paris. Cette consultation fut (notamment) publiée dans le journal *Le Droit* (17 et 18 février 1916 ; n° 33 et 34), la *Gazette des tribunaux* (18 et 19 février 1916 ; n° 34 et 35) et la *Revue générale d'administration* (1916, III, p. 232).

[17] LA TASTE Léon (de), « La crise du gaz devant les Conseil de préfecture », *in Revue des concessions* 1915-1916, p. 209.

[18] La thèse de Jean LAPEYRE (*De l'imprévision dans les marchés passés par les sociétés de gaz et d'électricité*, 1923) donne une idée de l'énergie déployée par le Syndicat professionnel de l'industrie de gaz pour constituer un fonds de documentation qui pût être employé au soutien de ses revendications. Celui-là s'est essentiellement référé à ses archives (publiées sous format de circulaires) d'autant plus pléthoriques et incontournables, que le *Recueil Lebon* avait cessé de paraître momentanément à la fin des années 1910 et que les recueils prétoriens classiques – tels le *Dalloz* ou le *Sirey* – ne faisaient paraître que les arrêts les plus importants (et encore avec un retard de publication non négligeable). La *Revue des concessions*, placée sous la direction de l'avocat LA TASTE – par ailleurs avocat dudit syndicat –, fut comme un appendice scientifique employé au succès de la théorie de l'imprévision. Cela étant dit, les communes n'ont pas été sans réagir : soit qu'elles s'essayassent à se fédérer en syndicat, comme à l'instigation du congrès des maires de l'Ouest, soit qu'elles fissent pression sur le législateur – en témoignent la proposition de loi déposée devant la Chambre des députés le 7 juillet 1916, par DELAROUE & VIOLLETTE, ainsi que les amendements que les mêmes déposèrent le 28 juillet 1916, lors de la mise en débat de la proposition de loi du député FAILLIOT.

[19] Parmi les administrativistes, mentionnons parmi ceux qui publièrent un commentaire de cet arrêt : Maurice HAURIOU (*in Sirey* 1916. 3. 17) ; Gaston JÈZE (*in R.D.P.* 1916, p. 206) ; Léon DUGUIT, qui se fit très critique vis-à-vis de la procédure indiquée par le Conseil d'État pour fixer le montant de l'imprévision (*in R.P.P.* 1916, LXXXVII, p. 264) ; ou encore Henry BERTHÉLEMY (*in R.P.P.* 1917, XCII, p. 23).

civil[20]. Et ce pour rendre intelligible cette discontinuité à raison de laquelle certains contrats se voyaient appliquer une règle déroutante pour le principe de l'immutabilité des obligations. Car si l'arrêt *Compagnie générale française des tramways* (1910) avait admis la mutabilité des concessions pour permettre leur adaptation au fonctionnement du service public, l'équation économique entre les parties demeurait sanctuarisée par le traité de concession. Or, la théorie de l'imprévision frappait en plein cœur l'immutabilité des stipulations financières des concessions. Mettre en cohérence cette théorie prétorienne avec le droit administratif ; concevoir une dichotomie entre deux catégories de contrats, tout en conservant au paradigme contractuel sa pertinence pour rendre compte des contrats administratifs ; introduire une dualité au sein d'un concept dont le monisme permettait jusqu'ici à la doctrine privatiste d'en conserver précieusement le monopole : voici les principales difficultés que souleva la théorie de l'imprévision et qui s'apparentent à la quadrature du cercle, tant les droits public et privé de l'avant-guerre campaient sur des positions qui ne permettaient d'envisager rien d'autre qu'une aporie insoluble.

---

[20] *Cf.* le chapitre 3, titre II, seconde partie.

Paragr. 2. – La concession de service public débattue à l'aune de la théorie de l'imprévision

495. Le paradigme contractuel de la concession sauvé par le caractère non-contractuel de la période d'imprévision. – L'argumentation déployée au soutien de la théorie de l'imprévision présente avec le droit administratif de l'avant-guerre une cohérence qui ne doit pas dissimuler les innovations auxquelles cette théorie procède. Pour bien l'apprécier, il faut la prendre comme elle s'est présentée aux contemporains : une singularité juridique qui fait du neuf avec du vieux et dont l'originalité est d'autant surprenante qu'elle justifie un compromis défavorable à l'administration concédante – au point, d'ailleurs, que cela éveilla des soupçons d'accointances entre le Conseil d'État et les grandes compagnies industrielles[21]. Il convient néanmoins de noter que, avant même la consécration de cette théorie, sa jurisprudence afférente à la force majeure différait déjà de celle de Cour de cassation en faisant preuve de plus de souplesse. Pour appréhender ces jurisprudences dont les divergences étaient lourdes d'une rupture à venir, d'aucuns fondèrent autrement celle du Conseil d'État en mobilisant – à l'instar de celui-ci – l'imprévision plutôt que la force majeure. D'ailleurs, les contempteurs de la théorie de l'imprévision la présentent volontiers comme une évolution dénaturée de la force majeure. Originellement, l'imprévision ne recouvrait pas seulement les événements extérieurs aux parties qui rendaient l'exécution d'une obligation contractuelle momentanément impossible, mais plus largement ceux qui, en déjouant les prévisions des parties, bouleversaient l'économie du contrat. Sans rien signifier de bien déterminé, l'imprévision était jusqu'alors employée pour désigner, à un point de vue doctrinal, les modifications de toutes sortes apportées aux entreprises de travaux publics en dehors des stipulations contractuelles[22]. Elle traduisait

---

[21] *Cf.* en ce sens le professeur lyonnais APPLETON qui publia deux articles critiques, destinés à un large public : « Le Conseil d'État protège fâcheusement les fermiers généraux du Gaz » (*in Le Progrès civique* 1921 (2 juillet), p. 9) & « Défendons le public et les communes contre les fermiers généraux de l'électricité » (*in Le Progrès civique* 1922 (14 avril), p. 22).

[22] D'après nos recherches, l'avocat Alfred DOUSSAUD est l'un des premiers à conférer à la théorie de l'imprévision cette cohérence : *Des imprévisions dans les entreprises de travaux publics* (Paris, Rousseau, 1887). Pour une approche historique et comparative de l'imprévision, *cf.* PFISTER Laurent, « Révision des marchés de travaux et "théorie de l'imprévision" : convergences et divergences des jurisprudences administrative et civile au milieu du XIXe siècle », *in* [collectif], *Des racines du droit et des contentieux. Mélanges en l'honneur du professeur Jean-Louis Mestre*, Toulouse, Éditions l'Épitoge, 2020 (2 vol.), t. 2, p. 449.

la latitude que l'administration conserve dans la direction des travaux publics. En ce sens, la théorie de l'imprévision opère un déplacement en en faisant l'application aux concessions de service public et dont elle renforce, ce faisant, la singularité.

> [Les concessions de service public] ne sont pas des contrats d'ordre privé régis par le Code civil.
>
> Ce sont des contrats administratifs qui, créant entre les parties des rapports d'une nature absolument spéciale, sont avant tout gouvernés par des règles fondées sur l'équité et la commune intention des parties.
>
> La plus essentielle de ces règles est que les stipulations du contrat, quelques absolues qu'elles puissent être, cessent d'être applicables quand, par suite d'événements impossibles à prévoir, le concessionnaire se trouve en présence d'une situation qu'il n'avait pas envisagée, qu'on ne peut lui reprocher de n'avoir pas envisagée, et dont les conséquences bouleversent l'économie du traité[23].

Les auteurs de cette consultation rendue sur la demande du Syndicat professionnel de l'industrie du gaz réorganisèrent différents aspects du droit administratif pour créer des correspondances nouvelles dont ils atténuèrent néanmoins l'inédit, vraisemblablement pour favoriser le succès de leur thèse. Ils s'évertuèrent à établir la singularité des concessions de service public en mobilisant des précédents jurisprudentiels relatifs aux marchés de travaux publics. Certes, le Conseil d'État fait du service public concédé un déterminant auquel le contrat ne fait que se rapporter, ainsi que le souligne Maurice HAURIOU dans sa note sur l'arrêt *Compagnie générale d'éclairage de Bordeaux*. Toutefois, si celui-ci a voulu comprendre (en paraphrasant François GÉNY à propos du code civil) : « *par le contrat, mais au-delà du contrat* » ; le Conseil d'État (en paraphrasant cette fois-ci Raymond SALEILLES[24]) a plutôt voulu dire : « *au-delà du contrat, mais par le contrat* ». Sur l'invitation de son commissaire du gouvernement, le Conseil d'État a choisi de poser les termes du problème à travers un paradigme contractuel. Car à rebours de certains administrativistes, tels les professeurs HAURIOU, DUGUIT, JÈZE ou ROLLAND, il persista à concevoir la concession comme un contrat au lieu de se la représenter comme un acte consensuel *sui generis* – d'un genre autonome du contrat.

---

[23] BOIVIN-CHAMPEAUX Paul, HANNOTIN Edmond-Louis & MORNARD Henry, Consultation délibérée le 22 juin 1915, à la requête du Syndicat professionnel de l'industrie du gaz…, *in* *R.G.A.* III, p. 234-235.

[24] *Cf.* la préface de Raymond SALEILLES publiée avec la *Méthode d'interprétation et sources en droit privé positif* (1899) de François GÉNY.

496. En appliquant aux concessions de service public une jurisprudence originellement développée à propos des marchés de travaux publics, le commissaire du gouvernement CHARDENET opte pour une approche qui tend à élever une distinction entre une situation contractuelle et une situation extracontractuelle. Conçue pour aménager l'imprévu, la théorie de l'imprévision isole cet imprévu en l'attachant à une période *extraordinaire* au cours de laquelle le contrat est comme suspendu. Celui-ci est écarté provisoirement aussi longtemps qu'il ne retrouve pas des conditions *normales* d'exécution. En ce sens, cette théorie contractualise les bénéfices et socialise les risques. Le concessionnaire supporte les charges dans la limite des prévisions contractuelles, tandis que le concédant assume les charges excédentaires – celles correspondant aux sujétions dites *extracontractuelles.*

> Les principes sont pour nous les suivants : on se trouve en présence de charges dues à des événements que les parties contractantes ne pouvaient prévoir et qui sont telles que, temporairement, momentanément, tant que dureront les événements ayant déterminé ces charges nouvelles, le contrat ne peut plus être exécuté dans les conditions où il est intervenu. Le service public n'en doit pas moins être assuré, l'intérêt général l'exige, et le contrat doit subsister. La puissance publique, le concédant, aura à supporter les charges que nécessite le fonctionnement du service public, et qui excèdent le maximum de ce que l'on pouvait admettre comme prévision possible et raisonnable par une saine interprétation du contrat[25].

En continuant d'appréhender la concession comme un contrat, le commissaire du gouvernement CHARDENET aligne son analyse sur une perspective qui se préoccupe avant tout de la rémunération du concessionnaire, au lieu de s'attacher à la résilience économique de l'entreprise concédée[26]. En ce sens, sa viabilité financière aurait pu être appréciée sur l'ensemble de la durée d'exécution de la concession[27] : l'administration

---

[25] CHARDENET Pierre, Conclusions prononcées sous l'arrêt *Compagnie générale d'éclairage de Bordeaux c. Ville de Bordeaux* (C.E., 30 mars 1916), *in* PANHARD Adrien (dir.), *Recueil des arrêts du Conseil d'État…*, *op. cit.* (2e série, t. 86 ; année 1916), p. 133.

[26] Sur la notion de résilience, *cf.* SOURZAT Lucie, *Le contrat administratif résilient*, Paris, L.G.D.J., 2019 (thèse de doctorat, université Toulouse-I ; dirigée par le professeur RAPP).

[27] Ces débats ne sont pas inédits. Certains administrativistes s'attardent de nouveau sur la nature du contrat de concession pour démontrer qu'il est un contrat commutatif plutôt qu'aléatoire. À rebours, par exemple, d'un Charles DELALLEAU (« Des droits et obligations des concessionnaires des travaux publics », *in R.L.J.* 1835, I, p. 177 et 358 ;

avancerait au concessionnaire une indemnité provisoire destinée à couvrir les frais excédentaires et, ainsi, à lui permettre d'en poursuivre l'exécution, avant de liquider définitivement cette indemnité au terme de la concession en considération des bénéfices réalisés sur l'ensemble de la concession ou, *a minima*, en considération de ceux réalisés entre la fin de la période d'imprévision et la fin du contrat. Le commissaire du gouvernement CHARDENET préfère cloisonner des situations contractuelles et extracontractuelles afin de resserrer dans des limites plus étroites le risque financier auquel s'expose le concessionnaire, plutôt que d'envisager le service concédé comme un modèle économique au sein duquel les contractants seraient associés sur toute la durée. Quoique ses conclusions ne s'attardent pas sur les modalités de calcul de l'indemnité d'imprévision, il suggère – au détour de ses réflexions – une « *ventilation des charges* »[28] qui conduit à circonscrire la période d'imprévision pour y attacher une indemnité ferme versée au concessionnaire, au lieu de préférer une indemnité provisoire à liquider au terme de la concession. Certes, il s'appuie sur une conception de la concession dont le Conseil d'État est familier. Ce faisant, il écarte une alternative qui, en empruntant à d'autres conceptions doctrinales, aurait pu privilégier l'idée d'une compénétration des intérêts plutôt que celle de leurs juxtapositions. En soi, la concession n'était pas impropre à accueillir l'idée d'une association dont l'économie s'adapterait en fonction des circonstances rencontrées au cours de son exécution. L'évolution de la jurisprudence administrative en cette matière aurait pu permettre de l'envisager sans trop de difficultés. Pourtant, la concession fut appréhendée suivant un partage des risques qui, en définitif, se trouva être très profitable aux concessionnaires. C'est d'ailleurs à cet égard que Maurice HAURIOU – peu après l'arrêt *Compagnie générale d'éclairage de Bordeaux* – se récria : « *Dans cette loterie du contrat de concession, à tout coup les Compagnies gagnent et les villes perdent* »[29].

1837, V, p. 140), *cf.* cet article précité de Léon de LA TASTE : « La crise du gaz devant les Conseil de préfecture » (*in Revue des concessions* 1915-1916, p. 209). Si dans la première moitié du XIXe siècle, les périls auxquels s'exposaient les concessionnaires étaient tels que ces entreprises prenaient les apparences d'une opération spéculative (d'où la qualification de contrat aléatoire), leur rentabilité est telle au début du XXe siècle que la rétribution des concessionnaires est présentée comme certaine (d'où la qualification de contrat commutatif).

[28] CHARDENET Pierre, Conclusions prononcées sous l'arrêt *Compagnie générale d'éclairage de Bordeaux c. Ville de Bordeaux* (C.E., 30 mars 1916), *in* PANHARD Adrien (dir.), *Recueil des arrêts du Conseil d'État…*, *op. cit.* (2e série, t. 86 ; année 1916), p. 133.

[29] HAURIOU Maurice, Note sur l'arrêt *Compagnie des messageries maritimes c. Ministre de la marine* (C.E., 3 août 1917) [1917], *in Notes d'arrêts sur décisions du Conseil d'État et du Tribunal des conflits publiées au Recueil Sirey de 1892 à 1928*, Paris, Sirey, 1929 (3 vol.), t. 3, p. 621.

497. La théorie de l'imprévision : une occasion manquée de renoncer à la nature contractuelle de la concession. – Le choix du Conseil d'État de conserver un cadre contractuel pour appréhender les concessions de service public participe du souci d'orienter une solution qui préserve les investissements mobilisés par les concessionnaires en faisant peser le surcroît de dépenses sur les deniers publics. Loin d'être naturelle comme si aucune autre solution n'eût été envisageable, cette option est classique à un point de vue juridique et conforme à une orthodoxie libérale que Gaston JÈZE avait déjà visée – au fil d'un propos différent, il est vrai.

> [En 1914] le Conseil d'État est composé, en majorité, d'hommes dont la formation intellectuelle, au point de vue économique, remonte à une époque où triomphent les doctrines de l'économie politique dite orthodoxe, libérale, doctrines individualistes à outrance, résolument hostiles au développement des services publics[30].

C'est ce que corrobore aujourd'hui M. de CARRATIER DUBOIS : « *La théorie jurisprudentielle de l'imprévision porte simplement à incandescence un interventionnisme financier qui rejette l'appropriation publique des services économiques (...)* [pour sauver] *le procédé contractuel à un moment où la guerre pourrait l'emporter* »[31]. La théorie de l'imprévision reçut parmi les administrativistes un accueil favorable qui s'explique par le fait que, dans le sens pris par la jurisprudence administrative à partir des années 1890, elle souligne d'une certaine manière la solidarité des intérêts entre l'administration et ses partenaires économiques. Quand bien même le contrat se présentait – selon d'aucuns – comme un concept rapporté, il contribuait à se figurer la nature collaborative de la relation liant l'administration concédante à son concessionnaire. Pour autant, la conception prêtée aux concessions de service public fit dissonance avec la conception classique du contrat, défendue par les civilistes orthodoxes à partir de la doctrine de l'autonomie de la volonté. Pour être appliquée à un contrat en marge du code civil, la théorie de l'imprévision ne cessait de s'appliquer à un acte qui demeurait contrat – ou du moins à un acte consensuel que le Conseil d'État persistait à analyser comme un contrat. Cela ne fut pas sans créer un contraste problématique avec la jurisprudence judiciaire. En effet, la

---

30 JÈZE Gaston, *Les principes généraux du droit administratif*, Paris, Giard & Brière, 1914 (2e éd.), p. 308.

31 CARRATIER DUBOIS Laurent (de), « Le Conseil d'État, l'économie et le service public : concessions et services publics industriels et commerciaux (années 1880-1950) », *in Revue d'histoire moderne et contemporaine* 2005, n° 3, p. 60-61.

doctrine privatiste n'était pas, à la même époque, sans s'interroger sur le sort à donner aux conventions passées avant la guerre, mais dont l'exécution devenait malaisée à partir d'août 1914 – du fait de l'occupation allemande du nord de la France où s'y trouvait l'essentiel de l'industrie charbonnière ; de la guerre sous-marine allemande qui perturbait les communications maritimes ; de la raréfaction de la main-d'œuvre par suite de la mobilisation ; du contrôle des transports ferroviaires par l'autorité militaire, *etc.*

498. En considérant uniquement les témoignages de la doctrine privatiste dans les revues juridiques, plusieurs défendirent la nécessité d'adapter la conception classique du contrat aux vicissitudes de la guerre. À l'instar de l'avocat LEBON, cette thèse se double d'une dénonciation de la *débilité* du parlementarisme et du *conservatisme* de la jurisprudence[32]. D'autres incitèrent à mobiliser la clause *rebus sic stantibus* pour l'interprétation des contrats – ne fût-ce que pour certains d'entre eux[33]. C'est plus souvent à l'aune de la théorie de la force majeure que la question de la stabilité des contrats est envisagée. Dans un article paru au début de la guerre, Albert WAHL en traite d'une manière assez orthodoxe[34]. S'il n'intéresse pas directement notre propos, ce professeur parisien aide néanmoins à apprécier l'évolution de la question au cours de l'année 1916 : le 22 février 1916, le député FAILLIOT déposa une proposition de loi relative aux marchés commerciaux conclus avant le début des hostilités (et définitivement votée… le 23 janvier 1918) ; le 30 mars 1916, le Conseil d'État rendit son arrêt précité (avec une célérité remarquable, comme le relève le professeur ROLIN[35]). Ces événements législatif et jurisprudentiel, mis en regard de la persistance dont fit preuve la Cour de cassation pour conserver une jurisprudence conçue en temps de paix, attisa les controverses doctrinales et les protestations issues de la société civile. La poursuite de la guerre au-delà de l'entendement rendit les en-

---

32 LEBON André, « La guerre et les contrats », *in R.P.P.* 1916, LXXXVII, p. 161.

33 *Cf.* en ce sens d'Albert WAHL : sa note sur l'arrêt *Société anonyme Maison Agnès c. Dlle MAALDERINCK* (Civ., 4 août 1915) (*in Dalloz* 1916. 1. 17) et son ouvrage : *Le droit civil et commercial de la guerre* (Paris, Tenin, 1918-1921 (4 vol.), t. 2 (1918)) ; Maurice CESBRON : « Des effets juridiques de la guerre sur les contrats antérieurs à la mobilisation » [1916] (*in Revue catholique des institutions et du droit* 1914-1916, LIII, p. 587) ; et Sébastien SERBESCO : « Effets de la guerre sur l'exécution des contrats » (*in R.T.D. civ.* 1917, p. 349).

34 WAHL Albert, « La guerre considérée comme force majeure, spécialement en matière de vente de marchandises », *in R.T.D. civ.* 1915, p. 383.

35 ROLIN Frédéric, « Les contrats de l'administration et la Première Guerre mondiale », *in Jus Politicum* 2016, n° 15 (disponible sur Internet), p. 9 *sq.*

jeux plus graves encore. La jurisprudence du Conseil d'État fut un argument supplémentaire, joint à la critique d'une jurisprudence judiciaire arcboutée sur une interprétation rigide du code civil. À cet égard, les concessions de service public furent prises à partie dans les controverses touchant la force majeure en droit civil, celles-là contribuant à interroger la doctrine de l'autonomie de la volonté et le rôle du juge du contrat. La nature des concessions fut diversement appréhendée selon les thèses défendues. Depuis celle respectueuse de l'intangibilité des contrats, compris comme un corollaire du respect de la volonté des parties ; jusqu'à celle favorable à la théorie de l'imprévision et envisageant pour le juge judiciaire un pouvoir de révision. Il est malaisé d'évaluer l'influence qu'eurent ces débats sur la doctrine administrative. Sans doute ne doit-elle pas être exagérée. Il n'en reste pas moins que les mentions qu'en fait la littérature administrative ne sont pas rares. De l'autre côté, la doctrine civiliste – dont une large partie fut plongée dans un profond désarroi – se réfère presque systématiquement à la jurisprudence administrative lorsqu'elle traite de la question de l'imprévision (ou de la force majeure). Aussi, ces controverses ne peuvent être écartées comme si elles ne concernaient que le droit privé. Ce n'est pas dire que l'une et l'autre doctrine se soient proprement influencées. Nous envisagerons plutôt l'hypothèse suivant laquelle la (re)définition de la concession fut sous-tendue par cette confrontation entre plusieurs acceptions du contrat. Ne pas tenir compte de la doctrine privatiste comme si cela débordait notre sujet, ce serait envisager la question sous un aspect trop étroit.

Section 2. – La doctrine privatiste : admettre un contrat administratif pour contenir la théorie de l'imprévision hors du droit civil

499. La théorie de l'imprévision fut suspecte à un grand nombre de privatistes en ce qu'elle leur parut antinomique avec la doctrine de l'autonomie de la volonté. C'est pourquoi, les travaux entrepris à son sujet ont souvent été critiques. Interroger la première, c'est toujours éprouver la valeur de la seconde (**paragraphe 1**). Afin de conserver à la doctrine de l'autonomie de la volonté tout son éclat, plusieurs privatistes s'évertuèrent à fixer à un contrat administratif conçu comme autonome du droit privé tout ce qui pouvait y être irréductible (**paragraphe 2**).

Paragr. 1. – La doctrine de l'autonomie de la volonté mise à l'épreuve par la théorie de l'imprévision

500. Une théorie subversive de la doctrine de l'autonomie de la volonté. – Dans un article assez vif, Gabriel DESBATS – qui fut successivement conseiller de préfecture et sous-préfet – expose les bouleversements que provoqua le Conseil d'État, par glissements successifs de sa jurisprudence. L'arrêt *Compagnie générale d'éclairage de Bordeaux* n'en est qu'une illustration plus topique. Insistons-y : cet arrêt suscita des réactions d'autant plus vives que la question de l'imprévision ne pouvait se poser au droit public sans que le droit privé ne fût lui-même intéressé par la solution apportée par le Conseil d'État. Cette résonnance amplifia les controverses et conduisirent nombres d'auteurs à des comparaisons entre droit public et droit privé. Dans l'article évoqué, cet arrêt y est analysé comme un *excès de pouvoir* du juge administratif : modifier *d'autorité* une convention sans recueillir le consentement des parties, c'est battre en brèche la doctrine de l'autonomie de la volonté sur laquelle repose la définition classique du contrat – c'est-à-dire celle du contrat *tout court*.

> En consacrant (…) le principe général de l'indemnité d'imprévision, le Conseil d'État nous paraît avoir obéi à son double caractère de tuteur des établissements publics et de rédacteur législatif ; comme juge, il a excédé son pouvoir, un peu à la façon du prêteur romain en raison des nécessités de fait et d'opportunité que semblait troubler la rigoureuse application du droit. Ce que nous critiquons dans cette jurisprudence, et notamment dans l'arrêt du 30 mars 1916, c'est le caractère juridique que la haute Assemblée a voulu donner à une théorie qui va à l'encontre du texte écrit ; nous ne contestons pas la nécessité du

> principe ; nous contestons sa légalité actuelle. Ce n'est pas au juge, quelque supérieur que soit son degré dans la hiérarchie, qu'il appartient de faire la loi ; c'est au législateur et au législateur seul. Voilà la vérité juridique et constitutionnelle[36].

Rigoureusement opposé à un juge qui s'immiscerait jusqu'au cœur des relations contractuelles de l'administration, Gabriel DESBATS exprime une opinion qui, pour n'être pas la plus originale, fut largement partagée. Elle le fut y compris par ceux qui se prononcèrent en faveur des concessionnaires et qui, d'une manière différente, s'attachèrent aussi à défendre la respectabilité du contrat[37]. Autrement dit, le fond doctrinal sur lequel se positionnent les opinions divergentes reste toujours celui-ci : les contrats administratifs ne désignent que des contrats soumis à une juridiction spéciale ; ils n'en restent pas moins des contrats, fussent-ils spéciaux comme le sont les contrats commerciaux.

> Le contrat de concession, imposé par le développement de la vie sociale et économique, n'était pas et ne pouvait pas être prévu à l'époque de la rédaction du Code civil. Il en est de même d'un certain nombre de contrats. (…) Quelques-uns ont été réglés par des lois spéciales et postérieures. Les autres ne peuvent être interprétés que conformément aux dispositions du Code civil. Le caractère administratif du contrat de concession ne saurait, en effet, affecter que la compétence du juge (L. 28 pluviôse an VIII). Mais, pour le fond, le juge administratif, comme le juge civil, nous paraît lié par les termes des articles 1107 et 1134 du Code civil.
>
> C'est là, il faut en convenir, la conclusion rigoureuse qui découle en l'absence de lois spéciales, des règles du Code civil[38].

Cette analyse – dont la désuétude est notamment marquée par les référents doctrinaux mobilisés[39] – interpelle. Publiée dans une revue préfé-

---

[36] DESBATS Alexis-Gabriel, « De la nature juridique du contrat de concession », *in R.G.A.* 1917, I, p. 16-17.

[37] *Cf.* entre autres deux articles dont l'auteur est vraisemblablement Léon de LA TASTE : « La crise des services publics concédés et la politique » (*in Revue des concessions* 1917, p. 5) & « La crise économique et les services publics concédés » (*in Revue des concessions* 1920, p. 5).

[38] DESBATS Alexis-Gabriel, « De la nature juridique du contrat de concession », *in R.G.A.* 1917, I, p. 9.

[39] Gabriel DESBATS propose une définition de la concession empruntée au *Répertoire du droit administratif* de BÉQUET (t. 8, 1891), laquelle est l'exacte reproduction de celle donnée dans le *Dictionnaire général d'administration* de BLANCHE (1849). Il y ajoute une définition empruntée à Théophile DUCROCQ (1897) et une autre à Henry BERTHÉLEMY (1916). Pour être un contemporain, ce dernier ne fut pas le plus innovateur d'entre ses

rentiellement destinée aux praticiens de l'administration, elle exprime un point de vue à l'aune duquel l'arrêt *Compagnie générale d'éclairage de Bordeaux* doit être apprécié si l'on veut discerner ce que celui-ci a pu avoir de novateur aux yeux des contemporains, voire de subversif. Les contrats administratifs (ou plutôt certains d'entre eux) n'ont, en effet, été compris différemment qu'ils ne l'étaient jusqu'ici qu'à raison des critiques portées contre la doctrine de l'autonomie de la volonté et de ses corollaires – en premier lieu l'intangibilité des obligations et l'illégitimité du juge à interpréter le contrat autrement qu'en respectant ce que les parties ont respectivement voulu.

501. De l'utilité de la littérature doctorale pour apprécier la réception doctrinale de la théorie de l'imprévision. – Les ouvrages universitaires didactiques (traités, manuels, précis, *etc.*) en droit civil réceptionnent la théorie de l'imprévision dans le courant des années 1920, au gré des rééditions ou des nouvelles publications. Cela dit, ce n'est pas dans cette littérature que son impact se fait le mieux sentir, car le temps éditorial n'est pas toujours synchronisé avec le temps doctrinal. C'est davantage les monographies – tout particulièrement les thèses de doctorat – qui nous renseignent sur la réception de la théorie de l'imprévision par la doctrine privatiste. À cet égard, il n'est pas anodin que les administrativistes aient consacré, dans les années 1920, quatre thèses sur le sujet[40], auxquelles s'ajoute une cinquième à la fin des années 1930[41] ; là où les civilistes lui en consacrèrent neuf au cours de la même période[42], en sus de quelques autres dans la décennie suivante[43]. Sans compter les

---

pairs.

40 *Cf.* les thèses de – Saint-Marc (*De l'imprévision dans les contrats administratifs*, 1918), – Gros (*Les conséquences juridiques de la guerre sur les services publics concédés du gaz et de l'électricité*, 1922), – Desjonquères (*L'évolution de la jurisprudence du Conseil d'État au sujet de la théorie de l'imprévision dans les marchés de fournitures*, 1926), – Végleri (*Des modifications apportées par l'administration à ses contrats : étude de jurisprudence administrative*, 1927) et – Jacquemard (*La théorie de l'imprévision et la gestion des services publics concédés*, 1928).

41 *Cf.* la thèse de Foulon : *Le caractère provisoire de la notion d'imprévision* (1938).

42 *Cf.* les thèses de – Louveau (*Théorie de l'imprévision en droit civil et en droit administratif*, 1920), – Radouant (*Du cas fortuit et de la force majeure*, 1920), – Fyot (*Essai d'une justification nouvelle de la théorie de l'imprévision à l'égard des contrats portant sur des objets autres qu'une somme d'argent*, 1921), – Bomsel (*La théorie de l'imprévision en droit civil français*, 1922), – Bruzin (*Essai sur la notion d'imprévision et sur son rôle en matière contractuelle*, 1922), – Voirin (*De l'imprévision dans les rapports de droit privé*, 1922), – Lapeyre (*De l'imprévision dans les marchés passés par les sociétés de gaz et d'électricité*, 1923), – Magnan de Bornier (*Essai sur la théorie de l'imprévision*, 1924) et – Cattand (*La clause « *rebus sic stantibus* » du droit privé au droit international*, 1929).

43 *Cf.* les thèses de – Popescu (*Essai d'une théorie de l'imprévision en droit français et comparé*,

thèses qui en traitèrent incidemment à travers des études tournées vers les mutations du contrat[44]. En abordant la théorie de l'imprévision, presque toutes analysent la jurisprudence administrative selon l'orientation de leurs conclusions. C'est précisément cela qui nous intéresse, car la conception prêtée aux concessions de service public est – par un effet de correspondance – ajustée à celle que l'auteur défend sur le contrat.

502. Préserver la doctrine de l'autonomie de la volonté : les concessions prises comme contre-modèle. – Henri CAPITANT enferme la théorie de l'imprévision dans une condamnation intransigeante que son prestige académique et son autorité doctrinale érigent en canon : « *Le code civil suivant la tradition romaine, place au-dessus de tout la stabilité des contrats et en fait une des bases de l'ordre social* »[45]. Cette citation fut partout reproduite – pour être appuyée ou, plus rarement, critiquée. Les arguments tendant à marginaliser les concessions de service public ont été repris si souvent qu'ils vinrent à constituer une espèce de vulgate. Ils ont entériné une conception du contrat de concession suivant laquelle les parties contractantes n'ont pas des intérêts antagonistes, comme cela s'observe dans les contrats entre particuliers. Tandis que, dans cette dernière hypothèse, le juge ne peut se livrer à l'interprétation d'une intention commune qui n'existe pas et que, dès lors, il est contraint d'en rester à la lettre de la convention, la concession au contraire organise une communauté

1937), – AUVERNY-BENNETOT (*La théorie de l'imprévision, droit privé, droit administratif, droit ouvrier*, 1938) et – STOYANOVITCH (*De l'intervention du juge dans le contrat en cas de survenance de circonstances imprévues : théorie de l'imprévision*, 1941).

[44] *Cf.* les thèses de – BRUNET (*La guerre et les contrats*, 1917), – GUEULLETTE (*Des effets juridiques de la guerre sur les contrats*, 1918), – CANET (*Des effets de la guerre sur l'exécution des contrats synallagmatiques…*, 1920), – LEPARGNEUR (*La prorogation des contrats à exécution successive après un cas de force majeure…*, 1920), – MAURY (*Essai sur le rôle de la notion d'équivalence en droit civil français*, 1920), – TATRY (*Loi du 21 janvier 1910 sur les marchés à livrer…*, 1920), – VILLEY DESMESRETS (*De l'intervention du législateur dans l'interprétation des contrats*, 1920), – MAYNAU (*Les fictions de contrats dans le code civil et depuis le code civil*, 1924), – MULTZER O'NAGHTEN (*La loi Failliot et les principes du contrat consensuel*, 1925), – TALAMON (*Le pouvoir de contrôle de la Cour de cassation sur l'interprétation et l'application des contrats*, 1926), – SALLÉ DE LA MARNIERRE (*L'évolution technique du contrat et ses conséquences juridiques*, 1930), – GAUDIN DE LAGRANGE (*L'intervention du juge dans le contrat*, 1935) ; MARSON (*L'abus du droit en matière de contrat*, 1935), – ROUSSEL (*Le contrat : de l'intervention du juge et du législateur dans son exécution*, 1936), – BARREYRE (*L'évolution et la crise du contrat : étude synthétique et critique*, 1937) et – ZAKSAS (*Les transformations du contrat et leur loi : essai sur la vie du contrat en tant qu'institution juridique*, 1939).

[45] CAPITANT Henri, Note sur l'arrêt *MOREL frères et SALOU c. BARDON et Cie* (Cour d'appel de Paris, 21 décembre 1916), *in Dalloz* 1916. 2. 33.

d'intérêts qui ne doit pas être figée par une interprétation trop littérale des stipulations. Dans un ouvrage destiné aux praticiens, l'avocat aux Conseils DUFOURMANTELLE entérine cette conception qu'il fait sienne, jusqu'à paraphraser CAPITANT qu'il ne cite même pas tant ses idées semblent participer d'une orthodoxie doctrinale. « *La jurisprudence civile,* (…) *en s'appuyant sur le Code, qui lui-même a suivi la tradition romaine, place au-dessus de tout la fixité, la stabilité des contrats et en fait une des bases de l'ordre social* »[46]. C'est la même analyse que défend Jean RADOUANT, dans une thèse entreprise sous la direction d'Henri CAPITANT. En reprenant *opportunément* ces propos de Maurice HAURIOU : « *rigidité du service public et flexibilité du contrat* »[47] – sa démonstration tend à retrancher les contrats de concession des autres contrats afin de maintenir ces derniers sous l'empire d'une doctrine de l'autonomie de la volonté qui demeure immaculée.

> Un service public ne doit pas être interrompu ; la nécessité de son fonctionnement régulier et continu impose la flexibilité du contrat, parce que l'élément contractuel est absorbé par l'élément de service public. Or l'élément contractuel existe seul dans les contrats de droit privé.
>
> On ne peut donc songer à leur appliquer le même régime qu'aux contrats de droit public, d'autant plus que l'intervention d'une personne du droit public n'est pas sans entraîner certaines conséquences, quant à l'esprit dans lequel le contrat est conclu : elle écarte toute pensée de spéculation chez le créancier[48].

La jurisprudence administrative est soumise à un examen qui se représente comme hétérogène au droit civil tout ce qui pourrait favoriser l'introduction de la théorie de l'imprévision.

503. Adapter la doctrine de l'autonomie de la volonté : les concessions prises comme référent. – Il n'y a pas lieu d'être surpris par le fait que les thèses mentionnant dans leur intitulé le mot « imprévision », se montrent presque systématiquement – pour ne pas dire toujours – favorables à son sujet. À l'inverse, pour un auteur comme Jean RADOUANT, la « théorie » de l'imprévision n'est qu'une évolution dégé-

---

[46] DUFOURMANTELLE Roger, *La force majeure dans les contrats civils ou commerciaux et dans les marchés administratifs*, Paris, Giard & Brière, 1920, p. 72.

[47] HAURIOU Maurice, Note sur l'arrêt *Compagnie générale d'éclairage de Bordeaux c. Ville de Bordeaux* (C.E., 30 mars 1916) [1917], *in Notes d'arrêts sur décisions du Conseil d'État et du Tribunal des conflits…*, *op. cit.*, t. 3 (1929), p. 603.

[48] RADOUANT Jean, *Du cas fortuit et de la force majeure*, Paris, Rousseau & Cie, 1920 (thèse de doctorat, faculté de Paris ; présidée par CAPITANT, professeur de droit civil), p. 81-82.

nérée de la théorie de la force majeure dont elle dénature le sens et la portée. Elle ne mérite pas même le nom de théorie : il s'agit moins d'une opinion doctrinale que d'une erreur juridique. L'ambition de ce dernier est de redonner à la force majeure une signification épurée de ses applications contestables auxquelles se sont laissées aller certains magistrats – notamment au sein des juridictions consulaires. En revanche, d'autres auteurs ont envisagé la théorie de l'imprévision en la dissociant de la théorie de la force majeure. Cette perspective lui est plus conciliante car elle permet d'en rendre compte comme d'une théorie inédite dont les mérites doivent être appréciés à l'aune des motifs dont elle procède et des fondements qui la justifient. L'une des premières thèses consacrées aux répercussions de la Première Guerre mondiale sur les contrats augure que, malgré les singularités qui marquent la concession de service public, « *la théorie de l'imprévision dont l'arrêt* [du Conseil d'État] *du 30 mars* [1916] *fait application, aura une action sur l'interprétation à donner aux contrats civils* »[49]. Son auteur s'évertue à convaincre de la genèse d'un droit nouveau, à l'ébauche duquel cet arrêt participerait en en esquissant les linéaments : « *Il ne faut pas* (…) *négliger l'influence que* [cet arrêt] *peut avoir sur la jurisprudence civile* »[50]. Dans les travaux spécialement consacrés à la théorie de l'imprévision, la convocation de la jurisprudence administrative prend plusieurs formes selon le sens de la démonstration. À l'instar de BOMSEL, celle-ci est conçue classiquement : par souci d'équité, l'imprévision s'impose aux contrats dont l'inexécution menacerait le bon fonctionnement d'un service public[51]. De surcroît, elle pourrait être désirable en droit civil en ce qu'elle préserverait la pureté de la théorie de la force majeure dont certaines applications sont forcées dans l'unique souci de lui faire produire des effets analogues à la théorie de l'imprévision[52]. C'est en ce sens que, quoique sommairement, la jurisprudence administrative y est étudiée à l'aune de la clause *rebus sic stantibus*. Tout en prenant la mesure des singularités qui s'attachent aux contrats passés pour le fonctionnement des services publics, cet auteur regarde la jurisprudence administrative comme un référent dont le droit privé pourrait s'inspirer à certains égards : elle recourt à l'équité pour pallier les volontés des parties

---

[49] GUEULLETTE J.-E., *Des effets juridiques de la guerre sur les contrats*, Paris, Jouve & Cie, 1918 (thèse de doctorat, faculté de Paris ; présidée par LEFEBVRE, professeur d'histoire du droit), p. 301.
[50] *Id.*, p. 311.
[51] BOMSEL, *La théorie de l'imprévision en droit civil français*, Paris, Jouve & Cie, 1922 (thèse de doctorat, faculté de Paris ; présidée par PIEDELIÈVRE, professeur de droit civil), p. 31 *sq.*
[52] *Id.*, p. 67.

imparfaitement exprimées – ou des volontés qui n'ont pas ou n'ont pu anticiper le contexte économique dans lequel le contrat trouve à s'exécuter. Telle est la finalité de cette thèse : conjuguer la doctrine de l'autonomie de la volonté avec un esprit d'équité qui la dépouille de celles de ses conséquences dont la rigueur la rend inique.

504. Peu avant BOMSEL c'est la même démarche que poursuit un autre docteur – André LOUVEAU – qui développe une comparaison plus aboutie entre les jurisprudences administrative et civile. Sa thèse illustre mieux encore comment la jurisprudence administrative fut mêlée à des problématiques intéressant proprement le droit civil. En les examinant l'une et l'autre, il oppose deux manières d'interpréter le droit civil des obligations. À côté d'une approche classique, celle du Conseil d'État est présentée en définitive comme étant plus respectueuse de la volonté des parties. Et s'il admet que, en raison des intérêts qui y sont en cause, les contrats de l'administration peuvent différer des contrats entre particuliers, il déplore une divergence de jurisprudence qui, en creux, souligne la rigidité du droit privé : les solutions correctrices que celui-ci laisse désirer révèlent combien il se *déréalise*. « *On peut douter, en effet, que la jurisprudence civile ait apporté satisfaction aux véritables besoins de la vie des affaires en face du mouvement hostile d'opinion qu'elle a suscité et qui a bientôt provoqué, de la part des tribunaux civils, quelques décisions où se fait jour une tendance nouvelle et, de la part du Parlement, une mesure législative* »[53]. La comparaison critique est employée non pas à remettre en cause la doctrine de l'autonomie de la volonté, mais à en dénoncer une acception bornée, ce pour y substituer une autre qui permettrait l'adaptation des contrats suivant l'environnement économique où ils trouvent à s'exécuter. Suivant un autre auteur, les contempteurs de la théorie de l'imprévision apparaissent comme raidis dans leur refus de tenir compte des « *considérations d'utilité sociale et d'équité* », convaincus que « *la thèse de la doctrine administrative* [ne peut, ni ne doit] *jouer en pur droit civil* »[54]. Ces derniers étant avant tout préoccupés « *d'assurer aux conventions librement consenties entre particuliers leur plein effet, redoutant les dangers d'immixtion du pouvoir judiciaire dans les accords des volontés contractantes, soucieux de limiter le domaine de la force majeure au seul cas "d'impossibilité absolue*

---

[53] LOUVEAU André, *Théorie de l'imprévision en droit civil et en droit administratif*, Rennes, Imprimerie brevetée Simon, 1920 (thèse de doctorat, faculté de Rennes ; présidée par LEREBOURS-PIGEONNIÈRE, professeur de droit civil), p. 124.

[54] FYOT Louis, *Essai d'une justification nouvelle de la théorie de l'imprévision à l'égard des contrats portant sur des objets autres qu'une somme d'argent*, Dijon, Imprimerie Vve Berthier, 1921 (thèse de doctorat, faculté de Dijon ; présidée par DESSERTEAUX, professeur de droit romain), p. 11.

d'exécution"»[55], la théorie de l'imprévision est regardée comme une déraison du droit civil. C'est précisément cette idée que s'efforce de dissiper Louis FYOT en démontrant que le code civil est propre à accueillir cette théorie, laquelle ne lui est pas contre-nature.

> Est-ce dire que la doctrine souple de l'Imprévision n'ait pas sa place dans notre droit civil, en dehors du cadre des lois d'exceptions à durée éphémère, qui l'ont expressément consacrée ?[56]

Dans l'analyse novatrice que cet auteur fait de l'article 1150 du code civil, la jurisprudence administrative est mobilisée comme un référent à l'aune duquel la valeur opérationnelle du droit civil est discutée. « *Il n'est pas impossible peut-être de rejoindre, en pur droit civil, la théorie prétorienne élaborée par le Conseil d'État*»[57]. Quoiqu'il conserve une distance avec le droit administratif – prétorien et, partant, plus sensible à la raison de l'équité –, il argumente en faveur d'une convergence asymptotique entre jurisprudence administrative et code civil, en sorte que celui-ci puisse s'adapter aux nécessités sociales et économiques et que la doctrine de l'autonomie de la volonté, en s'émoussant, conserve son opérance.

505. Dépasser la doctrine de l'autonomie de la volonté : les contrats administratifs pris comme exemple. – Dans les premières années de la décennie 1920, trois thèses sont venues atténuer la spécialité du droit administratif en présentant les concessions comme l'archétype d'un nouveau modèle contractuel. Elles ont accusé les mutations qu'a connu le contrat depuis le début du XXe siècle et que la Première Guerre mondiale a achevé de bouleverser. C'est en ce sens qu'a ressurgi la question des contrats d'adhésion, lesquels favorisent des analogies entre droit public et droit privé.

> [Dans les contrats administratifs], il n'y a pas comme dans le contrat idéal du Code civil deux volontés traitant sur un pied d'égalité et se déterminant librement l'une par l'autre.
>
> De la disparité de situation des contractants, jaillit un puissant motif d'équité en faveur de la théorie de l'imprévision. Cependant, on doit convenir que ce motif n'est pas spécial aux contrats administratifs, qu'il s'appliquerait aussi bien à tous les contrats dits d'adhésion : or, quel accord civil générateur d'obligations n'est

---

[55] *Id.*, p. 9.
[56] *Id.*, p. 13.
[57] *Id.*, p. 202.

> plus ou moins un contrat d'adhésion, c'est-à-dire, non pas à la vérité un contrat, mais un statut ?[58]

Sous la plume de Pierre VOIRIN, les contrats administratifs ne sont certes pas un modèle que les civilistes pourraient emprunter pour assimiler la théorie de l'imprévision au code civil – fût-ce au prix d'une réinterprétation de celui-ci. Si sa démarche paraît analogue aux auteurs précédents, la théorie de l'imprévision est néanmoins convoquée pour dénoncer les outrances de la doctrine de l'autonomie de la volonté plutôt que pour en actualiser la valeur. Mieux encore que l'exemple des contrats d'adhésion, celle-là donne à voir les gages pratiques qui s'attacheraient à une acception du contrat qui ne repose pas sur une égalité formelle des parties.

> En dépit des divergences qui séparent le droit administratif du droit civil, la théorie de l'imprévision suppose une base très large de moralité, commune à toutes les branches du droit[59].

André BRUZIN ne manque pas de souligner que la spécialité attachée aux concessions de service public est motivée par le souci de pérenniser une divergence entre les jurisprudences administrative et judiciaire. Aussi critique-t-il les civilistes qui jouent de cet argument pour cantonner facticement au droit administratif la théorie de l'imprévision. En la rapportant à des contrats moins singuliers, il fait voir la contiguïté qui existe entre les contrats administratifs et les contrats passés entre particuliers.

> On ne peut (…) se baser sur une prétendue nature spéciale du contrat administratif pour limiter l'admission des effets de l'imprévision aux contrats passés par l'administration. (…)
>
> Il est toujours dangereux de raisonner sur des exemples choisis à dessein et de conclure hâtivement du particulier au général. Or, c'est le procédé qui nous paraît ici employé. Deux conventions sont prises comme termes de comparaison : d'une part, en droit privé, le marché à livrer, qui est un contrat à but spéculatif ; d'autre part, en droit public, le contrat de concession, où il est certain que l'administration traite sans rechercher un bénéfice personnel. On constate que l'opposition d'intérêts n'existe pas entre les deux parties avec la même intensité ni avec le même aspect dans le premier et dans le second. Mais en pouvait-il être autre-

[58] VOIRIN Pierre, *De l'imprévision dans les rapports de droit privé*, Nancy, Ancienne imprimerie Vagner, 1922 (thèse de doctorat, faculté de Nancy ; présidée par GÉNY, professeur de droit civil), p. 16-17.
[59] *Id.*, p. 28.

> ment, quand il s'agit de deux contrats qui, au point de vue économique, ne présentent aucune ressemblance ?
>
> La différence s'atténue singulièrement lorsqu'on compare des contrats privés et administratifs dont le but économique est sensiblement analogue[60].

De son point de vue, la théorie de l'imprévision est propre à appréhender des mutations qui, en affectant les contrats dans leur ensemble, minent la doctrine de l'autonomie de la volonté en particulier. Mobilisé comme exemple, le contrat administratif contribue à caractériser, pour le droit privé, un contrat qui ne serait pas biaisé par cette doctrine. Il n'est plus question de distinguer un contrat singulier pour isoler une théorie dérangeante. Démontrer en quoi le contrat administratif est topique d'un mode contractuel qui s'affirmerait depuis le début du XXe siècle, c'est mettre en exergue l'obsolescence d'une conception du contrat prônée par les civilistes orthodoxes.

506. En écartant l'argument tiré de la continuité des services publics pour lui substituer un autre qui vienne justifier la théorie de l'imprévision, André BRUZIN s'efforce de lui donner une assise juridique qui soit transversale au droit public et au droit privé. Il s'applique à convaincre que « *l'imprévision n'est pas une théorie spéciale au droit administratif* »[61]. La différenciation – au point de vue du genre – entre contrats administratifs et contrats privés lui paraît être uniquement fondée sur le souci d'exclure cette théorie du droit civil.

> Une nouvelle distinction a (…) été proposée et son examen présente une importance capitale, car elle tendrait à bannir complètement du droit privé la théorie de l'imprévision pour la cantonner dans le droit administratif. (…)
>
> Pour soutenir cette thèse, on invoque plusieurs arguments. Tous tendent à démontrer, sinon que les contrats administratifs ont une nature spéciale, du moins que les rapports qui s'établissent entre l'administration et son co-contractant ne sont pas comparables à ceux qui existent entre particuliers[62].

Le fondement qu'il donne à la théorie de l'imprévision nous importe peu en définitive, si ce n'est pour faire remarquer qu'il passe par-dessus

---

60 BRUZIN André, *Essai sur la notion d'imprévision et sur son rôle en matière contractuelle*, Le Puy, Imprimerie Prély, 1922 (thèse de doctorat, faculté de Bordeaux ; présidée par FERRON, professeur de droit commercial), p. 359-361.

61 *Id.*, p. 357 *sq.*

62 *Id.*, p. 357-358.

la *summa divisio* pour rapporter à l'ensemble des contrats une conception de la volonté des parties moins rigide que celle qui découle de la doctrine de l'autonomie de la volonté.

> Le fondement que nous avons attribué à la théorie de l'imprévision ne permet aucune distinction entre le droit privé et le droit administratif. Il ne s'agit point de commune intention des parties ; (…) la vérité est que le débiteur ne peut être astreint à l'exécution aux conditions primitives, parce que les circonstances extracontractuelles sont apparues, parce que la force obligatoire du contrat est fondée sur le consentement, il se modèle logiquement sur l'étendue de la volonté des parties, et que les circonstances extracontractuelles, dépassant la limite extrême des aléas prévisibles, sont en dehors du domaine de leur volonté. La notion de circonstances extracontractuelles n'est pas spéciale au droit administratif : elle peut se révéler partout où il y a eu accord de volontés et naissance d'obligations. Elle est commune au droit public et au droit privé[63].

En définitive, l'ambition de ces auteurs fut de déconstruire une opposition entre plusieurs catégories de contrats qui a été dressée dans le seul dessein de cantonner la théorie de l'imprévision à certains d'entre eux et de conserver aux autres une acception classique et intransigeante de la doctrine de l'autonomie de la volonté. L'intérêt porté sur cette théorie le fut avant tout pour défendre une conception du contrat qui, considéré comme objet du social plutôt que comme construction de la volonté démiurgique des parties, permît d'en envisager l'adaptation à son environnement. Dans le sillage des auteurs précités, c'est ce qu'entreprend MAGNAN DE BORNIER dans une thèse consacrée à dénoncer la rigidité du contrat dans sa conception classique. La confrontation entre les jurisprudences administrative et judiciaire est tendue à démontrer que les contrats ne diffèrent pas quant à leur nature et qu'ils sont tous le vecteur d'un ordre économique. La justification qu'il apporte à la théorie de l'imprévision contribue à démontrer que tous les contrats ne peuvent être compris qu'à travers leur utilité sociale et non au seul point de vue de la volonté des parties[64]. Ces réflexions participent ainsi de celles qui, dans l'Entre-deux-guerres, ont familiarisé cette idée que le contrat serait être une technique juridique plutôt qu'un concept ontologique.

---

[63] *Id.*, p. 363.

[64] MAGNAN DE BORNIER J., *Essai sur la théorie de l'imprévision*, Paris, Jouve & Cie, 1924 (thèse de doctorat, faculté de Montpellier ; présidée par NESMES-DESMARETS, professeur de droit administratif), p. 129 *sq.*

507. La théorie de l'imprévision : le vecteur d'une critique d'un droit civil impropre à s'adapter aux évolutions sociales. – Quelques années plus tard, l'on trouve encore deux thèses qui s'employèrent à une tâche analogue – avec une acuité plus vive encore que permettait le temps écoulé. Le droit civil n'y est plus seulement confronté au droit administratif, mais aussi au droit ouvrier. L'autonomie de chacune de ces disciplines académiques contribue à faire ressortir la fixité de la jurisprudence judiciaire en matière civile. Cet exercice comparatif dénonce moins l'exclusion de la théorie de l'imprévision du droit civil, qu'il ne participe à donner au contrat une nouvelle assise conceptuelle. « *Un fait pour nous est certain : le recul du principe de l'autonomie de la volonté et le développement corrélatif de la théorie de l'imprévision* »[65]. L'enjeu ne se réduit plus à la seule question de l'adaptation du droit civil à son environnement social et économique. En citant les principaux privatistes qui, dans les années 1930, ont rendu compte des mutations dont le contrat a été l'objet, Jean AUVERNY-BENNETOT estime que l'essor de la théorie de l'imprévision annonce l'avènement d'un modèle contractuel qui vient se substituer à celui du siècle précédent. Suivant cette perspective, les contrats administratifs sont moins présentés comme une catégorie particulière de contrats, qu'ils n'incarnent une figure moderne du contrat.

> Quelle logique y-a-t-il à refuser à un entrepreneur de travaux publics et privés l'imprévision dans ses marchés avec des particuliers, alors qu'on la lui accordera dans les marchés avec l'administration ? (…)
>
> Tous les contrats ayant un intérêt pour la société, tous comportent une part d'institution sociale. Aussi (…) est-ce à toutes les sortes de contrats que s'est peu à peu étendue une théorie qui les adapte à toutes les transformations, – même les plus normales – de la vie économique[66].

Le primat des volontés particulières s'impose encore, quoique la théorie de l'imprévision conduit en définitive à rediscuter des caractères qui font le contrat. La notion du risque se dilue, sinon perd de son intensité. Le contrat tend moins à être une pure opération spéculative qu'un échange économique dont la proportion des prestations doit être normalisée. « *Cette notion du risque est aujourd'hui complètement transformée et par la*

---

[65] AUVERNY-BENNETOT Jean, *La théorie de l'imprévision. Droit privé, droit administratif, droit ouvrier*, Paris, Recueil Sirey, 1938 (thèse de doctorat, faculté de Paris ; présidée par CASSIN, professeur de droit civil), p. 167.
[66] *Id.*, p. 101.

théorie de l'imprévision et par l'habitude des clauses, destinées à parer à l'imprévu »[67].

508. Un autre docteur – Constantin STOYANOVITCH – explicite plus clairement cette ambition doctrinale qui tend à socialiser le contrat en même temps qu'elle le soustrait à un individualisme libéral dogmatique :

> En étudiant le problème de l'imprévision dans la théorie des contrats qui est en même temps celui de l'intervention du juge dans le contrat en cas de survenance de circonstances imprévues, nous ne nous sommes pas limité exclusivement au domaine du droit positif, du droit en vigueur. Notre examen du problème en question a porté sur un domaine plus large : celui du droit de l'avenir[68].

Dans cette thèse, le comparatisme – au point de vue des autres disciplines académiques, mais aussi des législations étrangères – est employé à exposer les rigidités du droit civil français, lesquelles freinent son adaptation aux évolutions sociales et, en définitive, empêchent au présent d'advenir.

> Nous avons pu démontrer qu'une idée de justice et de droit à l'égard de la théorie de l'imprévision réclamant la consécration de celle-ci à titre de règle générale s'est formée dans les esprits ; que cette idée, étant toute nouvelle, n'a rien à voir avec le Code civil qui lui est totalement étranger, et que, par conséquent, la jurisprudence a tort de ne pas vouloir lui prêter la forme d'une règle de droit. L'idée de cette règle de droit générale trouve sa source dans le fait que la théorie de l'imprévision est entièrement sanctionnée dans les branches du droit autres que celle du Droit civil : dans le Droit ouvrier, dans le Droit administratif et dans le Droit international, public et privé ; dans le fait que plusieurs pays étrangers la sanctionnent sans que cela ait aucun inconvénient pour le commerce juridique[69].

Dans une perspective différente de ceux qui, dans les années 1920, se sont évertués à actualiser le code civil, Constantin STOYANOVITCH ne cherche plus tant à légitimer une théorie prétorienne, qu'à ajuster le droit aux faits – pour paraphraser le titre d'un ouvrage de Gaston MORIN[70]. La

---

[67] *Id.*, p. 165.

[68] STOYANOVITCH Constantin, *De l'intervention du juge dans le contrat en cas de survenance de circonstances imprévues. Théorie de l'imprévision*, Marseille, Leconte, 1941 (thèse de doctorat, faculté d'Aix ; présidée par AUDINET, professeur de droit civil), p. 485.

[69] *Id.*, p. 486.

[70] *Cf.* l'ouvrage de Gaston MORIN intitulé : *La révolte de faits contre le code* (1920).

théorie de l'imprévision n'est plus une correction nécessaire que le droit civil se devrait d'assimiler, mais un horizon à partir duquel le droit se réorganise. La résistance du droit privé atteste qu'il ne peut rester immuable sans se dérober à la société qu'il entend régir.

> En modifiant la conception du contrat d'il y a 140 ans, la théorie de l'imprévision a élargi le champ d'action de l'ordre juridique objectif et a restreint celui du contrat. Autrement dit, elle a changé le rapport entre les fonctions de l'État et celles des individus au profit des premières et au détriment des seconds, en « socialisant » en quelque sorte la sphère de l'activité individuelle. – Le contrat, tout en étant l'acte de deux ou de plusieurs volontés, ne doit pas être considéré comme l'œuvre de ces volontés, car celles-ci ne sont douées d'aucune faculté créatrice, étant donné la caducité de la théorie de l'autonomie de la volonté humaine, attestée par les faits[71].

Ce faisant, les « *distinctions entre les contrats administratifs et les contrats civils ne sont* (…) *qu'apparentes* »[72]. Si cet auteur admet que les premiers se présentent volontiers sous les traits de contrats d'adhésion, c'est en ajoutant que les seconds s'en rapprochent également par la force des choses :

> La force du contrat civil a bien évolué depuis la promulgation du Code Napoléon. Le contrat d'adhésion est aujourd'hui une forme très usuelle. Les contrats de transport, d'assurance, de vente à prix fixe, de fournitures par les grandes compagnies, le contrat de travail soit sous le régime du règlement d'atelier, soit sous le régime de la convention collective, ont ce caractère, exactement comme les contrats administratifs[73].

Pour leur être restées personnelles, les conclusions auxquelles ces auteurs parviennent dans leurs thèses respectives témoignent du fait que la théorie de l'imprévision a fréquemment été mobilisée pour désigner un droit civil pétrifié par les civilistes orthodoxes. Elle permit de recouvrir une partition entre contrats administratifs et contrats civils, tantôt critiquée, approuvée, ou dépassée – mais qui, dans tous les cas, fut mise à contribution pour déterminer l'identité des seconds en les confrontant aux premiers. Par un glissement de significations, cette partition a revêtu une portée différente de celle qui était usuellement admise et elle ne fut pas sans rétroagir sur l'identité conférée aux contrats administratifs.

---

[71] *Id.*, p. 491.
[72] *Id.*, p. 74.
[73] *Id.*, p. 77-78.

509. Une hostilité envers la théorie de l'imprévision motivée par le rejet de l'interventionnisme judiciaire. – D'autres thèses – moins nombreuses il est vrai – ont été réalisées sur ce sujet en approfondissant la *summa divisio*. Ainsi, Georges CATTAND s'est attaché à démontrer que l'imprévision est « *un principe très étonnant pour un juriste civil, et contraire à l'article 1134* [du code civil] »[74] ; une théorie à travers laquelle la clause *rebus sic stantibus* ne spécifie que plus encore les droits publics interne et international, lesquels sont plus marqués par le droit objectif que ne l'est le droit privé, conçu autour de l'individu. Certes, ces travaux orientés vers le droit international manifestent des préoccupations d'un ordre différent et le droit interne – aussi bien public que privé – n'est convoqué qu'à la marge. D'autres auteurs firent montre d'une hostilité plus explicite à l'encontre de la théorie de l'imprévision. Leur réticence s'est arcboutée sur un pouvoir prétorien dont il était craint qu'il ne transformât les conventions indépendamment de la volonté des parties. Ainsi, Jean LAPEYRE regrette que le Conseil d'État fasse « *du droit prétorien* » en se substituant au pouvoir naturellement dévolu au législateur[75]. Si ses travaux, qui sont assez secs, ne sont pas de ceux qui sont les plus intéressants sur notre sujet, ils n'en participent pas moins des critiques récurrentes formulées à l'encontre de l'imprévision, au soutien de la doctrine de l'autonomie de la volonté. Ce qui, en définitive, est redouté à travers la théorie de l'imprévision, c'est l'immixtion du juge dans l'intimité du contrat. Cette opinion se retrouve dans une autre thèse, assez peu originale mais peut-être plus représentative de l'opinion classique en vogue dans la doctrine civiliste.

> Le principe de l'imprévision (…) détruirait la stabilité des conventions dont le respect serait mis en cause. (…) En second lieu, il donnerait lieu à l'arbitraire du juge, qui aurait très souvent l'occasion de s'immiscer dans les rapports des deux parties contractantes et substituer sa volonté à celle que les parties ont eu lors de la passation du contrat.
>
> Or, c'est justement cet arbitraire du juge que les rédacteurs du Code ont craint, c'est cet arbitraire qu'ils ont voulu éviter en rédigeant des dispositions claires et précises et en limitant le pouvoir

---

[74] CATTAND Georges, *La clause «* rebus sic stantibus *» du droit privé au droit international*, Paris, Les Presses modernes, 1929 (thèse de doctorat, faculté de Paris ; présidée par GEOUFFRE DE LA PRADELLE, professeur du droit des gens), p. 102.

[75] LAPEYRE Jean, *De l'imprévision dans les marchés passés par les sociétés de gaz et d'électricité*, Paris, Dalloz, 1923 (thèse de doctorat, faculté de Poitiers ; présidée par ROUSSEAU, professeur de droit commercial), p. 85.

> d'interprétation du juge uniquement aux clauses obscures et qui peuvent donner lieu à un doute quant à leur exécution[76].

Ce n'est donc pas pour des motifs tirés d'un conservatisme borné que nombre de juristes exprimèrent leur circonspection vis-à-vis de la théorie de l'imprévision, mais à raison du travestissement de l'office juridictionnel qu'elle impliquait. Si certaines des thèses rapportées plus haut ont traité de cette théorie pour éprouver la doctrine de l'autonomie de la volonté, elles doivent être rapportées pour ce qu'elles sont : sans mésestimer leur valeur, elles représentent une opinion minoritaire, tout juste appuyée par des autorités doctrinales aussi marginales que le fut le civiliste montpelliérain Gaston MORIN. Néanmoins, elles ne furent pas moins systématiquement citées toutes les fois où il fut question de l'imprévision ou de la force majeure, indiquant par là qu'elles furent pleinement intégrées au spectre doctrinal. À ce titre, elles contribuèrent à clarifier les antagonismes doctrinaux que le contrat suscita au sein d'une doctrine civiliste somme toute dynamique.

510. Les ouvrages universitaires didactiques destinés à un public estudiantin – traités, manuels, précis, *etc.* – en rendent très bien compte. S'il convient de tenir compte des problématiques à travers lesquelles la théorie de l'imprévision a été abordée, il ne l'est pas moins de repérer à quels propos les universitaires privatistes l'ont articulée dans leur représentation du droit civil. En touchant à l'intangibilité des obligations, c'est presque toujours au sujet de leurs effets qu'elle fut évoquée – à la suite de la théorie de la force majeure et du cas fortuit. Elle a ainsi permis de discuter de la valeur de la doctrine de l'autonomie de la volonté, laquelle a été posée en regard d'un pouvoir prétorien allant se renforçant – de pair avec un interventionnisme législatif – et suscitant une profonde perplexité au sein de la doctrine civiliste. Au milieu des années 1930, le traité des professeurs PLANIOL et RIPERT rapporte une opinion classique : « *La raison profonde d'hostilité à l'égard de la doctrine de l'imprévision est cependant la crainte de l'arbitraire du juge* »[77]. Les réticences que ces auteurs manifestent ne résident pas tant – ou pas seulement – dans la mutabilité des relations contractuelles que peut favoriserait la théorie de l'imprévision que dans l'interposition du juge entre les parties. La réception de cette théorie en

---

[76] POPESCU Corneliu-Mihail, *Essai d'une théorie de l'imprévision en droit français et comparé*, Paris, L.G.D.J., 1937 (thèse de doctorat, faculté de Paris ; présidée par DEMOGUE, professeur de droit civil), p. 219.

[77] PLANIOL Marcel & RIPERT Georges, *Traité pratique de droit civil français*, Paris, L.G.D.J., 1925-1934 (1re éd., 14 vol.), t. 6 (1930 ; avec la collaboration de Paul ESMEIN), p. 553.

droit privé peut être présentée, en lien avec les mutations qui ont affecté le droit des obligations, comme une option subversive auprès d'autres qui furent plus conciliantes avec la doctrine de l'autonomie de la volonté. C'est en ce sens que les auteurs précités ajoutent :

> Les juridictions judiciaires ont (…) maintenu avec fermeté le principe de la liberté des conventions et le caractère obligatoire des engagements volontaires exprès ou tacites, supposés libres et licites, en s'inspirant de l'*intention des parties*. Elles se sont constamment refusées à réviser les contrats sous prétexte d'*imprévision*, même à l'occasion des circonstances anormales traversées depuis 1914.
>
> Mais les tribunaux, usant pleinement du pouvoir de contrôle leur appartenant sur la licéité et la moralité du contrat, ont utilisé la notion de *cause* (…) au-delà des prévisions et conceptions des interprètes, pour démasquer les visées immorales poursuivies par les contractants et censurer leur œuvre par la nullité[78].

La thèse de Jacques MAURY sur l'idée d'équivalence[79] ; les ouvrages d'Henri CAPITANT sur le concept de cause[80], de Pierre LOUIS-LUCAS sur la lésion[81], de Louis JOSSERAND sur l'abus des droits[82] ont largement contribué à atténuer les tournures intransigeantes de la doctrine de l'autonomie de la volonté, sans cesser de lui reconnaître incidemment une pertinence théorique. Ces auteurs tendirent à borner le pouvoir interprétatif du juge du contrat en fonction du cadre défini par les parties – cette volonté commune fût-elle virtuelle. Nous ne souhaitons pas nous engager plus en avant sur ce point. Seul nous importe de considérer que le rejet de la théorie de l'imprévision a donné lieu à des entreprises doctrinales dont l'objet fut de penser les fondements de la doctrine de l'autonomie de la volonté avec moins de dogmatisme. Il serait caricatural d'attacher à la doctrine civiliste une attitude purement conservatrice. Sa *doxa* est largement déterminée par une conception classique de l'office du juge – une conception qui, malgré ses avatars les plus hétéroclites, rapporte le pouvoir interprétatif du juge aux volontés des parties plutôt qu'à la convention elle-même. C'est sous cet aspect que la théorie de

---

[78] *Id.*, t. 6, p. 25.

[79] *Cf.* la thèse de Jacques MAURY : *Essai sur le rôle de la notion d'équivalence en droit civil français* (1920).

[80] *Cf.* cet ouvrage d'Henri CAPITANT : *De la cause des obligations (contrats, engagements unilatéraux, legs)* (1923).

[81] *Cf.* cet ouvrage de Pierre LOUIS-LUCAS : *Lésion et contrat* (1926).

[82] *Cf.* cet ouvrage de Louis JOSSERAND : *De l'esprit des droits et de leur relativité : théorie dite de l'abus des droits* (1927).

l'imprévision est présentée dans la plupart des ouvrages : une théorie condamnée qui élève le juge jusqu'au contrat, au lieu de le cantonner à n'être que l'exégète de *la* volonté des parties[83]. Seuls quelques auteurs – mais pas des moins connus – se sont distingués en développant des opinions plus singulières, le plus souvent par des ouvrages se rapprochant de l'essai plutôt que du traité[84].

511. L'imprévision : une théorie controversée suscitant deux conceptions antinomiques du contrat. – Sous la plume du professeur montpelliérain MORIN, l'évocation de la théorie de l'imprévision s'inscrit dans une violente critique de l'individualisme, tel que celui-ci se donne à voir à travers le contrat. « *En prétendant fixer l'avenir par le contrat et par la loi, l'individualisme méconnaît le mouvement de la vie* »[85]. En évoquant l'intervention du législateur et le volontarisme intrusif de la jurisprudence administrative, il ne se les représente pas comme autant de réactions conjoncturelles imposées par les circonstances. Bien au contraire, ces exemples lui paraissent traduire une évolution latente du droit.

> Une telle politique juridique n'est pas, ainsi qu'on pourrait le croire, en rupture brusque avec celle suivie avant la guerre. Sur ce

[83] *Cf.* les ouvrages suivants (rapportés dans l'ordre chronologique) : CAPITANT Henri & COLIN Ambroise, *Cours élémentaire de droit civil*, Paris, Dalloz, 1927-1929 (5e éd., 3 vol.), t. 2 (1928), p. 11 ; BONNECARRÈRE Philippe, LABORDE-LACOSTE Marcel & CRÉMIEU Louis, *Précis de droit civil à l'usage des étudiants de capacité (conforme au programme des examens de capacité)*, Paris, Sirey, 1926-1928 (1re éd., 2 vol.), t. 2, p. 28 *sq.* ; HÉMARD Joseph, *Précis élémentaire de droit civil*, Paris, Sirey, 1928-1930 (1re éd., 3 vol.), t. 2 (1929), p. 97 *sq.* ; PLANIOL Marcel & RIPERT Georges, *Traité pratique de droit civil français*, *op. cit.* (1re éd.), t. 6 (1930), p. 545 ; PLANIOL Marcel, *Traité élémentaire de droit civil conforme au programme officiel des facultés de droit*, Paris, L.G.D.J., 1928-1932 (10e éd., 3 vol.), t. 2 (1931), p. 438 ; BEUDANT Charles, *Cours de droit civil français*, Paris, Rousseau & Cie, 1934-1949 (2e éd., 14 vol.), t. 8 (1936), p. 419 (publication posthume assurée par Robert BEUDANT et Paul LEREBOURS-PIGEONNIÈRE, avec la collaboration de Gaston LAGARDE).

[84] *Cf.* les ouvrages suivants (rapportés dans l'ordre chronologique) : CORNIL Georges, *Le droit privé. Essai de sociologie juridique simplifiée*, Paris, Giard, 1924, p. 118 ; RIPERT Georges, *La règle morale dans les obligations civiles*, Paris, L.G.D.J., 1925 (1re éd.), p. 126 ; BONNECASE Julien, *Supplément* [à la troisième édition du] *Traité théorique et pratique de droit civil par G. Baudry-Lacantinerie*, Paris, Tenin, 1924-1935 (6 vol.), t. 3 (1926), p. 572 ; JOSSERAND Louis, *Cours de droit civil positif français conforme aux programmes officiels des facultés de droit*, Paris, Sirey, 1929-1930 (1re éd., 3 vol.), t. 2 (1930), p. 192 ; DEMOGUE René, *Traité des obligations en général*, Paris, Rousseau & Cie, 1923-1933 (7 vol.), t. 6 (1932), p. 686 ; BONNECASE Julien, *Précis de droit civil (conforme au programme officiel des facultés de droit)*, Paris, Rousseau & Cie, 1934-1935 (1re éd., 3 vol.), t. 2 (1934), p. 344.

[85] MORIN Gaston, *La révolte des faits contre le code (Les atteintes à la souveraineté des individus. – Les formes actuelles de la vie économique : les groupements. – Esquisse d'une structure nouvelle des forces collectives.)*, Paris, Grasset, 1920, p. 131.

> point, comme sur tant d'autres, la guerre n'a fait qu'accentuer, que précipiter l'évolution antérieure à elle[86].

Si, ailleurs, il admet que le « *fondement justificatif de* [la] *solution* [de l'arrêt du Conseil d'État de 1916] *ne peut* (…) *être purement et simplement appliqué par analogie aux contrats de pur droit civil* »[87], il se réfère à cet arrêt pour démontrer l'inadéquation du droit privé aux exigences sociales contemporaines. Par un effet de contraste, la jurisprudence administrative contribue à souligner les rigidités du droit civil. En faisant une trop grande part au contrat[88], ce droit se condamne à rester indifférent aux iniquités qu'engendre un paradigme empreint d'un libéralisme étroit qui n'est mis en avant que pour mieux repousser les critiques. Gaston MORIN pointe malicieusement les entreprises doctrinales soucieuses de raccorder ce qui lui paraît inconciliable :

> Sans doute, certains jurisconsultes prétendent que l'on peut concilier la solution contraire du Conseil d'État avec le principe de l'article 1134 du Code civil sur la force obligatoire des contrats. (…)
>
> [Leur] argumentation représente l'effort vain d'une casuistique, subtile sans doute, mais que déforme la réalité et le sens véritable de l'article 1134 dans lequel on verse un contenu nouveau.
>
> À coup sûr, d'après le texte comme d'après l'esprit de cet article, ce qui est obligatoire, c'est la volonté unilatérale, telle qu'elle s'est exprimée une fois pour toutes, et non la volonté dans sa mobilité psychologique. Chaque partie est enfermée dans la geôle, enserrée dans les tenailles du contrat[89].

C'est en ce sens que l'un des docteurs dont Gaston MORIN a dirigé les travaux, proposa une théorie de la lésion appliquée à raffermir la justice contractuelle, et dans la continuité de laquelle il suggéra d'y articuler la

---

[86] *Id.*, p. 135. Cet extrait, emprunté à l'ouvrage précipité, parvient d'un article qu'il fit paraître pendant la guerre : « L'individualisme de la révolution française et du code civil et la structure nouvelle de la vie économique » (*in Revue métaphysique et de morale* 1917, p. 517).

[87] MORIN Gaston, *La loi et le contrat : la décadence de leur souveraineté*, Paris, Alcan, 1927, p. 75-76.

[88] Dans un article paru la même année que ce dernier ouvrage, Gaston MORIN écrit à ce sujet : « *Cet accord pleinement libre, où chacun n'est obligé que comme il l'a voulu, c'est précisément le contrat qui devient ainsi le moule unique dans lequel devra se couler la vie économique tout entière. Le code civil a pu ainsi très justement être appelé le Code des contrats* » (« Le sens des transformations contemporaines du droit », *in Revue métaphysique et de morale* 1927, p. 255).

[89] MORIN Gaston, *La loi et le contrat…*, *op. cit.* (1927), p. 77-79.

théorie de l'imprévision[90]. Tout en reconnaissant l'autonomie du droit administratif, ce référent l'aide à dénoncer une définition classique du contrat qui est le fer de lance d'un droit civil inspiré par un individualisme libéral dogmatique. Il permet d'entrevoir les corrections que le droit des obligations pourrait recevoir en tempérant ses aspects les plus individualistes, voire même en lui substituant d'autres paradigmes.

512. Suivant une certaine symétrie qui corrobore notre hypothèse, la doctrine civiliste *néoclassique* – pour emprunter l'expression des professeurs JAMIN & VERDINKT[91] – repousse la jurisprudence administrative dont les ressorts se démarquent singulièrement avec la conception libérale et individualiste du contrat qu'elle se donne. Cette jurisprudence est rejetée comme une incongruité que seule l'autonomie du droit administratif permet d'expliquer. Elle est présentée comme une figure anti-archétypale dont l'exemple permet de rehausser, sinon de confirmer la valeur de la doctrine de l'autonomie de la volonté. Les contrats administratifs, au caractère desquels la théorie de l'imprévision participe, transgressent l'acception civiliste du contrat en refusant de conférer aux volontés des parties une prédominance exclusive de toutes autres considérations. Ces civilistes s'approprient opportunément des arguments formalisés par quelques administrativistes. Ainsi, par exemple : les services publics pour le fonctionnement desquels ces contrats sont passés leur impriment une tournure particulière. Le traité de PLANIOL et RIPERT en donne une illustration :

> Tout en admettant que la collaboration des particuliers avec les services publics peut, entre autres procédés, résulter d'accords bilatéraux de volontés remplissant les conditions essentielles des contrats du droit privé, [la doctrine et la jurisprudence administratives] refusent d'appliquer à ces accords les textes du Code civil et des autres lois du droit privé. Elles s'inspirent seulement des idées générales qui justifient ces textes, en les combinant avec les nécessités du fonctionnement régulier et continu des services publics. Tel est le principe essentiel que les arrêts du Conseil d'État (…) ont dégagé successivement pour les manifestations unilatérales de

[90] MAYNAU Jean, *Les fictions de contrats dans le code civil et depuis le code civil*, Montpellier, Imprimerie de l'« Économiste méridional », 1924 (thèse de doctorat, faculté de Montpellier ; présidée par MORIN, professeur de droit civil), p. 351.
[91] JAMIN Christophe & VERKINDT Pierre-Yves, « Droit civil et droit social : l'invention du style néoclassique chez les juristes français au début du XXe siècle », *in* KASIRER Nicholas (dir.), *Le droit civil, avant tout un style ?*, Montréal, Éditions Thémis, 2003, p. 103.

> volonté, puis en matière de responsabilité délictuelle, ensuite pour les contrats administratifs[92].

Certes, cette présentation des choses est largement redevable à Gaston JÈZE auquel elle emprunte à peu près tout de sa conception du contrat administratif. Ce qui ici est déterminant pour notre propos, c'est l'exemple qu'empruntent PLANIOL et RIPERT – celui de l'imprévision – pour souligner une divergence devenue désormais irréconciliable. Les contrats administratifs constituent un argument doctrinal commode pour rejeter une théorie présentée comme étant caractéristique de l'autonomie du droit administratif :

> Ces arrêts ont ainsi appliqué aux contrats dénommés par eux *contrats de droit public*, notamment aux concessions de services et travaux publics, et aux marchés de fournitures, la notion de l'imprévision, que précisément, les juridictions judiciaires ont écartée, comme étrangère à notre droit privé[93].

Ces propos s'intercalent dans le fil d'une présentation de la doctrine de l'autonomie de la volonté dont la valeur est acquise au prix de tempéraments qui, en fait, sont autant d'exclusions destinées à en préserver la pureté. D'après ces auteurs, les « *contrats de droit public* »[94] ne sont pas des exemples qui sapent les fondements de cette doctrine. Ils apparaissent plutôt comme des cas-limites qui, depuis l'extérieur du droit civil, bornent l'empire des volontés individuelles. Ils ne traduisent pas une gradation qui les ferait s'éloigner de la mouvance du droit privé sans jamais rompre avec lui (à cet égard, on peut souligner dans la précédente citation le *eux* et le *nous* du « notre droit privé »). La doctrine de l'autonomie de la volonté demeure ainsi immaculée parce qu'elle réduit son influence aux contrats du droit privé, génériquement distincts des contrats administratifs. S'ils se réfèrent à la doctrine de Gaston JÈZE, PLANIOL et RIPERT ont moins pour dessein celui d'en assurer la diffusion que celui de cantonner à la périphérie du droit privé des hypothèses irréductibles à la doctrine de l'autonomie de la volonté. Relégués, les contrats administratifs ont été employés par plusieurs privatistes à fixer en dehors du droit civil des aspects inassimilables à ce dernier.

---

[92] PLANIOL Marcel & RIPERT Georges, *Traité pratique de droit civil français*, *op. cit.* (1re éd.), t. 6 (1930), p. 29-30.
[93] *Id.*, p. 30.
[94] *Ibid.*

Paragr. 2. – Le contrat administratif : un concept civiliste employé à capter les mutations hétérogènes au droit privé

513. Un rejet de la théorie de l'imprévision associé au conservatisme du juge. – D'une manière plus ou moins explicite, les civilistes critiques de la théorie de l'imprévision s'empressèrent de marquer une distinction entre les contrats de l'administration relevant de la juridiction administrative et les autres. Leurs arguments ne sont pas forcément originaux. Souvent, ils empruntent au même fond doctrinal auquel a puisé le commissaire du gouvernement CHARDENET (sous l'arrêt *Compagnie générale d'éclairage de Bordeaux*), à moins qu'ils ne s'attachent l'autorité doctrinale d'un Gaston JÈZE – laquelle est en pleine recomposition sur le sujet qui nous concerne. L'attention est portée sur la nécessité d'assurer le fonctionnement continu des services publics ; sur la situation spéciale dans laquelle les contractants de l'administration sont placés en leur qualité de collaborateurs du service public ; sur la position du haut de laquelle l'administration fait exécuter ses contrats en ordonnant à ses contractants toutes les mesures nécessaires pour sa bonne marche. La plupart des civilistes s'approprient un point de vue formalisé dès avant par certains administrativistes. Et pourtant, il convient de les considérer avec attention car ils admettent un point de vue qui – quelques années plus tôt – leur eût paru hérétique si la théorie de l'imprévision ne l'avait rendue nécessaire pour permettre d'en écarter l'application au droit privé. Jusqu'alors, il était classique de distinguer certains contrats en considération de leurs particularités propres : tels les contrats commerciaux et administratifs. Cette différenciation n'impliquait pas qu'ils fussent d'un genre distinct. Avec la théorie de l'imprévision, la spécialité des contrats administratifs s'est enrichie d'un sens nouveau, en conséquence du fait qu'elle recouvre des nouveaux enjeux : il s'agit pour les civilistes d'exclure ces contrats plutôt que de les articuler à une typologie générale des contrats. Nous avons exposé dans le titre précédent comment le contrat fut mobilisé par la doctrine civiliste pour essentialiser le droit privé comme un droit consensuel, libéral et protecteur des individus, en ce qu'il permet de donner libre cours à la puissance de leurs volontés[95]. La négation de l'intangibilité des obligations conventionnelles et l'interventionnisme juridictionnel – dont la théorie de l'imprévision est corrélative – ont exposé l'archétype contractuel à une menace vivement ressentie. D'où la réaction des civilistes – une réaction généralisée, quoique non unanime. Alors que, dans l'immédiate après-guerre, certains

[95] *Cf.* le chapitre premier, titre III, seconde partie.

administrativistes se sont appropriés le contrat au moyen d'une théorie propre au droit administratif, les civilistes ont appréhendé le contrat administratif comme une singularité du droit administratif – au lieu de le concevoir comme une déclinaison lointaine du droit civil sur lequel celui-là fût susceptible de rétroagir.

> [La] jurisprudence [du Conseil d'État] tendait à sauvegarder le fonctionnement d'un service public compromis par une application trop rigoureuse de la convention ; elle s'explique aussi par la nature spéciale du contrat administratif : les pouvoirs exorbitants du concédant, qui peut modifier dans une certaine mesure le contrat en cours d'exécution, justifient une certaine compensation en faveur du concessionnaire.
>
> La jurisprudence [judiciaire] n'a pas pu s'engager dans cette voie. Les juges n'ont pas à modifier le contrat ; celui-ci (…) s'impose à eux, comme aux parties[96].

Un autre auteur fonde la théorie de l'imprévision sur la double nature des concessions de service public, laquelle est une hypothèse développée dans le giron de la doctrine publiciste et qui rogne le paradigme contractuel. En convoquant l'autorité du publiciste bordelais BONNARD, le civiliste parisien HÉMARD s'explique ainsi l'exclusion de cette théorie par ce motif : « *Le* caractère à la fois contractuel et réglementaire des contrats administratifs. *En cas d'imprévision, le contrat demeure, c'est l'élément règlement, relatif aux prix, qui change* »[97]. C'est dire en quelque sorte que la concession n'est pas véritablement un contrat ou plutôt qu'elle ne l'est que par quelques-uns de ses aspects. Pour être classique, cet argument témoigne de l'ampleur du volte-face des civilistes qui, pour sauvegarder la doctrine de l'autonomie de la volonté, n'hésite pas à entériner des doctrines publicistes qu'ils dénigraient jusqu'à présent comme a-juridiques.

514. La manière dont les civilistes ont réceptionné la jurisprudence administrative sur l'imprévision se ressent des vicissitudes qui ont frappé le droit des obligations depuis la Grande Guerre. La discussion si fréquente de cette jurisprudence traduit un profond malaise tendu vers cette question : les bouleversements qui s'y attachent révèlent-ils une transformation latente, antérieure à la guerre et qui amènerait à devoir s'interroger sur la nature du contrat. Introduite dans le droit privé à propos des marchés commerciaux et des baux d'habitation, la théorie de l'imprévision fut présentée comme une entaille législative portée à la

---

[96] BEUDANT Charles, *Cours de droit civil français*, *op. cit.* (1re éd.), t. 8 (1936), p. 420.
[97] HÉMARD Joseph, *Précis élémentaire de droit civil*, *op. cit.* (1re éd.), t. 2 (1929), p. 100.

doctrine de l'autonomie de la volonté. Pour être ponctuelles et dérogatoires aux principes du code civil, ces législations d'exception n'exposèrent pas moins la théorie de l'imprévision sous un aspect préoccupant. Pour d'aucuns, celle-ci était emblématique des mutations appelées à altérer le contrat dans son acception classique. Comme ce docteur selon qui la loi dite Failliot (21 janvier 1918)[98] se « *distingue de la plupart des lois de circonstance et même de l'ensemble de nos lois* »[99].

> La loi Failliot introduit dans nos théories juridiques un esprit nouveau. Pour parer à la défaillance du Code et de la jurisprudence, et faire aboutir le projet, les travaux préparatoires avancent une argumentation qui institue directement la critique de notre institution contractuelle. Ils nous placent par conséquent en face d'un problème juridique plus général. (…) Si la guerre a dénoncé l'impuissance de notre instrument conventionnel, cette impuissance doit se retrouver ailleurs et l'iniquité qui résulterait de l'impasse de l'article 1134 et contre laquelle il a fallu réagir, doit reparaître en quelque autre point du système des contrats[100].

Plus loin, il affine sa critique :

> L'intérêt permanent de la loi Failliot c'est, en nous forçant à prendre garde aux situations injustes causées par le conflit, de nous ouvrir les yeux sur les nombreuses injustices auxquelles notre système contractuel ouvre la voie[101].

Si les travaux réalisés sur cette loi – et d'autres analogues[102] – ne sont pas tous portés par cette ambition critique, leur fréquence témoigne des appréhensions que la Grande Guerre a fait se cristalliser autour des principes fondamentaux du contrat[103]. Nous l'avons entrevu plus haut : si la

---

[98] *Cf.* la loi du 21 janvier 1918, relative aux marchés à livrer et autres contrats commerciaux conclus avant la guerre (*in Journal officiel* 1918 (23 janvier), n° 22, p. 837).

[99] MULTZER O'NAGHTEN Hubert, *La loi Failliot et les principes du contrat consensuel*, Paris, Rousseau & Cie, 1925 (thèse de doctorat, faculté de Paris ; présidée par PIEDELIÈVRE, professeur de droit civil), p. 66.

[100] *Id.*, p. 67.

[101] *Id.*, p. 76.

[102] Nous pensons à la loi concernant la résiliation des baux ruraux par suite de la guerre (17 août 1917), à celle relative aux modifications apportées aux baux à loyer par l'état de guerre (9 mars 1918) ou encore à celle ayant pour objet de garantir aux mobilisés la reprise de leur contrat de travail (22 novembre 1918).

[103] Entre 1917 et 1920, nous avons recensé pas moins de six thèses touchant aux effets de la guerre sur les contrats : *cf.* celles de – BRUNET (*La guerre et les contrats*, 1917), – GUEULLETTE (*Des effets juridiques de la guerre sur les contrats*, 1918), – CANET (*Des effets de la guerre sur l'exécution des contrats synallagmatiques et en particulier des baux à loyer et des contrats*

théorie de l'imprévision fut autant controversée, c'est tant à raison de la remise en cause de l'intangibilité des obligations que de l'immixtion du juge dans le libre jeu de la liberté contractuelle. Cette dernière question ne laissa pas les civilistes indifférents si l'on considère le nombre de thèses qui y ont été consacrées dans l'Entre-deux-guerres. Leur valeur inégale nous importe peu, car elles attestent en soi d'une profonde perplexité, largement diffuse dans la doctrine civiliste. La thèse de Christian TALAMON – entreprise en 1926 sur l'office de la Cour de cassation en matière contractuelle – l'illustre particulièrement. En intervenant à une époque où la guerre faisait encore ressentir ses effets, le juge de cassation y est présenté comme un conservateur des volontés contractuelles et la théorie de l'imprévision, comme une théorie « *antijuridique* »[104]. Dans ces travaux, la Cour de cassation – par son contrôle exercé sur les décisions des juridictions du fond – est un garant inflexible du droit plutôt qu'elle ne serait la providence des faibles auxquels la justice fût ouverte. C'est précisément par ce biais que plusieurs thèses vinrent critiquer cette approche rigoriste en pointant l'insensibilité – voire l'inconscience – du juge dans son refus intransigeant de tenir compte de la discordance croissante entre le droit et la justice, c'est-à-dire le refus d'admettre à quel point le juriste participe du social. Ces thèses indiquent comment ont été comprises les tensions auxquelles le contrat était soumis dans l'immédiate après-guerre. À l'instar de l'avocat Pierre BONNET qui dénonçait les rigidités d'un droit mal disposé pour répondre aux besoins contemporains[105] – et dont les réflexions poursuivent celles d'un Jean CRUET sur la disharmonie entre les lois et le droit[106] –, certains docteurs exprimèrent cette crainte que le contrat ne devînt la bastille des iniquités. « *L'art. 1134 (…) ne prévoit pas le cas où l'utilité sociale pourrait exiger la protection du contractant au lieu de la protection du contrat* »[107].

---

commerciaux. Essai d'une théorie des risques contractuels de guerre, en droit français, 1920), – LEPARGNEUR (*La prorogation des contrats à exécution successive après un cas de force majeure et particulièrement à la suite de la guerre de 1914*, 1920), – TATRY (*Loi du 21 janvier 1918 sur les marchés à livrer et autres contrats commerciaux conclus avant la guerre*, 1920) ou – VILLEY DESMESERETS (*De l'intervention du législateur dans l'interprétation des contrats (à propos de la loi du 9 mars 1918)*, 1920).

104 TALAMON Christian, *Le pouvoir de contrôle de la Cour de cassation. L'interprétation et l'application des contrats*, Paris, Masson & Cie, 1926 (thèse de doctorat, faculté de Paris ; présidée par RIPERT, professeur de droit civil), p. 82.

105 *Cf.* cet ouvrage de Pierre BONNET : *Le droit en retard sur les faits. Aperçu de notre évolution économique et juridique du 1er Empire à nos jours* (1930).

106 *Cf.* cet ouvrage de Jean CRUET : *La vie du droit et l'impuissance des lois* (1908).

107 GAUDIN DE LAGRANGE Emérentienne, *L'intervention du juge dans le contrat*, Paris, Sirey, 1935 (thèse de doctorat, faculté de Montpellier ; présidée par BECQUÉ, professeur

515. Une recomposition de la doctrine de l'autonomie de la volonté autour de l'idée d'équité contractuelle. – En s'interrogeant sur l'adéquation de la doctrine de l'autonomie de la volonté avec l'idée d'une justice contractuelle, Gaston ROUSSEL aborde précisément la légitimité du juge et du législateur à s'immiscer jusqu'au cœur du contrat.

> La bonne méthode d'intervention dans l'exécution [des contrats] serait, en France, celle qui concilierait le principe d'autonomie de la volonté avec celui qui veut qu'une justice supérieure domine le contrat comme tous les actes des hommes vivant en société[108].

Ce faisant, l'appréciation porte moins sur les intrusions souffertes par les parties, que sur la doctrine de l'autonomie de la volonté. Celle-ci est non plus appréhendée comme un vecteur de la puissance de l'individu dont toute atténuation serait une négation de sa liberté, mais plutôt comme celui de la reconnaissance de « *prérogatives sociales, destinées à se réaliser socialement, équitablement* »[109].

> [Les obligations] comportent une finalité à l'encontre de laquelle elles ne sauraient être utilisées : dans notre droit français, (…) les contrats sont de bonne foi : (…) ils ne sont appelés à devenir l'instrument de la fraude ou de l'injustice ; ils ne sont pas à eux-mêmes leur propre finalité, mais des moyens employés en vue d'un but à atteindre ; les éloigner de ce but, c'est commettre un abus du droit contractuel[110].

C'est également en ce sens que fut entreprise la thèse de Jacqueline MARSON[111]. La doctrine de l'autonomie de la volonté n'y est pas écartée comme si elle fût tombée en désuétude. Seulement, elle s'estompe devant l'objet social inhérent à tous contrats. La locution « technique contractuelle » s'est développée pour désigner une méthode législative et jurisprudentielle destinée à résorber, par corrections successives, les inégalités de fait qu'ont pu produire les principes généraux du droit dans un con-

---

de droit civil), p. 20.

108 ROUSSEL Gaston, *Le contrat : de l'intervention du juge et du législateur dans son exécution*, Paris, Pichon & Durand-Auzias, 1936 (thèse de doctorat, faculté de Paris ; présidée par RIPERT, professeur de droit civil), p. 267.

109 JOSSERAND Louis, *De l'esprit des droits et de leur relativité : théorie dite de l'abus des droits*, Paris, Jouve & Cie, 1927 (1re éd.), p. 116.

110 *Id.*, p. 116-117.

111 MARSON Jacqueline, *L'abus du droit en matière de contrat*, Paris, Rousseau & Cie, 1935 (thèse de doctorat, faculté de Paris ; présidée par NIBOYET, professeur de législation civile comparée).

texte économique singulier, ce en introduisant au cœur des relations contractuelles un standard d'équité[112]. « *Le finalisme social particulièrement développé de la technique moderne justifie le contrôle exercé sur elle par l'État politique, et son intervention, sinon législative, au moins arbitrale* »[113]. Aussi cette technique est-elle le pendant d'une politique déployée par l'État sur le contrat en vue d'« *exerc*[er] *avec plus de souplesse et d'à propos l'indispensable contrôle des forces économiques* »[114]. C'est une finalité analogue que poursuit une dernière thèse – celle de Joseph ZAKSAS. En démontrant que le contrat survit à l'étiolement de la doctrine de l'autonomie de la volonté, la technique contractuelle est présentée comme la condition d'une équité contractuelle. Dès lors, le contrat apparaît comme un biais par lequel les interventionnismes prétorien et législatif corrigent les inégalités économiques[115]. Nonobstant certaines disparités d'opinion, ces auteurs s'efforcent en définitive de proposer des perspectives nouvelles à partir desquelles le contrat puisse se prêter à une fonctionnalité différente : cessant d'être appréhendé comme l'enceinte sacrée où l'individu se détermine par l'usage de sa faculté de vouloir, il est conçu comme le support d'une technique juridique qui, pour être contingente, doit permettre de pallier les inégalités dissolvantes de la cohésion sociale, lesquelles résultent du jeu même du libre jeu de la liberté contractuelle. Ce faisant, ils se sont attachés à abstraire des accidents de l'évolution juridique une dynamique qui tendrait à renouveler le concept de contrat sans le subvertir. D'où les efforts de certains pour départager ce qui transforme et ce qui dénature le contrat.

> L'évolution du contrat, c'est (…) tout ce qui fait entrer dans la réglementation légale du contrat, les faits et les idées ayant cours à une époque déterminée. Nous nous inclinons devant l'évolution du contrat, car le respect est dû à la loi.
>
> Mais, pas un seul juriste ne peut admettre d'une manière courante l'intervention du législateur venant apporter des nouvelles modifications au statut réglementant la situation juridique une fois que le contrat a été conclu. La crise du contrat, c'est tout ce qui est atteinte au contrat, conclu conformément à la législation en vi-

112 Cette qualité de la jurisprudence fut pleinement envisagée dans un ouvrage remarqué d'Ernest-Hippolyte PERREAU : *Technique de la jurisprudence en droit privé* (1923, 2 vol.).

113 SALLÉ DE LA MARNIERRE Edmond, *L'évolution technique du contrat et ses conséquences juridiques*, Paris, Rousseau & Cie, 1930 (thèse de doctorat, faculté de Paris ; présidée par LÉVY-ULLMANN, professeur de droit civil), p. 339.

114 *Id.*, p. 343.

115 ZAKSAS Joseph, *Les transformations du contrat et leur loi. Essai sur la vie du contrat en tant qu'institution juridique*, Paris, Sirey, 1939 (thèse de doctorat, faculté de Toulouse ; présidée par MAURY, professeur de législation comparée).

> gueur au moment où il a été conclu. De tels troubles dans l'exécution des contrats ne peuvent se concevoir qu'à l'occasion de circonstances extraordinaires les motivant. (…)
>
> Le but de notre étude a été de permettre aux lecteurs de distinguer ces deux notions fondamentales : l'évolution et la crise que beaucoup trop de juristes confondent[116].

516. Les droits ouvrier et comparé : des terrains favorables au développement de doctrines affranchies de la *doxa* civiliste. – Mise au-devant de la scène, la théorie de l'imprévision et ses succédanés législatifs ont conduit certains auteurs à s'interroger sur la nature des transformations du contrat. Son concept fut parfois remodelé, mais l'imprévision fut le plus souvent appréhendée comme un expédient malheureux, tout juste tolérable en raison du salut public. Il n'y a pas que la mutabilité des obligations contractuelles qui fit horreur. Le rôle attribué en cette occasion au juge du contrat fit toujours l'effet d'une monstruosité. Les thèses que nous avons succinctement évoquées ont presque toutes reconsidéré son office dans une perspective qui permît de faire du contrat une technique juridique tendue à réguler le social. Cela étant dit, la prudence attachée à cette intervention judiciaire fut aux antipodes d'une théorie qui reconnaîtrait au juge la prérogative de *refaire* les conventions. Le référent offert par le droit administratif fut souvent repoussé comme incompatible avec le droit civil. Les arguments pour étayer cette démarche ont été pléthores. Tous sous-tendent l'idée suivant laquelle, bien que légitime en droit administratif, l'emploi de cette théorie en droit civil serait contre-nature. Au point de vue où ils se situèrent, ces auteurs insinuent – parfois affirment – que les contrats administratifs sont d'une nature différente des contrats du droit privé et à laquelle s'attache non plus quelques règles spéciales, mais un corpus de règles autonome. Le rejet de la théorie de l'imprévision par le plus grand nombre des civilistes a contribué à légitimer une distinction qui aurait été inintelligible quelques années auparavant. En outre, elle a contribué à rendre tangible un spectre menaçant : la publicisation des contrats. Ce terme de comparaison en dit beaucoup sur la manière dont les contrats administratifs furent compris par les privatistes. Tout en permettant à certains d'appréhender les évolutions qui affectaient les contrats en général, s'est dégagée en creux la conceptualisation d'un contrat aux fondements hétérogènes au droit civil : à savoir l'emprise du juge sur son exécution, la

[116] BARREYRE André, *L'évolution et la crise du contrat. Étude synthétique et critique*, Bordeaux, Imprimerie Bière, 1937 (thèse de doctorat, faculté de Bordeaux ; présidée par LABORDE-LACOSTE, professeur de droit civil), p. 121-124.

mutabilité des obligations contractuelles et l'inégalité juridique des contractants. Les civilistes qui se penchèrent sur cette question n'ont pas eu le souci d'entreprendre à proprement parler une analyse du contrat administratif. Ils s'en sont servis comme d'un contre-archétype pour mieux apprécier les vicissitudes dont souffrait la doctrine de l'autonomie de la volonté. Suivant une disposition d'esprit plus frondeuse, certains spécialistes du droit ouvrier exacerbèrent cette divergence en voie d'être consommée. Georges SCELLE, contemporain et acteur de l'autonomisation du droit ouvrier dans l'Entre-deux-guerres, le signale explicitement en parlant, à cet égard, de « *pseudo-contrat de travail* »[117].

> Les commentateurs [du code civil] affirment qu'il y a là un contrat *sui generis*, et lui donnent un nom spécial : « contrat de travail ». C'est expliquer les choses à la façon du médecin de MOLIÈRE.
>
> Le régime législatif actuel de l'embauchage comporte d'ailleurs des règles nettement exorbitantes du droit contractuel[118].

Les synergies doctrinales que laisse entrevoir la formalisation du contrat de travail et du contrat administratif mériteraient des développements à part entière. Notamment pour noter les correspondances doctrinales tissées entre droit administratif et droit ouvrier, tous deux placés en regard d'un droit civil, conservateur de la définition classique du contrat. Nous ne pouvons que viser cette question qui nous paraît d'intérêt sans, toutefois, pouvoir la développer davantage. Le professeur lyonnais LAMBERT – l'un des promoteurs du droit comparé en France et fondateur de l'Institut de droit comparé de la faculté de Lyon – ne fut pas moins sensible aux mutations qui affectèrent le contrat dans chacune des législations nationales. C'est en ce sens qu'il rendit compte des codifications soviétiques, lesquelles ont procédé à des expérimentations juridiques qui ne posèrent plus l'autonomie de l'individu comme un paradigme auquel les réflexions doctrinales dussent nécessairement se rapporter.

> L'antagonisme entre la légalité révolutionnaire russe et notre légalité de l'heure présente ne se ramène point à une notion aussi primaire que la suppression ou le maintien de l'autonomie des volontés individuelles[119].

---

117 SCELLE Georges, *Le droit ouvrier, tableau de la législation française actuelle*, Paris, Colin, 1922 (1re éd.), p. 118

118 *Id.*, p. 111.

119 LAMBERT Édouard, « Introduction », *in* DUFOUR Raoul & PATOUILLET Jules (trad.),

Il félicite le législateur soviétique pour avoir manifesté « *un visible esprit de réaction contre nos vieilles règles rigides de droit et une propension au développement des directives souples* »[120]. Ce référent étranger lui donne l'occasion de souligner la vacuité de ces principes du code civil qui consacrent une autonomie de l'individu toute virtuelle, et de vanter les mérites d'une norme propre à épouser l'irréductible diversité des faits en en accompagnant leur dynamisme pour mieux les encadrer. L'intérêt qu'il porta aux « standards » développés par les juristes américains[121] participe de la préoccupation de penser autrement la liberté de l'individu – non plus tant en termes d'autonomie, mais de latitude d'action.

517. Les contrats de droit privé : une identité recomposée autour de la technique contractuelle. – À la fin des années 1930, la récurrence des atteintes législatives portées à la doctrine de l'autonomie de la volonté est telle que le contrat cesse d'être admis comme la chose des parties. L'interventionnisme du juge attire de plus en plus l'attention, si bien que, dans le sillage de l'imprévision, cette question devient l'illustration topique de ces mutations qui dénaturent l'acception classique du contrat. La doctrine de l'autonomie de la volonté étant contestée dans nombre de ses effets, ses origines sont mystifiées afin d'en réaffirmer la pertinence. Pour certains, elle se justifie non pas seulement parce qu'elle serait corroborée par le droit positif, mais aussi parce qu'elle participerait d'un principe antique – formalisé dès l'Époque moderne[122]. En déplorant « *l'instabilité dans les contrats* »[123] que favorise le pouvoir prétorien de révision, le civiliste parisien René CASSIN n'est pas de ceux pour qui le respect des contrats serait un absolu. Il recommande seulement d'« *agir avec prudence et discernement, car autrement on risque d'amener la ruine du droit, par celle d'un des principes fondamentaux de toute société nationale ou internationale* »[124]. Avant que celui-ci n'y consacre un cours de doctorat, « la révision des contrats par le juge » a été au cœur des travaux de la *Semaine internationale*

Les codes de la Russie soviétique, Paris, Giard, 1925-1935 (4 vol.), t. 1, p. 29.

120 *Id.*, p. 12.

121 *Id.*, p. 13. *Cf.* à cet égard l'article que Maurice HAURIOU consacre aux travaux de l'institut de droit comparé de Lyon sur les standards : « Police juridique et fond du droit » (*in* R.T.D. *civ.* 1926, p. 265).

122 En exhumant des fondements historiques à la doctrine de l'autonomie de la volonté, la thèse de R. TISSON témoigne de la mise à l'épreuve d'une doctrine qui ne s'impose plus d'elle-même : *Le principe de l'autonomie de la volonté dans l'ancien droit français* (1931).

123 CASSIN René, *Répétitions écrites de droit civil approfondi et comparé* [cours dispensé à la faculté de Paris pour le diplôme d'études supérieures de droit privé (1937-1938) sur le thème : *Suspension, rupture et révision des contrats*], Paris, Les cours de droit, 1938, p. 437.

124 *Id.*, p. 438.

de droit, au cours de laquelle le professeur parisien NIBOYET résuma en quels termes pouvait se poser cette question :

> Appelons franchement les choses par leur nom : le contrat révisé n'a plus du contrat que le nom, et c'est au milieu de ses décombres que vient s'établir la réglementation du juge dont, d'ailleurs, nous ne contestons pas l'utilité sociale. C'est donc la technique du contrat qui s'est opposée en France à l'imprévision[125].

Son opinion, qui résume des réflexions largement partagées dans les années 1930, n'est pas farouchement hostile à ce que le juge soit non seulement l'interprète de la volonté des parties, mais encore un garant (à l'instigation du législateur) de l'ordre social – cet ordre pouvant recouvrir une sévérité au moins égale à celle que s'attache l'individualisme libéral. « *Le législateur, au nom de la société, pour la défendre, et non pas du tout par compassion pour l'individu, ordonnera le redressement de certains contrats dont l'exécution est nécessaire à l'économie nationale* »[126]. Il se montre sensible à la technique contractuelle qui analyse le contrat comme un *instrumentum* susceptible d'être le vecteur d'un contrôle institutionnel – un contrôle juridictionnel en l'occurrence, strictement encadré par les directives du législateur. Mais suivant cette perspective, le contrat n'est déjà plus l'œuvre des volontés individuelles. Le législateur se manifeste pour permettre « *la novation de l'obligation contractuelle en une obligation désormais légale* »[127]. Pour autant, et dans une perspective similaire à celle où se place René CASSIN, l'imprévision est formellement écartée au profit d'une conception du contrat qui justifie une intervention du juge *a minima*. La doctrine de l'autonomie de la volonté y perd ce qu'elle avait d'absolu, pour conserver au contrat une orientation libérale qui se concilie avec une régulation sociale conduite en faveur de l'économie[128].

> Tant que le législateur, comme le chef responsable d'une armée, ordonne aux contractants de tenir, il y va de l'honneur de leur vie de ne pas faillir à leurs engagements quoi qu'il puisse leur en coûter. Et si le législateur, seule autorité sociale responsable, ne croit pas devoir intervenir, il ne faut pas que le juge refasse, dans

---

125 NIBOYET Jean-Paulin, « Rapport général », *in* [collectif], *Travaux de la Semaine internationale de droit : rapports préparatoires et discussions. II. – La révision des contrats par le juge*, Paris, Sirey, 1937, p. 11.
126 *Id.*, p. 5.
127 *Id.*, p. 12.
128 *Cf.* en guise d'illustration l'article de François GÉNY : « L'économie nationale et le droit civil » (*in R.T.D. civ.* 1930, p. 53).

> l'intérêt des uns, (…) ce que leur parole a promis librement d'exécuter[129].

La manière dont, pendant l'Entre-deux-guerres, la doctrine civiliste s'est positionnée à l'égard de l'imprévision pour la refuser au droit privé, a suscité une technique juridique du contrat dont les correspondances avec le contrat administratif – tel qu'en rend compte un auteur comme Gaston JÈZE – ne sont pas juste superficielles. Les contrats de droit privé demeurent distincts des contrats administratifs pour cette raison que leur esprit répond d'une idée différente. Les premiers tendent vers un horizon libéral et individualiste, tandis que les seconds tendent vers un horizon où les impératifs inhérents aux services publics doivent composer avec le respect des volontés échangées. Nous nous y attarderons plus bas. Il n'en reste pas moins que le contrat, en tant que vecteur du social, attire l'attention du législateur, d'où une compénétration croissante des normes législatives avec les volontés des parties. C'est ce qui a conduit certains civilistes à discerner une « publicisation du contrat », ce qui n'est pas inutile de considérer pour pouvoir mieux apprécier la manière dont le contrat administratif fut conceptualisé dans le même temps.

518. RIPERT & MORIN : deux réactions doctrinales divergentes face à la « publicisation » des contrats. – Trois civilistes se sont principalement distingués au sujet de la publicisation des contrats : Georges RIPERT[130], Louis JOSSERAND[131] et Gaston MORIN[132]. Le premier dénonça la subordination du contrat à l'utilitarisme matérialiste, en pointant le primat tout nominal encore reconnu aux volontés individuelles : les mutations dont le contrat est l'objet procèdent – selon cet auteur – de son adaptation à une raison qui, cessant de puiser à des principes immanents

---

129 NIBOYET Jean-Paulin, « Rapport général », *in* [collectif], *Travaux de la Semaine internationale de droit : rapports préparatoires et discussions. II. – La révision des contrats par le juge*, *op. cit.* (1937), p. 12.

130 Au sujet de Georges RIPERT (1880-1958), voyez la notice biographique qui lui est consacrée dans le *Dictionnaire historique des juristes français* (2015).

131 Au sujet de Louis JOSSERAND (1868-1941), voyez la notice biographique qui lui est consacrée dans le *Dictionnaire historique des juristes français* (2015), ainsi que cet article du professeur AUDREN : « Louis JOSSERAND ou la construction d'une autorité doctrinale » (*in R.T.D. civ.* 2009, p. 39).

132 Au sujet de Gaston MORIN (1877- ?), nos recherches nous ont seulement conduit à recueillir quelques informations biographiques dans un article de Mme GUERLAIN (*R.T.D. civ.* 2014, p. 731). Cela donne la mesure de la marginalisation d'un privatiste iconoclaste qui a été isolé en promouvant une doctrine institutionnaliste.

et moraux, épouse les impératifs d'un ordre économique nouveau[133]. « *Il faudrait pouvoir pétrir le contrat, serrer ou relâcher le lien suivant les circonstances, l'adapter aux événements imprévus et le faire servir à l'ordre économique* »[134]. Quant à Gaston MORIN, après avoir annoncé la décadence du contrat et de la loi dans leur acception classique[135], il critiqua le droit civil pour en proposer une réorganisation autour de la doctrine de l'institution[136]. Ce faisant, il mit en exergue les artifices déployés par ses collègues civilistes pour conserver au contrat la fonction épistémologique qu'ils entendaient lui prêter. Ainsi, par exemple, à propos de l'imprévision :

> Quelle justification a-t-on proposée de ces importantes transformations du droit, et, tout d'abord, de l'énervement de la force obligatoire du contrat ?
>
> L'on a commencé par chercher à harmoniser la faculté de révision des contrats avec des textes du Code civil en donnant de l'élasticité à plusieurs notions inscrites dans ces textes comme celles de la force majeure, de la bonne foi, de la cause.
>
> Ce furent des tentatives vaines.
>
> Alors, suivant la méthode habituelle des juristes, on imagina une théorie célèbre qui a donné lieu à une littérature juridique très abondante, la théorie de l'imprévision destinée à masquer l'insurrection des solutions nouvelles contre la théorie contractuelle du Code.
>
> Par une audacieuse casuistique, on altère délibérément le sens du principe de la force obligatoire de telle sorte que les solutions, qui, dans la réalité, le contredisent, paraissent au contraire en découler comme des conséquences logiques[137].

---

133 La doctrine de Georges RIPERT relativement aux contrats ne saurait se résumer en une ligne. Nous nous permettons de renvoyer le lecteur à une présentation critique du professeur CHAZAL. L'interprétation de son œuvre tend à en réévaluer la contemporanéité : « Georges RIPERT et le déclin du contrat » (*in Revue des contrats* 2004, p. 244).

134 RIPERT Georges, « L'ordre économique et la liberté contractuelle », *in* [collectif], *Recueil d'études sur les sources du droit en l'honneur de François Gény*, Paris, Sirey, 1934 (3 vol.), t. 2, p. 353. Nous signalons aussi de cet auteur, ses essais qui participent des mêmes réflexions : *La règle morale dans les obligations civiles* (1925) ; *Le régime démocratique et le droit civil moderne* (1936) ; *Aspects juridiques du capitalisme moderne* (1946) ; *Le déclin du droit. Études sur la législation contemporaine* (1949) & *Les forces créatrices du droit* (1955).

135 MORIN Gaston, *La révolte des faits contre le code…*, *op. cit.* (1920) & *La loi et le contrat…*, *op. cit.* (1927).

136 *Cf.* cet article où Gaston MORIN exprime son adhésion aux théories institutionnalistes : « Vers la révision de la technique juridique : le concept d'institution » (*in Archives de philosophie du droit* 1931, p. 73, spéc. p. 82).

137 MORIN Gaston, « La désagrégation de la théorie contractuelle du code », *in Archives de philosophie du droit* 1939-1940, p. 16-17.

Soucieux de réformer un droit qui serait devenu sans prise sur la réalité[138], il exprime une opinion sévère à l'endroit de ces doctrines qu'il analyse comme artificieuses – notamment celles dont leurs auteurs s'attachent à tempérer la doctrine de l'autonomie de la volonté pour mieux la conserver[139]. Ses efforts, au contraire, tendent à substituer au paradigme de l'individualisme, un autre qui soit protecteur des individus opprimés et qui contribue à leur conserver leur dignité. Ce faisant, il n'est pas séduit par cette idée d'une publicisation des contrats. Celle-ci lui semble dissimuler l'essentiel : à savoir que, pour présenter des similitudes avec le droit public, l'organisation corporatiste s'en différencie largement.

> Les frontières respectives du droit public et du droit privé se déplacent et l'on a pu parler de la « publicisation » du contrat [en référence à un article de Louis JOSSERAND] et des « conquêtes du droit public » [en référence à un article Louis DELBEZ].
>
> Ces formules, très heureuses dans leur raccourci saisissant, ne suffisent cependant pas à elles seules à exprimer toute la réalité complexe du mouvement juridique actuel. Elles laissent dans l'ombre précisément ce qu'il convient de mettre en relief comme l'un des traits les plus frappants de la période historique présente : le développement des statuts corporatifs et professionnels qui viennent prendre place à côté des statuts légaux pour obliger les individus sans leur volonté, autrement dit : la décadence du monopole législatif de l'État au profit des groupements économiques[140].

En somme, les accommodements successivement apportés au contrat en vue d'assimiler des mutations hétérogènes à sa définition classique ont conduit à renverser le sens des mots : « *JOSSERAND* (…) *emploie les expres-*

138 MORIN Gaston, « Le sens des transformations contemporaines du droit », *in Revue métaphysique et de morale* 1927, p. 253.

139 C'est, par exemple, Louis JOSSERAND qui affirme dans une de ses nombreuses études sur les transformations des contrats : « *C'est le crépuscule du dogme de l'autonomie de la volonté, de la liberté contractuelle, tandis que cependant cette volonté et cette liberté s'affirment par la création de catégories juridiques toujours plus nombreuses* » (« La transformation du droit des obligations et des contrats depuis la promulgation du code civil français », *in* [collectif], *Livre-souvenir des journées du droit civil français*, Paris, Sirey, 1936, p. 56). *Cf.* à cet égard les critiques que lui adresse Gaston MORIN : – à l'endroit de son ouvrage *De l'esprit des droits* (1927) : « L'abus du droit et les relations du réel et des concepts dans le domaine juridique » (*in Revue de métaphysique et de morale* 1929, p. 267) ; – puis de ses articles afférents aux contrats : « Les tendances actuelles de la théorie des contrats et les relations du réel et des concepts » (*in R.T.D. civ.* 1937, p. 553).

140 MORIN Gaston, « La désagrégation de la théorie contractuelle du code », *in Archives de philosophie du droit* 1939-1940, p. 32.

sions du contrat dirigé *et de* contrat publicisé. *Mais dans ces formules l'adjectif se rebelle contre le substantif qui est pour ainsi dire vidé de son contenu habituel* »[141].

519. JOSSERAND : la « publicisation » des contrats, vecteur d'une régénération du concept contractuel. – Entre ces deux auteurs qui figurent deux positions antithétiques, Louis JOSSERAND est à l'initiative d'une alternative doctrinale portée à encadrer les mutations que connaît le contrat, au lieu de les regretter ou d'y réagir en remettant en cause les paradigmes du droit civil[142]. C'est pourquoi, il cherche à conserver au droit civil des obligations son caractère propre qui le distingue du droit public, tout en se dégageant de la pesanteur d'un droit classique d'avant-guerre d'autant plus encombrant que démenti dans maints de ses aspects.

> En présence d'une transformation de cette envergure et qui équivaut presque à une dénaturation, on comprend que des civilistes hautement qualifiés aient conclu au déclin et presque à la disparition d'un concept dont ils préparent à dresser l'acte de décès, les uns objectivement en s'inclinant volontiers devant le fait prétendument accompli [et de citer Gaston MORIN], d'autres avec l'expression de leurs regrets et avec des paroles de pitié pour ce malheureux contrat qui a été, « sous des coups successifs, affaibli et dégradé » [et de citer Georges RIPERT].
>
> Il n'est pas sûr que cette vue pessimiste soit entièrement juste et nous sommes de ceux qui pensent qu'on se hâte un peu trop de reconduire le contrat jusqu'à sa demeure dernière : (…) peut-être bien que ce n'est pas déclin, de crépuscule qu'il est question pour lui, mais bien de transformation et de renouveau[143].

Sans méconnaitre la richesse de ces diverses doctrines, Louis JOSSERAND est celui des trois qui – au regard de notre propos – nous intéresse le plus. Les deux précédents s'attachèrent ou bien à conserver intact le paradigme contractuel, ou bien à le renverser pour en substituer un autre – celui de l'institution. À l'inverse, le professeur lyonnais rapporte l'évolution des contrats à une dynamique des rapports entre droit public et droit privé. Dans cette mesure, son point de vue touche de plus

---

141 MORIN Gaston, *La révolte du droit contre le code. La révision nécessaire des concepts juridiques (contrat, responsabilité, propriété)*, Paris, Sirey, 1945, p. 23-24.

142 *Cf.* CHAZAL Jean-Pascal, « Louis JOSSERAND et le nouvel ordre contractuel », *in Revue des contrats* 2003, n° 1, p. 325 & pour une approche thématique plus large : DUMAS-LAVENAC Sophie, « Le droit selon Louis JOSSERAND », *in Revue juridique de l'Ouest* 2015, n° 2, p. 39.

143 JOSSERAND Louis, « Aperçu général des tendances actuelles de la théorie des contrats », *in R.T.D. civ.* 1937, p. 4-5.

près notre sujet. Les analyses de Louis JOSSERAND ne se départissent jamais de la volonté de conserver au droit privé une spécificité qui, nonobstant sa socialisation, le distingue du droit public. Aussi traite-t-il des contrats sous un aspect qui souligne l'autonomie du droit privé, tout en admettant que certaines de ses évolutions procèdent du droit public. Sa démarche n'est pas celle d'un juriste plus lucide que les autres, mais celle d'un civiliste qui s'efforce de caractériser les transformations du droit des contrats pour contenir ce qu'elles pourraient avoir de subversives. Déjà, l'émancipation progressive du droit ouvrier – suivant sa dénomination usuelle à l'époque – inclinait certains auteurs à appréhender le contrat de travail à l'aune du concept d'institution. En ce sens, Paul CUCHE affirmait en 1929 : « *La question est simplement de savoir à quelle sauce sera mangé ce qui reste de liberté contractuelle dans le contrat de travail et par quel procédé la réglementation intérieure de ce contrat finira par glisser toute entière du cadre contractuel dans le cadre institutionnel* »[144]. Presque tous les articles de Louis JOSSERAND sur les contrats – publiés à partir de la fin des années 1920 – développent une réfutation tournée vers les publicistes et spécialistes du droit ouvrier.

> Certains juristes – en général des publicistes – dénient aux [contrats d'adhésion] le caractère contractuel et prétendent y voir des actes unilatéraux, des règlements soumis à un statut particulier ; (...) le concept contractuel ne serait plus ici qu'une pure apparence » dont « le contenu réglementaire jure avec son enveloppe ». (...)
>
> Cette conception publiciste, qui tend à restreindre le champ du contrat pour assurer un nouveau domaine au règlement, est à rejeter sans hésitation. (...)
>
> Sur un terrain différent, on a également tenté de refouler le concept contractuel au moyen de l'*institution* ou de l'*union* dont on a voulu effectuer la différenciation d'avec le contrat. (...)
>
> Mais les auteurs [sont spécialement visés HAURIOU et RENARD] qui préconisent cette opposition (...) se préoccupent surtout de faire mordre le droit public sur le droit privé, se font du contrat une idée archaïque et bien étroite[145].

En méditant une doctrine qui parvint à son terme au début des années 1940, il appliqua son intelligence à démontrer que la dénaturation du contrat – dans sa définition classique – n'a pas précipité le déclin *du*

[144] CUCHE Paul, « La législation du travail et les transformations du droit », *in* [collectif], *La Cité moderne et les transformations du droit*, Paris, Librairie Bloud & Gay, 1925, p. 175-176.

[145] JOSSERAND Louis, « L'essor moderne du concept contractuel », *in* [collectif], *Recueil d'études sur les sources du droit en l'honneur de François Gény*, *op. cit.* (1934), t. 2, p. 337-338.

contrat. La teneur de ce concept s'est renouvelée afin d'accuser la socialisation du droit. « *S'il traverse une crise, c'est une crise de croissance qui se traduit tant par de nouveaux apports venus de l'extérieur que par un regain de vitalité* »[146].

520. Le contrat « publicisé » : une formule destinée à exorciser la crainte d'une dénaturation du contrat privé. – Louis JOSSERAND présente l'influence du droit public comme un fruit que le droit privé aurait assimilé tout en préservant sa nature propre. Le contrat est moins « *contractuel* » et plus « *réglementaire* », sans cesser d'être un concept spécifique du droit privé[147]. Sa frondaison s'est renouvelée à la suite d'un nouveau printemps, tout en conservant des fondements qui continuent de l'arrimer au droit privé.

> On pourrait dire que [le contrat] *devient moins contractuel*, puisqu'il tend à revêtir l'aspect d'un règlement dans lequel l'une des parties se contente d'entrer, sous des conditions fixées tant par l'auteur de la prérédaction que par les pouvoirs publics ; il y a toujours contrat, mais d'un type nouveau, plus officiel et plus rigide, simple épreuve d'un cliché tiré, en série, à d'innombrables exemplaires.
>
> Mais, malgré tout, (…) le contrat contractuel demeure ; sa souplesse, son élasticité l'ont préservé de la décrépitude et de la mort, et aussi l'ingéniosité de la jurisprudence et de la doctrine qui ont opposé, à la révolution économique, à la révolte des faits, un conservatisme intelligent, fait de tradition et d'opportunisme : avec des formules anciennes, on a fait du nouveau ; sous un pavillon séculaire, on a abrité une marchandise de fabrication moderne ; aux catégories traditionnelles on a ajouté des catégories nouvelles ; sous le signe du concept contractuel se multiplient et se différencient entre eux *les contrats*, infiniment variés et flexibles, mais répondant tous, sans exception, à la définition contenue dans l'article 1101 du code civil : un ordre juridique nouveau s'est installé dans une demeure millénaire, accueillante et extensible ; on a su réaliser la complexité dans l'unité[148].

Louis JOSSERAND s'attarde sur les manifestations de cette publicisa-

---

[146] *Id.*, p. 346.

[147] En ce sens, il convient de mentionner un article du civiliste Ernest-Hyppolite PERREAU – professeur à la faculté de Toulouse : « Une évolution vers un statut légal des contrats » (*in* [collectif], *Recueil d'études sur les sources du droit en l'honneur de François Gény*, *op. cit.* (1934), t. 2, p. 354).

[148] JOSSERAND Louis, « La transformation du droit des obligations et des contrats depuis la promulgation du code civil français », *in* [collectif], *Livre-souvenir des journées du droit civil français*, *op. cit.* (1936), p. 39.

tion pour mieux en préciser la portée – c'est-à-dire pour élever un contre-champ doctrinal face à ceux qui conservent au contrat une conception étriquée. Il admet non pas une porosité, mais une interaction entre droit privé et droit public. Ainsi, il conjure la menace d'une empreinte croissante de celui-ci sur celui-là, tout en neutralisant les arguments de la thèse adverse, défendue en premier lieu par Georges RIPERT.

> Les codes de pur droit privé se transforment en Codes de droit privé social et la démarcation tend à s'estomper qui avait été artificiellement établie entre le droit public et le droit privé. La contestation vaut (...) pour le droit des contrats, qui se socialise, qui se « publicise » de plus en plus[149].

Il développe plus encore cette thèse dans un article à l'intitulé évocateur : « *La "publicisation du contrat"* ».

521. En même temps qu'il admet que, « *après s'être sécularisé,* [le droit civil s'est] *publicisé* »[150], il s'efforce de conférer un sens à cette publicisation en la mettant en cohérence avec une régénération du droit civil des obligations. Il souligne la résilience d'un droit privé qui s'ouvre à des influences hétérogènes et qui, en cela, se dénature moins qu'il ne s'adapte aux mutations que connaît la société contemporaine. Nous rapportons plusieurs extraits de cet article qui, au rythme des scansions, réaffirme cette thèse au terme de chaque développement : le droit privé ne se survit qu'en se publicisant ; il ne conserve son identité qu'en recueillant celles des influences utiles du droit public.

> Tout en demeurant un contrat, et qui ressortit au droit privé, l'accord formé, en série, par la conjonction d'une volonté réglementaire et d'une adhésion s'imprègne de la structure, de la technique et de l'esprit des actes du droit administratif[151]. (...)
>
> Les progrès réalisés dans le dynamisme du contrat sont d'autant d'étapes parcourues par le droit privé en direction du droit public[152]. (...)
>
> Le contrat du droit privé s'apparente à l'acte du droit public[153]. (...)

[149] JOSSERAND Louis, « Aperçu général des tendances actuelles de la théorie des contrats », *in* *R.T.D. civ.* 1937, p. 3.

[150] JOSSERAND Louis, « La "publicisation" du contrat », *in* [collectif], *Introduction à l'étude du droit comparé. Recueil d'études en l'honneur d'Édouard Lambert*, Paris, Sirey, 1938 (3 vol.), t. 3, p. 143.

[151] *Id.*, p. 146.

[152] *Id.*, p. 150.

[153] *Id.*, p. 151.

> Il faut bien reconnaître (…) que les contrats qui sont instaurateurs d'un ordre juridique durable et permanent, appellent, par le prolongement de leurs effets dans le temps, un statut approprié ; que nombre d'entre eux participent au règlement, et qu'ils se prêtent, de ce chef, à une réception des règles du droit administratif qui, tout en les laissant dans l'orbite du droit privé, civil ou commercial, exerce sur eux une influence profonde[154]. (…)
>
> Le contrat a cessé d'être une affaire purement privée pour subir, avec l'emprise grandissante des pouvoirs publics, l'attraction du droit administratif dont l'esprit l'imprègne visiblement[155].

Ce n'est pas tant que le contrat a été conquis par le droit public, mais que celui-ci a irradié le contrat en lui communiquant certains de ses caractères. Ce faisant, Louis JOSSERAND réaffirme cette conviction suivant laquelle les publicistes attirent indûment au droit public des relations juridiques inédites dont le contrat pourrait rendre compte si jamais sa définition classique n'était pas trop bornée pour s'y prêter. Tout l'enjeu de sa doctrine réside en cela : disputer au droit public une modernité qui favorise son expansion au-delà des frontières que lui assignaient jusqu'ici les civilistes.

> De telles opérations, créatrices d'un ordre obligatoire à longue portée, ont paru à de certains esprits, tellement différentes du *negotium* classique, qu'ils ont prétendu leur refuser le caractère de contrats pour les élever à la dignité d'*institutions* ou d'*unions*, et pour les attraire, par cette vue publiciste, dans le champ du droit administratif. (…)
>
> Il est permis de penser que l'opposition ainsi décrite (…) entre le contrat et l'institution, est sensiblement forcée, et qu'elle procède d'une conception trop étroite et archaïque du concept contractuel[156].

Habilement il emprunte le registre lexical de l'« influence » pour repousser celui de la « conquête » ou de l'« assimilation ». Le droit privé et le droit public sont deux empires dont l'existence est admise sans jamais être remise en cause par les évolutions qui s'y rapportent. Louis JOSSERAND écrit à une époque où les doctrines française et étrangère s'intéressent précisément aux interactions entre ces deux droits. L'ouvrage même où il publia l'article précité comprend plusieurs articles

[154] *Id.*, p. 154.
[155] *Id.*, p. 157.
[156] *Id.*, p. 153.

sur ce sujet[157]. D'ailleurs, certains critiquent son appréhension des choses, tels les publicistes Georges RENARD et André HAURIOU qui traitèrent respectivement de l'influence du droit administratif sur le droit civil et de la réception par le droit administratif des influences du droit civil[158]. Indépendamment des conclusions auxquelles ces auteurs parviennent, nous les signalons pour indiquer que ces réflexions sont celles d'une époque.

522. La « publicisation du contrat » : une problématique tendue à ranger sous le droit public des évolutions irréductibles au droit privé. – La promotion de la doctrine publiciste comme un interlocuteur digne de la doctrine privatiste ; les vicissitudes d'une société occidentale au sein de laquelle les enjeux se sont socialisés au point que l'individu a cessé d'être la mesure exclusive du droit – sont deux des principaux facteurs qui ont incité les juristes à penser les mutations de leurs disciplines respectives en se représentant comme référent l'autre discipline placée en vis-à-vis. Peut-être même est-ce là ce qui explique la fécondité de la doctrine juridique de l'Entre-deux-guerres : la confrontation de plusieurs modèles juridiques, qui n'ont fait que se multiplier en se diversifiant avec l'autonomisation du droit social et le développement du droit international – tant public que privé. Quant à Louis JOSSERAND, il associe la publicisation du droit civil à la réaffirmation de son identité, laquelle est précisément raffermie par des expériences que d'autres qualifient de dissolvantes. Dans une chronique qui rencontra un large écho, il esquisse les jalons d'une doctrine qu'il affine progressivement : pour être ouvert à une influence hétérogène au droit privé, le droit civil conserve sa centralité parmi les disciplines académiques.

> Il appartient aux juristes (...) de demeurer fidèles aux principes permanents qui constituent l'armature du droit, de les opposer fermement, en toute circonstance, aux errements législatifs transitoires et de hâter ainsi le retour à la normale, à la tradition et au

---

157 *Cf.* les articles de – Georges DOR (« Les conquêtes du droit public sur le domaine du droit privé en Belgique », *id.*, t. 3, p. 166), – Roman LONGCHAMPS DE BÉRIER (« L'influence du droit public sur le contrat de travail dans le droit civil polonais », *id.*, t. 3, p. 544), – Jean MORELLET (« L'interpénétration du droit public et du droit privé », *id.*, t. 3, p. 137) et – Erwin RIEZLER (« Oblitération des frontières entre le droit privé et le droit public », *id.*, t. 3, p. 117).

158 *Cf.* les articles de – Georges RENARD (« L'aide du droit administratif pour l'élaboration scientifique du droit privé », *in* [collectif], *Recueil d'études sur les sources du droit en l'honneur de François Gény*, *op. cit.*, t. 3 (1934), p. 77) et – André HAURIOU (« L'utilisation en droit administratif des règles et principes du droit privé », *id.*, t. 3, p. 92).

> bon sens ; c'est à de telles sources surtout que le dirigisme contractuel doit puiser ses inspirations et c'est en elles qu'il trouvera sa justification, comme aussi les frontières qu'il ne saurait raisonnablement franchir sans arbitraire et sans danger[159].

Sensible à cette idée que la doctrine de l'autonomie de la volonté ne saurait s'imposer avec la même évidence qu'auparavant, il n'en rappelle pas moins que si le contrat doit s'ouvrir à l'influence du droit public, il doit demeurer aux individus cette norme prévisionnelle destinée à régler leur avenir. Louis JOSSERAND a toujours fermement dénoncé ces interventions – législatives pour la plupart – qui sont venues affaiblir la force obligatoire du contrat. S'il admet la standardisation du contrat, l'oblitération de leurs effets relatifs, *etc.*, il regrette ces interventions qui libèrent le débiteur et nient la valeur essentielle du contrat : lier les individus. L'interventionnisme public dans l'opération privée du contrat ne lui paraît légitime qu'autant qu'il protège l'une des parties qui serait en infériorité vis-à-vis de son cocontractant[160]. Il n'est pas moins méfiant à l'égard d'un droit dont l'efficience serait appréciée à l'aune de son empreinte économique[161] et d'une législation qui, en voulant tout saisir, élève des classes d'individus et attise ainsi les antagonismes au lieu de les atténuer[162]. À l'instar d'autres civilistes[163], il réprouve toutes ces interventions législatives qui altèrent les liens issus du contrat.

> Il faut reconnaître que le contrat est, pour une bonne part, un phénomène social dont la société, dont les pouvoirs publics ne sauraient se désintéresser. Seulement, il y a une moralité à respecter, des barrières à ne jamais franchir, et qui malheureusement ont été violées à maintes reprises, dans le droit d'après-guerre et en tous pays. Partout, on a vu le législateur intervenir, sous forme de moratoires ou de révision des accords. (…) C'est là une pratique déplorable qui ne saurait trouver d'autre excuse que dans une nécessité absolue et qu'il importe d'abandonner aussitôt qu'elle n'est plus indispensable. (…) Envisagé sous cette forme, le dirigisme

---

159 JOSSERAND Louis, « Le contrat dirigé », *in Dalloz* 1933, chron. p. 92.
160 JOSSERAND Louis, « La protection des faibles par le droit », *in Évolutions et actualités. Conférences de droit civil*, Paris, Sirey, 1936, p. 159.
161 JOSSERAND Louis, « Un ordre juridique nouveau », *in Dalloz* 1937, chron. p.41.
162 JOSSERAND Louis, « Sur la reconstitution d'un droit de classe », *in Dalloz* 1937, chron. p. 1.
163 *Cf.* deux chroniques également remarquées – celles d'Henri CAPITANT (« Le régime de la violation des contrats », *in Dalloz* 1934, chron. p. 1) & de Georges RIPERT (« Le droit de ne pas payer ses dettes », *in Dalloz* 1936, chron. p. 57). À propos de la dernière, *cf.* PUTMAN Emmanuel, « Retour sur "le droit de ne pas payer ses dettes" : *in memoriam* Georges RIPERT », *in R.R.J.* 1994, p. 109.

> *contractuel* est à condamner sévèrement, parce qu'il est *anticontractuel*, parce qu'il réalise, non pas du socialisme juridique, mais bien de l'anarchie[164].

523. Ailleurs Louis JOSSERAND affine sa pensée en lui conférant plus de netteté : « *Le dirigisme, envisagé en soi, n'est ni une maladie, ni une panacée, ni un malheur, ni un bienfait* ». Il l'apprécie suivant ses effets – selon qu'il favorise le commerce juridique en aidant à son dynamisme, ou bien selon qu'il en mine le principe en émoussant la force des obligations.

> Dans les premiers, on doit ranger le développement d'ensemble de la théorie contractuelle, l'apparition de nouvelles catégories, l'accroissement du dynamisme contractuel et aussi les mesures prises par les Pouvoirs publics pour protéger, au cours des tractations préliminaires, le plus faible contre le plus fort, et pour assurer ainsi la liberté effective du consentement ; la standardisation des contrat peut elle-même être considérée comme un progrès à raison des facteurs de commodité et de rapidité qu'elle comporte.
>
> En revanche, l'immixtion des Pouvoirs publics dans la vie du contrat est intolérable, dans la mesure où elle porte atteinte à des situations acquises, où elle relâche le lien obligatoire, où elle détruit l'équilibre des prestations établi par les parties, où elle modifie la durée du contrat, soit par des prorogations, soit, à l'inverse, par une résiliation anticipée, le plaçant ainsi sur un nouveau lit de Procuste ; dans la mesure, en un mot, où génératrice d'insécurité et d'inégalité, elle ruine cette confiance qui fait la force de la loi et du contrat[165].

En estimant que « *la "publicisation" doit aboutir* (…) *non au désordre et à l'arbitraire, mais à l'organisation et à la sécurité* »[166], il exprime systématiquement son horreur pour la théorie de l'imprévision. Aussi se félicite-t-il de son rejet par la Cour de cassation. On discerne à ce propos le point à partir duquel diverge le droit public du droit privé. L'intangibilité des obligations figure comme une ligne de partage qui rappelle la distinction entre ces deux droits, dont l'esprit respectif peut s'influencer réciproquement sans jamais se fondre. Ainsi, au sujet de l'intrusion du législa-

---

[164] JOSSERAND Louis, « La transformation du droit des obligations et des contrats depuis la promulgation du code civil français », *in* [collectif], *Livre-souvenir des journées du droit civil français*, *op. cit.* (1936), p. 37-38.

[165] JOSSERAND Louis, « Aperçu général des tendances actuelles de la théorie des contrats », *in R.T.D. civ.* 1937, p. 30.

[166] JOSSERAND Louis, « La "publicisation" du contrat », *in* [collectif], *Introduction à l'étude du droit comparé. Recueil d'études en l'honneur d'Édouard Lambert*, *op. cit.*, t. 3 (1938), p. 158.

teur dans l'exécution des contrats, Louis JOSSERAND note :

> Le droit public fait ici irruption dans le droit privé en provoquant l'éclatement du cadre d'un contrat où l'on semble sous-entendre d'autorité la fameuse clause *rebus sic stantibus* [ce qui est une autre manière de désigner la théorie de l'imprévision][167].

Ce n'est pas dire qu'il soulève artificieusement une divergence pour conserver au droit privé une raison d'être. C'est, au contraire, avec cette conviction maintes fois réaffirmée que se fige – selon cet auteur – l'âme du contrat : la force obligatoire des contrats constitue une fonction du droit privé, autant qu'elle le distingue du droit public. Avec la liberté de contracter[168], l'intangibilité des obligations constituent les piliers du contrat sans lesquels le terme ne serait plus qu'une fiction. Quoiqu'il discute peu de la théorie de l'imprévision telle qu'admise par le Conseil d'État, il ne manque pas de l'indiquer pour la réprouver et signaler à cette occasion l'opposition de deux archétypes : le contrat et l'institution.

524. Le contrat administratif sous la plume des civilistes : l'esquisse d'une figure anti-archétypale du contrat. – L'œuvre de Louis JOSSERAND relaie l'aversion que la majorité de la doctrine civiliste entretient à l'égard de la théorie de l'imprévision, alors même que la liberté contractuelle y est considérée – chez cet auteur – avec plus de mesure que ne le laisse supposer son adhésion à la doctrine de l'autonomie de la volonté. Les débats sur la force obligatoire du contrat et l'immixtion du juge au sein du contrat ont conduit à cliver le contrat. Pour se prémunir contre la théorie de l'imprévision, les civilistes ont contribué à légitimer cette dichotomie entre contrats administratifs et contrats privés – laquelle, sans être nouvelle dans les termes, a cessé de recevoir une acception purement contentieuse comme cela était le cas jusqu'alors. À l'inverse, c'est autour d'une conception moniste du contrat que quelques-uns ont tenté de convaincre que le droit civil pouvait se prêter à accueillir la théorie de l'imprévision. En définitive, les civilistes ont abandonné aux administrativistes des contrats irréductibles à la doctrine de l'autonomie de la volonté, en partitionnant les contrats en deux catégories autonomes l'une de l'autre. Ils n'ont pas essayé (ou pas que) de contester l'existence d'un contrat administratif spécifique dans son genre ou bien de critiquer la jurisprudence du Conseil d'État comme arbitraire.

---

[167] JOSSERAND Louis, « Aperçu général des tendances actuelles de la théorie des contrats », *in R.T.D. civ.* 1937, p. 27.

[168] JOSSERAND Louis, « Les dernières étapes du dirigisme contractuel : le *contrat forcé* et le *contrat légal* (contrat *de salaire différé*) », *in Dalloz* 1940, chron. p. 5.

La théorie de l'imprévision n'étant pas, en soi, spéciale au droit administratif, les civilistes ne l'ont pas regardée comme si elle était circonscrite à une discipline trop différente du droit privé pour ne pas craindre qu'elle pût lui être étendue. Cette théorie ayant été marginalement introduite dans le droit privé par quelques lois adoptées dans des circonstances exceptionnelles, des correspondances s'établirent entre droit public et droit privé. En d'autres termes, l'imprévision ne pouvait être présentée comme une bizarrerie caractéristique du droit public. Tandis que l'imprévision menaçait le droit civil, les contrats administratifs furent employés pour fixer cette théorie au droit administratif et convaincre que, pour être pertinente ici, elle cessait de l'être là où les contrats étaient d'une nature différente de celle des contrats administratifs. Repoussés hors du droit civil, les contrats administratifs servirent à garder au droit administratif une théorie redoutée. À travers une trame faite de correspondances et d'oppositions entre droit public et droit privé, la doctrine civiliste prit le parti de repousser vers celui-là ce qui demeurait hétérogène à la doctrine de l'autonomie de la volonté. Ainsi, le droit administratif fut pour le droit civil tout à la fois un référent (pour penser l'inédit) et un contre-modèle (pour caractériser l'hétérogénéité). Les administrativistes ont eu d'autant de latitude pour développer une doctrine qui s'est appropriée le contrat en l'acculturant au droit administratif, lequel avait été regardé jusqu'alors comme y étant irréductible. Tandis que, dans les années 1900, le contrat était associé au droit privé dont il aidait à essentialiser les caractères, certains administrativistes s'en sont emparés à partir des années 1920, en même temps que les civilistes ont admis, opportunément, que les contrats administratifs puissent être d'un genre propre. Il n'est pas surprenant que ceux-là aient tout d'abord appuyé la conceptualisation des contrats administratifs sur la théorie de l'imprévision. C'est en quelque sorte d'un objet tombé en déshérence qu'a résulté la théorie des contrats administratifs[169].

[169] Il n'y a pas lieu de s'étonner que, aujourd'hui, la doctrine civiliste ne présente plus la jurisprudence administrative en matière d'imprévision comme reposant sur l'idée d'un contrat fondamentalement différent de celui du droit privé. Tant la conception du contrat administratif que celle du contrat privé ont évolué, si bien que leur spécificité respective souligne non plus tant une fracture, mais la spécialité de solutions adaptées à leur domaine propre. Ainsi, sous la plume du professeur GHESTIN, qui s'est efforcé de substituer à la doctrine de l'autonomie de la volonté une doctrine qui fonde le contrat sur le juste et l'utile, la jurisprudence du Conseil d'État est présentée comme une solution qui, pour être rejetée par la Cour de cassation, n'en est pas moins contigüe. Il l'envisage moins comme un contre-modèle destructeur de l'idée même de contrat, que comme un référent qui, certes, n'est peut-être pas assimilable en tant que tel au droit privé, mais dont celui-ci peut s'inspirer (GHESTIN Jacques (dir.), *Traité de droit civil. Les*

525. L'opposition que rencontra la théorie de l'imprévision au sein de la doctrine civiliste cantonna dans le giron du droit administratif un contrat négateur de la doctrine l'autonomie de la volonté. La thématique d'une publicisation des contrats développée par Louis JOSSERAND participe du même emploi de la *summa divisio*. Le droit administratif ne sert pas qu'à expurger le droit privé des hypothèses irréductibles à la conception classique du contrat, fût-elle renouvelée. Convoqué comme référent, cet auteur s'en est aidé pour caractériser des mutations dans un sens qui lui permît d'émousser les rigueurs de la doctrine de l'autonomie de la volonté – désormais enrichie de la technique contractuelle. Ou plus exactement, à la conserver tout en y apportant des tempéraments qui lui permissent de ne pas devenir un manifeste purement théorique. La publicisation des contrats fut une problématique destinée à appréhender les mutations qui affectaient le droit privé en les présentant comme autant d'influences du droit public opportunément réceptionnées par le droit privé. Ces locutions : « contrat publicisé », « contrat légal », « contrat réglementaire », « contrat dirigé », *etc.*, en sont des traductions diverses. Sous la plume d'aucuns, la doctrine de l'autonomie de la volonté a ainsi pu se présenter comme une doctrine revivifiée par des influences extérieures, au lieu d'être comme une doctrine dégénérée dont la valeur eût été altérée de l'intérieur par ses propres infirmités. C'est précisément ce que Gaston MORIN déplora et ce qui l'amena à analyser les transforma-

---

obligations : les effets du contrat, Paris, L.G.D.J., 1992 (1re éd., avec la collaboration de Marc BILLIAU), p. 288 *sq.*). Dans le sillage de Mme CLOUZOT qui soulignait le rayonnement de la théorie de l'imprévision sur le droit privé (« La théorie de l'imprévision en droit des contrats administratifs : une improbable désuétude », *in R.F.D.A.* 2010, p. 937), M. ANTIPPAS présente l'imprévision comme un emprunt que le droit civil pourrait réaliser sans trop de difficultés (« L'utilisation du droit administratif en droit civil », *in R.F.D.A.* 2014, p. 795). Renversement saisissant si l'on considère que l'autonomisation du contrat administratif s'est opérée par le biais de la théorie de l'imprévision. C'est précisément en l'employant à sa démonstration que M. BERTAUX a approfondi la question de *L'utilisation du droit administratif dans l'élaboration du droit civil : l'intégration de la théorie de l'imprévision* (2015) dans un mémoire de master 2 (sous la direction du professeur PLESSIX ; exemplaire consultable à la bibliothèque Cujas). Ce travail académique a fait l'objet d'une synthèse publiée dans la revue électronique : *Revue du master Droit public approfondi de l'université Panthéon-Assas Paris II* 2016, n° 1, p. 30). Du reste, la réforme du droit des obligations réalisée par l'ordonnance n° 2016-131 du 10 février 2016 a modifié, en ce sens, l'article 1195 du code civil (*cf.* STOFFEL-MUNCK Philippe, « L'imprévision et la réforme des effets du contrat », *in Revue des contrats* 2016 (hors-série : « La réforme du droit des contrats : quelles innovations ? »), p. 30). Cette assimilation de l'imprévision au droit privé conduit d'ailleurs le professeur PLESSIX à s'interroger sur l'oblitération de l'autonomie du droit administratif (« De Craponne à Bordeaux », *in Droit administratif* 2016, n° 5, repère 5).

tions du droit comme la substitution subreptice d'un nouveau droit à l'ancien, par l'effet d'un déclin irrémédiable de la doctrine de l'autonomie de la volonté au profit d'un paradigme institutionnel[170]. À rebours, Louis JOSSERAND a cherché à dissiper ce que ces transformations pouvaient avoir d'inintelligibles au droit civil, en rapportant leur hétérogénéité au droit public. Il se les expliqua par l'influence de celui-ci, de sorte à ce qu'elles ne puissent être regardées comme les manifestations d'un désordre interne au droit privé. Point de mystère qui ébranle la foi. Ce qui demeure étrange pour le droit privé est rapproché d'un droit public qui, en un sens, en est la figure complémentaire et absorbe ce qui demeure redoutable à celui-là. En réceptionnant la théorie de l'imprévision, les publicistes ont également déployé la *summa divisio* autour du contrat. Ce fut néanmoins dans une perspective différente de celle des privatistes : c'est-à-dire pour développer les termes d'une conception véritablement dualiste du contrat, là où pour les privatistes, le contrat administratif n'a de contrat que le nom.

170 *Cf.* à cet égard la conclusion de l'ouvrage (précité) de Gaston MORIN : *La révolte du droit contre le code* (1945).

Section 3. – La doctrine publiciste : consacrer un contrat administratif pour conquérir le contrat sur le droit privé

526. La majorité des administrativistes qui réceptionnèrent la théorie de l'imprévision la comprirent comme une théorie spéciale au droit administratif et, en outre, comme une théorie qui exacerbait la *summa divisio* en l'étendant au contrat, jusqu'alors caractéristique du droit privé (**paragraphe 1**). Loin de se prêter à une interprétation univoque, cette théorie les amena à appréhender le contrat suivant des perspectives doctrinales inédites, en cessant de le regarder comme un objet par nature hétérogène au droit administratif (**paragraphe 2**).

Paragr. 1. – La théorie de l'imprévision : une occasion de réaffirmer l'autonomie du droit administratif par rapport au droit privé

527. La théorie de l'imprévision comprise par quelques-uns à l'aune d'une conception classique des contrats. – L'arrêt *Compagnie générale d'éclairage de Bordeaux* (1916) du Conseil d'État a été favorablement accueilli par les administrativistes. Hormis des critiques parfois vives en qui concerne les modalités de calcul de l'indemnité d'imprévision[171], le principe de cette théorie fut regardé comme équitable et opportun. Cela étant, les motifs par lesquels les auteurs ont approuvé cette jurisprudence diffèrent selon la conception que chacun se faisait du contrat de concession. Fidèle aux idées qu'il avait soutenues dans les années précédentes, le professeur parisien BERTHÉLEMY refusa de distinguer des contrats que leur genre respectif opposerait. Il maintint au contraire l'opinion suivant laquelle les dispositions du code civil applicables aux contrats le sont à tous les contrats sans exception. Conformément à l'opinion classique en vogue jusqu'aux années 1920, les contrats administratifs désignent des contrats qui ont ceci de particulier qu'ils relèvent de la juridiction administrative, sans que cela ne détermine pour autant un corpus de règles

[171] Nous pensons aux articles de Léon DUGUIT : « Le Conseil d'État et l'affaire du *Gaz de Bordeaux* » (*in R.P.P.* 1916, LXXXVII, p. 264) et de Gaston JÈZE : « La guerre et les concessionnaires de service public (Compagnies du gaz) » (*in R.D.P.* 1916, p. 206). Dans un genre plus polémique, voyez de Jean APPLETON – professeur de droit administratif à la faculté de Lyon – ces deux articles : « Le Conseil d'État protège fâcheusement les fermiers généraux du Gaz » (*in Progrès civique* 1921 (2 juillet) p. 8) & « Défendons le public et les communes contre les fermiers généraux de l'électricité » (*in Progrès civique* 1922 (14 avril) p. 22).

autonome du droit civil[172]. Il s'agit d'une locution contentieuse qui, sur le fond, recouvre une pluralité de contrats aux régimes juridiques divers et dont la doctrine administrative a souligné les disparités plutôt que l'unité[173]. La justification que Henry BERTHÉLEMY apporte à l'appui de notre arrêt se fonde sur une interprétation du code civil qu'il n'entend pas limiter aux seuls contrats relatifs au fonctionnement des services publics.

> En droit civil, aussi bien qu'en droit administratif, il y a lieu de tenir compte, dans une certaine mesure, de la théorie de l'imprévision, et nous estimons qu'on n'en doit tenir compte en droit administratif que dans la mesure où l'on en devrait tenir compte en droit civil[174].

Cette conception moniste du contrat procède d'une acception classique du contrat empruntée à la doctrine civiliste. « *Civils ou administratifs, tous les contrats sont gouvernés par des règles "fondées sur l'équité et la commune intention des parties"* »[175]. L'idée d'une distinction d'où procèderaient plusieurs catégories autonomes de contrats lui est proprement inintelligible – à lui comme à la majorité des juristes de son époque. Conçu à l'aune de l'individualisme libéral, le contrat n'est pas encore ce qu'il devint quelques temps plus tard : une technique juridique configurable selon les effets recherchés.

> On se demande (...) par quelles formules spéciales la loyauté nécessaire qui doit présider à tous les accords humains pourra s'affirmer en droit administratif sans que la même formule s'impose forcément en matière civile.
>
> Aussi doit-on se garder d'opposer, – en matière de contrats, – le droit administratif au droit civil. Ce serait faire tort à l'un ou à l'autre[176].

Alors que la Cour de cassation refuse fermement d'admettre la théorie de l'imprévision, certains civilistes n'ont – pourtant – pas été sans suggérer une attitude moins rigoriste et plus conciliante de la diversité des contrats. D'après une argumentation assez proche de celle du Conseil d'État et dont il s'inspire d'ailleurs, René DEMOGUE souligne la singularité des contrats à longue durée. La prolongation de leur exécution, longtemps

---

172 *Cf.* le titre I, seconde partie.

173 *Cf.* le titre II, seconde partie.

174 BERTHÉLEMY Henry, « Communes et gaziers », *in* *R.P.P.* 1917, XCII, p. 35.

175 *Id.*, p. 35.

176 *Ibid.*

après leur conclusion, peut placer les contractants dans une situation qu'aucun ne pouvait raisonnablement prévoir : « *Il ne faut pas lui faire dire* [au contrat] *ce qu'il ne dit pas* »[177].

> On pourrait ici, pour l'interprétation des contrats, dire ce que l'on a dit pour l'interprétation des lois dans ces dernières années : appliquons les lois dans ce qu'elles ont voulu, mais résolvons autrement que par la méthode déductive des cas auxquels elles ne pouvaient songer. (…)
>
> Les contrats sont sous la protection de l'autorité judiciaire, qui doit faire le nécessaire quand, avec les données des parties, la convention ne peut fonctionner[178].

Peu nombreux il est vrai, quelques rares civilistes ont prêté le code civil à une interprétation qui permît d'admettre que, lorsque les prévisions des parties ont été déjouées par les circonstances, le juge ne peut se dissimuler derrière son office interprétatif en s'acharnant à appliquer une convention dont l'économie est *de facto* altérée. Suivant un point de vue différent, c'est ce à quoi pense Henry BERTHÉLEMY lorsqu'il parle d'une solution *équitable* – c'est que les civilistes ne pouvaient s'y prendre pareillement, tant ce terme charrie dans la culture privatiste des *a priori* négatifs.

> En matière d'interprétation des contrats, (…) c'est ce qui est équitable qui se trouve être juridique.
>
> Il est équitable d'admettre que la commune intention des parties a été d'établir un équilibre relatif entre les engagements du concédant et ceux du concessionnaire. (…) Les risques ne dépassent pas ce que les parties ont pu communément prévoir. Il serait injuste de déduire, de la lettre des cahiers des charges, des obligations indéfinies à la charge du concessionnaire, à quoi, de bonne foi le concédant n'a ni pu, ni voulu les imposer[179].

528. C'est en ces termes que Pierre SAINT-MARC – qui entreprit une thèse sur l'imprévision – conclut ses travaux : « *En définitive, aucune antinomie entre les principes du Code civil et l'arrêt du 30 mars 1916. L'arrêt est donc juridique* »[180]. L'imprévision est juridique parce que conforme au droit

---

[177] DEMOGUE René, Chronique de jurisprudence civile [contrat à longue durée et bouleversement des conditions économiques], *in* *R.T.D. civ.* 1916, p. 520.

[178] *Ibid.*

[179] BERTHÉLEMY Henry, « Communes et gaziers », *in* *R.P.P.* 1917, XCII, p. 37.

[180] SAINT-MARC Pierre, *De l'imprévision dans les contrats administratifs*, Paris, Jouve & Cie, 1918 (thèse de doctorat, faculté de Paris ; présidée par BERTHÉLEMY, professeur de droit administratif), p. 106.

civil. Les conclusions personnelles de cet auteur sont de peu d'intérêt au regard de ce que sa démarche nous indique : la théorie de l'imprévision s'apprécie à l'aune du droit civil qu'il n'est pas question de marginaliser. L'enjeu consiste à l'y rattacher pour prévenir le reproche d'arbitraire. C'est précisément ce que souligne un autre docteur, pour lequel cette théorie participe du droit civil – sinon des principes qui l'inspirent – en conservant le contrat malgré l'incomplétude des volontés formellement énoncées par les parties.

> Le juge ne refait pas le contrat, la structure générale de la concession subsiste, son but est atteint, il s'agit donc d'une simple adaptation au milieu nouveau, permettant à la convention de s'exécuter. (…)
> En réalité, la convention a eu en vue un état de choses déterminé, elle n'a pu prévoir la situation nouvelle, elle présente donc une lacune que le juge constate ; il invite les parties à la combler, de là la procédure de renvoi suivie par le Conseil d'État[181].

Plus loin, le même auteur insiste pour convaincre que cette théorie ne résulte pas d'une jurisprudence arbitraire du Conseil d'État, c'est-à-dire une jurisprudence a-juridique. Bien au contraire, elle procède d'une compréhension intelligente du contrat en s'affairant à son maintien lorsque les circonstances placent le débiteur dans une situation qui ne lui permet plus d'exécuter ses obligations sans s'exposer à une ruine certaine.

> La théorie de l'imprévision est l'application d'un principe supérieur de droit et d'équité. (…) Loin d'être une conception révolutionnaire, [elle] présente un caractère profondément conservateur, puisqu'elle tend à assurer, par une réformation prudente et nécessaire des clauses devenues inapplicables, le maintien de la convention dans sa substance même[182].

C'est une pareille analyse qui amena plusieurs civilistes à rejeter les contrats administratifs hors du droit civil, en leur découvrant une nature différente de celle des contrats du droit privé. Car l'adaptation du contrat aux nouvelles circonstances confère au juge un pouvoir d'appréciation qui ne peut que le conduire à reconfigurer l'économie du contrat. Que les administrativistes précités justifient la théorie de l'imprévision en y attirant le code civil ou bien en mobilisant les principes qui y sont sous-

---

[181] GROS Marcel, *Les conséquences juridiques de la guerre sur les services publics concédés du gaz et de l'électricité. Étude de jurisprudence administrative*, Lyon, Neveu & Cie, 1922 (thèse de doctorat, faculté de Lyon ; présidée par APPLETON, professeur de droit administratif), p. 137.
[182] *Id.*, p. 142.

jacents, leurs démonstrations embrassent indifféremment le droit privé et le droit public. En éclairant cette théorie à partir d'une approche transversale à la *summa divisio* – au lieu de mobiliser des motifs propres au droit administratif –, cette doctrine présenta quelque chose de menaçant pour les civilistes qui furent pour la plupart rétifs à la réception de l'imprévision en droit privé. Marcel GROS en fut parfaitement conscient.

> La jurisprudence civile, trop étroite et attachée à la lettre du Code, ne réussit pas à satisfaire les besoins de la vie des affaires, de là le mouvement hostile de l'opinion et l'intervention du législateur. Une petite partie de la jurisprudence fut même gagnée par cette réaction. (…)
>
> Il n'est pas douteux que l'imprévisibilité exige pour se manifester des conjonctures extraordinaires, il n'en reste pas moins que, dans toute convention de longue durée, elle sera susceptible d'apparaître. Débordant le domaine du droit administratif, elle finira par pénétrer le vieux droit civil[183].

C'est d'ailleurs en ce sens que se sont prononcées plusieurs thèses entreprises par des civilistes, ainsi que nous l'avons rapporté dans la section précédente. Nonobstant quelques différences sans importance pour notre propos, les administrativistes précités conçoivent les contrats administratifs suivant une acception classique – contemporaine des années d'avant-guerre. Pour être marqués par certaines particularités, ces contrats n'en restent pas moins des contrats placés dans la mouvance du code civil. Ils se distinguent des contrats civils au même point de vue que les contrats commerciaux. À cet égard, la théorie de l'imprévision traduit une appréhension dynamique du droit – à l'instar de certaines théories civilistes d'avant-guerre, comme celles de l'enrichissement sans cause et de l'abus de droit.

529. La théorie de l'imprévision comprise par la plupart comme antinomique du monisme contractuel. – D'autres administrativistes – plus nombreux – ont renoncé à trouver à la théorie de l'imprévision un fondement emprunté au droit civil ou à quelques principes dont celui-ci ne serait que l'expression. D'après l'un d'eux – Charles DESJONQUÈRES –, l'idée suivant laquelle le contrat doit pouvoir être adapté aux circonstances extraordinaires selon l'intention originelle des parties « *ne semble pas pouvoir se concilier avec les principes de notre droit ; elle ne s'harmonise pas avec les règles d'interprétation des contrats édictées par le Code civil et qu'on s'accorde à consi-*

---

183 *Id.*, p. 139 et 143.

dérer comme applicables au droit administratif»[184]. Il se rapproche en cela de l'analyse des civilistes qui se récrièrent contre l'immixtion du juge dans le contrat : « *Cette théorie apparaît, dans notre droit administratif, comme une création rappelant celles du prêteur en droit romain* »[185]. Il admet qu'elle puisse s'expliquer par l'intérêt général dont la continuité des services publics est une déclinaison. En empruntant au droit civil une conception du contrat étriquée, il porte sur la jurisprudence du Conseil d'État une opinion mitigée : la concession de service public s'éloignerait toujours un peu plus du contrat (dans la continuité des réflexions de la décennie 1900), au point de n'être plus qu'une création prétorienne monstrueuse.

> Le contrat de concession perd de plus en plus le caractère de droit strict que la jurisprudence lui reconnaissait encore, il y a quelques années. De plus en plus, prédomine cette idée que le concessionnaire est astreint à des obligations plus étendues que celles résultant du droit privé, et qu'il doit subir, moyennant une équitable indemnité, toutes les aggravations de charges que l'Administration jugera commandées par l'intérêt public[186].

Ces propos ne sont pas isolés dans les années 1920. Leur auteur confronte la théorie de l'imprévision à une représentation étroite du droit civil, laquelle affiche un contraste saisissant avec le droit administratif. Le principe de la continuité des services publics, « *qui a bouleversé la notion du contrat de concession, n'a aucune base dans notre législation, pas plus d'ailleurs que l'interprétation donnée par le Conseil d'État à l'intention des parties* »[187]. D'où il tire cette conclusion saillante : « *Il y a là (…), il faut bien le reconnaître, une création analogue à celles du droit prétorien : le Conseil d'État s'est ainsi fait législateur en même temps que juge* »[188]. Dans cette thèse, nous y trouvons les éléments autour desquels la théorisation des contrats administratifs a été élaborée dans le courant de l'Entre-deux-guerres. D'une part, la théorie de l'imprévision conduit à élever une opposition qui tend à soumettre les contrats administratifs à d'autres principes que ceux issus du code civil. À cet égard, son extension aux marchés de fournitures lui a permis d'embrasser l'ensemble des contrats passés pour le fonctionnement des services publics. Il n'est pas fortuit que cet auteur ait réalisé une thèse sur

---

184 DESJONQUÈRES Charles, *L'évolution de la jurisprudence du Conseil d'État au sujet de la théorie de l'imprévision dans les marchés de fournitures*, Paris, Jouve & Cie, 1926 (thèse de doctorat, faculté de Paris ; présidée par JACQUELIN, professeur de droit administratif), p. 60.
185 *Id.*, p. 63.
186 *Id.*, p. 66.
187 *Id.*, p. 67.
188 *Id.*, p. 68.

les marchés de fournitures. Ces contrats étant plus proches des contrats privés que ne le sont les concessions de service public, la critique dont ils font l'objet est plus pénétrante encore. D'autre part, l'exacerbation de la *summa divisio* entre droit public et droit privé a contribué à faire ressortir la singularité de l'office que s'octroie le Conseil d'État. La nature particulière des contrats administratifs tint pour beaucoup à ce juge sans pareil auquel ils furent attachés. Tandis que dans les décennies 1890 et 1900, « *une tendance, dans la doctrine et la jurisprudence,* [conduisit] *à assimiler les marchés de fournitures aux contrats du droit privé* »[189], la théorie de l'imprévision a donné lieu à des « *conceptions nouvelles sur la nature des contrats administratifs* »[190]. Leur nature tient moins aux règles qui les régissent, qu'à l'office d'un juge administratif qui s'attribue un pouvoir d'appréciation sans nulle comparaison avec le juge judiciaire, pour lequel le respect des volontés des parties s'impose plus strictement. Ou c'est plutôt que celui-ci a accru ses prérogatives dans une perspective différente de celle du juge administratif. Le juge judiciaire a prétendu interpréter les contrats à l'aune de la volonté des parties – et nombre de civilistes ne furent pas dupes de la liberté que celui-ci s'est octroyé en les prêtant à une analyse psychologique. Le juge administratif s'est moins attaché aux volontés des parties, pour mieux considérer le but – ou la cause – poursuivi par les contrats passés pour le fonctionnement des services publics. Du reste, c'est pour les moyens de la démonstration que les administrativistes se sont représentés un juge judiciaire timoré et bien plus conservateur qu'il ne l'a été réellement.

530. La théorie de l'imprévision appréhendée au point de vue de l'office du juge du contrat (MOREL). – Les conclusions du commissaire du gouvernement CORNEILLE prononcées sous l'arrêt *Société d'éclairage de Poissy* (1918) accentuent le sens pris par celles (précitées) du commissaire du gouvernement CHARDENET sous l'arrêt *Compagnie générale d'éclairage de Bordeaux* (1916). En effet, le litige porte sur un marché de fournitures, c'est-à-dire un contrat classiquement apparenté aux contrats passés entre particuliers[191]. Le premier admet à titre liminaire que, « *en principe,* (…) *le contrat règle d'une façon définitive* (…) *les obligations respectives des contractants* »[192]. Cela étant rappelé, il s'attache néanmoins à singulariser la

---

[189] *Id.*, p. 172.
[190] *Ibid.*
[191] *Cf.* le chapitre 1er, titre II, seconde partie.
[192] CORNEILLE Louis-François, Conclusions prononcées sous l'arrêt *Société d'éclairage de Poissy* (C.E., 18 février 1918), *in* PANHARD Adrien (dir.), *Recueil des arrêts du Conseil d'État…*, *op. cit.* (2e série, t. 88 ; année 1918), p. 121.

jurisprudence administrative par rapport au droit civil. Celui-ci ne serait pas satisfaisant : soit que la jurisprudence de la Cour de cassation confère à la théorie de la force majeure une portée trop restreinte, soit que la loi du 21 janvier 1918 (dite Failliot) n'envisage, en cas d'imprévision, que la résiliation du contrat. « *Il faut, avant tout, que le service se fasse ; (…) il ne se ferait pas si l'on s'en remettait aux solutions pures du Code civil, à la théorie de l'art. 1148 du Code civil, à la théorie du cas de force majeure, amenant la résolution du contrat* »[193]. La « *nature particulière* » qu'il attache aux contrats passés pour le fonctionnement des services publics n'est qu'une manière de dire que le droit commun est inefficient, puisqu'il ne permet pas d'envisager la poursuite de ces contrats. En soi, la théorie de l'imprévision n'a d'autre objet que d'inscrire dans « *les théories traditionnelles de droit administratif* »[194] un pouvoir prétorien qui permette au juge d'intervenir activement dans l'opération contractuelle lorsque les parties ne parviennent pas à pallier un cas d'imprévision en s'accordant à l'amiable pour maintenir leurs relations. Avec l'arrêt *Compagnie générale d'éclairage de Bordeaux*, le Conseil d'État poursuit ses incursions dans un contrat – la concession de service public – qui tendait déjà à n'être plus tout à fait la chose des parties. La consécration de la théorie de l'imprévision a tenu pour beaucoup à la nature ambivalente de ce contrat. Aussi cet arrêt a-t-il pu – sans trop de difficultés – être situé dans le sillage de la jurisprudence administrative de l'avant-guerre, à l'esprit de laquelle il participait en y apportant une nouvelle déclinaison. Avec l'arrêt *Société d'éclairage de Poissy*, le Conseil d'État a étendu cette théorie au-delà en l'appliquant à un contrat – le marché de fournitures – qui présentait de si nombreuses analogies avec les contrats passés entre particuliers que, jusqu'alors, il n'avait jamais été considéré autrement que comme un contrat ordinaire compliqué de quelques règles spéciales – à l'instar des contrats commerciaux. En commentant cet arrêt, le professeur lillois MOREL discerne moins une redéfinition de la nature du contrat, qu'un travestissement de l'office du juge administratif.

> Quels pouvoirs exercera [le Conseil d'État] lui permettant de venir modifier les clauses contractuelles qui doivent constituer, d'après le droit civil, la loi des parties ? (…)
>
> Ce n'est ni comme juge du contrat, ni comme juge de l'excès de pouvoir, qu'il solutionnera comme il vient d'être dit les difficultés nées à l'occasion de marchés de services publics. C'est à la fois

[193] *Id.*, p. 122.

[194] *Ibid.*

> en ces deux qualités qu'il agira, ou plutôt c'est comme juge-administrateur suprême qu'il décidera[195].

Cette analyse resta isolée et, curieusement, cet auteur fut assez peu cité par ses contemporains – de même qu'il est parfaitement négligé de nos jours[196]. Gaston JÈZE, par exemple, se contente d'en faire mention à titre de comparaison avec sa note publiée sur l'arrêt *Société d'éclairage de Poissy*. À vrai dire, André MOREL expose une doctrine qu'il a eu l'occasion de développer peu avant dans une étude précisément consacrée aux marchés de fournitures[197]. Aussi résulte-t-elle d'une réflexion mûrie dans un cadre théorique qui n'est pas à proprement parler celui de l'imprévision. Selon cet auteur, l'arrêt *Société d'éclairage de Poissy* a moins pour effet de consacrer une nature *sui generis* aux marchés administratifs, qu'il ne reconnaît au juge administratif un office qui, en lui permettant de se substituer à la volonté des parties, outrepasse ce qu'un juge du contrat saurait entreprendre. Ou pour le dire autrement, la nature spéciale de ces marchés est regardée comme un corollaire de l'exorbitance de l'office prétorien et c'est dans cette seule mesure que leur singularité est entendue.

531. Certes, au point de vue où il se place, le commissaire du gouvernement CORNEILLE dissimule ce dernier aspect en insistant davantage sur le pragmatisme de la solution proposée.

> L'État ne contracte pas comme un simple particulier. Il ne cherche pas à gérer des intérêts restreints, des intérêts d'individualité, des intérêts individuels. Il contracte pour une collectivité, pour le public, pour les usages du service public, pour l'intérêt collectif et général. Et alors, toutes les fois qu'il passe véritablement un marché de service public, il fait quelque chose d'autre que ce que fait un contractant ordinaire, un contractant du Code civil ou du Code du commerce. Puisqu'il fait quelque chose d'autre que ce contractant ordinaire, il ne faut pas appliquer à ce quelque chose les mêmes règles qu'aux contrats de droit commun ; c'est la logique, et, par suite, c'est le droit.

---

195 MOREL André, Note sur l'arrêt *Société d'éclairage de Poissy* (C.E., 18 février 1918), *in La Loi* 1918 (3-4 avril), n° 41, p. 2.

196 Il est malaisé de comprendre pourquoi cet auteur fut occulté. Nous ne lui connaissons que son ouvrage cité dans la note suivante. Publié avant la fin de la guerre, il est probable que sa diffusion soit restée limitée du fait des pénuries. Pour cause, il n'est – suivant le S.U.D.O.C. – consultable que dans les bibliothèques universitaires de Dijon et d'Aix-Marseille.

197 *Cf.* d'André MOREL : *Les marchés de fournitures des départements de la guerre et de marine pendant les hostilités* (1918).

> De là est née l'idée, qui est la base de tout le droit administratif moderne, qu'il y a, dans le contrat de service public, une situation juridique différente de celles qui font l'objet du titre des obligations du Code civil, *situation qui doit se traduire par des différences de principe*[198].

Louis CORNEILLE est habile à mobiliser un fond doctrinal aux marges imprécises, auquel il confère une portée fonctionnelle déterminée par la solution recherchée. Celle-ci n'est compréhensible que si on la met en rapport avec l'intransigeance de la Cour de cassation à faire respecter l'immutabilité des contrats, nonobstant les bouleversements économiques induits par la Première Guerre mondiale. Le soin pris par le Conseil d'État pour justifier la théorie de l'imprévision en argumentant autour de l'autonomie du droit administratif participe vraisemblablement du souci de ménager avec la Cour de cassation un compromis, de sorte que celle-ci ne soit pas mise en difficulté. Pour n'être pas inédit, le principe de continuité des services publics est d'autant plus fermement associé aux fondements du droit administratif qu'il altère les éléments constitutifs du contrat, que pas même la jurisprudence administrative de la décennie 1900 n'avait remis en cause – à savoir, la définition par les parties de l'équation financière du contrat. En effet, jusque dans le milieu des années 1910, l'intrusion du juge administratif dans l'exécution du contrat demeurait respectueuse de la loi des parties, quitte à en rogner les encoignures. Et lorsque dans l'arrêt *DEPLANQUE* (1907) le Conseil d'État dépassa la commune intention des parties, ce fut pour appliquer une disposition du code civil. En revanche, la consécration de la théorie de l'imprévision opéra une divergence dirimante avec la Cour de cassation. Il ne faudrait pas se figurer cette dernière comme étant le dépositaire du contrat dont elle aurait préservé la pureté du concept, tandis que le Conseil d'État s'en serait éloigné en provoquant ainsi un divorce. Nous pensons plutôt que l'une et l'autre juridiction se sont respectivement données du contrat une conception dont les termes étaient à ce point inconciliables qu'il était malaisé de les attacher aux mêmes fondements. La Cour de cassation s'est vouée à la doctrine de l'autonomie de la volonté, dont certains civilistes récusaient pourtant la valeur – et plus encore à une époque d'instabilité économique. Le Conseil d'État apprécia, quant à lui, le contrat à l'aune de sa destination, suivant une perspective convergente avec celle empruntée par des civilistes comme René

---

198 CORNEILLE Louis-François, Conclusions prononcées sous l'arrêt *Société d'éclairage de Poissy* (C.E., 18 février 1918), *in* PANHARD Adrien (dir.), *Recueil des arrêts du Conseil d'État…*, *op. cit.* (2e série, t. 88 ; année 1918), p. 124 (c'est nous qui soulignons).

DEMOGUE qui, dans les années 1900, invitèrent à appréhender le contrat en rapport avec sa finalité sociale. Pour le dire autrement, l'imprévision n'a pas opéré une rupture avec une conception *naturelle* du contrat. Tout en puisant dans un fond doctrinal placé sous la sauvegarde jalouse de la doctrine privatiste, le contrat n'en a pas moins été appréhendé – dans les dernières années de la Belle Époque – au moyen d'acceptions dont les différences, pour n'avoir pas été de nature à provoquer une divergence fondamentale, ont été ultérieurement exacerbées par les vicissitudes de la guerre. L'imprévision amena le Conseil d'État et la Cour de cassation à prendre, relativement au contrat, des positions inconciliables. Ce qu'il y a d'inédit dans la théorie de l'imprévision admise par le Conseil d'État, c'est le pouvoir qu'il s'est arrogé de forcer les parties à continuer l'exécution d'un contrat que l'une des parties ne peut plus exécuter et que l'autre partie ne veut pas réviser. Et ceux des civilistes qui furent enclins à admettre cette théorie pour les contrats privés n'ont toujours envisagé que l'existence d'un pouvoir judiciaire de *résiliation* – libérant ainsi les parties par anticipation.

532. La théorie de l'imprévision appréhendée au point de vue de la nature des contrats de service public (JÈZE). – Le professeur parisien fut de ces administrativistes pour qui l'imprévision a permis de dégager un régime juridique spécial à certains contrats, en tant qu'il « *combine* [les règles du droit privé] *avec l'idée fondamentale que ces règles ne doivent pas contrarier, mais, au contraire, doivent faciliter le fonctionnement régulier et continu des services publics* »[199]. En ne citant à l'appui de cette doctrine que des commissaires du gouvernement qui se sont prononcés dans des affaires mettant en jeu la théorie de l'imprévision, il indique suffisamment à quel point elle est redevable de la jurisprudence administrative en la matière. C'est d'ailleurs autour de cette théorie qu'il esquissa les contours d'un régime juridique spécifique aux contrats passés pour le fonctionnement des services publics – sans pour autant leur reconnaître dans l'immédiat une nature *sui generis*, soulignons-le.

> On le voit, on n'applique pas aux marchés administratifs purement et simplement les règles du droit civil sur les contrats. Le Conseil d'État *nuance* ces règles d'après les nécessités du bon fonctionnement des services publics. Une de ces règles spéciales les plus importantes est la fameuse théorie de l'imprévision[200].

---

[199] JÈZE Gaston, *Cours de droit public (licence) professé à la faculté de droit de Paris pendant le 2e semestre 1921-1922*, Paris, Giard, 1922, p. 161-162.
[200] *Id.*, p. 163.

Repris dans un article publié à la *Revue du droit public*, ces propos attestent que, suivant Gaston JÈZE, les singularités propres aux « *marchés administratifs* »[201] caractérisent un régime juridique spécial justifié par le service public[202], plutôt que – à l'instar d'André MOREL – elles ne procéderaient de l'office qu'exerce le juge administratif en connaissant de leur contentieux. Ce régime résulte pour ainsi dire d'une émancipation à l'égard de la conception classique du contrat, dont le cadre étroit a été préservé par le conservatisme intransigeant de la Cour de cassation. L'écart qui surgit ne s'apprécie pas par rapport à une idée intemporelle du contrat. Suggérées par la jurisprudence du Conseil d'État, les réflexions de Gaston JÈZE sur les marchés administratifs sont déterminées par le souci de justifier cette discordance prétorienne. Et quoiqu'il généralise ses conclusions pour abstraire de la théorie de l'imprévision un régime juridique spécial aux contrats de service public, il n'illustre jamais ses propos qu'en mobilisant l'exemple de cette théorie. Précisons, toutefois, qu'il demeure attaché à l'intangibilité du contrat :

> *Le contrat fait la loi des parties.* (...) Le jour où l'on abandonne le terrain solide du contrat et du respect de la parole donnée, on est en pleine fantaisie[203].

Le développement de la jurisprudence administrative en matière d'imprévision le conduit à publier un article sur « *Le régime juridique des marchés de service public* », dans lequel il dégage cinq principes dominants qui, organisés autour de cette théorie (à laquelle il est fait allusion aux 2° et 3°), rapprochent des principes dont il est classiquement admis qu'ils constituent autant de dérogations au droit commun (nous pensons en particulier au 5°).

> 1° La convention fait la loi des parties. (...)
> 2° Les aléas d'un marché qui doivent rester à la charge des parties contractantes sont les *aléas ordinaires.* (...)
> 3° L'exécution d'un marché destiné à assurer le fonctionnement d'un service public est dominée par l'idée *de continuité, de régularité*, idée essentielle qui est à la base du service public. (...)

[201] *Ibid.*

[202] Le titre de cet article de Gaston JÈZE est suffisamment éloquent : « De l'application des règles du droit privé aux manifestations unilatérales ou contractuelles de volonté du droit public » (*in* R.D.P. 1923, p. 5).

[203] JÈZE Gaston, « La force majeure dans les marchés administratifs de fournitures ou de travaux », *in* R.D.P. 1920, p. 414.

> 4° L'administration peut toujours mettre fin, à un moment quelconque, par sa volonté *unilatérale*, à un contrat de service public. (…)
> 5° L'interprétation des clauses d'un marché de service public, l'application à un marché de service public, quel qu'il soit, (…) des principes généraux du droit public est faite par les agents administratifs[204].

533. Suivant une approche analytique, Gaston JÈZE rappelle le respect qu'il conserve pour les situations individuelles contractuellement acquises (1°). Il se représente classiquement le contrat comme une opération destinée à répartir conventionnellement les risques économiques (2°). Seulement, il ne se fait pas du contrat une conception aussi catégorique que la majorité des civilistes : « *Il faut, en appliquant un contrat, rechercher l'intention raisonnable commune des parties, ce qu'elles ont raisonnablement pu et* dû *prévoir. Sur cette idée repose la théorie très juridique, dite de "l'imprévision"* »[205]. Il justifie celle-ci par la nécessité dans laquelle l'administration est placée d'assurer la continuité des services publics (3°), d'où l'obligation (qui n'est pas sans contradiction avec le 1°) qui lui incombe de prendre en charge la majeure partie des charges qui excèderaient les prévisions raisonnables des parties. Aussi, le bouleversement de l'économie du contrat par survenance d'un cas d'imprévision ne conduit pas à sa résiliation – comme la loi Failliot l'envisage pour les contrats civils et commerciaux –, mais à l'indemnisation du contractant de l'administration. C'est à ce propos qu'il écrit : « *C'est ici que les règles du droit public se séparent le plus nettement des règles du droit privé* »[206]. Pour autant, cette indemnisation étant due au titre des charges *extracontractuelles*, l'intangibilité des obligations est formellement sauve et, suivant un raisonnement pour le moins spécieux (qui n'est jamais que celui du Conseil d'État), elle n'est pas regardée comme une révision du prix. À l'inverse, l'administration doit pouvoir interrompre ses relations contractuelles dans l'intérêt général, sauf indemnisation du contractant lésé (4°). En outre, elle ne saurait être tenue de solliciter le juge avant de prendre une mesure d'exécution du contrat qui s'imposerait à son contractant, celui-ci disposant de la faculté de présenter un recours indemnitaire devant le juge du contrat (5°). « *Grâce à* [cette règle], *l'administration a la possibilité, si le service public l'exige, de supprimer tous les retards qui résultent, dans les rapports de particuliers à particuliers, de l'obligation*

---

[204] JÈZE Gaston, Note sur l'arrêt *Société d'éclairage de Poissy* (C.E., 18 février 1918), *in* *R.D.P.* 1918, respectivement p. 223, 224, 231, 239 et 241.
[205] *Id.*, p. 225.
[206] *Id.*, p. 231.

de s'adresser préalablement au juge pour faire régler le désaccord, ou de la faculté reconnue au juge d'accorder au débiteur un délai d'exécution (art. 1184, Code civil) »[207]. Au lieu de considérer les volontés des parties comme un terme indépassable, il en fixe l'appréciation selon le but du contrat. Le régime qu'il esquisse pour les marchés administratifs se règle selon les exigences inhérentes aux services publics pour le fonctionnement desquels ils sont passés. C'est précisément cette approche qui, quelques années plus tard (et après avoir conceptualisé le contrat administratif), lui fit critiquer ceux qui, entre-temps, avaient suggéré d'étendre la théorie de l'imprévision aux contrats passés entre particuliers.

> Le juge n'a pas le droit (…) d'imposer au créancier une solution qu'il repousse. *Ce serait l'arbitraire du juge.* Le respect de la parole donnée, même s'il en résulte la ruine du débiteur, est le principe fondamental sur lequel repose l'ordre social. (…)
>
> Le danger d'une interprétation extensive de la force majeure est d'ébranler le principe du respect des contrats, d'encourager les débiteurs de mauvaise foi, de troubler la vie économique du pays en raison du contrecoup inévitable qu'entraîne, de proche en proche, l'inexécution d'une obligation contractuelle.
>
> Il y a lieu d'insister sur cette dernière considération. L'intérêt national exige que les *contrats entre particuliers* soient toujours exécutés sans modification. S'il s'agit de *contrats administratifs*, l'intérêt national est en sens contraire[208].

La théorie de l'imprévision lui paraît marquer une telle différence avec les contrats du droit privé que sa réception par les civilistes lui semble inconcevable. Sa raison d'être puise à des principes spécifiques au droit public. L'étendre au droit civil reviendrait à infirmer les fondements qu'il donne à cette théorie.

> Il faut marquer la différence qui sépare le droit public et le droit privé. *Le problème à résoudre n'est pas le même.* En droit public, la nécessité d'assurer la continuité du service public est l'idée prépondérante. C'est ce que certains juristes de droit privé n'ont pas compris. Ils ont cru pouvoir transporter au droit privé la solution du droit public ; ils ont ainsi appliqué une solution excellente du droit public, mais imaginée pour un problème tout à fait différent[209].

---

[207] *Id.*, p. 241-242.

[208] JÈZE Gaston, *Les contrats administratifs de l'État, des départements, des communes et des établissements publics*, Paris, Giard, 1927-1936 (4 vol.), t. 3 (1934), p. 9-11.

[209] *Id.*, p. 13-14.

Il est surprenant de lire sous la plume de Gaston JÈZE cette critique souvent avancée par les civilistes, tirée de l'arbitraire auquel les parties seraient exposées s'il était permis au juge judiciaire d'appliquer la théorie de l'imprévision aux contrats de droit privé. C'est que, au fond, cet argument est sous-tendu par le souci de conserver ce qui justifie le régime juridique propre aux contrats de service public.

Paragr. 2. – L'assimilation au droit administratif d'un contrat rendu autonome du droit privé

534. La théorie de l'imprévision : faux-nez d'un Conseil d'État juge-administrateur. – Ainsi que nous l'avons exposé plus haut, le professeur lillois André MOREL est l'un des premiers à rendre compte de la théorie de l'imprévision au point de vue non pas de la nature des contrats passés pour le fonctionnement des services publics, mais de l'office du juge administratif. Si nous avons déjà mentionné une note de cet auteur rendant compte de l'arrêt *Société d'éclairage de Poissy* (1918), c'est plus encore dans un ouvrage paru peu avant qu'il développe les termes d'une doctrine assez originale en comparaison avec la littérature contemporaine. Défendant des idées proches de celles de Léon DUGUIT, il estime que :

> [La juridiction administrative] tire de [la] notion de service public des conséquences totalement différentes de celles admises par les tribunaux qui ne la prennent pas comme base fondamentale de leur jugement[210].

Il s'attarde sur les différentes acceptions que les juges administratif et judiciaire retiennent respectivement du contrat :

> En droit commun, (...) il est une règle uniformément appliquée par la jurisprudence civile : la convention est la loi des parties. Le rôle du juge, appelé à statuer sur un litige intéressant un contrat, se borne uniquement à rechercher quelle pouvait être l'intention des parties au moment où ce contrat a pris naissance. (...) Autrement dit, c'est l'interprétation de la volonté des parties, exprimée, présumée ou suppléée, qui est la base du jugement civil. (...)
>
> En droit administratif, c'est une tout autre idée qui sert de point de départ au juge : (...) ce n'est pas la volonté, exprimée ou présumée des parties qui sert à construire le jugement, ou plutôt ce n'est pas elle qui occupe la place prépondérante dans la décision, mais bien l'idée de bon fonctionnement du service public, ou si l'on veut l'idée de sauvegarder, d'assurer une équitable satisfaction à l'intérêt général[211].

André MOREL fonde moins la spécificité des marchés de fournitures

---

[210] MOREL André, *Les marchés de fournitures des départements de la guerre et de marine pendant les hostilités*, Paris, Bureau du Journal [du droit administratif], 1918, p. 82.
[211] *Id.*, p. 82-83.

sur le régime qui leur est applicable que sur la manière dont le juge administratif les appréhende – en tant que contrat.

> En prenant comme base de sa compétence, dans les marchés de travaux publics comme dans ceux de fournitures, l'idée de bon fonctionnement du service public qui doit s'imposer à l'Administration dans les marchés qu'elle passe, le Conseil d'État ne s'est-il pas autorisé, comme juge du contrat, à examiner si les prétentions de l'Administration sont bien conformes au bon fonctionnement du service, à rétablir les choses dans l'état où elles devraient se trouver si ce but n'avait pas été méconnu. (…) En quelle qualité peut-il agir ainsi ? Est-ce comme juge du fond, comme juge du contrat ? Certes, la chose est bien évidente. Mais c'est comme juge du contrat, détenteur des pouvoirs spéciaux qu'il tient de sa qualité de chef suprême de l'administration c'est comme juge du contrat titulaire du contrôle hiérarchique, c'est, disons le mot, comme Juge-Administrateur[212].

L'approche est bien différente de celle qu'adopta peu après son collègue parisien – Gaston JÈZE. Le professeur lillois n'insiste pas tant sur les pouvoirs exorbitants dont l'administration dispose à l'égard de son contractant, que sur l'office tutélaire qu'exerce le Conseil d'État sur l'opération contractuelle et, à travers celle-ci, sur les choix opérés par l'administration contractante. Certes, il admet bien l'existence d'un régime juridique spécial qui résulte de la conjugaison d'une situation légale (à l'instar des contrats d'adhésion) avec une situation purement contractuelle – s'inspirant en cela des analyses duguistes sur les concessions de service public. Il n'en estime pas moins que le caractère *sui generis* des marchés de fournitures procède, en définitive, de la nature de l'office juridictionnel exercé par le Conseil d'État lorsqu'il connaît de leur contentieux. Ses deux qualités – comme juge du contrat et supérieur hiérarchique de l'administration – « *lui permettent d'adapter ses attributions d'autorité administrative suprême à sa mission de juge* »[213]. Autrement dit, la nature des marchés n'est pas déterminée par une formule performative comme peut l'être celle de Gaston JÈZE. Suivant un point de vue qui n'est pas sans analogie avec la manière dont la doctrine administrative de la première moitié du XIXe siècle a conçu les marchés administratifs, cette nature est explicitée en corrélation avec une certaine conception de la juridiction administrative, laquelle se voit reconnaître un rôle déterminant dans la régulation de l'action administrative.

---

212 *Id.*, p. 133.
213 *Id.*, p. 135.

535. Pour rendre compte de la jurisprudence administrative, le professeur lillois MOREL regarde les marchés de fournitures comme un vecteur de l'action administrative sur lequel le Conseil d'État exerce un contrôle aussi bien juridique que gestionnaire. Son étude doctrinale, qui porte sur les marchés de fournitures militaires, ne pouvait mieux s'y prêter.

> La plénitude de ces pouvoirs (…) est indispensable, non seulement pour la sauvegarde de l'intérêt général intéressé par les marchés de fournitures, mais plus encore peut-être pour la protection des intérêts privés engagés dans ces marchés. Le fournisseur qui n'aurait plus pour le protéger l'interprétation large que le Conseil d'État donne aux clauses imposées par l'Administration, se trouverait exposé, sans défense aucune, aux interprétations les plus rigoureuses et les plus injustes de cette Administration. (…) De même si l'Administration n'avait pas un juge détenant les pouvoirs d'appréciation que possède le Conseil d'État, elle risquerait en maintes circonstances de ne pouvoir défendre le bon fonctionnement des services publics contre les pensées égoïstes et mercantiles des fournisseurs[214].

C'est à l'aune de ces prérogatives prétoriennes qu'il critique comme inutile ou embarrassante la locution de « *contrat de droit public* ».

> Ou bien l'expression « contrat de droit public » représente une situation juridique de tous points identique à la situation contractuelle du droit commun, ce qui n'a jamais été démontré ; et alors pourquoi ajouter cette épithète de « droit public » ? Ou bien, c'est quelque chose de totalement différent, et nous demandons pourquoi l'on utilise l'expression « contrat » qui peut prêter à une confusion regrettable[215].

Cela n'est pas étonnant pour un auteur qui, en manifestant son adhésion à la doctrine duguiste, conserve le monisme contractuel qui faisait l'unanimité dans les années d'avant-guerre. En ce sens, la nature d'un contrat ne saurait être déterminée par les règles qui lui sont applicables car, au fond, les contrats ont tous la même nature, sauf à ne pas être un contrat. Il est à noter que Gaston JÈZE ne conçoit pas les contrats différemment jusqu'au début des années 1920 : les règles spéciales qu'ils rattachent aux marchés administratifs ne sont toujours qu'une dérogation au droit commun. En fait, André MOREL est loin d'être aussi singulier qu'il n'y paraît au premier abord. Il n'est pas le seul à relever que, en ma-

---

[214] *Id.*, p. 137.
[215] *Id.*, p. 21-22.

tière de fournitures, le Conseil d'État statue aussi – et surtout – comme haut-administrateur. Quelques administrativistes le soulignèrent également, quoiqu'en se l'expliquant par les circonstances exceptionnelles liées à la guerre – tel par exemple le professeur parisien René JACQUELIN.

> Ce qu'il faut retenir surtout, c'est que dans [les litiges relatifs à l'imprévision], le Conseil d'État au contentieux a fait acte de haute administrative bien plus qu'acte de juridiction. Il a statué comme aurait pu le faire le chef suprême de l'administration française, soucieux avant tout d'assurer au profit du public, par tous les moyens possibles, la continuité du service public, beaucoup plus qu'à statuer comme juridiction, respectueuse des droits respectifs du concédant et du concessionnaire[216].

536. Des réactions parlementaires critiques de la théorie de l'imprévision au point de vue du pouvoir de révision du juge. – Les députés Eugène DELAROUE & Maurice VIOLLETTE présentèrent une proposition de loi dénonçant précisément le caractère hybride de l'office juridictionnel que le Conseil d'État a attribué aux conseils de préfecture statuant en premier ressort en matière d'imprévision[217]. Profitant des débats qui se tenaient sur la proposition de loi présentée par le député Auguste FAILLIOT (envisageant la faculté d'une résiliation judiciaire pour certains contrats civils et commerciaux), ils critiquèrent vertement l'arrêt *Compagnie générale d'éclairage de Bordeaux* (rendu quelques mois plus tôt)[218]. Devant l'incapacité des parties à réviser le contrat à l'amiable, ils ne concevaient pas que le juge administratif pût faire autre chose que de résilier

---

[216] JACQUELIN René, *Répétitions écrites de droit administratif* [cours dispensé à la faculté de Paris pour le doctorat *ès*-sciences politiques (1922-1923), sur le thème : *Influence de la guerre sur le droit administratif français*], Paris, Les cours de droit, 1923, p. 334.

[217] *Annales de la Chambre des députés. Documents parlementaires*, Paris, Imprimerie des Journaux officiels, 1885-1950 (132 vol.), t. 90 (session ordinaire de 1916), p. 1064 (annexe n° 2300, séance du 7 juillet 1916). Il s'agit d'une proposition de loi destinée à permettre aux communes concédantes qui auraient été condamnées à relever les prix accordés à leurs concessionnaires de résoudre les contrats s'y rapportant. Cette proposition fut enrichie de plusieurs rapports parlementaires : ceux d'Eugène DELAROUE (annexe n° 2938, 30 janvier 1917 ; 22 février 1917, annexe n° 3038 ; 12 juin 1917, annexe n° 399 ; 16 juillet 1917, annexe n° 3564), auxquels il faut ajouter un avis rendu par Henry LÉMERY, au nom de la commission de la législation civile et criminelle (annexe n° 3341, 30 mai 1917). Elle fut adoptée par la Chambre des députés le 19 juillet 1917, sans soulever aucun débat. Transmise au Sénat le 27 juillet 1917 (annexe n° 273), une commission fut désignée sans rendre aucun rapport. Elle n'y fut jamais discutée.

[218] *Annales de la Chambre des députés. Débats parlementaires*, Paris, Imprimerie des Journaux officiels, 1881-1946 (170 vol.), session ordinaire de 1916, p. 1670 *sq.* (séance du 28 juillet 1916).

le contrat après avoir vérifié que les conditions de l'imprévision fussent satisfaites – à l'instar de ce qui était envisagé dans la proposition de loi du député FAILLIOT. Aussi proposèrent-t-ils un amendement tendant à verser les contrats administratifs dans le champ de cette proposition de loi.

> Si vous faites une loi, il faut la faire générale. Elle doit valoir pour tous les contrats quels qu'ils soient, qu'ils soient stipulés en faveur des particuliers ou des communes et établissements publics. Les raisons de décider dans un cas valent pour tous les autres cas semblables et, c'est en réalité, par un effort de transaction entre la jurisprudence de la cour de cassation et celle du conseil d'État que vous, le texte législatif à la main, intervenez.
>
> Vous dites à la cour de cassation : votre jurisprudence a besoin d'être assouplie par rapport à la théorie du cas de force majeure. Vous dites au conseil d'État : votre jurisprudence relative à l'interprétation de l'intention des parties a besoin d'être interprétée par la loi.
>
> Vous arrivez ainsi à ce texte qui me paraît le bon sens et la raison : l'entrepreneur qui a passé un contrat, accepté des obligations aura le droit d'envisager l'une ou l'autre des deux solutions, ou résilier, ou exécuter[219].

Adoptant une position médiane, le ministre des finances – Alexandre RIBOT – admet que la révision judiciaire ne s'impose, en soi, que pour les concessions de service public, par exclusion des marchés administratifs :

> Il est possible de renvoyer à la justice ce qui dépend de la justice ; mais vous abandonneriez les droits de la puissance publique, que vous devez réserver, en abandonnant à un tribunal, quel qu'il soit, le droit d'annuler un contrat qui intéresse la généralité des habitants, qui se réfère à l'exécution d'un service public. (…)
>
> Je suis prêt, [en revanche], à assimiler les communes, les départements et l'État aux particuliers toutes les fois qu'il s'agit de marchés à livrer ou de marchés publics ; mais, quand il s'agit de concessions à long terme, transports maritimes, chemins de fer, tramways, éclairage, il ne peut entrer dans la pensée d'aucun d'entre nous de laisser à un tribunal le droit de se substituer à la puissance publique et de rompre le contrat[220].

Toutefois, en lui rétorquant que la résiliation était un moindre mal en comparaison d'une intrusion du juge administratif dans le contrat, le député VIOLLETTE oppose deux impératifs d'ordre public : celui tiré de

---

[219] *Id.*, p. 1670-1671 (séance du 28 juillet 1916).
[220] *Id.*, p. 1671 (séance du 28 juillet 1916).

la continuité des services publics et celui tiré de ce que le contrat doit rester la chose des parties.

> M. le ministre des finances nous dit : Comment vous, législateurs, pouvez-vous donner à un tribunal quelconque le droit de résilier tel marché de transport, de concession de gaz, *etc.* ? Comment pouvez-vous incliner à ce point les prérogatives de la puissance publique qu'un tribunal pourra dissoudre des contrats de cet ordre ?
>
> Je réponds : c'est beaucoup moins grave que la situation actuelle telle que, actuellement, il y a en France une juridiction qui s'arroge le droit, quand un contrat ne lui paraît pas suffisamment favorable au concessionnaire, d'ordonner des garanties d'intérêt non prévues dans le contrat. (…)
>
> [Le Conseil d'État] change le contrat, se substitue aux parties et le conditionne d'autre façon. Et ce n'est pas là un attentat au droit de la puissance publique ! C'est mille fois plus grave[221].

Dans le rapport présenté sur la proposition de loi dont il est coauteur, Eugène DELAROUE avance un autre argument : il y aurait une confusion des genres lorsque le Conseil d'État, en statuant au contentieux, s'attache à faire prévaloir les nécessités attachées au service public au lieu de faire respecter strictement les contrats passés pour son fonctionnement – comme l'eût fait le juge judiciaire – sauf à lui permettre de les résilier. Ainsi, ce député s'insurge contre le volontarisme du Conseil d'État qui se substitue aux communes en ce qui concerne l'appréciation des intérêts collectifs. En ce sens que celui-ci intervient dans des relations contractuelles afin d'appliquer une règle prétorienne qui, en avantageant les concessionnaires, risque d'inciter ces derniers à faire échouer toute solution amiable. En d'autres termes, la continuité des services publics est un prétexte dont les concessionnaires sont amenés à pouvoir abuser pour obtenir une solution avantageuse pour leurs finances.

> Le législateur peut-il laisser passer cet arrêt sans rappeler les principes du droit sur les contrats, dans tous les temps et dans tous les pays.
>
> Les conventions sont l'œuvre de la volonté des contractants : seul, ils peuvent les modifier, le juge ne peut se substituer à leur volonté.
>
> Les contractants doivent prévoir au moment de la convention, tout ce qu'il est à leur charge de prévoir. Je ne puis être responsable de ce que mon co-contractant a oublié de prévoir. Il n'y a

[221] *Id.*, p. 1671-1672 (séance du 28 juillet 1916).

> pas deux espèces de prévisions ; celles qu'on doit et qu'on peut faire, et celles que le juge déclarera qu'on n'a pas dû ni pu faire.
>
> Un service public ne doit pas être interrompu : le juge peut mettre ce principe à la base de ses jugements. Erreur : les administrateurs de la commune sont les maîtres de savoir si le service public, qu'ils ont organisé eux-mêmes, peut être interrompu ; eux seuls peuvent se réclamer de la continuité nécessaire du service public, mais non les débiteurs de ce service[222].

À la suite d'un avis rendu au nom de la commission de législation civile et criminelle par Henry LÉMERY[223], Eugène DELAROUE y insiste dans un rapport supplémentaire. Au contentieux, le Conseil d'État se prononce en droit : l'intérêt qu'il prête à la continuité des services publics est une considération qui doit lui rester étrangère ; elle appartient aux administrations responsables de ces services. En d'autres termes, le Conseil d'État ne saurait appréhender cette question sans cesser d'être juge, au plutôt sans se faire et juge, et administrateur.

> Quant à cette théorie, que le conseil d'État doit assurer la continuité des services publics, nous pensons qu'elle ne peut, sans protestation de la part du législateur, remplacer la théorie incontestable de notre droit public, que les administrateurs communaux sont chargés de régler cette question sous le contrôle du pouvoir exécutif[224].

537. La faculté que le Conseil d'État s'est reconnue de modifier les contrats de concession fut d'autant plus choquante qu'elle heurtait la manière dont les contrats étaient classiquement conçus. Les débats concomitants sur la proposition de loi de FAILLIOT ne pouvaient qu'exacerber une différence d'appréciation – entre les contrats civils et commerciaux d'une part, et les contrats administratifs d'autre part. En effet, ce député déposa dès 1915 une première proposition de loi tendant à reconnaître aux juridictions judiciaires – conformément aux vœux exprimés par la Fédération des industriels et des commerçants français – un pouvoir de résiliation et de révision pour les contrats conclus avant la guerre[225]. Plusieurs consultations ayant été provoquées, le comité de législation commerciale du ministère du commerce (au rapport du profes-

---

[222] *Annales de la Chambre des députés. Documents parlementaires*, *op. cit.*, t. 91 (session ordinaire de 1917), p. 71 (annexe n° 2938, séance du 30 janvier 1917).

[223] *Id.*, p. 709 (annexe n° 3346, séance du 30 mai 1917).

[224] *Id.*, p. 827 (annexe n° 3399, séance du 12 juin 1917).

[225] *Annales de la Chambre des députés. Documents parlementaires*, *op. cit.*, t. 89 (session ordinaire de 1915), p. 934 (annexe n° 1215, séance du 12 août 1915).

seur parisien LYON-CAEN), le comité consultatif de législation civile du ministère de la justice, ainsi que la commission de la législation civile et criminelle de la Chambre des députés s'accordèrent pour que soit retirée de cette proposition de loi le pouvoir de révision judiciaire. C'est dire que l'arrêt *Compagnie générale d'éclairage de Bordeaux* du Conseil d'État suscita un contraste saisissant par rapport à un faisceau d'opinions – individuelles ou institutionnelles – qui, peu avant, s'était fermement exprimé contre la faculté pour le juge de s'immiscer dans les relations des parties contre leurs volontés : mettre fin à un contrat est une chose, le modifier d'autorité au désavantage d'une partie en est une autre. Ainsi, le comité de législation commerciale du ministère du commerce estima (avec l'appui en marge du ministre du commerce) :

> Il est particulièrement exorbitant de conférer à une juridiction quelconque le pouvoir de réviser des contrats, c'est-à-dire de les refaire et de se substituer ainsi aux parties sans le consentement desquels il ne saurait y avoir de contrats[226].

De même – le comité consultatif de législation civile au ministère de la justice :

> Le comité consultatif ne croit pas qu'il soit possible de faire fléchir le principe élémentaire et fondamental du droit, que les contrats sont l'œuvre des parties et non celle du juge. (…) La révision ne peut être autre chose qu'un accord amiable des parties intéressées[227].

Rapporteur d'un avis rendu par la commission de législation civile et criminelle, le député Henry LÉMERY exprima, au nom de celle-ci, la même opinion. S'il envisage la révision judiciaire, ce n'est toujours qu'en supposant une ratification par les parties.

> Nous pensons qu'on aurait pu permettre la révision du contrat comme on permet la suspension de son exécution, car suspendre l'exécution d'un contrat c'est le réviser partiellement et l'argumentation du Comité consultatif de législation du Ministère

[226] Avis rendu par le comité de législation commerciale du ministère du commerce sur la proposition de loi déposée par Auguste FAILLIOT devant la Chambre des députés, le 12 août 1915 (reproduit en annexe (3) du rapport de FAILLIOT), *in Annales de la Chambre des députés. Documents parlementaires*, *op. cit.*, t. 90 (session ordinaire de 1916), p. 566 (annexe n° 1971, séance du 28 mars 1916).

[227] Avis rendu par le comité consultatif de législation civile au ministère de la justice sur la proposition de loi déposée par Auguste FAILLIOT devant la Chambre des députés, le 12 août 1915 (reproduit en annexe (4) du rapport de FAILLIOT), *id.*, p. 568 (annexe n° 1971, séance du 28 mars 1916).

> de la Justice vaudrait tout autant contre l'une de ces facultés que contre l'autre. (…)
>
> Nous n'aurions pas fait, pour notre part, d'objection à un texte qui en faisant intervenir le juge pour fixer les bases d'une révision ferait jouer ensuite l'adhésion des parties pour donner à l'opération juridique ainsi intervenue le caractère d'un véritable contrat[228].

C'est pour aider à son adoption qu'Auguste FAILLIOT substitua à sa première proposition de loi, une seconde qui ne laissait au juge que la faculté de suspendre l'exécution des contrats ou bien de les résilier[229]. Cette réécriture motivée par le souci de parvenir à un compromis qui se concilie la majorité des parlementaires indique en filigrane une opinion commune irrésistiblement hostile à l'intrusion du juge dans la vie des contrats. En fait, la théorie de l'imprévision telle que consacrée par le Conseil d'État est une hérésie à un double point de vue : les contrats ne sont plus sanctionnés par une force obligatoire inaltérable et le juge ne se borne pas à dire le droit. On comprend, dès lors, l'intérêt qu'il y a à ne pas circonscrire nos travaux à la doctrine administrative : les réactions de la doctrine civiliste contre la jurisprudence du Conseil d'État permettent de souligner le caractère subversif de la théorie de l'imprévision et les critiques qu'elle put parfois susciter, jusque parmi les administrativistes. Celle-ci fut d'autant plus décriée que, en pratique, elle aboutit à une solution inéquitable pour les administrations concédantes, alors qu'il aurait pu être envisagé de lisser les pertes induites par le surcoût des matières premières sur l'ensemble de la période d'exécution des concessions et, dans cette perspective, de n'admettre au profit des concessionnaires qu'une indemnité provisoire. Parmi d'autres illustrations, un député – Ernest LAFONT – suggérait d'instituer pour les contrats administratifs la faculté d'une modification équitable, en lieu et place de « *la modification arbitraire et scandaleuse du conseil d'État* »[230]. Un autre député – Albert BEDOUCE – intervint précisément pour dénoncer ce que la jurisprudence administrative avait d'incohérente : alors qu'elle fut longtemps la garante de l'intangibilité des concessions au détriment de l'intérêt public, elle sacrifie désormais ce principe à l'avantage des concessionnaires.

> Voici une compagnie qui s'est enrichie pendant de longues années avant la guerre, qui a usé de tous ses droits contre la concur-

---

228 *Id.*, p. 896 (annexe n° 2215, séance du 14 juin 1916).

229 *Id.*, p. 320 (annexe n° 1834, séance du 22 février 1916).

230 *Annales de la Chambre des députés. Débats parlementaires*, *op. cit.*, session ordinaire de 1916, p. 1673 (séance du 28 juillet 1916).

> rence. Vous savez que lorsqu'on a découvert les applications de l'électricité à l'éclairage, dans la plupart des communes nous avons été privés de l'électricité et nous le sommes quelquefois encore, parce que les contrats souscrits étaient draconiens et ne permettraient pas aux communes de se libérer.
>
> Les communes ont été jugulées ; il n'y avait pas de soupape de sûreté ; elles n'ont pas pu se dégager, même lorsqu'il s'agissait de choses impossibles à prévoir lors de la signature des contrats. Et aujourd'hui, nous permettrions aux concessionnaires de se dégager, et non pas même de se dégager complètement, non pas même perdre en se dégageant les bénéfices qu'à bon droit ils pouvaient escompter, mais de se dégager pendant la période des vaches maigres pour nous ressaisir dès que réapparaîtra la période des vaches grasses ![231]

Ce focus sur les débats parlementaires permet de se représenter à quel point de vue la théorie de l'imprévision retint les critiques : c'est avant tout l'office que s'octroya le juge administratif qui suscita les plus vives réactions.

538. La théorie de l'imprévision employée à étayer la théorie de l'institution (HAURIOU & RENARD). – Maurice HAURIOU ne conçoit pas que les contrats passés pour le fonctionnement des services publics seraient des contrats auxquels correspondrait un régime juridique spécifique – au sens où l'admet Gaston JÈZE. Il ne les conçoit pas non plus comme des actes administratifs distincts des contrats et pour lesquels le contrôle du juge administratif serait d'un ordre juridictionnel autant qu'administratif. Peut-être n'est-il pas très éloigné d'André MOREL lorsque, à propos de la théorie de l'imprévision, il note le renforcement des pouvoirs du juge administratif. En effet, cette théorie lui a permis d'expliciter la manière dont se manifeste le pouvoir prétorien du Conseil d'État, lequel formule à l'attention de l'administration de véritables directives ou standards.

> La directive du Conseil d'État n'est pas douteuse ; il s'est trouvé en présence de contrats dominés par des institutions dont il était d'intérêt public de ne pas interrompre le fonctionnement ; ces institutions étaient soit des services publics d'éclairage, soit des services de transport. Il a imposé, d'une part, au concessionnaire l'obligation de continuer son service, d'autre part, à l'administration concédante, l'obligation d'indemniser le concessionnaire pour les pertes dépassant les prévisions contractuelles

[231] *Id.*, p. 1673 (séance du 28 juillet 1916).

> avec, cependant, une certaine répartition de la perte entre les deux contractants. Il a, d'ailleurs, agi avec un véritable pouvoir discrétionnaire, délivrant au conseil de préfecture, devant lequel il renvoyait les parties, une véritable formule pour lui tracer la marche à suivre, formule qui, au moyen d'un standard, évoque tous les éléments d'indemnité à faire entrer en ligne de compte, invitant les parties à faire un nouveau contrat, *etc.*[232]

Au point de vue où Maurice HAURIOU se place, la théorie de l'imprévision illustre l'apport de la jurisprudence à l'élaboration du droit (sous-entendu, le droit légal). Il situe cette jurisprudence au même plan que les théories civilistes de l'enrichissement sans cause et de l'abus de droit. Toutes sont appréhendées comme des « *principes d'équité* » qui participent aux « *principes constitutionnels du commerce juridique* », lesquels « *visent deux conditions essentielles, savoir : l'équivalence des prestations et l'usage normal des droits* »[233]. Ces analyses se retrouvent dans sa note d'arrêt publiée au sujet de l'arrêt *DEPLANQUE* (1907) : « *Le juge administratif* met *la main sur l'opération de concession qui, jusqu'ici, était restée sous l'emprise immédiat de l'administration active* »[234]. Il eut l'occasion d'y insister à propos de la théorie de l'imprévision : « *Le Conseil d'État tient de plus en plus la main à ce que* [le contrat de concession] *s'exécute pendant toute sa durée* »[235] ; ajoutant par ailleurs que cette intrusion se fait autant ressentir pour le concessionnaire que pour le concédant. Cela étant dit, le volontarisme du Conseil d'État qui vient s'immiscer jusqu'au cœur du contrat n'est mis en exergue qu'en vue de dégager la nature institutionnelle du contrat de concession. Son commentaire de l'arrêt *Compagnie générale d'éclairage de Bordeaux* lui permet de confronter la pertinence de sa théorie de l'institution.

> Dans cette théorie administrative du contrat d'entreprise, tout s'enchaîne ; le contrat est dominé par l'entreprise des services publics administratifs et la limitation des risques provient des mœurs administratives, lesquelles sont façonnées par les exigences du

232 HAURIOU Maurice, « Police juridique et fond du droit. À propos du livre d'AL SANHOURY : *Les restrictions contractuelles à la liberté individuelle du travail dans la jurisprudence anglaise* et à propos des travaux de l'Institut de droit comparé de Lyon », *in R.T.D. civ.* 1926, p. 290.

233 *Id.*, p. 309.

234 HAURIOU Maurice, Note sur l'arrêt *DEPLANQUE c. Ville de Nouzon* (C.E., 31 mai 1907) [1907], *in Notes d'arrêts sur décisions du Conseil d'État et du Tribunal des conflits…, op. cit.*, t. 3 (1929), t. 3, p. 450.

235 HAURIOU Maurice, Note sur l'arrêt *Société du gaz et de l'électricité de Nice c. Ville de Nice* (C.E., 27 juin 1919) [1920], *in Notes d'arrêts sur décisions du Conseil d'État et du Tribunal des conflits…, op. cit.*, t. 3 (1929), p. 646.

> fonctionnement des services. Au demeurant, il y a un gros organisme objectif qui fonctionne, et devant lequel se minimise l'effet des volontés subjectives, comme s'atténuent les responsabilités subjectives ; la loi du contrat fléchit sous le même poids que le risque contractuel ; tout le contrat administratif est comme écrasé par l'importance de son objet ; le contrat a essayé d'embrasser dans ses clauses une institution vivante ; mais la tâche est au-dessus de ses forces, et l'institution déborde de tous les côtés[236].

539. En définitive, le rôle intrusif du Conseil d'État, qui « *ne consultera pas l'intérêt passager des contractants, mais l'intérêt permanent du service* »[237], l'aide à caractériser cette solidarité d'intérêts qui, à travers les contrats à longue durée, matérialise l'institution. En invitant à abandonner une approche strictement littérale des contrats, l'imprévision dessine en creux les linéaments des institutions sociales dont Maurice HAURIOU s'efforce de démontrer l'existence, en droit public comme en droit privé. C'est pourquoi, il se distingue de ces administrativistes et civilistes qui, pour des motifs propres, ont présenté la théorie de l'imprévision comme une théorie spéciale au droit administratif. Au contraire, le doyen toulousain la mobilise pour promouvoir, *via* la théorie de l'institution, une approche unitaire du droit.

> Ce qui justifie la théorie de l'imprévision dans les relations du droit administratif doit la justifier aussi dans celles du droit privé. Cela seul et rien d'autre, car il y a unité des principes du droit.
>
> Il y aura place pour l'imprévision en droit privé s'il existe des contrats privés qui soient dominés par des institutions sociales privées, au même degré que les contrats relatifs au service public (…) sont dominés par l'institution sociale du service public[238].

Il n'est pas question d'aborder à fond une théorie si riche. Il nous importe seulement d'indiquer qu'elle fut le berceau d'une réflexion à laquelle la théorie de l'imprévision fut captée et, par elle, tous les contrats à exécutions successives liés aux services publics.

---

[236] HAURIOU Maurice, Note sur l'arrêt *Compagnie générale d'éclairage de Bordeaux c. Ville de Bordeaux* (C.E., 30 mars 1916) [1916], *in Notes d'arrêts sur décisions du Conseil d'État et du Tribunal des conflits…*, *op. cit.*, t. 3 (1929), p. 607.

[237] *Id.*, t. 3, p. 604.

[238] HAURIOU Maurice, « L'imprévision et les contrats dominés par des institutions sociales », *in Aux sources du droit : le pouvoir, l'ordre et la liberté*, Paris, Librairie Bloud & Gay, 1933, p. 138. Cet article fut tout d'abord publié en 1926 dans la *Revista de Derecho Privado* avant de l'être traduit en français dans l'ouvrage précité.

> Mais pour que l'institution du service public domine le contrat, il n'est pas nécessaire qu'elle soit incorporée au contrat lui-même comme elle l'est dans les concessions de service public ; il suffit qu'elle soit le but final du contrat. (…)
>
> L'ombre dominatrice du service public, but final [des] marchés [de travaux publics et de fournitures], s'est également étendue à eux[239].

C'est souvent par le biais de cette théorie que Maurice HAURIOU – et plus souvent encore ses épigones – s'est efforcé d'asseoir l'institution en travers de la *summa divisio*. Le publiciste Georges RENARD[240], professeur à la faculté de Nancy, œuvra lui aussi en ce sens[241] :

> La notion juridique de collaboration, qui est le pivot de la conception *institutionnelle* du droit, est opposée à la conception *volontariste*, *individualiste*, *égalitaire* et *inorganique* ; elle en est l'antithèse. (…)
>
> [La] notion de contrat [attaché à l'individualisme] est restreinte aux deux types extrêmes du *contrat de spéculation*, où chaque partie poursuit son intérêt individuel sans se soucier de l'intérêt de son cocontractant, et du *contrat de bienfaisance*, où l'une des parties poursuit uniquement l'intérêt de l'autre. Elle ignore le *contrat de collaboration*, qui implique l'introduction dans le droit contractuel, d'une *cause* transcendante aux parties et l'adoption correspondante d'une toute nouvelle *théorie des risques* diamétralement opposée à celle du Code civil : celle qu'en droit administratif on appelle la *théorie de l'imprévision* ; celle qu'en droit civil même de judicieux esprits se sont ingéniés à faire admettre par des subterfuges tels que par la clause « payable en or ». La conception volontariste du droit ré-

---

239 *Id.*, p. 135.

240 Au sujet de Georges RENARD (1876-1943), voir la notice biographique qui lui est consacrée dans le *Dictionnaire historique des juristes français* (2015) et cet article de M. LAUBLY : « Georges RENARD et la renaissance du "thomisme juridique" » (*in* *R.H.F.D.* 2018, p. 857). Après deux échecs consécutifs (1901-1902), il est lauréat du concours de l'agrégation en 1920. Il est nommé professeur à la faculté de droit de Nancy jusqu'à sa retraite anticipée. Suite au décès de son épouse, il quitte la carrière universitaire pour rentrer dans les ordres (1932). M. CAVALIN a publié dans le *Dictionnaire biographique des frères prêcheurs* une notice biographique à laquelle nous renvoyons (http://dominicains.revues.org/1995).

241 Georges RENARD a publié trois ouvrages importants sur la théorie de l'institution : *Les théories de l'institution. Essai d'ontologie juridique* (1930) ; *L'institution. Fondement d'une rénovation de l'ordre social* (1933) ; et *La philosophie de l'institution* (1939). *Cf.* en outre la thèse d'André DESQUEYRAT : *L'institution, le droit objectif et la technique positive* (1933).

pugne à l'imprévision et à ses truchements, parce qu'elle répugne à la collaboration[242].

La théorie de l'imprévision est ainsi employée à dénoncer la rigidité d'une *summa divisio* qui opposerait d'une manière trop caricaturale le droit administratif où prévaudrait l'autorité de l'administration et le droit privé sous la protection duquel se placerait la liberté de l'individu. En donnant à voir comment peut se matérialiser la compénétration des intérêts impliqués dans les contrats, la théorie de l'imprévision atténue ce clivage réducteur entre, d'un côté, la *sujétion* à laquelle recourt l'administration et, d'un autre côté, la *spéculation* à laquelle se livre l'individu : « *La notion de collaboration des administrés traduit l'irréalité d'une séparation brutale entre la vie administrative et la vie privée, ainsi qu'entre les deux systèmes qui les gouvernent l'un et l'autre* »[243]. L'enjeu d'une telle doctrine n'est pas celui d'abattre la distinction entre droit public et droit privé, mais plutôt de se les représenter suivant un échelonnement à l'intersection desquels la collaboration jouerait le rôle de charnière.

> La notion de collaboration tend à briser l'uniformité de l'ordonnancement juridique, et spécialement du régime administratif, et à lui substituer la représentation d'une *multitude de milieux juridiques aménagés chacun suivant ses convenances propres et simplement coordonnées dans le réseau très souple d'un droit commun* aux cadres indéfiniment ouverts à de nouvelles spécifications[244].

Dans ce panorama doctrinal placé sous l'égide de l'institution, « *contrats* », « *adhésion* » (à un régime administratif) et « *actions parallèles* » (des individus qui agissent en concurrence avec l'administration) sont désignés comme trois modes complémentaires par lesquels les particuliers peuvent s'associer à l'action administrative – trois modes répondant respectivement à la liberté, la collaboration et l'autorité.

540. La théorie de l'imprévision prise entre deux approches : la technique juridique et la philosophie de l'institution. – Sans nous étendre davantage, il s'agit d'expliciter suivant quelles approches la théorie de l'imprévision a été employée pour informer les contrats administratifs. La démarche des institutionnalistes est beaucoup plus ample que

---

[242] RENARD Georges, « Préface », *in* GÉNY Bernard, *La collaboration des particuliers à l'administration* [issu de sa thèse de doctorat], Paris, Sirey, 1930, p. xiv.

[243] RENARD Georges, « La collaboration des administrés », *in R.G.D.* 1930, p. 289 (article également publié dans la *Revue internationale des sciences administratives ;* 1932, p. 291).

[244] *Ibid.*

celle de Gaston JÈZE. Ou devrait-on dire qu'elle s'oriente vers une perspective tout à fait différente. Ce dernier l'emploie pour caractériser la subordination du contractant qui collabore aux services publics – non pas tant à l'égard de l'administration que de l'intérêt général qui sous-tend le contrat. Suivant les partisans de la doctrine de l'institution, l'imprévision donne à voir un mode de collaboration qui, en définitive, est moins une technique juridique de l'action administrative qu'il n'est restitué à travers une critique réformatrice de la démocratie[245] autour de laquelle se décline une triple décentralisation : par régions, par services et par collaboration[246]. En ce sens, les ferments anti-individualistes contenus dans la théorie de l'imprévision et l'irréductibilité du contrat administratif par rapport au droit commun des contrats ne sont pas rapportés à une théorie des contrats qui, en les expliquant, en eût contenu la portée. Cette divergence de perspectives est encore approfondie par la dépréciation avec laquelle les institutionnalistes couvrent la technique juridique : réduit le droit « *à la construction d'un appareil de définitions, de classifications, de méthodes d'interprétation, de formules stéréotypées, où vient se couler la matière de la vie sociale, où elle prend corps et se solidifie, pour recevoir, à la suite de cette manipulation, la sanction de l'autorité publique* »[247]. Impliquée dans une démarche dif-

---

245 *Cf.* par exemple : RENARD Georges, *Notions très sommaires du droit public français*, Paris, Tenin, 1920, p. 19 *sq.* Dans un article, le même auteur explicite pleinement cette thèse : « *La démocratie est d'autant plus approchée que les gouvernés participent davantage au gouvernement et les administrés à l'administration. Accroissement, non pas illimité, mais simplement proportionnel du poids des services publics ; association croissante des forces de la vie privée à l'organisation du pouvoir politique : ces deux principes renferment l'essence des revendications que la démocratie peut émettre aujourd'hui dans l'ordre constitutionnel et administratif ; leur conjugaison revêt sa forme technique dans un certain nombre de procédés, qui se ramènent à ce décongestionnement administratif et financier qu'a popularisé le mot* décentralisation, *et dont la signification pratique est beaucoup plus nuancée qu'on ne se le figure parfois* » (« La démocratie et l'État », *in La nouvelle journée* 1921, IV, p. 173).

246 RENARD Georges, « La collaboration des administrés », *in R.G.D.* 1930, p. 290. C'est à ce point de vue que doit être lue la thèse de Bernard GÉNY, soutenue à la faculté de Nancy : *Essai d'une théorie générale de la collaboration des administrés avec l'administration en dehors de leurs rapports contractuels* (1930), publiée la même année sous le titre : *La collaboration des particuliers avec l'administration* (précitée). Dans le cœur de cet ouvrage, son auteur situe la théorie des contrats administratifs sans toutefois la développer, puisqu'il renvoie aux travaux de Gaston JÈZE (*id.*, p. 14 *sq.* et 190 *sq.*). Cela signifie bien qu'il n'y a pas tant une opposition de vues sur les contrats de l'administration, mais plutôt une mise en perspective différente.

247 RENARD Georges, « La démocratie et l'État », *in La nouvelle journée* 1921, IV, p. 164. Nous rapprochons de cet article d'autres du même auteur, assez méconnus et qui argumentent une critique vis-à-vis de la technique juridique en droit public : « Sur quelques orientations modernes de la science du droit » (*in Revue des jeunes* 1922, n° 7, p. 157) ; « Abstraction et réalités dans l'élaboration du droit public » (*in La nouvelle journée* 1922, VI, p. 3) ; « Autour des idées de M. DUGUIT. Des sciences physiques aux sciences

férente, l'analyse institutionnelle des contrats administratifs oblitère les conceptions classiques du droit privé et du droit public sans, pour autant, cesser de leur reconnaître toute pertinence. Elle abstrait permet de reconsidérer la *summa divisio* et de souligner les déclinaisons qui, de l'un vers l'autre droit, graduent une vie juridique pensée à travers la compénétration des intérêts plutôt qu'à travers leurs antagonismes[248]. Pour illustrer cette interprétation, nous en rapprochons une des conclusions offertes par Bernard GÉNY – lequel fut proche des idées de Maurice HAURIOU et de Georges RENARD (son oncle par alliance).

> Toutes les hypothèses de collaboration organisées se rattachent, à notre sens, à la théorie institutionnelle, qui, présentant les activités sociales, aussi bien publiques que privées, comme ordonnées les unes par rapport aux autres, en vue d'une fin convergente, accepte, comme des possibilités toutes naturelles, la substitution de l'une par l'autre, leur compénétration mutuelle ou la concurrence de leur exercice parallèle. Dès lors que l'ordre de la société humaine ne résulte pas d'un équilibre mécanique réalisé entre l'État, agissant de son côté, et l'individu agissant aussi isolément, mais d'une conjugaison permanente de leurs efforts, rien n'est moins étonnant que l'application de diverses formules, destinées à combiner leurs initiatives, et à les agencer selon le plan d'une organisation transcendantale et idéale. La collaboration devient ainsi la règle. L'antagonisme apparent n'est qu'un concept commode, pour opposer deux réalités sociales d'inégale grandeur, disposant de moyens d'action différents, mais vouées, si l'on ose dire, à une même cause, associées à une œuvre commune[249].

En somme, Gaston JÈZE conçoit la théorie de l'imprévision comme une singularité publiciste autour de laquelle les contrats administratifs trouvent à se démarquer des contrats du droit privé. Et ce plus encore après que la théorie de la gestion privée l'a amené à affirmer clairement la dualité de genre entre contrats administratifs et contrats privés, là où – au début des années 1920 – il se contentait de souligner la singularité du régime juridique des marchés administratifs (et non pas des contrats administratifs) sans infirmer formellement le monisme contractuel auquel il

---

morales » (*in La nouvelle journée* 1923, VII, p. 14).

[248] C'est d'ailleurs le sens de la rédaction complémentaire de deux articles, l'un par André HAURIOU, l'autre par Georges RENARD : « L'aide du droit administratif pour l'élaboration scientifique du droit privé » & « L'utilisation en droit administratif des règles et principes du droit privé » (*in* [collectif], *Recueil d'études sur les sources du droit en l'honneur de François Gény*, *op. cit.* (1934), t. 3, p. 77 et 92).

[249] GÉNY Bernard, *La collaboration des particuliers à l'administration*, *op. cit.* (1930), p. 281.

continuait d'adhérer. La théorie de l'imprévision contribue ainsi à consolider la *summa divisio* en plaçant le contrat de part et d'autre, là où le contrat demeurait jusqu'alors la « chose » des privatistes. À une conception moniste du contrat, elle substitue *en puissance* une conception dualiste qui, en épousant les reliefs de cette dichotomie, en renforce la valeur. Quant aux institutionnalistes, ils attirent la théorie de l'imprévision à un propos plus large : ce qu'elle dit des contrats s'articule à une représentation du droit qui n'est pas toute déterminée par la *summa divisio*. Par le biais de l'idée de collaboration, cette théorie est employée à préciser la théorie de l'institution à la justification de laquelle elle participe, ce en relation avec une approche critique de la *summa divisio*.

541. Les théories institutionnelles auxquelles ont largement contribué HAURIOU et RENARD ont promu une représentation du droit qui, au lieu d'être clivée autour de deux termes antagonistes, appréhende l'individu suivant la manière dont le social lui permet de se déterminer. Il ne cesse jamais d'être un sujet actif, suivant des modalités différentes en correspondance avec les institutions auxquelles il s'agrège. En un sens, il est vrai que l'appréhension des contrats administratifs par les institutionnalistes n'est pas très éloignée de la théorie formalisée par Gaston JÈZE dans les premières années de la décennie 1920. Elle présente avec celle-ci de nombreuses similitudes et les institutionnalistes s'y réfèrent sans difficulté. Cela étant dit, cette proximité superficielle ne doit pas nous dissimuler les divergences épistémologiques. Évoluant sous l'horizon de la *summa divisio*, Gaston JÈZE rapporte tout aux services publics qu'il conçoit comme la pierre angulaire du droit administratif (formule datant de 1914 pour le lectorat français). Sa théorie des contrats administratifs formalisée dans le milieu des années 1920 en porte l'empreinte. Elle est conçue une théorie *spéciale* relative à la collaboration des particuliers aux services publics. D'ailleurs, elle est introduite dans ses *Principes généraux du droit administratif* au moyen d'un long appendice de trois tomes qui vient s'ajouter à la suite des trois préexistants. La théorie des contrats administratifs se présente ainsi comme un apport tardif, intégré à un plan général dont le canevas, déjà défini, n'a pas été remodelé pour la cause. La théorie de l'imprévision rend particulièrement tangible cette évolution. Dans les premières années 1920, Gaston JÈZE la mobilise pour caractériser une régime juridique spécial aux marchés administratifs : d'une part, il ne renonce pas encore au monisme contractuel et, d'autre part, il raisonne toujours à partir d'une catégorie familière aux administrativistes (les marchés administratifs) plutôt qu'à partir d'un concept inédit. Cela traduit la prégnance d'une manière de penser caractéristique de la Belle Époque[250], là où la jurisprudence en matière d'imprévision aurait pu le conduire à embrasser ensemble concessions et marchés. Dans le courant des années 1920, la consécration de la théorie de la gestion privée – qui laisse au juge administratif des contrats hétéroclites dont il n'était pas familier – amène le publiciste parisien à associer à la compétence administrative une catégorie de contrats qui puisse trouver sa cohérence dans leur nature même[251], tandis que concomitamment les privatistes argumentaient en faveur d'un contrat administratif autonome par son genre du droit civil[252]. Dès lors, la théorie de l'imprévision est appréhendée par Gaston JÈZE quelque peu différemment, de sorte à justifier l'existence d'un contrat *de nature* distincte des contrats privés. Pour les institutionnalistes, les bouleversements touchant les contrats administratifs ont, à l'inverse, été l'occasion d'amplifier une réflexion déjà mûrie plutôt qu'ils ne les auraient contraints à réaménager la théorie de l'institution. La théorie de l'imprévision n'a pas été un élément perturbateur qu'ils se seraient efforcés de maîtriser en lui opposant une réponse spécifique. Elle illustre en effet un mode de collaboration qui se range auprès de plusieurs autres – chose qui n'est pas sans faire écho à la théorie de la gestion administrative développée par Maurice HAURIOU au début des années 1900. Suivant les professeurs JAMIN et VERKINDT, les civilistes de l'Entre-deux-guerres surent élaborer un style néo-classique pour renouveler le droit civil autour de ses fondements individualistes et conjurer les effets subversifs de la question sociale. Ils assimilèrent certains de ses aspects pour mieux se les approprier et excentrèrent le droit social pour mieux s'en défendre[253]. Gaston JÈZE entreprend quelque chose d'analogue dans le champ du droit administratif (traduisant peut-être un tropisme académique parisien – tandis que les institutionnalistes, adhérant au catholicisme-social, enseignèrent davantage dans des facultés en province[254]) : son appréhension des contrats administratifs neutralise en quelque sorte les possibilités doctrinales auxquelles la théorie de l'imprévision aurait pu se prêter. Rapprochant contrat et service public dans le cadre d'une asso-

---

250 *Cf.* le chapitre premier, titre II, seconde partie.

251 *Cf.* le chapitre 2, titre IV, seconde partie.

252 *Cf.* la section précédente du présent chapitre.

253 JAMIN Christophe & VERKINDT Pierre-Yves, « Droit civil et droit social : l'invention du style néoclassique chez les juristes français au début du XXe siècle », *in* KASIRER Nicholas (dir.), *Le droit civil, avant tout un style ?*, Montréal, Éditions Thémis, 2003, p. 103.

254 Nous pensons en particulier aux publicistes Maurice HAURIOU et Achille MESTRE (Toulouse), Georges RENARD (Nancy), ainsi qu'au civiliste Gaston MORIN (Montpellier).

ciation exclusive de toute alternative, il les appréhende à travers une technique juridique qui les aseptise. L'insertion de la théorie des contrats administratifs dans une théorie des services publics renvoie à une technique contractuelle dont Gaston JÈZE s'efforce de justifier l'autonomie avec le droit privé, précisément parce qu'il la lui emprunta – ou sinon parce qu'il puisa aux mêmes sources qui, concomitamment, ont inspiré les privatistes[255]. Certainement, il ne conçoit pas le contrat à l'instar de ces derniers : il le soumet à une analyse propre qui lui permet de le ranger auprès des autres actes juridiques du droit administratif. Il l'intégra au droit administratif afin qu'il ne pût l'irradier de l'extérieur ; il l'accultura pour que, en son sein, il ne produisît aucun désordre. D'un côté, les privatistes convoquèrent le droit public pour épurer la doctrine de l'autonomie de la volonté des mutations qui furent regardées comme hétérogènes à celle-ci. De l'autre, Gaston JÈZE – et quelques autres sur lesquels nous reviendrons – usa du contrat comme d'un concept importé du droit privé, publicisé pour la cause et auquel il ôta ce qu'il avait d'irréductible au droit administratif. Cela pour mettre certaines des évolutions jurisprudentielles en harmonie avec une théorie des services publics.

542. Concevoir le contrat administratif : l'exemple de la concession prise dans les remous de la théorie de l'imprévision. – La différence de perspectives entre Gaston JÈZE et Maurice HAURIOU est particulièrement patente au sujet de la théorie de l'imprévision. Longtemps après avoir assimilé la théorie de l'imprévision, Gaston JÈZE continue de présenter la concession de service public comme un contrat au sens technique. À l'inverse, Maurice HAURIOU s'efforce de marquer les déformations qu'emporte cette théorie sur l'idée même de concession. En portant son attention sur la socialisation des risques encourus par le concessionnaire, le renforcement de l'idée d'association lui fait écrire : « *Le type de concession vers lequel on s'achemine est celui de la régie intéressée, qui est une sorte de métayage, où les bénéfices sont partagés, mais aussi les risques* »[256]. En parant les critiques de ceux qui regrettent une dénaturation du modèle économique de la concession[257], il avance :

---

[255] *Cf.* la section précédente du présent chapitre, en particulier les § 517 et suivants.

[256] HAURIOU Maurice, Note sur l'arrêt *Compagnie générale d'éclairage de Bordeaux c. Ville de Bordeaux* (C.E., 30 mars 1916) [1916], *in Notes d'arrêts sur décisions du Conseil d'État et du Tribunal des conflits…*, *op. cit.*, t. 3 (1929), p. 607.

[257] En ce sens, *cf.* par exemple cet article de Léon de LA TASTE : « La crise économique et les services publics concédés. La jurisprudence du Conseil d'État » (*in Revue des concessions* 1920, p. 5), également publié dans la *Revue politique et parlementaire* (1920, CV,

> Le système de la concession de services publics (…) est déjà mort ou bien malade. (…) C'est que le système de la concession avait surtout pour but d'éviter aux villes les aléas économiques des services industriels. Mais les aléas se sont fort atténués à mesure que les procédés industriels se fixaient, et à mesure aussi que les installations se complétaient et se perfectionnaient. Les circonstances ont changé ; les villes se trouvent maintenant en présence d'entreprises toutes montées dont le rendement est connu, elles ont plus d'avantage à participer aux bénéfices qu'elles n'en n'avaient autrefois à décliner les risques industriels. (…) Un concessionnaire traité comme un associé, pour lequel on est arrivé à envisager un bénéfice normal et un risque normal, ce n'est déjà plus en réalité qu'un régisseur intéressé[258].

Plusieurs études doctorales ont été entreprises au sujet de la concession de service public – moins pour circonscrire sa nature et son régime juridique[259], que pour rendre compte de son efficience économique. D'aucuns, qui se font critiques l'égard de la théorie de l'imprévision, regrettent que le Conseil d'État ait réagi à l'altération du modèle concessif sous les effets de la guerre[260]. Après que les caractéristiques de la concession ont été complètement bouleversées par la jurisprudence administrative, ils s'interrogent sur ce qui distingue encore ce mode de gestion de services publics de la régie intéressée ou de la gestion directe[261]. D'autres docteurs, au contraire, analysent ces évolutions comme une preuve du dynamisme de ce concept – apte à épouser les exigences évolutives de l'intérêt général[262]. C'est en ces termes que la question de la « crise de la concession » s'est poursuivie. Dans les années précédant la Grande Guerre, celle-ci renvoyait à la mutabilité du cadre réglementaire de la concession[263]. Dans les années qui la suivirent, elle renvoya davantage

---

p. 484).

258 HAURIOU Maurice, Note sur l'arrêt *Compagnie des messageries maritimes c. Ministre de la marine* (C.E., 3 août 1917) [1917], *in Notes d'arrêts sur décisions du Conseil d'État et du Tribunal des conflits…*, *op. cit.*, t. 3 (1929), p. 622-623.

259 *Cf.* les thèses de RIEU (*De la nature juridique des concessions de travaux publics*, 1923) et REDEUILH (*Nature juridique de la concession de service public*, 1925).

260 *Cf.* la thèse de JACQUEMARD (*La théorie de l'imprévision et la gestion des services publics concédés*, 1928).

261 *Cf.* la thèse de CHAMPETIER DE RIBES (*Régimes comparés de la concession, de la régie intéressée et de la régie directe pour l'exploitation des transports en commun de la région parisienne*, 1923).

262 *Cf.* les thèses de BIBIÉ (*Situation juridique des voies ferrées d'intérêt général concédées*, 1919), JANSSE (*L'évolution de la notion de concession en matière de chemins de fer*, 1924) et BLONDEAU (*La concession de service public. Étude d'histoire du droit administratif*, 1929).

263 *Cf.* MONSARRAT Gaston, « La crise du contrat de concession », *in R.G.A.* 1914, III, p. 27.

aux mutations charriées par la théorie l'imprévision : car le concessionnaire est moins un entrepreneur qui s'engage dans une activité spéculative à ses risques et périls, qu'un partenaire de l'administration qui assume la gestion d'un service public en partageant avec celle-ci une part du risque économique.

543. En confrontant ces administrativistes à Gaston JÈZE, l'on voit à quel point la perspective engagée est différente : celui-ci se bornant à déterminer la nature juridique de la concession[264], ceux-là s'évertuant à rendre compte des mutations qui ont irrémédiablement subverti l'essence de ce contrat.

> La concession de Service Public sous sa forme la plus récente, comportant pour l'Administration les pouvoirs de contrôle et de réglementation les plus étendus, pour le concessionnaire la garantie financière des risques de l'entreprise, se distingue à peine de l'exploitation en Régie intéressée[265].

Plus loin, Philippe COMTE conclut son étude :

> La concession de Service Public, dans son organisation intérieure comme dans ses rapports avec le public, est beaucoup moins une entreprise industrielle privée qu'un rouage de l'Administration. L'ancienne conception qui prétendait enfermer les rapports du concessionnaire et de l'autorité concédante dans le cadre d'un contrat ne répond plus aux conditions actuelles de la vie administrative. Sous sa forme moderne, la concession de Service Public se trouve intégrée dans l'institution administrative[266].

Certes, pour avoir peu disserté sur ces questions, Gaston JÈZE n'en a pas moins eu conscience. C'est davantage dans ses notes d'arrêts qu'il en traite – non sans une verve critique, sinon circonspecte.

> La théorie de l'imprévision peut bien servir à résoudre une difficulté passagère. Elle ne peut pas servir à établir un régime durable. Or, encore une fois, la période de crise économique va durer très longtemps. La théorie de l'imprévision aboutira à transformer les concessions *aléatoires* de service public en *régies intéressées*, dans lesquelles les aléas qui devaient être à la charge du conces-

[264] *Cf.* JÈZE Gaston, « La concession de service public », *in R.D.P.* 1925, p. 530.
[265] COMTE Philippe, *Essai d'une théorie d'ensemble de la concession de service public : un aspect de l'évolution du droit public contemporain*, Paris, Recueil Sirey, 1934 (thèse de doctorat, faculté de Paris ; présidée par MESTRE, professeur de droit administratif), p. 134.
[266] *Id.*, p. 184.

> sionnaire seront réduits à zéro. La théorie de l'imprévision ne peut pas aboutir à consacrer, *d'une manière durable*, un régime de régie intéressée. Ce régime, les parties, en contractant, l'ont très nettement écarté. La théorie de l'imprévision qui repose, en définitive, sur l'intention présumée des parties, ne peut pas avoir pour conséquence *durable* d'établir un régime nettement repoussé par les parties contractantes[267].

Il y insiste encore pour indiquer que les fournisseurs, les entrepreneurs ou les concessionnaires sont davantage des industriels qui mettent leurs capitaux au service de l'administration, tandis que les régisseurs – qui se distinguent parfois si peu des premiers – mettent à sa disposition des compétences techniques et gestionnaires.

> C'est ce qui différencie essentiellement le *fournisseur* du *régisseur*. Dans le marché de fournitures, le fournisseur est, *économiquement*, l'*entrepreneur*, c'est-à-dire celui qui court les risques. Dans l'*exécution en régie*, l'entrepreneur est l'administration : c'est elle qui court les *risques* ; elle charge des ouvriers ou un individu, le *régisseur*, de faire exécuter la fourniture *aux risques de l'administration*. Le régisseur peut être un *fonctionnaire*, sans autre rémunération que son traitement : c'est la *régie simple* ; ce peut être un individu non fonctionnaire, rémunéré par un tantième sur la dépense ou par telle autre combinaison financière. La caractéristique est qu'il n'assume aucun risque. Les risques sont entièrement *à la charge de l'administration* : celle-ci est l'*entrepreneur*, au sens économique du terme[268].

Cependant, cette analyse demeure comme en marge de sa théorie des contrats administratifs. Elle est une question secondaire tout juste destinée à préciser le caractère des contrats administratifs. Elle ne pénètre pas les définitions que cet auteur en donne, lesquelles demeurent empruntées à la doctrine publiciste de l'avant-guerre.

544. Assimiler le contrat au droit administratif ou dépasser le contrat ? – Du point de vue où nous place l'imprévision, la théorie des contrats administratifs se présente comme une entreprise particulière à Gaston JÈZE. Si elle n'occulte pas complètement ce qu'il y a de collabo-

---

[267] JÈZE Gaston, Note sous les arrêts *Société du gaz et de l'électricité de Nice c. Ville de Nice* (C.E., 27 juin 1919) & *Société lyonnaise des eaux et de l'éclairage c. Ville de Tarbes* (C.E., 5 juillet 1919), *in* R.D.P. 1919, p. 79-80.

[268] JÈZE Gaston, « Caractères essentiels des principaux contrats administratifs », *in* R.D.P. 1925, p. 449.

ration dans ces contrats, elle procède avant tout, au moyen d'une approche analytique portée par la technique juridique, à une mise en ordre statique. Maurice HAURIOU développe peut-être sur les contrats administratifs des considérations qui, à certains égards, sont similaires à celles de Gaston JÈZE. Toutefois, il ne s'arrête pas au même point que ce dernier. Et ses développements sur les contrats administratifs l'aident toujours à étoffer une doctrine dynamique – celle de l'institution – à la formalisation de laquelle participe l'imprévision. Au risque d'être un peu caricatural, nous dirions que Gaston JÈZE a figé les virtualités de la jurisprudence administrative en l'appréhendant à travers le prisme d'une technique contractuelle d'où procède précisément sa théorie des contrats administratifs. Cette technique le place sur le même plan que la doctrine privatiste : s'il s'en différencie en manifestant assez peu d'intérêt pour la doctrine de l'autonomie de la volonté, il s'en rapproche en ce que le contrat structure son propos et organise toutes les hypothèses que sa théorie recouvre, jusqu'à celles qui s'en éloignent. En peu de mots – Maurice HAURIOU prend prétexte de l'imprévision pour ébranler la pertinence du contrat ; Gaston JÈZE, quant à lui, rapporte l'imprévision au contrat et – sous l'effet conjugué de la théorie de la gestion privée[269] – il use de la technique juridique pour assimiler le contrat au droit public. Il procède par soustraction et addition : le contrat administratif est un contrat qui se complique du service public. Pour extraordinaire qu'elle soit au regard des principes du droit civil, l'imprévision est appréhendée à l'aune du contrat, plutôt que le contrat n'est reconsidéré à partir de celle-ci. Tout à l'inverse, Maurice HAURIOU profite de l'imprévision pour lever le voile sur l'institution et dénonce, ce faisant, ce qu'il y a d'étriqué à considérer les contrats en eux-mêmes. L'un des premiers à s'être intéressé à la doctrine de ce publiciste – le professeur SFEZ – a écrit, sans doute un peu dépité, que le doyen toulousain « *n'a jamais été très inspiré par la théorie des contrats administratifs, à laquelle il consacre des passages dérisoires – en qualité et en quantité* »[270]. Le professeur PLESSIX regrette quant à lui « *un surprenant manque d'audace créatrice* »[271]. Moins sévère à son égard, le professeur MARTIN s'efforce d'apprécier sa contribution aux contrats administratifs à l'aune de ses théories sur la gestion publique et l'institution.

---

269 *Cf.* le chapitre 2, titre IV, seconde partie.

270 SFEZ Lucien, *Essai sur la contribution du doyen Hauriou au droit administratif français*, Paris, L.G.D.J., 1966 (thèse de doctorat, faculté de Paris ; dirigée par le professeur RIVERO), p. 444.

271 PLESSIX Benoît, *L'utilisation du droit civil dans l'élaboration du droit administratif*, Paris, Éditions Panthéon-Assas, 2003 (thèse de doctorat, université Paris-II ; dirigée par le professeur BIENVENU), p. 726.

> Toute la question est donc là : la pensée de Maurice HAURIOU en matière de contrat est-elle une suite d'intuitions plus ou moins prises en compte par la jurisprudence ou est-elle intégrée dans un système théorique qui lui aurait survécu ?[272]

C'est que ces auteurs examinent la doctrine du publiciste toulousain à l'aune de la théorie des contrats administratifs que notre doctrine contemporaine a recueilli en héritage. Là est toute la difficulté : comment apprécier la valeur de cette doctrine à partir d'un substrat doctrinal qui accorde une place cardinale à une théorie – celle des contrats administratifs – largement redevable à Gaston JÈZE, lequel s'est engagé dans une perspective doctrinale différente de celle de Maurice HAURIOU. Dans cette confrontation, celui-ci est forcément perdant car, précisément, il a conduit ses réflexions au-delà du contrat administratif. C'est en vain que nous rechercherions dans la doctrine de ce dernier une théorie quelconque dont ce contrat fût le terme.

545. Le contrat est une marche qui élève Maurice HAURIOU vers l'institution. Il use des contrats administratifs pour corroborer, amender et perfectionner la théorie qui s'y rapporte. Pour Gaston JÈZE, ces contrats servent d'horizon à une théorie qui se donne un cadre conservateur – pour des motifs que nous expliciterons plus loin[273]. Il élève une théorie qui est en assonance avec les préoccupations des civilistes, pour qui la théorie de l'imprévision est synonyme de négation du contrat. Il n'est pas étonnant que les motifs qu'il avance pour justifier l'existence d'un régime juridique spécifique aux contrats administratifs sont les mêmes que ceux dont s'est prévalu Henri CAPITANT pour cantonner l'imprévision au droit administratif : le service public met en jeu des impératifs qui sont étrangers aux contrats passés entre particuliers ; les contrats administratifs organisent une collaboration plutôt qu'ils ne rapprochent des intérêts antagonistes. Certes, les enjeux ne furent pas les mêmes. Les civilistes ont craint que le contrat cessât d'être la chose des parties et que le juge pût refaire les contrats indépendamment de leur volonté. Assez prégnante dans les années 1920, cette appréhension s'est atténuée en proportion du fait que le contrat a été conçu comme une technique juridique déclinable de part et d'autre de la *summa divisio* – cessant d'être un con-

[272] MARTIN Julien, « De la gestion publique à l'institution : essai de justification de la jurisprudence sur le contrat administratif », *in* [collectif], *La pensée du doyen Hauriou à l'épreuve du temps : quel(s) héritage(s) ?*, Aix-en-Provence, Presses universitaires d'Aix-Marseille, 2015, p. 653.

[273] *Cf.* les chapitres 2 et 3, titre IV, seconde partie.

cept ontologique pour devenir un concept fonctionnel. Si le civiliste Louis JOSSERAND a cru pouvoir discerner un phénomène de publicisation des contrats, c'est précisément parce que le contrat, entre-temps et sous l'effet des privatistes eux-mêmes, a cessé d'être un concept proprement privatiste. Le contrat administratif, tel que des administrativistes comme Gaston JÈZE l'ont conceptualisé, a offert aux civilistes un référent commode qu'ils purent mobiliser pour appréhender les mutations touchant le droit privé. En dénonçant une influence expansionniste du droit public, Louis JOSSERAND n'a jamais visé que les publicistes dont leur doctrine lui semblait menaçante – c'est-à-dire les institutionnalistes, HAURIOU et RENARD notamment. L'imprévision fut présentée comme un Rubicon à ne pas franchir pour les privatistes. L'opposition de Gaston JÈZE à une éventuelle généralisation de l'imprévision au droit privé indique suffisamment la contiguïté doctrinale qui rapproche cet auteur des civilistes. Celui-ci fut avant tout soucieux d'assimiler le contrat au droit administratif : il l'avait fixé à la périphérie du droit administratif, avant de l'y introduire en son cœur à partir des années 1920 – non sans le « publiciser ». Il le marqua d'un caractère propre destiné à éviter toute confusion avec le contrat de droit privé, de sorte que cette assimilation ne fût jamais un cheval de Troie menaçant pour l'autonomie du droit administratif. Il y fut encouragé non seulement par la théorie de l'imprévision, mais plus encore par l'évolution de la définition contentieuse du contrat administratif. La systématisation de la théorie de la gestion privée amena à se faire *du contrat* une conception compliquée de diverses nuances qui, par déclinaisons successives, en ont facilité l'assimilation durable au droit administratif.

Chapitre 2

D'une redéfinition contentieuse des contrats administratifs à une théorisation du contrat administratif

546. Si la théorie de l'imprévision mina le monisme contractuel, c'est une autre théorie prétorienne qui l'emporta définitivement – celle-ci conduisant les administrativistes à appréhender les contrats administratifs à travers un prisme uniformisant, là où jusqu'alors ils renvoyaient à des catégories distinctes. Il s'agit de la théorie de la gestion privée. Soucieux d'attirer au contentieux administratif des contrats inusuels, le Conseil d'État se donna du contrat administratif une définition générique destinée à embrasser une foule de contrats hétéroclites (**section 1**). Certains administrativistes se représentèrent différemment les contrats administratifs en leur prêtant une définition qui, cessant d'être purement contentieuse, renvoya à un contrat autonomisé du référent civiliste (**section 2**). La théorisation des contrats administratifs qui en résulta n'est pas sans traduire une privatisation latente du droit administratif. L'acculturation du contrat au droit administratif renvoie autant à une publicisation du contrat qu'à une privatisation du contrat administratif (**section 3**).

Section première. – Une redéfinition contentieuse des contrats administratifs corrélée à la théorie de la gestion privée

547. Au sortir de la guerre, le Conseil d'État fut confronté à un encombrement dramatique de son prétoire. Le contentieux contractuel classique ne fut pas seul en cause. Au cours des hostilités, l'État s'est engagé dans des activités inhabituelles, générant un contentieux singulier que le Conseil d'État ne souhaitait pas voir attribuer en bloc au juge judiciaire. Aussi remodela-t-il les limites du contentieux administratif en conférant à la théorie de la gestion privée une portée inédite (**paragraphe 1**). Fondée sur le critère des clauses exorbitantes, la définition qu'il donna aux contrats administratifs répondit à la reconnaissance concomitante des services publics industriels et commerciaux (**paragraphe 2**).

Paragr. 1. – Une définition destinée à assimiler au contentieux administratif des contrats inusuels passés pendant la guerre

548. Les vicissitudes de la juridiction administrative face à l'afflux contentieux de l'après-guerre. – En raison notamment des réactions de la doctrine privatiste, la théorie de l'imprévision a conduit les administrativistes à accentuer la différenciation entre contrats administratifs et contrats privés. Elle ne concerna que des contrats (conçus à partir du modèle concessif) dont il était classiquement admis qu'ils étaient spéciaux, si bien que sa réception n'impliqua pas, en soi, l'abandon du monisme contractuel. D'ailleurs, Gaston JÈZE continue d'y adhérer dans les premières années de la décennie 1920. La théorie de l'imprévision est apparue comme une nouvelle singularité s'accumulant aux précédentes, à ceci près qu'elle conféra au juge administratif un office intrusif, menaçant pour la conception classique du contrat à laquelle les contrats administratifs ne cessaient d'être apparentés. Toutefois, cette différenciation prit une autre tournure avec la théorie de la gestion privée, renouvelée à la faveur d'un réaménagement du contentieux administratif. En effet, la Première Guerre mondiale se fit vivement ressentir en encombrant dangereusement le prétoire du Conseil d'État.

> La guerre a été l'occasion indirecte de la résurrection d'un problème qui depuis longtemps sommeillait et qui est celui de la réforme de la juridiction administrative. (…)
>
> Déjà avant la guerre par suite de causes variées l'accumulation des recours au Conseil d'État était telle qu'elle produisait un encombrement qui entraînait des lenteurs de procédure. (…)
>
> Les marchés de fournitures dont la guerre avait nécessité la passation (…) devaient engendrer beaucoup de procès[274].

C'est la raison pour laquelle les projets de réforme de la juridiction administrative envisagés jusque dans les années 1920 ont fréquemment discuté de la nature du contentieux contractuel qui lui était confié. Ils attestent la prégnance d'une conception qui, au diapason avec l'opinion majoritaire de la doctrine administrative de l'avant-guerre, regardait ce contentieux comme judiciaire par nature et (hormis le cas du contentieux des concessions) artificiellement rattaché à la compétence administrative par une législation spéciale, témoignage des origines *ante*-républicaines du

---

[274] JACQUELIN René, *Répétitions écrites de droit administratif* [cours de sciences politiques dispensé à la faculté de Paris pour le doctorat *ès*-sciences politiques (1922-1923), sur le thème : *Influence de la guerre sur le droit administratif français*], *op. cit.* (1923), p. 5.

droit administratif[275]. Bien souvent, cette attribution contentieuse a été l'une des premières envisagées pour soulager le Conseil d'État. C'est en ce sens que, en 1916, la Chambre des députés vota une résolution à l'adresse de la Chancellerie.

> En dehors même de l'arriéré actuel, il y a lieu de prévoir que les marchés de la guerre donneront lieu à beaucoup de recours contentieux : il serait donc imprudent de renvoyer comme certains en émettent l'avis, le règlement de la situation présente après la cessation des hostilités[276].

Préférant entreprendre une réforme modeste qui ait toutes les chances d'être réalisées alors que les hostilités se poursuivaient, le ministre de la justice – René VIVIANI – range le contentieux des marchés administratifs (exception faite des concessions de service public) au premier rang des attributions susceptibles d'être versées au juge judiciaire.

> Ce qui est administratif en vertu du principe de la séparation des pouvoirs, c'est ce qui est *spécial* à la vie administrative, par opposition au droit privé. (…)
>
> En ce qui concerne les contrats que l'administration passe pour se procurer les matières ou exécuter les ouvrages nécessaires à ses services – et que l'on appelle marchés de fournitures ou de travaux publics – ces contrats constituent purement et simplement des contrats de vente ou de louage d'ouvrage par devis et marché dans les conditions tout à fait identiques à celles du droit civil, que les tribunaux civils ont l'habitude d'apprécier. (…)
>
> Il va sans dire que la disposition proposée est strictement limitée aux simples marchés ou entreprises, et ne saurait s'étendre aux contrats de *concession de service public*, dont le caractère tout spécial au droit administratif, exige au plus haut degré la compétence de la juridiction administrative. (…) La concession de service public est

[275] *Cf.* les chapitres 1er et 2, titre I, seconde partie.

[276] Le 25 janvier 1916, le député Albert GRODET interrogea le ministre de la justice afin qu'il fournisse à la Chambre des députés la statistique contentieuse du Conseil d'État. Celui-là la lui communiqua le 10 février suivant (*in Journal officiel. Débats parlementaires. Chambre des députés* 1916 (11 février), p. 246). Sur la base de cette documentation, la Chambre des députés vota, le 15 février 1916, une résolution invitant « *le Gouvernement à provoquer les mesures législatives, comme à prendre les décisions réglementaires qui s'imposent impérieusement pour activer le jugement des affaires arriérées pendantes devant le conseil d'État statuant au contentieux* » (*Annales de la Chambre des députés. Documents parlementaires*, *op. cit.*, t. 90 (session ordinaire de 1916), p. 190 (annexe n° 1796, séance du 15 février 1916).

> un contrat essentiellement administratif, qui diffère tout à fait des contrats du droit privé[277].

Le canevas de ce projet de loi est classique. Peut-être néglige-t-il plus que de coutume la particularité des marchés de travaux publics. Pour autant, l'idée qu'il se fait des marchés de fournitures de l'État n'a rien d'archaïque. En s'apparentant à des achats purs et simples, ces marchés présentaient peu de spécificités qui les rendissent irréductibles au code civil. À l'inverse des marchés de travaux publics et plus encore des concessions de service public, ils ont d'ailleurs assez peu attiré l'attention des administratifs dans les années d'avant-guerre. Sauf peut-être en ce qui concerne Maurice HAURIOU, ils ont le plus souvent été évoqués pour illustrer une normalisation de l'action contractuelle de l'administration, par son rapprochement asymptotique avec le droit privé[278]. Il n'est pas surprenant qu'ils aient été mis en avant en vue de réaménager – par réduction – le contentieux administratif autour de l'acte d'autorité.

549. Avec Gaston JÈZE qui fut un chroniqueur attentif de l'actualité parlementaire[279], le professeur strasbourgeois Julien LAFERRIÈRE apporte aux débats parlementaires une critique indiquant que, dans les années de l'immédiate après-guerre, la question du contentieux des marchés administratifs ne se présente plus dans les mêmes termes qu'auparavant. L'application de la théorie de l'imprévision aux marchés de fournitures à exécutions successives a familiarisé cette idée que de tels marchés doivent être conservés à la juridiction administrative. Et quoique de nouvelles initiatives parlementaires ont tendu à soustraire ce contentieux au Conseil d'État, elles ne s'attachent plus le même crédit qu'avant la guerre.

> Les partisans de cette réforme des règles de compétence[280] semblent n'être pas au courant de l'état actuel de la question. Ils

---

277 *Id.*, p. 1301 (annexe n° 2407, séance du 25 juillet 1916). Le projet de loi ne donna lieu à aucun rapport, ni aucun débat.

278 *Cf.* le chapitre 1er, titre II, seconde partie.

279 *Cf.* de Gaston JÈZE les articles suivants : « Lenteurs de la procédure devant le Conseil d'État. Statistiques » (*in R.D.P.* 1916, p. 65) ; « Le Conseil d'État au contentieux et les projets de modification des règles de compétence administrative » (*in R.D.P.* 1918, p. 63) ; et « Le Conseil d'État au contentieux (modification de sa composition et de son organisation) » (*id.*, p. 509).

280 Julien LAFERRIÈRE critique un projet de loi présenté à la Chambre des députés le 23 décembre 1919 et portant réorganisation du Conseil d'État (annexe n° 84), ainsi qu'une proposition de loi présentée le 23 janvier 1920 par le député MARIN, en vue de réorganiser le Conseil d'État et d'instituer des conseils régionaux en substitution des conseils de préfecture départementaux (annexe n° 222).

> ne tiennent aucun compte de la jurisprudence bien établie du Conseil d'État, d'après laquelle appartient de plein droit à la compétence administrative tout litige suscité par le fonctionnement, le mauvais fonctionnement et le non fonctionnement d'un service public, en sorte que le contentieux des marchés de fournitures ou de travaux publics est bien du contentieux [administratif] par nature[281].

Il aurait été improbable qu'un administrativiste de la Belle Époque analysât le contentieux des fournitures comme administratif *par nature*. Au besoin, ces marchés étaient requalifiés en marchés de travaux publics. Dans le courant de la Belle Époque, Maurice HAURIOU est l'un des rares administrativistes à en défendre la singularité, encore qu'il ne soit pas spécialement prolixe à leur sujet. Gaston JÈZE reste indifférent à leur égard et Henry BERTHÉLEMY ne voit dans l'attribution du Conseil d'État pour les marchés de fournitures de l'État qu'une anomalie[282]. La Grande Guerre a sensiblement bouleversé les choses. L'administrativiste lillois MOREL publie une étude approfondie sur les marchés de fournitures militaires[283] : il s'agit d'une étude doctrinale qui s'est choisie les marchés les plus susceptibles de caractériser une administrativisation – alors qu'auparavant cette question s'appréciait davantage à l'aune des marchés locaux. Le civiliste toulousain PERREAU entreprend une série d'articles sur ces mêmes contrats, attestant ce faisant qu'ils n'étaient pas regardés comme un sujet propre au droit administratif[284]. Peu après, l'avocat aux Conseils TÉTREAU leur consacre un ouvrage dont, certes, il avait conçu le projet avant que la guerre ne le surprît[285]. Il s'agit d'un ouvrage destiné à un lectorat praticien et qui se situe dans le sillage d'un traité publié en 1875 par un autre avocat aux Conseils : Arsène PÉRIER[286]. On mention-

---

281 LAFERRIÈRE Julien, « L'organisation de la juridiction administrative. Réforme et projets de réforme », *in R.D.P.* 1921, p. 154-156.

282 BERTHÉLEMY Henry, *Traité élémentaire de droit administratif*, Paris, Rousseau, 1916 (8e éd.), p. 951-952.

283 *Cf.* d'André MOREL : *Les marchés de fournitures des départements de la guerre et de marine pendant les hostilités* (1918).

284 *Cf.* les articles d'Ernest-Hippolyte PERREAU : – « Les marchés de l'administration de la guerre » (*in Bulletin de l'Académie de législation* 1917, p. 230 & 257) ; – « Les stipulations en faveur des ouvriers dans les marchés administratifs » (*id.*, 1918-1919, p. 26) ; – « Des modifications contractuelles au droit commun dans les marchés de l'État, spécialement ceux du ministère de la guerre » (*in R.T.D. civ.* 1918, p. 5) ; et – « Des marchés de l'intendance, particulièrement depuis les débuts de la présente guerre » (*in R.G.D.* 1919, p. 325 & 1920, p. 1).

285 *Cf.* de Louis TÉTREAU : *Des marchés de fournitures* (1921).

286 *Cf.* d'Arsène PÉRIER : *Des marchés de fournitures* (1875).

nera encore l'ouvrage de Gaston MONSARRAT – ancien conseiller de préfecture et directeur au ministère de l'intérieur – sur les marchés administratifs communaux, pareillement destiné à un lectorat praticien[287]. En somme, les marchés de fournitures cessent d'être à peu près négligés et l'appréciation que leur portent les administrativistes évolue sensiblement.

550. Une conception classique des contrats administratifs bouleversée par un contentieux contractuel singulier. – Le contentieux consécutif à la Première Guerre mondiale, et tout particulièrement ceux liés aux assurances maritimes[288] et aux contrats de transport passés par l'État, amena le Conseil d'État à connaître de contentieux inédits. Suscités par un interventionnisme étatique qui trouve son origine dans l'organisation d'une économie de guerre, ces contentieux encombrèrent un peu plus le rôle du Conseil d'État, alors que la question de la réforme de la juridiction administrative restait toujours pendante. Ce n'est pas tant les contrats administratifs usuels qui posèrent difficultés, que ceux passés pendant la guerre pour des activités inhabituelles à l'État (fût-ce dans leur proportion). L'hétérogénéité du contentieux administratif contractuel fit de la définition du critère *du* contrat administratif un enjeu de premier ordre, à défaut pour le Conseil d'État d'apporter à ce contentieux spécial des solutions particulières qui auraient eu vocation à disparaître avec son étiolement. Au début des années 1920, les contrats de l'administration sont conçus comme ils l'étaient dans les années d'avant-guerre. Ils relèvent toujours de la compétence judiciaire, à moins que leurs caractères ne les attirent vers l'une des catégories de contrats justifiant la compétence administrative – les marchés de travaux publics et les concessions de service public pour l'essentiel. C'est en ce sens qu'il faut comprendre ces propos de Gaston JÈZE, qui sont encore teintés d'un certain classicisme :

> À l'heure actuelle, on constate une tendance de plus en plus marquée de la jurisprudence du Conseil d'État et du Tribunal des

---

287 *Cf.* de Gaston MONSARRAT : *Marchés de travaux et de fournitures des communes et des établissements communaux de bienfaisance* (1920).

288 Dès le début des hostilités, l'Allemagne entreprit une guerre sous-marine en réaction au blocus maritime que lui fit subir le Royaume-Uni. Les pertes occasionnées à la marine marchande française furent telles que l'État intervint pour soutenir les armateurs en contribuant aux risques de guerre. À cet effet, le parlement vota les lois des 10 avril 1915 et 19 avril 1917, laquelle – en dernier lieu – imposa aux armateurs de souscrire une assurance auprès de l'État, avec la faculté pour ceux-ci de souscrire une assurance complémentaire pour les 25 % de la valeur des marchandises affrétées non couverts par la police d'assurance d'État.

> conflits à réserver aux tribunaux judiciaires le contentieux des *contrats qui ont été passés par les administrations publiques dans les conditions du droit commun et qui ne sont attribués par aucun texte à la juridiction administrative.*
>
> Les arrêts du Conseil d'État du 22 décembre 1922, *Lassus*, et du 7 mars 1923, *Compagnie Hellenic Transport Steamship* précisent cette tendance sur laquelle il convient d'insister, car elle contribue à donner le critérium auquel on reconnaît le *marché de fournitures proprement dit.* Ce serait celui dans lequel figurent *des clauses exorbitantes du droit commun* et qui « impriment au contrat un caractère administratif »[289].

Dès avant la Première Guerre mondiale, les marchés de fournitures de l'État soulevaient la question de déterminer les critères permettant de les identifier. En effet, tous les achats mobiliers de l'État ne relevaient pas nécessairement de cette catégorie qui, en vertu du décret du 11 juin 1806, impliquait la compétence du Conseil d'État. Maurice HAURIOU – qui paraphrasait en cela Édouard LAFERRIÈRE[290] – n'est pas original lorsque, en 1914, il écrit qu'« *il faut qu'il y ait contrat spécial avec cahier des charges. Un achat au comptant n'est pas un marché de fournitures. Un transport exécuté par une compagnie de chemin de fer ou de paquebot, lorsque l'administration a usé du moyen de transport dans les mêmes conditions que le public, n'est pas un marché de fournitures* »[291]. Dans le courant de la guerre, la multiplication des contrats susceptibles de se prêter à cette qualification a amené la jurisprudence à s'attarder sur les contours de cette catégorie de marchés. Ou plutôt, la méthodologie mobilisée pour identifier les marchés de fournitures a été, par analogie, élargie à des contrats dont l'objet était assez éloigné de l'idée de fournitures, voire même à des contrats qui consistaient pour l'État à fournir une prestation plutôt qu'à en recevoir. En témoigne le commissaire du gouvernement RIVET, à propos d'un contrat d'assurance maritime que rien ne permettait, en soi, d'attirer à la compétence administrative. Prétendant résumer la jurisprudence en la matière, il expose ce qui suit :

289 JÈZE Gaston, Note sous les arrêts *LASSUS* (C.E., 22 décembre 1922) et *Société Hellenic Transport Steamship* [désigné dans le *Recueil Lebon* sous l'intitulé : *Sieur IOSSIFOGLU*] (C.E., 7 mars 1923) ; et la décision *MANON c. Ministre de la marine* (T.C., 7 novembre 1922), *in R.D.P.* 1923, p. 426-427.

290 LAFERRIÈRE Édouard, *Traité de la juridiction administrative et des recours contentieux*, Paris, Berger-Levrault & Cie, 1887-1888 (1re éd.), t. 2, p. 132 *sq.*

291 HAURIOU Maurice, *Précis de droit administratif et de droit public, à l'usage des étudiants en licence (2e et 3e années) et en doctorat ès-sciences politiques*, Paris, Larose & Tenin, 1914 (8e éd.), p. 848.

> Si le *souvenir* de [l'intérêt général qui préside à la création d'un service public] se traduit par l'insertion, dans les conventions particulières passées entre la personne morale et l'usager, des clauses *de nature vraiment administrative*, la compétence du tribunal administratif pourra encore s'ensuivre, mais la chose sera, cette fois, *tout à fait exceptionnelle*[292].

À cette fin, il esquisse le critère tiré des clauses exorbitantes (terminologie purement doctrinale jusqu'alors employée à propos des marchés de travaux publics), non sans exhumer un arrêt négligé qui fut distingué pour la cause – à savoir, l'arrêt *Société des granits porphyroïdes des Vosges* (1912).

> Les personnes morales, lorsqu'elles contractent en vue de *la création* ou de *l'exécution* d'un service public, ont *toujours* en vue *l'intérêt général.* Cet intérêt général est *plus ou moins accentué*, il est *plus ou moins impératif*, mais il existe *toujours.*
>
> S'ensuit-il que tout contrat, intervenu dans ces conditions et à cette fin, relève nécessairement de la compétence des tribunaux administratifs ?... En aucune façon... Ce qu'il est vrai de dire, – ... nous laissons de côté le cas où, comme pour les *marchés de fournitures de l'État*, la compétence administrative résulte de *textes spéciaux*, – c'est que *l'intérêt général*, en vue duquel la convention a été conclue, comporte *fréquemment des exigences particulières*, d'où résultera l'élaboration de clauses *exorbitantes du droit commun*, qui *exclueront* (*sic*) la compétence de la *juridiction civile.* Mais si ces clauses *exceptionnelles*, ces clauses *de nature proprement administrative* n'existent pas, s'il a pu être satisfait aux besoins de l'intérêt général en jeu par les stipulations *généralement en usage* dans les contrats passés *entre particuliers*, la juridiction *ordinaire* en matière de contrats, c'est-à-dire la juridiction des tribunaux *judiciaires* sera naturellement compétente (en ce sens, *Société des Granits des Vosges, 31 juillet 1912*)[293].

551. Nous avons déjà exposé que l'arrêt *Société des granits porphyroïdes des Vosges* fut assez conforme à la jurisprudence administrative de son époque et, sans passer inaperçu, les contemporains le regardèrent comme un arrêt d'importance secondaire[294]. Le plus intéressé fut le professeur parisien Henry BERTHÉLEMY qui s'en est félicité comme d'un arrêt qui, en matière contractuelle, aurait ramené la compétence administrative

---

[292] RIVET Charles-René, Conclusions prononcées sous l'arrêt *Société générale d'armement c. Ministre des finances* (C.E., 23 décembre 1921), *in R.D.P.* 1922, p. 77.

[293] *Ibid.*

[294] *Cf.* la section 2, chapitre 3, titre I, seconde partie.

dans ses limites naturelles en la bornant aux seuls contrats « *qui ont pour objet direct l'organisation ou le fonctionnement d'un service public* »[295]. À la lecture des conclusions de Léon BLUM, il s'est cru fondé à conférer aux jurisprudences *TERRIER* et *THÉROND* une portée plus modeste que celle qui pouvait être admise par certains de ses contemporains. En effet, suivant ce commissaire du gouvernement : « *Lorsqu'il s'agit du* contrat *et non du quasi-délit, la jurisprudence est beaucoup moins extensive.* (…) *Elle maintient, en matière contractuelle, la distinction entre ce que l'on a appelé la* gestion privée *et la* gestion publique »[296]. Autrement dit, les contrats communaux ne relèvent de la compétence administrative que pour autant qu'ils peuvent être requalifiés en marchés de travaux publics (c'est une hypothèse classique admise dès le milieu du XIXe siècle), ou qu'ils associent directement un particulier au fonctionnement d'un service public (c'est l'hypothèse de l'arrêt *TERRIER*), ou bien encore que l'économie de ces contrats participe du modèle concessif (c'est l'hypothèse de l'arrêt *THÉROND*). La gestion privée renvoie essentiellement à l'idée que, en matière contractuelle, les communes et départements (qui, en étant, que des *personnes morales*, relèvent à cet égard du droit privé) agissent, par principe, au moyen du droit commun, à moins de recourir à des contrats spécifiques du droit administratif que sont les marchés de travaux publics et concessions de service public. C'est en ce sens que Léon BLUM cite Jean ROMIEU, selon lequel il y a une hypothèse de gestion privée lorsqu'une personne publique passe « *un de ces contrats de droit commun, d'un type nettement déterminé par le Code civil* (…), *qui ne suppose pas lui-même l'application d'aucune règle spéciale au fonctionnement des services publics* » ou bien lorsqu'elle effectue « *une de ces opérations courantes, que les particuliers font journellement, qui supposent des rapports contractuels de droit commun, et pour lesquelles l'Administration est réputée entendre agir comme un simple particulier* »[297]. Toutefois, il ne s'agit pas encore de la théorie de la gestion privée, telle que développée dans les années 1920 et qui érige *en système* l'alternative dont dispose l'administration, pour une opération contractuelle considérée, de se placer ou bien sur le

---

295 BERTHÉLEMY Henry, *Traité élémentaire de droit administratif*, *op. cit.* (8e éd., 1916), p. 950. Il ajoute en note de bas de page : « *À défaut, cependant, de l'ancienne distinction classique, la plus raisonnable est encore celle qui ne soustrait au contrôle des tribunaux que les actes nettement différents des contrats particuliers, en ce qu'ils ont pour objet l'organisation même de services publics* » (*id.*, p. 951).

296 BLUM Léon, Conclusions prononcées sous l'arrêt *Société des granits porphyroïdes des Vosges c. Ville de Lille* (C.E., 31 juillet 1912), *in* PANHARD Adrien (dir.), *Recueil des arrêts du Conseil d'État…*, *op. cit.* (2e série, t. 82 ; année 1912), p. 911.

297 ROMIEU Jean, Conclusions prononcées sous l'arrêt TERRIER *c. Département de Saône-et-Loire* (C.E., 6 février 1903), *in* PANHARD Napoléon-Charles (dir.), *Recueil des arrêts du Conseil d'État…*, *op. cit.* (2e série, t. 73 ; année 1903), p. 97.

terrain du droit public, ou bien sur le terrain du droit privé. Jean ROMIEU a à l'esprit quelque chose de bien différent. En attirant à la compétence administrative les contrats qui, par leur objet, associent les particuliers au fonctionnement d'un service public local, il ne souhaite pas, pour autant, bouleverser l'ordre des compétences en y versant toutes les opérations contractuelles en lien (de près ou de loin) avec ces services publics. La gestion privée vient tempérer ce que sa doctrine a de virtuellement subversive : sont exclues de la compétence administrative, d'une part, les contrats déterminés du code civil et, d'autre part, les rapports contractuels non formalisés qui, en pratique, sont de peu d'importance. Dans cette dernière hypothèse, il renvoie à des exemples qui, classiquement, sont mobilisés pour circonscrire les marchés de fournitures de l'État : les contrats verbaux et les contrats de transport passés sur la base des tarifs des compagnies ferroviaires. En cela, la gestion privée est illustrée à partir d'une extrapolation des critères employés usuellement pour les fournitures de l'État (cette question ne pouvant être formellement étendue aux communes et départements, lesquels ne relèvent pas du décret du 11 juin 1806). Sous les plumes de Jean ROMIEU et Léon BLUM, il s'agit à vrai dire d'une formule équivoque qui ne désigne pas tant un critère de répartition des compétences qu'elle n'a une valeur explicative (c'est une toile de fond pour le décor). Elle a surtout pour objet de rassurer leur auditoire sur la portée réelle de la doctrine qu'ils promeuvent. La solution proposée par le commissaire du gouvernement dans l'affaire *Terrier* en rend compte. La prime accordée pour la destruction des vipères aurait pu tout à fait être rangée dans le champ de la gestion privée. C'est de manière performative que Jean ROMIEU affirme que les chasseurs de vipères participent au fonctionnement d'un service public. Il aurait pu tout aussi bien estimer que, n'étant en cause qu'un simple contrat d'adhésion, celui-ci n'associe que de loin les chasseurs au fonctionnement d'un service public et que, fût-elle admise, cette association, qui n'est rendue tangible qu'à travers le résultat des prises, sans engager de prime abord les chasseurs vis-à-vis de l'administration, n'était en rien typée administrativement. De même, Léon BLUM écarte la compétence administrative non pas en se fondant positivement sur la gestion privée, telle qu'esquissée par Jean ROMIEU auquel il se réfère, mais sur le motif que, en se bornant à approvisionner la ville de Lille en pavés de rue, le fournisseur n'était associé que de loin aux travaux de voirie en cause. Ce sont ces illusions de perspectives savamment aménagées qui, sous l'arrêt *Société générale d'armement* (1921), ont conduit le commissaire du gouvernement RIVET à choisir l'arrêt *Société des granits porphyroïdes des Vosges* pour fonder historiquement la théorie de la gestion privée.

552. Une théorie de la gestion privée consacrée à partir d'une réécriture de l'arrêt *Société des granits*. – Les préoccupations entre ces deux commissaires du gouvernement sont foncièrement dissemblables : pour Léon BLUM, il s'agit de déterminer si un marché de fournitures *communal* peut être assimilé à un marché de travaux publics ou un contrat de nature concessive ; pour Charles RIVET, il s'agit de se prononcer sur la nature d'un contrat d'assurance maritime passé *par l'État* avec un armateur (donc un usager en quelque sorte), dans le cadre d'une législation d'exception adoptée en temps de guerre. La référence à l'arrêt *Société des granits porphyroïdes des Vosges* ne doit pas tromper : elle est commandée par le souci de convaincre que l'inflexion jurisprudentielle s'inscrit le cadre d'une problématique à laquelle s'attachent des précédents jurisprudentiels. Dans les années d'avant-guerre, l'opposition entre gestion privée et gestion publique a une signification tout à fait différente de celle que lui attribue le commissaire du gouvernement RIVET. Il s'agissait alors de maîtriser l'extension de la compétence administrative en y excluant la majeure partie des contrats communaux et départementaux. Dans les années d'après-guerre, elle est au contraire mobilisée pour étendre la compétence administrative en y incorporant des contrats de l'État inusuels qui, en principe, n'auraient pas dû en relever. À propos des conclusions prononcées sous l'arrêt *Société générale d'armement*, Gaston JÈZE relève précisément qu'elles se rapportent à un contrat passé entre un service public et un usager, tandis que les contrats administratifs classiques sont, jusqu'à présent, destinés à organiser la collaboration d'un particulier au fonctionnement d'un service public. Drôle de contrat administratif que celui passé avec un usager, dans le cadre d'un service public provisoire portant sur une activité normalement dévolue à l'initiative privée.

> Pour ma part, je ne crois pas qu'il s'agisse d'un véritable *contrat.* Les usagers d'un service public ne sont pas, vis-à-vis de l'administration, dans une situation contractuelle. (…)
>
> Ceci signifie-t-il que les tribunaux administratifs sont toujours compétents pour juger *tous* les litiges ?
>
> C'est une autre question. Si la volonté du législateur a été que tous les usagers de ce service soient exactement dans la situation juridique dans laquelle se trouvent les particuliers vis-à-vis d'entrepreneurs privés fournissant des prestations analogues, on peut être conduit à décide que, du même coup, la compétence des tribunaux administratifs n'a plus de raison d'être puisqu'il n'y a plus de règles spéciales à appliquer. C'était le cas du service

> d'assurances créé par la loi du 10 avril 1915. Ce n'est plus le cas du service organisé par la loi du 19 avril 1917[298].

Dans un arrêt portant sur une affaire analogue, le professeur parisien se fait encore plus critique, soulignant ce faisant une évolution jurisprudentielle dont l'angle est plutôt orthogonal.

> Nul ne sait si jamais on arrivera à une interprétation définitive [du principe de la séparation des autorités administrative et judiciaire]. Il s'agit d'une règle de compétence, c'est-à-dire de la détermination du juge qui doit être saisi. Or les règles de compétence devraient être simples, faciles à comprendre et à appliquer, car ce n'est pas un problème juridique essentiel, c'est le fond du droit qui est l'essentiel. La Cour de cassation semble n'y plus rien comprendre (…). Elle essaie bien d'appliquer les solutions données par le Conseil d'État et le Tribunal des conflits ; mais comme le Conseil d'État change sa jurisprudence, la Cour de cassation arrive à se trouver en opposition avec le haut tribunal administratif[299].

Gaston JÈZE réprouve les conclusions du commissaire du gouvernement RIVET qui oppose l'arrêt *Société des granits porphyroïdes des Vosges* à l'arrêt *TERRIER* alors que, jusqu'ici, ces deux arrêts participaient de la même veine jurisprudentielle. En effet, « *il ne suffit* [plus] *qu'il s'agisse du fonctionnement d'un service public, il faut encore que ce service public fonctionne d'après des règles spéciales différentes de celles des entreprises similaires gérées par des particuliers* »[300]. Pour être opérante pour un service public d'assurance maritime institué en temps de guerre, cette solution l'est moins pour des activités administratives usuelles. En définitive, Gaston JÈZE déplore cette prétention à faire d'une solution particulière une règle de portée générale, cela aboutissant à des complications inutiles qui affectent l'ensemble des règles de répartition des compétences en matière contractuelle : « *Il suffit d'exposer cette jurisprudence pour la condamner, tant elle est subtile. (…) C'est méconnaître les réalités de la vie quotidienne que de se lancer dans les distinctions et sous-distinctions délicates* »[301]. C'est sans doute en pressentant ces critiques que le commissaire du gouvernement RIVET s'est efforcé de lier sa solution à une généalogie jurisprudentielle qui pût dissimuler ce qu'elle devait aux circonstances de l'immédiate après-guerre.

---

298 JÈZE Gaston, Note sur l'arrêt *Société générale d'armement c. Ministre des finances* (C.E., 23 décembre 1921), *in R.D.P.* 1922, p. 74-75.
299 JÈZE Gaston, Note sur l'arrêt *Société « Les affréteurs réunis »* (C.E., 23 mai 1924), *in R.D.P.* 1924, p. 385-386.
300 *Id.*, p. 386.
301 *Id.*, p. 386-387.

553. L'arrêt *Société des granits porphyroïdes des Vosges* est mobilisé pour différencier les contrats de l'administration suivant un axe inédit. Selon le commissaire du gouvernement RIVET, la problématique de l'arrêt précité ne tient pas au fait que le marché de fournitures avait été passé par une commune (justifiant, en principe, la compétence judiciaire), mais à ce que ce contrat était de ceux que les particuliers peuvent passer entre eux (la fourniture de matériaux, assortie d'aucune autre prestation).

> On est frappé de ce fait que les espèces [celles visées par les arrêts *TERRIER* et *THÉROND*] ont mis très généralement en présence de services publics de nature particulière, qui, pour ne parler que des questions contractuelles sur lesquelles leur fonctionnement aurait pu créer des litiges, avaient placé l'administration vis-à-vis de ses contractants dans des situations toutes spéciales évocatrices de rapports nettement différents de ceux dont les juridictions civiles ont normalement appelées à connaître[302].

L'évolution jurisprudentielle dans laquelle est resitué l'arrêt *Société des granits porphyroïdes des Vosges* est largement recomposée par le commissaire du gouvernement RIVET. D'après celui-ci, la problématique liée à cet arrêt n'est pas tant relative au contentieux administratif local, qu'au contentieux administratif contractuel (cette question étant transversale aux contrats pris par l'ensemble des administrations publiques). Cette approche l'amène à embrasser ces contrats en oblitérant les spécificités de chacun, lesquelles conduisaient jusqu'ici à les organiser autour de catégories juridiques distinctes renvoyant à un juge spécifique. Pour cause, l'enjeu est de se prononcer sur un contrat qui a ceci d'inusuel qu'il n'a été passé par l'État qu'en raison d'impératifs particuliers et qu'il ne rentre dans aucune de ces catégories. Se désintéressant des contrats classiquement administratifs qui l'embarrassent dans sa démonstration, il se tourne vers ceux qui confinent avec le droit privé. L'exemple des marchés de fournitures s'y prête particulièrement bien et, de surcroît, il lui permet de convoquer l'arrêt *Société des granits porphyroïdes des Vosges* :

> Lorsque, le 31 juillet 192, la Société des granits des Vosges prétend vous rendre juges d'un marché, passés par une commune, et ayant pou runique objet la fourniture de pavés à livrer selon les règles et modalités de contrats que passent journellement entre eux les particuliers, vous vous rappelez, qu'alors même qu'il s'agissait des marchés de fournitures passés par l'État et pour lesquels un texte – le décret du 1806 – vous donnait pourtant, en ap-

[302] RIVET Charles-René, Conclusions prononcées sous l'arrêt *Société « Les affréteurs réunis »* (C.E., 23 mai 1924), *in* *R.D.P.* 1924, p. 388.

> parence, une compétence générale, vous avez toujours hésité à retenir les litiges n'offrant avec les litiges privés aucune marque distinctive, et vous rejetez comme non recevable le pourvoi qui vous est soumis[303].

Charles RIVET réaménage insensiblement le sens des conclusions prononcées sous l'arrêt *Société des granits porphyroïdes des Vosges*. Si Léon BLUM a, certes, évoqué les marchés de fournitures de l'État, c'est précisément pour les écarter au motif qu'ils répondent à des règles contentieuses spécifiques, tout à fait différentes des marchés de fournitures locaux. Au lieu d'admettre le contrat en litige comme un contrat insolite, uniquement lié à l'interventionnisme étatique, le commissaire du gouvernement RIVET le rapproche de ceux des contrats administratifs *classiques* dont l'objet est analogue aux contrats passés entre particuliers (contrairement aux concessions de service public par exemple). Cette approche autorise le commissaire du gouvernement RIVET à s'inspirer des règles esquissées pour les marchés de fournitures de l'État : ce n'est pas que ceux-ci relèveraient de la compétence administrative en vertu d'un texte spécial (le décret du 11 juin 1806), mais c'est que ce texte ne trouverait à s'appliquer que pour des fournitures contenant des clauses exorbitantes du droit commun. C'est dire que son champ d'application ne ferait que traduire, en réalité, la théorie de la gestion privée. Sans être inexacte, cette analyse est latitudinaire.

554. La consécration *ex nihilo* du critère des clauses exorbitantes : un corollaire de la théorie de la gestion privée. – Rappelons que de telles clauses ont été mises en exergue, à partir de la dernière décennie du XIXe siècle, à travers une problématique essentiellement doctrinale, en vue de rendre compte d'une privatisation latente des marchés administratifs[304]. Pour autant, cette locution ne reçut aucune consécration jurisprudentielle jusque dans les années 1920. La liberté prise par le commissaire du gouvernement RIVET tient à ce qu'il considère que ces clauses sont de nature à caractériser les marchés de fournitures de l'État et que, par extension, elles seraient susceptibles de caractériser d'autres contrats ne présentant pourtant pas le même objet que ces marchés. À partir de l'exemple des marchés de fournitures de l'État, il érige *ex nihilo* le critère des clauses exorbitantes du droit commun pour appréhender une somme de contrats qui, à l'instar des marchés de fournitures, confinent par leur objet avec le droit privé. Plus encore, il mobilise ce critère

---

[303] *Id.*, p. 388-389.

[304] *Cf.* le chapitre premier, titre II, seconde partie.

pour mettre en cohérence l'arrêt *Société des granits porphyroïdes des Vosges* avec l'arrêt *Société commerciale de l'ouest africain* (1921) : l'un renverrait à la gestion privée à l'échelle d'un contrat, l'autre à l'échelle du fonctionnement d'un service public dans son entier :

> De cet arrêt du 31 juillet 1912, (…) le Tribunal des conflits ne fera que consacrer à son tour la doctrine, en en étendant l'application au domaine des questions quasi-délictuelles, dans l'affaire du bac d'Eloka du 22 janvier 1921[305].

Ce rapprochement est motivé par le souci de conférer à la théorie de la gestion privée une portée transversale à l'ensemble des services publics, quelle que fût leur nature et l'activité en cause.

> Le propre des frontières naturelles est d'offrir un aspect plus sinueux que celui des limites que la convention seule a fixées. Les contours des grandes divisions que nous venons de tracer ne seront pas rigoureusement géométriques, et, de même que, dans la gestion d'un service de nature nécessairement et exclusivement publique, telle contestation, relative à un achat de fournitures isolées, effectué sans marché, relèvera naturellement des tribunaux civils, le service industriel non monopolisé et fonctionnant habituellement comme une entreprise particulière pourra, le cas échéant, donner lieu à la passation d'un contrat de physionomie spéciale, dont vous serez amenés à retenir le contentieux[306].

L'inédit qu'introduit la théorie de la gestion privée dans la conception des contrats administratifs tient donc à ce qu'ils ne sont plus appréhendés à travers les catégories classiques, lesquelles traduisent différents modes de collaboration au fonctionnement d'un service public. Désormais, ils le sont à travers une conception qui, reléguant ces catégories à un second ordre d'importance, embrasse les contrats administratifs au seul point de vue du critère des clauses exorbitantes du droit commun, indépendamment de l'objet des contrats en cause. Cette inflexion jurisprudentielle esquisse, en pointillé, une définition générique du contrat administratif, là où le pluriel demeurait jusqu'alors.

---

[305] *Id.*, p. 389.
[306] *Id.*, p. 390.

Paragr. 2. – Une définition en rupture avec une approche centrée sur les contrats administratifs classiques

555. Une définition générique des contrats administratifs développée dans le creuset de la théorie de la gestion privée. – Il n'y a pas lieu de s'étonner si les arrêts à partir desquels la théorie de la gestion privée a été consacrée se rapportent tous à des contrats inusuels liés à la guerre : contrat d'assurance maritime, contrat de ravitaillement, contrat d'affrètement[307], *etc.* Que l'administration pût agir dans les mêmes conditions qu'un particulier – cela ne présentait rien d'inédit. Tous les administrativistes en ont rendu compte avant la guerre, mais avec une discrétion qui indique le caractère résiduel de la gestion privée (celle-ci renvoyant à la compétence judiciaire). Maurice HAURIOU dans son *Précis de droit administratif* et Félix MOREAU dans son *Manuel de droit administratif* (1909) rapportent la gestion privée en quelques lignes. Il en va de même de Gaston JÈZE, dans la deuxième édition de ses *Principes généraux du droit administratif* (1914) : « [L']*usage* [du procédé du service public] *est même si fréquent qu'il semble qu'il ne soit jamais fait emploi du procédé du droit privé. Il n'en est rien. Ce qui est vrai, c'est que les agents publics se servent rarement du procédé du droit privé : en effet, ce procédé suppose essentiellement des* rapports d'égalité *; il est donc en quelque sorte fatalement écarté toutes les fois qu'il s'agit de satisfaire à un besoin d'intérêt général important* »[308]. Quant au premier des trois, il introduit à ce sujet quelques développements (1911, 7e éd.)[309] qui, en 1921 (10e éd.), l'amènent à écrire : « *Il y a des services publics qui peuvent comporter exceptionnellement des modes d'exécution privés ; mais le principe qui tend à s'établir de plus en plus est que les mesures d'exécution des services publics sont des opérations administratives et que la gestion de tout service public est, dans son ensemble, une opération administrative* »[310]. En revanche, il modifie substantiellement sa doctrine dans l'édition suivante (1927) : la gestion privée n'est plus réduite à quelques activités marginales ; elle constitue une véritable alternative à la gestion publique – en raison des avantages qu'elle procure par sa souplesse.

---

307 *Cf.* les arrêts (dont nous ne disposons pas des conclusions) du Conseil d'État – particulièrement le second : *Compagnie des chargeurs réunis c. l'État* (16 février 1917) & *Société des voiliers français* (19 juin 1918).

308 JÈZE Gaston, *Principes généraux du droit administratif*, *op. cit.* (2e éd., 1914), p. 378.

309 HAURIOU Maurice, *Précis de droit administratif et de droit public à l'usage des étudiants en licence (2e et 3e années) et en doctorat* ès-*sciences politiques*, Paris, Larose & Tenin, 1911 (7e éd.), p. 82 *sq.*

310 HAURIOU Maurice, *Précis de droit administratif et de droit public à l'usage des étudiants en licence (2e et 3e années) et en doctorat* ès-*sciences politiques*, Paris, Tenin, 1921 (10e éd.), p. 40.

> Depuis la guerre de 1914, le Conseil d'État, suivi par le Tribunal des conflits et la Cour de cassation, a adopté une autre politique. Les multiples opérations de ravitaillement faites pendant la guerre et aussi la liquidation des stocks de guerre opérée en vertu de la loi du 19 avril 1919, ont montré que, même pour l'État, il y avait souvent avantage à procéder par les usages du commerce et les contrats de droit commun plutôt que d'employer les formes des marchés publics. La nouvelle orientation consiste, en ce qui concerne les marchés destinés aux services publics, à laisser le choix aux administrations publiques entre les modes de gestion publique et les contrats de droit commun. Cette faculté de choix s'exerce surtout dans la matière des *fournitures*, mais elle tend à s'établir pour les *fournitures*, *transports et* travaux (D., 5 nov. 1926, art. 16)[311].

Si la jurisprudence administrative admettait classiquement la gestion privée pour certains types de contrats – tels les contrats de transports passés avec l'État sur la base du tarif des compagnies ferroviaires –, celle-ci trouva une justification nouvelle et le Conseil d'État en systématisa la portée pour l'ériger en théorie à proprement parler. C'est ce dont le commissaire du gouvernement CORNEILLE rend compte, en 1921, à propos d'un contrat de transport. Alors que, quelques années auparavant, il aurait sans doute avancé qu'il n'y a pas de contrat administratif dès lors que le contrat de transport ne présente pas les caractéristiques formelles d'un marché de fournitures de l'État, il y substitue ce motif tiré de la coexistence de deux procédés génériques pour l'action de l'administration : l'un caractérisé par le commerce, l'autre par la voie administrative. Il ne s'agit pas tant – ici – de justifier une solution orthogonale à la jurisprudence classique, que de déployer une argumentation nouvelle, qui, cessant de relever de la matière particulière des fournitures, confère à la gestion privée une portée inédite.

> Les tendances de la jurisprudence actuelle du Conseil d'État et du Tribunal des conflits (…) réservent les circonstances où l'administration doit être réputée contracter dans les mêmes conditions qu'un particulier et se trouve soumise aux mêmes règles comme aux mêmes juridictions, [et] réserve le cas où, *tout en agissant dans l'intérêt d'un service public*, l'administration se place volontairement dans les conditions du droit privé, en passant un contrat

[311] HAURIOU Maurice, *Précis de droit administratif et de droit public à l'usage des étudiants en licence (2e et 3e années) et en doctorat* ès-*sciences politiques*, Paris, Tenin, 1927 (11e éd.), p. 915. Le décret qu'il cite à la fin de l'extrait est celui du 5 novembre 1926, relatif à la décentralisation et déconcentration administrative (*Journal officiel* 1926 (7 novembre), p. 11890).

> de droit commun dans les conditions du droit privé, en passant un contrat de droit commun déterminé par le Code civil ou le Code de commerce, ou en effectuant une opération courante que les particuliers font journellement[312].

Le Conseil d'État s'est efforcé d'apporter à l'ensemble des contrats administratifs indéterminés une définition générique des contrats administratifs, fondée sur la présence en leur sein de clauses exorbitantes du droit commun. Celle-ci fut modelée pour saisir non pas tous les contrats administratifs, mais ceux qui, en ne se rattachant à aucune catégorie de contrats regardés comme proprement administratifs, présentaient une nature réversible pouvant justifier, au cas par cas, la compétence administrative ou bien la compétence judiciaire. Lorsque, dans la troisième et dernière édition de ses *Principes généraux du droit administratif* (1930), Gaston JÈZE présente ce en quoi consiste la gestion privée, il insiste particulièrement sur le fait que certains contrats de l'administration « *sont* nécessairement *des contrats de droit public : les agents administratifs ne peuvent pas décider le contraire* »[313] – et de citer, en exemple, les concessions de service public ou les marchés de travaux publics. En revanche, « *lorsqu'il s'agit d'obtenir une* fourniture, *un* transport *pour le service public proprement dit, les agents publics peuvent, en général, choisir entre le contrat administratif dit marché de fournitures, et le contrat de droit privé (achat, vente). Les marchés de fournitures n'ont ce caractère que lorsque les agents publics qui les ont conclus ont voulu qu'il en fût ainsi* »[314].

556. Une définition des contrats administratifs désynchronisée avec le critère de la collaboration aux services publics. – Sous quelques-uns des arrêts faisant application de la théorie de l'imprévision, le commissaire du gouvernement CORNEILLE esquisse une typologie des contrats de l'administration, selon qu'ils associent plus ou moins directement le contractant au fonctionnement du service public. Toutefois, il ne s'est pas agi que d'une ébauche doctrinale spéciale à cette question. Formalisée dans un premier temps au sujet des concessions de service public avant d'être étendue aux marchés de fournitures à prestations successives, cette typologie organise les contrats de l'administration suivant un prisme qui, tout à la fois, spécifie les contrats administratifs et

---

312 CORNEILLE Louis-François, Conclusions prononcées sous l'arrêt *Compagnie Paris-Lyon-Méditerranée* (C.E., 6 mai 1921), *in R.D.P.* 1921, p. 514.

313 JÈZE Gaston, *Les principes généraux du droit administratif*, Paris, Giard, 1925-1936 (3e éd., 6 vol.), t. 2 (1930), p. 82.

314 *Id.*, t. 2, p. 83.

justifie la singularité de leur régime.

> Nous estimons que les principes déduits dans l'arrêt [*Compagnie générale d'éclairage de Bordeaux*] s'appliquent non seulement aux traités de concession, mais encore à la plupart des simples marchés de fournitures, en tout cas aux marchés de fournitures continus et multiples passés par l'État ; opposés aux marchés de livraison, aux marchés consistant dans une livraison accidentelle et univoque, et où l'État traite comme un simple particulier[315].

Gaston JÈZE consacra à ce sujet une note (précitée)[316] où les contrats administratifs y sont définis comme ceux par lesquels les contractants sont proprement associés au fonctionnement du service public, par exclusion de ceux où ils rentrent superficiellement en contact avec lui. Aussi sont-ils présentés comme des entreprises où le contractant de l'administration assure le fonctionnement ou l'approvisionnement continu d'un service public : il pourvoit à son exécution en contrepartie d'une rémunération affectée d'un aléa économique. Plus encore, il s'engage à satisfaire les besoins impromptus du service public, en retour de quoi l'administration lui doit son concours financier lorsque les conditions économiques de l'entreprise sont bouleversées. Le commissaire du gouvernement CORNEILLE y insiste :

> Il y a une distinction primordiale à établir, il y a une gradation que vous avez établie suivant que l'entrepreneur, le fournisseur, collabore plus ou moins directement au service public. À ce point de vue, on remarque, tout en haut de l'échelle, la concession, c'est-à-dire la convention par laquelle un particulier ou une société s'engage, moyennant rémunération sur les usagers, à faire fonctionner le service public, tout comme le ferait l'Administration même ; il y a, en situation intermédiaire, le marché de fournitures à longue durée et à fournitures contraires ou multiples, et, en bas de l'échelle, le simple marché de fourniture isolée, unique, qui se rapproche parfois si bien du contrat privé, qui en adopte si parfaitement les règles et les conditions, que vous le déclarez en dehors de la compétence du juge administratif[317].

---

315 CORNEILLE Louis-François, Conclusions prononcées sous l'arrêt *Société d'éclairage de Poissy* (C.E., 18 février 1918), *in* PANHARD Adrien (dir.), *Recueil des arrêts du Conseil d'État…*, *op. cit.* (2e série, t. 88 ; année 1918), p. 123.

316 JÈZE Gaston, Note sur l'arrêt *Société d'éclairage de Poissy* (C.E., 18 février 1918), *in* R.D.P. 1918, p. 219.

317 CORNEILLE Louis-François, Conclusions prononcées sous l'arrêt *FROMASSOL* (C.E., 3 décembre 1920), *in* R.D.P. 1921, p. 79.

Il faut comprendre « *le simple marché de fourniture isolée* » comme celui pour lequel les fournitures sont passées sans marché, par achat au comptant, passé en dehors du cahier des charges. À un certain point de vue, cette typologie, que l'imprévision a entérinée en la précisant, est celle qui est admise dans les dernières années de la Belle Époque et que Léon BLUM s'était efforcée d'exprimer – non sans ambiguïté.

> Pour qu'un marché de fournitures communal soit un contrat administratif, il faut donc qu'il participe, si peu que ce soit, du marché de travaux publics ou du contrat de concession ; il faut qu'il établisse des rapports précis et constants du fournisseur ou de ses agents, soit avec la commune, soit avec le public. Il faut qu'il associe le fournisseur dans une mesure quelconque à la gestion du service. Mais lorsque, au contraire, la seule intervention du fournisseur dans le service public est la livraison elle-même ; lorsque le contact entre la commune et lui ne se prolonge pas après cette livraison ; lorsque le marché, en un mot, n'établit pas entre la commune et le cocontractant des rapports différents de ceux qui s'établissent entre une particulier quelconque et un marchand quelconque, alors que le contrat sera passé dans les conditions habituelles du commerce, nous nous trouverons dans le cas où la commune ayant agi selon le même mode qu'un simple particulier « se trouve soumise aux mêmes règles comme aux mêmes juridictions ». La compétence n'est plus celle du Conseil d'État, elle est celle des tribunaux[318].

Le contrat administratif est celui qui place le contractant de l'administration dans l'intimité du service public, à la gestion duquel il est associé, fût-ce par des fournitures successives réalisées dans le cadre d'un cahier des charges. C'est en ce sens que Maurice HAURIOU a compris ces conclusions et qu'il en fit la critique, lorsque le Conseil d'État, vers la fin des années 1920, promut les clauses exorbitantes du droit commun comme critère de compétence[319].

557. Cette approche n'est pas foncièrement incompatible avec celle qu'adopte concomitamment le commissaire du gouvernement RIVET, quoiqu'elle aborde les contrats administratifs à un point de vue différent. Celui-ci appréhende les contrats administratifs à partir des marges : il

---

[318] BLUM Léon, Conclusions prononcées sous l'arrêt *Société des granits porphyroïdes des Vosges c. Ville de Lille* (C.E., 31 juillet 1912), *in* PANHARD Adrien (dir.), *Recueil des arrêts du Conseil d'État…*, *op. cit.* (2e série, t. 82 ; année 1912), p. 911-912.

[319] HAURIOU Maurice, Note sur la décision *TEMPLIER c. Commune de Sempigny* (T.C., 1er mai 1928), *in Sirey* 1928. 3. 129.

s'attache à des contrats dont la nature est discutée et qu'il s'agit de rapporter à un étalon qui permette d'en réduire l'hétérogénéité. Le commissaire du gouvernement CORNEILLE les envisage, par une décroissance graduelle, à partir du modèle concessif dont le régime irradie les contrats qui s'y rapportent par extension (en raison de leur exécutions successives). Un institutionnaliste comme Georges RENARD y fut particulièrement sensible.

> Les divers contrats énumérés au texte sont plus ou moins influencés par les conceptions propres du droit administratif, suivant qu'ils associent plus ou moins étroitement le particulier qui les a passés au fonctionnement du service public. Il y a ici des distinctions à établir, non seulement entre les divers types abstraits de marchés (...), mais encore entre les applications concrètes dont ils sont susceptibles (...). Ces distinctions offrent des intérêts pratiques au point de vue de la compétence respective des tribunaux judiciaires et administratifs, des pouvoirs de l'administration vis-à-vis de l'entrepreneur ou du concessionnaire, de la théorie de l'imprévision[320].

La définition que donne Gaston JÈZE des contrats administratifs corrobore cette conception. Toutefois, celle-ci s'étiola vers la fin des années 1920 au profit d'une autre fondée sur le critère tiré des clauses exorbitantes du droit commun. Tout en restant sous-jacente aux contrats administratifs, elle cessa d'être cardinale et fit dire à Maurice HAURIOU que « *la jurisprudence administrative a changé son fusil d'épaule* » pour considérer uniquement le choix fait par l'administration de recourir à un procédé de gestion publique ou de gestion privée[321]. La promotion de la théorie de la gestion privée, corrélée à une approche qui s'attache à caractériser les contrats administratifs au point de vue de leur proximité avec le droit privé, s'est imposée face à une approche alternative, plus classique, qui les appréhendait au regard de l'analogie qu'ils pouvaient présenter avec le modèle concessif. La première s'est développée à propos de la répartition du contentieux contractuel de l'administration ; la seconde, à propos des règles régissant l'exécution des contrats administratifs.

558. Les clauses exorbitantes : un critère complémentaire de la reconnaissance des services publics industriels et commerciaux. –

---

320 RENARD Georges, *Notions très sommaires du droit public français*, *op. cit.* (1920), p. 23 (note de bas de page n° 3).

321 HAURIOU Maurice, Note sur la décision *TEMPLIER c. Commune de Sempigny* (T.C., 1er mai 1928), *in Sirey* 1928. 3. 129.

Sans opposer artificiellement les commissaires du gouvernement CORNEILLE et RIVET, tous deux ont saisi les contrats de l'administration quelque peu différemment. Les questions auxquelles le second fut confronté touchèrent moins à l'imprévision qu'à la délimitation de la compétence administrative. La définition contentieuse qu'il donna des contrats administratifs tend à modifier les contours du contentieux administratif contractuel en fonction des activités assumées par l'État depuis la Première Guerre mondiale. Le professeur TOUZEIL-DIVINA soutient que la décision *Société commerciale de l'Ouest africain* (1921) fut l'occasion pour le Tribunal des conflits – en accord avec le commissaire du gouvernement Paul MATTER, avocat général à la Cour de cassation –, de désapprouver l'interventionnisme étatique. En cantonnant les activités industrielles et commerciales de l'État dans le contentieux judiciaire, elle fut la négation du service public industriel et commercial[322]. Cette terminologie ne fut proprement employée que quelques mois plus tard, par le Conseil d'État dans l'arrêt *Société générale d'armement* (précité), rendu sur les conclusions du commissaire du gouvernement RIVET qui y promeut le critère tiré des clauses exorbitantes du droit commun. S'il est peu loquace sur ces services publics, il s'y étend davantage quelques temps plus tard, en soulignant la complémentarité qui rapproche ces services publics et les contrats administratifs identifiés à partir des clauses exorbitantes du droit commun.

> Si vous êtes arrivés, ces années dernières, à abandonner aux tribunaux civils un certain nombre de litiges se rattachant à la gestion de services publics industriels, et, notamment, – parce que particulièrement susceptibles, en général, d'assimilation avec les litiges privés, – de conflits survenus entre les usagers et les personnes morales exploitantes, vous n'avez consenti à cette réduction de vos attributions que parce qu'elle vous semblait imposée par une conception plus exacte des exigences du principe de la séparation des pouvoirs, que parce que la présence, dans un contrat, de clauses exorbitantes du droit commun vous semblait la seule justification véritable de votre intervention. Qu'est-ce à dire, sinon que lorsque, par exception, les conditions de fonctionnement d'un service industriel géré par l'État ou par telle autre personne publique présenteront des signes caractéristiques distincts, qui rendront l'assimilation, habituellement possible, inacceptable, le prin-

[322] TOUZEIL-DIVINA Mathieu, « Eloka : sa colonie, son wharf, son mythe… mais pas de service public ? », *in* KODJO-GRANDVAUX Séverine & KOUBI Geneviève (dir.), *Droit & colonisation*, Bruxelles, Bruylant, 2005, p. 317 *sq. Cf.* du même auteur : *Dix mythes du droit public*, Paris, L.G.D.J., 2019, p. 267 (« Un mythe du droit public économique : « *L'affaire du bac d'Eloka traduit la naissance du S.P.I.C.* »).

cipe même de la séparation devra vous amener à reprendre vos droits ?[323]

Le critère des clauses exorbitantes est présenté comme mieux approprié pour servir dans un contentieux où la ligne de partage entre les compétences administrative et judiciaire est sinueuse. Il est surtout la traduction d'un compromis que le Conseil d'État a réalisé à propos des services publics industriels et commerciaux : si le juge judiciaire est compétent pour le contentieux afférent à leur fonctionnement, y compris notamment lorsqu'il est d'ordre contractuel, il en va différemment pour les contrats où des clauses dites exorbitantes y sont stipulées.

> De même que, dans la gestion d'un service de nature nécessairement et exclusivement publique, telle contestation, relative à un achat de fournitures isolées, effectué sans marché, relèvera naturellement des tribunaux civils, le service industriel non monopolisé et fonctionnant habituellement comme une entreprise particulière pourra, le cas échéant, donner lieu à la passation d'un contrat de physionomie spéciale, dont vous serez amenés à retenir le contentieux[324].

Au-delà des critères employés pour définir le contentieux administratif, Maurice HAURIOU discerne exactement ce jeu de principes et d'exceptions consistant à reprendre au détail ce qui a été abandonné en gros. Il s'est exprimé sur cette question après plusieurs arrêts, les uns (précités) relatifs à des contrats d'assurance maritime ; les autres relatifs au ravitaillement pendant la guerre[325], à l'intrusion de l'État dans des industries considérées comme essentielles à la vie nationale[326], à la reconstruction des territoires libérés[327], *etc.* – ce qu'il désigne comme « *des services publics temporaires* » imposés « *sous la pression des besoins* »[328], c'est-à-dire des contrats inusuels que l'administration n'a pas vocation à passer en dehors du contexte des hostilités et de la reconstruction des régions sinistrées.

---

[323] RIVET Charles-René, Conclusions prononcées sous l'arrêt *Société « Les affréteurs réunis »* (C.E., 23 mai 1924), *in R.D.P.* 1924, p. 392.
[324] *Id.*, p. 390.
[325] *Cf.* les arrêts du Conseil d'État : *Société des moulins brestois* & DÉCATOIRE (29 mai 1925).
[326] *Cf.* l'arrêt du Conseil d'État : *DELPIN et autres* (5 novembre 1926) – il s'agissait de l'industrie du jute.
[327] *Cf.* l'arrêt du Conseil d'État : *TRILLER* (7 janvier 1927).
[328] HAURIOU Maurice, Note sur les arrêts *DELPIN et autres* (C.E., 5 novembre 1926), et *TRILLER* [le *Recueil Lebon* indique *Sieur TRIBLER*] (C.E., 7 janvier 1927) [1927], *in Notes d'arrêts sur décisions du Conseil d'État et du Tribunal des conflits…*, *op. cit.*, t. 1 (1929), p. 204.

> L'alarme a été chaude, on a pu croire d'abord que *services industrialisés, méthodes industrielles de gestion*, cela entraînait nécessairement l'application du droit commun et la compétence de la juridiction de droit commun. (...) Il est bien entendu que l'industrialisation ne sera jamais qu'une légère couche de badigeon passée sur des services qui restent foncièrement administratifs. L'opinion se serait émue de voir une pareille extension de l'intervention étatique dans les matières économiques ; on la tranquillise en habillant l'État en industriel, mais, derrière le paravent de la réglementation, l'État reprend son véritable costume[329].

Ce n'est que peu après que Maurice HAURIOU outra le critère des clauses exorbitantes en affirmant catégoriquement que « *la compétence administrative est fondée sur l'emploi de la prérogative* »[330]. Une décennie de commentaires d'arrêts a conduit les administrativistes à dépasser le cadre étroit de la casuistique dans lequel la définition des contrats administratifs a été pensée. Cette décennie oppose à son acmé Maurice HAURIOU et Gaston JÈZE sur la représentation à tenir du droit administratif – entre la puissance publique et le service public. Ces controverses les ont amenés à exacerber leurs opinions pour mieux en marquer l'originalité. Au point de les appauvrir en les fixant autour de quelques formules saisissantes mais réductrices. S'agissant du premier, il s'y prend dès le début des années 1920, dans une note commentant l'arrêt *Commune de Montségur* (1921)[331], pour parachever ses réflexions dans la onzième édition de son précis (1927). L'opposition entre ces deux administrativistes n'apparaît pas sous un meilleur jour que dans deux articles parus en 1926 dans la revue roumaine de droit public[332]. Ces considérations nous permettent de saisir les dynamiques doctrinales dont les tenants et les aboutissants, transversales au droit administratif, renvoient à des problématiques auxquelles les contrats administratifs ont été attirés.

---

329 *Id.*, t. 1, p. 205-206.

330 HAURIOU Maurice, Note sur la décision *TEMPLIER c. Commune de Sempigny* (T.C., 1er mai 1928), *in Sirey* 1928. 3. 130.

331 HAURIOU Maurice, Note sur l'arrêt *Commune de Montségur c. LALANNE* (C.E., 10 juin 1921) [1921], *in Notes d'arrêts sur décisions du Conseil d'État et du Tribunal des conflits…, op. cit.*, t. 1 (1929), p. 2. Nous relevons à cet égard que cette note ouvre cette collection, comme pour marquer l'orientation que Maurice HAURIOU donna à sa représentation du droit administratif.

332 JÈZE Gaston, « Le service public » & HAURIOU Maurice, « La puissance publique et le service public », *in Revista de drept public* 1926, respectivement p. 161 et p. 367.

Section 2. – La conceptualisation *du* contrat administratif : un singulier renforcé par son opposition avec le contrat de droit privé

559. Tandis que le Conseil d'État, procédant en pointillé, au cas par cas, se prononçait sur la qualification de maints contrats dont il n'était pas familier, la définition des contrats administratifs fit concomitamment l'objet d'une systématisation doctrinale qui en précisa les contours. Au lieu d'être plurielle et de recouvrir des contrats classiques du droit administratif, cette définition fut déterminée par le souci de s'élargir en embrassant un ensemble hétéroclite de contrats. C'est pour rapprocher la formule moderne (insistant sur les clauses exorbitantes) de la formule classique *des* contrats administratifs (insistant sur la collaboration au service public) que certains administrativistes s'efforcèrent de dégager un concept générique *du* contrat administratif (**paragraphe 1**). Cette évolution dans la manière de concevoir le(s) contrat(s) administratif(s) est plus encore manifeste dans la composition des ouvrages du droit administratif de la première moitié du XXe siècle. Leur comparaison permet de voir que ce sujet doctrinal a évolué avec les représentations successives et/ou concurrentes qui ont été tenues sur le droit administratif (**paragraphe 2**).

Paragr. 1. – Une définition générique du contrat administratif tendue à le situer par rapport au référent privatiste

560. La réception doctrinale de la jurisprudence administrative : une systématisation réalisée au rythme des notes d'arrêts. – Les notes d'arrêts publiées dans les années 1920 au *Recueil Dalloz* et au *Recueil Sirey* donnent à voir les jalons de l'élaboration d'une définition doctrinale du contrat administratif. Celle-ci ne fut pas sans divergences – liées tout à la fois aux incertitudes de la jurisprudence et à ce qu'est la doctrine : une écriture à plusieurs mains. En 1924, Achille MESTRE – professeur à la faculté de Toulouse – écrit toujours que « *l'idée de contrat de droit public est une de ces notions éternellement fuyantes qui défient toute définition précise* »[333]. Si bien que « *le principe qui permettra une répartition rationnelle des compétences* [lui paraît devoir] *être cherché* (…) *dans la notion même de service public* »[334]. En estimant que la juridiction administrative s'impose là où l'organisation et le fonctionnement des services publics sont en cause, le contrat est une

---

333 MESTRE Achille, Note sur l'arrêt *Compagnie des transports maritimes c. l'État* (Req., 31 janvier 1923), *in Sirey* 1924. 1. 129.
334 *Ibid.*

incise opérée dans le droit administratif au profit de la juridiction judiciaire. C'est en ce sens que, pour le fonctionnement des services publics, les contrats passés avec les usagers sont réputés être analogues à ceux du droit privé.

> Seront déférés à la juridiction administrative, parce qu'il s'agit là d'apprécier les conséquences du fonctionnement des services, tous les litiges soulevés (...) entre l'administration et ceux de ses usagers qui n'ont pas besoin de recourir au contrat pour bénéficier du service considéré[335].

Suivant une opinion classique encore prégnante dans les années 1920, Achille MESTRE se récrie contre le *contrat de droit public*, c'est-à-dire un contrat d'une nature intrinsèquement différente de celle des contrats du code civil[336]. Cette dénomination – que l'on trouve seulement sous la plume de ses contempteurs – indique en creux que le contrat est encore conçu par nombre comme un concept privatiste et que, s'il n'est pas étranger au droit administratif, il ne cesse de conserver sa nature. Les réflexions sur le *contrat administratif* n'impliquent pas nécessairement l'abandon du monisme contractuel. Pour autant, la définition *contentieuse* du contrat administratif renvoie à une entreprise doctrinale qui, sans négliger ce qui apparente ce contrat au droit privé, fut tendue à acculturer *le contrat* au droit administratif – dans un premier temps par le biais du service public. Il en est de même pour Jean APPLETON – professeur à la faculté de Lyon –, d'après qui le Conseil d'État a « *tranché la question de compétence en dehors des textes spéciaux* [c'est-à-dire la loi du 28 pluviôse an VIII et le décret du 11 juin 1806], *par la seule application des principes et de la notion élargie de service public* »[337]. Il se félicite que le Conseil d'État ait cessé de reconnaître les contrats administratifs à partir des catégories usuelles pour préférer une méthode systématique qui décline dans la matière contractuelle le principe de la séparation des autorités administrative et judiciaire.

> La jurisprudence, pour attirer à la juridiction administrative (...) les litiges intéressant les services publics à forme commerciale, a autrefois usé d'un autre procédé : elle s'est efforcée de faire entrer, un peu artificiellement parfois, les contrats passés par l'Administration à l'occasion de ces services, soit dans le cadre de

---

[335] *Id.*, p. 130.

[336] Dans le même sens, voyez par exemple le professeur strasbourgeois Julien LAFERRIÈRE : « L'organisation de la juridiction administrative. Réforme et projets de réforme », *in R.D.P.* 1921, p. 156.

[337] APPLETON Jean, Note sur l'arrêt *GHEUSI* (C.E., 27 juillet 1923), *in Dalloz* 1923. 3. 58.

> ces marchés passés par les ministres « pour le service de leurs départements respectifs » dont le décret du 11 juin 1806 (art. 13 (*sic*)) défère le contentieux au Conseil d'État, soit dans celui des marchés de travaux publics, qui relèvent des conseils de préfecture aux termes de l'art. 4 de la loi du 28 pluv. an 8. (…) Elle s'appuyait ainsi sur des textes positifs qui consacraient, quant à ces contrats, la compétence administrative. Le Conseil d'État, dans l'arrêt rapporté, n'a pas usé de ce moyen détourné ; il a abordé de front la difficulté[338].

Cet administrativiste développe plus amplement cette opinion dans son *Traité élémentaire de contentieux administratif* (1927)[339]. La définition *générique* qu'il propose du contrat administratif n'est pas seulement dégagée pour justifier la compétence administrative en ce qui concerne des contrats périphériques du droit administratif. Elle réduit la diversité des contrats administratifs pour couler la matière contractuelle toute d'un bloc dans l'interprétation contemporaine prêtée au principe de la séparation des autorités administrative et judiciaire. Du fait de son caractère composite, le contentieux contractuel est présenté comme un contentieux ayant longtemps échappé à toute forme de rationalité. La définition contentieuse *du* contrat administratif lui confère un aspect lisse et uniforme, synonyme de modernité.

> Il y a, en droit français, des contrats administratifs distincts des contrats de droit privé, civils ou commerciaux, Ces contrats supposent un accord de volonté entre l'Administration et un particulier ; ils ont pour but d'assurer le fonctionnement d'un service public ; les parties s'y sont volontairement soumises au régime du droit public. Cette soumission se révèle, notamment, par les signes suivants : 1° acceptation d'un cahier des charges comportant un régime de clauses contractuelles exorbitantes du droit privé ; 2° coopération personnelle et directe du co-contractant de l'État au fonctionnement du service public ; 3° régime de subordination imposée au co-contractant ; 4° soumission expresse des parties à la compétence de la juridiction administrative. Ces signes ne sont, d'ailleurs, par les seuls, mais ce sont les plus caractéristiques[340].

Cette définition lui paraît devoir se substituer aux textes qui, jusqu'ici, continuaient de fonder la compétence administrative pour certaines caté-

---

338 *Ibid.*

339 APPLETON Jean, *Traité élémentaire de contentieux administratif. Compétence. – Juridictions. – Recours*, Paris, Dalloz, 1927, p. 185 *sq.*

340 *Id.*, p. 201-202.

gories de contrats – tels les marchés de fournitures de l'État : « *Nous croyons que la compétence administrative se justifierait ici, même en l'absence de ce texte, à cause du caractère administratif du contrat. Nous en voyons un indice dans ce fait qu'en dépit du décret du 11 juin 1806, le Conseil d'État admet que les contrats consistant en de simples achats au comptant (qui sont de vrais contrats de droit commun) relèvent des tribunaux judiciaires* »[341].

561. Une série d'arrêts intervenus à partir de 1925 réorganise la répartition des compétences administrative et judiciaire en promouvant exclusivement la clause exorbitante comme critère de qualification des contrats administratifs. La gêne de certains administrativistes est manifeste. La critique affleure parfois pour dénoncer la préciosité des règles de compétence qui en découlent – trop casuistiques pour servir de guide aux justiciables. Tel Gaston JÈZE dans une note précitée[342] ou d'autres auteurs encore[343]. Un discours doctrinal émerge concomitamment pour régulariser ce soubresaut jurisprudentiel et lui conférer une historicité qui, en dissimulant ce qu'il devait au contexte des années 1920, l'inscrive dans une évolution au temps long. Y est convoqué Édouard LAFERRIÈRE – figure centrale du droit administratif et, par ailleurs, très commode puisque sa doctrine, professée à une époque lointaine, peut être travestie d'autant plus facilement qu'elle repose sur un droit administratif dont la représentation a foncièrement évolué. S'y ajoute la jurisprudence, érigée en allégorie de la prudence. La convocation de cet acteur atemporel suppose le Conseil d'État travaillant inlassablement à découvrir les fondements rationnels du droit administratif – qui ne sont jamais que ceux admis à l'époque où écrivent les intéressés. La trame historique est généralement celle-ci : le président LAFERRIÈRE consacra prophétiquement le critère des actes d'autorité et de gestion avant que le Conseil d'État, guidé par l'expérience ne l'amenda pour le réorienter sur le service public – plus commode d'emploi et surtout plus exact. Reconnaissant l'excès de cette manœuvre, celui-ci redressa la barre pour ramener la compétence administrative à de plus justes proportions – celles indiquées par la gestion publique et la gestion privée[344]. Ainsi, par une recherche tâtonnante,

341 *Id.*, p. 208.

342 *Cf.* JÈZE Gaston, Note sur l'arrêt *Société « Les affréteurs réunis »* (C.E., 23 mai 1924), *in R.D.P.* 1924, p. 385.

343 *Cf.* LEBLANC J., Note sur les arrêts *DÉCATOIRE* & *Société des moulions brestois* (C.E., 29 mai 1925), *in Dalloz* 1926. 3. 21. ; – TROTABAS Louis, Note sur l'arrêt *MESTRAL* (C.E., 3 juillet 1925), *in Dalloz* 1926. 3. 17. ; – LEBLANC J., Note sur l'arrêt *DELPRAT et autres* (Civ., 22 novembre 1927), *in Dalloz* 1928. 1. 93.

344 En 1940, Achille MESTRE développe une historiographie plus complexe qui remonte

faite de tentatives audacieuses que tempère l'esprit de mesure, le Conseil d'État serait parvenu aux critères actuels. Si l'arrêt *Société des granits porphyroïdes des Vosges* préfigure l'excellence du nouveau critère, le Conseil d'État a pris soin de ne pas le consacrer trop précipitamment. Le juge apparaît comme un artisan reprenant sans cesse son ouvrage pour l'expurger de ses défauts. De ce point de vue, le temps qui isole cet arrêt des années 1920 ne fait qu'attester la prudence qui caractériserait le Conseil d'État[345]. Le critère tiré de la clause exorbitante s'impose assez vite, même s'il est parfois compliqué de celui tiré de la participation directe au service public[346]. D'aucuns – tel Charles BLAEVOET – évincent purement et simplement ce dernier critère : « *Nous croyons* (…) *être fondé à prétendre que le but de service public visé par l'Administration dans ses contrats n'influe aucunement sur la compétence pour connaître des litiges relatifs à ces derniers* »[347]. Cet auteur – là où Gaston JÈZE a une approche moins catégorique[348] – propose ainsi une définition du contrat administratif qui est comme posée en équilibre sur ce qu'il discerne derrière la clause exorbitante – un signe distinctif unique, à savoir : « *le fait qu'il s'y trouverait une situation juridique, des prérogatives et de sujétions qui ne sont pas possibles dans les rapports entre particuliers* »[349].

---

jusqu'au milieu du XIXe siècle (*cf.* sa note sur l'arrêt *Bureau international de l'édition musico-mécanique* (C.E., 21 janvier 1938), *in Sirey* 1940. 3. 9).

345 *Cf.* par exemple : LEBLANC J., Note sur les arrêts *DÉCATOIRE* & *Société des moulions brestois* (C.E., 29 mai 1925), *in Dalloz* 1926. 3. 21.

346 *Cf.* APPLETON Jean, Note sur les arrêts *MAGNIER c. l'État* (Civ., 2 juillet 1924), *DUJON et AUROUX c. l'État* (Req., 9 février 1926) & *BONSERGENT c. l'État* (Civ., 30 mars 1926), *in Dalloz* 1926. 1. 177.

347 BLAEVOET Charles, Note sur le jugement *Dame veuve GIRARDOT c. l'État* (Aisne, 27 décembre 1926), *in Dalloz* 1928. 2. 116.

348 En 1925, Gaston JÈZE compile la jurisprudence des vingt dernières années pour dégager quatre hypothèses à travers lesquelles se manifeste le contrat administratif : « *On reconnaît que l'administration a adopté l'opération de droit public, le contrat administratif, aux signes* principaux *suivants : 1° Soumission expresse à un cahier des clauses et conditions générales formulant la plupart des règles exorbitantes du droit privé. C'est un cas de déclaration expresse que le contrat est un contrat administratif. 2° Engagement de* coopération personnelle active *du fournisseur au fonctionnement d'un service public proprement dit : le caractère de contrat administratif résulte de cet engagement. 3° Contrat se rattachant au fonctionnement d'un service public* tel *que,* la nature même *de ce service public, le contrat implique nécessairement le régime de droit public. 4° Clause du contrat soumettant les litiges à la juridiction administrative* » (« Les contrats administratifs », *in R.D.P.* 1925, p. 175 ; repris dans son ouvrage : *Les contrats administratifs de l'État, des départements, des communes et des établissements publics*, Paris, Giard, 1927-1936 (4 vol.), t. 1, p. 19).

349 BLAEVOET Charles, Note sur le jugement *Dame veuve GIRARDOT c. l'État* (Aisne, 27 décembre 1926), *in Dalloz* 1928. 2. 118.

> Ce n'est pas la forme administrative (…), ni l'attribution de compétence aux tribunaux administratifs, ni même l'intention de collaborer au service public, qui donne à un contrat le caractère administratif ; c'est le fond même de la convention, ce sont les effets juridiques à produire, qui ne sont pas du domaine des relations de particulier à particulier ou qui dépassent les facultés reconnues par le législateur aux individus et groupements. (…) En résumé, le contrat est administratif quand il accuse par quelque côté la puissance publique, et alors la compétence appartient aux tribunaux administratifs[350].

Pour parvenir aux termes de sa démonstration, Charles BLAEVOET mobilise des arrêts dont beaucoup sont vieux de plusieurs décennies, si bien qu'il leur confère facilement le sens souhaité. Les autres arrêts, pour être contemporains de la note qu'il publie, se rapportent à des contrats qui ne sont nullement représentatifs des contrats administratifs. Cet administrativiste illustre emblématiquement ceux pour qui l'histoire jurisprudentielle est l'arrière-cuisine où les doctrines se font et se défont.

562. La conceptualisation du contrat administratif : un fruit de la théorie de la gestion privée. – À partir de la fin des années 1920, la plupart des notes d'arrêts convergent pour appréhender les contrats administratifs à travers le prisme de la théorie de la gestion privée. Celle-ci n'est plus tant un expédient mobilisé pour consolider la compétence administrative, qu'un mode normal d'administration – en concurrence avec la gestion publique. Ce n'est pas un hasard si c'est à propos d'un marché de fournitures communal que Maurice HAURIOU se livre à une telle systématisation doctrinale. Car ces contrats ont toujours, par principe, été versés dans la compétence judiciaire : ils concernent des prestations que rien ne différencie de celles qui se pratiquent dans le commerce et, de surcroît, ces marchés impliquent une catégorie de personnes publiques qui n'ont été que tardivement regardées comme contribuant à l'exercice de la puissance publique.

> La faculté de choix entre les procédés publics et les procédés privés que cette jurisprudence reconnaît aujourd'hui d'une façon très large (…) eût été inconciliable avec une règle faisant rigoureusement découler le caractère du contrat de son lien avec le service. (…)

[350] *Ibid.*

> La jurisprudence administrative a changé son fusil d'épaule et, maintenant, elle fait dépendre la nature administrative du contrat de la forme qui lui a été donnée par les parties[351].

Le critère tiré des clauses exorbitantes étaye cette doctrine « *qui veut que les administrations aient un certain choix entre les moyens publics et les moyens privés pour la gestion de certains de leurs services publics* »[352].

> Puisqu'on peut, à son choix, changer la nature du contrat par les clauses qu'on y insère, cela revient à dire qu'on peut, à son choix, employer le moyen public ou le moyen privé, du moins dans une certaine mesure[353].

Adossée « *à la vérité fondamentale* [suivant laquelle] *la compétence administrative est fondée sur l'emploi de la prérogative* »[354], cette définition du contrat administratif fait corps avec une certaine représentation du droit administratif. Les contrats administratifs classiques ne se distinguent plus des contrats administratifs inusuels, avec lesquels ils constituent désormais un mode d'action générique. C'est d'ailleurs cette décision du Tribunal des conflits – *TEMPLIER c. Commune de Sempigny* (1928) – qui aurait dû figurer dans les *Grands arrêts de la jurisprudence administrative* en lieu et place de l'arrêt *Société des granits porphyroïdes des Vosges*[355]. En effet, le Tribunal des conflits s'y prononce en des termes qui ne sont rien d'autres que ceux qu'on impute, à tort, à cet arrêt :

> Considérant que les contrats ou les quasi-contrats de fournitures communaux constituent, à moins de disposition législative contraire, des actes de droit privé relevant, en cas de contestation, de l'autorité judiciaire ; qu'il n'en est autrement que lorsqu'ils contiennent des clauses dérogatoires au droit commun leur imprimant un caractère administratif[356].

En commentant cette décision, Maurice HAURIOU – qui est isolé en

---

351 HAURIOU Maurice, Note sur la décision *TEMPLIER c. Commune de Sempigny* (T.C., 1er mai 1928), *in Sirey* 1928. 3. 129.
352 *Ibid.*
353 *Ibid.*
354 *Id.*, p. 130.
355 Dans son *Petit recueil de jurisprudence en matière administrative* (1932, 1re éd.), Pierre SOUTY – chargé de cours à la faculté de Lyon – range la décision *TEMPLIER* parmi celles autour desquelles la notion de contrat administratif se dégage, tandis que l'arrêt *Société des granits porphyroïdes des Vosges* est plutôt rapproché du principe de séparation des autorités administratives et judiciaires.
356 Décision *TEMPLIER c. Commune de Sempigny* (T.C., 1er mai 1928), *in* PANHARD Adrien (dir.), *Recueil des arrêts du Conseil d'État…*, *op. cit.* (2e série, t. 98 ; année 1928), p. 545.

cela – situe l'arrêt *Société des granits porphyroïdes des Vosges* dans une perspective qui nous paraît être plus exacte au point de vue historique, en même temps qu'elle lui permet de critiquer le critère du service public comme fondement de la compétence administrative.

> [L'arrêt *Société des granits porphyroïdes des Vosges*] ébaucha une distinction entre les marchés destinés à assurer des services publics, tels par exemple que les transports par autobus, et ceux qui ne tendent point par eux-mêmes à assurer un service. Cette distinction était éminemment fragile, car elle reposait sur la question de savoir si un marché de fourniture assurait *par lui-même* d'une façon directe et spéciale un service public déterminé, ou bien s'il ne servait qu'à contribuer de loin au fonctionnement des services généraux. (...) Fondé sur une nuance aussi délicate, le *critérium* était impraticable[357].

À l'instar de nombreux autres administrativistes, cet auteur érige, à la marge des textes, un principe général de compétence applicable à tous les contrats de l'administration, alors que le critère des clauses exorbitantes a été originellement ébauché pour des contrats périphériques du droit administratif – à l'instar des marchés communaux qui, depuis le XIXe siècle, ressortissent à la compétence judiciaire. Certes, depuis la fin des années 1890, la jurisprudence administrative avait tempéré la généralité de cette compétence en la compliquant de plusieurs exceptions de nature à attirer certains de ces marchés à la compétence administrative[358]. C'est pourquoi, Maurice HAURIOU se félicite, en 1928, d'une jurisprudence qu'il appelait de ses vœux, dans la mesure où celle-ci achève une redéfinition du contentieux administratif élaborée autour du critère de la puissance publique.

> Depuis quelques années, le Tribunal des conflits et le Conseil d'État, dans le but d'alléger le plus possible le contentieux administratif, s'attachent aux stipulations du cahier des charges et cela aussi bien pour les marchés de l'État ou des colonies que pour ceux des départements et communes. (...)
>
> Ainsi la volonté administrative devient capable de déterminer la compétence selon que les stipulations du marché manifestent ou non de la Puissance publique.

---

357 HAURIOU Maurice, Note sur la décision TEMPLIER *c. Commune de Sempigny* (T.C., 1er mai 1928), *in Sirey* 1928. 3. 129.

358 Maurice HAURIOU en rend compte dans les éditions successives de son précis, notamment à partir de la cinquième (*Précis de droit administratif et de droit public général, à l'usage des étudiants en licence et en doctorat* ès-*sciences politiques*, Paris, Larose, 1903 (5e éd.), p. 710, note de bas de page n° 4).

> Le critérium tiré jusqu'ici du service public disparaît et il s'avère que le service public peut être assuré par des moyens de droit privé[359].

Dans le même sens, des auteurs tendaient à ne plus différencier entre les fournitures locales et les fournitures faites à l'État[360]. La recherche d'un (ou plusieurs) critère(s) propre(s) à identifier *le* contrat administratif consomme cette évolution qui, partie des marges du droit administratif, a gagné son centre pour embrasser l'ensemble des contrats administratifs. Cette approche ne tient plus compte des catégories définies à partir de textes spéciaux (tels la loi du 28 pluviôse an VIII ou le décret du 11 juin 1806), mais esquisse une formule contentieuse qui, insensiblement, étend son empire au-delà des contrats inusuels qui l'ont suscitée. En 1940, Achille MESTRE accuse l'aboutissement de cette évolution jurisprudentielle engagée dans le courant des années 1920.

> Désormais en matière de fournitures, la compétence administrative se justifiera non plus par le jeu autonome du décret de 1806, mais par une raison de principe. Le texte ne jouera que dans la mesure où son application apparaîtra comme commandée par la règle de la séparation des pouvoirs. En d'autres termes, parmi les fournitures faites à l'État, certaines relèveront des tribunaux judiciaires, celles qui seront effectuées dans les conditions du droit commun ; d'autres, au contraire, donneront lieu à un contentieux administratif : ce seront celles dans lesquelles apparaîtra la volonté pour l'administration de se placer sur le terrain du droit public[361].

Cette nouvelle justification du caractère administratif du contentieux des marchés de fournitures de l'État parachève cette réorganisation doctrinale au terme de laquelle les catégories classiques de contrats administratifs (assises en partie sur des textes) ont été reléguées à un plan secondaire ou assimilées à une définition générique *du* contrat administratif.

563. La note précitée d'Achille MESTRE[362] constitue un témoignage

---

359 HAURIOU Maurice, *Précis de droit administratif…*, *op. cit.* (11e éd., 1927), p. 856.

360 *Cf.* par exemple : WALINE Marcel, Note sur l'arrêt *Société méridionale et algérienne des vins c. Département de la Creuse* (Ch. réunies, 26 février 1930) [1931], *in Notes d'arrêts de Marcel Waline*, Paris, Dalloz, 2005 (3 vol.), t. 1, p. 56.

361 MESTRE Achille, Note sur l'arrêt *Bureau international de l'édition musico-mécanique* (C.E., 21 janvier 1938), *in Sirey* 1940. 3. 11.

362 Au sujet d'Achille MESTRE (1874-1960), nous disposons de peu d'informations biographiques. Le *Dictionnaire historique des juristes français* (2015) l'ignore. Indiquons néanmoins une courte notice d'Arnaud DEFLOU publiée sur le site de la Société fran-

édifiant sur la genèse de la théorisation des contrats administratifs. Et, si son analyse n'est pas exempte d'un tropisme tendu à restituer une évolution linéaire qui trouverait son année zéro avec l'arrêt *TERRIER*, c'est avec justesse qu'il souligne que la jurisprudence administrative en la matière procède en définitive des bouleversements induits par la Première Guerre mondiale.

> La guerre de 1914 a amené l'État à conclure une série de contrats inusités ; il s'agissait de pourvoir au ravitaillement des populations, à l'affrètement ou à l'assurance des navires. Nombre de ces contrats poseront de graves problèmes de compétence d'autant plus difficiles à résoudre que d'habitude ils ne concerneront pas des fournitures[363].

Peut-être le recul lui permet-il d'apprécier la jurisprudence administrative avec plus de hauteur. Ou plutôt, il lui est plus facile de rendre compte d'une jurisprudence dont les confirmations permettaient de la regarder comme désormais fixée. Aussi propose-t-il, en conclusion de sa note, une définition du contrat administratif qui insiste sur l'idée de « *volonté de l'administration* », en ce sens que ce contrat désigne un procédé juridique par lequel l'administration se place *délibérément* sous l'empire du droit administratif

> Est administratif, tout contrat qui révèle, par l'ensemble de ses clauses, l'intention pour l'administration de se placer sur le terrain du droit public[364].

Cette formulation recouvre la théorie de la gestion privée, suivant laquelle l'administration est libre d'employer des procédés du droit privé pour le fonctionnement des services publics, comme elle l'est d'employer des procédés du droit public, le cas échéant en introduisant au sein de ses contrats des clauses exorbitantes du droit commun qui, pour n'être pas débattues par son cocontractant, n'en restent pas moins approuvées par celui-ci. Son analyse entérine une doctrine partagée par la majorité des administrativistes. En s'interrogeant sur les « *contrats administratifs par nature* », cette locution d'Édouard LAFERRIÈRE apparaît à Achille MESTRE

çaise pour le droit international. Achille MESTRE a commencé sa carrière universitaire à la faculté de Lille (1899-1900), avant de revenir à Toulouse où il y avait fait ses études de droit. Par la suite, il enseigne à la faculté de Paris de 1922 à 1944, date à laquelle il est mis à la retraite d'office pour avoir été chargé de mission auprès du secrétariat général de la jeunesse à Vichy.

363 *Id.*, p. 10.

364 *Id.*, p. 12.

comme historiquement dépassée, car désormais inutile ; une de ces locutions provisoires qui servent d'étaie à une théorie à venir. Elle n'aurait servi qu'à « *fonder sur une raison de principe la compétence administrative encore vivement contestée et de soumettre ainsi à la juridiction du Conseil d'État une série d'opérations qui présenteraient un caractère administratif indéniable* »[365] (c'est une analyse similaire que nous proposions de la doctrine de LAFERRIÈRE[366]). Désormais « *l'expression même de "contrat administratif"* (…) *est passée* (…) *dans la langue courante* »[367], si bien que son emploi est plus libre, moins contraint par les résistances qui lui furent opposées jusque tard dans les années 1920-1930.

564. Le contrat administratif : un objet doctrinal pensé en miroir avec le contrat de droit privé (WALINE). – Mieux que les notes d'Achille MESTRE, l'œuvre de Marcel WALINE[368] explicite – à la même époque – ce qui est sous-jacent à la conceptualisation du contrat administratif. Pour s'en faire une idée, il ne suffit pas de s'arrêter à la définition qu'en propose cet auteur. Il faut encore être attentif à la théorie qui l'accompagne, notamment au regard de la manière dont elle s'agence à la représentation que cet universitaire se donne du droit administratif. C'est pourquoi, nous souhaitons étudier son manuel[369] qui est le dernier paru de ceux de l'Entre-deux-guerres (en se référant aux éditions *princeps*)[370]. Marcel WALINE est le seul parmi ses contemporains[371] à développer dans

---

365 *Ibid.*

366 *Cf.* le chapitre 3, titre IV, premier partie, spécialement les § 312 et suivants.

367 *Id.*, p. 9.

368 Au sujet de Marcel WALINE (1900-1982), voyez les notices biographiques qui lui sont consacrées dans le *Dictionnaire historique des juristes français* (2015) et le *Dictionnaire de droit public interne* (2017), ainsi que le dossier du « Printemps de la jeune recherche juridique » paru sur cet auteur dans la *R.F.D.A.* (2014, p. 145 *sq.*).

369 *Cf.* au sujet de cet ouvrage, l'article de M. SOUVIGNET : « Le *Traité élémentaire* de Marcel WALINE, "vecteur du droit administratif moderne" » (*in R.F.D.A.* 2014, p. 174).

370 Pour un éclairage oblique sur les ouvrages de droit administratif général publiés dans l'Entre-deux-guerres, *cf.* LACHAUME Jean-François, « De quelques préfaces de précis et manuels de droit administratif de l'Entre-deux-guerres », *in* [collectif], *Études en l'honneur du professeur Jean-Arnaud Mazères*, Paris, Litec, 2009, p. 447.

371 En ne visant que les ouvrages consacrés au droit administratif général (en excluant ceux qui couvrent le droit public général), certains furent conçus avant 1914 tout en connaissant plusieurs rééditions jusque dans l'Entre-deux-guerres. Nous pensons à ceux de Maurice HAURIOU (*Précis de droit administratif et de droit public*, 1892), Henry BERTHÉLEMY (*Traité élémentaire de droit administratif*, 1900-1901) et Gaston JÈZE (*Principes généraux du droit administratif*, 1904) ; ainsi qu'aux manuels – moins connus et rarement cités – de René FOIGNET (*Manuel élémentaire de droit administratif*, 1904) et Maurice JOURNÉ (*Précis de détroit administratif*, 1904). D'autres ne furent conçus qu'à partir des années 1920 : ceux de Roger BONNARD (*Précis élémentaire de droit administratif*, 1926),

son ouvrage une théorie des obligations – et où prennent place les contrats administratifs[372]. Pour autant, il envisage ailleurs les principaux contrats administratifs, suivant un ordre tout à fait classique : les concessions à propos de l'organisation des services publics ; les marchés de travaux publics et de fournitures à propos du domaine public. L'originalité de sa démarche n'en reste pas moins intéressante en ce qu'elle émane d'un auteur qui est un peu comme le dernier-né et, à cet égard, sa doctrine est celle qui le mieux traduit le fait que l'acculturation du contrat au droit administratif va de pair avec une privatisation du contrat administratif.

> Le mécanisme de formation du lien contractuel reste toujours le même, en droit administratif comme en droit privé. Mais ce sont les effets du contrat qui diffèrent[373].

En soi, il n'est pas le premier, ni le seul à tenir de tels propos. Achille MESTRE est tout aussi explicite sur la finalité qui est prêtée à la théorie des contrats administratifs. En même temps qu'elle acculture le contrat au droit administratif, elle contribue à mieux situer les contrats de l'administration par rapport au droit civil – suivant une représentation où le droit administratif est conçu comme « *une adaptation des règles générales du droit civil aux nécessités administratives* »[374].

> La notion de contrat administratif est tout à fait intéressante et importante parce qu'elle réalise l'adaptation nécessaire au droit administratif d'une théorie générale du droit civil, la théorie des contrats ; sur ce point, en matière contractuelle, le droit administratif, en établissant sa théorie du contrat administratif, reste fidèle à la ligne générale de son évolution qui est d'adapter à la situation spéciale des administrations publiques les règles générales du droit qui sont posées par le droit civil[375].

De même, André HAURIOU ne paraît pas avoir soutenu une concep-

---

Louis ROLLAND (*Précis de droit administratif*, 1926) et Marcel WALINE (*Manuel élémentaire de droit administratif*, 1936).

372 Il ne remania son plan en abandonnant cette théorie des obligations qu'en 1957, dans la septième édition de son manuel – entre-temps intitulé : *Traité élémentaire de droit administratif* (à partir de sa cinquième édition, parue en 1949).

373 WALINE Marcel, *Manuel élémentaire de droit administratif*, Paris, Recueil Sirey, 1936 (1re éd.), p. 579.

374 MESTRE Achille, *Répétitions écrites de droit administratif* [cours de contentieux administratif dispensé à la faculté de Paris pour le diplôme d'études supérieures de droit privé (1930-1931) sur le thème : *Le contentieux des contrats administratifs*], Paris, Les cours de droit, 1931, p. 10.

375 *Id.*, p. 9-10.

tion bien différente[376]. Cela étant, Marcel WALINE ne se contente pas de l'affirmer dans le fil de son propos. Il consomme cette idée en l'inscrivant dans la conception même du plan de son manuel, comme pour mieux traduire la parenté qui, nonobstant leur autonomie, lie les contrats administratifs à la théorie des obligations en droit civil[377]. Il confère ainsi à cette doctrine une médiatisation et une cohérence qui contribue largement à la banaliser – doctrine suivant laquelle il n'y a qu'un seul genre de contrat, car un contrat désigne toujours un acte qui procède du concours de plusieurs volontés ; seulement, leur régime juridique diffère de nature selon qu'il s'agisse de contrats du droit privé ou de contrats administratifs.

565. Ainsi, la singularité des contrats administratifs tient moins à leur nature intrinsèque qu'au régime juridique auquel ils sont soumis. Marcel WALINE le justifie – sans originalité[378] – par le fait que le droit *authentifie* une inégalité *de situation* entre l'administration et ses contractants (à l'inverse du contrat de travail par exemple). Cette manière de penser les contrats administratifs dénote discrètement la prégnance de la doctrine de l'autonomie de la volonté. Mettre en exergue cette inégalité, c'est distinguer les contrats au point de vue de ce qui les détermine fondamentalement : le concours de volontés libres et égales. Définir les contrats administratifs comme des contrats qui consacrent l'inégalité formelle des parties, c'est en souligner la singularité à l'aune d'une acception privatiste du contrat. Dans le même sens, Achille MESTRE professait à la même époque : « *Cette égalité, c'est l'âme même du droit civil et c'est en cela que le droit*

---

376 André HAURIOU l'affirme elliptiquement en conclusion d'un article : « *D'autres exemples de transposition en droit administratif* [que celui des délégations], *des règles et principes du droit privé pourraient être donnés, à propos par exemple,* (…) *des contrats ou des quasi-contrats administratifs* » (« L'utilisation en droit administratif des règles et principes du droit privé », *in* [collectif], *Recueil d'études sur les sources du droit en l'honneur de François Gény*, *op. cit.*, t. 3 (1934), p. 99).

377 Cette originalité ne doit pas être exagérée. Marcel WALINE n'est pas le seul à rapprocher le droit administratif du droit civil. Pour ne prendre qu'un exemple, le cours de droit administratif qu'Achille MESTRE professa à la faculté de Paris à partir de 1933 s'organise autour d'un plan qui emprunte aux *Institutes* de GAÏUS : les contrats administratifs y prennent place parmi les « *droits des personnes administratives* », aux côtés des actes unilatéraux. *Cf. Répétitions écrites de droit administratif* [cours dispensé à la faculté de Paris pour la deuxième année de licence (1933-1934)], Paris, Les cours de droit, 1934.

378 *Cf.* par exemple le cours (précité) d'Achille MESTRE : *Répétitions écrites de droit administratif* [cours de contentieux administratif dispensé à la faculté de Paris pour le diplôme d'études supérieures de droit privé (1930-1931) sur le thème : *Le contentieux des contrats administratifs*], *op. cit.* (1931), p. 19-24.

administratif s'oppose au droit civil»[379]. En fondant le propre du contrat administratif par contraste avec la doctrine de l'autonomie de la volonté, Marcel WALINE le caractérise suivant l'écart qui le sépare du contrat en droit privé, dans une perspective qui est alignée sur la *summa divisio*. Autrement dit, il ne leur reconnaît d'existence possible qu'à travers cette asymétrie.

> Tout se passe *comme si* l'une des volontés était supérieure à l'autre, était plus respectable. Le principe fondamental de l'égalité des contractants est renversé. (…)
>
> [Pourtant ajoute-t-il plus loin], on ne peut admettre qu'une volonté soit en soi supérieure à une autre : toutes les volontés humaines se valent[380].

Plus loin, il s'en explique :

> À vrai dire, ce n'est qu'indirectement que les contrats administratifs produisent des effets pratiques inconnus en droit privé ; cet effet essentiel de tous les contrats administratifs ou civils, c'est de déclencher, à l'encontre ou au profit des contractants, l'application de certaines règles légales, d'un statut légal. (…) La conclusion d'un marché de travaux publics n'a pas d'autre effet immédiat que de déclencher l'application des règles légales (ou jurisprudentielles) qui définissent les droits et obligations de l'entrepreneur de travaux publics[381].

En d'autres termes, la nature particulière du contrat administratif tient à ce que, la loi l'y autorisant, l'administration peut décider de mobiliser un corpus normatif autonome du code civil qui, à l'égard de son contactant, la place dans un rapport d'autorité qui jure avec le contrat – dans son acception classique.

> Les publicistes, qui ont renié la doctrine de l'autonomie de la volonté créatrice de droits et d'obligations, ont été jusqu'au bout de leur pensée : à cette volonté, ils ont substitué la loi comme source des droits. Les civilistes, dont la foi en l'autonomie de la volonté est très ébranlée, en paraissent tout décontenancés, et l'on dirait qu'ils ne savent que mettre à sa place[382].

---

379 *Id.*, p. 19.
380 WALINE Marcel, *Manuel élémentaire de droit administratif*, *op. cit.* (1re éd., 1936), p. 583 (c'est nous qui soulignons).
381 *Id.*, p. 584.
382 WALINE Marcel, *L'individualisme et le droit*, Paris, Éditions Domat-Montchrestien, 1945 (1re éd.), p. 211.

Le positivisme juridique qui infuse cette doctrine[383] ne doit pas dissimuler que, en concevant le droit administratif comme « *un* régime d'exception *par rapport au droit privé* »[384], il en justifie toujours la spécificité à l'aune du droit commun. Certes, il n'est pas le seul à concevoir le contrat administratif comme un contrat dont les parties sont placées dans une situation formellement inégale. Cela étant, il souligne combien le contrat administratif, en lien avec la théorie administrative des obligations, dérive du droit civil.

566. Le contrat administratif : un contrat négateur de la doctrine de l'autonomie de la volonté. – Marcel WALINE appréhende la théorie des contrats administratifs à travers un positivisme légaliste qui indique en creux le crédit qu'il accorde à la doctrine de l'autonomie de la volonté – quoique cet auteur s'en désolidarise. La différence de régimes juridiques – qui rend compte de l'inégalité des parties – s'explique par l'objet particulier des contrats administratifs : l'intérêt public – « *du fait que la personne administrative, par l'organe de ses agents, a contracté dans le but de gérer un service public* »[385].

> Mais le but poursuivi par les parties contractantes est, par hypothèse, une intention purement subjective qui ne peut être connue si elle ne se révèle par des signes extérieurs. (…) L'intention véritable des contractants n'est pas toujours facile à découvrir. Aussi la jurisprudence doit-elle s'aider de critères capables de la guider dans cette recherche. Ces critères ne peuvent naturellement être que formels, c'est-à-dire tirés soit de la personnalité des contractants, soit des clauses mêmes du contrat[386].

En un sens, le contrat administratif est un contrat d'adhésion pour lequel la loi sanctionne l'inégalité des parties. Pour actionner ce régime, l'administration n'a qu'à vouloir, pourvu qu'elle manifeste expressément son intention en y insérant des clauses exorbitantes du droit commun. L'objet de cette doctrine est de désigner les contrats dont la cause – le but d'intérêt public – justifie que l'administration s'écarte du droit commun. Elle consiste à circonscrire au plus près les écarts que le droit ad-

---

383 Il reconnaît lui-même les emprunts faits à Raymond CARRÉ DE MALBERG (*cf. Confrontation de la théorie de la formation du droit par degrés avec les idées et les institutions consacrées par le droit positif français relativement à sa formation*, 1933) et Hans KELSEN (*cf.* « La théorie juridique de la convention », *in Archives de philosophie du droit* 1939-1940, p. 33).

384 WALINE Marcel, *Manuel élémentaire de droit administratif*, *op. cit.* (1re éd., 1936), p. 10.

385 *Id.*, p. 585.

386 *Ibid.*

ministratif réalise avec la théorie générale des obligations. Cette discontinuité étant actée dans les principes, il y a peu de choses sur ce qu'implique ce régime juridique spécifique aux contrats administratifs[387]. Marcel WALINE évoque rapidement la théorie de l'imprévision à propos de l'extinction des obligations (c'est une manière de la comprendre qui est empruntée aux privatistes, car – en droit administratif – cette théorie suspend provisoirement le contrat plutôt qu'elle n'y met fin). Il est un peu plus exhaustif lorsqu'il traite des principaux contrats administratifs : les marchés de travaux publics et de fournitures ; les marchés de transports ; les concessions de services publics et celles de travaux publics ; enfin, les offres de concours. Quant aux autres – « *les contrats innomés* » –, ils « *ne méritent pas d'étude spéciale* »[388]. S'agissant des principaux contrats, ils sont traités de manière éparse dans son ouvrage : le marché de travaux publics, la concession de service public et la concession de travaux publics sont étudiés séparément ; les autres sont rassemblés sous sa théorie des obligations. Les uns ici, les autres là – suivant un ordre assez classique. Le tout jeune professeur parisien (il publie son manuel la même année où il obtient sa mutation de Poitiers à Paris) est avant tout préoccupé par le *critérium* des contrats administratifs : « *Car, lorsqu'on sait* pourquoi *l'administration dispose de ces prérogatives, on sait par là même* quand *elle en dispose* »[389].

567. En définitive, Marcel WALINE développe une théorie des obligations qui, au point de vue des contrats, présente un aspect performatif. La définition *générique* des contrats administratifs est une définition *contentieuse* et leurs régimes juridiques demeurent *particuliers* à chacun d'entre eux. Ainsi, sa doctrine est emblématique en ce qu'elle assimile une jurisprudence administrative qui s'est essentiellement souciée de remodeler la définition contentieuse des contrats administratifs. Alors que celle-ci fut essentiellement provoquée par des contrats inusuels, Marcel WALINE – après d'autres administrativistes – la mobilise pour proposer une définition générique qui embrasse formellement jusqu'aux contrats classiques du droit administratif. Dans son manuel, aucune mention de cette évolution prétorienne de l'Entre-deux-guerres. La théorie à l'ébauche de laquelle il participe expurge tout ce qui porte témoignage de la manière dont les contrats administratifs ont été conçus jusque dans les années 1920. Les contrats administratifs classiques sont attirés à une définition

---

387 Ce n'est qu'à partir de la sixième édition (1950) de cet ouvrage que Marcel WALINE consacre quelques développements aux « *règles communes à tous les contrats administratifs* ».
388 *Id.*, p. 588.
389 *Id.*, p. 584.

au cadre de laquelle, en définitive, ils ne participent qu'assez peu. Leurs régimes juridiques sont l'œuvre de la loi (ou de la jurisprudence), sans qu'ils ne soient davantage typés. L'unité qui transparaît au premier abord est formelle, car elle procède d'une œuvre prétorienne dont l'objet fut de verser dans la compétence administrative des contrats nullement caractéristiques de l'action contractuelle de l'administration. Pour le reste, les contrats administratifs classiques sont abordés par Marcel WALINE suivant un ordre d'exposition à peu près similaire à celui retenu par ses contemporains et assez éloigné de l'originalité qui s'attache à la théorie des contrats administratifs. Celle-ci ne rassemble en son sein que des régimes particuliers, lesquels sont à peine uniformisés autour de quelques principes dégagés depuis le début du XXe siècle à propos des contrats passés pour le fonctionnement des services publics. En un sens, cette théorie est une théorie contentieuse qui ne dit pas son nom. Pour autant, il convient d'ajouter que cet auteur s'efforce de lui donner corps en l'articulant à une *théorie du contrat*. La théorie générale des contrats administratifs n'est pas tant une coquille vide qu'une théorie qui, en se greffant à celle-ci, se résume aux exceptions qu'elle y apporte. Elle passe l'essentiel sous silence, car elle ne se lit jamais qu'en complémentarité avec la théorie du contrat dont elle est une excroissance. Elle rapproche les contrats administratifs des contrats privés que rien ne distingue, sinon les effets juridiques qui leur sont respectivement attachés. Si ce n'est l'inégalité des parties que consacrent les contrats administratifs, ceux-ci ne semblent pas plus éloignés des contrats civils que ne le sont les contrats commerciaux. À vrai dire, Marcel WALINE a parfait la théorisation des contrats administratifs, plutôt qu'il ne l'aurait initiée. C'est pourquoi, cet auteur ne peut être considéré indépendamment de ceux qui l'ont précédé. Dernier de ceux qui ont publié un ouvrage de droit administratif dans l'Entre-deux-guerres, il ponctue une évolution doctrinale. L'édition *princeps* datant de 1936, son manuel saisit plus librement la théorie des contrats administratifs, lorsque les autres ouvrages qui lui sont contemporains (le plus récent, au point de vue de l'édition *princeps*, date de 1926) ne sont que des rééditions. Par ailleurs, il incarne une génération de juristes qui a moins contribué à la genèse du contrat administratif (dans les années 1920), qu'elle ne l'a banalisée en en élargissant l'audience. C'est pourquoi, nous avons préféré l'étudier en premier, pour mieux apprécier ses prédécesseurs. Nous pensons en particulier à Roger BONNARD et Louis ROLLAND.

Paragr. 2. – Comparaison des *mises en discours* touchant aux contrats administratifs dans la première moitié du XXe siècle

568. Les derniers administrativistes classiques de l'Entre-deux-guerres : BONNARD & ROLLAND. – Avant d'aborder Gaston JÈZE dans le chapitre suivant, nous souhaitons évoquer deux autres administrativistes : Roger BONNARD[390] & Louis ROLLAND[391] qui publièrent tous deux un précis de droit administratif en 1926. Les éditions successives marquent les jalons d'une mise en discours du contrat administratif que le manuel de Marcel WALINE est venu ponctuer avec une pointe de singularité. Ces auteurs révèlent – au point de vue de l'exposition – un classicisme qui consiste à articuler les contrats administratifs respectivement à la compétence administrative (pour leur définition) ; à l'organisation des services publics (en ce qui concerne les concessions de service public) ; et au domaine public (en ce qui concerne les marchés administratifs). L'attention portée à ces trois contrats ne traduit pas tant un conservatisme dans la manière de penser les contrats de l'administration, qu'elle ne répond à la prédominance, dans la pratique, de ces contrats en particulier et confirme la signification toute contentieuse du contrat administratif proprement dit. L'ordre de leur plan le corrobore. La définition du contrat administratif est destinée à rationaliser la matière contractuelle autour d'une formule contentieuse corrélée au principe de la séparation des autorités administrative et judiciaire. Au-delà de cet aspect, les contrats administratifs ne donnent lieu à aucune théorie qui leur fût propre. Ils continuent à être présentés comme un mode de gestion dont le sens n'est intelligible qu'à l'aune de la matière administrative à laquelle ils se rapportent respectivement. Ainsi, Roger BONNARD étudie les marchés de travaux publics et de fournitures sous une partie consacrée à la théorie générale des services publics administratifs, à laquelle s'articule un chapitre sur le domaine public[392]. Louis ROLLAND les analyse dans une par-

---

390 Au sujet de Roger BONNARD (1878-1944), voyez la notice biographique qui lui est consacrée dans le *Dictionnaire historique des juristes français* (2015), ainsi que le dossier du « Printemps de la jeune recherche juridique » paru sur cet auteur dans la *R.F.D.A.* (2015, p. 175 *sq.*).

391 Au sujet de Louis ROLLAND (1877-1956), voyez les notices biographiques qui lui sont consacrées dans le *Dictionnaire des juristes ultramarins* (2012), le *Dictionnaire historique des juristes français* (2015) et le *Dictionnaire de droit public interne* (2017), ainsi que le n° 4 de la *Revue méditerranéenne de droit public* (2016) où y sont rapportées les « Journées Louis ROLLAND, le méditerranéen ». En outre, signalons cet article de M. BÉZIE : « Louis ROLLAND : théoricien oublié du service public » (*in R.D.P.* 2006, p. 847).

392 Roger BONNARD modifie substantiellement son plan dans la troisième édition de son précis (1940) en cessant, notamment, de rapporter l'étude du domaine à une théorie

tie consacrée aux moyens dont dispose l'administration, sous un chapitre sur le domaine, un autre sur les réquisitions, puis un dernier sur les marchés. L'étude des concessions de service public révèle toutefois une divergence entre ces deux auteurs. Le premier, en les rapprochant des établissements publics dans une partie sur « *les modes spéciaux d'organisation des services publics* », souligne le prisme institutionnel qui est sous-jacent à sa doctrine. Tandis que le second les emploie à mettre en exergue l'idée de collaboration qui, après avoir été développée dans les années 1900[393], est placée au cœur de sa théorie des services publics. Aussi envisage-t-il successivement « *le personnel fonctionnaire employé en régie* », puis « *le personnel non fonctionnaire des services publics* » – parmi lequel, les concessionnaires occupent la plus grande part de ses développements[394]. Cette différence quant à la manière d'appréhender les services publics – l'une institutionnelle et l'autre fonctionnelle – ne doit pas dissimuler ce qui les rapproche, par opposition avec des auteurs plus anciens comme le toulousain HAURIOU ou le parisien BERTHÉLEMY. Avec un classicisme désormais décati, ces derniers traitent de la concession – plus exactement de la concession *de travaux publics* – parmi les modes de réalisation des travaux publics, c'est-à-dire dans une partie consacrée au domaine public. C'est par son truchement que la concession de service public est envisagée. La dernière édition du *Précis de droit administratif et de droit public* du doyen toulousain – édition posthume réalisée par son fils[395], André HAURIOU[396] – marque particulièrement la césure qui se fait entre, d'une part, les auteurs des années 1900 (c'est-à-dire ceux qui ont publié un ouvrage dont l'édition *princeps* avoisine le début du XXe siècle) pour qui la concession de service public s'est dégagée progressivement des travaux publics sans en avoir

---

générale des services publics administratifs.

[393] *Cf.* plusieurs articles de Louis ROLLAND publiés dans la *Revue de droit public* entre 1908 et 1910.

[394] Dans une section adjacente, Louis ROLLAND rapproche les fonctionnaires de fait et les réquisitionnés, comme autant d'illustrations hétéroclites de cette collaboration qui, avec les concessionnaires, associent les particuliers au fonctionnement des services publics.

[395] À cet égard, nous pensons qu'il est regrettable que la réédition (2002) du *Précis de droit administratif* de Maurice HAURIOU ait porté sur une édition (la douzième et dernière édition, 1933) dont le plan a été si profondément remanié par son fils qu'il ne rend pas compte du canevas autour duquel celui-là a développé sa doctrine, depuis la fin du XIXe siècle jusqu'en 1927 (date de la onzième édition, dernière réédition réalisée de son vivant). L'édition posthume traduit une représentation du droit administratif qui est moins celle du père, que celle de la génération d'administrativistes à laquelle appartient son fils, André HAURIOU.

[396] Il fut professeur à la faculté de droit de Toulouse de 1925 à 1943 où il y enseigna le droit administratif puis, à partir de 1933, le droit constitutionnel.

été formellement détachée ; et, d'autre part, les auteurs des années 1920 qui en rendent compte comme d'une modalité d'organisation des services publics. André HAURIOU bouleverse quelque peu le plan du précis de son père en traitant de la concession de service public à proprement parler dans une partie sur « *les procédés de gestion publics des services publics* », où elle est rapprochée de la régie. Ainsi, le chapitre sur la concession *de travaux publics* est vidé des développements que son père avait consacré à la concession *de service public*. Ce dernier contrat n'ayant été formalisé qu'à partir de la décennie 1900, Maurice HAURIOU a continué à en traiter dans un chapitre consacré aux travaux publics, malgré le fait qu'il s'en soit progressivement dissocié. À cet égard, Gaston JÈZE affiche une incontestable originalité. Dans une réédition profondément remaniée de ses *Principes généraux du droit administratif*, il introduit dès 1914 des développements sur la concession qu'il présente comme mode d'organisation du service public, cela d'autant plus facilement que ces ajouts donnent lieu à une extension du plan plutôt qu'ils n'auraient été intercalés dans quelques parties préexistantes.

569. Ce qui distingue Roger BONNARD et Louis ROLLAND ressort d'une lecture dynamique de leur ouvrage respectif, c'est-à-dire une lecture qui tienne compte de leur évolution au gré des rééditions. Le premier donne une tournure définitive à son plan dès la deuxième édition de son précis (1935), en y insérant sa théorie des droits publics subjectifs[397]. En réintroduisant les droits subjectifs dans une théorie objectiviste inspirée de celle de DUGUIT, il souligne cette conflictualité latente entre les interventions de l'État et les droits des administrés, laquelle est placée sous l'égide de la justice administrative qui en est valorisée d'autant. Si les différents aspects de l'activité administrative – autorités administratives, personnels, domaines et organisations spéciales des services publics – sont appréhendés avec un certain classicisme, c'est que cet auteur opte pour une approche institutionnelle qui lui permet de saisir le pouvoir administratif suivant ce qu'il a de coercitif à l'endroit des administrés. Pour sa part, Louis ROLLAND développe au fur et à mesure des éditions successives de son précis une théorie qui tend à borner l'administration en lui assignant une finalité : les services publics[398]. Il n'a pas tant le souci

[397] Il faut souligner que Roger BONNARD publie en 1932 un article fondamental dans l'élaboration de sa doctrine : « Les droits publics subjectifs des administrés » (*in* R.D.P. 1932, p. 695).

[398] *Cf.* à ce propos un article de M. MEYER, publié dans un numéro de la *Revue méditerranéenne de droit public* consacré à Louis ROLLAND (2012, n° 5) : « Relire le *Précis de droit administratif* aujourd'hui ? ».

d'expliciter ce que le pouvoir discrétionnaire de l'administration peut avoir de redoutable, qu'à subordonner l'emploi des ressources institutionnelles et humaines de l'administration au bon fonctionnement des services publics. En ce sens, il développe avec une certaine originalité l'infrastructure normative sur laquelle les services publics s'organisent, de même qu'il indique la convergence ou bien la compénétration des modes d'action public et privé mis en œuvre pour leur fonctionnement. Cette orientation le conduit à une présentation inédite – quoiqu'elle nous est devenue commune – qui, par le biais d'une « *théorie des actes administratifs* », s'efforce de réduire la diversité de ces actes autour de quelques archétypes. Il la mûrit dans les éditions successives pour opposer, dans la huitième édition (1943), les « *décisions administratives exécutoires* » aux « *contrats de l'administration* ». Il y a dans cette démarche l'esquisse de notre conception contemporaine qui rapproche les contrats administratifs des actes administratifs unilatéraux, dans une partie consacrée aux actes de l'administration[399]. Certes, il n'en continue pas moins – à l'instar de ses contemporains – à développer le sujet en traitant des contrats administratifs classiques, lesquels sont abordés de manière éparse dans son précis. Cependant, Louis ROLLAND est soucieux de présenter, à un point de vue générique, les actes administratifs au point de vue de leur fonctionnalité. La typologie qu'il en propose n'a pas pour objet de résumer les principales règles auxquelles les contrats de l'administration seraient soumis, ni même d'en donner une définition contentieuse. Placée en avant de son ouvrage, elle traduit cette idée que les contrats administratifs sont soumis à un régime juridique commun qui est corrélé à celui qui gouverne les services publics – cette similarité corroborant l'hypothèse suivant laquelle les services publics sont le paradigme du droit administratif. Il en souligne l'empreinte sur l'action contractuelle de l'administration, tout en se gardant de succomber à ce tropisme :

> Il n'existe pas de textes d'ensemble concernant le régime des contrats administratifs. Pour avoir une vue d'ensemble des règles constituant ce régime, on doit se reporter aux textes relatifs à certains contrats déterminés. Il faut ensuite se reporter aux pratiques. (…)
>
> Il convient enfin de se référer aux clauses particulières des divers contrats. Ce n'est qu'à titre subsidiaire que, pour déterminer

[399] Le *Traité de droit administratif* (2011, 2 vol.) publié sous la direction des professeurs GONOD, MELLERAY & YOLKA en est un exemple parmi d'autres.

le régime des contrats administratifs, on utilise les dispositions du Code civil[400].

570. L'esquisse par ROLLAND d'une théorie des contrats administratifs alignée sur une théorie des services publics. – Il est vrai que son collègue parisien – Gaston JÈZE – entreprit une démarche analogue bien plus développée : lorsque Louis ROLLAND y consacre deux pages, celui-là s'y attarde sur trois volumes. Nulle comparaison n'est possible à ce point de vue. Cela étant dit, la *Théorie générale des contrats de l'administration* (1934-1936)[401] de Gaston JÈZE s'articule au reste de son œuvre comme une pièce rapportée. En forçant le trait, elle est comme une excroissance d'une des théories développées dans le troisième tome (1926) de ses *Principes généraux du droit administratif* (3e éd.)[402]. La théorie des contrats administratifs est présentée comme une théorie spéciale à celle qu'il consacre sur la collaboration des particuliers au fonctionnement des services publics. La *Théorie générale des contrats de l'administration* en est un approfondissement. Louis ROLLAND envisage également les diverses hypothèses de collaboration au fonctionnement des services publics : le personnel fonctionnaire d'une part, le personnel non-fonctionnaire d'autre part (au sein duquel figurent au premier rang les concessionnaires). À cette occasion, il fait allusion aux contrats administratifs. D'un autre côté, les modestes développements qu'il consacre ailleurs – dans une théorie des actes administratifs – présentent cette originalité d'esquisser les linéaments d'un régime juridique en cohérence avec les principes cardinaux des services publics. Il ne s'agit pas d'en faire un exposé exhaustif, mais le lecteur attentif peut y voir un écho aux « lois » du service public qui sont développées quelques pages auparavant. Les principes essentiels aux contrats administratifs sont une déclinaison du

---

400 ROLLAND Louis, *Précis de droit administratif*, Paris, Dalloz, 1943 (8e éd.), p. 49.

401 La *Théorie générale des contrats de l'administration* (1934-1936) de Gaston JÈZE est le sous-titre des trois derniers volumes, parmi les six qui composent la troisième édition et dernière de ses *Principes généraux du droit administratif* (1925-1930). Il recouvre en substance les quatre volumes de son ouvrage : *Les contrats administratifs de l'État, des départements, des communes et des établissements publics* (1927-1936), lequel procède des cours qu'il a professé en troisième année de licence à la faculté de droit Paris, entre 1925 et 1936.

402 Consacré au fonctionnement des services publics, le troisième tome des *Principes généraux du droit administratif* de Gaston JÈZE, (1926, 3e éd.) comporte deux chapitres sur « *La collaboration des particuliers au fonctionnement des services publics* » : l'un embrasse les théories générales afférentes, l'autre les contrats administratifs. Le premier, développé à partir d'un cours dispensé en 1922, traite succinctement des contrats administratifs ; le second, développé à partir d'un cours dispensé en 1925, y consacre l'essentiel de ses développements.

régime général applicable aux « *services publics proprement dits* », envisagé peu avant dans son ouvrage. L'« *obligation pesant sur les gouvernants de pourvoir au bien commun* » leur confère des « *prérogatives n'appartenant pas aux particuliers* »[403] ; de même, « *pour assurer l'exécution du contrat* [administratif], *l'Administration dispose de moyens d'action n'appartenant pas aux particuliers* »[404]. Tandis que le professeur parisien présente les services publics comme « *des entreprises régulières et continues* », il s'empresse d'en noter les implications. « *De cette continuité nécessaire des services publics, les conséquences sont multiples. À elle, par exemple, se rattach*[e] (…) *la théorie de l'imprévision* [qui est spéciale aux contrats administratifs] »[405]. En outre, les « *règles d'organisation et de fonctionnement* [des services publics] *peuvent toujours être modifiées à tout moment par l'autorité publique compétente* », d'où il résulte que, « *en cours d'exécution, la personne morale de droit public a souvent la faculté de modifier les dispositions du contrat* [administratif], *d'imposer à son co-contractant des obligations supplémentaires ou de modifier les obligations à lui imposées* »[406]. La mutabilité des services publics peut encore être rapprochée de la prérogative dont l'administration dispose pour « *mettre fin unilatéralement au contrat* [administratif], [et pour] *résilier en certains cas le contrat de sa propre volonté, et sans l'intervention du juge* »[407]. Ces parallèles répondent au souci de conférer à ce que l'on a appelé depuis les « lois de ROLLAND »[408], un rayonnement qui, depuis l'organisation des services publics, s'étende jusqu'aux actes passés pour leur fonctionnement et dont la synthèse ne soit pas purement performative, pas plus qu'elle ne serait affaiblie par la généralité de ses termes[409]. Bien sûr, Gaston JÈZE affirme plus fort encore cette idée suivant laquelle le régime juridique des contrats administratifs accuse les nécessités qui s'imposent aux services publics pour leur fonctionnement.

403 ROLLAND Louis, *Précis de droit administratif*, *op. cit.* (8e éd., 1943), p. 15-16.
404 *Id.*, p. 50.
405 *Id.*, p. 16.
406 *Id.*, p. 50.
407 *Ibid.*
408 Tandis que Louis ROLLAND décède en 1956, l'expression « les lois de ROLLAND » pour désigner les principes d'égalité, de continuité et de mutabilité des services publics paraît s'être installée dans la décennie suivante. En témoignent les professeurs AUBY et DUCOS-ADER (*Grands services publics et entreprises nationales*, Paris, P.U.F., 1969-1973 (1er éd., 2 vol.), t. 1, p. 33) ou WALINE (*Précis de droit administratif*, Paris, Montchrestien, 1969-1970 (2 vol.), t. 1, p. 483).
409 Il semble avoir mûri cette doctrine en même temps qu'il remplaça Achille MESTRE pour le cours de droit administratif de licence – pour l'année universitaire 1940-1941. Il y présente les actes de l'administration d'après une perspective qui confronte les décisions exécutoires aux contrats de l'administration. *Cf.* ROLLAND Louis, *Répétitions écrites de droit administratif* [cours dispensé à la faculté de Paris pour la deuxième année de licence (1940-1941)], Paris, Les cours de droit, 1941).

Pour autant, il ne cesse d'indiquer que les contrats administratifs sont une assimilation, par les marges, du contrat à un droit administratif centré sur les services publics. Quant à lui, Louis ROLLAND propose une interprétation sensiblement différente qui rapproche les contrats administratifs des actes unilatéraux pour caractériser un mode d'action propre au droit administratif. Les contrats relèvent *naturellement* du droit administratif au lieu d'apparaître comme le produit d'une acculturation d'un concept privatiste.

571. L'articulation de la théorie des contrats administratifs à notre représentation du droit administratif n'est pas le fruit d'un progrès sans cesse s'affinant. Elle procède d'une succession d'entreprises doctrinales qui ont renouvelé la manière de les appréhender. Un auteur comme Louis ROLLAND les envisage *génériquement* comme un moyen pour mettre en cohérence le droit administratif autour des services publics. Jean RIVERO – qui a assuré les rééditions de son manuel après le décès de celui-ci[410] – consomme cette option doctrinale en traitant exclusivement des contrats administratifs comme un procédé juridique complémentaire à l'action unilatérale de l'administration. À cet égard, Louis ROLLAND admettait volontiers que, pour poursuivre l'étude d'un régime juridique commun aux contrats administratifs, il était nécessaire de « *se reporter aux textes relatifs à certains contrats déterminés* »[411] – à savoir, les marchés de travaux publics, les marchés de fournitures et les concessions de service public pour l'essentiel. Aussi convenait-il de se référer à des développements particuliers à chacun d'eux, généralement situés en fin d'ouvrages pour les marchés. À l'inverse, Jean RIVERO rassemble sous un même chapitre tout ce qui intéresse les contrats administratifs. Il n'en reconnaît pas moins que les règles communes leur étant applicables procèdent des contrats « *les plus anciens, et les plus importants* »[412], dont le marché de travaux publics est « *en quelque sorte, le doyen, et dans une large mesure le prototype de tous les autres contrats administratifs* »[413]. Il ramène cependant leur singularité à un corpus doctrinal dont l'unité puisse faire pendant à la théorie des actes administratifs unilatéraux. Il ne fut pas le premier à développer en ce sens une théorie des contrats administratifs. Georges VEDEL le

---

410 Jean RIVERO participa à la publication posthume de la dernière édition du précis de Louis ROLLAND en la préfaçant (1957), puis il lui succéda dans la collection « précis » des éditions Dalloz à partir de 1960.

411 ROLLAND Louis, *Précis de droit administratif*, *op. cit.* (8e éd., 1943), p. 49.

412 RIVERO Jean, *Droit administratif*, Paris, Dalloz, 1960 (1re éd.), p. 91.

413 *Id.*, p. 501.

précéda de peu en ce sens[414]. Néanmoins, celui-ci persévéra à la rapporter aux travaux publics, parmi les moyens de l'administration – c'est-à-dire comme un procédé gestionnaire. Il n'adopta une présentation similaire à celle de Jean RIVERO que plus tard, dans la quatrième édition de son *Droit administratif* (1968). Marcel WALINE, en 1957, les devança tous deux. Nous reviendrons sur les raisons de cette concordance qui se fit en une décennie[415]. Tout cela pour faire apparaître qu'il serait artificiel de rechercher un initiateur qui eût été imité par d'autres. Par le rapprochement de ces divers essais doctrinaux, il est question de montrer que notre conception du contrat administratif résulte de l'assimilation, par générations successives, d'un héritage doctrinal qui a sans cesse évolué au gré des préoccupations propres aux auteurs qui y ont contribué. Si nous soulignons particulièrement l'apport de Jean RIVERO, il ne doit pas éclipser ses contemporains – Marcel WALINE, Georges VEDEL ou André de LAUBADÈRE – qui publièrent également des ouvrages de vulgarisation de droit administratif. Dès les années 1930, les professeurs qui assument le cours de droit administratif en deuxième année de licence paraissent consacrer aux contrats administratifs des développements plus amples que leurs prédécesseurs. Achille MESTRE – qui succéda à Henry BERTHÉLEMY à la faculté de Paris – traita des droits des personnes administratives sous lesquels il examina les contrats et les actes unilatéraux[416]. L'internationaliste Marcel SIBERT qui le remplaça pour l'année universitaire 1937-1938 leur consacra également une partie sur les sept qui composent son cours[417]. En somme, l'identification d'un « père » des contrats administratifs nous éloignerait de ce qui nous semble être l'essentiel : restituer les perspectives doctrinales autour desquelles la théorie des contrats administratifs a été élaborée.

572. Comparaison des administrativistes depuis la Belle Époque jusqu'à la fin de l'Entre-deux-guerres. – Henry BERTHÉLEMY et Mau-

---

414 *Cf.* VEDEL Georges, *Droit administratif*, Paris, P.U.F., 1958-1959 (1re éd., 2 vol.).

415 *Cf.* la section 2, chapitre 3, titre IV, seconde partie.

416 D'après les programmes des cours dispensés à la faculté de droit de Paris, publiés aux éditions Domat-Montchrestien, Achille MESTRE adopta cette méthode dès la première année (1932-1933) où il professa un cours de droit administratif pour les étudiants en licence (*cf.* lesdits programmes conservés aux Archives nationales : AJ/16/1781). La reproduction dactylographiée de son cours par les éditions « Les cours de droit » en témoigne au surplus pour l'année universitaire 1933-1934 (*cf. Répétitions écrites de droit administratif* [cours dispensé à la faculté de Paris pour la deuxième année de licence (1933-1934)], *op. cit.* (1934)).

417 *Cf.* SIBERT Marcel, *Répétitions écrites de droit administratif* [cours dispensé à la faculté de Paris pour la deuxième année de licence (1937-1938], Paris, Les cours de droit, 1938.

rice HAURIOU ont tous deux publié l'édition *princeps* de leurs ouvrages de référence entre 1890 et 1900. Nonobstant une doctrine qui n'a pas cessé d'être modifiée au cours des éditions successives de son précis, le second n'en a jamais bouleversé l'architecture générale. La terminologie pour en rendre compte a certes évolué. Pourtant, les divers contrats de l'administration ont toujours été envisagés parmi les « *moyens de gestion des services publics* » – pour emprunter la formulation employée dans la dernière édition publiée de son vivant (1927)[418]. Ainsi, les concessions *de service public* y sont envisagées comme un sujet coextensif des concessions *de travaux publics*, sous un chapitre consacré aux travaux publics et immédiatement poursuivi par un autre sur les marchés de fournitures. Cela ne l'a pas empêché de développer des idées originales sur les concessions de service public. L'ordre et l'intitulé des titres ne doit pas tromper sur la teneur des développements qu'ils recouvrent. Les transformations apportées par André HAURIOU – qui souhaita donner au lecteur « *un plan rationnel et simple* »[419] – font voir l'évolution des conceptions doctrinales sur ce sujet entre ces deux générations – celles du père et du fils[420]. Celui-ci traite de la concession de service public aux côtés de la régie, dans un chapitre distinct des travaux publics et consacré – à l'instar d'un JÈZE ou BONNARD – aux « *procédés de gestion publics des services publics* ». Si cette différence ne doit pas être exagérée, elle permet de se représenter l'évolution graduelle de la doctrine administrative, au rythme des générations qui se sont successivement libérées des présentations admises par leurs prédécesseurs pour leur en substituer d'autres. De la même façon, un auteur plus tardif – Georges RENARD – développe une doctrine pleine de pénétration sur les marchés administratifs, suivant une présentation des plus classiques qui les rapproche des travaux publics[421]. À ce point de vue,

418 Le recueil de ses notes d'arrêt dont la parution fut achevée par son fils peu après son décès (1929), articule les commentaires suivant un axe d'exposition qui s'inspire précisément du plan de son *Précis de droit administratif*. Les contrats administratifs y sont traités ensemble avec l'expropriation et les travaux publics. Le nouveau tirage qui est fait de ce recueil (sous le titre *La jurisprudence administrative de 1892 à 1929*, 1931) ne modifie par cet ordonnancement.

419 HAURIOU Maurice (mis à jour par André HAURIOU), *Précis de droit administratif et de droit public*, Paris, Sirey, 1933 (12e éd.), p. xix.

420 En reprenant la publication du *Précis élémentaire de droit administratif* (1925) de son père, André HAURIOU modifia son plan dans le même sens. La troisième édition de ce précis (1933) paraît être sortie avant la douzième édition (1933) du *Précis de droit administratif et de droit public*, si bien qu'elle conserve le plan original de Maurice HAURIOU. À l'inverse, l'édition suivante (1938) intègre les modifications apportées par André HAURIOU dans celui-ci.

421 *Cf.* RENARD Georges, *Cours élémentaire de droit public : droit constitutionnel, droit administratif, droit financier*, Paris, Recueil Sirey, 1922, p. 178.

Henry BERTHÉLEMY se rapproche de Maurice HAURIOU, en articulant les contrats de l'administration à l'étude du domaine et des travaux publics. Nous ferons les mêmes observations au sujet de trois manuels, bien moins connus et dont l'ordonnancement se rapproche beaucoup du *Traité élémentaire de droit administratif* de BERTHÉLEMY, à savoir : le *Manuel élémentaire de droit administratif* de René FOIGNET (1893)[422], le *Précis élémentaire de droit administratif* de Maurice JOURNÉ (1904)[423] et les *Notions élémentaires de droit administratif* de Fernand BERNARD (1907). Les deux premiers ont été répétiteurs en droit administratif. Nous les citons sans nous y arrêter, car leurs ouvrages présentent surtout une valeur scolaire – à l'instar de ceux que publièrent certains professeurs[424]. Ces administrativistes, qui forgèrent leur représentation du droit administratif au cours de la Belle Époque, ont ainsi conservé aux contrats administratifs une conception proche de celle du XIXe siècle (ce qui n'est pas archaïque). Nonobstant les divergences parfois très marquées qui peuvent opposer ces divers auteurs, tous ont appréhendés ces contrats à travers l'action matérielle de l'administration (les travaux publics spécialement), lorsque leurs successeurs en vinrent à les appréhender comme une technique juridique. Le rapprochement des ouvrages didactiques de la première moitié du XXe siècle nous permet d'apprécier l'inertie que la littérature administrative oppose à la diffusion d'une théorie doctrinale. Ce qui ne veut pas dire que les auteurs fassent preuve de conformisme doctrinal, la question n'est pas là. Seulement, leurs doctrines s'épanouissent dans un cadre de représentations qui, sans être statique, évolue suivant un rythme plus lent, scandé par la succession des générations. Le plan de leurs ouvrages est rarement modifié à l'occasion des rééditions successives et tout ce que leur doctrine peut avoir d'inédit est souvent intercalé dans l'architecture arrêtée dans l'édition *princeps*.

---

422 Cet ouvrage a connu jusqu'à vingt-deux éditions dont la dernière date de 1943.

423 Cet ouvrage a connu deux autres éditions, l'une en 1922, l'autre en 1925.

424 Nous pensons aux manuels universitaires élémentaires, notamment destinés aux étudiants préparant la capacité en droit : – les *Éléments de droit public et administratif* de Gaston JÈZE (1910), – les *Éléments de droit public* de Henry NÉZARD (1911, 1re éd.), – les *Notions très sommaires de droit public français* (1920) et le *Cours élémentaire de droit public* (1922) de Georges RENARD, – le *Précis élémentaire de droit public* de Roger BONNARD (1925, 1re éd.), – le *Précis élémentaire de droit administratif* de Maurice HAURIOU (1925, 1re éd.) et – les *Éléments de droit public et administratif* de Louis TROTABAS (1933, 1re éd.).

Section 3. – La théorisation du contrat administratif : au croisement entre publicisation du contrat et privatisation du contrat administratif

573. La conceptualisation du contrat administratif a été largement tributaire des réaménagements dont le contentieux administratif a fait l'objet dans les années 1920. La manière dont ce contrat a été pensé s'en ressent : sa définition a été conçue pour être opérationnelle au point de vue de la répartition des compétences entre les deux ordres juridictionnels (**paragraphe 1**). La dichotomie entre contrats privés et contrats administratifs indique suivant quels desseins la théorisation de ces derniers a été entreprise. En résultant de l'assimilation *du* contrat *au* droit administratif, le contrat administratif demeure apparenté au contrat (de droit privé) dont il ne s'en distingue que par le critère des clauses exorbitantes, lequel est conçu comme l'unique critère du contrat administratif (**paragraphe 2**).

Paragr. 1. – Un contrat administratif essentialisé à travers l'inégalité de situation entre les parties contractantes

574. Les contrats de l'administration pris dans l'intensité doctrinale de la fin des années 1920. – Les années 1925 à 1927 sont, pour la doctrine administrative, une période d'un dynamisme intense : Léon DUGUIT achève la seconde édition de son *Traité de droit constitutionnel* (1923-1925) et entame la troisième (1927-1930) ; Louis ROLLAND et Roger BONNARD conçoivent chacun un précis (1926) ; Jean APPLETON publie son *Traité élémentaire de contentieux administratif* (1927) ; BERTHÉLEMY fait paraître la onzième édition de son traité (1926-1927), HAURIOU la onzième édition de son précis (1927 – la dernière parue de son vivant) et Gaston JÈZE, les deux premiers tomes de la troisième édition de ses *Principes généraux du droit administratif* (1925-1926), auxquels s'ajoute le premier tome de son traité sur les contrats de l'administration (1927). Par ailleurs, Gaston JÈZE fait paraître dans la revue roumaine de droit public (*Revista de Drept public*) un article auquel Maurice HAURIOU répondit avec verve (1926) : le premier, consacré au « Service public » ; le second, à « La puissance publique et le service public » (repris en préface de la onzième édition de son précis). Cette controverse sur les concepts cardinaux du droit administratif arqua la doctrine administrative autour de deux paradigmes présentés comme antagoniques[425] – l'historiographie en donne parfois une idée caricaturale. Le doyen toulousain qui vitupère contre Gaston JÈZE – cet « *enfant terrible de l'école* [du service public] »[426] –, insiste tant et si bien sur l'idée de puissance publique que sa théorie de l'institution s'y fait plus discrète. Pourtant, c'est par elle, en définitive, qu'il conclut pour souligner l'originalité du droit administratif français. Notre doctrine garde en mémoire cette dualité scolastique – « l'école » du service public et celle de la puissance publique[427] –, non pas tant par rigueur historique que pour interroger les fondements de son propre droit administratif. En ce sens, l'histoire est un conservatoire des mythologies[428], ce dont Jean RIVERO dont une illustration :

> HAURIOU, DUGUIT au seuil du Temple de la Doctrine administrative, leurs deux statues se dressent toujours[429].

L'histoire doctrinale du contrat administratif en a considérablement pâti. Ce ne serait toujours qu'entre ces deux récifs que ce contrat pût trouver une existence « scientifique ». Comme de Charybde en Scylla, il est renvoyé de l'un à l'autre de ces critères et reste coincé dans cette alternative qui est appauvrie à force d'être usée. Il semblerait que, en son dehors, il fût impossible de rien trouver qui permît de l'appréhender autrement. La genèse du droit administratif moderne nous est souvent présentée au moyen d'une opposition dont les tenants et les aboutissants sont avant tout d'ordre scolastique. Il en va de même pour le contrat administratif dont la conceptualisation est tributaire des idées de service public et de puissance publique. C'est ce qui a conduit d'aucuns à mener des travaux historiques en recherchant lequel de ces deux critères a pu avoir la primeur pour caractériser les contrats de l'administration au XIXe siècle[430]. D'autres ont conclu à l'inexistence d'une science des con-

---

425 *Cf.* BIGOT Grégoire, « Les failles conceptuelles de la notion de service public en droit administratif », *in R.F.D.A.* 2008, p. 1.

426 HAURIOU Maurice, « La puissance publique et le service public », *in Revista de drept public* 1926, p. 367.

427 Sur l'existence même d'écoles doctrinales en droit public, *cf.* du professeur TOUZEIL-DIVINA : « *Un mythe des facultés de droit : "Il existe, en droit public, de multiples Écoles"* » (*in Dix mythes du droit public*, *op. cit.* (2019), p. 329).

428 BIGOT Grégoire, *Introduction au droit administratif depuis 1789*, Paris, P.U.F., 2002, p. 360.

429 RIVERO Jean, « Préface », *in* SFEZ Lucien, *Essai sur la contribution du doyen Hauriou au droit administratif français*, *op. cit.* (1966), p. i.

430 Nous pensons entre autres aux thèses de – Henry-François KŒCHLIN (*Compétence administrative et judiciaire de 1800 à 1830 : étude de jurisprudence*, 1945), – René CHAPUS (*Responsabilité publique et responsabilité privée*, 1953) et – Claude GOYARD (*La compétence des*

trats administratifs au XIXe siècle, après avoir constaté qu'aucun de ces deux critères n'était alors mobilisé pour appréhender ces contrats – ni par la jurisprudence administrative, ni par la doctrine administrative[431]. Les développements qui suivent tendent précisément à démontrer que la théorisation du contrat administratif résulte moins d'un progrès doctrinal que d'une *acculturation du contrat* au *droit administratif*, d'où cette tension originelle entre *publicisation du contrat* et *privatisation du contrat administratif*. La compréhension dans laquelle nous tenons le contrat administratif en est demeurée captive – ainsi que nous nous expliquerons dans un chapitre terminal[432].

575. L'assimilation *du* contrat *au* droit administratif par le prisme du contentieux administratif. – La doctrine d'avant-guerre, qui s'est développée en considérant les *contrats passés pour le fonctionnement des services publics*, s'est diluée avec les ajustements qu'a subi le contentieux administratif dans les années 1920. En un sens, la théorie de l'imprévision a poursuivi des réflexions entamées plusieurs années auparavant. Le commissaire du gouvernement CORNEILLE s'en est très largement inspiré pour organiser une typologie des contrats fondée sur le degré de collaboration liant le contractant au service public. Après l'arrêt *Société d'éclairage de Poissy* (1918) à l'occasion duquel il conclut, il donna à cette doctrine un éclat plus net encore à l'occasion de l'arrêt *FROMASSOL* (1920) – corroborant en cela la doctrine énoncée par Gaston JÈZE peu avant[433] :

> Il y a une distinction primordiale à établir, il y a une gradation que vous avez établie suivant que l'entrepreneur, le fournisseur, collabore plus ou moins directement au service public[434].

La formalisation d'une typologie élaborée à partir du degré de collaboration aux services publics n'est pas tant traversée par des préoccupations contentieuses, que par le souci de singulariser le régime juridique des contrats administratifs, voire même de spécifier le caractère *sui generis*

---

tribunaux judiciaires en matière administrative, 1960).

431 Nous pensons tout particulièrement à la thèse du professeur PLESSIX (*L'utilisation du droit civil dans l'élaboration du droit administratif*, 2003), à laquelle M. SARLANDIE DE LA ROBERTIE adhère largement (*Essai sur l'émergence du concept de marché public en droit administratif*, 2012).

432 *Cf.* le chapitre 3 (spéc. la section 3), titre IV, seconde partie.

433 *Cf.* son article intitulé : « Le régime juridique des marchés de service public » qui fait une présentation critique de l'arrêt *Société d'éclairage de Poissy* (*in R.D.P.* 1918, p. 219).

434 CORNEILLE Louis-François, Conclusions prononcées sous l'arrêt *FROMASSOL* (C.E., 3 décembre 1920), *in R.D.P.* 1921, p. 79.

de certaines des relations consensuelles de l'administration. La théorie de l'imprévision en fut longtemps l'emblème – mise en avant par tous ceux qui, de part et d'autre de la *summa divisio*, souhaitèrent marquer l'irréductibilité du régime juridique des contrats administratifs par rapport au code civil. Quelques études spéciales – essentiellement jurisprudentielles – furent réalisées sur cette théorie[435]. D'autres la décadrèrent en l'inscrivant dans des réflexions portées sur la modification des contrats passés par l'administration[436], tel Phédon VEGLERI. Son propos n'est pas celui d'abstraire de la jurisprudence un régime juridique duquel il serait possible d'induire une nature *sui generis* des contrats administratifs, mais celui de réaffirmer leur caractère purement contractuel.

> Il n'y a pas, répétons-le, de pouvoir modifiant ; il n'y a pas de prérogative de modification existant au profit des agents publics pour les contrats qu'ils ont passés. Il y a, d'une part, le fait de la modification directe par l'administration de ses contrats, fait illégitime et contraire au droit. (…) Et il y a, d'autre part, le phénomène très complexe, en vérité de la répercussion de l'accomplissement normal de la mission des agents publics, sur les situations contractuelles[437].

La mise en exergue des prérogatives exorbitantes de l'administration tempère la particularité des contrats administratifs en posant la question lancinante de leur force obligatoire. Cette démonstration renvoie à un cadre de pensée assez proche de celui de l'avant-guerre : les contrats de l'administration ne sont pas conçus comme étant foncièrement différents des contrats du code civil ; les modifications qu'y apporte indirectement l'administration s'expliquent par l'exercice d'un pouvoir réglementaire qui ne saurait être aliéné par cela seul que l'administration s'est liée par contrats. En fait, indépendamment des controverses que l'imprévision suscita, cette théorie ne contribua qu'assez modestement à la conceptua-

---

435 Nous pensons en particulier à celle de Raphaël ALIBERT – maître des requêtes au Conseil d'État – qui réalisa sur l'imprévision une étude positive de la jurisprudence administrative : *L'imprévision dans les concessions de services publics. L'évolution des faits et l'adaptation de la théorie depuis 1916* (Paris, Juris-Classeurs, 1924). André BOSC ajouta une contribution complémentaire : « La théorie de l'imprévision en matière de concessions de services publics et la jurisprudence du Conseil d'État » (*in R.D.P.* 1926, p. 411).

436 *Cf.* BOSC André, « Des conséquences juridiques des mesures législatives ou réglementaires tendant à modifier l'exécution des contrats administratifs », *in R.D.P.* 1927, p. 177.

437 VEGLERI Phédon Th., *Des modifications apportées par l'administration à ses contrats (étude de jurisprudence administrative)*, Paris, Jouve & Cie, 1927 (thèse de doctorat, faculté de Paris ; présidée par JÈZE, professeur de droit administratif), p. 32.

lisation des contrats administratifs. Certes, elle permit d'en souligner l'originalité, voire de leur reconnaître un régime juridique irréductible au droit privé. Toutefois, la conceptualisation des contrats administratifs est davantage liée aux réaménagements des contours du contentieux administratif. L'évolution jurisprudentielle qui s'y rapporte et la doctrine administrative qui en proposa une synthèse vinrent obliquer les réflexions suscitées par l'imprévision pour leur assigner un cadre dont celles-ci sont restées prisonnières : un cadre tout déterminé par le contrat lorsque, précisément, certains administrativistes (institutionnalistes pour la plupart), en traitant de l'imprévision, s'évertuaient à le dépasser en en critiquant la valeur épistémologique au sein du droit public. Il y a ceci de surprenant que les thèses entreprises dans l'Entre-deux-guerres traitent ou bien de la théorie de l'imprévision, ou bien des définitions contentieuses du contrat administratif, sans jamais – sinon à la marge – faire converger ces problématiques vers une théorie d'ensemble.

576. Une définition contentieuse du contrat administratif tendue à mettre en exergue l'inégalité des parties. – Si l'on en juge d'après la littérature doctorale de l'Entre-deux-guerres, le contrat administratif suscita plus d'intérêts au point de vue de sa définition contentieuse que de son (ses) régime(s) juridique(s). Exception faite des thèses entreprises sur des contrats administratifs spécifiques[438], toutes celles qui ont traité des contrats administratifs comme concept se sont placées au point de vue de la compétence administrative[439]. Leur conceptualisation dans les années 1920 répond, pour une large part, à des préoccupations touchant à l'économie institutionnelle de la juridiction administrative et du Conseil d'État en particulier. Très marginalement, quelques-uns contestent toujours l'existence *par nature* d'un contentieux contractuel *administratif*, tel Paul DOUYSSET[440]. Pour être exact, ce contentieux ne retient l'attention

---

[438] *Cf.* par exemple les thèses réalisées au sujet des concessions de service publics par – RIEU (*De la nature juridique des concessions de travaux publics*, 1923), – REDEUILH (*Nature juridique de la concession de service public*, 1925), – BLONDEAU (*La concession de service public. Étude d'histoire du droit administratif*, 1929) et – COMTE (*Essai d'une théorie d'ensemble de la concession de service public : un aspect de l'évolution du droit public contemporain*, 1934).

[439] *Cf.* les thèses de – DOUYSSET (*Du principe de répartition des compétences en ce qui concerne les litiges nés sur les contrats passés par les personnes administratives*, 1924), – AMFREVILLE (*De la répartition des compétences en matière de contrats passés par l'administration*, 1927), SUDRE (*De la compétence du Conseil d'État en matière de contrats*, 1928), – ROUVIÈRE (*À quels signes reconnaître les contrats administratifs*, 1930), – LAHILLONNE (*La gestion privée des services publics*, 1931) et – HIMARIO (*Les clauses exorbitantes du droit commun dans les contrats administratifs*, 1933).

[440] DOUYSSET Paul, *Du principe de répartition des compétences en ce qui concerne les litiges nés sur*

de cet auteur que pour autant qu'il lui permet de démontrer l'impossibilité de séparer rationnellement les compétences administrative et judiciaire et, par là-même, l'inintelligibilité de la juridiction administrative – juridiction monarchique dont la raison d'être s'est perdue avec la pérennisation du régime républicain et l'abandon de la justice administrative retenue. Cela étant, son choix d'étayer sa démonstration sur l'exemple du contentieux contractuel atteste que celui-ci est encore le biais par lequel la juridiction administrative est la plus vulnérable. Si les contrats administratifs font l'objet d'une mise en discours qui les assimile progressivement au droit administratif, ils continuent à souffrir indirectement des critiques qui assaillent une juridiction dont l'organisation imparfaite la décrédibilise[441]. En s'attachant presque toutes à démontrer l'existence des contrats administratifs, les thèses réalisées à la suite de Paul DOUYSSET indiquent suffisamment que ces contrats ne renvoient pas à un concept préexistant, dégagé par la jurisprudence et que la doctrine administrative se serait contentée de recueillir. La conceptualisation du contrat administratif résulte pour une large part d'essais doctrinaux entrepris en vue de conférer au contentieux administratif des contours modernes propres à renforcer la légitimité de la juridiction administrative. Nous avons exposé que, dans les années d'avant-guerre, la doctrine publiciste cantonnait le contrat aux marges du droit public[442]. Cette méfiance répondait au souci de valoriser le droit public sur des fondements qui le distinguât du droit privé. La démarche d'un Gaston JÈZE qui, à la suite d'un premier article sur les marchés de service public (1918) et tout au long des années 1920, consacre une attention sans cesse croissante aux contrats de l'administration a de quoi surprendre. En 1914 encore, il se récriait contre la locution « contrat administratif » qui lui faisait craindre un abâtardissement de la grammaire publiciste, par où l'influence privatiste menacerait l'autonomie du droit public[443]. Cette inflexion interroge sur la manière dont les administrativistes, avec la conceptualisation du contrat administratif, réévaluèrent le concept même de contrat en l'assimilant pleinement au droit administratif.

---

les contrats passés par les personnes administratives, Châteauroux, Société d'imprimerie d'édition et des journaux du Berry, 1924 (thèse de doctorat, faculté de Paris ; présidée par JACQUELIN, professeur de droit administratif).

441 Ce n'est qu'en 1926 que la présidence des conseils de préfecture par le préfet, reliquat d'une confusion des genres qui ne perdurait plus qu'en droit, est formellement supprimée (décret du 6 septembre 1926, *in Journal officiel* 1926 (9 septembre), p. 10074).

442 *Cf.* le chapitre 3, titre III, seconde partie.

443 *Cf.* JÈZE Gaston, « De l'utilité pratique des études théoriques de jurisprudence pour l'élaboration et le développement de la science du droit public. Rôle du théoricien dans l'examen des arrêts des tribunaux », *in R.D.P.* 1914, p. 311.

577. Les thèses entreprises sur les contrats administratifs dessinent un faisceau convergent de préoccupations : ceux-ci ne retiennent l'attention des auteurs qu'au point de vue de leur définition contentieuse. Ce sont d'ailleurs des études essentiellement jurisprudentielles. Les autorités doctrinales n'y sont convoquées qu'avec discrétion. Ce tropisme se comprend aisément dans la mesure où l'objet de ces travaux consiste précisément à saisir une jurisprudence sinueuse dont les arrêts ne se prêtent pas à une interprétation univoque. Ainsi, Jacques-Guyot d'AMFREVILLE s'attache à « *montrer quelles raisons théoriques* (…) *avaient guidé* [le Conseil d'État] *dans la répartition des litiges* [contractuels] *entre les deux ordres de tribunaux du droit français* », cela pour « *apporter une contribution à l'histoire de l'évolution des idées juridiques et pour le présent de donner dans une étude d'ensemble une théorie générale de la compétence en matière de contrats* »[444]. Il confronte la théorie des actes d'autorité et de gestion avec la théorie du service public pour discuter de la portée que la jurisprudence du Conseil d'État confère au principe de la séparation des autorités administrative et judiciaire. Ce faisant, la théorie du service public n'est pas restituée sans une certaine ambiguïté. Elle n'est appréhendée qu'en ce qu'elle tend à « *conférer à l'administration des droits plus étendus, et* (…) *créer ainsi une rupture d'équilibre entre les droits et les obligations de chaque partie contractante* »[445]. La plupart de ces docteurs insistent sur la prééminence de l'administration dans ses rapports contractuels, au lieu de considérer plus largement les impératifs inhérents aux services publics, lesquels pèsent sur toutes les parties impliquées dans ces contrats. Pourtant, la théorie de l'imprévision aurait pu permettre d'illustrer que, en certaines hypothèses, ces impératifs peuvent se traduire en termes de contrainte pour l'administration. Maurice HAURIOU a déjà pu signaler que les concessionnaires n'avaient rien de contractants assujettis à l'autorité discrétionnaire de l'administration.

> Les villes n'ont pas de chance avec les compagnies de gaz et avec la théorie de l'imprévision. Voilà deux événements successifs, d'importance inégale, où l'imprévision tourne également contre elles : la découverte de l'éclairage électrique vers 1890 et la guerre de 1914[446].

---

[444] AMFREVILLE Jacques-Guyot (d'), *De la répartition des compétences en matière de contrats passés pour l'administration*, Paris, Jouve & Cie, 1927 (thèse de doctorat, faculté de Paris ; présidée par ROLLAND, professeur de droit administratif), p. 6-7.

[445] *Id.*, p. 169.

[446] HAURIOU Maurice, Note sur l'arrêt *Compagnie des messageries maritimes c. Ministre de la marine* (C.E., 3 août 1917) [1917], *in Notes d'arrêts sur décisions du Conseil d'État et du Tribunal des conflits…*, *op. cit.*, t. 3 (1929), p. 620.

La théorie de l'imprévision illustre ainsi que le service public aurait pu permettre de rapporter aux contrats administratifs un cadre théorique qui ne se résumât pas à un antagonisme exacerbé par la supériorité de l'un sur l'autre contractant. Et quoique cela fut remarqué, la prééminence de l'administration sur son contractant demeura *le* caractère emblématique des contrats administratifs. La théorie du service public fut souvent comprise en ce sens, de manière à occulter discrètement que le contrat administratif, loin de renvoyer nécessairement à une confrontation dont les termes seraient biaisés, institue une collaboration où les intérêts en présence s'interpénètrent. Jacques-Guyot d'AMFREVILLE ne l'admet qu'à demi-mots :

> Une harmonie très complète existe entre la conception générale qui est à la base du droit administratif, celle de contrat administratif, et celle de service public. Ces trois notions sont aussi intimement liées l'un à l'autre et se complètent mutuellement. On peut en effet les ramener à une idée unique et fondamentale, la situation spéciale, privilégiée, conférée à l'administration par le droit français[447].

C'est également par ce biais que Maurice HAURIOU porte à Gaston JÈZE cette critique : le procédé de droit public, tant mis en avant par celui-ci pour justifier l'autonomie du droit administratif, ne serait toujours qu'une autre manière de désigner les prérogatives de puissance publique[448]. Dans le même sens, Jacques-Guyot d'AMFREVILLE présente la théorie du service public sous un aspect où elle s'en retrouve parfois dénaturée. Préoccupé par l'inégalité juridique des parties, il découvre opportunément l'idée d'exorbitance derrière le service public : celui-ci ne serait rien d'autre qu'un horizon sous lequel les prérogatives de puissance publique vinssent s'abriter. Tout en étant attentif à épouser les contours de la jurisprudence administrative, ce docteur s'évertue à faire œuvre de syncrétisme là où, pour l'identification des contrats administratifs, le Conseil d'État privilégie formellement un critère – celui tiré des clauses exorbitantes du droit commun.

578. La critérisation du contrat administratif autour de la puissance publique : une doctrine de l'Entre-deux-guerres. – Un autre docteur, Jacques SUDRE, estime pareillement que le service public et la

---

[447] AMFREVILLE Jacques-Guyot (d'), *De la répartition des compétences en matière de contrats passés pour l'administration*, *op. cit.* (1927), p. 170.
[448] HAURIOU Maurice, « La puissance publique et le service public », *in Revista de drept public* 1926, p. 367 *sq.*

puissance publique ne sont que les deux faces d'une même médaille. La puissance publique permet de consacrer franchement le service public sans exposer le droit administratif aux critiques qui le désigneraient comme un droit autoritaire.

> Il est impossible de rendre compte de la jurisprudence en se plaçant du seul point de vue du service public. On ne peut faire abstraction des procédés spéciaux qu'emploie l'Administration pour le fonctionnement de ses services. (…)
>
> Ceci ne veut pas dire que nous repoussons la notion de service public. À la différence de leurs adversaires, qui repoussent la notion de puissance publique, les partisans de cette notion admettent celle de service public[449].

Thèse entreprise sous la présidence d'Achille MESTRE, il n'est pas étonnant que son auteur se montre sensible à la doctrine de Maurice HAURIOU. La prédominance de la puissance publique sur le service public est avant tout préférée pour une raison pragmatique.

> Il semble évident que lorsqu'on se trouvera en face d'une opération administrative contractuelle, il pourra être assez difficile de savoir si elle a été passée ou non en vue d'un service public. Au contraire, une analyse exacte des procédés employés dans cette opération révélera si, oui ou non, l'Administration s'est servie de procédés exorbitants du droit commun, si elle a usé de la contrainte, ou si, au contraire, elle n'a usé que des formes de la vie civile[450].

La prédominance du critère de la puissance publique – plus voilée chez des administrativistes qui se réclament de JÈZE ou ROLLAND, plus assumée chez ceux qui se rapprochent de HAURIOU ou MESTRE – n'est rien d'autre que la conséquence de la théorie de la gestion privée qui laisse à l'administration le choix entre un procédé du droit public et un procédé du droit privé. C'est qu'alors la question ne se pose ni dans les mêmes termes, ni au regard des mêmes contrats administratifs que dans le courant des années 1900. Au début du XXe siècle, l'attention est portée sur les contrats qui participent du modèle concessif, conduisant d'aucuns à se demander si le contrat ne serait pas un concept trop étroit pour appréhender l'ensemble des modes de collaboration consensuels

---

449 SUDRE Jacques, *La compétence du Conseil d'État en matière de contrats*, Paris, Recueil Sirey, 1928 (thèse de doctorat, faculté de Paris ; présidée par MESTRE, professeur de droit administratif), p. 49.

450 *Ibid.*

employés pour pourvoir au fonctionnement des services publics. Dans les années 1920, l'attention est portée sur des contrats inusuels à l'administration (héritage d'un interventionnisme étatique exigé par les hostilités) et dont l'analogie avec ceux du droit privé a soulevé de sérieuses difficultés pour la répartition des compétences administrative et judiciaire. Les contrats administratifs reçurent une définition dont la qualité recherchée fût d'être opérationnelle pour un contentieux dont la physionomie n'était plus la même que dans les années d'avant-guerre. Développée à cette fin, la théorie de la gestion privée conduit à donner aux contrats administratifs un critère d'identification élaboré à partir des clauses exorbitantes du droit commun. L'autorité doctrinale de Maurice HAURIOU en fut d'autant plus renforcée – lui qui écrivait :

> Le droit privé ne se préoccupe que médiocrement des buts poursuivis par les individus, son objectif ce sont les moyens qu'ils emploient et qui sont les droits qu'ils prétendent exercer par l'autonomie de leur volonté ; il en est de même du droit public, les buts de l'État lui paraissent secondaires, ce sont ses moyens d'action, droits régaliens ou autres, exercés par sa volonté gouvernementale, qui l'intéressent[451].

La doctrine administrative du début du XXe siècle s'est efforcée de caractériser des modes inédits de collaboration avec l'administration et, ce faisant, elle a questionné la nature proprement contractuelle de certains actes avec d'autant plus de facilité qu'elle n'ambitionnait pas de couler dans un même moule les contrats administratifs (au sens de ceux qui ressortissent à la compétence de la juridiction administrative). La doctrine de l'immédiate après-guerre s'est attachée à réduire l'hétérogénéité des contrats administratifs autour d'une formule contentieuse générique, laquelle s'est renforcée d'un régime juridique propre que les privatistes leur abandonnèrent d'autant plus volontiers qu'ils craignirent que la théorie de l'imprévision ne s'étendît, par capillarité, à tous les contrats. Si ces deux perspectives ne se rejettent pas nécessairement, elles impliquent une intelligence différente des contrats administratifs. Il n'est pas étonnant que Marc RÉGLADE (qui a, par ailleurs, réalisé une thèse à la faculté de Bordeaux sous la présidence de Léon DUGUIT) ait choisi de s'attarder sur les marchés de fournitures pour atténuer l'inflexion prétorienne prise à partir des années 1920. Car c'est à partir de ces contrats, plus proches du droit privé que ne le sont les concessions de service public ou les marchés de travaux publics, que s'est développée

451 HAURIOU Maurice, « La puissance publique et le service public », *in Revista de drept public* 1926, p. 365-366.

une conception déterminée par le souci de situer les contrats administratifs par rapport aux contrats privés. Dans son article, cet auteur s'efforce de concilier l'acception contentieuse du contrat administratif avec la manière dont il pouvait être conçu dans les dernières années de la Belle Époque.

> D'une part, la jurisprudence reconnaît la compétence administrative en ce qui concerne les marchés passés par les départements et les communes, lorsque l'objet de la prestation réalise directement le but de service public, et (...), d'autre part, elle se prononce pour la compétence judiciaire en ce qui concerne les marchés passés par l'État, lorsque l'objet de la prestation ne réalise pas par lui-même le but de service public, alors même que l'État poursuivrait un tel but. (...)
>
> Lorsque le fournisseur ne réalise pas, par l'objet de sa prestation, le but de service public que se propose l'État, celui-ci par cet acte n'organise pas un service public, il l'organisera par une décision postérieure ou par des travaux qui affecteront l'objet cédé au service public, et qui, eux seront des actes administratifs.
>
> En attendant, il agit comme un simple particulier, il fait un acte du droit privé, il est dans la même situation que lorsqu'il contracte pour son domaine privé. (...) Et, en fait, le contrat qu'il passe enrichit seulement son domaine privé, puisque l'affectation de l'objet acquis à son domaine public ou à un service public ne résultera que d'une déclaration de volonté postérieure au contrat. Il agit, suivant l'expression du doyen HAURIOU, par la voie de la *gestion privée*[452].

Paul DUEZ – professeur à la faculté de Lille – poursuit le même objectif lorsqu'il écrit : « *La gestion privée reste une théorie exceptionnelle venant restreindre la portée d'application d'un principe général : la compétence administrative pour la connaissance des litiges relatifs à l'organisation et au fonctionnement des services public* »[453]. Suivant un tel point de vue, la théorie de la gestion privée serait seulement un correctif apporté à la répartition des compétences administrative et judiciaire et non pas un bouleversement d'où a découlé une conception différente des contrats administratifs, car étayée sur un critère destiné à départager ceux des contrats de l'administration confinant avec le droit privé.

---

452 RÉGLADE Marc, « De l'application aux marchés de fournitures de la séparation des autorités judiciaire et administrative (étude de jurisprudence) », *in* *R.D.P.* 1924, p. 205-206.

453 DUEZ Paul, « La théorie de la gestion privée dans l'application de la règle de la séparation des autorités administrative et judiciaire », *in* *R.C.L.J.* 1924, p. 345.

579. Indépendamment de la question contentieuse, les contrats de l'administration ont été – jusqu'à la fin de la Belle Époque – affectés par deux facteurs doctrinaux. D'une part, la marginalisation du contrat par la doctrine publiciste, parce qu'impropre à caractériser l'autonomie du droit public[454]. D'autre part, la remise en cause par la jurisprudence administrative de deux des principes constitutifs de la doctrine de l'autonomie de la volonté –, à savoir : l'intangibilité et l'effet relatif des obligations contractuelles[455]. Jacques SUDRE ne rend pas compte de cet aspect des choses. Il choisit de souligner en quoi le contrat administratif est un concept dont l'aspect contentieux prédomine sur toute autre considération. Alors que, jusqu'alors, les réflexions sur les divers contrats administratifs demeuraient relativement autonomes de toute problématique contentieuse, elles y sont désormais assimilées. Elles sont artificiellement captées par une préoccupation doctrinale tendue à profiler le contrat administratif au point de vue du contentieux administratif. La théorie de la gestion privée a conduit ce contrat à n'être qu'une variable d'ajustement du contentieux administratif. Ce qui concerne son régime juridique est aligné sur cette perspective. Jacques SUDRE assume d'autant mieux ce tropisme contentieux que c'est précisément la raison pour laquelle il se proposa d'étudier les contrats administratifs :

> Il nous a semblé que, dans notre droit administratif français basé sur la séparation des pouvoirs, et dans lequel, par conséquent, les questions de compétence tiennent une si large place, il n'y avait pas de théorie dont l'élaboration jurisprudentielle présentât plus d'intérêt que celle de la compétence en matière de contrats[456].

Plus loin en étudiant la distinction entre contrats administratifs et contrats privés, il précise sa démarche doctrinale :

> C'est bien dans la notion de contrat administratif que se trouve dans l'état actuel de la jurisprudence le critérium de distinction des compétences[457].

Non seulement, Jacques SUDRE est convaincu que la définition contentieuse du contrat administratif matérialise l'acception moderne du principe de séparation des autorités administratives et judiciaires, dont celui-là n'est qu'un corollaire. Par ailleurs, il s'évertue à corroborer la

---

[454] *Cf.* le titre III, seconde partie.
[455] *Cf.* les chapitres 2 et 3, titre II, seconde partie.
[456] *Id.*, p. iij.
[457] *Id.*, p. 70.

pertinence de ce concept en démontrant que, en plus d'avoir une fonctionnalité contentieuse, il rend parfaitement compte de la nature *des* contrats administratifs dont il permet de rapprocher les régimes juridiques de chacun. Sur une dizaine de pages, il développe les singularités qui s'attachent à leur exécution – c'est-à-dire des « *contrats spéciaux qui ont leurs règles à eux, règles s'inspirant le plus possible du droit commun et de l'équité, mais tenant compte des nécessités des services pour lesquels sont passés les contrats* »[458]. En reprenant la même analyse que celle développée par Gaston JÈZE, il s'expose à la même critique : les principes tenant à l'exécution et à l'interprétation des contrats administratifs sont ceux formalisés à propos des contrats administratifs classiques – concessions et marchés.

[458] *Id.*, p. 67.

Paragr. 2. – Un contrat administratif démarqué (ou rapproché ?) du contrat de droit privé par le critère des clauses exorbitantes

580. Une privatisation latente de la théorie contentieuse des contrats administratifs. – Ce sont des préoccupations analogues qui conduisent Jean ROUVIÈRE à entreprendre une thèse sur cette question : *À quels signes reconnaître les contrats administratifs* (1930). Ses travaux se distinguent foncièrement des autres. Il ne se donne pas à une tâche impossible consistant à corréler une définition contentieuse du contrat administratif avec la formalisation d'une catégorie de contrats foncièrement distincts des contrats privés. À l'inverse de beaucoup de ses contemporains, il estime que le contrat administratif est purement et simplement un contrat dont la définition juridique est rigoureusement identique à celle donnée par les civilistes. Tout au plus des règles spécifiques lui sont réservées à l'instar des contrats commerciaux. En abordant les contrats d'adhésion, il n'approuve pas cette doctrine qui – dans les décennies d'avant-guerre surtout – contestait leur nature contractuelle. Au contraire, la multiplication de ces contrats qui, par certains aspects, se rapprochent de ceux passés par l'administration, le convainc de ce que le droit administratif se « civilise ».

> La théorie des contrats d'adhésion [nous amène] à constater, en dernière analyse, que les contrats du droit public n'ont pas une nature différente de ceux du droit privé. Ils tendent, au contraire, dans l'économie et le droit modernes, à se rapprocher de plus en plus les uns des autres, en sorte que le caractère commun de leur essence apparaît plus visible : ce sont des accords de volontés générateurs d'obligations[459].

À la faveur de l'influence de René JACQUELIN[460], le refus de regarder

---

[459] ROUVIÈRE Jean, *À quels signes reconnaître les contrats administratifs*, Alençon, Imprimerie alençonnaise, 1930 (thèse de doctorat, faculté de Paris ; présidée par JACQUELIN, professeur de droit administratif), p. 19.

[460] La même année où Jean ROUVIÈRE soutint sa thèse, René JACQUELIN enseignait en cours de doctorat : « *Le caractère de patrimonialité rapproche le droit administratif du droit civil. (…) À la vérité ou sous cet aspect, le droit administratif ne se réduit pas à ne contenir que des applications pures et simples du droit civil ; les dérogations apportées à ce dernier sont au contraire assez fréquentes et graves. Mais c'est là précisément la raison d'être du droit administratif dans cette sphère* [notamment pour les contrats de l'administration]. *Si non, le droit civil suffirait à lui seul. S'il n'en est pas ainsi, c'est que, les deux caractères* [de puissance publique et de patrimonialité] *coexistent dans la même personne, il est inévitable que la patrimonialité, étant la moins forte, se laisse influencer par la puissance publique. D'où des règles spéciales et dérogatoires au droit civil. Il n'empêche cependant que les règles du droit civil reçoivent d'ordinaire application dans ce domaine* » (*Répétitions écrites de droit administratif* [cours dispensé à la faculté de Paris pour le diplôme d'études

les contrats administratifs comme des contrats d'un genre spécifique l'amène à appréhender la jurisprudence administrative différemment. Contrairement à ce que nous pourrions penser au premier abord, il est probablement moins engoncé dans des présupposés que ne le sont ses contradicteurs qui, à l'exception notable de Léon DUGUIT, accompagnent la jurisprudence administrative en supposant aux contrats administratifs une nature particulière. À l'instar de ce dernier[461], ces contrats sont administratifs dans la même mesure où certains contrats sont commerciaux.

> Les contrats conclus pour l'exécution des services publics appellent, en général, un régime juridique particulier. Ce régime est désigné par le terme « administratif » accolé au mot contrat, de même qu'il est question de « contrats commerciaux » pour caractériser le régime spécial que les actes de commerce entraînent avec eux[462].

581. La lecture de Jean ROUVIÈRE, qui nie la nature spéciale des contrats administratifs tout en citant dans son sens Gaston JÈZE[463], illustre combien les thèses en présence entretiennent des ambiguïtés qui consolident les ponts jetés entre chacune. En notant que ce dernier reconnaît aux contrats administratifs un caractère *sui generis*, il se l'explique par un aspect que nous avons éclairé dans le titre précédent[464] : pendant les années de la Belle Époque, les administrativistes ont rejeté le contrat

---

supérieures de droit public (1929-1930) sur le thème : *Légalité et responsabilité de l'administration*], Paris, Les cours de droit, 1930, p. 251-252).

461 En critiquant l'arrêt *Société des granits porphyroïdes des Vosges*, Léon DUGUIT réprouve l'idée d'un contrat administratif *sui generis* (ce dès la deuxième édition de son traité) : « *Le contrat est une certaine catégorie juridique et quand les éléments qui le constituent sont réunis, il y a contrat ayant toujours les mêmes caractères et les mêmes effets. Par conséquent, s'il y a des contrats qui donnent lieu à la compétence des tribunaux administratifs, ce ne peut être qu'à raison du but en vue duquel ils sont faits. Il y a quelque chose d'analogue à ce qui se passe pour les contrats commerciaux. Quant au fond, il n'y pas de différence entre un contrat civil et un contrat commercial. Ce qui fait le contrat commercial et fonde la compétence des tribunaux de commerce, c'est le but commercial en vue duquel il est fait. Il n'y pas de différence quant au fond, entre un contrat civil et un contrat administratif. Ce qui donne à un contrat le caractère administratif et fonde la compétence des tribunaux administratifs, c'est le but de service public en vue duquel il est fait* » (*Traité de droit constitutionnel*, Paris, Broccard, 1927-1930 (3e éd., inachevée ; 3 vol.), t. 3 (1930), p. 44-45. Plus loin il regrette l'orientation prise par la jurisprudence administrative dans les années 1920 : « *Ces diverses décisions viennent confirmer ce que j'ai dit déjà plusieurs fois : sous l'action de causes qu'il est difficile de déterminer, la jurisprudence du conseil d'État traverse actuellement une période de trouble et de régression, laquelle, il faut l'espérer, sera de courte durée* » (*id.*, p. 46).

462 ROUVIÈRE Jean, *À quels signes reconnaître les contrats administratifs*, *op. cit.* (1930), p. 23.

463 *Id.*, p. 25-26.

464 *Cf.* le chapitre 3, titre III, seconde partie.

comme un concept privatiste – et Gaston JÈZE le premier ! La conceptualisation des contrats administratifs à partir de l'Entre-deux-guerres, forcée en quelque sorte par une problématique contingente, porte les stigmates de cette résistance. C'est en ce sens que, suivant Jean ROUVIÈRE :

> Certains auteurs, et les plus nombreux, tendent à confiner le plus possible cette notion au droit privé. Pour nous, au contraire, nous avons tenté d'établir que cette notion fondamentale du droit en général tient une place importance en droit public. Sans doute, le plan du droit privé est différent du droit public. Il en résulte des modifications quant au contenu de la notion contractuelle. Du moins, il n'y a pas là de raison suffisante pour écarter du droit public une notion si féconde que celle du contrat[465].

La latitude doctrinale que cet auteur gagne à ne pas rejeter le contrat hors du droit public ou bien à l'y assimiler sans lui supposer une valeur autonome de celle du droit privé, lui permet de penser l'hétérogénéité des contrats administratifs. Puisqu'il n'a pas l'ambition d'établir l'existence de contrats administratifs par nature, il lui est loisible d'aborder la jurisprudence administrative sans dogmatisme. La continuité qu'il esquisse depuis les contrats administratifs jusqu'aux contrats privés l'autorise à organiser les contrats administratifs en plusieurs catégories, sans craindre que leur pluralité ne soit négatrice du concept même de contrat administratif. Si *les* contrats administratifs sont soumis à des règles spécifiques du droit privé, leur cohérence réside dans le fait que, sans cesser d'être ontologiquement des contrats, ils relèvent de la juridiction administrative :

> Un contrat administratif, est par essence, celui qui met en jeu les principes et les règles du droit administratif. Leur importance s'accroît avec celle du droit administratif. Il n'est pas possible de dégager en une formule unique les caractères de tous les contrats conclus dans ce vaste domaine[466].

Aussi distingue-t-il entre les « *contrats administratifs bien définis* » et les « *contrats administratifs* stricto sensu », c'est-à-dire des « *contrats en marge du droit civil et du droit administratif* »[467]. La singularité de cette typologie est assez bien mise en lumière par une annotation manuscrite qu'un lecteur anonyme a apposé sur l'exemplaire de la thèse de Jean ROUVIÈRE con-

---

[465] *Id.*, p. 174-175.
[466] *Id.*, p. 44.
[467] *Id.*, p. 104.

servé la bibliothèque Cujas : il a ainsi raturé les mots « stricto sensu » pour les remplacer par « *contrats administratifs* lato sensu » (en marge du sommaire). Que ce soit par incompréhension ou par critique, cette annotation souligne la divergence qui oppose Jean ROUVIÈRE à la majorité de ses contemporains. Selon cet auteur, il y a les contrats administratifs classiques auxquels s'ajoutent les contrats administratifs *stricto sensu*, c'est-à-dire les contrats pour lesquels la définition contentieuse des années 1920 a été spécialement élaborée – puisque s'agissant de contrats dont la juridiction administrative n'était pas familière. Ces deux catégories de contrats – qui sont moins rationnelles qu'historiques – se juxtaposent. À l'inverse, selon l'annotateur anonyme de Cujas, la définition que la jurisprudence administrative des années 1920 donne des contrats administratifs est une définition générique (contrats administratifs *lato sensu*) qui, en englobant les contrats administratifs classiques, les dépasse pour comprendre en outre des contrats confinant avec le droit privé. Autrement dit, les contrats administratifs *lato sensu* procèdent d'une généralisation opérée par la jurisprudence administrative à partir des contrats classiques, lesquels auraient servi de canevas. Là où pour le premier, ces mêmes contrats (qu'il désigne autrement comme *stricto sensu*) sont une excroissance du contentieux administratif, conquis sur l'empire du droit privé par le biais de la théorie de la gestion privée, et qui viennent s'ajouter aux contrats administratifs classiques (qu'il désigne comme les contrats *nommés*).

> [Les contrats administratifs *stricto sensu*] sont en très petit nombre quoique leur domaine s'étende à tous les genres de manifestation de l'activité de l'administration[468].

Ces contrats présentent des analogies avec ceux qui se rencontrent en droit privé, si ce n'est que la théorie de la gestion privée les verse désormais dans le contentieux administratif. À l'inverse, des docteurs comme AMFREVILLE ou SUDRE se placent sur un plan différent : ils s'efforcent de dégager une définition générique du contrat administratif qui, tout en rendant compte de l'élargissement du contentieux administratif contractuel, soit concordante avec l'autonomie du droit administratif. Cela fait beaucoup de choses à la fois. Ils embrassent ainsi par une formule unique une foule de contrats hétéroclites, d'après un tour de force qui ne doit son (demi-)succès qu'au fait de postuler l'existence d'un contrat administratif consubstantiel au droit administratif.

---

[468] *Id.*, p. 178.

582. Le critère des clauses exorbitantes : une doctrine admettant en creux la contigüité entre contrats administratifs et privés. – Jean ROUVIÈRE refuse donc de systématiser les contrats administratifs pour ne pas négliger les contrats administratifs classiques, tandis que d'autres oblitèrent leur singularité dans le but de dégager une uniformité générique. L'unité que celui-là attache aux contrats administratifs réside moins dans le droit administratif que dans le concept de contrat, transversal au droit privé et au droit public. N'ayant pas le souci de conférer aux contrats administratifs une cohérence qui tienne à une nature proprement administrative, Jean ROUVIÈRE s'explique plus facilement la jurisprudence administrative de l'Entre-deux-guerres – suscitée par un afflux contentieux qu'ont généré des contrats passés pour l'économie de guerre et assimilés à des marchés de fournitures, ainsi qu'il le note d'ailleurs[469]. Là où nombre de ses contemporains, au prix d'une analyse qui recompose facticement une continuité historique avec la jurisprudence de l'avant-guerre, regardent celle de l'après-guerre comme venant parachever une définition que les contrats administratifs classiques auraient laissé imparfaite. L'application désespérée dont fit montre HIMARIO dans une thèse consacrée aux clauses exorbitantes du droit commun apporte un contre-témoignage édifiant. Ces clauses sont « *une notion fluide* »[470] qui s'impose en désespoir de cause. Il exprime mieux que quiconque l'impasse théorique dans laquelle les contrats administratifs peuvent conduire. Après d'autres, cette thèse est emblématique de ces études qui, à la recherche d'un contrat administratif fuyant, dont l'existence n'est tangible qu'à travers les nécessités qu'impose le contentieux administratif, s'attachent désespérément à la jurisprudence administrative. Le Conseil d'État s'est engagé dans une politique jurisprudentielle qui a transformé le contrat administratif en une véritable tautologie : le contrat administratif est celui qui est révélé par des signes caractéristiques du contrat administratif (et qui, en l'occurrence, sont déterminés par le juge administratif). Les critiques ne manquent pas. Le critère des clauses exorbitantes est déprécié pour son caractère équivoque : obscur pour les justiciables, il ne permet que trop mal d'identifier avec certitude un contrat administratif. Ce concept fait en quelque sorte figure de mort-né, alors que sa genèse est venue hypothéquer d'autres alternatives prometteuses, à l'instar des théories institutionnalistes. L'orientation prise par la

---

[469] « *Les contrats et marchés de fournitures (…) sont les véritables responsables des perturbations constatées, au cours de cette dernière période trentenaire, dans le régime des compétences* » (*id.*, p. 177).

[470] HIMARIO C., *Les clauses exorbitantes du droit commun dans les contrats administratifs*, Paris, Les Éditions internationales, 1933 (thèse de doctorat, faculté de Paris ; présidée par MESTRE, professeur de droit administratif), p. 91.

jurisprudence administrative a lié le contrat administratif à une problématique contentieuse, tout en lui conférant une profondeur conceptuelle en trompe-l'œil. Toutefois, ce concept n'aurait pas connu la postérité comme nous lui connaissons si les choses étaient restées en l'état. S'il est permis de parler de théorisation, c'est parce que le concept de contrat administratif a pris une étendue qui tient au fait que certains administrativistes, par le biais de la technique juridique du droit public, ont acculturé le concept privatiste de contrat au droit administratif.

Chapitre 3

Pérennisation d'une théorie, vicissitudes d'un concept

583. Au cours de l'Entre-deux-guerres, la théorie des contrats administratifs n'est qu'une doctrine en concurrence avec d'autres – celle de l'institution et, plus marginalement, celle esquissée par MOREL, en écho à DUGUIT. Elle reçoit une large audience sans pour autant être admise comme un canon du droit administratif. Soutenue en 1945, la thèse de Georges PÉQUIGNOT en discute encore les termes. En développant la théorie des contrats administratifs au-delà de ce qu'avait conçu Gaston JÈZE, celui-là indique qu'elle n'était pas arrêtée sous une forme qui fît l'unanimité (**section 1**). D'une doctrine controversée, elle devient dans les années 1950 une théorie canonisée par l'enseignement universitaire qui l'intègre au programme de licence. Cette réception est déterminante car elle l'associe à une pédagogie du droit administratif que nous continuons de mobiliser (**section 2**). Pour autant, ces mêmes années sont aussi celles d'une réflexion doctrinale inquiète à laquelle la *summa divisio* n'échappe pas – et avec elle, la théorie des contrats administratifs. En outre, les techniques contractuelles du droit public et du droit privé évoluent en convergeant, si bien que la dichotomie entre contrats administratifs et contrats privés va en s'émoussant. Leurs théories respectives sont davantage présentées comme contiguës qu'antagonistes. Des correspondances – certes ténues – s'établissent, ainsi que des ajustements qui permettent d'établir un *continuum* dans les pratiques contractuelles en usage. La théorie des contrats administratifs ne renvoie plus à une prétention élevée par le droit administratif sur le contrat. Ayant perdu de son intensité revendicatrice, elle offre un cadre adéquat pour rendre compte de la diversification des procédés consensuels de droit public employés par les personnes publiques (**section 3**). Si cela dépasse notre propos, il faut encore avoir à l'esprit que la codification formelle d'un droit des marchés publics intervient peu après, dans les années 1960.

Section première. – De JÈZE à PÉQUIGNOT, une théorie tendue à penser les contrats à l'aune de la *summa divisio*

584. Jusque dans les années 1910, la doctrine publiciste – soucieuse d'affermir son identité – fut méfiante vis-à-vis du contrat qui dénotait le droit privé. Dans le chapitre précédent, nous avons exposé que la conceptualisation des contrats administratifs procède de problématiques propres au droit administratif – essentiellement liées au réaménagement de son contentieux. Celle-ci a également été favorisée par la théorie de l'imprévision dont nous avons dit qu'elle avait incité certains privatistes à rejeter les contrats administratifs vers le droit public pour les regarder comme des contrats irréductibles au droit privé. La théorisation des contrats administratifs n'est pas tant une somme doctrinale par laquelle Gaston JÈZE aurait réuni des monuments épars pour les mettre en cohérence, qu'elle ne se présente comme une entreprise doctrinale contingente de l'Entre-deux-guerres. La thèse de Georges PÉQUIGNOT présente – entre autres – ce mérite de le rappeler en discutant de la manière dont le droit public a assimilé le contrat tout en préservant son autonomie (**paragraphe 1**). Malgré ses airs de conquête, la théorisation des contrats administratifs ne saurait être comprise sans être mise en perspective avec une privatisation latente du droit administratif – corrélative à celle-ci (**paragraphe 2**).

Paragr. 1. – Le contrat administratif : le produit d'une autonomisation du droit public par l'acculturation d'un concept privatiste

585. Le contrat administratif : un contrat rapproché du contrat privé par une généalogie commune. – Dans un article consacré à la juridiction du Conseil d'État, le professeur Julien LAFERRIÈRE – tout juste nommé professeur à la faculté de Strasbourg ré-ouverte en 1919 – critique la locution de contrat administratif en ce qu'elle traduirait un concept *ontologiquement* différent du contrat privé.

> Le contrat (...) est un type déterminé d'acte juridique, caractérisé et par son mécanisme (accord de deux volontés se conditionnant mutuellement) et par l'effet de droit produit (création d'une situation juridique individuelle). Ce sont là les éléments essentiels de l'acte contractuel, et tout acte dans lequel ils sont réunis est un contrat, quel que soit son auteur, quel que soit son but, qu'il soit fait par un particulier ou par l'Administration pour la gestion de son domaine privé ou pour le fonctionnement d'un service public.

> L'expression trop souvent employée de « contrat de droit public » ou de « contrat administratif » doit être absolument répudiée en tant qu'elle signifierait qu'il existe en droit administratif des actes qui seraient des contrats sans présenter pourtant tous les éléments essentiels de l'acte contractuel, comme le serait par exemple, le prétendu contrat de droit public de nomination d'un fonctionnaire. En réalité, il n'y a ni contrat de droit public, ni contrat de droit privé ; il y a le contrat tout court, ou autre chose que le contrat[471].

À ce titre, il fait écho à la désapprobation presque unanime de la doctrine administrative à l'égard d'un contrat *de droit public*, dont les caractères intrinsèques seraient différents de ceux du contrat de droit privé et avec lequel il ne partagerait rien de commun. Alors que l'expression de « contrat de droit public » est employée avant tout par ceux qui la condamnent, les témoignages en sa faveur sont rarissimes. Ils proviennent surtout de la *doctrine organique* : quelques rares commissaires du gouvernement y ont eu recours à titre d'expédient pour justifier une solution d'opportunité. Tel TARDIEU dans l'affaire *WINKELL* (1909)[472], pour justifier un emprunt à la jurisprudence judiciaire en matière de grève. Ce n'est pas dire que Julien LAFERRIÈRE réprouve le concept de contrat administratif. Bien au contraire, il s'attache à en défendre l'existence, suivant un point de vue analogue à celui de Gaston JÈZE[473].

> Nous disions, tout à l'heure, que l'expression « contrats de droit public », ou « contrats administratifs » est à rejeter. Oui, en tant qu'elle signifierait qu'il existe, en droit administratif, des actes qui seraient des contrats, sans réunir les éléments essentiels de l'acte contractuel (accord de volonté, création d'une situation juridique individuelle soumise au principe de l'intangibilité des droits subjectifs). Mais les expressions « contrats administratifs », « contrats civils » sont commodes et leur emploi est licite du moment où elles expriment simplement ceci : que des actes, qui sont des contrats parce que réunissant les éléments essentiels de l'acte contractuel envisagé *in abstracto*, seront soumis à des règles différentes au point de vue, par exemple, de leur mode de conclusions, des

[471] LAFERRIÈRE Julien, « L'organisation de la juridiction administrative. Réforme et projets de réforme », *in R.D.P.* 1921, p. 156.

[472] TARDIEU Jacques, Conclusions prononcées sous l'arrêt *WINKELL* (C.E., 7 août 1909), *in* PANHARD Adrien (dir.), *Recueil des arrêts du Conseil d'État…*, *op. cit.* (2e série, t. 79 ; année 1909), p. 1294. *Cf.* le commentaire de cet arrêt par M. DIDRY (*Les grands arrêts politiques de la jurisprudence administrative*, Paris, L.G.D.J., 2019, p. 63).

[473] *Cf.* JÈZE Gaston, « Le Conseil d'État au contentieux et les projets de modification des règles de compétence administrative », *in R.D.P.* 1918, p. 63.

> conditions dans lesquelles se réalise l'accord de volontés, de l'étendue des obligations imposées aux parties, de leurs procédés d'exécution, des causes de résiliation, de l'appréciation de la force majeure, de l'influence des événements non prévus, *etc.*, *etc.*, suivant que ces contrats auront été faits par des particuliers pour leurs affaires privées, ou par l'Administration en vue du fonctionnement des services publics[474].

En 1921, sa conception du contrat administratif est certainement influencée par la théorie de l'imprévision. Elle traduit surtout, à un point de vue méthodologique, l'emploi d'une technique juridique déclinée au droit public. Est administratif le contrat qui mobilise un régime juridique spécial, emblématique de l'autonomie du droit public (c'est en ce sens que nous parlons dans nos travaux de *dualisme contractuel*). Tout en rejetant par principe les règles du droit civil, les caractères constitutifs *du* contrat sont conservés au titre d'un patrimoine commun aux droits public et privé. La différence de nature entre contrats administratifs et contrats privés, lorsqu'elle est admise, ne remet donc pas en cause l'idée d'une généalogie commune à ces contrats.

> La pièce maîtresse, on peut le dire le chef-d'œuvre de la construction juridique que [le Conseil d'État] a édifié, est d'avoir maintenu le principe que le contrat confère aux contractants des droits intangibles, en lui donnant pourtant assez de souplesse pour qu'il se concilie à tout moment avec les besoins nouveaux du service et les éventualités auxquelles il doit faire face[475].

586. Cette doctrine que défend le professeur LAFERRIÈRE n'est pas le fruit d'une réflexion adventice développée à propos d'une étude relative au Conseil d'État. Vingt ans après, il la professe dans les mêmes termes, à l'instar de nombre de ses contemporains qui ont contribué à assimiler le contrat *au* droit administratif. C'est dire que, contrairement à la doctrine d'avant-guerre, le contrat ne renvoie plus exclusivement au droit privé et que, ayant été décliné au droit administratif, il n'est plus menaçant pour l'autonomie du droit public.

> Que veut donc dire la théorie de la gestion publique quand elle déclare que les marchés administratifs comme le marché de fournitures sont des actes d'une autre nature que les contrats civils ? Simplement ceci : que les marchés de l'Administration sont à cer-

[474] LAFERRIÈRE Julien, « L'organisation de la juridiction administrative. Réforme et projets de réforme », *in R.D.P.* 1921, p. 157-158.
[475] *Id.*, p. 159.

> tains égards soumis à un régime qui n'est pas le même que celui des contrats faits par les particuliers. (…)
> Est-ce à dire que cela établisse que ces marchés administratifs sont d'une nature juridique autre que les contrats privés, qu'ils appartiennent à une autre catégorie et qu'il faille leur reconnaître la qualité, le caractère, la nature de puissance publique ? Nous ne le pensons pas. (…)
> Le régime des marchés passés pour les services publics diffère à bien des points de vue de celui des contrats correspondant des particuliers. (…)
> Mais cela autorise-t-il à affirmer que ces marchés administratifs soient d'une autre nature que les contrats civils, c'est-à-dire qu'ils appartiennent à une catégorie juridique, à une catégorie qui n'existait pas en droit privé ? Nous ne le croyons pas, parce que rien ne s'oppose à ce que des actes ayant la même nature juridique, soient soumis sur une série de points, plus ou moins nombreux, plus ou moins importants, à des régimes différents[476].

Certainement, Gaston JÈZE s'est distingué par des travaux de systématisation dont l'audience s'est renforcée à raison de ses nombreuses publications. Sa doctrine s'apprécie mieux encore à l'aune des critiques qu'elle suscita – notamment au point de vue de la technique juridique[477].

587. La contribution de JÈZE : une technique juridique du contrat administratif suspendue à un droit naturel des contrats. – Dans les premières années 1920, cette conception du contrat administratif traduit une définition analytique du contrat, différente de l'acception que s'en donnent tout à la fois les privatistes et les institutionnalistes. Les premiers privilégient une acception en cohérence avec la doctrine de l'autonomie de la volonté, laquelle reconnaît aux parties la puissance de générer des obligations plutôt que celles-ci ne découleraient d'une règle objective actionnée par des manifestations de volonté. Les seconds – Maurice HAURIOU ou encore Georges RENARD – distinguent le *contrat* de

[476] LAFERRIÈRE Julien, *Répétitions écrites de droit administratif* [cours dispensé à la faculté de Paris pour le diplôme d'études supérieures de droit public (1940-1941), et consacré à des questions diverses du contentieux administratif], Paris, Les cours de droit, 1941, p. 241-243.

[477] *Cf.* par exemple plusieurs articles publiés par Georges RENARD au début des années 1920 : « La démocratie et l'État » (*in La nouvelle journée* 1921, IV, p. 164) ; « Abstraction et réalités dans l'élaboration du droit public » (*in La nouvelle journée* 1922, VI, p. 3) ; « Des sciences physiques aux sciences morales » (*in La nouvelle journée*, 1922, VII, p. 14) ; « Sur quelques orientations modernes de la science du droit » (*in Revue des jeunes* 1922, n° 7, p. 157).

l'*adhésion à une institution*. Ils le rapportent à une idée de spéculation, en regard d'une idée de collaboration[478]. Aussi réduisent-ils le contrat à des proportions plus modestes et lui contestent son hégémonie épistémologique à rendre compte de l'ensemble des relations consensuelles.

> Il faut en finir avec cette grossière illusion, encore trop répandue dans le monde des praticiens, que tout accord de volonté sur un objet de droit forme contrat. (...) Le contrat est une chose, l'adhésion en est une autre. (...) Il n'y a contrat qu'autant que l'objet de l'accord est réellement – non fictivement – le résultat d'une élaboration en commun, d'un débat ; il y a adhésion chaque fois que cet objet est l'œuvre unilatérale de l'une des parties, à laquelle l'autre partie n'a que le choix de donner ou de refuser son assentiment sans débat[479].

Pour reposer sur des fondements théoriques différents, l'analyse que fait Gaston JÈZE des marchés de service public en 1918 n'est pas étrangère à cette idée de collaboration. L'autonomie qu'il prête à ces marchés, en leur reconnaissant un régime juridique propre, coïncide en effet avec une collaboration dont l'intensité est graduée en fonction du degré d'association du particulier à la marche du service public. D'après cette partition, les marchés de fournitures à exécution unique sont – à demi-mots – assimilés à des contrats du droit commun, en tant qu'ils « *n'établissent pas entre l'administration et le contractant des rapports différents de ceux qui se forment entre un particulier quelconque et un marchand quelconque* »[480]. Sans abandonner cette typologie, Gaston JÈZE la relègue toutefois au second rang lorsqu'il publie le premier tome de son traité sur les contrats administratifs (1927). Il y développe une définition des contrats administratifs marquée par ses évolutions contentieuses. Il s'agit avant tout de les distinguer des contrats du droit privé. Certainement, la définition qu'il donne *du contrat* n'est pas partagée par la doctrine civiliste, attachée à la doctrine de l'autonomie de la volonté. Elle s'en rapproche toutefois de quelques auteurs qui, comme Julien BONNECASE, usent de la technique juridique pour replacer le contrat dans une théorie de l'acte juridique[481] – au lieu de cadrer la théorie des obligations autour du contrat.

---

[478] *Cf.* par exemple : RENARD Georges, *L'institution. Fondement d'une rénovation de l'ordre social*, Paris, Flammarion, 1933, p. 137 *sq*.

[479] RENARD Georges, *Cours élémentaire de droit public...*, *op. cit.* (1922), p. 70 (note de bas de page n° 2).

[480] JÈZE Gaston, Note sur l'arrêt *Société d'éclairage de Poissy* (C.E., 18 février 1918), *in* *R.D.P.* 1918, p. 220.

[481] *Cf.* BONNECASE Julien, *Supplément* [à la troisième édition du] *Traité théorique et pratique de droit civil par G. Baudry-Lacantinerie*, *op. cit.*, t. 2 (1925).

588. Dans son ouvrage *Les contrats administratifs*, Gaston JÈZE définit le contrat administratif avant de présenter les principaux contrats administratifs et de mentionner ceux qui, au titre de textes spéciales, dérogent à la répartition prétorienne des compétences administrative et judiciaire. Les trois derniers tomes sont consacrés au régime juridique des contrats administratifs. Pour être administratifs, ces contrats n'en demeurent pas moins des contrats – ainsi définis :

> Le *contrat* est une opération juridique bien déterminée, dont les éléments essentiels sont au nombre de quatre :
> 1° *accord* de volontés ;
> 2° accord *bilatéral* de volontés ;
> 3° en vue de *créer* une situation juridique ;
> 4° la situation juridique créée est *individuelle* et non pas générale[482].

Les règles communes à l'ensemble des contrats de l'administration – qu'ils soient administratifs ou privés – sont alors succinctement envisagées : ce sont celles sur la compétence, le libre consentement, l'objet, les motifs déterminants et les formes. Gaston JÈZE souligne à cet égard la parenté de ces règles avec celles du droit civil, qui n'en diffèrent qu'assez peu. Quelques pages y sont seulement consacrées, avec des renvois à ses *Principes généraux du droit administratif.* L'objet principal de son traité est d'étudier la conclusion, l'exécution et la résiliation des contrats *de l'administration*, quoique les règles qui s'y rapportent sont présentées comme s'inspirant du droit privé.

> Ces règles sont toujours empruntées au droit privé, mais tantôt elles sont transposées purement et simplement du droit privé ; tantôt, le plus souvent, elles sont plus ou moins modifiées.
> Les modifications ont toujours une même raison d'être, il faut, par une certaine règle, faciliter le *fonctionnement du service public*[483].

Lorsqu'il envisage le régime de l'exécution de ces contrats, il insiste encore et toujours : « *Le principe fondamental qui domine la théorie de l'exécution des contrats de l'administration est celui-là même qui domine le Droit moderne : c'est le respect de la parole donnée* »[484]. Quoique marquées par l'empreinte des services publics, les règles applicables aux contrats administratifs ne reposent pas sur des principes *essentiellement* propres au droit administratif,

---

[482] JÈZE Gaston, *Les contrats administratifs de l'État, des départements, des communes et des établissements publics*, Paris, Giard, 1927-1936 (4 vol.), t. 2 (1932), p. 5-6.
[483] *Id.*, t. 2, p. 11.
[484] *Id.*, t. 2, p. 201.

même s'ils peuvent être inspirés par des *motifs* proprement administratifs – telle la continuité du service public. Au contraire, ces principes touchent aux « *principes de justice et d'équité qui dominent tous les contrats, de quelque nature qu'ils soient, de droit privé ou de droit public* »[485].

> Il faut bien observer que les *formules*, par lesquelles les Codes de droit privé ont traduit plus ou moins heureusement ces principes, ne s'appliquent pas aux contrats administratifs. (…) Les formules ne régissant pas les contrats administratifs, ce qui leur est applicable ce sont les idées qu'expriment ces formules : on pourra en tirer argument de l'*idée*, mais non du *texte*[486].

Ce n'est qu'une fois admis l'idée suivant laquelle les contrats administratifs répondent à des principes communs à l'ensemble des contrats – par quoi perce curieusement une ombre de droit naturel –, qu'il mobilise sa typologie des contrats administratifs, suivant le degré de collaboration avec le service public.

> Cette classification est de la plus haute importance *au point de vue de la nature de l'étendue des obligations* de ceux qui contractent avec l'administration, parce qu'ils sont plus moins associés au fonctionnement des services publics[487].

Pour le reste, le détail du régime juridique de l'exécution, puis de la résiliation des contrats administratifs est explicitement emprunté aux contrats classiques du droit administratif : les concessions et les marchés. Gaston JÈZE y tire l'essentiel – pour ne pas dire toutes – ses illustrations.

589. Une théorie sous tension : une définition contentieuse du contrat administratif rapprochée d'un régime juridique hypertrophié. – L'objet de ses *Contrats administratifs de l'État* réside dans la démarche suivante : abstraire les principes formalisés à partir des contrats administratifs classiques en vue de donner corps à une catégorie de contrats qui, en ayant été considérablement élargie dans les années 1920 avec l'assimilation de contrats inusuels, n'a qu'une cohérence contentieuse. Cette généralisation est d'autant plus forcée que la démarche de Gaston JÈZE charrie une ambigüité : il manifeste son attachement à un positivisme intransigeant qui ne trouve de meilleures illustrations qu'à propos de la définition (contentieuse) des contrats administratifs, tandis que le reste de son traité consiste à réévaluer la portée de principes initialement

485 *Id.*, t. 2, p. 206.
486 *Ibid.*
487 *Id.*, t. 2, p. 212.

dégagés à propos des contrats administratifs classiques. En procédant par affirmations successives qui ont toutes la rigueur de sentences, il dissimule une ambition doctrinale par l'emploi d'une méthode dont les atours positivistes donnent l'illusion d'une parfaite concordance avec le droit positif. C'est de cette contorsion doctrinale que procèdent les difficultés d'une théorie sur lesquelles nous débattons toujours[488] : le « *père des contrats administratifs* », comme le désignait Georges VEDEL, s'est efforcé de généraliser des régimes juridiques conçus pour les concessions et les marchés, à un contrat administratif générique dont la définition a été élaborée pour assimiler au contentieux administratif des contrats hétéroclites et confinant avec le droit privé. La théorie des contrats administratifs porte ainsi les stigmates d'une jurisprudence administrative aux ressorts enchevêtrés : ajuster les contours du contentieux administratif et développer la gestion privée qui, pour n'être pas nouvelle, est érigée en technique d'administration. Ces préoccupations ont traversé un droit administratif dont la cohérence en fut éprouvée. La définition contentieuse du contrat administratif est assez peu en rapport avec les principes dégagés – depuis la fin du XIXe siècle – au sujet des contrats s'inspirant de près ou de loin du modèle concessif ; tandis que la gestion privée a profondément impacté la manière d'appréhender les contrats administratifs, leur définition étant désormais liée à la volonté de l'administration plutôt qu'au degré de collaboration associant les particuliers au fonctionnement des services publics. Le traité de Gaston JÈZE illustre combien ces évolutions ont mis la doctrine administrative en devoir de résoudre la quadrature du cercle. Qu'il s'agisse de thèses de doctorat, d'ouvrages spéciaux – dont il faut dire que ceux d'André MOREL et Gaston JÈZE sont les principales illustrations[489] – ou d'ouvrages généraux, tous traduisent un décalage entre la définition contentieuse des contrats administratifs et les régimes juridiques originellement applicables à quelques-uns d'entre eux avant d'être étendus à tous. C'est ce que confirme la thèse de Georges PÉQUIGNOT, lequel signale à raison que Gaston JÈZE s'est « *presque exclusivement* [intéressé] *aux grands contrats administratifs proprement dits* »[490], auxquels se rapportent le régime de l'exécution et de la résiliation

[488] *Cf.* par exemple : MARCUS Laure, *L'unité des contrats publics*, Paris, Dalloz, 2010 (thèse de doctorat, université Paris-II ; dirigée par le professeur DELVOLVÉ).

[489] Nous mettons de côté des ouvrages spécialement destinés aux praticiens : ceux de – Gaston MONSARRAT : *Contrats et concessions des communes et des établissements communaux de bienfaisance* (1920) & *Marchés de travaux et de fournitures des communes et des établissements communaux de bienfaisance* (1920), – Louis TÉTREAU : *Des marchés de fournitures* (1921) et – Julien LE CLÈRE : *Les marchés de fournitures et de travaux publics* (1949).

[490] PÉQUIGNOT Georges, *Contribution à la théorie générale du contrat administratif*, Perpignan,

abordés dans les trois derniers volumes de son traité. Ces travaux doctoraux procèdent d'ailleurs de cette analyse qu'il n'existe pas *une* théorie générale *du* contrat administratif *qui ne soit pas* un trompe-œil.

> Faute de cette théorie générale, le droit administratif semble ne disposer que de contrats « nommés ». Or, à côté de ceux-ci, la jurisprudence nous révèle l'existence de contrats administratifs « innommés » pour lesquels aucun cadre doctrinal n'est tracé. (…) Il n'est donc pas sans intérêt de tenter d'établir la théorie générale du contrat administratif « innommé », c'est-à-dire une théorie applicable à tout contrat administratif par nature[491].

Cette hypothèse est corroborée par la quasi-totalité des ouvrages de droit administratif de l'Entre-deux-guerres. Nous avons déjà exposé qu'ils envisageaient le contrat administratif au point de vue de la répartition des compétences et abordaient les contrats administratifs classiques dans des parties éparses – l'organisation des services publics pour les concessions ; le domaine public et les travaux publics pour les marchés. La consultation des *index* confirme notre analyse. Lorsque l'occurrence « contrat administratif » y est insérée, elle renvoie presque toujours à la définition qu'en donne le contentieux administratif. Ainsi, par exemple, Roger BONNARD introduit cette occurrence à partir de la deuxième édition (1935) pour renvoyer aux développements sur la délimitation du contentieux administratif[492]. Dans l'*index* du traité élémentaire de Henry BERTHÉLEMY, cette occurrence fit une apparition tardive (1938)[493] : vraisemblablement à l'initiative de Jean RIVERO et ce pour renvoyer à un chapitre sur la compétence administrative. De même, Maurice HAURIOU – qui est de la même génération – n'en fait aucune mention[494]. Marcel WALINE indique seulement une occurrence à « contrat » en lien avec sa théorie des contrats administratifs – développée au sein d'une théorie

---

Imprimerie du Midi, 1945 (thèse de doctorat, faculté de Montpellier ; présidée par NESMES-DESMARETS, professeur de droit administratif), p. 2.

491 *Id.*, p. 3.

492 Il élargit le spectre de ces renvois à partir de la troisième édition (1940), où s'y ajoute un lien avec un paragraphe succinct sur l'usage du droit privé pour le fonctionnement des services publics, et le recours parallèle à l'excès de pouvoir.

493 *Cf.* BERTHÉLEMY Henry & RIVERO Jean, *Cinq ans de réformes administratives (1933-1938). Législation. – Réglementation. – Jurisprudence (supplément à la XIIIe édition du Traité élémentaire de droit administratif)*, Paris, Rousseau & Cie, 1938.

494 André HAURIOU introduisit l'occurrence « contrat administratif » dans la cinquième édition du *Précis élémentaire de droit administratif* (1943) pour renvoyer aux contrats passés pour les travaux publics, aux marchés de fournitures et contrats passés en gestion privée.

générale des obligations en droit administratif. À partir de la troisième édition (1945), il remplace cette occurrence par « contrat administratif ». Il n'y a que le précis de Louis ROLLAND qui, à cet égard, manifeste une singularité en rapprochant cette occurrence non seulement du contentieux administratif, mais encore des actes dont l'administration use pour la gestion des services publics – collaboration des particuliers, concessions et marchés[495]. Par contraste avec le reste de la littérature contemporaine, l'on peut y discerner les linéaments d'une doctrine originale par le biais de laquelle les contrats administratifs sont conçus comme le support d'une collaboration spéciale déployée pour le fonctionnement des services publics. La huitième édition (1943) de ce précis le confirme en regroupant les renvois en trois *items* : « Distinction *avec le contrat de droit privé* », « *Notion* » et « *Régime juridique* ». La consultation de ces *index* fait apparaître le rythme parfois très différent suivant lequel les contrats administratifs infusent la grammaire du droit administratif et, à l'exception notable de Louis ROLLAND, ces contrats furent longtemps appréhendés à travers un prisme essentiellement contentieux.

590. La théorie des contrats administratifs : une technique juridique destinée à faire pendant à la théorie civile des contrats. – C'est le « père » de la théorie des contrats administratifs – suivant les mots de Georges VEDEL[496] – qui fit tardivement l'aveu de cette faiblesse : cette théorie ne sera jamais qu'une technique juridique au service du droit positif. Tout en soulignant courtoisement la qualité de la thèse de Georges PÉQUIGNOT (1945), Gaston JÈZE – qui ne partage pas toutes ses conclusions, loin s'en faut – regarde la théorie *du* contrat administratif comme n'étant rien d'autre qu'une œuvre de l'esprit.

> Le résultat de ses efforts est digne d'éloges. Pour ma part, je ne les lui ménage pas. Avec raison, il ne s'illusionne pas ; il sait qu'il lui faudra constamment retoucher son travail à mesure que le Conseil d'État modifiera sa jurisprudence. C'est le sort de tout exposé synthétique jurisprudentiel ; il n'est valable et utile qu'à la condition d'être, à tout moment, conforme aux solutions consa-

---

495 Il s'agit de la deuxième édition de son *Précis de droit administratif* (1928). Ainsi qu'il l'indique dans une préface, la première édition (1926) n'est pas à proprement parler de son fait, puisqu'elle procède de notes prises de ses cours. Il ne paraît pas que Louis ROLLAND ait été l'auteur de l'*index* y afférent.

496 VEDEL Georges, *Droit administratif*, Paris, P.U.F., 1958-1959 (1re éd., 2 vol.), t. 2, p. 589.

> crées par le haut tribunal administratif. Le droit d'un pays, à un moment donné, est celui qu'appliquent les tribunaux[497].

La thèse de Georges PÉQUIGNOT ne serait-elle qu'un « *exposé synthétique jurisprudentiel* » ? On peut en douter. Ce fut précisément le propre – et la faiblesse – du traité de Gaston JÈZE que de ne pas expliciter une démarche doctrinale qui n'y est que sous-jacente. Et l'absence de réédition révèle plus encore à quel point il s'agit d'un ouvrage qui, malgré des dimensions impressionnantes, devait rapidement être frappé de caducité. Il n'y a rien de fortuit à lire dans le même fascicule de la *Revue du droit public* où Gaston JÈZE publie une recension de la thèse de Georges PÉQUIGNOT, une étude jurisprudentielle où le même bat en brèche les idées sur lesquelles ce dernier assoit la singularité du contrat administratif – à savoir l'immutabilité des obligations et l'effet relatif du contrat (Gaston JÈZE est le directeur de cette revue). Celui-ci y assimile le contrat administratif à une technique contractuelle – à l'instar de certains civilistes, depuis l'étiolement de la doctrine de l'autonomie de la volonté dans l'Entre-deux-guerres et la promotion du positivisme juridique.

> Le contrat administratif n'est qu'un procédé de technique juridique mis à la disposition des agents publics pour assurer le fonctionnement régulier et continu des services publics, par des moyens juridiques plus faciles et plus énergiques que les moyens du droit privé. La justification de ce procédé technique spécial est dans la notion de service public. C'est donc uniquement pour atteindre un but d'intérêt public (service public) que ce procédé technique spécial a été imaginé et peut être utilisé[498].

La démarche empruntée par Georges PÉQUIGNOT dans sa thèse de doctorat est bien différente. En souligner la divergence, c'est en quelque sorte faire apparaître l'alternative qui se présente à la doctrine administrative dans les années 1950 – étant donné que les doctrines institutionnalistes n'ont guère survécu à leurs promoteurs : Maurice HAURIOU (décédé en 1929) et Georges RENARD (décédé en 1943) pour le droit public ; Gaston MORIN pour le droit privé (qui fait dans sa discipline figure d'un iconoclaste impénitent)[499]. Georges PÉQUIGNOT est aux antipodes d'un auteur comme Jean ROUVIÈRE, pour qui les contrats administratifs cons-

---

[497] JÈZE Gaston, Recension de la *Contribution à la théorie générale du contrat administratif* (1945) de PÉQUIGNOT, *in R.D.P.* 1945, p. 276.

[498] JÈZE Gaston, « Le régime juridique du contrat administratif », *in R.D.P.* 1945, p. 251.

[499] En droit privé, la théorie de l'institution fut plus longtemps discutée, notamment à un moment où, après la Seconde Guerre mondiale, la cohésion du droit interne fut discutée à l'aune du droit du travail et du droit commercial.

tituent une catégorie plurielle dont la cohérence tient à leur contiguïté avec les contrats privés – c'est-à-dire des contrats au sens plein du terme, auxquels s'appliquent des règles spéciales à l'instar des contrats commerciaux. Georges PÉQUIGNOT s'emploie non pas à organiser l'hétérogénéité des contrats administratifs, mais à abstraire une nature qui leur soit commune et qui puisse conférer une véritable unité à une théorie écartelée entre les contrats classiques (dits nommés) et les contrats inusuels (dits innomés).

> Les contrats innommés se trouvent en quelque sorte égarés et nus au sein du droit administratif : égarés, parce que le contrat est une institution du droit privé et celui-ci paraît être son domaine d'élection ; nus, parce que les vêtements des contrats administratifs nommés sont trop personnels à ceux-ci pour pouvoir être automatiquement offerts à tout contrat nouveau venu dans le droit public. (…)
>
> Étudier chaque contrat administratif innommé pour faire le vêtement administratif qui lui conviendrait n'offrirait qu'un intérêt fort limité. Il est infiniment préférable de tenter de doter le droit administratif (qui ne possède jusqu'ici que des vêtements sur mesure pour quelques contrats nommés), du moule, de la forme, qui lui permettra de vêtir indistinctement tous les contrats innommés. (…)
>
> Le contrat administratif a fait craquer ce moule [jusqu'alors emprunté à la théorie civile des obligations] de toutes parts. Il importe donc d'en construire un nouveau qui soit exactement à la taille du contrat administratif, de tout contrat administratif[500].

591. L'essai doctrinal de PÉQUIGNOT : l'affirmation singulière d'un contrat administratif irréductible au contrat. – Cet auteur s'expose à une critique similaire à celle qui peut être adressée à Gaston JÈZE : le régime juridique commun aux contrats administratifs est principalement inspiré des contrats administratifs nommés. Proposer une théorie des contrats administratifs qui applique aux uns (les contrats innommés) les règles formalisées pour les autres (les contrats nommés) présente le risque d'être artificieuse. Toutefois, Georges PÉQUIGNOT relève cet exercice éminemment doctrinal : « *Nous trouvons surtout des contrats de concession, des marchés de travaux publics, des marchés de fournitures, rarement quelque contrat innommé d'une espèce particulière* ». Son ambition est précisément de rendre compte des « *éléments qui sont de leur essence commun, c'est-*

[500] PÉQUIGNOT Georges, *Contribution à la théorie générale du contrat administratif*, *op. cit.* (1945), p. 56.

à-dire, ceux que l'analyse retrouvera partout et toujours dans les contrats administratifs nommés ou innommés, passés ou à venir »[501]. Il admet bien que certaines caractéristiques sont communes à tous les contrats, comme celles par exemple qui se rapportent aux conditions d'existence du contrat – tel l'objet et la cause. Ces règles spéciales qu'applique le droit administratif procèdent d'une adaptation du droit civil. En revanche, d'autres sont plus significatives en tant qu'elles y sont irréductibles – mieux encore, en tant qu'elles sont orthogonales à la conception que les civilistes se font du contrat.

> Certaines [des règles particulières applicables aux contrats administratifs] se présentent comme une adaptation, voire une modification ou une déformation des règles du droit privé. Sous leurs particularités, on ne cesse d'apercevoir leur origine [c'est-à-dire le droit civil]. (…)
>
> Mais – et c'est là, plus que l'originalité du contrat administratif, la différence de nature entre celui-ci et le contrat de droit privé – *il est des règles qui sont propres au contrat administratif* et ne se retrouvent pas dans le droit privé. *Il est même des règles qui opposent l'un et l'autre de ces contrats.* (…) Les règles de l'immutabilité et de la relativité des contrats du droit privé se trouvent remplacées par les *règles contraires* de la mutabilité des contrats administratifs et des effets des contrats administratifs à l'égard des tiers. Pour ces règles ignorées du droit privé et surtout pour celles qui mettent le droit administratif en contradiction avec les théories civilistes, est-il légitime de répéter l'affirmation traditionnelle ? Nous ne le pensons pas[502].

Le contrat administratif n'est pas un contrat affirme-t-il. S'il en conserve la terminologie, c'est en raison de l'inertie du langage dont il souhaite jouer des limites plutôt que de le subvertir. En définitive, Georges PÉQUIGNOT regarde ce contrat comme « *un acte administratif proprement dit* »[503], c'est-à-dire un acte d'administration auquel les administrés ne sont pas moins intéressés que pour les actes administratifs unilatéraux. Cette acception n'est pas tout juste destinée à parfaire la cohérence de sa théorie. Il en précise immédiatement les enjeux :

> Le contrat administratif nous montre l'Administration exerçant un véritable pouvoir sur son cocontractant, dépassant les droits qu'une saine technique contractuelle peut faire reconnaître à un cocontractant ordinaire. Il nous semble donc que rien ne s'oppose

---

501 *Id.*, p. 57.
502 *Id.*, p. 604-605.
503 *Id.*, p. 573.

> rationnellement, à l'admission du recours pour excès de pouvoir pour contrôler ce qu'il y a de pouvoir dans le contrat administratif et dans les actes accomplis par l'Administration pour son exécution[504].

592. En traitant – dans un appendice – du recours pour excès de pouvoir et du contrat administratif, il ne s'agit pas seulement de réagir à une question contemporaine abordée avant lui par quelques-uns[505], mais de convaincre que le contrat administratif est un acte qui, par sa nature même, est susceptible d'intéresser jusqu'aux administrés : « *Tout citoyen n'a-t-il pas droit à ce que l'Administration agisse légalement que lorsqu'elle accomplit des actes administratifs proprement dits et non lorsqu'elle conclut des contrats ?* »[506]. Les contrats administratifs ne sont pas conçus comme des actes étroits qui seraient bornés par l'effet relatif, mais comme de véritables actes d'administration pour lesquels les administrés, pas moins que pour les actes unilatéraux, ont un intérêt à s'assurer que l'administration agisse conformément au droit. C'est par cette conclusion que le futur doyen de la faculté de Montpellier donne à saisir l'essence du contrat administratif. Il réprouve catégoriquement cette conception individualiste qui n'appréhende à travers le contrat que les parties, comme si son objet s'était privatisé par le fait d'avoir été contractualisé. Que l'administration gère unilatéralement ou contractuellement les services publics, les administrés (ou devrait-on dire les citoyens) sont toujours légitimes à discuter – non pas de la pertinence de la gestion – mais tout du moins de sa légalité. La réponse que lui adresse Gaston JÈZE met à nu l'incompréhension qui sépare ces deux auteurs, chacun se plaçant à un point de vue inconciliable à l'autre.

> Tout d'abord, quoi qu'on dise, le contrat administratif est un contrat. (…)
>
> Tant que la législation subsiste, le Conseil d'État a le devoir de l'appliquer. Il excéderait ses pouvoirs en substituant le recours pour excès de pouvoir à l'organisation juridictionnelle et à la procédure édictée pour les contrats.
>
> Telle est la raison donnée par le Conseil d'État *en termes clairs et catégoriques* : les litiges soulevés par les contrats de l'administration

---

504 *Id.*, p. 591.

505 *Cf.* DEBEYRE Guy, « Le recours pour excès de pouvoir et le contrat », *in R.D.P.* 1938, p. 215. Professeur à la faculté de Montpellier, cet auteur siégea dans le jury de thèse de Georges PÉQUIGNOT.

506 PÉQUIGNOT Georges, *Contribution à la théorie générale du contrat administratif*, *op. cit.* (1945), p. 599.

> relèvent de la compétence du juge de ces contrats. Il n'y a là rien d'inexpliqué et d'inexplicable.
>
> Le Conseil d'État n'est pas soucieux d'accroître sa compétence, déjà très large. Sa préoccupation est d'assurer aux particuliers, *en respectant la loi*, la garantie du contrôle juridictionnel[507].

Cette réponse explicite en quoi leurs perspectives divergent – Gaston JÈZE conservant un strict positivisme qui lui permet d'écarter commodément les arguments de Georges PÉQUIGNOT les plus gênants. Pour l'ancien professeur, le contrat administratif est une technique juridique du contrat façonnée pour le service public. C'est en ce sens que Gaston JÈZE refuse de reconnaître le pouvoir de modification unilatérale de l'administration comme une prérogative *naturelle* à l'administration contractante : ce pouvoir ne trouve son fondement que dans le pouvoir réglementaire afférent à l'organisation des services concédés et dans quelques autres contrats déterminés[508]. Pour le jeune docteur, le contrat administratif renvoie au contraire à un concept proprement administratif dont les atours contractuels ne sont que formels.

---

507 JÈZE Gaston, « Le régime juridique du contrat administratif », *in* *R.D.P.* 1945, p. 259-260.

508 *Id.*, p. 256 *sq.*

Paragr. 2. – De l'assimilation du contrat au droit administratif, à la privatisation latente du droit administratif

593. La théorie des contrats administratifs : expansion du droit public ou résistance au droit privé ? – Cette opposition entre Gaston JÈZE et Georges PÉQUIGNOT met en exergue que, pour le premier, le contrat administratif est un contrat auquel s'attache un régime juridique spécifique qui le distingue du contrat privé, tout en le situant par rapport à lui au moyen d'une généalogie commune. Il faut admettre qu'à l'inverse une doctrine aussi catégorique que celle de Georges PÉQUIGNOT est d'autant plus remarquable – et remarquée – qu'elle est isolée. Souvent abordée ici et là – dans des traités, des manuels universitaires, des notes d'arrêts, *etc.* – la question de la nature des contrats administratifs est rarement envisagée pour elle-même. Les auteurs lui consacrent plus ou moins d'attention – assez peu en définitive. Outre Gaston JÈZE, peut-être pouvons-nous citer André MOREL qui, suivant une démarche similaire, travailla à déterminer la nature des marchés de fournitures dans une étude à l'ambition doctrinale clairement revendiquée[509]. Cette question a le plus souvent été débattue à propos de la compétence administrative, après l'avoir été à l'occasion de la théorie de l'imprévision. Dans un cas comme dans l'autre, la réponse qui y est apportée est toute déterminée par la solution à justifier – que ce soit pour désigner la juridiction compétente ou bien pour apprécier la portée de la théorie de l'imprévision. Au demeurant, lorsque des administrativistes discutent de la *nature* des contrats administratifs, il faut prendre garde à ne pas s'exagérer le sens qui est conféré à ce terme. Le professeur strasbourgeois Julien LAFERRIÈRE y insiste : par différence de « nature », lui et ses contemporains y voient une différence de régimes juridiques et non pas une différence qui tiendrait à la qualité intrinsèque du contrat administratif[510]. Achille MESTRE – qui publia de nombreuses notes d'arrêts sur les contrats administratifs – en donne une illustration topique :

> Le contrat constitue l'institution essentielle du droit civil, qui est demeurée longtemps si étrangère au droit public que l'expression même de « contrat administratif », combattue par

---

[509] *Cf.* MOREL André, *Les marchés de fournitures des départements de la guerre et de marine…*, *op. cit.* (1918).

[510] LAFERRIÈRE Julien, *Répétitions écrites de droit administratif* [cours dispensé à la faculté de Paris pour le diplôme d'études supérieures de droit public (1940-1941) et consacré à des questions diverses du contentieux administratif], *op. cit.* (1941), p. 236 *sq.*

> nombre d'auteurs, n'est passée qu'assez récemment dans la langue juridique courante[511].

C'est ce qu'il enseigne lorsque – dans les années 1930 – il dispense à la faculté de Paris le cours de droit administratif en deuxième année de licence. Le contrat administratif renvoie à l'une des deux catégories de contrats qu'emploie l'administration, chacune impliquant la mise en œuvre de règles spécifiques[512]. Marcel SIBERT – qui assure ce cours pour l'année universitaire 1937-1938 – comprend pareillement le contrat administratif. Il ne faut donc pas se laisser abuser par l'emploi du mot « nature » : le contrat administratif n'est pas, en soi, d'une nature distincte du contrat privé. Il consiste en un mode de contracter différent de celui auquel recourent les particuliers sous l'empire du code civil, quoiqu'au fond il s'agisse toujours de la même chose[513]. En jouant d'une dialectique entre droit public et droit privé, Achille MESTRE admet que, si le *contrat* a été initialement étranger au droit public, le *contrat administratif* traduit désormais une publicisation du contrat qui est corrélative à une privatisation du droit administratif.

> Pendant très longtemps on a été rebelle à cette idée de contrat administratif. Tous les auteurs du Droit civil s'insurgeaient contre l'idée de contrat administratif en disant : ou c'est un contrat et c'est du droit privé ; ou c'est du droit administratif, mais ce n'est pas un contrat. C'est très lentement que la jurisprudence du Conseil d'État et la doctrine administrative ont réussi à acclimater cette théorie qui est aujourd'hui reconnue par tout le monde[514].

594. Parmi plusieurs témoignages, l'un est particulièrement éloquent – celui de Louis TROTABAS qui publia un article dans une revue de science administrative : *L'État moderne*[515]. En s'adressant à un lectorat non spécialiste du droit, cet auteur n'emprunte pas un ton normalisé destiné à con-

---

[511] MESTRE Achille, Note sur l'arrêt *Bureau international de l'édition musico-mécanique* (C.E., 21 janvier 1938), *in Sirey* 1940. 3. 9.

[512] MESTRE Achille, *Répétitions écrites de droit administratif* [cours dispensé à la faculté de Paris pour la deuxième année de licence (1933-1934)], Paris, Les cours de droit, 1934, p. 372 *sq*.

[513] SIBERT Marcel, *Répétitions écrites de droit administratif* [cours dispensé à la faculté de Paris pour la deuxième année de licence (1937-1938)], *op. cit.* (1938), p. 569 *sq*.

[514] MESTRE Achille, *Répétitions écrites de droit administratif* [cours dispensé à la faculté de Paris pour la deuxième année de licence (1942-1943)], Paris, Les cours de droit, 1943, p. 194.

[515] À propos de cette revue, *cf.* DESCAMPS Florence, « *L'État moderne*, une contribution originale des fonctionnaires des finances à la réforme de l'État (1928-1940) », *in Revue française d'administration publique* 2006, n° 4, p. 667.

noter tout à la fois une expertise juridique et une autorité professorale.

> Le droit administratif était animé d'abord d'une force essentiellement dynamique : il sut s'annexer, précisément par le moyen du service public, les provinces du droit privé que ne gardait pas farouchement la liberté économique. *PELLETIER*, *BLANCO*, *TERRIER*, *FEUTRY*, *THÉROND*, sont des noms de victoire, parmi tant d'autres, qui peuvent être brodés sur le drapeau du droit administratif. Aujourd'hui, affaibli sans doute pas sa qualité même de « puissance satisfaite », le droit administratif a perdu de son mordant, il a cessé d'être conquérant et le service public est arrêté dans son expansion. *MÉLINETTE* marque une défaite, *VERBANCK* tout au plus une résistance sur une ligne de défense. Et en même temps que la période de conquête du droit administratif prenait fin, l'influence du droit privé apparaissait dans ses propres frontières et s'y développait. L'idée lointaine de collaboration des particuliers au service public a permis de jeter des ponts entre le monde administratif et la vie privée[516].

Au fil de cette analyse, le contrat administratif n'est pas regardé comme une conquête du droit administratif, lequel se serait approprié un concept civiliste pour étendre son empire ; mais plutôt comme une tête-de-pont civiliste jetée en plein territoire administratif. Pour filer la même rhétorique que le professeur aixois, la conceptualisation du contrat administratif procède d'une évolution du droit administratif qui a estompé ce qui le démarquait du droit privé, là où jusqu'alors le contrat était perçu comme un cheval de Troie menaçant pour l'autonomie du droit public.

> Aujourd'hui le service public n'est plus le « Sésame, ouvre-toi » de l'autonomie administrative : il faut que le service soit immédiatement en cause, qu'un contrat administratif soit en question, *etc.*[517].

L'appréciation qu'il porte sur le droit administratif de l'Entre-deux-guerres permet d'inscrire la conceptualisation du contrat administratif dans une perspective qui est celle d'une privatisation latente du droit administratif. « *Crise de croissance, encombrement des juridictions administratives, peut-être, ou revanche de ce vieux fonds irréductible du droit commun contre lequel le régime administratif avait voulu se cantonner, et qui reprend ses droits…* »[518].

---

516 TROTABAS Louis, « La gestion des services publics : gestion publique ou gestion privée ? », *in L'État moderne* 1938, n° 11, p. 210.
517 *Id.*, p. 212.
518 *Ibid.*

595. En outre, la valorisation du droit public – désormais reconnu comme une discipline pleinement juridique et autonome – a conduit, dans l'Entre-deux-guerres, à une dialectique qui a favorisé une compénétration des droits public et privé, dans un vis-à-vis où chacun est pris comme référent par la doctrine d'en face. À la même époque, la publicisation du contrat de travail convainc certains privatistes de l'autonomisation du droit social[519]. De l'autre bord, les administrativistes relèvent que le droit administratif s'est privatisé par le biais de la gestion privée, dont le principe s'est généralisé concomitamment avec l'essor de l'interventionnisme public. Louis TROTABAS en explicite les raisons :

> C'est une considération financière, une idée d'économies, qui détourne en effet du service public et explique toutes les conquêtes de l'idée de gestion privée dans le monde administratif.
>
> Derrière chacune des formules par lesquelles se manifeste cette conquête, ou par lesquelles elle essaie de s'affirmer, on retrouve toujours cette même idée : le service public est onéreux, la gestion privée est bénéficiaire[520].

La gestion privée est l'étendard d'une rationalisation économique des services publics que certains s'évertuent de réorganiser pour soulager les finances publiques. Le droit privé est mobilisé comme « *un moyen d'équilibre financier* [des services publics], *une recherche de profit ou d'économies* »[521]. Le contrat administratif n'est pas tant une citadelle menaçante pour le droit privé, qu'un point de résistance tendu à fixer la gestion privée sous une forme qui ne soit pas subversive du droit administratif. C'est dire que ce contrat projette derrière l'ombre du droit privé, là où auparavant *les* contrats administratifs renvoyaient à plusieurs catégories dont certaines conduisaient à mobiliser une grammaire spécifique du contrat – sous-tendue par cette idée que le consensualisme ne pouvait se réduire au contrat. Si le critère des clauses exorbitantes du droit commun accompagne une extension du contentieux administratif, il dessine une ligne sinueuse qui complique la frontière entre droit public et droit privé. Doctrinalement, la théorie de la gestion privée rapproche tendanciellement le contrat administratif du contrat privé, au point que celui-là ne s'en différencie plus qu'au regard des clauses exorbitantes du droit commun. Comment le contrat administratif pourrait-il être d'une nature in-

---

519 *Cf.* DELBEZ Louis, « Une conquête du droit public : le contrat de travail », *in R.D.P.* 1939, p. 462.

520 TROTABAS Louis, « La gestion des services publics : gestion publique ou gestion privée ? », *in L'État moderne* 1938, n° 11, p. 212.

521 *Id.*, p. 213.

trinsèquement différente du contrat de droit privé, si cette nature ne résulte que de certaines clauses qui peuvent à loisir y être stipulées ou ne pas l'être. Qu'est-ce qu'un contrat administratif, sinon un contrat au sein duquel l'on trouve des clauses inconnues, à tout le moins inhabituelles pour le droit privé ? L'on ne doit pas être surpris de trouver une pareille conception sous la plume d'un Achille MESTRE :

> Toute la jurisprudence dit, redit et proclame que la Concession est un Contrat, n'est qu'un Contrat.
>
> Sans doute, c'est un Contrat administratif soumis aux règles particulières du Droit administratif qui ne suppriment certes pas celles du Droit civil, mais les complètent, les assouplissent, les orientent. (…) Adaptée aux exigences de la vie administrative, la Concession demeure un Contrat[522].

Cet auteur illustre ces administrativistes qui se sont efforcés d'assimiler le contrat *au* droit administratif, tout en en conservant l'essence. C'est en ce sens que la théorie des contrats administratifs procède à la publicisation du contrat à un moment où, après que ce dernier a été marginalisé par la doctrine publiciste de la Belle Époque, le développement de la gestion privée le banalise dans la culture publiciste[523]. Ce n'est pas que, dans les années précédant la Première Guerre mondiale, le contrat aurait été étranger au droit administratif. Seulement, la doctrine publiciste s'est alors donnée une identité construite à partir d'un antagonisme avec un droit privé essentialisé par le contrat[524]. Tandis que la locution « contrat administratif » recevait une signification purement contentieuse[525], certains administrativistes ont appréhendé les concessions de service public en préférant un paradigme emprunté à l'acte unilatéral plutôt qu'au contrat[526]. C'est ce qui explique le peu d'intérêt – jusque dans les années 1920 – que la doctrine administrative a manifesté pour les marchés de fournitures, lesquels étaient par leur objet plus proches des contrats du droit civil que ne l'étaient les marchés de travaux publics et les concessions de service public[527]. Toutefois, la Première Guerre mondiale a conduit l'État à passer nombre de contrats pour des activités qui ne lui étaient pas familières. D'où une certaine perplexité de la doc-

[522] MESTRE Achille, « Préface », *in* TESTE Pierre, *Les services publics de distribution d'eau, de gaz et d'énergie électrique (étude de jurisprudence)*, Paris, Dalloz, 1940, p. xij-xiij.

[523] *Cf.* le chapitre 2, titre IV, seconde partie.

[524] *Cf.* le chapitre 2, titre III, seconde partie.

[525] *Cf.* le titre I, seconde partie.

[526] *Cf.* les chapitres 2 et 3, titre II, seconde partie.

[527] *Cf.* le chapitre premier, titre II, seconde partie.

trine administrative, placée face à des contrats irréductibles à un paradigme unilatéral et réglementaire. La théorisation des contrats administratifs renvoie à l'acculturation du contrat au droit administratif, *via* une technique juridique proprement publiciste. Publicisation du contrat et privatisation du droit administratif sont deux phénomènes concomitants. Achille MESTRE ajoute en ce sens :

> Tous ceux qui sont attachés à la tradition juridique et pour lesquels le progrès consiste non à saccager les données classiques mais à les adapter, se réjouiront sincèrement de voir l'idée essentielle de CONTRAT, qui dans la doctrine semblait depuis quelques années subir une éclipse, dominer toute la jurisprudence de la concession[528].

La préface à laquelle nous empruntons cette dernière citation est particulièrement édifiante. Elle est comme l'acmé d'une réflexion doctrinale qui – de la fin des années 1930 jusqu'aux années 1950 – a réorienté ou, plutôt, a déterminé l'orientation à donner à la conceptualisation du contrat administratif. Pour ce faire, Achille MESTRE entreprend une relecture critique de la jurisprudence administrative qui tend, d'une part, à contenir la portée virtuellement subversive du contrat administratif et, d'autre part, à lisser les interrogations qu'a portées la doctrine administrative de la Belle Époque sur les concessions.

> Pour vérifier le bien-fondé des vues de M. TESTE [auteur de l'ouvrage qu'il préface] sur la nature contractuelle de la Concession, j'ai relu le célèbre arrêt du Conseil d'État qui a été rendu le 10 mars 1910 aux conclusions de M. Léon BLUM [l'arrêt *Ministre des travaux publics c. Compagnie générale française des tramways*][529].

596. Une inflexion doctrinale destinée à oblitérer les accents autonomistes de la théorie des contrats administratifs. – Ceux des administrativistes qui, au cours des années 1950, se sont évertués à civiliser le contrat administratif – ou pourrait-on dire à le « contractualiser » – se sont attachés à contester l'idée que, pour l'exécution de *tous* les contrats administratifs, l'administration disposerait d'un pouvoir de modification unilatérale. Emblème de l'exorbitance du régime juridique propre aux contrats administratifs, puisque dérogeant à l'immutabilité des obligations, cette prérogative retint particulièrement l'attention. L'arrêt dit des *Tramways de Marseille* (1910) a fait l'objet de nombreuses études desti-

---

[528] MESTRE Achille, « Préface », *in* TESTE Pierre, *Les services publics de distribution d'eau, de gaz et d'énergie électrique…*, *op. cit.* (1940), p. xi-xij.
[529] *Id.*, p. xiij.

nées à en réapprécier la portée. En 1940, Achille MESTRE conclut à l'inexistence d'une telle prérogative en proposant une (re)lecture discutable des conclusions de Léon BLUM. C'est surtout Jean L'HUILLIER, après un Gaston JÈZE[530], qui, dans un article suscitant de nombreuses réactions, s'est attardé sur cette question. À l'instar des précédents, ce professeur poitevin s'insurge contre cette idée « *banale* » suivant laquelle :

> Les contrats dits administratifs n'emportent pas des effets identiques pour les sujets qu'ils lient. (…)
>
> Cette conception unilatérale des effets du contrat administratif est le résultat d'une curieuse évolution doctrinale[531].

Il dirige sa critique contre un des principes les plus singuliers du contrat administratif et qu'il dépeint comme « *une sorte de dogme que* [certains administrativistes] *proposent à la foi des futurs juristes* »[532]. Souhaitant atténuer la singularité des contrats administratifs qu'il estime avoir été artificiellement accentuée, il s'emploie à justifier les prérogatives de l'administration par le biais du code civil, pour réamarrer le contrat administratif au droit privé.

> [Le principe de modification unilatérale des contrats administratifs] peut aisément s'expliquer sans qu'il soit besoin de faire appel à un prétendu principe dérogatoire au droit commun des contrats. Elle n'est, en réalité, qu'une application de cette règle générale formulée pour les contrats de droit privé, par l'art. 1135 c. civ. et d'après laquelle « les conventions obligent non seulement à ce qui y est exprimé, mais encore à toutes les suites que l'équité, l'usage ou la loi donnent à l'obligation d'après sa nature ». Ce que le code appelle l'usage porte ici le nom de pratique administrative[533].

Et de conclure : « *Le principe fondamental du droit des contrats* (…) *vaut* (…) *pour l'Administration contractante aussi bien que pour les particuliers* »[534]. Pareillement, le professeur DUFAU publia une étude dont les conclusions, pour être moins rigoureuses que celles de Jean L'HUILLIER, révèlent la même préoccupation doctrinale :

---

[530] JÈZE Gaston, « Le régime juridique du contrat administratif », *in R.D.P.* 1945, p. 251, spéc. p. 256 et s.

[531] L'HUILLIER Jean, « Les contrats administratifs tiennent-ils lieu de loi à l'Administration ? », *in Dalloz* 1953, chron. p. 87.

[532] *Ibid.*

[533] *Id.*, p. 90.

[534] *Ibid.*

> Dans le but de placer leur discipline à l'abri de toute « contamination civiliste », les publicistes ont tendance à représenter les rapports entre Droit Administration et Droit Civil, dans les termes d'une antinomie foncière. En matière de contrats administratifs, notamment, la plupart d'entre eux rejettent l'application de l'article 1134 du Code Civil, qui constitue la base fondamentale du droit privé des obligations[535].

597. Le professeur BÉNOIT entreprend quelques années plus tard la même démonstration : l'interprétation qu'il prête à l'arrêt *Compagnie générale française des tramways* aboutit à dénier à l'administration un pouvoir *général* de modification unilatérale qui serait négateur de l'idée même de contrat – au sens où les civilistes le conçoivent. Le contrat administratif en emprunte les caractères, sauf quelques aménagements sans incidence sur sa nature :

> Le contrat administratif constitue donc la loi des parties. Comparé au contrat de droit privé, son régime s'en distingue sur des points certes très importants, tels que la résiliation, les sanctions ou l'imprévision, mais qui ne touchent pas à l'essence même du contrat. Il y a donc, derrière une sérieuse diversité des régimes, unité de la notion de contrat dans notre Droit. Le contrat administratif est bien un contrat, c'est-à-dire un acte juridique résultant de l'accord de deux volontés et qui ne peut être modifié que par un nouvel accord de ces volontés. S'il n'en était pas ainsi, pourrait-il d'ailleurs y avoir des contrats administratifs ?[536]

À l'instar de nombre de ses contemporains, André de LAUBADÈRE admet tout d'abord ce pouvoir de modification unilatérale dans toute son étendue[537]. Avec lui, nous pensons en particulier à Roger BONNARD qui, dans la dernière édition de son précis (1943), écrit :

> Pour les marchés de travaux publics, comme pour tous les contrats administratifs, c'est-à-dire les contrats passés en vue d'assurer le fonctionnement des services publics, on n'applique pas strictement la règle de l'immutabilité contractuelle, qui prévaut d'une façon absolue dans les contrats de droit privé et d'après la-

---

[535] DUFAU Jean, « Le pouvoir de modification unilatérale de l'administration et les contrats de concessions de service public », *in A.J.D.A.* 1955, I, p. 65.

[536] BÉNOIT Francis-Paul, « De l'inexistence d'un pouvoir de modification unilatérale dans les contrats administratifs », *in J.C.P.* 1963, I, 1775.

[537] André de LAUBADÈRE enseigne ce principe dans son *Manuel de droit administratif* (Paris, L.G.D.J., 1946 (1re éd.), p. 191) comme dans son *Traité élémentaire de droit administratif* (Paris, L.G.D.J., 1953 (1re éd.), p. 442 *sq.*).

> quelle les clauses d'un contrat ne peuvent être modifiées que par un nouvel accord entre les parties. On considère que l'administration ayant eu bénévolement recours à la voie conventionnelle peut à tout moment s'y soustraire pour revenir à la voie unilatérale et venir imposer unilatéralement des modifications aux clauses du marché[538].

De même, jusque dans la dernière édition de son précis (1957)[539], Louis ROLLAND défend une opinion identique, tout en signalant au passage les controverses sur cette question. Il en va de même pour les lillois Paul DUEZ & Guy DEBEYRE dans leur *Traité de droit administratif*[540], pour le parisien Marcel WALINE dans son *Traité de droit administratif*[541] ou encore pour le montpelliérain PÉQUIGNOT[542]. Toutefois, dans le courant des années 1950, le tout jeune professeur parisien André de LAUBADÈRE tempère sa doctrine dans le sillage des articles précités, lesquels réduisent le pouvoir de modification unilatérale tant dans son étendue que dans son objet : il porterait uniquement sur les aspects réglementaires des services concédés et se réduirait ainsi au seul contrat de concession, à l'exclusion de tous les autres contrats administratifs. Pareillement, André de LAUBADÈRE en limite insensiblement la portée à des contrats déterminés pour lesquels ce pouvoir s'imposerait non pas tant en raison de leur nature, que d'éléments extrinsèques liés au service public[543]. Le traité qu'il publie sur les contrats administratifs porte la marque de cette inflexion[544]. Dans son sillage, Georges VEDEL note à propos de cette question que « *la jurisprudence* [a été] *systématisée de façon peut-être excessive par la doctrine* »[545].

---

538 BONNARD Roger, *Précis de droit administratif*, Paris, Pichon & Durand-Auzias, 1943 (4e éd.), p. 620.

539 Il s'agit d'une édition posthume, mise à jour par Jean RIVERO.

540 DUEZ Paul & DEBEYRE Guy, *Traité de droit administratif*, Paris, Dalloz, 1952, p. 909-910 et 924-925.

541 WALINE Marcel, *Droit administratif*, Paris, Sirey, 1957 (7e éd.), p. 527-528.

542 PÉQUIGNOT Georges, « Théorie générale des contrats administratifs », *in Juris-classeur administratif*, Paris, Librairies techniques, 1953, fasc. n° 511.

543 LAUBADÈRE André (de), « Du pouvoir de l'administration d'imposer unilatéralement des changements aux dispositions des contrats administratifs », *in R.D.P.* 1954, p. 36.

544 LAUBADÈRE André (de), *Traité théorique et pratique des contrats administratifs*, Paris, L.G.D.J., 1956 (1re éd., 3 vol.), t. 2, p. 329 *sq.*

545 VEDEL Georges, *Droit administratif*, *op. cit.* (1re éd.), t. 2 (1959), p. 600. *A contrario*, *cf.* Jean RIVERO qui, à la fin des années 1950, défend toujours un point de vue plus classique, en insistant sur le caractère général de cette prérogative de l'administration (*Droit administratif*, *op. cit.* (1re éd., 1960), p. 99 *sq.*).

598. Une privatisation des contrats administratifs accompagnée par l'évolution des activités de l'État dans l'après-guerre. – Sans doute, cette privatisation du contrat administratif s'exacerbe-t-elle dans les années suivant la fin de la Seconde Guerre mondiale, en proportion du fait que l'État emploie son action à la reconstruction de la France. En pénétrant un peu plus en avant dans le champ économique, il police ses mœurs administratives. Il normalise l'usage de ses prérogatives ; il tend à se rapprocher d'un référent contractuel privatiste afin que son intervention, en prenant une forme plus familière à l'économie de marché, soit acceptée et donc plus efficace. Christian AUDEBAUD a mis en exergue la fonction économico-sociale dont l'État s'est emparé à partir des années 1940 pour orienter – ou rationaliser dirait-on pour justifier la chose – l'initiative privée. Sans prêter une grande attention à la nature des marchés de fournitures de l'État (ce qui n'est pas le fond de son sujet), cet auteur s'attarde sur les mutations sous-jacentes à ces marchés. Ils sont un vecteur du dynamisme économique en même temps qu'ils pourvoient à la satisfaction de besoins publics.

> La pénétration profonde de l'État dans l'économie privée qui est le résultant de sa tendance dirigiste se trouve facilitée, complétée par l'accord contractuel.
>
> Ce que l'État ne peut obtenir par la loi, il lui est souvent possible de l'obtenir par le contrat. S'il édicte, d'autre part, des règles impératives, du point de vue général, il lui est possible, grâce aux marchés, d'en contrôler l'exécution[546].

D'un côté les fournisseurs nouent avec l'État une collaboration de plus en plus intime, pour devenir un « *collaborateur quasi-permanent de l'administration* »[547] dont l'indépendance est sacrifiée en proportion de la socialisation des risques économiques[548] – ce que notait déjà Maurice HAURIOU dans les années 1920. De l'autre, cette collaboration emprunte plus encore au contrat à mesure du fait que les marchés administratifs sont traversés par des enjeux qui ne se rapportent pas uniquement aux services publics.

---

546 AUDEBAUD Christian, *Essai sur l'évolution et les tendances actuelles des marchés de l'État*, Paris, L.G.D.J., 1950 (thèse de doctorat, faculté de Paris ; dirigée par WALINE, professeur de droit administratif), p. 10.

547 WALINE Marcel, « L'évolution récente des rapports de l'État avec ses cocontractants », *in R.D.P.* 1951, p. 15.

548 AUDEBAUD Christian, *Essai sur l'évolution et les tendances actuelles des marchés de l'État*, *op. cit.* (1950), p. 83-84.

599. Cette conception du contrat administratif – qui le rapproche du contrat du droit privé – est par ailleurs accompagnée d'une classification qui infirme l'idée qu'il puisse constituer une catégorie de contrats *sui generis*. À rebours de la thèse de PÉQUIGNOT (1945) et dans le sens de celle de Jean ROUVIÈRE (1930), entreprendre une typologie des contrats administratifs, c'est tout à la fois réorienter le sens d'une définition générique *du* contrat administratif et souligner les contiguïtés que ces contrats entretiennent avec les contrats du droit privé. En les regardant comme le support de dérogations apportées au droit commun, il s'agit de les rapporter à un paradigme contractuel en les y arrimant. C'est la démarche de Pascal ARRIGHI dont la thèse a pour objet d'analyser les marchés de fournitures comme une catégorie spécifique de contrats administratifs. Au lieu de penser deux catégories de contrats dont l'opposition s'alignerait sur la *summa divisio*, il met en exergue l'hétérogénéité des contrats administratifs dont les contrastes, entre eux, conduisent à les réorganiser autour *d'un* concept de contrat dont l'unité s'en retrouve renforcée.

> Quel que soit le but poursuivi par l'État ou les autres personnes administratives, quand un contrat a été passé, le mécanisme technique est le même, il y a identité de régime. Sans doute des particularités sont apparues qui légitiment une appellation différente et l'affirmation d'une certaine autonomie. Mais les marchés de fournitures sont une espèce d'un genre : les contrats administratifs. Et d'ailleurs tous les contrats, qu'on les dise civils ou administratifs, ont la même nature, l'unité apparaît sous la diversité des formes techniques qu'ils empruntent[549].

S'il est admis qu'ils sont clairement distincts des contrats privés, les contrats administratifs n'en participent pas moins *du contrat* à l'évolution duquel ils sont liés. Dans une remarque conclusive, Pascal ARRIGHI signale ces synergies entre contrats administratifs et contrats privés. Ces derniers ne sont pas posés comme constituant un référent immuable près duquel les premiers devraient être rapprochés. Représentant chacun une extrémité du concept de contrat, l'écart qui les sépare permet de saisir les mutations dont ce concept est traversé.

> Qu'il s'agisse de contrats ordinaires du droit privé ou de contrats administratifs, il importe de souligner que l'unité doit de nouveau apparaître. Elle a d'abord signifié l'affirmation que les

---

549 ARRIGHI Pascal, *Essai sur le caractère administratif des marchés de fournitures*, Paris, Imprimerie Foulon, 1945 (thèse de doctorat, faculté de Paris ; dirigée par WALINE, professeur de droit administratif), p. 20.

> parties ne pouvaient se soustraite à leurs obligations. Elle a maintenant pour signification d'affirmer que les obligations inscrites dans un contrat doivent répondre aussi exactement que possible aux besoins d'un groupe, d'une idée supérieure. Les effets de la considération d'utilité publique, de l'intérêt public, donnent leur marque aux contrats administratifs, et il faudra une transformation du droit privé pour que le contrat de droit civil se mette en harmonie avec le droit social, le droit du groupe qui est en train de naître[550].

Caractérisée par l'idée d'utilité publique, cette conception des marchés administratifs dénote l'influence doctrinale de Marcel WALINE qui dirigea la thèse de cet auteur. Plus encore, en s'attachant à souligner les influences réciproques entre contrats administratifs et contrats du droit privé, il s'inscrit avec quelques autres dans une perspective destinée à saisir les marchés administratifs à travers les problématiques contemporaines de l'après-guerre. Il ne s'agit plus tant de les appréhender à l'aune d'un prisme contentieux, que de les envisager comme une technique contractuelle qui puisse être suffisamment ductile pour se prêter aux divers usages auxquels l'État les emploie.

600. Trente ans d'une littérature doctorale tendue à valoriser le modèle contractuel (1930-1960). – Entre 1930 et 1960, nous avons recensé une trentaine de thèses entreprises sur les contrats administratifs et qui toutes corroborent cette évolution doctrinale. C'est Jacques MONTMERLE qui entreprit une exégèse du cahier des clauses et conditions générales de l'administration des ponts-et-chaussées (1931)[551] ; Léon DUFFAUD qui traita des clauses de pénalité pour mettre en exergue le rôle – sans équivalent en droit civil – des ministres dans les procédures de sanction (1931)[552] ; Philippe FOUGEROLLE qui étudia dans le même sens la procédure de déchéance (1933)[553]. Tous trois ont souligné ce que le droit administratif avait d'exorbitant : moins pour en exagérer l'autonomie en versant dans des généralisations, que pour circonscrire au

---

550 *Id.*, p. 202.

551 *Cf.* MONTMERLE Jacques, *Situation juridique de l'entrepreneur de travaux publics soumis au cahier des clauses et conditions générales de l'administration des ponts et chaussées* (1931, faculté de Paris). Cet auteur fit paraître en 1932 un commentaire pratique desdits cahiers – plusieurs réédités jusque dans les années 1960.

552 *Cf.* DUFFAUD Léon, *Les pénalités dans les marchés de fournitures* (1931, faculté de Paris).

553 *Cf.* FOUGEROLLE Philippe, *La déchéance de l'entrepreneur. Commentaire de l'article 35 du cahier des clauses et conditions générales, imposées aux entrepreneurs des travaux des ponts-et-chaussées et des articles correspondants des autres cahiers* (1933, faculté de Paris).

plus près cette exorbitance. En pénétrant dans les détails de la technique contractuelle, ils rapportent à leur effet utile les prérogatives exorbitantes stipulées dans les marchés administratifs, dans une perspective orientée à en restreindre leur portée là où elles seraient excessives. La création en 1936 de la Caisse nationale des marchés de l'État[554] donna lieu à sept thèses qui, pour ne pas aborder ce sujet depuis le même point de vue, interrogèrent les marchés publics comme une technique financière dont l'efficience pût se mesurer à partir d'un modèle économique associant les partenaires de l'administration. En ce sens, les marchés publics sont un point de convergence où s'ajustent tout à la fois gestion financière du politique, politique de l'administration et administration du social[555]. En se rapprochant de la technique contractuelle du droit privé, d'autres docteurs traitèrent de la question de l'actualisation des volontés contractuelles par rapport à la conjoncture économique, dans une perspective où les marchés sont conçus comme le vecteur d'une collaboration institutionnelle qui doit être régulière pour être efficiente à un point de vue économique[556]. Pour un autre auteur, les marchés publics sont un biais adéquat pour saisir la manière dont l'État expérimenta la décentralisation de certaines de ses activités en en confiant la gestion à des établissements publics autonomes – en l'occurrence les offices publics d'habitations à bon marché[557]. Sous cet aspect, les marchés publics sont le vecteur discret d'une discipline administrative, par contraste avec la latitude ges-

---

[554] Il s'agit d'une établissement public créé par la loi du 19 août 1936 et destiné à faciliter le financement des marchés publics. En 1980, la Caisse nationale des marchés de l'État, des collectivités et établissements publics a fusionné avec le Crédit hôtelier commercial et industriel pour former le Crédit d'équipement des petites et moyennes entreprises (décrets n° 80-1076 et 80-1077 du 23 décembre 1980).

[555] *Cf.* PÉCRESSE J.-Francis, *La Caisse nationale des marchés de l'État, des collectivités et établissements publics* (1938, faculté de Paris) ; VALLET Jean, *Le crédit et le financement des marchés de travaux et de fournitures. – La Caisse nationale des marchés* (1938, faculté de Paris ; thèse en droit privé) ; DUFFEZ Georges, *Du rôle des établissements de crédit dans le financement des marchés de travaux et de fournitures* (1939, faculté de Lyon) ; HIRSCH Jacques, *Le financement des marchés publics* (1941, faculté de Paris) & HECKINGER Joseph, *Le régime administratif du financement des marchés publics* (1944, faculté de Strasbourg) ; AYMARD Philippe, *Crédit public et crédit privé dans le financement des marchés de l'État* (1946, faculté de Paris) & AUBONNET Jean, *La caisse nationale des marchés de l'État, des collectivités et établissements publics (son histoire. – ses opérations) (études de droit comparé)* (1947, faculté de Paris).

[556] *Cf.* BARADEZ Pierre, *Les clauses de révision de prix dans les marchés de fournitures* (1933, faculté de Paris) ; BELIN Roger, *Les index économiques dans les contrats publics et privés* (1942, faculté de Paris) & BRISARD Pierre, *La variation des prix en cours d'entreprise* (1944, faculté de Paris).

[557] *Cf.* MENUT Henri, *Les offices publics d'habitations. – Modes de passation de leurs marchés de travaux* (1938, faculté de Paris).

tionnaire concédée jusqu'alors à ces institutions. La Seconde Guerre mondiale donna lieu à de nouvelles thèses consacrées aux procédés contractuels exorbitants de l'administration. Toutefois, et eu égard à la nature de ce conflit, ces travaux tendent non pas tant à considérer les marchés publics comme le moyen d'une réquisition consentie, mais plutôt comme le vecteur d'une mobilisation de l'économie à l'effort de guerre – par le concours des capitaux et des compétences. La discussion des procédés contractuels exorbitants permet d'en discuter l'efficience, suivant cette idée que les marchés sont moins l'occasion d'une spéculation que d'une association pérenne destinée à optimiser l'emploi des ressources nationales[558]. Par ailleurs, le décret du 6 avril 1942 relatif à l'adjudication des marchés de l'État[559] a suscité des études tendues à critiquer l'adéquation des procédures d'adjudication avec l'économie contemporaine[560]. Les évolutions dans lesquelles furent pris les marchés administratifs amenèrent certains auteurs à les appréhender autrement : non plus tant comme une adaptation de la puissance publique à une économie de marché, mais comme la formalisation d'une collaboration entre l'État et ses partenaires économiques, autour d'un modèle contractuel qui atténue l'aspect spéculatif[561].

601. Deux thèses au sujet analogue, entreprises l'une et l'autre à trente ans d'écart, illustrent l'évolution des problématiques auxquelles les marchés administratifs furent associés[562]. En portant sur le fait du prince, la

---

558 *Cf.* DUBAIL René, *Les marchés de fourniture de la marine* (1943, faculté de Paris) ; ERB Roger, *La mise en régie dans les marchés de travaux publics* (1944, faculté de Nancy) ; DELMAS François, *Du pouvoir de l'administration de modifier des prévisions du marché de travail public et des obligations financières en résultant pour elle* (1945, faculté de Paris) & MALDIDIER Guy, *La résiliation sans faute des marchés de fournitures passés par l'État* (1949, faculté de Paris).

559 *Cf.* le décret n° 1082 du 6 avril 1942, *in Journal officiel* 1942 (11 avril), p. 1370. Ce décret a été préparé par la Commission nationale des marchés publics, créée par le décret du 27 avril 1937. À propos de cette réglementation, *cf.* BONNARD Roger, « La passation des marchés publics », *in R.D.P.* 1943, p. 151 & COUTAUD André, « La réforme de la réglementation des marchés publics », *in Rev. adm.* 1957, p. 126.

560 *Cf.* QUANCARD Michel, *L'adjudication des marchés publics* (1945, faculté de Paris) ; CHARPENTIER Louis, *Le choix de l'entrepreneur de travaux publics. Étude historique et critique* (1946, faculté de Paris) & CHAUVEAUX Jacques, *Les garanties financières exigées des entrepreneurs et des fournisseurs de l'État* (1947, faculté de Paris). À rapprocher d'une thèse analogue, réalisée avant la Seconde Guerre mondiale : MASSON Pierre, *Le contentieux des adjudications publiques en matière de travaux publics* (1937, faculté de Paris).

561 *Cf.* AUDEBAUD Christian, *Essai sur l'évolution et les tendances actuelles des marchés de l'État* (1950, faculté de Paris) & TALBOT Jean, *L'évolution de la réglementation des marchés de travaux et de fournitures* (1958, faculté de Paris).

562 *Cf.* FURTUNA Alphonse, *Le fait du prince* (1924, faculté de Paris) & BADAOUI Saroit,

première (1924) présente cette théorie prétorienne comme une normalisation de l'action administrative qui, sans rien perdre de sa vigueur, contient l'arbitraire de l'administration. Par contraste, la seconde (1954) l'envisage plutôt comme une exception apportée au principe contractuel ; une entorse scrupuleusement circonscrite ; la théorie du fait du prince est disséquée à travers une analyse qui en limite la portée à l'aune de sa raison d'être. Pour présenter les choses à l'aide d'une formule un peu caricaturale, nous dirions par un effet d'opposition que ce n'est plus le contrat qui fut attiré au droit administratif, mais désormais le droit administratif qui le fut au contrat[563]. La thèse (précitée) de Pascal ARRIGHI explicite cette inflexion[564]. Ou peu avant lui, Eugène DESGRANGES – chargé de cours à la faculté de Paris – dans une étude historique des marchés de fournitures[565]. Les ambivalences de la jurisprudence administrative y sont présentées comme le condensé historique d'une évolution traduisant *in fine* la prédominance du contrat sur l'*imperium* de l'administration. Au regard du contraste qui les oppose avec les thèses réalisées sur les concessions[566], les thèses précitées illustrent un intérêt doctrinal qui, en por-

Le fait du prince dans les contrats administratifs en droit français et en droit égyptien (1954, faculté de Paris).

563 *Cf.* THIBAULT Lionel, *Les effets de la nullité des contrats administratifs* (1955, faculté de Paris) & HADJIDINAS Jason, *La force obligatoire du contrat dans les contrats administratifs* (1966, faculté de Paris).

564 *Cf.* ARRIGHI Pascal, *Essai sur le caractère administratif des marchés de fournitures* (1945, faculté de Paris).

565 DESGRANGES Eugène, « Définition du marché de fournitures. Étude de jurisprudence », *in R.D.P.* 1942, p. 189.

566 Les années 1920 voient fleurir une dizaine de thèses sur les concessions de travaux et de services publics. La plupart analysent leur nature ou les confrontent à d'autres modes de gestion des services publics. À ce titre, nous avons recensé les thèses (toujours dans l'ordre chronologique) de – BIBIÉ Maxence (*Situation juridique des voies ferrées d'intérêt général concédées*, 1919), – CHAMPETIER DE RIBES J. (*Régimes comparés de la concession, de la régie intéressée et de la régie directe pour l'exploitation des transports en commun de la région parisienne*, 1923), – RIEU Edmond (*De la nature juridique des concessions de travaux publics*, 1923), – JANSSE Lucien (*L'évolution de la notion de concession en matière de chemins de fer*, 1924), – REDEUILH Henri (*Nature juridique de la concession de service public*, 1925), – DECENCIÈRE-FERRANDIÈRE André (*De l'effet, à l'égard des tiers, des augmentations de tarif dans les concessions de gaz et électricité*, 1926), – JACQUEMARD Louis-Marcel (*La théorie de l'imprévision et la gestion des services publics concédés*, 1928), – ALBRESPY Marcel (*La nature juridique des concessions d'énergie hydraulique de la loi du 16 octobre 1919*, 1929) et – BLONDEAU Ange (*La concession de service public. Étude d'histoire du droit administratif*, 1929). La répartition géographique de ces thèses traduit un dynamisme que la faculté de Paris est loin de monopoliser. Sur les neuf thèses recensées, deux proviennent de Bordeaux, une d'Alger, une de Grenoble et une de Toulouse (contre quatre pour Paris). En revanche, la décennie suivante offre un tableau quelque peu différent : elles sont pour la plupart parisiennes (neuf sur les dix recensées ; avec la prédominance d'Achille MESTRE qui en dirigea quatre) et touchent

tant sur les marchés administratifs, s'efforcent de souligner les correspondances entre les contrats administratifs et le paradigme contractuel. Parce que ces marchés sont proches des contrats du droit privé par leur objet, cet intérêt accompagne une privatisation des contrats administratifs. Le droit privé n'est pas assimilé en tant que tel, mais il inspire une *normalisation* des relations contractuelles de l'administration. Une thèse entreprise sur les contrats administratifs en droit romain corrobore cette perspective doctrinale – l'histoire étant à cette occasion mobilisée pour cautionner une évolution contemporaine[567]. L'assise d'un concept n'est jamais mieux établie que par des travaux historiques entrepris à son sujet, car ceux-ci l'ancrent dans une historicité en en voilant par là-même la contingence.

602. La faculté de Paris, au cœur d'un enseignement appliqué de l'administration économique orienté vers le droit privé. – La trentaine de thèses que nous avons rapprochées, étalées sur trois décennies (1930-1960), rassemble une réflexion doctrinale soutenue, portée tout particulièrement sur les marchés administratifs. Le rôle prédominant de la faculté de Paris est, à cet égard, notable. Trois thèses seulement ont été soutenues dans des facultés de province (Lyon, Nancy et Strasbourg). En outre, les thèses parisiennes mettent en avant trois professeurs – parmi ceux qui en ont assumé la direction : Achille MESTRE, Louis ROLLAND & Marcel WALINE[568]. Le premier en a présidées neuf (la dernière en 1944)

---

moins à l'opération de concession ou à sa qualification, qu'à la situation fiscale, économique, juridique, *etc.* des concessionnaires. À ce titre, nous avons recensé les thèses de – GARNIER Paul (*Le cahier des charges des concessions de chutes d'eau*, 1931), – BETTINGER Raymond (*La situation juridique du concessionnaire de transports en commun à l'égard de la concurrence*, 1933), – COMTE Philippe (*Essai d'une théorie d'ensemble de la concession de service public : un aspect de l'évolution du droit public contemporain*, 1934), – MESTRE Gaston (*Le concessionnaire de chute d'eau et les propriétés privées*, 1934), – CAILLIAU Xavier (*L'enregistrement des concessions de services publics*, 1938), – FRANCHET Pierre (*Le régime fiscal des concessions de distribution d'énergie électrique*, 1939), – LECOMTE François (*Le rachat des concessions*, 1942), – DALEMONT Étienne, (*Les chemins de fer et l'État : du régime des concessions à la société de service public*, 1944), – GOASDOUÉ Albert (*La rémunération des concessionnaires des services publics industriels et commerciaux de la ville de Paris*, 1945) & – POLACK Huguette (*Les sanctions pouvant atteindre le concessionnaire de services publics en cas de manquement à ses obligations*, 1946).

567 *Cf.* LEUREGANS Pierre, *Les contrats administratifs en droit romain* (1964, faculté de Paris).

568 Les autres professeurs recensés sont (pour la faculté de Paris) les suivants (dans l'ordre chronologique) : Edgard ALIX, (professeur de droit financier), René CASSIN (professeur de droit civil), Jean LHOMME (professeur d'économie politique), Julien LAFERRIÈRE (professeur de droit administratif), Maurice BYÉ (professeur d'économie politique) et Georges VEDEL (professeur de droit administratif), celui-ci ayant dirigé trois thèses. S'agissant des facultés de provinces, les professeurs recensés sont les sui-

et les deux autres, quatre chacun (à partir de 1945 pour Marcel WALINE). La contribution parisienne interpelle, non moins que le rôle singulier d'Achille MESTRE[569]. Celui-ci paraît avoir largement impulsé, accompagné, voire orienté la manière d'appréhender l'activité contractuelle de l'administration et d'en apprécier l'évolution. En reproduisant quelques-uns de ses propos, nous avons souligné en quoi sa contribution doctrinale a réagi contre une partie (infime, presque virtuelle) de la doctrine administrative qui pouvait (ou paraissait) nier le caractère contractuel des contrats administratifs[570]. Son engagement au sein de la faculté de Paris le confirme. Le professeur RICHARD indique dans sa thèse de doctorat qu'Achille MESTRE a décisivement participé – avec Henry BERTHÉLEMY – à la création, en 1932, d'un cours optionnel pour le diplôme d'études supérieures en droit privé, intitulé « *Matières administratives* » et consacré au « *Régime des mines, des chutes d'eau, et des entreprises de distribution d'électricité* »[571]. En un sens, cette initiative s'inscrit dans une tradition académique du XIXe siècle où les *matières administratives* désignent ces enseignements qui portent sur celles des activités de l'administration qui rentrent en contact avec le droit privé : état civil ; tutelle administrative exercée sur les communes ; police de la circulation ; atteintes légales à la propriété (spécialement l'expropriation pour cause d'utilité publique) ; régime des autorisations administratives et concessions nécessaires à l'entreprise d'activités minières, industrielles et commerciales ; protection de ce que nous appelons aujourd'hui la propriété intellectuelle ; contributions indirectes ; *etc.* Avec les institutions administratives et quelques notions sommaires de contentieux administratif, les matières administrativistes constituaient la matrice de l'enseignement du droit administratif dans des facultés où, tout du long du XIXe siècle, le droit civil constituait le canon acadé-

---

vants : Maxime NICOLAS (professeur de droit administratif à Lyon), Jean MARCHAL (professeur d'économie politique à Nancy) et Joseph DELPECH (professeur de droit administratif à Strasbourg).

569 Nous pouvons encore y ajouter les thèses relatives à la définition contentieuse des contrats administratifs et sur lesquelles nous nous sommes attardé dans le chapitre précédent : à savoir, celles de Jacques SUDRE (1928) et C. HIMARIO (1933). Achille MESTRE a, par ailleurs, dirigé de nombreuses thèses relatives aux concessions (nous en avons recensées pas moins de cinq entre 1931 et 1942), dont celle précitée de Philippe COMTE (1934).

570 Nous pensons en particulier à la note précitée qu'il rendit à propos de l'arrêt *Bureau international de l'édition musico-mécanique* (C.E., 21 janvier 1938) (*in Sirey* 1940. 3. 11), ainsi qu'à sa préface précitée accompagnant l'ouvrage de Pierre TESTE : *Les services publics de distribution d'eau, de gaz et d'énergie électrique* (1940).

571 RICHARD Guillaume, *Enseigner le droit public à Paris sous la Troisième République*, Paris, Dalloz, 2015 (thèse de doctorat, université Paris-X ; dirigée par les professeurs HALPERIN et MILLARD), p. 786 *sq.*

mique. D'ailleurs, il n'est pas rare que ces matières donnent lieu à des cours dispensés par des privatistes de formation. D'un autre côté, le fait que le cours précité pour le diplôme d'études supérieures ait été créé à l'instigation de syndicats patronaux et financé par eux n'est pas anecdotique[572]. S'il est difficile de proposer à cet égard une hypothèse arrêtée, cette initiative peut contribuer à expliciter les ressorts de l'évolution doctrinale dont il est question. En effet, ce cours ne traduit pas seulement une certaine appréhension de l'activité économique de l'administration, mais plus encore le souci d'endiguer, sinon de réagir à un interventionnisme étatique croissant en favorisant une infusion latente du droit privé – ne fût-ce qu'aux marges du droit administratif. D'où le primat que Achille MESTRE accorde au paradigme contractuel pour se représenter les contrats administratifs, cet auteur n'ayant d'autre ambition que celle d'en aligner la conception sur le contrat, compris dans son acception classique et donc civiliste. Du reste, le choix de dispenser *à l'attention d'un public privatiste*, pendant deux décennies, des cours sur des sujets du droit administratif en contact avec le droit privé n'est sûrement pas indifférent au sens pris par sa doctrine[573], à moins que cet intérêt pédagogique ne l'ait précisément conduit à promouvoir cette conception des contrats administratifs. D'autant qu'il agit en ce sens avant même que la faculté de Paris n'institue pour le diplôme d'études supérieures en droit privé un cours sur les « *Matières administratives* ». Dans le cadre du doctorat en droit privé, il assuma un cours de contentieux administratif. À l'inverse de l'internationaliste Jules BASDEVANT (1919-1922) et du publiciste Louis ROLLAND (1922-1923) qui, avant lui, assumèrent successivement ce cours, Achille MESTRE (1923-1931) les organisa non pas autour de

572 Suivant les programmes des cours de la faculté de Paris, le cours de « *Matières administratives* » a couvert les sujets suivants (Archives nationales : AJ/16/1781 & 1782) : « *Les concessions de force hydraulique* » (par Achille MESTRE, 1931-1932) ; « *Les relations entre concessionnaires de chutes d'eau et propriétaires privés* » (par Achille MESTRE, 1932-1933) ; « *Le régime de la concession dans les entreprises privées d'utilité publique* » (par Georges SCELLE, 1934-1935, 1935-1936 et 1936-1937) ; « *Le régime administratif du pétrole en France* » (par Achille MESTRE, 1937-1938) ; « *La législation des mines* » (par Marcel SIBERT, 1938-1939) ; « *Jurisprudence de la houille blanche* » (par Jean-Jacques CHEVALLIER, 1943-1944) ; « *La législation des mines* » (par Marcel SIBERT, 1945-1946) ; et « *La nationalisation de l'électricité et des combustibles minéraux* » (par Suzanne BASTID, 1946-1947).

573 Cet intérêt pour ce que nous appellerions aujourd'hui le « droit public des affaires » amène le professeur MELLERAY à présenter Achille MESTRE comme un administrativiste moderne dont l'ambition ne fut pas tant de proposer une représentation totale du droit administratif, que de privilégier une approche appliquée du droit administratif (*cf.* « Achille MESTRE ou les débuts du droit administratif moderne », *in* [collectif], *Confluences : mélanges en l'honneur de Jacqueline Morand-Deviller*, Paris, Montchrestien 2007, p. 443).

quelques notions sommaires de contentieux administratif comme les précédents, mais autour du domaine public, des travaux publics et des activités économiques soumises à un contrôle administratif, préfigurant en cela ses cours dispensés dans le cadre du diplôme d'études supérieures en droit privé[574].

603. En somme, la majeure partie des thèses recensées sur notre sujet ont été soutenues à la faculté de Paris[575]. Elles ont été suscitées par des professeurs qui, en en assumant la direction scientifique, furent soucieux d'investir ce pan du droit administratif en en orientant les perspectives. La théorie des contrats administratifs nous paraît non pas tant être le terme d'un progrès scientifique, que le vecteur d'une doctrine qui s'est attachée à caractériser la nature de l'activité contractuelle de l'administration dans un champ académique où l'État faisait l'objet de réflexions croisées[576]. C'est-à-dire une doctrine qui, pour s'être imposée, ne rencontra pas moins des alternatives concurrentes – principalement à travers des doctrines institutionnalistes incarnées par Maurice HAURIOU à Toulouse, et Georges RENARD et Louis TROTABAS à Nancy. La dissymétrie qu'il peut y avoir entre la faculté de Paris et les facultés de province n'est peut-être pas très pertinente à notre point de vue. Cela étant, nous inclinons à penser que les réseaux de sociabilité – mettant en rapport la haute fonction publique, le Parlement, la finance et la grande industrie *via* les syndicats patronaux, les sociétés savantes comme l'Institut de France, *etc.* – auxquels les professeurs parisiens ont pu être associés, n'ont pas été sans influencer leur manière d'appréhender les contrats de l'administration et d'en rendre compte par une doctrine opérante. Cette hypothèse, dont la validation nous conduirait à dépasser les limites de notre sujet, mériterait d'être approfondie dans d'autres travaux, élaborés à partir de sources dépassant le seul cadre des discours doctrinaux.

---

574 Suivant les programmes des cours de la faculté de Paris, le cours de contentieux administratif dispensé par Achille MESTRE dans le cadre du doctorat de droit privé a couvert les sujets suivants (Archives nationales : AJ/16/1781) : « *Les utilisations du domaine public par les particuliers* » (1923-1924) ; « *Le contentieux des distributions d'énergie électrique* » (1924-1925) ; « [Les modes de distribution de l'électricité] » (1925-1926) ; « *Le contentieux des concessions de force hydraulique* » (1926-1927) ; [Le contentieux des travaux publics] (1928-1929) ; [Le contentieux administratif] (1929-1930) ; et « *Le contentieux des contrats administratifs* » (1930-1931).

575 Il convient de préciser que les thèses consultées pour nos travaux ont été celles accessibles à la bibliothèque Cujas et à la Bibliothèque nationale de France.

576 À ce propos, *cf.* les développements que le professeur RICHARD consacre sur le redéploiement de l'enseignement administratif autour des activités économiques de l'État (*Enseigner le droit public à Paris sous la Troisième République*, *op. cit.* (2015), p. 794 *sq.*).

Section 2. – La consécration académique de la théorie des contrats administratifs

604. Les thèses de doctorat offrent un point de vue intéressant pour apprécier l'intérêt doctrinal dont les contrats de l'administration ont fait l'objet. Elles traduisent une préoccupation portée à appréhender – pour mieux les encadrer – les interventionnismes démultipliés des administrations publiques. Si elles ne se présentent pas comme un faisceau doctrinal convergent, elles jalonnent des réflexions qui tendent vers un horizon cohérent. Un autre point de vue est également pertinent pour notre sujet : la redéfinition des programmes des cours de licence dans les années 1950-1960. En effet, les études de droit ont fait l'objet de profondes réformes destinées, d'une part, à réorganiser l'enseignement universitaire en considération des mutations transformant le métier de juriste et, d'autre part, à adapter la pédagogie à des effectifs estudiantins démultipliés. En raison d'enjeux dont nous ne pourrions rendre compte sans dépasser le cadre de nos travaux, le droit administratif a bénéficié d'un intérêt rehaussé. La définition des programmes universitaires a été un vecteur de cette revalorisation, laquelle a embrassé jusqu'à la théorie des contrats administratifs. Ces évolutions sont d'autant plus importantes qu'elles ne sont pas restées bornées au cadre académique, les auteurs d'ouvrages didactiques – préférentiellement destinés à un public estudiantin – les ayant rapidement assimilées. C'est de cet épisode dont procède la consécration *académique* de la théorie des contrats administratifs qui, en étant formellement intégrée au programme de licence, est devenue une pièce de la pédagogie universitaire, alors qu'elle n'était jusqu'à présent qu'une théorie doctrinale.

605. La promotion d'une doctrine discutée en un canon de l'enseignement universitaire. – La redéfinition des programmes des cours de licence a emporté la consécration de la théorie des contrats administratifs. D'un discours doctrinal qui n'avait d'autre matérialité que la plume de ses partisans, celle-ci a gagné une existence autonome en étant mise à contribution pour réorganiser l'enseignement universitaire. La réforme des études de droit est engagée dès l'après-guerre à l'initiative du ministère de l'éducation nationale[577]. Une commission *ad hoc* – la commission de réforme des études de droit – fut instituée par un arrêté du

[577] *Cf.* GATTI-MONTAIN Jacqueline, *Le système d'enseignement du droit en France*, Paris, Presses universitaires de Lyon, 1987, p. 147 *sq*. Du même auteur : « Tradition et modernité dans l'enseignement du droit : la réforme de la licence en droit du 27 mars 1954 » (*in* *R.H.F.D.* 1986, n° 3, p. 117).

21 novembre 1950 afin « *d'étudier le problème de la réforme des études de droit* » (art. 1er)[578]. Y siégèrent notamment – pour ne citer que les publicistes – les parisiens WALINE et VEDEL, ainsi que l'aixois TROTABAS. La commission opta pour une licence en quatre ans et proposa en conséquence de créer deux cours supplémentaires pour l'enseignement du droit administratif : au cours préexistant commun à tous les étudiants (deuxième année), s'ajouteraient deux cours spéciaux à la licence de droit public (troisième et quatrième années)[579]. Bien que ces propositions firent écho à des vœux exprimés depuis le milieu du XIXe siècle, un arbitrage conduisit à substituer au cours de droit administratif projeté pour la troisième année, un cours sur les « *Méthodes de la science politique* »[580]. Par ailleurs, la commission s'organisa en plusieurs sous-commissions, dont l'une fut consacrée à la « *question des programmes des cours* »[581]. Si cette sous-commission suggéra de n'arrêter aucun programme pour les deux premières années[582], le président de la commission, Pierre DONZELOT – directeur général de l'enseignement supérieur – attira l'attention de ses membres sur la « *nécessité d'établir des programmes pour chaque cours* » et suggéra en ce sens de « *fixer les têtes de chapitres* » afin que l'enseignement universitaire ne pût donner lieu à « *confondre liberté et anarchie* ». L'ensemble de la

---

578 Arrêté ministériel du 21 novembre 1950, instituant une commission de réforme des études de droit et portant nomination des membres de cette commission (inédit au *Journal officiel* ; exemplaire consultable aux archives conservées à la Fondation nationale des sciences politiques : fond Sciences Po, 2 SP 19).

579 D'après un projet soumis à discussion au cours de la séance du 12 janvier 1952, la teneur de chacun de ces cours a été indiquée comme suit – pour celui de deuxième année (cursus commun) : « *Organisation administrative, fonction publique, juridiction administrative et contentieux, contrats administratifs, théorie générale des services publics, responsabilité, domaine public, actes administratifs* » ; – pour celui de troisième année (cursus publiciste) : « *Marchés administratifs, expropriation, réquisition, travaux publics, police* » ; – pour celui de quatrième année (cursus publiciste) : « *Étude des principaux services publics et des entreprises nationales* » (Archives conservées à la Fondation nationale des sciences politiques : fond Sciences Po, 2 SP 19).

580 M. MOREAU DE BELLAING a précisément analysé la conflictualité des enjeux sous-jacents à la réforme de 1954 : « *Un bon juriste est un juriste qui ne s'arrête pas au droit. Controverses autour de la réforme de la licence de droit de mars 1954* » (*in Droit et société* 2013, n° 83, p. 83). Pour une mise en perspective historique de cette réforme, voir l'article de M. MIAILLE : « Sur l'enseignement des facultés de droit en France (Les réformes de 1905, 1922 et 1954) » (*in Procès* 1979, n° 3, p. 78).

581 Séance inaugurale du 23 juin 1950, laquelle est intervenue avant la désignation officielle de ses membres par l'arrêté précité du 21 novembre 1950 (Archives nationales : 19771232/44).

582 Séance du 22 décembre 1950, dont le compte rendu est rapporté dans le procès-verbal de la séance du 25 janvier 1951 (Archives conservées à la Fondation nationale des sciences politiques : fond Sciences Po, 2 SP 19).

commission y parut réticent, estimant notamment « *qu'il est dangereux de fixer des programmes trop précis qui risquent de se démoder et imposent aux professeurs des cadres trop rigides* »[583]. Ajournant cette question, le président persuada de créer quatre sous-commissions (par disciplines)[584], à charge pour chacune de consulter les facultés de droit sur la matière des programmes[585]. Si les archives sont lacunaires, il est possible d'inférer des textes adoptés peu après que – en ce qui concerne les programmes – il fut résolu d'organiser par décret un cadre général pour la licence en droit, en lui adjoignant un arrêté – plus commode à modifier – destiné à préciser la teneur des programmes[586]. En ce sens, le décret du 27 mars 1954 (modifiant le régime des études et des examens de licence en droit)[587] fut suivi d'un arrêté du 29 décembre 1954 dans lequel les contrats administratifs figurent parmi les matières à enseigner pour le cours de droit administratif en deuxième année[588]. Certes, il est probable que cela entérine des pratiques académiques déjà en cours et les réponses des facultés sur la question des programmes laissent supposer, en creux, que l'enseignement des contrats administratifs était une chose largement admise. Pour autant, l'arrêté précité, en formalisant des usages, les généra-

---

583 Séance du 27 janvier 1953 (Archives conservées à la Fondation nationale des sciences politiques : fond Sciences Po, 2 SP 19).

584 L'une des quatre fut consacrée au droit public et composée des trois publicistes membres de la commission : TROTABAS, VEDEL & WALINE.

585 *Cf.* le résultat de ces consultations qui est conservé aux Archives nationales sous la cote : 19771232/44.

586 Au demeurant, il ne faut pas se figurer ces programmes comme constituant un canevas par trop contraignant pour les enseignants. À propos des programmes à la rédaction desquels Georges VEDEL a contribué dans les années 1950, celui-ci a formalisé, du haut de son expérience, deux remarques de nature à tempérer l'importance que l'on pourrait s'en faire : « *La première est que, dans certaines disciplines, l'ordre d'acquisition des connaissances,* (…) *ne se prête pas à des variantes nombreuses et importantes, de telle sorte que les "programmes" sont moins le fruit de l'invention novatrice que celui de la nécessité. L'autre réponse est qu'au surplus, les professeurs faisaient ce qu'ils voulaient et qu'on imagine mal ministre, recteur ou doyen les en empêchant. Les recherches de Gaston* JÈZE *sur les contrats administratifs ont eu largement pour cadre universitaire un cours de "droit public général" qui, selon les programmes, eût dû être consacré à tout autre chose* » (« Défense et illustration de l'université napoléonienne », *in Commentaire* 1985, n° 32, p. 1182).

587 Décret n° 54-343 du 27 mars 1954, *in Journal officiel* 1954 (28 mars), p. 2966.

588 Arrêté du 29 décembre 1954, *in Journal officiel* 1955 (8 janvier), p. 375. Le cours de deuxième année est défini de la manière suivante : « *1° L'administration : institutions et personnes qui en font partie. Le droit qui lui est applicable. 2° Les sources du droit administratif : loi, règlement, jurisprudence. 3° L'organisation et le statut des personnes administratives : État, départements, communes, établissements publics. Ordres professionnels. 4° Les principales activités de l'administration. 5° Les actes de l'administration, y compris les contrats. Les agents publics. Les biens publics. La responsabilité* ».

lise et confère à cet enseignement en particulier une importance désormais incontestable. Peu de temps après, le cursus en droit fut encore modifié pour substituer au baccalauréat en droit un diplôme d'études juridiques générales (délivré à l'issue de la deuxième année)[589]. Un cours de droit administratif fut ajouté en troisième année, entérinant l'idée émise dans les années 1950[590]. Mais dès 1954, la création d'un cours supplémentaire avait conduit à s'interroger sur la manière de partitionner le programme. Un premier cours fut destiné à embrasser la discipline dans sa généralité ; le second à saisir l'administration dans le détail. Cette dualité entre le général (deuxième année) et le particulier (quatrième année) dut nécessairement être adapté avec la création, en 1962, d'un troisième cours. Celui de troisième année (optionnel) permit de décharger celui de deuxième année (obligatoire), de manière à concentrer dans celui-ci les connaissances utiles à tous les étudiants, sans les encombrer de celles (comme la fonction et la domanialité publiques) qui, en étant trop spéciales, seraient superflues pour les métiers auxquels ils pouvaient se destiner.

606. Ces deux réformes successives attirent notre attention à deux égards. D'une part, celle de 1954 a conduit à viser spécialement les contrats administratifs dans le détail du programme de deuxième année de licence. L'arrêté du 29 décembre 1954 indique que seront traités : « *5° Les actes de l'administration*, y compris les contrats. *Les agents publics. Les*

---

[589] Décret n° 62-768 du 10 juillet 1962, *in Journal officiel* 1962 (11 juillet), p. 6780. Ce diplôme précède la création du diplôme d'études universitaires générales (D.E.U.G.), créé par le décret n° 73-226 du 27 février 1973.

[590] L'arrêté du 3 août 1962 est venu préciser les programmes des cours correspondants (*in Journal officiel* 1962 (10 août), p. 7975). Celui de deuxième année y est présenté comme suit : « *I. – L'administration et le droit administratif. II. – La juridiction administrative et le contentieux administratif. III. – L'organisation administrative : collectivités territoriales et autres personnes morales de droit administratif. IV. – Théorie générale des activités de l'administration (police, services publics). V. – Les actes de l'administration (actes unilatéraux, contrats). VI. – La responsabilité* ». Celui de troisième année, comme suit : « *I. – Les agents publics. Statut général de la fonction publique. II. – La domanialité publique. Domaine public et domaine privé. Mode de gestion des éléments du domaine public. III. – Les travaux publics. Critère des opérations de travaux publics. Les marchés de travaux publics. La responsabilité du fait des travaux publics. IV. – Expropriation. Aménagement du territoire. Urbanisme* ». Enfin, celui de quatrième année et intitulé : « *Grands services publics et entreprises nationales* », comme suit : « *I. – Théorie générale du service public. Modes de gestion des services publics (régie, établissement public, concession). II. – Établissements publics industriels et commerciaux. Sociétés d'économie mixte. Entreprises nationales. III. – Les services d'orientation de l'économie et la planification. IV. – Le régime juridique des transports et communications et de l'énergie. V. – Le régime juridique des principaux services publics : enseignement, défense nationale, aide sociale, santé publique* ».

biens publics. La responsabilité »[591]. Les transactions qui ont présidé à ce texte – auxquelles ont pleinement participé TROTABAS, WALINE et VEDEL – ont privilégié une approche *générique* des contrats de l'administration (qui n'est pas sans évoquer certains aspects du plan adopté par Louis ROLLAND pour son précis), en rupture avec une disposition classique, consistant à les envisager séparément à travers des chapitres divers. Jusqu'alors, les concessions de service public étaient usuellement abordées à propos de l'organisation des services publics ; les marchés de travaux publics, les marchés de fournitures et les offres de concours, à propos du domaine public ; et, enfin, tous ces contrats pris ensemble, à propos de la délimitation du contentieux administratif. Cette nouvelle approche – qui est par ailleurs justifiée par des motifs tirés de l'économie pédagogique – traduit ainsi une promotion de la théorie des contrats administratifs dans l'ordre académique. Ces contrats sont désormais conçus comme un sujet dont l'homogénéité n'est plus matérialisée à travers la seule question du contentieux administratif ; un sujet qui cesse d'être épars et épistémologiquement subordonné à des chapitres plus classiques du droit administratif. La création effective d'un troisième cours de droit administratif en 1962 a conservé cette approche, puisque, en deuxième année, il est toujours requis d'y enseigner : « *V. – Les actes de l'administration (actes unilatéraux, contrats)* »[592]. D'autre part, cette dernière réforme explicite la manière dont les contrats administratifs ont été compris au sein d'un enseignement généraliste. Rattachés au cours de troisième année, les marchés de travaux publics font voir, par contraste, la nature de l'enseignement envisagé pour la deuxième année. Dans le cadre de celui-ci, il y est question d'abstraire les particularités des contrats administratifs pour dispenser aux futurs privatistes des connaissances indispensables et permettre aux futurs administrativistes d'être mieux préparés pour assimiler les connaissances qu'ils ont vocation à acquérir au cours des années ultérieures. La même remarque s'applique aux concessions de service public, étudiées en quatrième année. En somme, la théorie des contrats administratifs n'est plus seulement une théorie doctrinale, mais aussi une composante pédagogique employée à modéliser l'enseignement du droit administratif – tant d'un point de vue externe vis-à-vis du droit privé, que d'un point de vue interne au droit public. Elle permet d'adresser aux privatistes des connaissances condensées qui, sans verser dans les détails, sont propres à leur donner une idée des dif-

591 Arrêté du 29 décembre 1954, *in Journal officiel* 1955 (8 janvier), p. 376 (c'est nous qui soulignons).

592 Arrêté du 3 août 1962, *in Journal officiel* 1962 (10 août), p. 7976.

férences qui distinguent les contrats administratifs des contrats privés – eux aussi abordés en deuxième année. Pour les publicistes, cette théorie parfait une cohérence pédagogique : enseignée en deuxième année, elle s'articule avec les connaissances qui leur sont destinées en troisième et quatrième année. De la sorte, cette théorie s'est coulée dans le cadre de la réorganisation d'un enseignement du droit administratif qu'elle a contribué a façonné. Cette assimilation a concouru avec l'un des objectifs sous-jacents à la modernisation de la licence de droit : la spécialisation de l'enseignement universitaire[593].

607. Une réception académique entérinée par la littérature universitaire de vulgarisation. – L'adaptation du plan des ouvrages parus à la suite de cette réforme universitaire achève la consécration académique de la théorie des contrats administratifs. À cet égard, celui adopté par Louis ROLLAND dans son précis – tel que modifié à partir de sa huitième édition (1943) – témoigne, rétrospectivement, d'une certaine modernité[594]. Il est, en effet, le seul à son époque à envisager les contrats de l'administration dans leur généralité, aux côtés des actes administratifs unilatéraux, pour traiter ailleurs des contrats administratifs classiques. La dernière édition du précis de Roger BONNARD (1943) n'aborde le contrat administratif qu'en quelques lignes pour illustrer les particularités du droit administratif, l'essentiel de ses développements sur les contrats étant rangés sous les marchés de travaux publics et les concessions de service public[595]. Dans les années 1950, le *Traité de droit administratif* de Paul DUEZ – doyen de la faculté de Lille – qu'acheva Guy DEBEYRE après son décès (1947)[596], atteste de la diffusion inégale de la théorie des contrats administratifs. Ceux-ci y sont abordés d'une manière tout aussi classique, c'est-à-dire par le biais des marchés de fournitures et de travaux publics, articulés à un chapitre sur les modes d'acquisition de l'administration. André de LAUBADÈRE présente cette singularité de consacrer dans son manuel une « théorie des marchés administratifs » pour illustrer le procédé contractuel comme vecteur de l'activité administrative – aux côtés du procédé réglementaire exemplifié par les règlements ad-

---

593 *Cf.* à cet égard l'exposé des motifs du décret du 27 mars 1954 (*in Journal officiel* 1954 (28 mars), p. 2966).

594 La dernière édition de ce précis parue du vivant de son auteur est datée de 1953 (10e éd.) et celle qui est lui posthume (1957) a seulement été mise à jour sans que son plan n'ait été modifié.

595 *Cf.* BONNARD Roger, *Précis de droit administratif*, 1943 (4e éd.).

596 *Cf.* DUEZ Paul & DEBEYRE Guy, *Traité de droit administratif*, *op. cit.* (1952).

ministratifs[597]. Son traité perd de cette originalité, tout en conservant une certaine modernité : les contrats administratifs font l'objet d'un chapitre assez conséquent, quoique celui-ci n'est plus articulé en miroir avec l'acte administratif unilatéral[598]. En somme, la théorie des contrats administratifs infuse assez différemment ces divers ouvrages, lesquels n'ont d'ailleurs pas le même objet : dans le manuel de LAUBADÈRE, le théoricien sert le pédagogue, alors que dans son traité, la démarche de cet auteur est plus celle d'un savant didacticien. La théorie des contrats administratifs n'est sûrement pas inconnue de ces auteurs. Seulement, elle n'est pas arrêtée autour d'une doctrine en particulier (se prêtant encore à des acceptions différentes, en témoigne Georges PÉQUIGNOT), ni ne se voit conférer une fonction théorique univoque dans l'exposé du droit administratif auquel se livrent les auteurs précités et ces derniers sont rares à la mobiliser pour structurer leur représentation du droit administratif (nous pensons tout particulièrement à Louis ROLLAND).

608. De son côté, Marcel WALINE[599] conserve sa propre originalité en traitant des contrats administratifs par le biais d'une théorie générale des obligations en droit administratif, les contrats administratifs classiques l'étant quant à eux sous un chapitre consacré au domaine public[600]. Pour autant, cet auteur renonce à cette originalité en vue d'adapter au nouveau programme de licence en droit la mise en discours qu'il propose du droit administratif[601]. En effet, dans la septième édition de son traité (1957), il en modifie substantiellement le plan. S'il recommande son ouvrage à l'usage des praticiens, celui-ci n'en reste « *pas moins destiné d'abord aux étudiants en droit* »[602], à l'attention desquels il indique : « *Le présent ouvrage correspond au programme de la seconde année du nouveau régime* [des études de licence en droit] »[603]. Dans cet avant-propos, il justifie la manière dont il

597 *Cf.* LAUBADÈRE André (de), *Manuel de droit administratif*..., 1946.

598 *Cf.* LAUBADÈRE André (de), *Traité élémentaire de droit administratif*, 1953 (1re éd.).

599 *Cf.* nos développements sous les § 564 et s.

600 Intitulé *Manuel élémentaire de droit administratif* (1936), Marcel WALINE lui substitua le titre de *Traité élémentaire de droit administratif* à partir de la cinquième édition (1950), puis à partir de la septième (1957) celui de *Droit administratif* (dans la collection « Traités Sirey ») – ce jusqu'à la neuvième et dernière (1963).

601 Ce n'est pas dire que Marcel WALINE ait cessé d'être attaché à une théorie administrative des obligations ou, plus exactement, à une théorie générale des obligations transversale aux droits privé et public (*cf.* en ce sens : « La théorie civile des obligations et la jurisprudence du Conseil d'État », *in* [collectif], *Études juridiques offertes à Léon Julliot de La Morandière*, Paris, Dalloz, 1964, p. 631).

602 WALINE Marcel, *Droit administratif*, *op. cit.* (7e éd., 1957), p. i

603 *Id.*, p. ij.

réaménage son plan pour le faire correspondre au programme défini par l'arrêté précité du 29 décembre 1954 – à la rédaction duquel il a participé comme membre de la commission de réforme des études de droit et dont il assume explicitement les imperfections qui s'y attachent.

> Si le programme de seconde année inclut les « contrats de l'administration », les contrats passés pour l'exécution des services publics doivent être étudiés en quatrième année. Je me suis en conséquence résolu à inclure dans cet ouvrage la théorie générale des contrats administratifs, renvoyant à l'ouvrage correspondant au programme de quatrième année l'étude distributive des différents contrats. (…)
> Le résultat final de ces remaniements est que cet ouvrage, dans sa nouvelle présentation, envisage moins de matières que les éditions précédentes, passe plus rapidement sur celles d'entre elles qui figurent dans les nouveaux programmes de quatrième année, mais contient une étude plus approfondie et plus détaillée des autres[604].

Désormais, il ne se contente plus d'exposer la théorie des contrats administratifs en une quinzaine de pages – en se limitant à donner la définition contentieuse du contrat administratif, à esquisser les règles communes à tous et à présenter les contrats les plus emblématiques. Dans l'édition de 1957, il quadruple ses développements pour consacrer aux contrats administratifs plus d'une soixantaine de pages. L'on y trouve une distribution assez similaire à nos ouvrages universitaires didactiques : distinction entre contrats administratifs et contrats privés ; présentation des contrats administratifs classiques ; et exposition des règles suivant lesquelles ils se concluent, s'exécutent et prennent fin. Jean RIVERO – qui succède à Louis ROLLAND à la suite de son décès en 1957[605] – accuse l'orientation prise par la réforme de la licence. Pareillement à Marcel WALINE, il envisage la théorie des contrats administratifs aux côtés des actes administratifs unilatéraux[606]. À l'inverse de Louis ROLLAND qui ne traitait que des principes généraux auxquels sont soumis ces contrats (en les synchronisant avec les principes qui régissent le fonctionnement des services publics), Jean RIVERO aborde leur définition et leur régime juri-

604 *Ibid.*

605 ROLLAND décède alors qu'il travaillait à la publication de la onzième édition de son précis (1957), dont la mise à jour est achevée par Jean-Louis CORAIL et Benoît JEANNEAU. Jean RIVERO, qui préface cette édition, évoque la réforme des études de droit en notant toute l'incertitude qui s'attache à sa réception par les administrativistes universitaires.

606 RIVERO Jean, *Droit administratif*, *op. cit.* (1re éd., 1960).

dique pour épouser le nouveau cadre pédagogique défini par la réforme précitée. Georges VEDEL, qui pourtant participa aux travaux préparatoires de cette réforme, adopte dans l'édition *princeps* de son *Droit administratif* un plan plus singulier que justifie sa doctrine fondée sur le caractère exorbitant du droit administratif[607]. Si, en substance, il y développe la théorie des contrats administratifs de la même manière que ses contemporains, celle-ci n'est articulée à une théorie des actes administratifs unilatéraux qu'à partir de la quatrième édition de son précis (1968). Quant à André de LAUBADÈRE, il est un peu plus tardif en intégrant, dans le plan de la troisième édition de son traité (1963), les derniers réaménagements académiques auxquels a procédé la réforme de 1962 :

> [La] transformation [du traité] est dûe (*sic*) à la *réforme des études et programmes de la licence en droit*, réforme dont les préoccupations pédagogiques de ce Traité nous ont conduit à tenir compte[608].

L'alignement sur le programme officiel devient, au cours des années 1960, un standard qui s'est d'autant plus rapidement imposé que – et ce n'est là qu'une hypothèse – la concurrence éditoriale a pu inciter les auteurs à ne pas dérouter les étudiants en leur proposant un plan qui serait par trop divergent de ce programme.

> Bien que ce Traité s'efforce d'être utile à un public plus large que celui des étudiants de licence en droit, on s'est attaché à suivre le programme de cette dernière [tel que le défini l'arrêté du 3 août 1962]. Aussi, depuis la troisième édition, l'ouvrage comporte-t-il trois tomes respectivement consacrés aux matières figurant en seconde, troisième et quatrième année de licence[609].

En publiant chacun un manuel de droit administratif à la fin des années 1960, Georges PEISER (professeur à la faculté de Grenoble)[610], Francis-Paul BÉNOIT (professeur à la faculté de Rennes)[611] et Charles DEBBASCH (professeur à la faculté d'Aix-en-Provence)[612] ne se distinguent guère de leurs prédécesseurs – du moins pour le sujet qui nous occupe. En somme, la réforme des études juridiques entre 1954 et 1962 a

---

607 VEDEL Georges, *Droit administratif*, *op. cit.* (1re éd., 1958-1959).

608 LAUBADÈRE André (de), *Traité élémentaire de droit administratif*, Paris, L.G.D.J., 1963 (3e éd., 2 vol.), t. 1, p. 9.

609 LAUBADÈRE André (de), *Traité élémentaire de droit administratif*, Paris, L.G.D.J., 1967-1968 (4e éd., 2 vol.), t. 1, p. 9.

610 PEISER Georges, *Le droit administratif*, Paris, Dalloz, 1967 (1re éd.).

611 BÉNOIT Francis-Paul, *Le droit administratif français*, Paris, Dalloz, 1968.

612 DEBBASCH Charles, *Droit administratif*, Paris, Édition Cujas, 1968 (1re éd.).

aidé à la diffusion non pas tant de la théorie des contrats administratifs en tant que telle, mais d'un ordre d'exposition du droit administratif auquel cette théorie est désormais associée. Mise en forme sous son aspect moderne dès le précis de Louis ROLLAND, quoique dans des proportions modestes, elle est intégrée, par le biais de la réorganisation des programmes universitaires, parmi les théories canoniques du droit administratif. Elle est incluse à son enseignement général en même temps qu'elle est juxtaposée à la théorie des actes administratifs unilatéraux avec laquelle elle fait corps dans un esprit de complémentarité. Elle s'impose d'autant plus que l'étude des contrats administratifs classiques est reléguée en troisième (cours optionnel) et quatrième années de licence (pour le cursus de droit public). Dès lors, la théorie des contrats administratifs dispensée en deuxième année de licence est approfondie et sa portée systématisée. Elle devient ainsi un condensé générique à l'adresse des étudiants se destinant à un cursus privatiste, ainsi qu'une matrice pour les trois dernières années du cursus publiciste. Sa fonction n'est plus seulement *doctrinale*, mais encore *académique* : elle contribue à l'agencement des programmes de la licence pour aider à leur spécialisation ; et *pédagogique* : elle organise un enseignement du droit administratif qui, à travers une synthèse de ses principes, favorise son assimilation auprès d'un public estudiantin tant privatiste que publiciste.

Section 3. – Le contrat administratif dans l'après-guerre : inertie d'un concept ou nécessité d'une technique ?

609. À l'occasion de ce que les contemporains ont vécu comme une crise du droit administratif, la doctrine des années 1950 discuta assez vivement de la pertinence de la *summa divisio* – dont Charles EISENMANN fut un redoutable contempteur. Conçue pour la décliner au point de vue des contrats, la théorie du contrat administratif fut non pas tant contestée que négligée. Si le traité d'André de LAUBADÈRE élargit son audience et contribue à la banaliser, elle n'attire pas beaucoup l'attention – sinon par quelques-uns de ses aspects. En outre, les techniques contractuelles propres aux droits public et privé ont eu tendance à converger, atténuant d'autant l'opposition entre chacune des deux théories du contrat (**paragraphe 1**). La théorie des contrats administratifs nous paraît avoir été conservée non plus tant comme un vecteur de l'autonomie du droit public, mais en raison des avantages qu'elle procure pour appréhender les procédés contractuels de l'administration qui évoluent en se diversifiant (**paragraphe 2**).

Paragr. 1. – Le contrat administratif : un concept émoussé à la faveur d'une convergence des techniques contractuelles privatiste et publiciste

610. Le concept du contrat administratif pris dans la décennie tumultueuse de l'après-guerre. – La consécration de la théorie du contrat administratif n'est pas sans présenter quelque chose de singulier. Celle-ci doit beaucoup à la réorganisation des programmes universitaires, laquelle a valorisé le cours de droit administratif en deuxième année de licence qui, dans le cadre d'une spécialisation de l'enseignement, est devenu un enseignement matriciel – un enseignement tout à la fois *fondamental* (pour les futurs privatistes) et *initiatique* (pour les futurs publicistes). Cette théorie a été érigée en tête de chapitre du droit administratif, en même temps qu'elle s'est retrouvée isolée des matières auxquelles elle était classiquement associée – à savoir l'organisation des services publics et le domaine public. Tandis que le traité de Gaston JÈZE a articulé les contrats administratifs à une théorie générale du droit administratif[613], André de LAUBADÈRE – alors professeur à la faculté de Paris –

---

[613] Son traité a fait l'objet d'une première publication sous ce titre : *Les contrats administratifs de l'État, des départements, des communes et des établissements* (1927-1936, 4 vol.). Il fut

leur consacra un traité autonome : *Traité théorique et pratique des contrats administratifs* (1953)[614]. Cet ouvrage est dépourvu d'un avant-propos qui aurait explicité la démarche poursuivie par son auteur. Cependant, une mise en perspective avec la littérature administrative le précédant nous aide à en relever l'originalité. Affichant la prétention d'être tout à la fois théorique et pratique, ce traité est un ouvrage *syncrétique* : il pérennise une doctrine en lui conférant une tournure consensuelle et vulgarise auprès des praticiens une théorie dont il démontre le caractère opérationnel. Par là-même, il témoigne de l'autonomisation d'une théorie qui, en renvoyant à un champ spécifique du droit administratif (conquis notamment sur la matière des travaux publics), constitue désormais une spécialité. Pourtant, les années 1950 correspondent à un moment critique de la doctrine administrative, au cours duquel le contrat administratif a fait l'objet de nombreux analyses tendues à en minorer la singularité. Si celles-ci n'ont pas prétendu remettre en cause l'idée même d'un régime juridique qui lui fût spécifique, le concept de contrat administratif sembla perdre un peu de sa superbe. Marcel WALINE rapportait cette crise du droit administratif « *à une réaction excessive du juge* [administratif] *contre les catégories juridiques* ».

> À la limite, le mépris de [la jurisprudence administrative] tendrait, si l'on poussait la tendance à l'absurde, à réduire tout enseignement du droit administratif à cette simple phrase : « En droit administratif, il n'y a pas de règles ; le tribunal donne à chaque cas la solution qui lui paraît la plus sage en fonction de toutes les circonstances de l'espèce ». Il n'y aurait plus alors qu'à faire un acte de foi dans la sagesse des juges, et à se dispenser de toute étude.
>
> Cette crise, j'en suis convaincu, trouve son origine dans les profondes transformations des activités de la puissance publique, qui prennent effectivement des formes souvent inédites. C'est en cela qu'on peut l'appeler crise de croissance[615].

---

réédité avec quelques remaniements sous le frontispice des *Principes généraux du droit administratif*. Il en compose les trois derniers volumes (1934-1936, 3 vol. ; 2 éd.), complétant les trois premiers précédemment édités (1925-1930, 3 vol. ; 3e éd.) et porte pour sous-titre : *Théorie générale des contrats de l'administration.*

614 *Cf.* MARCOVICI Émilie, « André de LAUBADÈRE, théoricien du droit des contrats administratifs », *in R.F.D.A.* 2010, p. 1240.

615 WALINE Marcel, « Préface. – Situation actuelle du droit administratif en France », *in Juris-classeur administratif*, Paris, Éditions techniques, 1952, p. 14. L'auteur vise particulier un article de Bernard CHENOT – alors commissaire du gouvernement au Conseil d'État – et intitulé : « La notion de service public dans la jurisprudence économique du Conseil d'État » (*in E.D.C.E.* 1950, p. 77). C'est sur cette vive controverse que revint Marcel WALINE peu après : « Empirisme et conceptualisme dans la méthode juridique : faut-il

611. La jeune génération d'administrativistes – dont firent notamment parties André de LAUBADÈRE[616], Jean RIVERO[617] et Georges VEDEL[618], tous trois nés en 1910 et entrés dans l'enseignement entre 1935 et 1937 – fut préoccupée par sa vocation doctrinale à une époque où, au rythme des métamorphoses de l'État, le droit administratif se réorganisait sous l'influence de la jurisprudence administrative. Les réflexions du professeur RIVERO sont l'illustration la plus topique de ces interrogations soulevées par une doctrine universitaire inquiète de sa raison d'être[619]. Cette période vit, en outre, l'essor – quoique modeste – de l'histoire du droit administratif[620]. Si des travaux historiques se multiplièrent dès les années 1940, souvent en relation avec la juridiction administrative[621], le surcroît

---

tuer les catégories juridiques » (*in* [collectif], *Mélanges en l'honneur de Jean Dabin*, Paris, Sirey, 1961 (2 vol.), t. 1, p. 359). C'est toujours dans son sillage que le professeur FORTSAKIS soutint une thèse remarquée, sous la direction de Jean RIVERO : *Conceptualisme et empirisme en droit administratif français* (1987).

616 Au sujet d'André de LAUBADÈRE (1910-1981), voyez la notice biographique qui lui est consacrée dans le *Dictionnaire des juristes ultra-marins* (2012), ainsi que le dossier du « Printemps de la jeune recherche juridique » paru sur cet auteur à la *R.F.D.A.* (2010, p. 1211 *sq.*).

617 Au sujet de Jean RIVERO (1910-2001), voyez les notices biographiques qui lui sont consacrées dans le *Dictionnaire des juristes ultra-marins* (2012) et le *Dictionnaire historique des juristes français* (2015), ainsi que le dossier du « Printemps de la jeune recherche juridique » paru sur cet auteur à la *R.F.D.A.* (2009, p. 1037 *sq.*).

618 Au sujet de Georges VEDEL (1910-2002), voyez les notices biographiques qui lui sont consacrées dans le *Dictionnaire historique des juristes français* (2015) et le *Dictionnaire de droit public interne* (2017), ainsi que le dossier du « Printemps de la jeune recherche juridique » paru sur cet auteur à la *R.F.D.A.* (2016, p. 365 *sq.*).

619 Nous pensons à deux des articles de Jean RIVERO parus dans les années 1950 : « Apologie pour les "faiseurs de systèmes" » (*in Dalloz* 1951, chron. p. 99) & « Jurisprudence et doctrine dans l'élaboration du droit administratif » (*in E.D.C.E.* 1955, p. 27).

620 Cela est particulièrement sensible à travers la littérature doctorale. À cet égard, nous pensons, entre autres, aux thèses de – Guy RAÏSSAC (*Les controverses relatives à la juridiction administrative de 1789 à la Deuxième République*, 1937), – Bernard OLIVIER-MARTIN (*Le Conseil d'État de la Restauration*, 1941), – Pierre LANDON (*Le recours pour excès de pouvoir sous le régime de la justice retenue*, 1942), – Jean-Marcel BESNARD (*Le Conseil d'État du Second Empire*, 1943), – Henry-François KŒCHLIN (*Compétence administrative et judiciaire de 1800 à 1830 : étude de jurisprudence*, 1945), – Gustave PEISER (*Le recours en cassation en droit administratif français (évolution et régime actuel)*, 1957), – Claude GOYARD (*La compétence des tribunaux judiciaires en matière administrative*, 1960) ou celle encore de – Pierre SANDEVOIR dont le titre est emblématique des intentions de cet auteur (*Étude sur le recours de pleine juridiction : l'apport de l'histoire à la théorie de la justice administrative*, 1964).

621 Si cela est vrai pour les thèses mentionnées dans la note précédente, cela vaut aussi pour les premières monographies biographiques, lesquelles furent principalement réalisées au sujet d'administrativistes affiliés au Conseil d'État : GÉRANDO (1942, par Georges BERLIA), CORMENIN (1948, par Paul BASTID), MACAREL (1970, par José SAVOYE) et VIVIEN DE GOUBERT (1972, par Olivier PIROTTE) ; les universitaires sont

d'intérêt dont l'histoire fit l'objet dans la décennie suivante traduit la préoccupation de sortir de l'ornière d'un positivisme juridique contraignant la doctrine à n'être que l'exégète de la jurisprudence. Peut-être l'histoire aida-t-elle également à échapper à l'ombre tutélaire des générations précédentes. Celle contre laquelle Jean RIVERO se récriait :

> La théorie du service public appelle une totale remise à jour. (…) L'idée a mis du temps à se faire admettre ; elle se heurtait à de très hautes autorités doctrinales, l'école du service public, forte des grands noms de DUGUIT et de M. JÈZE, ayant exercé sur les auteurs une influence quasi dictatoriale[622].

Tout en restant marginale et souvent superficielle, l'approche historique qui tient place dans les prolégomènes de certaines études contribue à réévaluer un héritage doctrinal trop pesant – ou d'une manière plus oblique, à désacraliser la théorie du service public[623] sinon à en historiciser la genèse[624]. Le manuel du professeur BÉNOIT est un exemple emblématique de ceux où l'histoire, en permettant d'éprouver les présupposés de l'époque, est introduite pour discuter du cadre théorique du droit administratif[625]. Dans le courant des années 1950, cette démarche participe d'une remise en cause des fondements du droit administratif et, spécialement, du service public[626]. Cela est un peu le versant de cette fameuse anecdote rapportée par Guy BRAIBANT sur la genèse des arrêts *Époux BERTIN*, *Consorts GRIMOUARD* ou *Société Le Béton*[627]. Nous en avons

---

plus rares : BATBIE (1950, par Roger VIDAL) et HAURIOU (1966, par Lucien SFEZ).

622 RIVERO Jean, « Droit public et droit privé, conquête ou *statu quo* ? », *in Dalloz* 1947, chron. p. 72.

623 *Cf.* par exemple : EISENMANN Charles, « Sur le degré d'originalité du régime de la responsabilité extra-contractuelle des personnes (collectivités) publiques : la soumission de cette responsabilité à un droit "autonome" est-elle le principe ? », *in J.C.P. G.* 1949, n° 742.

624 *Cf.* par exemple : RIVERO Jean, « HAURIOU et l'avènement de la notion de service public », *in* [collectif], *L'évolution du droit public : études offertes à Achille Mestre*, Paris, Sirey, 1956, p. 461.

625 BÉNOIT Francis-Paul, *Le droit administratif français*, *op. cit.* (1968).

626 Nous pensons tout particulièrement à la thèse du professeur de CORAIL : *La crise de la notion juridique de service public en droit administratif français*, Paris, L.G.D.J., 1953 (thèse de doctorat, faculté de Toulouse ; dirigée par COUZINET, professeur de droit administratif).

627 « *J'ai vu revenir un jour le Président LATOURNERIE du jury d'agrégation dans lequel il avait siégé, disant à peu près :* 'ils sont fous ces professeurs, ils ne croient plus au service public." *Il avait eu l'impression, en effet, qu'à part le Professeur LAUBADÈRE, la notion de service public était rejetée par la majorité de la doctrine ; je pense que Marceau LONG ne me démentira pas : il s'est mis à chercher fébrilement dans le paquet de dossier de sa sous-section quelques affaires qui*

déjà dit quelques mots à propos du pouvoir de modification unilatérale des contrats administratifs par l'administration : les auteurs les moins convaincus de sa portée générale ne cessèrent de recourir à l'histoire pour porter leur attention sur la formalisation progressive de cette prérogative et soumettre l'arrêt *Compagnie générale française des tramways* (1910) à une relecture critique[628].

612. Le concept du contrat administratif pris dans les interrogations sur la *summa divisio* du droit. – De même que la Première Guerre mondiale contribua au développement de la théorie de la gestion privée en banalisant l'emploi du droit privé par l'administration, la Seconde Guerre mondiale accentua plus encore la compénétration entre droit public et droit privé. Dans le sillage de Charles EISENMANN[629], René CHAPUS[630] entreprit une thèse qui, pour porter sur la responsabilité en droit administratif, tend en définitive à questionner l'autonomie du droit administratif[631]. Suivant une démarche avoisinante, c'est le professeur WALINE (fils) qui s'intéressa à l'utilisation du droit privé par le juge administratif, cet exercice doctrinal lui donnant l'occasion de repenser la singularité du droit administratif.

> La thèse de la non-application du droit privé par le juge administratif, en justifiant la liaison de la compétence et du fond, nous

---

pourraient être mises en valeur et qui permettraient de rétablir le rôle de la notion de service public en matière de contrats, en matière de travaux publics, en matières de domaines, en matière de personnels » (BRAIBANT Guy [avec Jean-Louis de CORAIL], « Une question fondamentale : la doctrine du service public, de la définition et de la nature du droit administratif et de la compétence du juge administratif », *in Rev. adm.* 1997, n° spécial, p. 35).

[628] *Cf.* nos développements sous les § 593 et s.

[629] Nous pensons à cet article que Charles EISENMANN publia en réaction à un ouvrage de René SAVATIER (*Du droit civil au droit public, à travers les personnes, les biens et la responsabilité civile* ; paru en 1945 et réédité en 1950) : « Droit public, Droit privé (en marge d'un livre sur l'évolution du droit civil français du XIXe au XXe siècle) » (*in R.D.P.* 1952, p. 903) ; ainsi qu'à cet autre article du même auteur : « Un dogme faux : l'autonomie du droit administratif » (*in* [collectif], *Perspectivas del derecho público en la segunda mitad del siglo XX : homenaje a Enrique Sayagués Laso*, Madrid, Instituto de Estudios de Adminsitracion Local, 1969 (5 vol.), t. 4, p. 417).

[630] Au sujet de René CHAPUS (1924-2017), voyez le dossier du « Printemps de la jeune recherche juridique » paru sur cet auteur dans la *R.F.D.A.* (2019, p. 345 *sq.*).

[631] *Cf.* CHAPUS René, *Responsabilité publique et responsabilité privée. Les influences réciproques des jurisprudences administrative et judiciaire*, Paris, L.G.D.J., 1953 (thèse de doctorat, faculté de Paris ; dirigée par WALINE, professeur de droit administratif). À rapprocher de : LAUBADÈRE André (de), « Les éléments d'originalité de la responsabilité contractuelle de l'administration », *in* [collectif], *L'évolution du droit public. Études offertes à Achille Mestre*, *op. cit.* (1956), p. 383).

> paraît avoir une part certaine de responsabilité dans la crise actuelle du droit administratif[632].

Nous ne souhaitons pas nous y étendre davantage, sauf pour souligner que, à travers le dynamisme doctrinal que connurent ces décennies, les administrativistes discutèrent de l'autonomie de leur discipline pour appréhender un inédit qui en bouleversait jusqu'à la physionomie. Si les termes dans lesquels se sont posées les controverses entre service public et puissance publique n'étaient pas nouveaux, ils ont encadré une démarche dont les ressorts furent sensiblement différents par rapport à la première moitié du XXe siècle. Au cours de cette dernière période, la doctrine publiciste s'est efforcée de promouvoir l'autonomie du droit public, de sorte à le valoriser dans l'ordre académique et à l'ériger comme l'égal du droit privé. Aussi travaillèrent-ils à le légitimer autour de deux axes : le service public (par opposition avec le droit privé) et la protection des administrés (par analogie avec le droit privé). Dès l'Entre-deux-guerres et plus encore après 1945, la compénétration entre droit privé et droit public troubla une identité d'un droit public arcboutée sur une acception rigoriste de la *summa divisio* et son autonomie – posée en des termes catégoriques – donna lieu à des remises en question. Cette introspection doctrinale suscita de nombreuses réflexions sur la définition à donner au droit administratif. Très certainement, la diffusion d'un positivisme juridique viennois – postulant l'unité du droit et relayé par Charles EISENMANN – les exacerba ou plutôt les orienta dans une perspective différente de celle empruntée auparavant par un Gaston JÈZE, pour qui la technique juridique du droit public renvoyait à une autonomie postulée, ancrée dans le politique. Concomitamment, il faut considérer que les privatistes furent animés par des interrogations de même nature, portées sur la publicisation du droit privé. Le civiliste poitevin SAVATIER se signala à cet égard en y consacrant plusieurs ouvrages[633]. Nous tenons à mettre en rapport ces réflexions qui, de part et d'autre, animèrent une doctrine juridique en mal de *mettre en discours* un droit en pleine mutation[634].

---

632 WALINE Jean, *Recherches sur l'application du droit privé par le juge administratif*, 1962, dactylogr. (thèse de doctorat, faculté de Paris ; présidée par VEDEL, professeur de droit administratif), p. 339.

633 René SAVATIER publia dès 1945 cet ouvrage : *Du droit civil au droit public* (1945), à quoi il en ajouta trois autres réunis sous ce titre : *Les métamorphoses économiques et sociales du droit civil d'aujourd'hui* (1948-1964) : *Panorama des mutations* (1re série, 1964 ; 3e éd.) ; *L'universalisme renouvelé des disciplines juridiques* (2e série, 1959) ; *Approfondissement d'un droit renouvelé* (3e série, 1959).

634 *Cf.* par exemple l'ouvrage du doyen montpelliérain, Gaston MORIN : *La révolte du*

613. Le contrat administratif dans la crise du concept de service public : une relégation au second plan. – À l'aune de cette « crise » du droit administratif[635], le contrat administratif fut assez peu mobilisé dans les démonstrations déployées par les publicistes. Le droit administratif ayant été raffermi autour de l'idée de puissance publique, le contrat administratif fut comme excentré d'un modèle pour la justification duquel il ne se prêtait que trop mal. Dans ses efforts pour appréhender le droit administratif à l'aune du critère de l'utilité publique, Marcel WALINE ne l'associe pas aux « *notions de base du droit administratif* » qu'il restreint au service public, à l'établissement public, au fonctionnaire public et au domaine public[636].

> Le droit administratif décrit le régime applicable à la gestion des services publics par des collectivités publiques parmi lesquelles les établissements publics sont de plus en plus nombreux, par l'action de fonctionnaires utilisant notamment le domaine public[637].

En promouvant le critère de la puissance publique, Georges VEDEL se place à un point de vue où le contrat perd de son éclat, comme repoussé aux marges du droit administratif. Le professeur parisien insistant

---

droit contre le code…, *op. cit.* (1945).

[635] Cette crise, nous l'avons indiqué, s'est traduite par une remise en cause du service public comme pierre angulaire du droit administratif – pour reprendre les propos de Gaston JÈZE. Avant que ce concept ne revienne en grâce, à l'initiative notable de Roger LATOURNERIE – alors président de section au Conseil d'État, et qui publia cet article que l'on pourrait prendre comme un essai : « Sur un lazare juridique. Bulletin de santé de la notion de service public : agonie ? convalescence ? ou jouvence ? » (*in E.D.C.E.* 1960, p. 60) –, nous pouvons, pour donner les jalons de ces controverses, mentionner les articles de – Georges MORANGE (« Le déclin de la notion juridique de service public », *in Dalloz* 1947, chron. p. 45), – Marcel WALINE (« Vicissitudes récentes de la notion de service public », *in Rev. adm.* 1948, n° 5, p. 23), – Bernard CHENOT (« La notion de service public dans la jurisprudence économique du Conseil d'État », *in E.D.C.E.* 1950, p. 77), – Jean-Marie AUBY (« Quelques difficultés du droit administratif français », *in Annales de la faculté de droit de Bordeaux* 1951, p. 3), – Jean RIVERO (« Apologie pour les "faiseurs de systèmes" », *in Dalloz* 1951, chron. p. 99 & « Existe-t-il un critère du droit administratif ? », *in R.D.P.* 1953, p. 279), – André de LAUBADÈRE (« Réflexions sur la crise du droit administratif français », *in Dalloz* 1952, p. 5), – Georges VEDEL (« Les bases constitutionnelles du droit administratif », *in E.D.C.E.* 1954, p. 53) ou encore – Jean L'HUILLIER (« À propos de la "crise" de la notion de service public », *in Dalloz* 1955, chron. p. 119 & « Nouvelles réflexions sur la notion de service public », *in Dalloz* 1957, chron. p. 91).

[636] WALINE Marcel, « Préface. – Situation actuelle du droit administratif en France », *in Juris-classeur administratif*, *op. cit.* (1952), p. 10 *sq.*

[637] *Id.*, p. 10.

sur l'inégalité des relations entre l'administration et les particuliers, ce droit fut essentialisé à travers l'unilatéralisme de l'action administrative. Si René CHAPUS aborde assez peu le contrat administratif dans sa thèse, il le mobilise néanmoins pour étayer la pertinence de son propos. C'est ainsi que, au détour d'une analyse historique de la jurisprudence, il trouva à ce contrat des origines qui, en s'appuyant sur les clauses exorbitantes du droit commun, corroboraient opportunément la représentation qu'il se donnait du droit administratif.

> L'existence dans un contrat de l'administration de clauses exorbitantes du droit commun est la condition nécessaire et suffisante de son caractère administratif. (…)
> C'est l'existence d'un procédé de puissance publique qui donne au contrat le caractère d'un acte administratif[638].

Georges VEDEL couvrit cette opinion de toute son autorité doctrinale, à travers un article (écrit dans le courant de l'année 1953, bien que publié en 1956) où les clauses exorbitantes font système avec un droit administratif abstrait à partir de l'idée de puissance publique – ces clauses illustrant par là même le caractère opérationnel de sa doctrine.

> Autant dans la détermination du caractère administratif des contrats, le critère du service public est verbal, apparent et sans grande portée, autant le critère de la clause exorbitante est efficace et agissant. (…)
> S'il en est ainsi, c'est, croyons-nous, parce que la clause exorbitante est le signe que le contrat institue un régime « de droit public » ou mieux de puissance publique.
> On a essayé ailleurs de montrer que, épurée, rajeunie et complétée, la notion de puissance publique, corollaire de celle de pouvoir exécutif, est la base constitutionnelle et donc première du droit administratif. C'est elle qui préside au partage des compétences entre la juridiction administrative et les tribunaux judiciaires[639].

Le contrat administratif est employé à justifier une doctrine dont les fondements reposent sur une figure renversée du contrat – c'est-à-dire sur l'action unilatérale, figure par excellence de l'exorbitance du régime de puissance publique. Présenté comme un contrat compliqué d'un régime spécial, c'est l'exorbitance de ce régime qui attire l'attention pour

---

[638] CHAPUS René, *Responsabilité publique et responsabilité privée. Les influences réciproques des jurisprudences administrative et judiciaire*, *op. cit.* (1953), p. 109 et 129.
[639] VEDEL Georges, « Remarques sur la notion de clause exorbitante », *in* [collectif], *L'évolution du droit public. Études offertes à Achille Mestre*, *op. cit.* (1956), p. 543-544.

les besoins de la démonstration. Peu sollicité pour redéfinir l'identité du droit administratif, ce contrat l'est tout aussi peu dans les critiques dirigées contre le concept de service public – en témoigne la thèse (précitée) de Jean-Louis de CORAIL, lequel oriente ses investigations en direction des services publics industriels et commerciaux, ainsi que des entreprises nationalisées.

614. À vrai dire, Georges VEDEL ne s'en fait pas une idée si singulière. Le point de vue auquel il se place – essentiellement contentieux – renvoie à une conception du contrat administratif admise par la majorité de ses contemporains. Une telle conception n'est pas très éloignée de celle que promeut Marcel WALINE dans son manuel dès 1936, en appréhendant le concept de contrat administratif à travers un prisme positiviste. Certes, le critère des clauses exorbitantes n'est pas sans influence sur la nature reconnue au contrat administratif. Néanmoins, virtuellement dévêtu de ses atours singuliers, celui-ci demeure un contrat que rien ne distingue de ceux qui sont conclus dans le champ du droit privé. Cette approche le présente avant tout comme un support sur lequel s'imprime la marque de l'*imperium* de l'administration. En 1942, Eugène DESGRANGES – alors chargé de conférences à la faculté de Paris – soulignait justement cette ambivalence, au terme d'une étude destinée à proposer une définition jurisprudentielle des marchés de fournitures :

> Pour une certaine jurisprudence, les clauses exorbitantes du droit commun sont le contenu même du contrat. Il en résulte que le marché de fournitures s'oppose *matériellement* au contrat de droit privé. C'est un contrat administratif par nature.
>
> Par une autre jurisprudence, les clauses exorbitantes sont des éléments révélateurs de la *volonté de l'organe* administratif. La valeur est *relative*. Dans cette conception, le marché de fournitures n'est donc plus un contrat administratif par nature, mais un contrat administratif par détermination de la volonté de l'Administration[640].

En reconnaissant à travers chacune de ces deux acceptions l'empreinte des « *deux principes fondamentaux du droit administratif* », il conclut sur un ton circonspect et en déployant des précautions que n'ont pas eu tous ceux qui l'ont suivi.

> Les principes de base [du droit administratif] ne peuvent pas être supprimés : Ne pas tenir compte de la notion de service pu-

[640] DESGRANGES Eugène, « Définition du marché de fournitures. Étude de jurisprudence », *in* R.D.P. 1942, p. 232.

> blic, c'est nier toute originalité au droit administratif. Supprimer le libre choix des procédés, c'est absorber tout acte de l'Administration dans le droit administratif. C'est en somme obliger l'Administration à user constamment du procédé de « service public ». Ce serait en définitive supprimer la « gestion privée » qui est, croyons-nous, le procédé le moins gênant pour l'individu dans la gestion des services publics, l'Administration dépouillant pour ainsi dire son *imperium*. Et si l'on pense que l'individu en tant que tel conserve une valeur, il faut bien défendre la gestion privée[641].

Dans les décennies suivantes, les essais entrepris sur la définition du droit administratif ne donnèrent plus à voir dans le contrat administratif qu'un contrat dont certaines stipulations traduisent la volonté de l'administration de le soumettre à un régime de droit public. Quoique les arrêts *Consorts* GRIMOUARD & *Époux* BERTIN (1956) ôtèrent à ce critère toute sa suprématie, cette acception demeura – c'est-à-dire celle d'un contrat dont le régime juridique est tout juste propre à illustrer l'autonomie du droit administratif[642]. Si ces arrêts ont été associés à une inflexion jurisprudentielle, ils ont moins esquissé une nouvelle définition du contrat administratif qu'ils n'ont déplacé la manière de l'appréhender. En effet, le contrat ne renvoie pas à un concept invariant en regard duquel le contrat administratif n'aurait cessé de se déterminer. L'évolution des pratiques contractuelles dans le commerce a oblitéré ce que les clauses exorbitantes du droit commun pouvaient avoir de caractéristique d'un régime de droit public. D'où une définition du contrat administratif compliquée du « critère » du service public.

> La clause exorbitante du droit commun n'est pas la clause *impossible* ou *illicite* en droit privé. Le droit public n'a pas le monopole des contrats fondés sur l'inégalité des droits des cocontractants. On en trouve en droit privé, qu'il s'agisse de contrats d'adhésion ou de contrats passés entre firmes de dimensions inégales. (…) L'ampleur de ces transformations est seulement dissimulée par le fait qu'un très grand nombre de litiges relatifs à ces contrats sont

---

641 *Id.*, p. 234.

642 Pour exemple – voici des propos tenus par Jean RIVERO dans son précis : « *Étant donné l'importance économique des opérations réalisées par le procédé du contrat administratif, son régime présente une importance pratique considérable ; du point de vue juridique, ce régime, comparé à celui des contrats privés, met en plein relief l'autonomie et l'originalité du droit administratif* » (*Droit administratif*, *op. cit.* (1re éd., 1960), p. 91).

réglés par la voie arbitrale, et souvent au sein même de la profession[643].

Au terme des années 1950, certaines thèses, pour être critiques de l'idée de puissance publique, n'envisagent pas autrement le contrat administratif que comme un contrat revêtu d'atours administratifs, voire même accentuent sa nature contractuelle dans des proportions singulières.

> Le contrat administratif, acte juridique, ne [contient] (…) aucune trace de l'idée de puissance publique, ce qui ne saurait étonner outre mesure, puisque le contrat, fût-il administratif, demeure un contrat, c'est-à-dire un acte juridique qui ne peut se former qu'à la suite d'une libre manifestation de volonté de chacune des parties. (…)
>
> Cela ne signifie pas que le régime juridique auquel le contrat est soumis ne comporte pas de pouvoirs exorbitants. Bien mieux, si la puissance publique apparaît, c'est exclusivement en ce domaine du droit administratif contractuel qui régit l'exécution du contrat[644].

Présenté comme une technique juridique à travers laquelle la puissance publique trouve à s'appuyer sur un accord de volontés, le contrat administratif n'est qu'« *un cadre, dont les exigences, lorsqu'elles ne sont que formelles, doivent plier devant les impératifs supérieurs qui découlent de la réalité qu'il contient* »[645]. Il résulte du choix de l'administration de déployer ses prérogatives à travers un procédé consensuel qui leur conserve une partie de leurs effets.

> L'idée de puissance publique est donc présente dans les rapports contractuels, mais du recours à l'accord de volontés résulte pour l'acte unilatéral une atténuation de ses caractères originaires. La nature même de l'accord de volontés s'oppose à ce que le pouvoir d'action unilatérale conserve la même intensité[646].

Cette thèse démystifie la puissance publique, laquelle est comme consubstantielle au pouvoir administratif. À raison de la diversification des fonctions de l'administration (lesquelles ne sont plus seulement d'autorité

---

643 LONG Marceau, Conclusions sous l'arrêt *Société Gondrand frères* (C.E. sect., 11 mai 1956), *in A.J.D.A.* 1956, p. 248.

644 ROUSSET Michel, *L'idée de puissance publique en droit administratif*, Grenoble, Imprimerie Allier, 1960 (thèse de doctorat, faculté de Grenoble ; dirigée par MATHIOT, professeur de droit administratif), p. 145.

645 *Id.*, p. 145-146.

646 *Id.*, p. 161.

mais aussi de collaboration[647]), l'exercice de ce pouvoir se présente sous diverses manifestations, diffus dans l'ensemble de la société. « *La frontière entre l'administration et la société, entre les intérêts "publics" et les intérêts "privés", n'est plus étanche* »[648].

615. Contrat administratif et contrat privé : un rapprochement favorisé par des techniques contractuelles apparentées. – La thèse du professeur ROUSSET explicite ce qui l'est rarement : si le contrat administratif est d'autant plus facilement rapproché – au point de vue de sa nature – du contrat du droit privé, c'est que celui-ci ne se présente plus sous les mêmes aspects qu'au début du XXe siècle. La technique contractuelle en modifia si bien sa conception que le contrat privé s'offrit aux administrativistes sous un aspect moins irréductible au droit public[649]. Au demeurant, les mutations du droit privé faisaient dire à certains privatistes que le contrat se publicisait. À travers une dynamique où les doctrines privatiste et publiciste ont chacune appréhendé l'inédit en prenant l'autre droit comme référent, les administrativistes ont d'autant plus facilement rapporté le contrat administratif au contrat privé que l'administration employait une technique contractuelle à des fins nouvelles où il n'était plus seulement question de solliciter le concours d'auxiliaires pour la marche des services publics. Parce que le consensualisme de l'action administrative revêtit parfois un enjeu déterminant, le contrat privé n'est pas resté indifférent au développement d'une économie planifiée. Les administrativistes l'ont d'autant mieux assimilé comme référent qu'ils se sont efforcés de normaliser toujours davantage les relations contractuelles de l'administration. C'est dans l'alignement de cette

---

647 Peu après le professeur ROUSSET, André de LAUBADÈRE rendit compte de la diversification des usages auxquels les contrats se prêtent entre les mains de l'administration. Et de spécifier les « *contrats de collaboration* », lorsque l'État fait « *appel à l'action parallèle des administrés dans le cadre tout naturel d'accords passés avec eux* », ainsi que les « *contrats d'administration* », lorsque l'État préfère déployer son action en s'associant les administrés plutôt que de les soumettre à une réglementation (« Administration et contrat », *in* [collectif], *Mélanges offerts à Jean Brèthe de La Gressaye*, Bordeaux, Éditions Brière, 1968, p. 454).

648 ROUSSET Michel, *L'idée de puissance publique en droit administratif*, *op. cit.* (1960), p. 252.

649 *Cf.* à cet égard l'article de Michel VASSEUR : « Un nouvel essor du concept contractuel. Les aspects juridiques de l'économie concertée et contractuelle » (*in* *R.T.D. civ.* 1964, p. 1) ; et celui d'Henri BATIFFOL, où cet auteur se montre plus désabusé, sinon circonspect en cherchant « *à préciser dans quelle mesure les juristes pouvaient encore parler à l'heure actuelle de contrat sans se voir reprocher d'utiliser un concept qui ne correspondrait plus à aucune réalité juridiquement définissable* » (« La "crise du contrat" et sa portée », *in* *Archives de philosophie du droit* 1968, p. 30).

perspective que, après le professeur LLORENS[650], le professeur WALINE (fils) appela de ses vœux une théorie générale des contrats qui fût commune au droit administratif et au droit civil, en considération du fait que le contrat n'est plus cette déclinaison de la doctrine de l'autonomie de la volonté, mais le fruit de cette convergence entre l'utile et le juste. En adhérant à la doctrine du professeur GHESTIN, il écrivit :

> C'est la recherche par le droit objectif du juste et de l'utile qui justifie la force obligatoire du contrat et en fixe les conditions et les limites. Le contrat est obligatoire parce qu'il est utile ; le contrat n'est obligatoire que s'il est juste[651].

Au sortir de la Seconde Guerre mondiale, c'est peu ou prou ce que Jacques FLOUR – avec une provocation assumée – cru discerner à travers ce lieu commun qu'était alors pour les privatistes la publicisation du droit privé.

> Il y a plutôt absorption des activités privées que du droit privé [par le droit public] ; là où les particuliers agissaient, c'est souvent l'État qui agit ; mais le droit privé demeurera là où le particulier continue d'agir, serait-ce d'une façon subordonnée au commandement étatique. Enfin, et surtout, si absorption il y a, on est obligé de constater qu'elle est parfois réversible. Le développement de certaines personnes morales fait pénétrer le droit privé dans le droit public. (…) Les contrats conclus par la puissance publique ne sont qualifiés « administratifs » qu'autant qu'ils contiennent des clauses exorbitantes du droit commun. Les entreprises récemment nationalisées continueront d'être gérées suivant les principes du droit privé.
>
> On voit poindre la tentation de conclure *sur une « privatisation » du droit public, particulièrement du contrat administratif.* Ce ne serait, certes, qu'insoutenable paradoxe. Mais, pour rendre compte de faits exacts en soi, la « publicisation » du droit privé n'est-elle pas, elle aussi, une formule excessive ?[652]

La même année, René SAVATIER soulevait la même remarque :

---

[650] *Cf.* LLORENS François, *Contrat d'entreprise et marché de travaux publics : contribution à la comparaison entre contrat de droit privé et contrat administratif*, Paris, L.G.D.J., 1981 (thèse de doctorat, université Toulouse-I ; dirigée par le professeur DELVOLVÉ).

[651] WALINE Jean, « La théorie générale du contrat en droit civil et en droit administratif », *in* [collectif], *Le contrat au début du XXIe siècle : études offertes à Jacques Ghestin*, Paris, L.G.D.J., 2001, p. 974.

[652] FLOUR Jacques, « Rapport sur l'influence du droit public sur le droit privé en France », *in Travaux de l'Association Henri Capitant pour la culture juridique française* 1946, p. 196 (c'est nous qui soulignons).

> Pour se moderniser, pour s'adapter à la vie sociale qu'il aspire à dominer, l'État ne devra-t-il pas se commercialiser, s'exprimer par les techniques du droit privé, et subir, du même coup, l'influence exercée par ces techniques sur le fond même du droit nouveau qui se crée ?[653]

En rapprochant cette question de celle qui touche aux fondements du droit administratif, Jean RIVERO faisait allusion à des vers d'HORACE pour suggérer cette idée que, en élargissant le cercle de ses activités, l'administration ne pouvait conserver un droit administratif qui, en retour, n'en fût pas affecté.

> [La publicisation du droit privé] que le publiciste constate (…) n'offre-t-elle pas une contre-partie ? Ne faut-il pas, avant de conclure, évoquer une dernière forme de conquête, celle que la Grèce captive fit subir à son farouche vainqueur ? Le droit public, envahissant dans les limites et sous la réserve qu'on a indiquées, n'est-il pas en train de se laisser apprivoiser par le droit privé ?[654]

---

[653] SAVATIER René, « Droit privé et droit public », *in Dalloz* 1946 chron. p. 27.

[654] RIVERO Jean, « Droit public et droit privé, conquête ou *statu quo* ? », *in Dalloz* 1947, chron. p. 71.

Paragr. 2. – La théorie des contrats administratifs : une grammaire pour appréhender les activités contractuelles de l'administration

616. La théorie des contrats administratifs pacifiée dans ses rapports avec la théorie civile des contrats. – En évoquant allusivement la privatisation des contrats administratifs, le privatiste parisien Jacques FLOUR paraît accorder peu de crédit à cette hypothèse. Les civilistes ne paraissent pas sérieusement contester le caractère proprement administratif de ces contrats, tant ils présentent des aspects qui, conçus comme ils le sont par les administrativistes, demeurent irréductibles au droit privé en heurtant la conception civiliste du contrat[655]. Si les publicistes inclinent à rapprocher le contrat administratif du contrat privé en lissant ses singularités, les privatistes n'en continuent pas moins de le rejeter hors du droit privé, comme un intrus menaçant pour la cohérence du concept même de contrat. C'est d'ailleurs sous leur plume que l'on trouve un contrat administratif plus *administratif* que jamais. Ainsi lit-on dans les *Leçons de droit civil* des frères MAZEAUD : « *On qualifie cet acte* contrat administratif *; mais il n'a plus du contrat que le nom* ».

> [Le contrat administratif] use de procédés de droit public ; l'acte passé avec les particuliers traduit, par l'adoption de clauses exorbitantes du droit commun, l'autorité du service s'imposant au particulier ; on n'est plus alors en présence d'un véritable contrat, mais d'un acte soumis au contrôle et à la direction de l'Administration, pouvant être modifié ultérieurement par elle, et où s'affirme la complète inégalité des parties[656].

Les ouvrages universitaires condensés – dans le type « précis » – ignorent purement et simplement les contrats administratifs[657]. Les traités leur consacrent quelques lignes. Le *Cours élémentaire de droit civil français* des professeurs COLIN & CAPITANT y fait tout juste allusion[658]. Le *Traité*

---

[655] *Cf.* par exemple : BRETHE DE LA GRESSAYE Jean, « Droit administratif et droit privé », *in* [collectif], *Le droit privé français au milieu du XXe siècle : études offertes à Georges Ripert*, Paris, L.G.D.J., 1950 (2 vol.), t. 1, p. 30.

[656] MAZEAUD Henri, Jean & Léon, *Leçons de droit civil*, Paris, Éditions Montchrestien, 1955-1963 (1re éd., 4 vol.), t. 2 (1956), p. 50.

[657] Nous avons consulté les ouvrages suivants (les dates indiquées correspondant aux éditions *princeps*) : *Cours de droit civil* de René SAVATIER (1944), le *Droit civil* de Jean CARBONNIER (1955-1957, 2 vol.), et le *Précis de droit civil* de Léon JULLIOT DE LA MORANDIÈRE (1956-1959, 4 vol.).

[658] JULLIOT DE LA MORANDIÈRE Léon, *Cours élémentaire de droit civil français par Ambroise Colin et Henri Capitant*, Paris, Dalloz, 1950-1955 (10e éd., 3 vol.), t. 2 (1953), p. 12 & du même auteur : *Traité de droit civil de Ambroise Colin et Henri Capitant*, Paris, Dalloz, 1957-

pratique de droit civil français des professeurs PLANIOL & RIPERT a conservé de l'édition *princeps* un paragraphe sur les « contrats de droit public ». Nous l'avions évoqué plus haut pour signaler en quel sens ces auteurs appréhendèrent les contrats administratifs[659] : il s'agit toujours (dans la seconde édition) d'interroger la validité de la doctrine de l'autonomie de la volonté en en circonscrivant les limites[660]. Les professeurs RIPERT & BOULANGER illustrent bien les déplacements qui s'opèrent dans la manière de les situer par rapport au droit civil. Dans le *Traité élémentaire de droit civil* de PLANIOL dont ils assurent la réédition (1952), ils abordent les contrats administratifs sous des développements consacrés au concept de contrat. À cette occasion, ils en précisent la teneur en évoquant un certain nombre d'hypothèses limites du contrat : les contrats d'adhésion, les conventions collectives, les contrats administratifs, *etc.* Ces derniers, en particulier, permettent d'insister sur la nature singulière des relations qui en procèdent.

> On ne saurait considérer comme des rapports contractuels ceux qui existent entre l'État, puissance publique et les personnes soumises à cette puissance. Une *concession* de service public n'est pas un contrat. Mais, d'une part, les personnes morales administratives peuvent passer des contrats comme les particuliers ; d'autre part, la technique du droit privé en matière d'obligations a exercé une influence sur la technique du droit public, encore qu'il soit souvent nécessaire de faire des différences. Elles tiennent à l'inégalité de droit des contractants et à la supériorité de la volonté de la personne administrative sur celle du cocontractant. Cette supériorité procède de ce fait que la personne publique ne poursuit d'autre but que l'intérêt public[661].

Dans l'édition suivante (1957) qu'ils refondent profondément, ils reprennent peu ou prou les mêmes développements, mais pour les mettre en introduction du chapitre consacré à la classification des contrats. Les contrats administratifs ne sont plus tant une hypothèse à l'aune de laquelle le concept de contrat se précise par des jeux de contraste, qu'ils ne sont présentés comme une catégorie autonome des contrats du droit civil, aux côtés desquelles ils se placent.

1959 (2 vol.), t. 2, p. 308.

[659] *Cf.* la section 2, chapitre 1er, titre IV, seconde partie.

[660] PLANIOL Marcel & RIPERT Georges, *Traité pratique de droit civil français*, Paris, L.G.D.J., 1951-1963 (2e éd., 14 vol.), t. 6 (1952 ; avec la collaboration de Paul ESMEIN), p. 27.

[661] BOULANGER Jean & RIPERT Georges, *Traité élémentaire de droit civil de Planiol*, Paris, L.G.D.J., 1948-1952 (4e éd., 3 vol.), t. 2 (1952), p. 24.

> L'État et les personnes morales de droit public passent des contrats. Mais, alors que certains de ces contrats sont soumis aux règles du droit privé, d'autres, et les plus importants, sont dits contrats administratifs et échappent à l'application de ces règles. Comme le contentieux des difficultés de ces contrats relève des tribunaux administratifs, ces tribunaux ont dégagé une série de règles qui diffèrent de celles du droit civil, encore que ce droit leur ait donné les principes généraux à suivre, et que les décisions rendues visent parfois les articles du Code[662].

En somme, les civilistes accusent dans les années 1950 l'autonomie de la théorie des contrats administratifs, mais une autonomie qu'ils comprennent d'une manière sensiblement différente de leurs prédécesseurs. Il n'est plus tant question de repousser en dehors du droit civil un contrat dont certains aspects sont subversifs de la théorie *des contrats*, que d'une théorie autonome dont il est fait mention pour préciser là où cesse l'empire des *contrats du droit privé*. Il ne fait aucun doute que le *Traité théorique et pratique des contrats administratifs* de LAUBADÈRE (1956) a contribué décisivement à la réception de cette théorie – ne fût-ce qu'en lui conférant un support médiatique largement diffusé ; en la consacrant comme une théorie du droit administratif et non plus seulement une doctrine controversée au sein même de la doctrine administrative ; enfin, en lui procurant une expression actualisée qui l'a amarrée au droit positif. De nos jours, force est d'admettre que la majeure partie des ouvrages de droit civil négligent les contrats administratifs. Autre exemple topique, la thèse du professeur SAVAUX ignore superbement la théorie des contrats administratifs, alors même que celle-ci aurait pu se prêter à enrichir les développements qu'il consacre à la théorie générale du contrat et la science du droit[663].

617. De la pérennisation d'une théorie à la mise en discours d'une vulgate consensuelle. – Lorsque des auteurs comme Jean RIVERO souhaitent souligner l'influence du droit privé sur le droit administratif, ils mobilisent de nombreux exemples parmi lesquels figurent rarement – sinon jamais – les contrats administratifs. À un certain point de vue, ceux-ci continuent d'étayer l'autonomie – sinon les particularismes – du droit administratif. La doctrine de Gaston JÈZE fait encore

---

662 BOULANGER Jean & RIPERT Georges, *Traité de droit civil d'après le Traité de Planiol*, Paris, L.G.D.J., 1956-1959 (4 vol.), t. 2 (1957), p. 29.

663 *Cf.* SAVAUX Éric, *La théorie générale du contrat, mythe ou réalité ?*, Paris, L.G.D.J., 1997 (thèse de doctorat, université Paris-I ; dirigée par le professeur AUBERT).

sentir son influence, qui ne concevait aucune distinction fondamentale entre les contrats administratifs et les contrats privés, sauf à déployer une technique juridique différente qui seule implique cette autonomie dont il est question. Les circonstances dans lesquelles il a formalisé sa théorie des contrats administratifs expliquent – à notre sens – la rigueur toute formelle avec laquelle il les retranche du droit privé. S'il n'a jamais été loquace sur les mobiles de sa doctrine, l'essor dans l'Entre-deux-guerres de la théorie de la gestion privée paraît l'avoir incité à publiciser le contrat : d'une part, pour y adapter sa représentation du droit administratif, laquelle aurait pu être infirmée par un concept civiliste qui, en s'y introduisant, en eût miné la cohérence ; d'autre part, pour enrayer les doctrines institutionnalistes qui, en s'appuyant sur la théorie de l'imprévision, proposaient de dépasser le contrat en le replaçant dans une analyse institutionnelle de l'action administrative. D'aucuns ont affirmé qu'il serait revenu sur sa théorie en en minorant la portée, spécialement à propos du pouvoir de modification unilatérale de l'administration[664]. Nous pensons plutôt qu'en 1945, il tint des propos qui se prêtèrent à une telle interprétation parce qu'il s'adressait à Georges PÉQUIGNOT – lequel nia la nature contractuelle des contrats administratifs. C'est pourquoi, Gaston JÈZE n'est pas tant revenu sur sa théorie, qu'il a souhaité réaffirmer la nature contractuelle des contrats administratifs en réaction à un auteur dont les travaux ont dépassé les siens en tirant parti des ambiguïtés qui y étaient comprises. Dans les années d'après-guerre, les termes en lesquels se pose le sujet furent, en effet, différents. Il fut moins question de renforcer l'autonomie du droit administratif en la déclinant aux contrats de l'administration, que d'infirmer cette idée suivant laquelle les contrats administratifs seraient des actes non-contractuels. Les auteurs qui écrivent au sujet de la théorie des contrats administratifs insistent moins sur son autonomie qu'ils ne soulignent ses parentés avec la théorie générale des contrats – théorie non dénuée d'un fondement naturaliste. Le champ des oppositions et les mises en perspective ont profondément évolué. D'autant que l'administration normalise ses relations contractuelles pour s'assurer une collaboration plus efficiente avec ses contractants. Marcel WALINE y insista en synthétisant plusieurs thèses dont il assuma la direction[665]. C'est pourquoi, il n'est pas surprenant que, dans les années d'après-guerre, la doctrine de Gaston JÈZE telle qu'énoncée dans les années 1920 a pu paraître excessive dans certaines de ses formulations.

---

664 *Cf.* par exemple l'article de Georges SALON : « Gaston JÈZE et la théorie générale des contrats administratifs », *in* *R.H.F.D.* 1991, n° 12, p. 71.

665 WALINE Marcel, « L'évolution récente des rapports de l'État avec ses cocontractants », *in* *R.D.P.* 1951, p. 5.

Ainsi, en le visant, André de LAUBADÈRE écrit : « *Sans doute ce particularisme est quelquefois défini en des termes discutables.* (…) *Du moins le régime juridique des contrats administratifs s'écarte-t-il fréquemment de celui des contrats civils* »[666]. Il ajoute cependant que :

> [Leurs] éléments de particularisme (…) n'empêchent pas le contrat administratif, malgré son originalité par rapport au contrat de droit privé, d'être un véritable contrat, c'est-à-dire (…) un accord de volontés productif d'obligations[667].

De même dans la seconde édition (posthume) de son traité :

> Le contrat administratif est un *contrat inégalitaire*, mais un contrat inégalitaire n'est pas un acte unilatéral[668].

En définitive, Georges PÉQUIGNOT fut à peu près isolé en affirmant l'inverse – ou plutôt à en faire la démonstration dans une thèse qui est partout citée et aussitôt rejetée pour ses conclusions iconoclastes.

618. Le contrat administratif : un concept employé à organiser la pluralité des procédés contractuels de l'administration. – Les problématiques à travers lesquelles les contrats administratifs sont appréhendés sont complexes, car il n'est jamais uniquement question que de ces contrats. Penser, discuter ou controverser sur leur originalité, c'est toujours aborder de biais l'autonomie du droit administratif – en lui assignant une certaine portée et en lui conférant une fonctionnalité déterminée. À travers ces implications, la théorie des contrats administratifs revêt des aspects différents dont la confrontation fait apparaître les déterminants historiques de sa genèse. Le professeur LAMARQUE l'a relevé dans ses travaux doctoraux. Le choix de son sujet n'est pas fortuit, qui traite de l'application du droit privé aux services publics administratifs, c'est-à-dire un point de tension entre le droit administratif et le droit privé. Ses conclusions admettent que les contrats administratifs ont été conceptualisés en vue de mettre en ordre *les* régimes juridiques spécifiques aux divers contrats *de l'administration.* L'antagonisme entre droit

---

666 LAUBADÈRE André (de), *Traité théorique et pratique des contrats administratifs*, *op. cit.* (1re éd.), t. 1 (1956), p. 22. *Cf.* du même auteur : « Les éléments d'originalité de la responsabilité contractuelle de l'administration », *in* [collectif], *L'évolution du droit public : études offertes à Achille Mestre*, *op. cit.* (1956), p. 383.

667 LAUBADÈRE André (de), *Traité théorique et pratique des contrats administratifs*, *op. cit.* (1re éd.), t. 1 (1956), p. 24.

668 LAUBADÈRE André (de), DELVOLVÉ Pierre & MODERNE Franck, *Traité des contrats administratifs*, Paris, L.G.D.J., 1983-1984 (2e éd., 2 vol.), t. 1, p. 71.

privé et droit public fut propre à penser des discontinuités entre tous ces contrats. Ce faisant, la théorie de la gestion privée ne renvoie pas à proprement parler au droit privé, en ce sens que l'exécution des contrats qui en relèvent est compliquée de singularités si nombreuses que l'emploi du droit privé apparaît presque – en dévoyant la lettre pour mieux en faire ressortir l'esprit – comme une simple formule évocatrice.

> La différence entre les contrats administratifs et les contrats de droit privé de l'administration est certainement beaucoup moins grande que celle qui existe entre ses contrats de droit privé et les contrats des particuliers[669].

Hormis des disparités d'ordre secondaire, « *la différence principale* [entre les contrats administratifs et les contrats de l'administration de droit privé] *concerne les pouvoirs administratifs de modification unilatérale et de résiliation du contrat* »[670]. Tous les contrats de l'administration impliquent « *un régime de puissance publique* » dont les déclinaisons ne consistent qu'en « *une différence de degré, très atténuée* »[671]. Lui-même, après d'autres, ne semble pas accorder à ce pouvoir de modification unilatérale une portée si grande qu'elle puisse fonder une opposition de nature entre ces contrats. « *Ce n'est pas sur ce point que pourraient être distingués les deux régimes juridiques de contrats, si l'on devait admettre avec une partie de la doctrine, que ces pouvoirs de l'administration de modification unilatérale et de résiliation du contrat n'existent pas en dehors de dispositions réglementaires ou de stipulations conventionnelles spéciales* »[672]. Dans un article rédigé peu après, le professeur LAMARQUE développe :

> Les contrats de l'administration, quels qu'ils soient, présentent tous la même nature profonde et ne diffèrent que sur des points secondaires. Leur distinction en contrats de droit privé et contrats administratifs ne peut se justifier par la différence de leurs régimes juridiques respectifs ; ce n'est qu'une distinction artificielle introduite sur le plan contentieux[673].

Nous ne souhaitons pas tant discuter de cette affirmation – et la proposition qu'il avance, d'unifier au profit de la juridiction administrative le

---

669 LAMARQUE Jean, *Recherches sur l'application du droit privé aux services publics administratifs*, Paris, L.G.D.J., 1960 (thèse de doctorat, faculté de Bordeaux ; dirigée par le professeur AUBY), p. 505.
670 *Id.*, p. 504.
671 *Id.*, p. 506.
672 *Id.*, p. 505.
673 LAMARQUE Jean, « Les difficultés présentes et les perspectives d'avenir de la distinction entre les contrats administratifs et les contrats de droit privé », *in A.J.D.A.* 1961, p. 124.

contentieux contractuel de l'administration – que la rapprocher de nos travaux historiques. En s'attardant sur les contrats du droit privé de l'administration, il attire l'attention sur des contrats qui ont été occultés par la genèse de la théorie des contrats administratifs. En effet, celle-ci a organisé les contrats de l'administration suivant une opposition qui épouse la *summa divisio*, tandis que le professeur LAMARQUE – qui écrit à une époque où il n'est plus question de légitimer une théorie dont l'assise est désormais pérenne – *décadre* son regard pour embrasser ces contrats à travers le prisme du pouvoir administratif. Il se préoccupe moins de la nature des contrats administratifs qu'il ne différencie des contrats qui présentent en commun d'avoir l'administration pour partie.

619. Les ressorts de la théorie des contrats administratifs la placent au cœur d'une opposition entre droit privé et droit public qui, loin d'être artificieuse, fut une perspective féconde, employée par la jurisprudence et la doctrine administratives pour rendre compte, par un jeu de référence et de contre-référence, de la complexité des relations contractuelles de l'administration. À la fin des années 1960, le professeur BÉNOIT en donne une illustration depuis un point de vue qui n'est pas isolé, ni inédit : la technique contractuelle du droit privé consacre l'égalité des parties, celle du droit administratif consacre l'inégalité des parties. Cela dit, cette antinomie traduit davantage une appréhension doctrinale qu'une réalité avérée en jurisprudence. Elle confère à cette réalité un relief plus saillant propre à différencier plus commodément les activités contractuelles de l'administration.

> Il ne s'agit donc pas d'une inégalité constatée ou subie, mais d'une inégalité proclamée comme nécessaire. (…) Le contrat de concession, où en fait les rapports entre l'Administration et le concessionnaire se situent sur un plan assez proche de l'égalité, doit précisément la défaveur politique dont il a été frappé après 1946 à ce fait que le concessionnaire paraît trop puissant en face de l'Administration ; cette semi-égalité choque certains[674].

Il l'affirme avec vigueur : « *La dualité de nos régimes contractuels, de droit privé et de droit public, découle donc nécessairement de la dualité des problèmes de fait à résoudre* »[675]. Si bien que le régime spécial aux contrats administratifs ne se comprend pas nécessairement en des termes défavorables pour les contractants :

---

[674] BÉNOIT Francis-Paul, *Le droit administratif français*, *op. cit.* (1968), p. 587-588.
[675] *Id.*, p. 588.

> Le régime du contrat de droit public peut tout au contraire s'avérer beaucoup plus favorable pour les particuliers cocontractants de l'Administration que ne l'est le régime du contrat de droit privé, dans la mesure où il apparaît nécessaire de défendre l'intérêt général à travers les intérêts du particulier : la jurisprudence administrative sur l'imprévision illustre ce fait de façon frappante[676].

Ces propos tempèrent une idée classique, suivant laquelle les contrats administratifs institueraient un rapport inégalitaire subi par les contractants de l'administration. En se plaçant au point de vue de la sociologie du droit, cet auteur rend compte des contrats administratifs en *décentrant* son regard pour replacer la *summa divisio* suivant un axe qui, du droit public au droit privé, organise une multiplicité de régimes juridiques adaptés chacun à des pratiques contractuelles archétypales.

> Cette adaptation des solutions juridiques aux données de fait se retrouve d'ailleurs à l'intérieur de chacun de ces régimes d'ensemble, tant en droit public, où, par exemple, des nuances sérieuses séparent le régime des marchés de celui des concessions, qu'en droit privé, où le régime pur du Code civil est bien souvent écarté au profit de régimes adaptés aux données de fait particulières propres (*sic*), par exemple, aux matières commerciale, maritime, du travail, agricole et bien d'autres encore…[677]

En somme, la théorie des contrats administratifs est une grammaire employée à comprendre, par un côté, les activités contractuelles de l'administration. Sans la remettre directement en cause, ces derniers auteurs montrent qu'il est tout à fait possible d'en conserver le cadre tout en l'alignant sur d'autres perspectives, en fonction des enjeux qu'il est question de problématiser. Plus encore, elle s'articule à une représentation du droit administratif qu'elle participe, en retour, à informer. Nonobstant une terminologie qui fait croire à une continuité, les contrats administratifs traduisent des discours doctrinaux déterminés par des enjeux contemporains de l'époque où ils sont formalisés. Le professeur PLESSIX nous paraît corroborer cette hypothèse en soulignant le penchant de la doctrine administrative contemporaine à rapprocher le droit des contrats administratifs du droit commun des contrats[678]. Si cela conduit à appréhender ces contrats à l'aune d'une thématique qui n'est pas nouvelle – la privatisation des contrats administratifs ou la convergence

---

676 *Ibid.*

677 *Ibid.*

678 *Cf.* PLESSIX Benoît, « La part de la doctrine dans la création du droit des contrats administratifs », *in Revue de droit d'Assas* 2011, n° 4, p. 46.

des droits public et privé des contrats – cette perspective doctrinale, en résonnance avec l'européanisation du droit des contrats, exprime des enjeux contemporains à travers lesquels il serait imprudent de convoquer des exemples tirés du passé pour les jeter dans l'arène du présent.

620. Conclusion du titre IV. – La théorie des contrats administratifs est contingente de l'Entre-deux-guerres. Sa formalisation procède tout à la fois de la théorie de l'imprévision consacrée en 1916 et de la théorie de la gestion privée développée dans les années 1920. Ce n'est pas dire que la conjonction de ces facteurs aurait inexorablement conduit à cette théorie. Elle suscita des essais doctrinaux qui, pour l'essentiel, se sont polarisés autour de deux *doctrines* auxquelles furent associées la *théorie des contrats administratifs* et la *théorie de l'institution* : la première fit du contrat administratif une technique juridique spécifique au droit public ; tandis que la seconde s'efforça de dépasser le contrat pour l'assimiler à un *continuum* dont l'institution fût le pendant. De ce point de vue, il n'y a pas lieu de déplorer qu'un auteur comme Maurice HAURIOU ait prêté si peu d'intérêt à la théorie des contrats administratifs. À l'inverse d'un Gaston JÈZE, celui-ci s'efforça – par le biais de la théorie de l'institution – d'oblitérer les rigueurs de la *summa divisio* en soulignant les continuités qui, du droit public au droit privé, échelonnent divers modes de commerces juridiques. Au contraire, son collègue parisien accultura le contrat au droit administratif pour renforcer la *summa divisio* en concevant deux genres de contrat différents, quoique participant d'une théorie générale commune. Cette entreprise doctrinale associa une définition contentieuse du contrat administratif remodelée à partir de contrats situés aux confins du droit administratif, avec un régime juridique abstrait à partir des contrats les plus irréductibles au droit privé. Destinée à assimiler le contrat au droit administratif tout en conservant à celui-ci son autonomie, cette théorie est affectée d'une tension originelle qui explique les critiques qui lui sont encore portées. Cela étant, le contrat administratif n'a pas été conçu en contraste avec un référent privatiste du contrat qui serait resté *invariant*. Celui-ci ne fut pas sans assimiler des caractères empruntés au droit public – ce que certains privatistes désignèrent par une publicisation du contrat. Penser la théorie des contrats administratifs, c'est toujours penser l'autonomie du droit administratif au point de vue du contrat dont la conception même est évolutive. Nonobstant ces vices originels, cette théorie bénéficia d'une consécration académique qui a assuré sa pérennité. Les réformes des études de droit (1950-1960) la mirent à contribution pour réorganiser l'enseignement universitaire du droit administratif. Si, de nos jours, la théorie des contrats administratifs est contestée au profit d'une théorie des contrats publics, elle demeure le vecteur d'une certaine pédagogie du droit administratif. Les ressorts d'une telle théorie ne sont pas tant (ou pas seulement) à situer dans son caractère opérationnel, que dans les fonctionnalités qu'on lui prête. C'est-à-dire dans les usages *doctrinaux* et *pédagogiques* que nous en faisons.

Conclusion de la seconde partie

621. La compréhension que nous avons de la théorie des contrats administratifs ne peut qu'être biaisée si nous l'appréhendons comme un joyau résultant d'un progrès inéluctable du droit administratif. Derrière les faux-semblants qu'entretient la permanence des mots, la théorisation des contrats administratifs n'a été entreprise qu'au cours de l'Entre-deux-guerres. Jusque dans les années 1920, le contrat administratif fut une locution dont la portée demeura purement contentieuse. Les contrats qu'elle recouvrait alors suscitèrent des analyses foncièrement divergentes, aux antipodes de l'idée suivant laquelle *les* contrats administratifs auraient en partage une identité spécifique (*cf. le titre II*). Du reste, les administrativistes de la Belle Époque n'ont jamais été très à l'aise avec cette locution. Outre le fait que celle-ci s'attirait un faisceau de critiques dirigées en définitive contre la juridiction administrative (*cf. le titre I*), le concept de contrat fut préempté par la doctrine privatiste pour essentialiser le droit privé, à travers un jeu de contrastes tendu à dévaloriser le droit public (*cf. le titre III*). C'est dire si les publicistes l'évitèrent soigneusement par des stratégies de contournement privilégiant le schème unilatéral – ce dont témoignent, par exemple, les réflexions sur les concessions de service public (*cf. le titre II*). La genèse du concept de contrat administratif a plutôt à voir avec les bouleversements induits par la Première Guerre mondiale, dans le sillage de laquelle émergèrent les théories de l'imprévision et de la gestion privée (*cf. le titre IV*). En écho avec la jurisprudence volontariste du Conseil d'État, les administrativistes envisagèrent *des* doctrines destinées à rendre compte de mutations qui ne furent pas que prétoriennes. Parmi ces doctrines, celle initiée par Gaston JÈZE tendit à *acculturer le contrat au droit administratif.* À l'aune d'un compromis implicite entre les doctrines publiciste et privatiste, le contrat cessa d'être un concept caractéristique du droit privé, tant les privatistes furent soucieux, en cantonnant la théorie de l'imprévision aux contrats *administratifs*, de maintenir cette dernière en dehors du droit privé. Le contrat désigna une technique juridique qui fut assimilée au droit public comme au droit privé sous des couleurs propres à chacun. En ce sens, la théorie des contrats administratifs pourrait être présentée comme une *doctrine administrative de la technique juridique du contrat.* Alors qu'une *théorie* évoque quelque chose d'absolu (quoique relativement aux présupposés qui la fondent), la désigner comme une *doctrine* conduit à la regarder pour ce qu'elle est : la théorie des contrats administratifs *n'est qu'une manière de comprendre les contrats de l'administration* et elle fut d'ailleurs concurrencée par la *doctrine de l'institution* – qui ne survit pas à la disparition de ses promoteurs. Ces doctrines furent deux manières de situer le contrat dans des cadres différents : celui du droit public pour la première ; celui d'un droit transversal à la *summa divisio* (entre droit public et privé) pour la seconde. Au demeurant, la *théorie* des contrats administratifs recouvre des nuances variées. En admettant que le socle de cette théorie est celui qui postule une technique juridique du contrat propre au droit public, les auteurs qui se sont rangés sous sa bannière n'en ont pas moins défendu des opinions parfois divergentes sur la nature du contrat administratif. En somme, la théorie des contrats administratifs est une doctrine dont l'élaboration est contingente d'une époque – elle n'est *pas immanente au droit administratif* ; une doctrine concurrencée par d'autres – elle n'est *pas absolue* ; une doctrine recouvrant un spectre de variations – elle n'est *pas monolithique*. Si personne ne se la représente sous un aspect aussi caricatural, elle continue d'exercer une hégémonie qui tient pour beaucoup au fait d'avoir été canonisée à un point de vue académique, c'est-à-dire d'avoir été érigée en un des piliers de l'enseignement universitaire du droit administratif. Elle présente à cet égard des mérites pédagogiques indéniables pour autant que l'on demeure dans un cadre intellectuel se représentant le droit administratif comme une technique juridique (cela permettant commodément d'oblitérer les aspects idéologiques qui y sont sous-jacents). Moins que ses qualités intrinsèques, c'est sa valeur pédagogique qui nous semble expliquer sa capacité à endurer les critiques qui se sont succédées depuis sa genèse jusqu'à nos jours. Contribuant à réintroduire du contradictoire, des théories alternatives sont développées depuis quelques années : principalement la théorie des contrats publics et celle des contrats de la commande publique (pour autant que celle-ci se distingue de celle-là). Cela dit, leur succès paraît encore limité et elles ne semblent pas être de nature à permettre le renouvellement de la pédagogie à l'aide de laquelle le droit administratif, par son enseignement, est mis en discours. Peut-être la permanence de la théorie des contrats administratifs – depuis plus d'un demi-siècle – nous a-t-elle conduit, du fait de son hégémonie, *à désapprendre à penser les contrats de l'administration*. En tout état de cause, c'est toujours sous son horizon que la doctrine contemporaine les problématise. D'où cette question : aurions-nous perdu de vue les motifs de notre adhésion à cette théorie, à ce point que nous ne l'admettrions plus – pour ainsi dire – que par inertie ?

CONCLUSION GÉNÉRALE

622. Chacune des deux parties de nos travaux est ponctuée d'une conclusion qui nous dispense d'y revenir. Dans le cadre de cette conclusion terminale, nous souhaitons plutôt faire miroir avec les questions d'ordre méthodologique que nous avons soulevées dans l'introduction.

623. Il nous revient en souvenir les difficultés que nous avons rencontrées au début de nos recherches pour nous abstraire de la conception essentialisée que nous nous faisions du contrat administratif. Cet effort de désapprentissage a été nécessaire pour mener des travaux qui, en un sens, nous ont conduit à traiter moins des *contrats* que de la *doctrine.* Nous aurions pu choisir un autre sujet historique du droit administratif que notre démarche n'aurait pas été très différente. Si le sujet de notre thèse pouvait se justifier par le peu de travaux consacrés jusqu'ici sur l'histoire des contrats de l'administration, il avait en outre ceci d'intéressant qu'il supposait de déconstruire le concept de contrat administratif, c'est-à-dire de lui restituer une réalité doctrinale – qui est *relative* (puisque liée à des individualités aux préoccupations diverses) et *contingente* (puisqu'articulée à des problématiques évolutives et dont par ailleurs les ressorts diffèrent selon les époques). Une telle histoire perd en grandiose ce qu'elle gagne en réalisme. En ce sens qu'il n'est plus question de saisir tout d'un bloc en s'appuyant sur une conception essentialisée des choses, mais de reconstituer une trame à partir de fragments aux interstices desquels se logent des silences – d'où un souci d'exhaustivité des sources, destiné à multiplier les points de vue qui permettent seuls de densifier le maillage de cette reconstitution. En le soustrayant à la dogmatique le temps de l'exercice, le contrat administratif a repris une réalité dans laquelle s'est reflétée, jusqu'alors voilée, la main de la doctrine. C'est que nous nous sommes moins soucié de rapporter *ce que fut* le contrat administratif (ou furent les contrats de l'administration), que de *contextualiser* les auteurs qui en ont traité, étant admis que, en un sens, ces contrats n'ont pas eu d'autres réalités que les significations que leur ont conférées ceux qui se sont attardés à leur sujet. Nos travaux nous amènent à avancer cette hypothèse – présentée ici comme une position de thèse[1] –, à savoir que *l'histoire du droit (administratif) ne peut être véritablement que doctrinale.* Bien entendu, il est toujours loisible de faire une histoire *positiviste* du droit, c'est-à-dire une histoire qui postule que le droit ne serait tangible qu'à travers les normes dont il est constitué et qui décalque cette thèse philosophique sur la méthodologie historique. Si elle n'est peut-être pas sans intérêt, il nous semble qu'une pareille histoire conduit à ne colliger que des feuilles mortes qui pourront produire un certain effet dans un cabinet de curiosités mais qui, hormis la satisfaction d'un désir d'érudition, risqueront ne pas être d'une grande utilité pour les contemporains – sauf à légitimer une certaine philosophie du droit en y arrimant la science historique. Cela pose cette question : « de quoi faisons-nous l'histoire ? », avec en filigrane cette autre question : « quel sens y a-t-il à faire l'histoire d'un objet quelconque en dehors du regard de ceux qui l'ont informé ? ».

624. Une *histoire positiviste du droit* est une rencontre manquée entre le droit et l'histoire[2]. Elle amène à *déréaliser* le droit en supposant qu'une norme puisse avoir une existence autonome de tous ceux qui ont contribué à la déterminer – en l'instiguant, en la concevant, en l'explicitant, en la critiquant, en s'y soumettant, en la contournant, en s'y dérobant, *etc.* (tout cela étant sans cesse remis sur le travail). Imaginons-nous un archéologue qui, devant une empreinte laissée au sol, ne verrait jamais autre chose que de la terre ? Une telle histoire n'est que le volet d'une philosophie du droit qui se représente la norme comme un objet transcendant – d'où, par glissements, les propos héroïsant de certains de ceux qui font l'histoire du Conseil d'État et de sa jurisprudence. Cela revient un peu à faire l'histoire de Dieu en oubliant les religions. Nous pensons plutôt que, sur le chemin qui la ramène vers les autres sciences sociales, l'histoire du droit est aussi (ou ne peut être que) celle des acteurs qui y ont pris part et ce serait toujours une approche trop étriquée que celle qui se limiterait au législateur et au juge. Réduire le cercle des acteurs à ceux qui sont investis d'une sanction institutionnalisée reviendrait notamment à négliger le fait que, en reposant essentiellement sur le verbe, le droit est informé par les représentations de l'ensemble de ceux qui le mettent en discours. Notre expression de « mise en discours » a précisément eu pour objet d'appréhender le droit à partir de ceux qui, suivant

[1] *Cf.* nos positions de thèse exposées au début de nos travaux (p. 61-62).

[2] Nos propos nous paraissent faire résonnance avec cet article du professeur MELLERAY : « Les historiens du droit administratif sont-ils encore plus positivistes que les administrativistes ? », *in Clio@Thémis* 2018, n° 14 (disponible sur internet).

un schéma dépourvu de centre, contribuent à lui donner forme à travers des doctrines dont la valeur n'est d'autre que fiduciaire – c'est-à-dire une valeur qui n'a de réalité que dans leur circulation entre une multitude d'acteurs différenciés. C'est pourquoi, nous nous sommes soucié avant tout de la manière dont les contemporains, à l'aune des problématiques qui furent les leurs et qui ne correspondent pas nécessairement aux nôtres, se sont représentés les contrats de l'administration. Dès lors, nous ne pouvions donner au terme « doctrine » un sens trop restreint qui aurait limité notre attention à des acteurs distingués par une hiérarchie implicite – au premier rang de laquelle les auteurs « autorisés ». Certainement, ces derniers sont fort utiles au juriste qui est en prise avec les besoins des affaires. Cependant, la doctrine ne saurait s'y résumer et c'est à ce point de vue que le juriste – en revêtant les habits d'historien – gagnerait à se méfier d'une différenciation qui n'a d'autre fondement que les préjugés, confortés avec le temps. Là où le juriste va à l'essentiel suivant une démarche démonstrative, l'historien réintroduit de la complexité suivant une démarche interrogative. Autrement dit, la doctrine ne saurait, à un point de vue historique, être appréhendée en négligeant les auteurs qui n'ont pas eu les honneurs de la postérité et qui constituent ce que nous avons appelé une doctrine *banale*. C'est à cet exercice que, après d'autres, s'est par exemple livré M. BARENOT qui, en poursuivant ses travaux doctoraux, s'est efforcé d'exhumer les auteurs ensevelis dans les collections volumineuses des recueils *Sirey* et *Dalloz*[3].

625. Entre autres choses, cette doctrine *banale* a ceci d'utile qu'elle permet de procéder à un contre-éclairage des auteurs insignes, lesquels nous sont trop familiers pour être lus sans craindre de commettre un transfert en leur attribuant ce dont nous sommes persuadés. Leur panthéonisation ne nous permet plus que d'accéder à leur légende. Leur tort est d'être trop connus et notre faiblesse est de rester emprisonnés dans les hommages que nous leur adressons. Au lieu de cela, ils peuvent être resitués parmi leurs contemporains dont ils se sont peut-être distingués, mais dans l'environnement desquels leur(s) doctrine(s) sont susceptibles de retrouver quelque chose d'humain[4] – en ceci qu'elles traduisent une

---

[3] BARENOT Pierre-Nicolas, « De quelle pensée juridique faisons-nous l'histoire ? Réflexions autour de quelques données bibliométriques », *in Clio@Thémis* 2018, n° 14 (disponible sur internet).

[4] Pour ne mentionner qu'un exemple : MACAREL et CORMENIN ont récemment fait l'objet de deux colloques (respectivement en 2021 à l'université d'Orléans et en 2022 à l'université de Poitiers). On remarquera que la plupart des contributions portent sur chacun de ces deux juristes (leurs apports sur une question donnée), plutôt que sur une

subjectivité (celle de l'auteur qui occupe une position particulière tournée vers des lectorats déterminés), qu'elles matérialisent un propos *intéressé* (en tension avec les problématiques dont l'auteur choisit de s'emparer) et qu'elles revendiquent une *opérationnalité* (qui réside moins dans des solutions prêtes à l'usage que dans le fait d'amener le lecteur à tourner son intelligence d'une certaine manière). Procéder ainsi, c'est *ré-historiciser* ces auteurs au lieu de nous nous illusionner en restant dans leur ombre. Ce que nous entendons par là, ce n'est pas à vrai dire une connaissance plus exacte de leur(s) doctrine(s), car il n'y aurait pas beaucoup d'avantages à cesser de faire l'histoire *des normes* pour faire celle *des doctrines*. Ce qui nous importe, ce sont les *mobiles doctrinaux* des auteurs, c'est-à-dire ce qui répond à cette question : « pourquoi tel auteur a traité de tel sujet ? ». Cette question en appelant plusieurs autres qui, dans le sillage de la première, tendent en définitive à réincarner la littérature juridique, de sorte que celle-ci cesse de renvoyer à des pensées éthérées – trop hautes dans les cieux pour nous dire quoi que ce soit des auteurs en question –, mais témoigne de l'intelligence *scripturaire* de ces derniers – c'est-à-dire cette mise sur papier qui révèle tout à la fois leurs préoccupations, les contraintes de toute nature avec lesquelles ils ont eu à composer et, corrélativement, les choix qui en ont découlé. Nous nous sommes efforcé de démontrer que les administrativistes ont délibérément traité des contrats de l'administration (ou refusé d'en traiter) et que, ce faisant, ils ne l'ont jamais fait autrement que pour les attirer à des problématiques auxquelles ces contrats pouvaient être sécants. Ces derniers n'ont pris sens qu'à travers les thèses à l'exposition desquelles les auteurs les ont mobilisés comme *argument*. La manière dont ils furent appréhendés a été déterminée par les enjeux auxquels ils furent associés et, corrélativement, ils ont contribué à en faire évoluer les termes. En l'occurrence, les contrats de l'administration ont été saisis – pour l'essentiel – à travers deux problématiques : la légitimité de la juridiction administrative dont l'existence fut âprement discutée jusque dans les années 1920 et la définition académique du droit administratif qui a été sous-tendue par des relations concurrentielles entre publicistes et privatistes universitaires (encore que cette opposition n'a vraiment de sens qu'à partir de la seconde moitié du

contextualisation qui permettrait d'ouvrir vers les contemporains à partir desquels ils se sont déterminés en interagissant avec eux, ainsi que sur leur mise en mémoire par les administrativistes des générations ultérieures. Nous avons déjà développé (*cf.* notamment notre introduction, note de bas de page n° 83, p. 48) combien cette recherche des « pères fondateurs » peut biaiser notre manière d'appréhender leurs ouvrages, perdant de vue de quoi ceux-ci sont représentatifs (au sujet des *Questions de droit administratif* de CORMENIN, *cf.* §.146).

XIXe siècle). L'histoire doctrinale des contrats de l'administration est donc *celle de leurs mises en discours*, lesquelles, loin de s'imposer par elles-mêmes comme si ces contrats constituaient un objet en soi donné à l'observation des administrativistes, ne sont advenues qu'à la faveur d'une démarche volontariste des auteurs qui en ont traité. Nous avons donc été amené à élargir notre horizon au-delà du concept même de contrat administratif afin de rendre compte de tous ces auteurs qui, en traitant sous un aspect ou un autre des contrats de l'administration, ont participé, par le seul fait de s'en soucier, à en faire un sujet doctrinal.

626. Comme le mot « doctrine », le mot « concept » peut être un piège pour l'historien. Il fige l'attention sur un point fixe et nous expose à en faire l'histoire sans descendre de la position d'où l'on se tient. Une histoire par trop centrée autour du concept de contrat administratif nous aurait inexorablement conduit à problématiser nos travaux en en recherchant les « origine(s) ». Nous aurions *interrogé* les auteurs suivant des présupposés qui nous les auraient faits mentir. Une histoire *des origines* revient toujours à faire une histoire *déterministe*, c'est-à-dire à remonter le temps à partir d'une perspective qui sort du cadre de l'époque étudiée, au lieu de rejouer l'histoire ingénument, sans se soucier de ramener toutes les lignes à un point d'arrivée prédéterminé. Or, il ne s'agit pas de convoquer le passé pour confirmer ce à quoi on adhère au présent, mais de restituer la contingence de nos dogmes pour en redécouvrir la relativité. C'est dire que les contemporains d'une époque n'ont pas travaillé à un dessein intergénérationnel, comme s'ils avaient été conscients de poser les fondements d'un édifice qu'ils auraient su ne pouvoir être achevé que par leurs successeurs. Rechercher les *prémices* d'un concept, c'est non seulement s'exposer à mal comprendre les conditions dans lesquelles il a été formalisé, mais c'est encore se fermer à l'égard de tout ce qui y est irréductible, à moins que cela ne soit alors analysé comme autant d'archaïsmes balayés avec le temps – des branches mortes que l'Histoire aurait pour fonction d'élaguer. Cette approche consistant à exhumer les origines d'un concept conduit irrésistiblement à déprécier, sinon à mésinterpréter tout ce qui ne concourent pas à sa genèse. En ce sens – et pour paraphraser à rebours Jean-Jacques BIENVENU – *la dépréciation est le degré zéro de la méthode historique*. Cela révèle en pointillé un accident de l'historien qui, en posant des questions biaisées, s'enferme au point de ne pouvoir conclure que par des appréciations dénigrantes – à cet égard, les administrativistes du XIXe siècle en ont pâti dans des proportions caricaturales. Quel sens y a-t-il à déplorer ce qu'ils n'ont pas fait ou pas dit, s'ils ne l'ont pas voulu ? L'histoire du droit ne coïncide pas avec l'idée de progrès – celle-ci appelant alors à départager entre ce qui y contribuerait et ce qui ferait obstacle à la marche inexorable des lumières (on a parlé de cathédrales), c'est-à-dire bien souvent notre temps présent. Du reste, cette approche qui emprunte aux sciences de la nature pour se figurer que la connaissance se capitaliserait est aujourd'hui abandonnée, y compris par les historiens des sciences. LAFERRIÈRE pas plus que GALILÉE ne sont prophètes dans leurs disciplines respectives. Ils perdent en éclat ce qu'ils gagnent en humanité. Il conviendrait d'admettre que les auteurs se sont adressés à leurs contemporains plutôt qu'à la postérité et que, avec plus ou moins d'originalité, leurs doctrines traduisent la manière *intéressée* (dans le meilleur sens du terme) dont ils ont souhaité *comprendre* le droit, c'est-à-dire s'en saisir pour lui conférer une certaine matérialité, sinon lui assurer une performativité. C'est ce à quoi nous avons travaillé en nous posant ces questions : pourquoi les administrativistes ont abordé (ou pas) les contrats de l'administration (étant supposé que rien ne relève de l'évidence) ; que révèlent ces choix quant aux préoccupations doctrinales qui y furent sous-jacentes ; enfin, à quelles problématiques les contrats de l'administration ont-ils été associés par ceux qui en ont traité et, ce faisant, comment cette association a-t-elle rétroagi sur la manière dont ils ont été conçus ?

627. La conceptualisation du contrat administratif dans l'Entre-deux-guerres met en exergue, par un effet de contraste, une évolution doctrinale soudaine qui a été consommée par à peine deux générations d'administrativistes (cela n'en est pas le seul exemple). Rien n'est plus symptomatique que la volte-face de Gaston JÈZE qui, en 1914, pourfend la locution de « contrat administratif » et qui, quelques années après, contribue décisivement à la conceptualisation du contrat administratif. Or, celle-ci résulte moins de la marche d'un progrès doctrinal – qui aboutirait à l'éclosion d'un âge d'or du droit administratif, cela impliquant en creux un âge de fer – qu'elle n'illustre le volontarisme de la doctrine administrative *universitaire* qui, en une décennie (en ce qui concerne *le contrat*), s'est repositionnée sur une nouvelle ligne de crêtes. Si ce redéploiement s'appuie sur des novations jurisprudentielles, la doctrine institutionnaliste suffit à attester que la jurisprudence administrative aurait pu être appréhendée autrement qu'à travers la théorie des contrats administratifs et que celle-ci – ne fût-ce qu'en germes – n'était en rien comprise dans la jurisprudence administrative antérieure, comme si, en définitive, la doctrine aurait été placée au pied du mur, forcée devant le fait jurisprudentiel d'en tirer les conséquences doctrinales. Gaston JÈZE est d'ailleurs l'un des premiers, sinon le premier à mystifier la genèse du concept de contrat administratif en arrimant les origines de sa théorie à la jurisprudence du Conseil d'État de la Belle Époque. À cet égard, la théorisation des contrats administratifs touche à cette relation ambiguë entre doctrine et jurisprudence, à laquelle le Conseil d'État n'a d'ailleurs contribué que tardivement. Car le Conseil d'État de la première moitié du XXe siècle n'est pas celui de l'après Seconde Guerre mondiale lequel, sous la présidence de René CASSIN (professeur de droit civil), a largement investi le champ doctrinal dans le but, notamment, d'y valoriser ses activités. En témoignent dans l'immédiat après-guerre (et pour des raisons parfois plus spécifiques que la seule promotion de l'institution) : la reprise en régie de l'édition du *Recueil Lebon* (1947)[5], la création de la revue *Études et documents du Conseil d'État* (1947)[6], la parution du livre jubilaire du Conseil d'État (1952)[7] ou celle encore des *Grands arrêts de la jurisprudence administrative* (1956) qui se placent dans le sillage de l'ouvrage précédent[8]. De même, on pourrait placer à côté de ces diverses initiatives éditoriales la création en 1947 d'une commission spéciale chargée de recueillir les do-

---

[5] Pour inciter à la reprise de la publication du *Recueil Lebon* par le Conseil d'État, délaissée par l'avocat aux Conseils CHALVON-DEMERSAY, le président de l'association des membres du Conseil d'État écrivait, dans une note destinée au vice-président du Conseil d'État : « *Seuls les membres du Conseil d'État sont à même de diriger le choix des arrêts publiés et la rédaction des tables ; l'introduction d'articles de doctrine ou de commentaires en dénatureraient le caractère fondamental ; seules peuvent y être valablement publiées des conclusions de commissaires de gouvernement* ». Et d'ajouter : « *La publication du recueil Lebon est un véritable service public* » (souligné dans la note) (Archives nationales : 382/AP/100 ; non-datée, vraisemblablement entre 1945 et 1947).

[6] Dans l'introduction qui ouvre le premier numéro de cette revue, René CASSIN écrit : « *Depuis longtemps (…), de bons esprits regrettaient qu'une institution aussi ancienne, aussi importante et aussi active, ne fît pas connaître elle-même périodiquement quelques-uns des divers aspects de son histoire et de son labeur. L'incendie de 1871 a dévoré la presque totalité des archives de cette maison ; n'est-ce pas une raison supplémentaire pour aider les contemporains, en France et à l'étranger, et les historiens de l'avenir à connaître, dans ses grandes lignes, le rôle joué par le Conseil d'État dans la vie de notre pays ?* » (*in* E.D.C.E. 1947, p. 9).

[7] On peut y lire, en exergue de la présentation signée par le vice-président du Conseil d'État – René CASSIN : « *La décision a été prise de publier un libre jubilaire de caractère scientifique qui (…) traiterait du rôle du Conseil d'État depuis trois demi-siècles et de l'influence exercée par lui sur le développement du droit administratif et plus généralement de celui du Droit public en France et dans d'autres pays du monde* » (*Le Conseil d'État. Livre jubilaire publié pour commémorer son cent cinquantième anniversaire. 4 nivôse an VIII – 24 décembre 1949*, Paris, Recueil Sirey, 1952, p. 5).

[8] « *Ainsi espérons-nous qu'il pourra constituer un complément du grand Libre jubilaire du Conseil d'État publié en 1952 et le prolonger, par une mise à jour périodique soulignant les arrêts nouveaux les plus importants* » (préface de René CASSIN et Marcel WALINE, *in* Long MARCEAU, Prosper WEIL et Guy BRAIBANT, *Les grands arrêts de la jurisprudence administrative*, Paris, Sirey, 1956 (1re éd.), p. iv).

cuments et souvenirs sur l'histoire du Conseil d'État[9]. En écrivant à René CASSIN « *que les plus grands* [arrêtistes de la jurisprudence administrative] *ont été et sont encore les commissaires du gouvernement* »[10], Gaston JÈZE exprime une idée partagée par nombre de ses collègues universitaires, même si elle l'est ici avec une pointe particulièrement appuyée. La mystification de la théorisation des contrats administratifs (ou plutôt de sa genèse) est à mettre au crédit d'administrativistes (surtout universitaires) inspirés par un positivisme normativiste qu'ils ont acculturé au droit administratif. Au demeurant, les *origines prétoriennes* de la théorie des contrats administratifs renvoient à une thèse qui paraît avoir été défendue pour se dérober aux critiques institutionnalistes – doctrines dont les ressorts sont au moins autant philosophiques que juridiques et qui, en l'assumant tout à fait, n'ont pas été soucieuses d'isoler le droit des autres sciences sociales. De même que l'ancrage de cette théorie dans la Belle Époque a été une manière de jouer sur le cadre dans lequel ont évolué ses contradicteurs : lorsque ceux-ci s'appuient sur les évolutions jurisprudentielles de l'après-guerre, Gaston JÈZE projette son regard loin en arrière pour tirer parti d'une cohérence historique tout juste composée pour la cause. Cette mystification témoigne de la manière dont la doctrine universitaire (une partie d'entre elle, quoiqu'appelée à devenir majoritaire) s'est extériorisée par rapport au droit en oblitérant ce que celui-ci doit à la manière dont il est informé par ceux-là même qui le rendent dicible – pour peu que l'on conçoive que le droit n'est pas réductible aux normes qui le composent. La pérennité de la théorie des contrats administratifs en apporte incidemment une confirmation. Alors que les évolutions contemporaines du droit administratif auraient pu conduire à reléguer cette théorie dans un musée – du fait par exemple de l'européanisation du droit des contrats administratifs –, celle-ci s'impose toujours, nonobstant les critiques récurrentes qui lui sont adressées et qui tendent parfois à lui substituer une théorie alternative qui se cherche encore – celle des contrats publics ? Sans doute, le code de la commande publique vient ponctuer une période d'une trentaine d'années qui, à certains égards, pourrait accréditer l'idée que la doctrine a vocation à rester en retrait, condamnée qu'elle est à demeurer dans le sillage du législateur et de la jurisprudence. Et pour-

---

[9] *Cf.* à ce propos une note interne de Tony SAUVEL, datée du 17 mars 1947 (Archives nationales : 382/AP/100).

[10] Lettre de Gaston JÈZE à René CASSIN (26 février 1950), en réponse à l'invitation qui lui a été faite de contribuer au livre jubilaire du cent cinquantenaire du Conseil d'État (sur le sujet suivant : « Les grands arrêtistes de la jurisprudence administrative ») et dans laquelle il propose de traiter « *de la collaboration féconde de la jurisprudence et de la doctrine dans l'élaboration continue du droit administratif français* » (Archives nationales : 20040382/364).

tant, la théorie des contrats administratifs illustre combien la doctrine informe le droit en déterminant – par le biais notamment de l'enseignement universitaire – les représentations déployées pour le saisir et le donner à comprendre. Peut-être la temporalité de la doctrine n'est-elle pas celle du législateur ou du juge, si bien que sa contribution à l'élaboration du droit apparaît plus évanescente. La doctrine n'interviendrait toujours que pour recueillir et mettre en ordre le droit (sous-entendu : le *droit positif*) – lit-on souvent. Néanmoins, c'est oublier que le législateur et plus encore le juge ne se meuvent pas autrement qu'à travers les représentations doctrinales par lesquelles le droit administratif est mis en discours et à l'actualisation desquelles ils participent d'ailleurs inégalement. Le *Recueil Lebon* ne sera jamais tout le droit administratif. C'est un peu comme si la doctrine – en étant plus attentive à la prospective – avait toujours un ou deux coups d'avance sur le juge et, pendant que celui-ci livre tels combats, celle-là s'élance déjà pour préparer ceux du lendemain. Le juge a été un jour étudiant et l'inertie intellectuelle des générations explique pour beaucoup – selon nous – la pérennité de la théorie des contrats administratifs. Celle-ci ne sera renversée qu'au jour où l'on cessera de l'enseigner, non pour tirer les conséquences d'une quelconque législation, mais en raison du redéploiement des représentations que nous nous donnons pour appréhender le droit administratif. Ainsi que nous nous sommes efforcé de le démontrer dans nos travaux, la théorie des contrats administratifs n'est pas une pièce du droit administratif qu'il serait loisible de substituer par une autre (au motif, par exemple, qu'elle serait usée à force d'être désynchronisée avec le droit positif). En condensant des enjeux tout à la fois prétorien, académique et pédagogique, elle implique toute entière la manière de comprendre le droit administratif. C'est toute la bibliothèque du droit administratif qui serait à réaménager s'il l'on avait à dessein de reléguer cette théorie.

TABLE DE LA BIBLIOGRAPHIE

Notre bibliographie est composée de quatre chapitres. Les deux premiers, qui recouvrent respectivement les XIXe et XXe siècles, sont organisés en sous-chapitres, lesquels sont déterminés suivant la forme éditoriale des ouvrages recensés et, à titre complémentaire, selon des thématiques en lien avec l'objet de nos travaux. Sont rangées dans le troisième chapitre les sources communes à l'ensemble de nos travaux et, dans un quatrième, celles qui nous sont contemporaines.

Nous avons classé les références bibliographiques selon un ordre *chronologique* plutôt qu'*alphabétique*. Si cela pourra paraître déconcertant à certains égards, nous nous y sommes résolu pour la raison suivante : au lieu d'isoler un auteur en alignant pêle-mêle la liste de ses contributions, nous avons souhaité mettre en valeur les cohérences du corpus doctrinal en rapprochant les contributions de même nature. Il importe moins de connaître tout ce qu'a écrit un auteur, que de situer telle de ses contributions par rapport à celles de ses contemporains. Au classement d'apothicaire, nous avons préféré une mise en ordre qui n'est d'autre que celle à l'aide de laquelle nous avons réalisé nos travaux : la bibliographie en est un appendice qui en épouse la tournure.

L'ordre chronologique est organisé suivant la date d'édition des ouvrages (l'édition *princeps* s'il y en a plusieurs) ou la date de parution des articles.

Afin de faciliter la consultation de la bibliographie, les références n'indiquent ni le lieu d'édition, ni l'éditeur. Ces informations sont mentionnées dans le corps de la thèse.

Le nombre de volumes qui est indiqué le cas échéant (s'il y en a plusieurs) correspond à l'édition *princeps* (s'il y en a plusieurs).

Les crochets qui encadrent parfois le nom d'un auteur indiquent que l'ouvrage est paru anonymement.

1. – Littératures du XIXᵉ siècle

La typologie adoptée pour la mise en forme de la bibliographie est empruntée à celle que nous avons explicitée dans le titre III de la première partie de nos travaux. Elle distingue entre : **1°** la littérature praticienne compilatrice ; **2°** la littérature universitaire de vulgarisation ; **3°** la littérature praticienne de divulgation ; et enfin **4°** la littérature savante de systématisation.

BIBLIOGRAPHIE

1. – Littératures du XIXe siècle

1.1. – Littérature praticienne de compilation

1.1.1. – Compilations généralistes

FLEURIGEON, *Manuel administratif…*, an IX (3 vol.) (trois éditions ultérieures sous le titre : *Code administratif*)

LOCRÉ (de Roissy) Jean-Guillaume, *La législation française ou Recueil des lois, des règlements d'administration et des arrêtés généraux basés sur la Constitution…*, an IX

SIMON Mathias, *Manuel des conseils de préfecture…*, 1810-1812 (3 vol.)

JOURDAIN Yves-Claude, *Code de compétence des autorités constituées de l'empire français…*, 1811 (3 vol.)

RONDONNEAU Louis, *Collection des lois françaises constitutionnelles, administratives, judiciaires, commerciales, militaires et religieuses actuellement en vigueur dans l'Empire…*, 1811 (6 vol.)

LALOUETTE Claude-Joseph, *Élémens de l'administration pratique*, 1812 (une seconde édition (1817) sous le titre : *Classification des lois administratives…*)

RONDONNEAU Louis, *Collection générale des lois, décrets, arrêtés, sénatus-consultes, avis du Conseil d'État et réglemens d'administration, publiés depuis 1789 jusqu'au 1er avril 1814…*, 1817-1820 (28 vol.)

DESENNE Jean, *Code général français contenant les lois et actes du gouvernement publiés depuis l'ouverture des États-Généraux au 5 mai 1789 jusqu'au 8 juillet 1815…*, 1818-1825 (22 vol.)

DUPIN André, *Lois concernant l'organisation judiciaire…*, 1819 (2 vol.)

DUPIN André, *Lois des communes…*, 1823 (2 vol.)

RONDONNEAU Louis, *Les lois administratives et municipales de la France…*, 1823-1833 (6 vol.)

DUVERGIER Jean-Baptiste, *Collection complète des lois, décrets, ordonnances, réglemens, et avis du Conseil d'État…*, 1824 (à partir de)

DUPIN André, *Lois sur la compétence des fonctionnaires publics de toutes hiérarchies…*, 1825 (4 vol.)

LÉPINOIS Ernest (de), *Code administratif, ou recueil des lois, décrets et ordonnances, sur l'administration communale et départementale…*, 1825

GÉRANDO Joseph-Marie (de), *Institutes du droit administratif français, ou Élémens du code administratif*, 1829-1830 (4 vol.) (2 éd.)

BOUCHENÉ-LEFER Adèle-Gabriel-Denis, *Droit public et administratif français…*, 1831-1840 (4 vol.)

BLANCHET S.-A., *Code administratif, ou recueil méthodique des lois et ordonnances, actuellement en vigueur, sur l'administration et le contentieux*, 1839 (2 éd.)

CHAUVEAU Adolphe, *Code d'instruction administrative, ou Lois de la procédure administrative…*, 1848 (6 éd.)

COTELLE Toussaint-Ange, *Code des travaux publics, recueil général des lois, ordonnances et règlements…*, 1848 (inachevé)

SOLON Victor-Hyppolite, *Code administratif annoté*, 1848

BATBIE Anselme-Polycarpe & **VUATRIN** Édouard-Auguste, *Lois administratives françaises…*, 1876-1882 (2 vol.)

1.1.2. – Commentaires des clauses et conditions générales des marchés

CHATIGNIER Louis, *Commentaire des clauses et conditions générales imposées aux entrepreneurs pour l'exécution des travaux des ponts et chaussées…*, 1857 (plusieurs rééditions successives effectuées par Ch. BARRY à partir de 1874, puis A. TEXIER à partir de 1920)

JUQUIN Achille & **PÉRIN** Jules, *Le nouveau cahier des clauses et conditions générales imposées aux entrepreneurs des travaux des ponts-et-chaussées (16 novembre 1866), commenté et annoté*, 1867

BARRY Charles, *Des modifications apportées au cahier des clauses et conditions générales du 16 novembre 1866*, 1877

RENÉ Al. & **FRENNELET** H., *Clauses et conditions générales régissant les entreprises de travaux des ponts et chaussées…*, 1892

DOUSSAUD Alfred, *Les nouvelles clauses et conditions générales imposées aux entrepreneurs des ponts et chaussées (cahier du 16 février 1892), commentées et appliquées avec un projet de révision*, 1903

1.2. – Littérature universitaire de vulgarisation

1.2.1. – Répétiteurs privés

[**BOULATIGNIER** Joseph-Sébastien], *Manuel de droit administratif*, 1831 (2e éd. ; date de la première édition inconnue)

GANDILLOT René, *Abrégé du droit administratif…*, 1833

DEGOUY L.-J.-Horace, *Examen sur le droit administratif…*, 1834

GANDILLOT René & **BOILEUX** Jacques-Marie, *Manuel de droit administratif contenant les matières de l'examen*, 1839

PEZZANI André, *Manuel de droit administratif…*, 1839

[Anonyme], *Résumé de droit administratif d'après le programme du cours de M. Macarel, conseiller d'état*, 1846

PRADIER-FODÉRÉ Paul, *Précis de droit administratif*, 1853 (7 éd.)

VAUVILLIERS Émile, *Manuel de droit administratif…*, 1854 (2 éd.)

CHANTAGREL Jean, *Droit administratif théorique et pratique*, 1858 (2 éd.)

CHANTAGREL Jean, *Droit administratif, questionnaire, résumé et supplément*, 1859

BŒUF François, *Résumé de répétitions écrites sur le droit administratif…*, 1866 (jusqu'à dix-neuf éditions dont la dernière date de 1906)

AUMONT A., *Manuel de droit administratif à l'usage des étudiants*, 1868

PELLOT Alexandre, *Leçons manuscrites de droit public et administratif…*, 1869

MARIN Fernand, *Manuel du cours de droit administratif…*, 1879

DIEUDONNÉ Alfred, *Manuel de droit administratif…*, 1883

VAQUETTE Théodule & **LE BALLEUR** A., *Cours résumé de droit administratif*, 1884

FOIGNET René, *Manuel élémentaire de droit administratif…*, 1893 (2e éd. ; date de la première édition inconnue ; jusqu'à vingt-deux éditions, la dernière datant de 1943 ; continué par E. DUPONT à compter de la 20e éd.)

1.2.2. – Répétiteurs universitaires

FOUCART Émile-Victor-Masséna, *Précis de droit public et administratif…*, 1844

GOUGEON Charles, *Cours de droit administratif*, 1847

CABANTOUS Louis-Pierre-François, *Répétitions écrites sur le droit administratif…*, 1854 (6 éd.)

BATBIE Anselme-Polycarpe, *Précis de droit public et administratif*, 1860 (la première édition est insérée dans le *Cours de droit public et administratif* de F. LAFERRIÈRE (5e éd., t. 2 (1860), p. 623)) (4 éd.)

DELOYNES Paul, *Précis de droit administratif, conforme au programme officiel…*, 1872

GAUTIER Alfred, *Précis des matières administratives dans leurs rapports avec les matières civiles et judiciaires*, 1879

GAUTIER Alfred, *Précis des matières administratives dans leurs rapports avec le droit public*, 1880

COLIN Maurice, *Cours élémentaire de droit administratif…*, 1890

MARIE Jean-François, *Éléments de droit administratif à l'usage des étudiants des facultés de droit*, 1890

HAURIOU Maurice, *Précis de droit administratif, contenant le droit public et le droit administratif*, 1892 (12 éd., dont la dernière (1933) a été réalisée par A. HAURIOU qui a substantiellement modifié le plan du précis)

1.3. – Littérature praticienne de divulgation

1.3.1. – Dictionnaires

[**DESORMEAUX** C.-P.], *Dictionnaire raisonné des matières de législation civile, criminelle, de finance et administrative*, 1802-1806 (10 vol.)

AGAR C.-H. (d'), *Le nouveau Ferrière, ou Dictionnaire de droit et de pratique, civil,* *commercial, criminel et judiciaire…*, 1804-1805 (3 vol.)

BOURBON-BUSSET Gabriel (dit LEBLANC) (de), *Dictionnaire universel du droit civil français*, 1804 (inachevé)

MONTAINVILLE F.-Jean, *Dictionnaire de jurisprudence de la Cour de cassation…*, 1805-1807 (5 vol.)

LOISEAU Jean-Simon, *Dictionnaire des arrêts modernes, ou Répertoire analytique, sommaire et critique de la nouvelle jurisprudence française civile et commerciale*, 1809 (2 vol.) (2 éd.)

RONDONNEAU Louis, *Vocabulaire classique des étudians en droit*, 1821

RONDONNEAU Louis, *Vocabulaire classique de la science du droit*, 1823

BOULET Jean-Baptiste-Étienne, *Ferrière moderne, ou Nouveau dictionnaire des termes de droit et de pratique*, 1824 (2 vol.)

BOITARD Claude (aîné), *Dictionnaire portatif de droit français, ou Répertoire de jurisprudence…*, 1825

CRIVELLI Joseph-Louis, *Dictionnaire du droit civil, commercial, criminel et de procédure civile et criminelle…*, 1825

PAILLET Jean-Baptiste-Joseph (dir.), *Dictionnaire universel de droit français…*, 1825-1827 (5 vol., inachevé)

RONDONNEAU Louis, *Manuel du praticien, ou traité de la science du droit…, suivi d'un dictionnaire administratif abrégé*, 1833

CHABROL-CHAMÉANE Ernest (de), *Dictionnaire de législation usuelle contenant les notions du droit civil, commercial, criminel et administratif…*, 1835 (2 vol.) (5 éd.)

TARBÉ DE VAUXCLAIRS Jean-Bernard, *Dictionnaire des travaux publics, civils, militaires et maritimes, considérés dans leurs rapports avec la législation, l'administration et la jurisprudence*, 1835

DALLOZ Armand (dir.), *Dictionnaire général et raisonné de législation, de doctrine et de jurisprudence, en matière civile, commerciale et criminelle, administrative et de droit public*, 1835-1841 (5 vol.) (2 éd.)

LE RAT DE MAGNITOT Albin & **HUARD-DELAMARRE** Ambroise, *Dictionnaire de droit public et administratif*, 1836-1837 (2 vol.) (2 éd.)

SÉBIRE François-Auguste & **CARTERET** (dir.), *Encyclopédie du droit, ou répertoire raisonné de législation et de jurisprudence en matière civile, administrative, criminelle et commerciale…*, 1836-1846 (7 vol., inachevé)

LAFFON DE LADÉBAT Émile, *Recueil des principes du droit administratif et du droit public qui se rattachent à l'administration*, 1842

BOUSQUET Joseph-Claude-François, *Nouveau dictionnaire de droit, résumé général de la législation, de la doctrine et de la jurisprudence dans toutes les matières*, 1843-1844 (2 vol.)

BLANCHE Alfred-Pierre (dir.), *Dictionnaire général d'administration contenant la définition de tous les mots de la langue administrative…*, 1846-1856 (plusieurs éd.)

DELBREIL Frédéric, *Dictionnaire de droit, ou Résumé de la législation et de la jurisprudence française mis à la portée de tout le monde…*, 1849

DUVERGER Alexandre, *Dictionnaire national de droit français en matière civile,* *commerciale, administrative et politique…*, 1849 (2 éd.)

BLOCK Maurice (dir.), *Dictionnaire de l'administration française*, 1856 (plusieurs éd.)

1.3.2. – Répertoires

MERLIN (dit de Douai) Philippe-Antoine, *Recueil alphabétique des questions de droit…*, 1803-1810 (13 vol.) (4 éd.)

MERLIN (dit de Douai) Philippe-Antoine, *Répertoire universel et raisonné de jurisprudence…*, 1807-1809 (13 vol.) (3 éd.)

MACAREL Louis-Antoine, *Élémens de jurisprudence administrative*, 1818 (2 vol.)

SIREY Jean-Baptiste & **NASSON** P.-J., *Décisions sommaires du Conseil d'État en matière contentieuse, avant et depuis la Charte*, 1818

[**SIREY** Jean-Baptiste], *Questions de droit administratif… pour servir à la formation d'un « Cours de droit administratif »*, 1819 (inachevé)

LEFLO & **TOLLUIRE**, *Nouvelle classification de la jurisprudence française, ou lexique raisonné des principes du droit public, du droit civil, du droit criminel, et du droit commercial…*, 1820 (inachevé)

CORMENIN Louis-Marie (de), *Questions de droit administratif*, 1822 (2 vol.) (5 éd., la dernière (1840) étant parue sous le titre : *Droit administratif*)

FAVARD DE LANGLADE Guillaume-Jean, *Répertoire de la nouvelle législation civile, commerciale et administrative…*, 1823-1824 (5 vol.)

PETIT DES ROCHETTES Édouard, *Esprit de la jurisprudence inédite du Conseil d'État sous le Consulat et l'Empire, en matière d'émigration, de déportation, de remboursements, de domaines nationaux*, etc., 1827 (2 vol.)

DALLOZ Désiré (aîné), *Jurisprudence générale du royaume en matière civile, commerciale et criminelle…*, 1824-1830 (12 vol.) (à partir du t. 6 (1829), s'y ajoute le sous-titre suivant : *Répertoire méthodique de la législation et de la jurisprudence modernes en matière civile, commerciale, criminelle, administrative, et de droit public*) (2 éd.)

CHEVALIER Théodore, *Jurisprudence administrative*, 1836 (2 vol.), suivi d'un *Annuaire de la jurisprudence administrative, 1836-1837* (1838)

VUILLEFROY Charles-Amédée & **MONNIER** Léon, *Principes d'administration extraits des avis du Conseil d'État…*, 1837

GRÜN Alphonse, *Éléments du droit français, ou Analyse raisonnée de la législation politique, administrative, civile, commerciale et criminelle de la France*, 1838

LEMARQUIÈRE C.-A., *Droit, procédure et jurisprudence administratifs*, 1839

SOLON Victor-Hyppolite, *Répertoire des juridictions civile, commerciale et administrative, ou règles générales sur la compétence*, 1842-1844 (4 vol.)

DUFOUR Gabriel-Michel, *Traité général de droit administratif appliqué…*, 1843-1845 (4 vol.) (3 éd.)

LEDRU-ROLLIN Alexandre (dir.), *Journal du Palais. Répertoire général contenant la jurisprudence de 1791 à 1845, l'histoire du droit, la législation et la doctrine des auteurs*, 1845-1857 (15 vol.)

FAVERIE L.-J., *Législation et jurisprudence françaises*, 1846

SERRIGNY Denis, *Questions et traités de droit administratif*, 1854

BÉQUET Léon (dir.)[1], *Répertoire du droit administratif*, 1882-1911 (28 vol.)

FUZIER-HERMAN Édouard (dir.), *Répertoire général alphabétique du droit français…*, 1886-1924 (35 vol.)

RIVIÈRE Hippolyte-Ferréol (dir.), *Pandectes françaises. Nouveau répertoire de doctrine, de législation et de jurisprudence*, 1886-1909 (62 vol.)

LABORI Fernand (dir.), *Gazette du Palais. Répertoire encyclopédique du droit français*, 1889-1896 (12 vol.)

1.3.3. – Recueils

SIREY Jean-Baptiste, *Recueil général des lois et des arrêts en matière civile, criminelle, commerciale et de droit public*, environ 1808-1809 – 1843 (43 vol.) (continué par DEVILLENEUVE & CARETTE)

SIREY Jean-Baptiste, *Jurisprudence du Conseil d'État, depuis 1806…*, 1818-1825 (5 vol.)

ISAMBERT François-André, *Recueil complet des lois et ordonnances du royaume à partir du 1er avril 1814…*, 1820-1828 (14 vol.)

AUVILLIERS (d') & **PATRIS** F.-F., *Journal du Palais. Décisions du Conseil d'État et ordonnances du Roi, en matière de compétence administrative et judiciaire*, 1821-1834 (4 vol.)

MACAREL Louis-Antoine, *Recueil des arrêts du Conseil, ou ordonnances royales, rendues en Conseil d'État, sur toutes les matières du contentieux de l'administration*, 1821-1830 (1re série) (12 vol.) (2e série à partir de 1831, continue jusqu'à nos jours)

LEDRU-ROLLIN Alexandre (dir.), *Journal du Palais, jurisprudence administrative*, 1842-1889 (19 vol.)

DEVILLENEUVE L.-M. & **CARETTE** A.-A., *Recueil général des lois et des arrêts, avec notes et commentaire, présentant sur chaque question le résumé de la jurisprudence et la doctrine des auteurs…*, 1840-1843 (10 vol. ; 1re série, 1791-1830) (initié par SIREY)

DEVILLENEUVE L.-M. & **CARETTE** A.-A., *Recueil général des lois et des arrêts, en matière civile, criminelle, administrative et de droit public…*, 1844-1950 (2e série) (initié par SIREY)

COTELLE Toussaint-Ange & **CHATIGNIER** Louis, *Journal du contentieux administratif et judiciaire des travaux publics…*, 1849 (inachevé)

DELVINCOURT Edmond, *Jurisprudence du Conseil d'État en matière de travaux publics…*, 1852 (inachevé)

---

[1] À la mort de Léon BÉQUET en 1891, la direction de cette publication fut reprise par Édouard LAFERRIÈRE (1892-1901), puis par Paul DISLÈRE (1901-1911).

1.4. – Littérature savante de systématisation

1.4.1. – Ouvrages généraux. – Droit administratif

PORTIEZ (de l'Oise) Louis-François, *Cours de législation administrative…*, 1808 (2 vol.)

BONNIN Charles-Jean-Baptiste, *Principes d'administration publique*, 1812 (3e éd., 3 vol.)

FOUCART Émile-Victor-Masséna, *Élémens de droit public administratif, ou Exposé méthodique des principes du droit public positif…*, 1834-1835 (2 vol.) (4 éd.)

LAFERRIÈRE Louis-Firmin, *Cours de droit public et administratif*, 1839 (5 éd.)

MACAREL Louis-Antoine, *Cours droit administratif professé à la faculté de droit de Paris*, 1844-1846 (4 vol.) (2 éd.)

TROLLEY Alfred, *Cours de droit administratif*, 1844-1854 (5 vol., inachevé)

VIVIEN Alexandre-François-Auguste, *Études administratives*, 1845 (3 éd.)

BATBIE Anselme-Polycarpe, *Traité théorique et pratique de droit public et administratif…*, 1861-1868 (7 vol.) (2 éd.)

BOUCHENÉ-LEFER Adèle-Gabriel-Denis, *Principes et notions élémentaires pratiques, didactiques et historiques du droit public administratif, ou Précis de l'organisation politique et administrative de la France de 1789 à ce jour*, 1862

DUCROCQ Gabriel-Auguste-Théophile, *Cours de droit administratif…*, 1862 (7 éd.)

SIMONET Jean-Baptiste, *Traité élémentaire de droit public et administratif…*, 1885 (4 éd.)

1.4.2. – Ouvrages spécialisés. – Contrats et marchés de l'administration

PÉRIER Arsène, *Des marchés de fournitures*, 1876

GAUTIER Alfred & **JOUVE** Elzéar-Elie, *Traité pratique du marché de travaux publics*, 1881

PERRIQUET Eugène, *Les contrats de l'État…*, 1884 (2 éd.)

DOUSSAUD Alfred, *Des imprévisions dans les entreprises de travaux publics*, 1887

CUËNOT Henry & **PORÉE** Henri, *Des entreprises de travaux publics soumises aux clauses et conditions générales des ponts et chaussées et au cahier du service des chemins vicinaux*, 1901

1.4.3. – Ouvrages spécialisés. – Domaines, travaux publics et administration économique

PROUDHON Jean-Baptiste-Victor, *Traité du domaine public…*, 1833-1834 (5 vol.) (2 éd.)

COTELLE Toussaint-Ange, *Cours de droit administratif appliqué aux travaux publics…*, 1835 (2 vol.) (3 éd.)

BOULATIGNIER Joseph-Sébastien & **MACAREL** Louis-Antoine, *De la fortune publique et de son administration*, 1838-1840 (3 vol., inachevé)

HUSSON Armand, *Traité de la législation des travaux publics et de la voirie en France*, 1841 (2 vol.) (2 éd.)

CHRISTOPHLE Albert, *Traité théorique et pratique des travaux publics…*, 1862 (2 vol.) (2 éd.)

GAUDRY Joachim-Antoine-Joseph, *Traité du domaine public…*, 1862 (3 vol.)

AUCOC Léon, *Conférences sur l'administration et le droit administratif faites à l'école impériale des ponts et chaussées*, 1869-1876 (3 vol.) (3 éd.)

PERRIQUET Eugène, *Traité théorique et pratique des travaux publics*, 1883 (2 vol.)

LECHALAS Georges, *Manuel de droit administratif, services des ponts et chaussées et des chemins vicinaux*, 1889-1898 (3 vol.)

BAUNY de RÉCY René, *Traité du domaine public*, 1893 (2 vol.) (2 éd.)

ENOU Louis, *Traité théorique et pratique de droit administratif. Les travaux publics*, 1903 (publication posthume assurée par PICARD & VEUILLET)

1.4.4 – Ouvrages spécialisés. – Juridictions et contentieux administratifs

MARTINEAU Louis-Simon, *Idées sur l'organisation du Conseil d'État*, 1806

HENRION DE PANSEY Pierre-Paul-Nicolas, *De l'autorité judiciaire*, 1810 (3 éd.)

LOCRÉ (de Roissy) Jean-Guillaume, *Du Conseil d'État, de sa composition, de ses attributions, de son organisation intérieure, de sa marche, et du caractère de ses actes*, 1810

HOCHET Claude, *Du Conseil d'État tel qu'il existait sous Napoléon Bonaparte, de la commission du contentieux, du Conseil d'État tel qu'il doit être sous le gouvernement du Roi*, [1814-1815]

GUICHARD Auguste-Charles, *Notice sur le Conseil d'État, et spécialement sur ses attributions, et la forme d'y procéder en matière contentieuse*, 1815

JUGE Jean-Baptiste-Joseph, *Jurisprudence administrative. Règles de compétence et réflexions importantes sur les principes relatifs aux conflits d'attributions entre l'autorité judiciaire et l'autorité administrative*, 1826 (inachevé)

CHAUVEAU Adolphe, *Principes de compétence et de juridiction administratives*, 1841-1844 (3 vol.)

SERRIGNY Denis, *Traité de l'organisation de la compétence et de la procédure en matière contentieuse administrative dans leurs rapports avec le droit civil*, 1842 (2 vol.) (2 éd.)

DARESTE (de LA CHAVANNE) Rodolphe, *La justice administrative en France, ou Traité du contentieux de l'administration*, 1862 (2 éd.)

ARNAULD DE PRANEUF Adrien, *Traité des juridictions administratives et particulièrement des conseils de préfecture*, 1868

ARNAULD DE PRANEUF Adrien, *La juridiction administrative*, 1872

Delarbre Jules, *Organisation du Conseil d'État…*, 1872

Aucoc Léon, *Le Conseil d'État avant et depuis 1789, ses transformations, ses travaux et son personnel ; étude historique et bibliographique*, 1876

Pérouse Honoré, *Étude théorique et pratique sur le principe et le fonctionnement des juridictions administratives françaises*, 1886

Laferrière Édouard, *Traité de la juridiction administrative et des recours contentieux*, 1887-1888 (2 vol.) (2 éd.)

Béquet Léon, *Le Conseil d'État : organisation, fonctionnement*, 1891 (extrait du *Répertoire de droit administratif*)

Brémond Jules, *Traité théorique et pratique de la compétence administrative*, 1894 (extrait du *Répertoire général alphabétique du droit français*)

Marie Léon, *Le droit positif et la juridiction administrative (Conseil d'État et conseils de préfecture), étude critique de législation et de jurisprudence*, 1903 (2 vol.)

1.5. – Littérature polémique relative au Conseil d'État (1818-1845)

Lanjuinais Jean-Denis, *Du Conseil d'État et de sa compétence sur les droits politiques des citoyens…*, 1817

[**Cormenin** Louis-Marie (de)], *Du Conseil d'État, envisagé comme conseil et comme juridiction sous la monarchie constitutionnelle*, 1818

[**Delamalle** Gaspard-Gilbert], *Du jugement du contentieux de l'administration par le roi, en son Conseil d'État, en réponse à l'écrit intitulé : « Du Conseil d'État envisagé comme Conseil et comme juridiction sous notre Monarchie constitutionnelle »*, 1818

Sirey Jean-Baptiste, *Du Conseil d'État selon la charte constitutionnelle, ou Notions sur la justice d'ordre politique et administratif*, 1818

Gilbert de Voisins Pierre-Paul, *Des empiètements du conseil d'État sur les tribunaux, et de la proposition de M. Jankowitz*, 1824

Bavoux François-Nicolas, *Des conflits, ou empiètement de l'autorité administrative sur le pouvoir judiciaire*, 1828

Macarel Louis-Antoine, *Des tribunaux administratifs, ou introduction à l'étude de la jurisprudence administrative…*, 1828

Mongalvy Sylvain-Charles-Théodore, *Du Conseil d'État mis en harmonie avec les principes de la charte constitutionnelle*, 1828

Routhier Guillaume, *De l'organisation du Conseil-d'État en cour judiciaire…*, 1828

La Rochefoucauld Gaëtan (de), *Des attributions du Conseil d'État*, 1829

[**Siméon** Henri (fils)], *Du Conseil d'État considéré dans son organisation actuelle et dans les améliorations qu'il serait possible d'y introduire*, 1829

Pichon Louis-André, *Du Conseil-d'État ; de ses attributions administratives et de sa juridiction*, 1829

Fiches, *Du Conseil-d'État et du contentieux administratif*, 1830

Henrion de Pansey Pierre-Paul-Nicolas, *Un mot sur le contentieux du*

Conseil d'État (publication posthume réalisée par A.-T. COTELLE), 1830

QUÉNAULT Hyppolite-Alphonse, *De la juridiction administrative*, 1830

ROUX Vital, *Considérations sur le rétablissement du Conseil d'État*, 1830

LOCRÉ (de Roissy) Jean-Guillaume, *Quelques vues sur le Conseil d'État, considéré dans ses rapports avec le système de notre régime constitutionnel*, 1831

BAVOUX François-Nicolas, *Conseil d'État, Conseil royal, Chambre des Pairs, vénalité des charges, duel et peine de mort*, 1838

COLOMBEL Hyacinthe, *De la juridiction administrative en France*, 1840

LADOUCETTE Louis-Laetitia-Napoléon-Charles, *Du Conseil d'État*, 1840

VIDAILLAN Charles-Pierre-Antoine-Marguerite-Aza (de), *De la juridiction directe du Conseil d'État, de ses attributions et de sa composition*, 1841

[**CORMENIN** Louis-Marie (de)] (*alias* TIMON), *La légomanie*, 1844

Anonyme, *De la nécessité d'une loi sur le Conseil d'état. Réfutation de la légomanie… et révélations par un ancien auditeur au Conseil d'État*, 1845

PISTOYE Alphonse-Charles (de), *Du Conseil d'État, de son organisation, de son autorité, de ses attributions*, 1845

1.6. – Articles. – Contrats et marchés de l'administration[2]

DELALLEAU Charles, « Des droits et obligations des concessionnaires des travaux publics », *in R.L.J.* 1835, I, p. 177 & 358 ; 1837, V, p. 140 (article inachevé)

BOULATIGNIER Sébastien-Joseph, « Jurisprudence des baux administratifs », *in École des communes* 1837, 2e §, p. 93

CABANTOUS Louis, « Des limites de la compétence judiciaire relativement aux questions de propriété », *in R.C.L.J.* 1857, X, p. 256 (*cf.* la réponse d'E. REVERCHON publiée dans le même volume, p. 477)

CABANTOUS Louis, « Limite de la compétence judiciaire en matière de contrats, de dette publique et de responsabilité civile », *in R.C.L.J.* 1858, XII, p. 212

MERVILLE F., « Question des marchés administratifs », *in R.P.D.F.* 1875, XL, p. 96

1.7. – Articles. – Conseil d'État et juridictions administratives[3]

[**DELAMALLE** Gaspard-Gilbert], « Du jugement du contentieux de l'administration par le Roi et son conseil d'État », *in Le publiciste* 1818, I, p. 535, 577 & 638

MACAREL Louis-Antoine, « Introduction à la jurisprudence administra-

2 Les chiffres romains désignent le numéro des volumes du périodique.

3 *Idem.*

tive », *in Thémis* 1819, I, p. 25 et 232 & 1820, II, p. 255 et 329

ISAMBERT François-André, « Essai sur les limites qui séparent le pouvoir législatif du pouvoir réglementaire ou exécutif, ou commentaire sur l'art. 14 de la Charte », *in Recueil complet des lois et ordonnances du royaume* 1821 (volume au titre de l'année 1819), p. 1

ISAMBERT François-André, « Des arrêts du Conseil », *in Recueil complet des lois et ordonnances du royaume* 1822 (volume au titre de l'année 1821), p. 1

BROGLIE Victor (de), « Des tribunaux administratifs… », *in Revue française* 1828, VI, p. 58

[**SIREY** Jean-Baptiste], « Projet d'organisation d'une justice administrative, au sein du conseil d'État, donnant aux droits privés toute garantie de lumières et d'indépendance, selon la Charte ; conservant d'ailleurs au pouvoir toute son énergie monarchique », *in Recueil Sirey* 1830, II, p. 306

BOULATIGNIER Sébastien-Joseph, « Du Conseil d'État », *in École des communes* 1838, 2e §, p. 69 & 97

VIVIEN Alexandre-François-Auguste, « Le Conseil d'État », *in Revue des deux mondes* 1841, IV, p. 161 & 601

FOUCART Émile-Victor-Masséna, « De la nature de l'autorité judiciaire », *in R.L.J.* 1845, XXIII, p. 433

LAFERRIÈRE Firmin, « Essai sur la compétence de la juridiction administrative », *in R.L.J.* 1845, XXII, p. 5

DUFOUR Gabriel, « Du Conseil d'État », *in Le Droit* 1848 (29 déc.), n° 305 ; 1849 (17 janv.), n° 13 ; (4 fév.), n° 29 & (11 fév.), n° 35

COTELLE Toussaint-Ange, « Du droit de contrôle du Conseil d'État. Sur les décisions de la section du contentieux et les actes administratifs sujets à annulation pour excès de pouvoir et dans l'intérêt de la loi », *in R.C.L.J.* 1851, I, p. 373

JOUSSELIN Joseph, « Du principe de la juridiction administrative ; à l'occasion du rapport de M. Boulatignier, sur le livre quatrième de la loi relative à l'administration intérieure (conseils de préfecture) », *in Gazette des tribunaux* 1851 (16 sept.), n° 7547

JOUSSELIN Joseph, « À quelle autorité appartient-il de prononcer sur les actions qui tendent à faire déclarer l'État débiteur ? », *in R.C.L.J.* 1852, II, p. 428

REVERCHON Émile, « Des limites des pouvoirs administratif et judiciaire », *in Le Droit* 1855 (21 et 22 mai), n° 119 & (23 mai), n° 120

BOUCHENÉ-LEFER Adèle-Gabriel-Denis, « De la justice administrative », *in R.P.D.F.* 1863, XV, p. 354 et 558

REVERCHON Émile, « Du rôle législatif attribué à la jurisprudence en matière administrative », *in Le Droit* 1863 (12 mars), n° 60

AUCOC Léon, « La juridiction administrative et les préjugés », *in Moniteur universel* 1864 (13 août), n° 226 & (25 août), n° 238

BOUCHENÉ-LEFER Adèle-Gabriel-Denis, « Distinction entre l'autorité et la juridiction administratives, ou du contentieux et du non-contentieux administratif », *in R.P.D.F.* 1864, XVII, p. 433 & 1865, XIX, p. 145

ROZY Henry, « Les juridictions administratives », *in Académie de législation de Toulouse* 1869, XVIII, p. 341

QUENTIN-BAUCHART Alexandre, « Étude sur la juridiction administrative. Son utilité. – Son organisation. – Son avenir », in *R.C.L.J.* 1870, XXXVII, p. 130

ODILON-BARROT Hyacinthe-Camille, « De l'organisation judiciaire en France », *in Séances et travaux de l'Académie des sciences morales et politiques* 1871, XCV, p. 351 et 673 & XCVI, p. 5 et 257

DARESTE (de LA CHAVANNE) Rodolphe, « L'organisation de la juridiction administrative dans les divers États », *in Bulletin de la Société de législation comparée* 1873, II, p. 275

DRAMARD E. « De la séparation des pouvoirs et de la juridiction administrative », *in R.P.D.F.* 1873, XXXV, p. 433

DUBOIS Ernest, « Le contentieux administratif en Italie et la loi du 20 mars 1865, étudiés à l'occasion des projets de suppression des conseils de préfecture actuellement soumis à l'Assemblée nationale, avec des propositions de transformation de la justice administrative en France », *in Bulletin de la Société de législation comparée* 1873, II, p. 211

ROZY Henry, « De l'organisation et de la compétence rationnelle d'un Conseil d'État, à propos d'une brochure de M. Migneret, ancien conseiller d'État, intitulée : *Le Conseil d'État et le Second Empire* », *in Académie de législation de Toulouse* 1874, XXIII, p. 447

DROZ Alfred, « Des tribunaux administratifs. Critiques et réformes », *in La France judiciaire* 1876, §1, p. 25 & 88

FUZIER-HERMAN Édouard, « L'unité judiciaire et les juridictions administratives », *in R.P.D.F.* 1878, XLV, p. 353 & 1879, XLVI, p. 66

DESPLAGNES Albert, « De la justice administrative et de la suppression des tribunaux administratifs », *in Revue catholique des institutions et du droit* 1879 (1re série), XIII, p. 396 & 1880, XIV, p. 19

THÉRY Gustave, « De la juridiction administrative, *in Revue catholique des institutions et du droit* 1881 (1re série), XVII, p. 8

AUCOC Léon, « Du juge ordinaire en matière de contentieux administratif », *in Gazette des tribunaux* 1886 (24 déc.), n° 18534

BRÉMOND Jules, « De la juridiction des ministres », *in R.C.L.J.* 1886, LII, p. 261

DARESTE (de LA CHAVANNE) Rodolphe, « Réorganisation de la justice administrative en Italie », *in Séances et travaux de l'Académie des sciences morales et politiques* 1894, CXLI, p. 80

APPLETON Jean, « La séparation de l'administration active et de la juridiction administrative », *in R.G.D.* 1898, XXII, p. 140, 206 & 302

2. – Littératures du XXe siècle

2.1. – Littérature administrative. – Traités et autres

BERTHÉLEMY Henry, *Traité élémentaire de droit administratif*, 1900-1901 (13 éd.)

DUGUIT Léon, *Études de droit public*, 1901-1903 (2 vol.)

JÈZE Gaston, *Les principes généraux du droit administratif*, 1904 (3 éd.)

DUGUIT Léon, *Traité de droit constitutionnel*, 1911 (2 vol.) (3 éd.)

APPLETON Jean, *Traité élémentaire de contentieux administratif*, 1927

HAURIOU Maurice, *Notes d'arrêts sur décisions du Conseil d'État et du Tribunal des conflits publiées au Recueil Sirey de 1892 à 1928*, 1929 (3 vol.)

DUEZ Paul & **DEBEYRE** Guy, *Traité de droit administratif*, 1952

LAUBADÈRE André (de), *Traité élémentaire de droit administratif*, 1953 (plusieurs éditions selon les tomes)

2.2. – Littérature administrative – Manuels universitaires

HAURIOU Maurice, *Précis de droit administratif, contenant le droit public et le droit administratif*, 1892 (12 éd., dont la dernière (1933) a été réalisée par A. HAURIOU qui a substantiellement modifié le plan du précis)

JOURNÉ Maurice, *Précis élémentaire de droit administratif*, 1904 (les deux éditions suivantes sous le titre : *Précis de droit administratif*)

BERNARD Fernand, *Notions élémentaires de droit administratif…*, 1907

DUGUIT Léon, *Manuel de droit constitutionnel*, 1907 (4 éd.)

MOREAU Félix, *Manuel de droit administratif*, 1909

HAURIOU Maurice, *Principes de droit public…*, 1910 (2 éd.)

JÈZE Gaston, *Éléments de droit public et administratif, à l'usage des étudiants en droit (capacité)*, 1910

NÉZARD Henry, *Éléments de droit public à l'usage des étudiants en droit (capacité)*, 1911 (7 éd.)

RENARD Georges, *Notions très sommaires de droit public français*, 1920

RENARD Georges, *Cours élémentaire de droit public*, 1922

HAURIOU Maurice, *Précis élémentaire de droit administratif*, 1925 (5 éd. ; à partir de la troisième (1933), les éditions sont mises à jour, puis refondues par A. HAURIOU)

BONNARD Roger, *Précis élémentaire de droit administratif*, 1926 (4 éd.)

ROLLAND Louis, *Précis de droit administratif*, 1926 (11 éd.)

TROTABAS Louis, *Éléments de droit public et administratif…*, 1933 (5 éd.)

WALINE Marcel, *Manuel élémentaire de droit administratif*, 1936 (9 éd. ; la dernière (1963) porte pour intitulé : *Droit administratif*)

VAQUETTE Théodule, *Éléments de droit public et administratif*, 1938

LAUBADÈRE André (de), *Manuel de droit administratif…*, 1947 (17 éd.)

VEDEL Georges, *Droit administratif*, 1958-1959 (2 vol.) (12 éd.)
RIVERO Jean, *Droit administratif*, 1960 (25 éd.)
PEISER Georges, *Le droit administratif*, 1967 (26 éd.)
BÉNOIT Francis-Paul, *Le droit administratif français*, 1968
DEBBASCH Charles, *Droit administratif*, 1968 (11 éd.)
WALINE Marcel, *Précis de droit administratif*, 1969-1970 (2 vol.)

2.3. – Littérature administrative sur les contrats et marchés administratifs

MOREL André, *Les marchés de fournitures des départements de la guerre et de marine pendant les hostilités*, 1918

DUFOURMANTELLE Roger, *La force majeure dans les contrats civils ou commerciaux et dans les marchés administratifs*, 1920

MONSARRAT Gaston, *Contrats et concessions des communes et des établissements communaux de bienfaisance*, 1920 (2 éd.)

MONSARRAT Gaston, *Marchés de travaux et de fournitures des communes et des établissements communaux de bienfaisance*, 1920 (2 éd.)

TÉTREAU Louis, *Des marchés de fournitures*, 1921

ALIBERT Raphaël, *L'imprévision dans les concessions de services publics : l'évolution des faits et l'adaptation de la théorie depuis 1916*, 1924 (extrait du *Juris-classeur*)

JÈZE Gaston, *Les contrats administratifs de l'État, des départements, des communes et des établissements*, 1927-1936 (4 vol.)

JÈZE Gaston, *Théorie générale des contrats de l'administration*, 1934-1936 (3 vol.) (inséré à la suite des trois premiers volumes de la troisième édition (1925-1930) des *Principes généraux du droit administratif*)

LE CLÈRE Julien, *Les marchés de fournitures et de travaux publics*, 1949

PÉQUIGNOT Georges, *Des contrats administratifs*, 1953 (extrait du *Juris-classeur administratif*)

LAUBADÈRE André (de), *Traité théorique et pratique des contrats administratifs*, 1956 (3 vol.) (2 éd. ; pour la seconde édition, avec la collaboration de p. DELVOLVÉ et F. MODERNE)

LÜTHJE Uwe, *La technique juridique du contrat administratif en droit comparé*, 1963

LÜTHJE Uwe, *Die Theorie des* contrat administratif *im französischen Verwaltungsrecht*, 1964

2.4. – Littérature civiliste sur le droit des obligations[4]

BAUDRY-LACANTINERIE Gabriel, *Précis de droit civil…*, 1882-1884 (3 vol.) (14 éd.) [t. 2]

[4] Entre crochets est indiqué, le cas échéant, le volume dans lequel sont consacrés des développements sur la question des obligations contractuelles.

PLANIOL Marcel, *Traité élémentaire de droit civil…*, 1900-1901 (3 vol.) (10 éd.) [t. 2]

CAPITANT Henri & **COLIN** Ambroise, *Cours élémentaire de droit civil*, 1914-1916 (3 vol.) (10 éd.) [t. 2]

WAHL Albert, *Le droit civil et commercial de la guerre*, 1918-1921 (4 vol.)

DEMOGUE René, *Traité des obligations en général*, 1923-1933 (7 vol.) [t. 2]

BONNECASE Julien, *Supplément* [à la troisième édition du] *Traité théorique et pratique de droit civil par G. Baudry-Lacantinerie*, 1924-1935 (6 vol.)

PLANIOL Marcel & **RIPERT** Georges, *Traité pratique de droit civil français*, 1925-1934) (14 vol.) (2 éd.) [t. 6, avec la collaboration de P. ESMEIN]

BONNECARRÈRE Philippe, **LABORDE-LACOSTE** Marcel & **CRÉMIEU** Louis, *Précis de droit civil à l'usage des étudiants de capacité…*, 1926-1928 (2 vol.) (4 éd.) [t. 2]

HÉMARD Joseph, *Précis élémentaire de droit civil*, 1928-1930 (3 vol.) (2 éd.) [t. 2]

JOSSERAND Louis, *Cours de droit civil positif français…*, 1929-1930 (3 vol.) (3 éd.) [t. 2]

BEUDANT Charles, *Cours de droit civil français*, 1934-1949 (2e éd., 14 vol. ; publication posthume réalisée par R. BEUDANT et P. LEREBOURS-PIGEONNIÈRE) [t. 8, avec la collaboration de G. LAGARDE]

BONNECASE Julien, *Précis de droit civil…*, 1934-1935 (3 vol.) (2 éd.) [t. 2]

GAUDEMET Eugène, *Théorie générale des obligations*, 1937

BOULANGER Jean & **RIPERT** Georges, *Traité élémentaire de droit civil de Planiol*, 1942-1946 (3 vol.) (4 éd.) [t. 2]

MAZEAUD Henri, Jean & Léon, *Leçons de droit civil*, 1955-1963 (4 vol.) (12 éd.) [t. 2]

BOULANGER Jean & **RIPERT** Georges, *Traité de droit civil d'après le traité de Planiol*, 1956-1959 (4 vol.) [t. 2]

2.5. – Littérature essayiste sur les dynamiques du droit

SALEILLES Raymond, *Étude sur les sources de l'obligation dans le projet de code civil allemand*, 1889

SALEILLES Raymond, *Essai d'une théorie générale de l'obligation d'après le projet de code civil allemand*, 1890 (2 éd.)

BEUDANT Charles, *Le droit individuel et l'État. Introduction à l'étude du droit*, 1891 (3 éd.)

TARDE Gabriel, *Les transformations du droit*, 1893 (8 éd.)

GÉNY François, *Méthode d'interprétation et sources en droit privé positif. Essai critique*, 1899 (2 éd.)

HAURIOU Maurice, *La gestion administrative*, 1899

JACQUELIN René, *Les principes dominants du droit administratif*, 1899

JACQUELIN René, *Une conception d'ensemble du droit administratif*, 1899

BUFNOIR Claude, *Propriété et contrat…*, 1900 (2 éd.)

SALEILLES Raymond, *De la déclaration de volonté. Contribution à l'étude de l'acte juridique dans le code civil allemand (art. 116 à 144)*, 1901

[Collectif], *Le Code civil : 1804-1904, livre du centenaire*, 1904 (2 vol.)

SALEILLES Raymond, *Mélanges de droit comparé*, 1904-1907 (2 vol.)

CRUET Jean, *La vie du droit et l'impuissance des lois*, 1908

DUGUIT Léon, *Le droit social, le droit individuel et la transformation de l'État*, 1908 (2 éd.)

[Collectif], *Les méthodes juridiques. Leçons faites au Collège libre des sciences sociales en 1910*, 1911

DEMOGUE René, *Les notions fondamentales du droit privé. Essai critique*, 1911

CHARMONT Joseph, *Les transformations du droit civil*, 1912 (2 éd.)

DUGUIT Léon, *Les transformations générales du droit privé depuis le Code Napoléon*, 1912 (2 éd.)

DUGUIT Léon, *Les transformations du droit public*, 1913

GÉNY François, *Science et technique en droit privé positif. Nouvelle contribution à la critique de la méthode juridique*, 1914-1924 (4 vol.)

MORIN Gaston, *La révolte des faits contre le code…*, 1920

[Collectif], *Les transformations du droit dans les principaux pays depuis cinquante ans (1869-1919) : livre du cinquantenaire de la Société de législation comparée*, 1922 (2 vol.)

CORNIL Georges, *Le droit privé : essai de sociologie juridique simplifiée*, 1924

RENARD Georges, *Le droit, la justice et la volonté*, 1924

[Collectif], *La Cité moderne et les transformations du droit*, 1925

RENARD Georges, *Le droit, la logique et le bon sens*, 1925

RIPERT Georges, *La règle morale dans les obligations civiles*, 1925 (4 éd.)

JOSSERAND Louis, *De l'esprit des droits et de leur relativité. Théorie dite de l'abus des droits*, 1927 (2 éd.)

MORIN Gaston, *La loi et le contrat : la décadence de leur souveraineté*, 1927

RENARD Georges, *Le droit, l'ordre et la raison*, 1927

JOSSERAND Louis, *Les mobiles dans les actes juridiques du droit privé*, 1928

BONNET Pierre, *Le droit en retard sur les faits. Aperçu de notre évolution économique et juridique du 1er Empire à nos jours*, 1930

RENARD Georges, *Les théories de l'institution. Essai d'ontologie juridique*, 1930

RENARD Georges & **TROTABAS** Louis, *La fonction sociale de la propriété privée…*, 1930

HAURIOU Maurice, *Aux sources du droit*, 1933

RENARD Georges, *L'institution. Fondement d'une rénovation de l'ordre social*, 1933

RIPERT Georges, *Le régime démocratique et le droit civil moderne*, 1936 (2 éd.)

RENARD Georges, *La philosophie de l'institution*, 1939

MORIN Gaston, *La révolte du droit contre le code : la révision nécessaire des concepts juridiques…*, 1945

WALINE Marcel, *L'individualisme et le droit*, 1945 (2 éd.)

SAVATIER René, *Du droit civil au droit public à travers les personnes, les biens et* *la responsabilité civile*, 1945 (2 éd.)

RIPERT Georges, *Aspects juridiques du capitalisme moderne*, 1946 (2 éd.)

SAVATIER René, *Les métamorphoses économiques et sociales du droit civil d'aujourd'hui*, 1948-1959 (3 vol.)

RIPERT Georges, *Le déclin du droit : études sur la législation contemporaine*, 1949

RIPERT Georges, *Les forces créatrices du droit*, 1955

2.6. – Thèses de doctorat (1890-1970)[5]

2.6.1. – Sur les réformes afférentes à la juridiction administrative (1890-1914)

JACQUELIN René, *De la juridiction administrative dans le droit constitutionnel*, 1891 (Paris)

CHARRIER Émile, *Théorie générale de la juridiction administrative*, 1893 (Paris)

FRANCO Joseph, *Des attributions du Conseil d'État en matière législative et réglementaire*, 1897 (Rennes)

MONESTIER Charles, *Règles de compétence en matière de contrats passés par l'administration*, 1898 (Montpellier)

ROUX Camille, *Limites des compétences judiciaire et administrative en matière de propriété*, 1898 (Montpellier)

MESTRE Achille, *De l'autorité compétence pour déclarer l'État débiteur*, 1899 (Paris)

CARRIER Marcel, *Du principe de la séparation de l'administration active et de la juridiction administrative*, 1900 (Lyon)

GRIVELLÉ Prosper, *De la distinction des actes d'autorité et des actes de gestion*, 1901 (Paris)

ALLARD Paul-Émile, *Étude des principes d'existence et d'organisation de la juridiction administrative*, 1903 (Paris)

FRILEUX René, *La question de la suppression de la juridiction administrative*, 1903 (Paris)

MOREL André, *La juridiction des administrateurs actifs*, 1904 (Paris)

BOUCHARD Jean-Marie, *Des limites du contentieux administratif. Étude historique et critique sur l'évolution du principe de la séparation des autorités administratives et judiciaire*, 1905 (Paris)

ROGEZ Zéphirin, *L'acte administratif de puissance publique*, 1906 (Paris)

2.6.2. – Sur les marchés de fournitures et de travaux publics (1890-1914)

AUGIER Joseph-Georges, *Des marchés de travaux de la guerre*, 1895 (Paris)

BRESSOT Joseph, *Des marchés de fournitures passés avec l'État et plus spécialement*

[5] Entre parenthèses est indiquée la faculté de soutenance.

des marchés de fournitures passés par l'administration de la Guerre, 1895 (Montpellier)

BÉNARD André, *Du contrat de marché ou entreprise de travaux tant publics que privés*, 1897 (Paris)

BAZIRE Henri, *Des conditions du travail imposées aux entrepreneurs dans les adjudications de travaux publics*, 1898 (Poitiers)

VEYSSEYRE Paul, *Étude critique des divers cahiers des clauses et conditions générales imposées aux entrepreneurs par l'administration des ponts et chaussées (rédactions de 1833, 1866, 1892)*, 1899 (Paris)

OUBERT Adolphe, *Des conditions du travail dans les adjudications de travaux publics*, 1900 (Dijon)

LOUVARD Maurice, *La protection des salaires dans les marchés de fournitures et de travaux publics*, 1901 (Paris)

COURRÈGELONGUE R., *Des conditions du travail dans les marchés de travaux publics en France*, 1902 (Paris)

PERRIN Tony, *Les fournitures des cultivateurs à l'administration militaire*, 1903 (Paris)

VIDAL Pierre-Armand-Auguste, *Les marchés de fourniture du département de la Guerre, législation et jurisprudence*, 1903 (Toulouse)

MABARET DU BASTY A., *Les conditions du travail dans les contrats de travaux publics : les décrets du 10 août 1899*, 1907 (Paris)

TARDY Léon, *Les marchés de livraison du service des subsistances militaires*, 1909 (Paris)

LINET Jean, *Conditions du travail sur les chantiers des ponts et chaussées*, 1911 (Poitiers)

VERZEAUX Gabriel, *Marchés relatifs aux subsistances militaires*, 1911 (Paris)

LEGROS André, *Formation et résolution du marché de travaux publics*, 1912 (Paris)

BERTIN Albert, *Des marchés de fournitures des chemins de fer de l'État*, 1913 (Poitiers)

FERRUS Marcel, *Le comité consultatif de règlement amiable des entreprises de travaux publics et des marchés de fournitures*, 1914 (Paris)

2.6.3. – Sur les concessions de travaux et services publics (1890-1950)

DREYFUS Albert, *Étude juridique de la concession de travaux publics*, 1896 (Paris)

PILON Eustache, *Monopoles communaux. – Éclairage au gaz et à l'électricité. – Distribution d'eau et de force motrice. – Omnibus. – Tramways. – Étude de droit administratif et de science économique*, 1898 (Caen)

REGRAY Paul, *Des faits de jouissance privative dont le domaine public est susceptible*, 1900 (Paris)

LÉON Pierre, *Du monopole de l'éclairage et du chauffage par le gaz à Paris*, 1901 (Paris)

GUILLOUARD Jean, *Notion juridique des autorisations, des concessions administra-*

tives et des actes d'exécution, 1903 (Caen)

SAUSSOY André, *Les monopoles communaux issus de concessions sur le domaine public*, 1903 (Paris)

CHABANNE Louis, *Des recours au profit du concessionnaire de service public*, 1912 (Paris)

GAUDUCHEAU Charles, *Le concessionnaire de service public et l'autorité concédante*, 1912 (Rennes)

LAINVILLE Robert, *Des modifications aux concessions de travaux publics en cours d'exécution*, 1914 (Paris)

ROUBIER Paul, *Influence du changement des circonstances sur les contrats de droit public*, 1914 (Paris)

BIBIÉ Maxence, *Situation juridique des voies ferrées d'intérêt général concédées*, 1919 (Bordeaux)

CHAMPETIER DE RIBES J., *Régimes comparés de la concession, de la régie intéressée et de la régie directe pour l'exploitation des transports en commun de la région parisienne*, 1923 (Paris)

RIEU Edmond, *De la nature juridique des concessions de travaux publics*, 1923 (Paris)

JANSSE Lucien, *L'évolution de la notion de concession en matière de chemins de fer*, 1924 (Paris)

REDEUILH Henri, *Nature juridique de la concession de service public*, 1925 (Bordeaux)

DECENCIÈRE-FERRANDIÈRE André, *De l'effet, à l'égard des tiers, des augmentations de tarif dans les concessions de gaz et électricité*, 1926 (Paris)

ALBRESPY Marcel, *La nature juridique des concessions d'énergie hydraulique de la loi du 16 octobre 1919*, 1929 (Toulouse)

BLONDEAU Ange, *La concession de service public*, 1929 (Grenoble)

GARNIER Paul, *Le cahier des charges des concessions de chutes d'eau*, 1931 (Paris)

COMTE Philippe, *Essai d'une théorie d'ensemble de la concession de service public : un aspect de l'évolution du droit public contemporain*, 1934 (Paris)

MESTRE Gaston, *Le concessionnaire de chute d'eau et les propriétés privées*, 1934 (Paris)

LECOMTE François, *Le rachat des concessions*, 1942 (Paris)

DALEMONT Étienne, *Les chemins de fer et l'État : du régime des concessions à la société de service public*, 1944 (Paris)

GOASDOUÉ Albert, *La rémunération des concessionnaires des services publics industriels et commerciaux de la ville de Paris*, 1945 (Paris)

POLACK Huguette, *Les sanctions pouvant atteindre le concessionnaire de services publics en cas de manquement à ses obligations*, 1946 (Paris)

2.6.4. – Sur les stipulations pour autrui et contrats d'utilité publique (1890-1910)

LAMBERT Édouard, *La stipulation pour autrui : de la nature du droit conféré au bénéficiaire contre le promettant*, 1893 (Paris)

CHAMPEAU Edmond, *La stipulation pour autrui*, 1893 (Paris)

BOURDON Édouard, *Des contrats d'utilité générale passés au profit d'une collectivité*, 1905 (Paris)

SCELLE Georges, *De l'influence des considérations d'utilité publique sur le contrat*, 1906 (Paris)

DELAMAIN Maurice, *Les stipulations dans l'intérêt des tiers dans les contrats administratifs*, 1910 (Paris)

2.6.5. – Sur la doctrine de l'autonomie de la volonté et, spécialement, les contrats d'adhésion (1890-1914)

WORMS René, *De la volonté unilatérale considérée comme source d'obligations en droit romain et en droit français*, 1891 (Paris)

GUIHAIRE René, *De la force obligatoire de la déclaration unilatérale de volonté*, 1900 (Rennes)

GALLIOT Norbert, *La déclaration de volonté dans les contrats (considérée au point de vue spéculatif et dans son application par la législation moderne allemande)*, 1903 (Caen)

DEREUX Georges, *De l'interprétation des actes juridiques privés*, 1905 (Paris)

DOLLAT Jacques, *Les contrats d'adhésion*, 1905 (Paris)

ELIAS Randolphe, *Théorie de la force obligatoire de la volonté unilatérale (étude et critique)*, 1909 (Paris)

FORTIER Georges, *Des pouvoirs du juge en matière de contrat d'adhésion*, 1909 (Dijon)

GOUNOT Emmanuel, *Le principe de l'autonomie de la volonté en droit privé. Contribution à l'étude critique de l'individualisme juridique*, 1912 (Dijon)

PICHON Victor, *Des contrats d'adhésion. – Leur interprétation et leur nature*, 1912 (Lyon)

MAHER Ahmed, *De l'autonomie de la volonté individuelle quant aux modifications des contrats*, 1913 (Montpellier)

2.6.6. – Sur les théories de l'imprévision et de la force majeure (1918-1940)

SAINT-MARC Pierre, *De l'imprévision dans les contrats administratifs*, 1918 (Paris)

LOUVEAU André, *Théorie de l'imprévision en droit civil et en droit administratif*, 1920 (Rennes)

RADOUANT Jean, *Du cas fortuit et de la force majeure*, 1920 (Paris)

FYOT Louis, *Essai d'une justification nouvelle de la théorie de l'imprévision à l'égard des contrats portant sur des objets autres qu'une somme d'argent*, 1921 (Dijon)

BOMSEL, *La théorie de l'imprévision en droit civil français*, 1922 (Paris)

BRUZIN André, *Essai sur la notion d'imprévision et sur son rôle en matière contractuelle*, 1922 (Bordeaux)

GROS Marcel, *Les conséquences juridiques de la guerre sur les services publics concédés du gaz et de l'électricité*, 1922 (Lyon)

VOIRIN Pierre, *De l'imprévision dans les rapports de droit privé*, 1922 (Nancy)

LAPEYRE Jean, *De l'imprévision dans les marchés passés par les sociétés de gaz et d'électricité*, 1923 (Poitiers)

MAGNAN DE BORNIER J., *Essai sur la théorie de l'imprévision*, 1924 (Montpellier)

DESJONQUÈRES Charles, *L'évolution de la jurisprudence du Conseil d'État au sujet de la théorie de l'imprévision dans les marchés de fournitures*, 1926 (Paris)

VÉGLERI Phédéon, *Des modifications apportées par l'administration à ses contrats : étude de jurisprudence administrative*, 1927 (Paris)

JACQUEMARD Louis-Marcel, *La théorie de l'imprévision et la gestion des services publics concédés*, 1928 (Alger)

CATTAND Georges, *La clause «* rebus sic stantibus *» du droit privé au droit international*, 1929 (Paris)

POPESCU Corneliu-Mihail, *Essai d'une théorie de l'imprévision en droit français et comparé*, 1937 (Paris)

AUVERNY-BENNETOT Jean, *La théorie de l'imprévision, droit privé, droit administratif, droit ouvrier*, 1938 (Paris)

FOULON Jean, *Le caractère provisoire de la notion d'imprévision*, 1938 (Paris)

STOYANOVITCH Constantin, *De l'intervention du juge dans le contrat en cas de survenance de circonstances imprévues : théorie de l'imprévision*, 1941 (Aix-Marseille)

2.6.7. – Sur les mutations du contrat en droit privé (1914-1940)

MOENECLAEY Pierre, *De la renaissance du formalisme dans les contrats en droit civil et commercial français*, 1914 (Lille)

BRUNET Maurice, *La guerre et les contrats*, 1917 (Aix)

GUEULLETTE J.-E., *Des effets juridiques de la guerre sur les contrats*, 1918 (Paris)

CANET Jules, *Des effets de la guerre sur l'exécution des contrats synallagmatiques et en particulier des baux à loyer et des contrats commerciaux. Essai d'une théorie des risques contractuels de guerre, en droit français*, 1920 (Lille)

LEPARGNEUR Jean, *La prorogation des contrats à exécution successive après un cas de force majeure et particulièrement à la suite de la guerre de 1914*, 1920 (Paris)

MAURY Jacques, *Essai sur le rôle de la notion d'équivalence en droit civil français*, 1920 (Toulouse)

TATRY P., *Loi du 21 janvier 1918 sur les marchés à livrer et autres contrats commerciaux conclus avant la guerre*, 1920 (Paris)

VILLEY DESMESERETS Étienne, *De l'intervention du législateur dans* *l'interprétation des contrats (à propos de la loi du 9 mars 1918)*, 1920 (Caen)

MAYNAU Jean, *Les fictions de contrats dans le code civil et depuis le code civil*, 1924 (Montpellier)

MULTZER O'NAGHTEN Hubert, *La loi Failliot et les principes du contrat consensuel*, 1925 (Paris)

TALAMON Christian, *Le pouvoir de contrôle de la Cour de cassation sur l'interprétation et l'application des contrats*, 1926 (Paris)

SAINT-RÉMY Robert (de), *De la révision des clauses léonines dans les contrats d'adhésion. Étude et analyse de jurisprudence*, 1928 (Paris)

SALLÉ DE LA MARNIERRE Edmond (de), *L'évolution technique du contrat et ses conséquences juridiques*, 1930 (Paris)

DOMERGUE Max, *Étude d'ensemble sur le contrat d'adhésion*, 1935 (Toulouse)

GAUDIN DE LAGRANGE Emérentienne, *L'intervention du juge dans le contrat*, 1935 (Montpellier)

MARSON Jacquelin, *L'abus du droit en matière de contrat*, 1935 (Paris)

ROUSSEL Gaston, *Le contrat : de l'intervention du juge et du législateur dans son exécution*, 1936 (Paris)

BARREYRE André, *L'évolution et la crise du contrat. Étude synthétique et critique*, 1937 (Bordeaux)

PORUMB Ovid, *La rupture des contrats à durée indéterminée par volonté unilatérale. Essai d'une théorie générale*, 1937 (Paris)

ZAKSAS Joseph, *Les transformations du contrat et leur loi : essai sur la vie du contrat en tant qu'institution juridique*, 1939 (Toulouse)

2.6.8. – Sur les contrats administratifs au point de vue de la compétence administrative (1920-1940)

DOUYSSET Paul, *Du principe de répartition des compétences en ce qui concerne les litiges nés sur les contrats passés par les personnes administratives*, 1924 (Paris)

AMFREVILLE Jacques-Guyot (de), *De la répartition des compétences en matière de contrats passés par l'administration*, 1927 (Paris)

SUDRE Jacques, *De la compétence du Conseil d'État en matière de contrats*, 1928 (Paris)

ROUVIÈRE Jean, *À quels signes reconnaître les contrats administratifs*, 1930 (Paris)

LAHILLONNE Georges, *La gestion privée des services publics*, 1931 (Toulouse)

HIMARIO C., *Les clauses exorbitantes du droit commun dans les contrats administratifs*, 1933 (Paris)

2.6.9. – Sur les contrats administratifs en général et les marchés administratifs en particulier (1920-1970)

AUBRY E., *Des contrats administratifs comparés aux contrats notariés au point de vue du caractère commun d'authenticité*, 1924 (Paris)

FURTUNA Alphonse, *Le fait du prince*, 1924 (Paris)

BICHOFFE Gilberte, *Qu'est-ce qu'un fonctionnaire ? – Fonction publique et contrat*, 1927 (Nancy)

ISRAËL Maurice, *L'État acheteur*, 1927 (Paris)

GÉNY Bernard, *Essai d'une théorie générale de la collaboration des administrés avec l'administration en dehors de leurs rapports contractuels*, 1930 (Nancy)

DELCUSY Pierre, *Le quasi-contrat en droit administratif*, 1931 (Paris)

DUFFAUD Léon, *Les pénalités dans les marchés de fournitures*, 1931 (Paris)

MONTMERLE Jacques, *Situation juridique de l'entrepreneur de travaux publics soumis au cahier des clauses et conditions générales de l'administration des ponts et chaussées*, 1931 (Paris)

BARADEZ Pierre, *Les clauses de révision de prix dans les marchés de fournitures*, 1933 (Paris)

FOUGEROLLE Philippe, *La déchéance de l'entrepreneur. Commentaire de l'article 35 du cahier des clauses et conditions générales, imposées aux entrepreneurs des travaux des ponts-et-chaussées et des articles correspondants des autres cahiers*, 1933 (Paris)

MASSON Pierre, *Le contentieux des adjudications publiques en matière de travaux publics*, 1937 (Paris)

BELIN Roger, *Les index économiques dans les contrats publics et privés*, 1942 (Paris)

DUBAIL René, *Les marchés de fournitures de la marine*, 1943 (Paris)

BRISARD Pierre, *La variation des prix en cours d'entreprise*, 1944 (Paris).

ERB Roger, *La mise en régie dans les marchés de travaux publics*, 1944 (Nancy)

ARRIGHI Pascal, *Essai sur le caractère administratif des marchés de fournitures*, 1945 (Paris)

DELMAS François, *Du pouvoir de l'administration de modifier des prévisions du marché de travail public et des obligations financières en résultant pour elle*, 1945 (Paris)

PÉQUIGNOT Georges, *Contribution à la théorie générale du contrat administratif*, 1945 (Montpellier)

QUANCARD Michel, *L'adjudication des marchés publics*, 1945 (Paris)

CHARPENTIER Louis, *Le choix de l'entrepreneur de travaux publics. Étude historique et critique*, 1946 (Paris)

CHAUVEAUX Jacques, *Les garanties financières exigées des entrepreneurs et des fournisseurs de l'État*, 1947 (Paris)

MALDIDIER Guy, *La résiliation sans faute des marchés de fournitures passés par l'État*, 1949 (Paris)

AUDEBAUD Christian, *Essai sur l'évolution et les tendances actuelles des marchés de l'État*, 1950 (Paris)

BADAOUI Saroit, *Le fait du prince dans les contrats administratifs en droit français et en droit égyptien*, 1954 (Paris)

THIBAULT Lionel, *Les effets de la nullité des contrats administratifs*, 1955 (Paris)

TALBOT Jean, *L'évolution de la réglementation des marchés de travaux et de fournitures*, 1958 (Paris)

LEUREGANS Pierre, *Les contrats administratifs en droit romain*, 1964 (Paris)

HADJIDINAS Jason, *La force obligatoire du contrat dans les contrats administratifs*, 1966 (Paris)

PORTET Louis, *Les marchés de fournitures militaires*, 1967 (Paris)

2.7. – Articles. – Contrats et marchés de l'administration (1890-1970)[6]

TOUTAIN Robert, « Des autorisations et des contrats portant concession en ce qui concerne l'éclairage au gaz dans les villes », *in R.G.A.* 1882, II, p. 261

LACANAL Pierre, « De la propriété et des contrats devant l'autorité administrative », *in R.P.D.F.* 1883, LIV, p. 5

DEJAMME Jean, « Des droits de stationnement et de location sur le domaine public », *in R.G.A.* 1886, II, p. 5

SAINCTELETTE Charles (de), « Des contrats d'utilité publique. De leur énergie obligatoire. – De leur force exécutoire », *in Revue de droit international et de législation comparée* 1888, XX, p. 425

HAURIOU Maurice, « L'administration et les actes d'administration », *in R.G.A.* 1891, II, p. 257 & 420

SANLAVILLE Ferdinand, « Des contrats passés en le forme administrative. – Authenticité, compétence », *in R.G.A.* 1892, I, p. 129

HAURIOU Maurice, « Dangers des monopoles de fait établis par occupation de la voie publique. Le gaz et l'électricité », *in R.D.P.* 1894, I, p. 78

GRANIER Camille, « Le marché des services pénitentiaires », *in R.G.A.* 1894, II, p. 385 & 1894-III, p. 21

CRUVEILHIER Jean, « Les concessions d'éclairage », *in R.G.A.* 1898, III, p. 5, 129, 257 et 389 ; 1899, I, p. 14 ; 1899, II, p. 21 et 142

PASCAUD Henri, « Les monopoles d'État et leurs funeste conséquences économiques », *in R.C.L.J.* 1903, LXIX, p. 407

LA TASTE Léon (de), « Sanctions pécuniaires des obligations des concessionnaires de chemins de fer et de tramways », *in Revue des concessions* 1904, p. 49

RIPERT Henri, « Des rapports entre les pouvoirs de police et les pouvoirs de gestion dans les situations contractuelles », *in R.D.P.* 1905, p. 5

COLLAVET Fernand, « De l'arbitrage dans les procès où sont parties les personnes publiques », *in R.D.P.* 1906, p. 472

CILLEULS Alfred (des), « Du respect des engagements dans les concessions de travaux publics », *in R.C.L.J.* 1907, LXXIII, p. 481

CILLEULS Alfred (des), « De la sanction des droits du concédant en matière de travaux publics », *in Gazette des tribunaux* 1907 (21 juin), n° 24718

DUGUIT Léon, « De la situation des particuliers à l'égard des services publics », *in R.D.P.* 1907, p. 411

ROLLAND Louis, « Les marchés de fourniture du ministère de la guerre », *in*

[6] Les chiffres romains désignent le numéro des volumes du périodique.

R.D.P. 1908, p. 288

ROLLAND Louis, « Du droit du législateur d'imposer de nouvelles obligations à un concessionnaire de travaux publics », *in R.D.P.* 1909, p. 520

DUGUIT Léon, « Les services publics et les particuliers », *Premier congrès international des sciences administratives à l'exposition universelle et internationale de Bruxelles 1910…*, 1910, III-1-4

ROLLAND Louis, « Du droit du législateur de compléter ou d'interpréter les dispositions d'un acte de concession de travaux publics », *in R.D.P.* 1910, p. 116

ROLLAND Louis, « De la modification des contrats en France par voie d'autorité », *in R.D.P.* 1910, p. 309

ROLLAND Louis, « La grève des agents d'un service public concédé », *in R.D.P.* 1910, p. 504

BARTHÉLEMY Joseph, « Sur l'interprétation des lois par le Parlement : la rétroactivité des lois : l'État et le contrat », *in R.D.P.* 1911, p. 129 et 379

MONSARRAT Gaston, « La crise du contrat de concession », *in R.G.A.* 1914, III, p. 27

LA TASTE Léon (de), « La crise du gaz devant les Conseil de préfecture », *in Revue des concessions* 1915-1916, p. 209

BOIVIN-CHAMPEAUX Paul, **HANNOTIN** Edmond-Louis, **MORNARD** Henry & **LARNAUDE** Ferdinand, « Consultation délibérée le 22 juin 1915 & rendue à la requête du Syndicat professionnel de l'industrie du gaz, à propos de l'augmentation des matières premières et des difficultés subséquentes qui s'en sont ensuivies pour les compagnies concessionnaires de services publics », *in R.G.A.* 1916, III, p. 232

DUGUIT Léon, « Le Conseil d'État et l'affaire du Gaz de Bordeaux », *in R.P.P.* 1916, LXXXVII, p. 264

HAURIOU Maurice, « Le Conseil d'État et l'affaire du Gaz de Bordeaux », *in R.P.P.* 1916, LXXXVIII, p. 40

JÈZE Gaston, « La guerre et les concessionnaires de service public (Compagnies du gaz) », *in R.D.P.* 1916, p. 206 & 388

ROUX Albert, « De la compétence en matière de marchés pour le service des prisons », *in R.G.A.* 1916, III, p. 43

Anonyme, « La crise des services publics concédés et la politique », *in Revue des concessions* 1917, p. 5

BERTHÉLEMY Henry, « Communes et gaziers », *in R.P.P.* 1917, XCII, p. 23

DESBATS A.-Gabriel, « De la nature juridique du contrat de concession », *in R.G.A.* 1917, I, p. 5

PERREAU Ernest-Hippolyte, « Les marchés de l'administration de la guerre », *in Bulletin de l'Académie de législation* 1917, p. 230 & 257

JÈZE Gaston, « Le régime juridique des marchés de service public », *in R.D.P.* 1918, p. 219

PERREAU Ernest-Hippolyte, « Des modifications contractuelles au droit commun dans les marchés de l'État, spécialement ceux du ministère de la guerre », *in R.T.D. civ.* 1918, p. 5

PERREAU Ernest-Hippolyte, « Les stipulations en faveur des ouvriers dans les marchés administratifs », *in Bulletin de l'Académie de législation* 1918-1919, p. 269

PERREAU Ernest-Hippolyte, « Des marchés de l'intendance, particulièrement depuis les débuts de la présente guerre », *in R.G.D.* 1919, p. 325 & 1920, p. 1

[**LA TASTE** Léon (de)], « La crise économique et les services publics concédés. La jurisprudence du Conseil d'État », *in Revue des concessions* 1920, p. 5

JÈZE Gaston, « La force majeure dans les marchés administratifs de fourniture ou de travaux », *in R.D.P.* 1920, p. 414

JÈZE Gaston, « La révision des marchés de la guerre », *in R.D.P.* 1920, p. 417

APPLETON Jean, « Le Conseil d'État protège fâcheusement les fermiers généraux du Gaz », *in Le Progrès civique* 1921 (2 juill.), p. 9

BOSC André, « De la nature et du régime juridique des pénalités dans les marchés de fournitures », *in R.D.P.* 1921, p. 215

APPLETON Jean, « Défendons le public et les communes contre les fermiers généraux de l'électricité », *in Le Progrès civique* 1922 (14 avr.), p. 22

JÈZE Gaston, « De l'application des règles du droit privé aux manifestations unilatérales ou contractuelles de volonté du droit public », *in R.D.P.* 1923, p. 5

AULAGNON Lucien, « De la situation juridique des usagers titulaires de police d'abonnement à l'égard des compagnies concessionnaires d'un service public », *in R.T.D. civ.* 1924, p. 5

DUEZ Paul, « La théorie de la gestion privée dans l'application de la règle de la séparation des autorités administrative et judiciaire », *in R.C.L.J.* 1924, LXXXI, p. 337

RÉGLADE Marc, « De l'application aux marchés de fournitures de la séparation des autorités judiciaire et administrative (étude de jurisprudence) », *in R.D.P.* 1924, p. 191

JÈZE Gaston, « Les contrats administratifs », *in R.D.P.* 1925, p. 161

JÈZE Gaston, « Étude de jurisprudence administrative [sur les différentes sortes de contrats administratifs] », *in R.D.P.* 1925, p. 447

JÈZE Gaston, « La concession de service public », *in R.D.P.* 1925, p. 530

BOSC André, « La théorie de l'imprévision en matière de concessions de services publics et la jurisprudence du Conseil d'État », *in R.D.P.* 1926, p. 411

JÈZE Gaston, « Le contrat administratif de louage de services personnels », *in R.D.P.* 1926, p. 5

JÈZE Gaston, « Contrats administratifs dont le contentieux est attribué par une loi spéciale aux tribunaux judiciaires », *in R.D.P.* 1926, p. 272

JÈZE Gaston, « Contrats de droit privé dont le contentieux est attribué par une loi aux tribunaux administratifs », *in R.D.P.* 1926, p. 280

LA TASTE Léon (de), « Le réajustement des contrats de concession des services publics de chemins de fer d'intérêt local et de tramways », *in Revue des concessions* 1926, p. 251

BERNIER Charles, « Des pouvoirs de l'administration sur les concessions de travaux publics », *in R.D.P.* 1927, p. 474

BOSC André, « Des conséquences juridiques des mesures législatives ou réglementaires tendant à modifier l'exécution des contrats administratifs », *in R.D.P.* 1927, p. 177

BLAEVOET Charles, « De la nature des concessions d'entreprises hydrauliques », *in Revue des concessions* 1928, p. 33

DUGUIT Léon, « De la situation juridique du particulier faisant usage d'un service public », *in Mélanges Maurice Hauriou*, 1929, p. 251

BASTID Paul, « La situation juridique du personnel des services publics concédés », *in R.P.P* 1930, CXLV, p. 235 (avec une critique de COLSON dans le même volume, p. 300)

JÈZE Gaston, « Théorie générale des contrats de l'administration », *in R.D.P.* 1930, p. 82, 260, 426, 680 ; 1931, p. 70, 245, 496 et 681 ; 1932, p. 244 et 581 ; 1933, p. 51, 371 et 573 ; 1934, p. 70, 571 ; 1935, p. 5, 237, 482, 712 ; 1936, p. 41 et 239

WALINE Marcel, « De la situation juridique de l'usager d'un service public », *in R.C.L.J.* 1933, XC, p. 236

JÈZE Gaston, « La déchéance du concessionnaire de service public », *in Mélanges Paul Negulesco*, 1935, p. 395

DEBEYRE Guy, « Le recours pour excès de pouvoir et le contrat », *in R.D.P.* 1938, p. 215

DESGRANGES Eugène, « Définition du marché de fournitures. Étude de jurisprudence », *in R.D.P.* 1942, p. 189

BONNARD Roger, « La passation des marchés publics », *in R.D.P.* 1943, p. 151

JÈZE Gaston, « Le régime juridique du contrat administratif », *in R.D.P.* 1945, p. 251

WALINE Marcel, « L'évolution récente des rapports de l'État avec ses cocontractants », *in R.D.P.* 1951, p. 5

L'HUILLIER Jean, « Les contrats administratifs tiennent-ils lieu de loi à l'Administration ? », *in Dalloz* 1953, chron. p. 87

LAUBADÈRE André (de), « Du pouvoir de l'administration d'imposer unilatéralement des changements aux dispositions des contrats administratifs », *in R.D.P.* 1954, p. 36

DUFAU Jean, « Le pouvoir de modification unilatérale de l'administration et les contrats de concessions de service public », *in A.J.D.A.* 1955, I, p. 65

LAUBADÈRE André (de), « Les éléments d'originalité de la responsabilité contractuelle de l'administration », *in L'évolution du droit public : études offertes à Achille Mestre*, 1956, p. 383

VEDEL Georges, « Remarques sur la notion de clause exorbitante », *in*

L'évolution du droit public. Études offertes à Achille Mestre, 1956, p. 527

LAMARQUE Jean, « Les difficultés présentes et les perspectives d'avenir de la distinction entre les contrats administratifs et les contrats de droit privé », *in A.J.D.A.* 1961, p. 123

BÉNOIT Francis-Paul, « De l'inexistence d'un pouvoir de modification unilatérale dans les contrats administratifs », *in J.C.P.* 1963, I, p. 1775

2.8. – Articles. – Mutations des droits public et privé, spécialement à propos des contrats (1900-1945)[7]

DEREUX Georges, « Étude des diverses conceptions actuelles du contrat », *in R.C.L.J.* 1901, LXVII, p. 513 & 1902, LXVIII, p. 105

CHARMONT Joseph, « De la déclaration de volonté. Contribution à l'étude de l'acte juridique dans le code civil allemand », *in R.C.L.J.* 1902, LXVIII, p. 456

MEYNIAL Edmond, « La déclaration de volonté », *in R.T.D. civ.* 1902, p. 545

CHARMONT Joseph, « Socialisation du droit. Leçon d'introduction d'un cours de droit civil », *in Revue métaphysique et de morale* 1903, p. 380

HAURIOU Maurice & **BÉZIN** Guillaume (de), « La déclaration de volonté dans le droit administratif français », *in R.T.D. civ.* 1903, p. 543

PLANIOL Marcel, « Classification des sources des obligations », *in R.C.L.J.* 1904, LXX, p. 224

CHARMONT Joseph, « Les analogies de la jurisprudence administrative et de la jurisprudence civile », *in R.T.D. civ.* 1906, p. 813

LOUBERS Henry, « Analyse de la volonté dans l'interprétation des contrats », *in R.G.D.* 1906, p. 245

DEMOGUE René, « Des modifications au contrat par volonté unilatérale », *in R.T.D. civ.* 1907, p. 245

DEREUX Georges, « La nature juridique des "contrats d'adhésion" », *in R.T.D. civ.* 1910, p. 503

CESBRON Maurice, « Des effets juridiques de la guerre sur les contrats antérieurs à la mobilisation », *in Revue catholique des institutions et du droit* 1914-1916 (2e série), LIII, p. 587

WAHL Albert, « La guerre considérée comme force majeure spécialement en matière de vente de marchandises », *in R.T.D. civ.* 1915, p. 383

LEBON André, « La guerre et les contrats », *in R.P.P.* 1916, LXXXVII, p. 161

MORIN Gaston, « L'individualisme de la révolution française et du code civil et la structure nouvelle de la vie économique », *in Revue métaphysique et de morale* 1917, p. 517

SERBESCO S., « Effets de la guerre sur l'exécution des contrats », *in R.T.D. civ.* 1917, p. 349

---

[7] Les chiffres romains désignent le numéro des volumes du périodique.

MORIN Gaston, « La décadence de l'autorité de la loi », *in Revue métaphysique et de morale* 1925, p. 259

HAURIOU Maurice, « Police juridique et fond du droit. À propos du livre d'AL SANHOURY : *Les restrictions contractuelles à la liberté individuelle du travail dans la jurisprudence anglaise* et à propos des travaux de l'Institut de droit comparé de Lyon », *in R.T.D. civ.* 1926, p. 265

HAURIOU Maurice, « La puissance publique et le service public », *in Revista de drept public* 1926, p. 367

JÈZE Gaston, « Le service public », *in Revista de drept public* 1926, p. 161

MORIN Gaston, « Le sens des transformations contemporaines du droit », *in Revue métaphysique et de morale* 1927, p. 253

BERTHÉLEMY Henry, « Défense de quelques vieux principes », *in Mélanges Maurice Hauriou*, 1929, p. 809

MORIN Gaston, « L'abus du droit, et les relations du réel et des concepts dans le domaine juridique », *in Revue de métaphysique et de morale* 1929, p. 267

LÉVY Emmanuel, « Définition du contrat », *in R.T.D. civ.* 1930, p. 273

RENARD Georges, « La collaboration des administrés », *in R.G.D.* 1930, p. 280

MORIN Gaston, « Vers la révision de la technique juridique : le concept d'institution », *in Archives de philosophie du droit* 1931, p. 73

JOSSERAND Louis, « Le contrat dirigé », *in Dalloz* 1933, chron. p. 89

LAFERRIÈRE Julien, « Le régime administratif français », *in Revista de drept public* 1933, p. 135 et 269

CAPITANT Henri, « Le régime de la violation des contrats », *in Dalloz* 1934, chron. p. 1

HAURIOU André, « L'utilisation en droit administratif des règles et principes du droit privé », *in Recueil d'études sur les sources du droit en l'honneur de François Gény*, 1934 (3 vol.), t. 3, p. 92

JOSSERAND Louis, « L'essor moderne du concept contractuel », *in Recueil d'études sur les sources du droit en l'honneur de François Gény*, 1934 (3 vol.), t. 2, p. 333

PERREAU Ernest-Hippolyte, « Une évolution vers un statut légal des contrats », *in Recueil d'études sur les sources du droit en l'honneur de François Gény*, 1934 (3 vol.), t. 2, p. 354

RENARD Georges, « L'aide du droit administratif pour l'élaboration scientifique du droit privé », *in Recueil d'études sur les sources du droit en l'honneur de François Gény*, 1934 (3 vol.), t. 3, p. 77

RIPERT Georges, « L'ordre économique et la liberté contractuelle », *in Recueil d'études sur les sources du droit en l'honneur de François Gény*, 1934 (3 vol.), t. 2, p. 347

BLAGOYÉVITCH Borislav T., « Le rapport entre le principe de l'autonomie de la volonté et le principe de la liberté conventionnelle », *in R.G.D.* 1935, p. 21

JOSSERAND Louis, « La transformation du droit des obligations et des contrats depuis la promulgation du code civil français », *in Livre-souvenir des* *journées du droit civil français*, 1936, p. 29

RIPERT Georges, « Le droit de ne pas payer ses dettes », *in Dalloz* 1936, chron. p. 57

JOSSERAND Louis, « Sur la reconstitution d'un droit de classe », *in Dalloz* 1937, chron. p. 1

JOSSERAND Louis, « Un ordre juridique nouveau », *in Dalloz* 1937, chron. p. 41

JOSSERAND Louis, « Aperçu général des tendances actuelles de la théorie des contrats », *in R.T.D. civ.* 1937, p. 1

MORIN Gaston, « Les tendances actuelles de la théorie des contrats et les relations du réel et des concepts », *in R.T.D. civ.* 1937, p. 553

SZLADITS Charles (de), « Les tendances modernes du droit des obligations », *in Bulletin de la société de législation comparée* 1937, p. 119

JOSSERAND Louis, « La publicisation du contrat », *in Introduction à l'étude du droit comparé. Recueil d'études en l'honneur d'Édouard Lambert*, 1938 (3 vol.), t. 3, p. 143

TROTABAS Louis, « La gestion des services publics : gestion publique ou gestion privée ? », *in L'État moderne* 1938, n° 11, p. 208

DELBEZ Louis, « Une conquête du droit public : le contrat de travail », *in R.D.P.* 1939, p. 462

MORIN Gaston, « La désagrégation de la théorie contractuelle du code », *in Archives de philosophie du droit* 1939-1940, p. 7

KELSEN Hans, « La théorie juridique de la convention », *in Archives de philosophie du droit* 1939-1940, p. 33

JOSSERAND Louis, « Les dernières étapes du dirigisme contractuel : le *contrat forcé* et le *contrat légal* (contrat du *de salaire différé*) », *in Dalloz* 1940, chron. p. 5

DURAND Paul, « La contrainte légale dans la formation du droit contractuel », *in R.T.D. civ.* 1944, p. 73

FLOUR Jacques, « L'influence du droit public sur le droit privé en France », *in Travaux de l'association Henri Capitant* 1946, t. 2, p. 39

MAZEAUD Henri, « Défense du droit privé », *in Dalloz* 1946, chron. p. 17

SAVATIER René, « Droit privé et droit public », *in Dalloz* 1946 chron. p. 25

RIVERO Jean, « Droit public et droit privé, conquête ou *statu quo* ? », *in Dalloz* 1947, chron. p. 69

BRETHE DE LA GRESSAYE Jean, « Droit administratif et droit privé », *in Le droit privé français au milieu du XXe siècle : études offertes à Georges Ripert*, 1950 (2 vol.), t. 1, p. 304

2.9. – Articles. – Réformes relatives au Conseil d'État (1890-1940)[8]

VARAGNAC Émile, « Le Conseil d'État et les projets de réforme », *in Revue des Deux Mondes* 1892, CXII, p. 771 & CXIII, p. 288

TARBOURIECH Ernest, « Du Conseil d'État comme organe législatif », *in R.D.P.* 1894, II, p. 262

PRIVAT Gaston, « De l'unité de juridiction ou de la suppression des tribunaux administratifs », *in Revue catholique des institutions et du droit* 1894 (2e série), XIII, p. 424, 481 & 1895, XIV, p. 3 et 97

AUCOC Léon, « La justice administrative en France », *in Annales de l'École libre des sciences politiques* 1898, p. 667

ARTUR Émile, « Séparation des pouvoirs et séparation des fonctions », *in R.D.P.* 1900, XIII, p. 214 et 470 ; XIV, p. 34, 236 et 436 ; 1902, XVII, p. 78, 234 et 439 ; 1903, XX, p. 415

HAURIOU Maurice, « Les éléments du contentieux », *in Recueil de législation de Toulouse* 1905, I, p. 1 & 1907, III, p. 149 (inachevé)

WORMS René, « La juridiction du Conseil d'État et ses tendances actuelles », *in Séances et travaux de l'Académie des sciences morales et politiques* 1905, CLXIV, p. 632

LEFORT Joseph, « La juridiction contentieuse du Conseil d'État », *in R.G.D.* 1906, XXX, p. 539

PHILIPPE Marcel, « Le Conseil d'État et ses tendances actuelles », *in R.D.P.* 1906, p. 79

JÈZE Gaston, « Exposé critique d'une théorie en faveur au Conseil d'État sur la classification des recours contentieux en recours en annulation et recours de pleine juridiction », *in R.D.P.* 1908, p. 671

LEROY Maxime, « Le Conseil d'État », *in Revue de Paris* 1908, V, p. 312

JÈZE Gaston, « L'acte juridictionnel et la classification des recours contentieux », *in R.D.P.* 1909, p. 667

WORMS René, « La juridiction du Conseil d'État et ses tendances actuelles (seconde étude) », *in Séances et travaux de l'Académie des sciences morales et politiques* 1909, CLXXII, p. 650

JÈZE Gaston, « Le recours pour excès de pouvoir », *in Premier congrès international des sciences administratives à l'exposition universelle et internationale de Bruxelles 1910…*, 1910, III-1-3

ROLLAND Louis, « Modifications apportées par la loi de finances du 8 avril 1910 à la composition du Conseil d'État statuant au contentieux », *in R.D.P.* 1910, p. 321

JÈZE Gaston, « Les lenteurs de la procédure du recours pour excès de pouvoir », *in R.D.P.* 1911, p. 291

JÈZE Gaston, « Caractère de censure doctrinale des arrêts d'annulation d'un

---

[8] Les chiffres romains désignent le numéro des volumes du périodique.

acte administratif irrégulier », *in R.D.P.* 1914, p. 595

JÈZE Gaston, « Lenteurs de la procédure devant le Conseil d'État. Statistiques », *in R.D.P.* 1916, p. 65

JÈZE Gaston, « Le Conseil d'État au contentieux et les projets de modification des règles de compétence administrative », *in R.D.P.* 1918, p. 63

JÈZE Gaston, « Le Conseil d'État au contentieux (modification de sa composition et de son organisation) », *in R.D.P.* 1918, p. 509

JÈZE Gaston, « Le désencombrement du Conseil d'État au contentieux… », *in R.D.P.* 1919, p. 64

LE GOUIX Maurice, « Le Conseil d'État et les innovations nécessaires », *in R.G.A.* 1919-II, p. 5

JÈZE Gaston, « Le relèvement des traitements du personnel du Conseil d'État (loi du 6 octobre 1919, art. 2) et la réorganisation du Conseil d'État (projet de loi du 23 décembre 1919) », *in R.D.P.* 1920, p. 72

LAFERRIÈRE Julien, « L'organisation de la juridiction administrative. Réforme et projets de réforme », *in R.D.P.* 1920, p. 553 & 1921, p. 109

JÈZE Gaston, « Les lenteurs de la juridiction administrative », *in R.D.P.* 1921, p. 377

JÈZE Gaston, « La suspension de la publication du Recueil des arrêts du Conseil d'État », *in R.D.P.* 1921, p. 484

JÈZE Gaston, « Reprise de la publication du "Recueil des arrêts du Conseil d'État" », *in R.D.P.* 1922, p. 57

LEFORT Joseph, « Les affaires contentieuses au Conseil d'État », *in R.G.D.* 1922, p. 291

GUILLOIS André, « L'organisation de la juridiction administrative : projets de réforme », *in R.D.P.* 1923, p. 84

JÈZE Gaston, « La réorganisation du Conseil d'État (loi du 1er mars 1923) », *in R.D.P.* 1923, p. 224

JÈZE Gaston, « La réforme de l'organisation du Conseil d'État », *in R.D.P.* 1925, p. 79

JÈZE Gaston, « Projets et propositions de réforme du Conseil d'État », *in R.D.P.* 1925, p. 289

JOUARRE Léon, « La juridiction administrative dans la réforme judiciaire », *in Revue catholique des institutions et du droit* 1935 (2e série), LXXIII, p. 554

3. – Littératures sérielles

3.1. – Littérature camérale

- de **1799** (13 décembre) à **1839** (17 juillet)

  MAVIDAL Jules & **LAURENT** Émile (dir.), *Archives parlementaires, recueil complet des débats législatifs et politiques des Chambres françaises de 1800 à 1860…*, 1862-1912 (2e série) (127 vol.) (inachevé)

- de **1839** à **1848**

  Moniteur universel

- de **1848** (4 mai) à **1849** (27 mai)

  Compte rendu des séances de l'Assemblée nationale [constituante]…, 1848-1849 (10 vol.)

- de **1849** (28 mai) à **1851** (2 décembre)

  Compte rendu des séances de l'Assemblée nationale législative…, 1849-1851 (18 vol.)

- de **1851** à **1861**

  Moniteur universel

- de **1861** (4 février) à **1870** (4 septembre)

  Annales du Sénat et du Corps législatif…, 1862-1871 (88 vol.)

- de **1871** (12 février) à **1876** (8 mars)

  Annales de l'Assemblée nationale…, 1871-1876 (45 vol.)

- de **1876** (8 mars) à **1880** (28 décembre)

  Annales du Sénat et de la Chambre des députés, 1876-1881 (51 vol.)

- de **1881** (11 janvier) à **1940** (9 juillet)

  Annales du Sénat. Débats parlementaires, 1881-1946 (132 vol.)

  Annales de la Chambre des députés. Débats parlementaires, 1881-1946 (170 vol.)

  Annales du Sénat et de la Chambre des députés. Documents parlementaires. 1re partie : Sénat, 1881-1884 (9 vol.)

  Annales du Sénat. Documents parlementaires, 1885-1939 (79 vol., numérotation continue avec la collection précédente)

  Annales du Sénat et de la Chambre des députés. Documents parlementaires. 2e partie : Chambre des députés, 1881-1885 (13 vol.)

  Annales de la Chambre des députés. Documents parlementaires, 1885-1950 (132 vol., numérotation continue avec la collection précédente)

3.2. – Littérature périodique[9]

Thémis*, ou Bibliothèque du jurisconsulte*, 1819-1831 (10 vol.)

Gazette des tribunaux *: journal de jurisprudence et des débats judiciaires*, 1825-1955 (absorbée par la *Gazette du palais*)

L'École des communes*…*, 1832-1941

Revue étrangère de législation et d'économie politique (dite *Revue Fœlix*), 1834-1850 (17 vol.) (change plusieurs fois de titre, dont le dernier est : *Revue de droit français et étranger*)

Le Droit *: journal des tribunaux*, 1835-1938 (absorbé par la *Gazette des tribunaux*)

Revue de législation et de jurisprudence (dite *Revue Wolowski*), 1835-1853 (46 vol.) (fusionne en 1853 avec la *Revue critique de jurisprudence*, pour former la *Revue critique de législation et de jurisprudence*)

Séances et travaux de l'Académie des sciences morales et politique, 1842-2001

Sous cet intitulé de 1842-1935 (211 vol.)

Sous l'intitulé : *Revue des travaux de l'Académie des sciences morales et politiques* de 1936-1981

Sous l'intitulé : *Revue des sciences morales et politiques : travaux de l'Académie des sciences morales et politiques* de 1982-2001

Académie de législation de Toulouse, 1851-1960

1re série (1851-1904) (52 vol.)

2e série (1904-1914), sous l'intitulé : *Recueil de législation de Toulouse* (10 vol.)

3e série (1917-1920), sous l'intitulé : *Bulletin de l'Académie de législation fondée à Toulouse* (4 vol.)

4e série (1920-1959), sous l'intitulé : *Recueil de l'Académie de législation fondée à Toulouse* (23 vol.)

5e série (1956-1960), sous l'intitulé : *Mémoires de l'Académie de législation de Toulouse* (5 vol.)

Revue critique de jurisprudence *en matière civile, administrative, commerciale et criminelle*, 1851-1852 (2 vol.) (fusionne en 1853 avec la *Revue de législation et de jurisprudence*, pour former la *Revue critique de législation et de jurisprudence*)

Journal du droit administratif *ou le droit administratif mis à la portée de tout le monde…*, 1853-1914 (62 vol.)

[9] Nous avons uniquement retenu sous cette rubrique les périodiques qui ont fait l'objet d'un dépouillement systématique. Ont ainsi été négligés ceux qui n'ont été sollicités que ponctuellement pour y retrouver un article déterminé.

Revue bibliographique et critique de droit français et étranger, 1853-1857 (4 vol.) (est absorbée par la *Revue historique de droit français et étranger*)

Revue critique de législation et de jurisprudence, 1853-1939 (94 vol.)

Revue historique de droit français et étranger, 1855 à nos jours

1re série (1855-1869) (15 vol.)

2e série (1870-1871), sous l'intitulé : *Revue de législation ancienne et moderne, française et étrangère* (6 vol.)

3e série (1877-1921), sous l'intitulé : *Nouvelle revue historique de droit français et étranger* (45 vol.)

4e série (1922-...), sous l'intitulé : *Revue historique de droit français et étranger*

Revue pratique de droit français : *jurisprudence, doctrine, législation*, 1856-1884 (56 vol.)

Bulletin de la Société de législation comparée, 1876 à nos jours

1re série (1876-1948) (71 vol.)

2e série (1949-...), sous l'intitulé : *Revue internationale de droit comparé*

Revue générale du droit*, de la législation et de jurisprudence en France et à l'étranger*, 1877-1938 (62 vol.)

Revue générale d'administration, 1878-1928 (134 vol.)

Revue du droit public *et de la science politique en France et à l'étranger*, 1894 à nos jours

Revue trimestrielle de droit civil, 1902 à nos jours

L'année administrative, 1904-1905 (2 vol.)

4. – Littératures contemporaines

4.1. – Ouvrages sur l'histoire du droit administratif

LEGENDRE Pierre, *Histoire de l'administration de 1750 à nos jours*, 1968 (2 éd.)

MESTRE Jean-Louis, *Introduction historique au droit administratif français*, 1985

BURDEAU François, *Histoire de l'administration française : du 18e au 20e siècle*, 1989 (2 éd.)

BURDEAU François, *Histoire du droit administratif : de la Révolution au début des années 1970*, 1995

BIGOT Grégoire, *Introduction historique au droit administratif depuis 1789*, 2002

PACTEAU Bernard, *Le Conseil d'État et la fondation de la justice administrative française au XIXe siècle*, 2003

BIGOT Grégoire & **BOUVET** Marc (dir.), *Regards sur l'histoire de la justice administrative*, 2006

RENAUT Marie-Hélène, *Histoire du droit administratif*, 2007

WEIDENFELD Katia, *Histoire du droit administratif du XIVe siècle à nos jours*, 2010

CHAMBOST Anne-Sophie (dir.), *Histoire des manuels de droit. Une histoire de la littérature juridique comme forme du discours universitaire*, 2014

GONOD Pascale, *Le Conseil d'État et la refondation de la justice administrative*, 2014

BIGOT Grégoire, *Ce qu'on dit du droit administratif. Études d'histoire du droit public*, 2015 (2 éd.)

CARVAIS Robert et **HALPÉRIN** Jean-Louis (dir.), *L'histoire de l'édition juridique (XVIe – XXIe siècle). Un état des lieux*, 2021

4.2. – Ouvrages sur les contrats et marchés administratifs

RICHER Laurent, *Les contrats administratifs*, 1991

RICHER Laurent, *Droit des contrats administratifs*, 1995 (12 éd., avec la collaboration de F. LICHÈRE depuis la 10e éd.)

SCHULTZ Patrick, *Éléments du droit des marchés publics*, 1996 (2 éd.)

FLOGAÏTIS Spyridon, *Les contrats administratifs*, 1998

LINDITCH Florian, *Le droit des marchés publics*, 2000 (8 éd.)

GUETTIER Christophe, *Droit des contrats administratifs*, 2004 (3e éd.)

LICHÈRE François, *Droit des contrats publics*, 2005 (3 éd.)

YOLKA Philippe, *Droit des contrats administratifs*, 2013 (2 éd. ; la seconde avec la collaboration de S. HOURSON)

UBAUD-BERGERON Marion, *Droit des contrats administratifs*, 2015 (4 éd.)

HŒPFFNER Hélène, *Droit des contrats administratif*, 2016 (3 éd.)

DUBREUIL Charles-André, *Droit des contrats administratifs*, 2018 (2 éd.)

MARTIN Julien (dir.), *L'influence de la réforme du droit des obligations sur le droit* *des contrats administratifs*, 2019

VAYSSE Carine, *La théorie du contrat administratif. Analyse de la résilience d'une notion oscillant entre forces de conservation et besoin de renouvellement*, 2022

4.3. – Thèses de doctorat[10]

GUGLIELMI Gilles-J., *La notion d'administration publique dans la théorie juridique française : de la Révolution à l'arrêt Cadot (1789-1889)*, 1991 [1990]

QUIOT Gérard, *Aux origines du couple « gestion publique-gestion privée ». Recherche sur la formation de la théorie de la gestion privée des services publics*, 1992

BEZANÇON Xavier, *Essai sur les contrats de travaux et de services publics. Contribution à l'histoire administrative de la délégation de mission publique*, 1999 [1997]

BIGOT Grégoire, *L'autorité judiciaire et le contentieux de l'administration. Vicissitudes d'une ambition (1800-1872)*, 1999 [1997]

PLESSIX Benoît, *L'utilisation du droit civil dans l'élaboration du droit administratif*, 2003 [2001]

KALFLÈCHE Grégory, *Des marchés publics à la commande publique : l'évolution du droit des marchés publics*, 2004

TOUZEIL-DIVINA Mathieu, *Éléments d'histoire de l'enseignement du droit public : la contribution du doyen Foucart, 1799-1860*, 2007 [2007]

TOUZEIL-DIVINA Mathieu, *La doctrine publiciste, 1800-1880. Éléments de patristique administrative*, 2009 [2007]

MARCUS Laure, *L'unité des contrats publics*, 2010 [2008]

GILBERT Simon, *Le juge judiciaire, gardien de la propriété privée immobilière. Étude de droit administratif*, 2011 [2006]

SARLANDIE DE LA ROBERTIE Aloys, *Essai sur l'émergence du concept de marché public en droit administratif (1789-1964)*, 2012

FRACHON Hugues, *Écrire l'histoire du droit administratif*, 2013

AMILHAT Mathias, *La notion de contrat administratif. L'influence du droit de l'Union européenne*, 2014 [2013]

RICHARD Guillaume, *Enseigner le droit public à Paris sous la Troisième République*, 2015 [2013]

TOUZEIL-DIVINA Mathieu, *Un père du droit administratif moderne, le doyen Foucart (1799-1860). Éléments d'histoire du droit administratif*, 2020 [2007]

4.4. – Articles. – Aspects touchant à l'histoire des contrats administratifs

BRANGER Jacques, « L'évolution de la notion de marché public », *in Les marchés publics et leur financement*, 1963, p. 1

---

[10] La date entre crochets indique la date de soutenance de la thèse lorsque celle-ci a fait l'objet d'une publication.

LEPOINTE Gabriel, « L'histoire des marchés de l'État en France », *in Les marchés publics et leur financement*, 1963, p. 13

SALON Georges, « Gaston JÈZE et la théorie générale des contrats administratifs », *in R.H.F.D.* 1991, n° 12, p. 71

QUIOT Gérard, « La distinction entre État-administrateur et État-propriétaire : clef du partage des compétences juridictionnelles pour les litiges administratifs en France au début du 19e siècle », *in Annuaire d'histoire administrative européenne* 1996, p. 65

ALBERT Jean-Luc, « L'institution d'un droit moderne de la commande publique au XIXe siècle en France », *in Mélanges en hommage à Bernard Vonglis*, 2000, p. 39

TOUZEIL-DIVINA Mathieu, « Évolution d'un face-à-face : juge d'excès de pouvoir et contrat administratif (le retour à un contrat "ouvert" ?) », *in* KOUBI Geneviève & MULLER-QUOY Isabelle (dir.), *Sur les fondements du droit public*, 2003, p. 235

MOREAU Jacques, « La naissance de la clause exorbitante de droit commun comme critère du contrat administratif », *in Études à la mémoire du professeur François Burdeau*, 2008, p. 197

GUGLIELMI Gilles-J., « L'émergence d'une rationalité gestionnaire dans les théories du droit administratif au début du XIXe siècle », *in L'invention de la gestion des finances publiques : élaborations et pratiques du droit budgétaire et comptable au XIXe siècle (1815-1914)*, 2010, p. 253

LEMESLE Hélène, « Concurrence et publicité pour tous les marchés publics ? De la naissance d'un principe à sa mise en application dans la France du XIXe siècle », *in L'invention de la gestion des finances publiques : élaborations et pratiques du droit budgétaire et comptable au XIXe siècle (1815-1914)*, 2010, p. 191

LEMESLE Hélène, « Réglementer l'achat public en France (XVIIIe-XIXe siècle) », *in Genèses* 2010, n° 80, p. 8

MARCOVICI Émilie, « André de LAUBADÈRE, théoricien du droit des contrats administratifs », *in R.F.D.A.* 2010, p. 1240

PLESSIX Benoît, « La part de la doctrine dans la création du droit des contrats administratifs », *in Revue de droit d'Assas* 2011, n° 4, p. 46

RICHER Laurent, « Une tradition : le caractère réglementaire du droit des marchés publics », *in Bien public, bien commun : mélanges en l'honneur de Étienne Fatôme*, 2011, p. 411

PLESSIX Benoît, « L'autonomie de la volonté et droit des contrats administratifs. Archéologie d'un silence », *in Annuaire de l'Institut Michel Villey* 2012, p. 183

PONTIER Jean-Marie, « Les granits ont cent ans », *in A.J.D.A.* 2012, p. 1473

GIACUZZO Jean-François, « L'arrêt *Société des granits porphyroïdes des Vosges* : légende, réalité… et grandeur », *in A.J.D.A.* 2013, p. 2474

GROS Manuel, « L'erreur de Léon BLUM ? À propos du centenaire de l'arrêt *Société des granits porphyroïdes des Vosges* », *in A.J.D.A.* 2013, p. 1489

ROLIN Frédéric, « Le rôle de la pratique dans la construction du droit des contrats administratifs », *in Mélanges en l'honneur du professeur Laurent Richer. À propos des contrats des personnes publiques*, 2013, p. 9

ROLIN Frédéric, « Les contrats de l'administration et la Première Guerre mondiale », *in Jus Politicum* 2016, n° 15 (disponible sur Internet)

PFISTER Laurent, « Révision des marchés de travaux et "théorie de l'imprévision" : convergences et divergences des jurisprudences administrative et civile au milieu du XIXe siècle », *in Des racines du Droit & des contentieux. Mélanges en l'honneur du professeur Jean-Louis Mestre*, 2020 (2 vol.), t. 2, p. 449

4.5. – Articles. – Approches critiques du concept de contrat administratif et de sa théorie (1960-2010 environ)

WALINE Marcel, « La théorie civile des obligations et la jurisprudence du Conseil d'État », *in Études juridiques offertes à Léon Julliot de La Morandière*, 1964, p. 631

LAUBADÈRE, André (de), « Administration et contrat », *in Mélanges offerts à Jean Brèthe de La Gressaye*, 1968, p. 453

PRÉVOST Jean-François, « À la recherche du critère du contrat administratif (la qualité des contractants) », *in R.D.P.* 1971, p. 817

AMSELEK Paul, « Une méthode peu usuelle d'identification des contrats administratifs : l'identification directe », *in Rev. adm.* 1973, p. 633

LAMARQUE Jean, « Le déclin du critère de la clause exorbitante », *in Mélanges offerts à Marcel Waline : le juge et le droit public*, 1974 (2 vol.), t. 2, p. 497

WEIL Prosper, « Le renouveau de la théorie du contrat administratif et ses difficultés », *in Mélanges en l'honneur du professeur Michel Stassinopoulos : problèmes de droit public contemporain*, 1974, p. 217

WEIL Prosper, « Le critère du contrat administratif en crise », *in Mélanges offerts à Marcel Waline : le juge et le droit public*, 1974, p. 831

DRAGO Roland, « Paradoxes sur les contrats administratifs », *in Études offertes à Jacques Flour*, 1979, p. 151

VENEZIA Jean-Claude, « Réflexions sur le rôle de la volonté en droit administratif », *in Études offertes à Pierre Kayser*, 1979 (2 vol.), t. 2, p. 383

AUBY Jean-Marie, « Le contrat administratif en droit français », *in Journées de la Société de législation comparée* 1979, p. 495

LLORENS François, « Le droit des contrats administratifs est-il un droit essentiellement jurisprudentiel ? », *in Mélanges offerts à Max Cluseau*, 1985, p. 377

RAINAUD Jean-Marie, « Le contrat administratif, volonté des parties ou loi du service public ? », *in R.D.P.* 1985, p. 1183

LACHAUME Jean-François, « L'évolution du contrat administratif en droit français », *in L'évolution contemporaine du droit des contrats*, 1986, p. 68

TRUCHET Didier, « Le contrat administratif, qualification juridique d'un accord de volontés », *in Le droit contemporain des contrats. Bilan et perspectives*, 1987,

p. 185

DRAGO Roland, « Le contrat administratif aujourd'hui », *in Droits* 1990, n° 12, p. 117

SINKONDO Marcel H., « La notion de contrat administratif : acte unilatéral à contenu contractuel ou contrat civil de l'administration ? », *in R.T.D. civ.* 1993, p. 239

CHAUVIN Francis, « Vers la privatisation du droit des contrats de l'administration ? Limites et paradoxes d'une évolution contrastée », *in Mélanges en l'honneur de Henry Blaise*, 1995, p. 95

ROUQUETTE Rémi, « Contribution à la classification des contrats synallagmatiques de l'administration », *in A.J.D.A.* 1995, p. 483

BRUÈRE Jean-Christophe, « Le consensualisme dans les contrats administratifs », *in R.D.P.* 1996, p. 1715

FLOGAÏTIS Spyridon, « Contrat et acte administratif unilatéral », *in Mélanges en l'honneur de Roger Perrot*, 1996, p. 83

BEZANÇON Xavier, « Typologie, contenu et droit comparé des contrats publics », *in Revue du marché unique européen* 1999, n° 3, p. 11

GAUDEMET Yves, « Prolégomènes pour une théorie des obligations en droit administratif français », *in* Nonagesimo anno. *Mélanges en hommage à Jean Gaudemet*, 1999, p. 613

WALINE Jean, « La théorie générale du contrat en droit civil et en droit administratif », *in Le contrat au début du XXI*[e] *siècle : études offertes à Jacques Ghestin*, 2001, p. 965

DREIFUSS Muriel, « L'immixtion du droit privé dans les contrats administratifs. Une application équilibrée des droits de la concurrence et de la consommation », *in A.J.D.A.* 2002, p. 1373

LICHÈRE François, « L'évolution du critère organique du contrat administratif », *in R.F.D.A.* 2002, p. 341

BRENET François, « La théorie du contrat administratif. Évolutions récentes », *in A.J.D.A.* 2003, p. 919

CANEDO Marguerite, « L'exorbitance du droit des contrats administratifs », *in* MELLERAY Fabrice (dir.), *L'exorbitance du droit administratif en question(s)*, 2004, p. 125

DELVOLVÉ Pierre, « Constitution et contrats publics », *in Mouvement du droit public : du droit administratif au droit constitutionnel, du droit français aux autres droits. Mélanges en l'honneur de Franck Moderne*, 2004, p. 469

SOUBELET Laurent, « La distinction droit public/droit privé à l'épreuve du droit communautaire des contrats publics : l'inopportune assimilation de la "communautarisation" à la privatisation du droit », *in Les Petites Affiches* 2004, n° 169, p. 3

GAUDEMET Yves, « Le contrat administratif, un contrat hors-la-loi », *in Cahiers du Conseil constitutionnel* 2005, n° 17, p. 91

LLORENS François, « Typologie des contrats publics », *in Contrats et marchés* *publics* 2005, n° 5, étude 7

BORELLA François, « Les contrats administratifs et leur évolution », *in R.F.D.A.* 2006, p. 248

CLAMOUR Guylain, « Esquisse d'une théorie générale des contrats publics », *in Contrats publics : mélanges en l'honneur du professeur Michel Guibal*, 2006 (2 vol.), t. 2, p. 637

DELVOLVÉ Pierre, « Les contrats publics dans le désordre », *in Revue des contrats* 2006, n° 3, p. 951

ECKERT Gabriel, « Réflexions sur l'évolution du droit des contrats publics », *in R.F.D.A.* 2006, p. 238

NICINSKI Sophie, « Le dogme de l'autonomie de la volonté dans les contrats administratifs », *in Contrats publics : mélanges en l'honneur du professeur Michel Guibal*, 2006 (2 vol.), t. 1, p. 45

SEUBE Jean-Baptiste, « Contrats de droit privé – contrats administratifs : points de convergence ? », *in Contrats publics : mélanges en l'honneur du professeur Michel Guibal*, 2006 (2 vol.), t. 1, p. 367

RICHER Laurent, « La constitution, la loi, le contrat, le juge », *in A.J.D.A.* 2007, p. 217

SAUNIER Sébastien, « L'autonomie de la volonté en droit administratif français : une mise au point », *in R.F.D.A.* 2007, p. 609

DANTONEL-COR N., « Le critère de la clause exorbitante : un Janus à deux visages », *in J.C.P. A.* 2008, 2047

TIBERGHIEN Frédéric, « Le contrat en droit administratif », *in Dalloz* 2008, p. 1192

BOULOUIS Nicolas, « Regards d'un rapporteur public du côté du droit privé des contrats », *in A.J.D.A.* 2009, p. 921

CHÉNÉDÉ François, « Les emprunts du droit privé au droit public en matière contractuelle », *in A.J.D.A.* 2009, p. 923

CLOUZOT Ludivine, « La théorie de l'imprévision en droit des contrats administratifs : une improbable désuétude », *in R.F.D.A.* 2010, p. 937

DELVOLVÉ Pierre, « Un droit des contrats sans *summa divisio* serait-il possible ? », *in* BONNET Baptiste & DEUMIER Pascale (dir.), *De l'intérêt de la* summa divisio *droit public-droit privé ?*, 2010, p. 257

GAUDEMET Yves, « Pour une nouvelle théorie générale du droit des contrats administratifs : mesurer les difficultés d'une entreprise nécessaire », *in R.D.P.* 2010, p. 313

UBAUD-BERGERON Marion, « Exorbitance et droit des contrats : quelques interrogations à propos de la modification non conventionnelle du contrat administratif », *in* BIOY Xavier (dir.), *L'identité du droit public*, 2011, p. 229

VIDAL Laurent, « La classification des contrats administratifs économiques, les mots et les choses ou l'esquisse d'un programme », *in Mélanges en l'honneur du professeur Laurent Richer. À propos des contrats des personnes publiques*, 2013, p. 9

INDEX ONOMASTIQUE

L'index a été conçu pour être compulsé en combinaison avec la bibliographie. Tous les auteurs recensés et cités dans le corps de nos travaux sont ainsi répertoriés dans cet index.

Les chiffres renvoient aux numéros des paragraphes et, lorsqu'ils sont en gras, le renvoi englobe les paragraphes qui suivent immédiatement celui dont le numéro est indiqué.

Les chiffres soulignés désignent les paragraphes sous lesquels figurent, en note de bas de page, des références biographiques sur l'auteur correspondant.

TABLE DU PREMIER TOME

Chapitre 4
La doctrine savante de systématisation

Titre IV
Un sujet doctrinal mis à contribution pour penser le droit administratif
(1815-1890)

Chapitre premier
Les contrats de l'administration : un sujet saisi à travers le prisme d'une rationalité gestionnaire
(1820-1850)

TABLE DU SECOND TOME

Seconde partie
Le contrat administratif : de la contingence d'un concept à l'hégémonie d'une théorie
(1880-1960)

Titre premier
Le contrat administratif : une locution contentieuse ambivalente
(1880-1914)

Chapitre premier
Le contentieux contractuel : fer de lance des critiques parlementaires portées contre la juridiction administrative

Titre II
Les contrats administratifs : un sujet doctrinal au pluriel
(1880-1914)

Chapitre premier
Les marchés administratifs, évoluant entre droit privé et droit public

Chapitre 2
L'effet relatif des concessions remis en cause : un modèle contractuel émoussé

Section première. – Une doctrine privatiste soucieuse de valoriser le droit civil en y assimilant les concessions de service public

Sect. 2. – Une doctrine publiciste partagée sur la manière d'appréhender les concessions de service public

Chapitre 3
L'immutabilité des concessions en débat : un modèle contractuel bouleversé

Section première. – Une conception de la concession ébranlée par la reconnaissance d'un pouvoir de modification unilatérale

Structures éditoriales du groupe L'Harmattan

L'Harmattan Italie
Via degli Artisti, 15
10124 Torino
harmattan.italia@gmail.com

L'Harmattan Hongrie
Kossuth l. u. 14-16.
1053 Budapest
harmattan@harmattan.hu

L'Harmattan Sénégal
10 VDN en face Mermoz
BP 45034 Dakar-Fann
senharmattan@gmail.com

L'Harmattan Cameroun
TSINGA/FECAFOOT
BP 11486 Yaoundé
inkoukam@gmail.com

L'Harmattan Burkina Faso
Achille Somé – tengnule@hotmail.fr

L'Harmattan Guinée
Almamya, rue KA 028 OKB Agency
BP 3470 Conakry
harmattanguinee@yahoo.fr

L'Harmattan RDC
185, avenue Nyangwe
Commune de Lingwala – Kinshasa
matangilamusadila@yahoo.fr

L'Harmattan Congo
219, avenue Nelson Mandela
BP 2874 Brazzaville
harmattan.congo@yahoo.fr

L'Harmattan Mali
ACI 2000 - Immeuble Mgr Jean Marie Cisse
Bureau 10
BP 145 Bamako-Mali
mali@harmattan.fr

L'Harmattan Togo
Djidjole – Lomé
Maison Amela
face EPP BATOME
ddamela@aol.com

L'Harmattan Côte d'Ivoire
Résidence Karl – Cité des Arts
Abidjan-Cocody
03 BP 1588 Abidjan
espace_harmattan.ci@hotmail.fr

Nos librairies en France

Librairie internationale
16, rue des Écoles
75005 Paris
librairie.internationale@harmattan.fr
01 40 46 79 11
www.librairieharmattan.com

Librairie des savoirs
21, rue des Écoles
75005 Paris
librairie.sh@harmattan.fr
01 46 34 13 71
www.librairieharmattansh.com

Librairie Le Lucernaire
53, rue Notre-Dame-des-Champs
75006 Paris
librairie@lucernaire.fr
01 42 22 67 13

www.ingramcontent.com/pod-product-compliance
Lightning Source LLC
LaVergne TN
LVHW011217061026
849535LV00001BA/74
* 9 7 8 2 1 4 0 2 9 8 3 8 7 *